高等学校教材

录井方法与原理

刘强国　朱清祥　主编

石油工业出版社

内 容 提 要

本书详细介绍了工程录井、地质录井、综合录井仪器、现场气体录井、现场光谱分析录井、录井资料综合解释、现场录井随钻地层压力检测与评价、特殊钻井条件下的录井等钻井现场录井的原理、方法和技术。

本书可作为高等院校录井技术与工程专业教材，也可供地球物理测井、测控仪器、石油地质、石油工程等相关专业师生以及生产和科研单位的录井工作者参考。

图书在版编目（CIP）数据

录井方法与原理/刘强国，朱清祥主编．
北京：石油工业出版社，2011.11
高等学校教材
ISBN 978-7-5021-8732-3

Ⅰ．录…
Ⅱ．①刘… ②朱…
Ⅲ．录井-高等学校-教材-
Ⅳ．TE242.9

中国版本图书馆 CIP 数据核字（2011）第 204238 号

出版发行：石油工业出版社
（北京安定门外安华里 2 区 1 号　100011）
网　　址：www.petropub.com.cn
编辑部：（010）64523612　发行部：（010）64523620
经　销：全国新华书店
印　刷：石油工业出版社印刷厂

2011 年 11 月第 1 版　2011 年 11 月第 1 次印刷
787×1092 毫米　开本：1/16　印张：32.75
字数：830 千字

定价：56.00 元
（如出现印装质量问题，我社发行部负责调换）
版权所有，翻印必究

前　言

　　录井技术是涵盖物理、化学、计算机和信息科学等多学科交叉的综合性技术。从专业学科的角度讲，它涉及石油地质学、地球化学、地球物理学、信息科学、电子科学等学科的理论与方法，形成了一门油气勘探与开发中相对独立的工程学科。

　　本书比较系统地阐述了钻井现场的各种录井原理、方法和技术以及录井的地层评价与解释方法和技术。本书共分为八章。第一章，工程录井方法与技术，主要论述了工程参数、钻井液参数的录井方法与技术以及这些参数的应用技术。第二章，现场地质录井方法与技术，主要论述了现场岩屑录井、岩心录井等相关的方法与技术。第三章，综合录井仪器系统，全面论述了钻井现场综合录井仪器系统，包括系统 CAN 总线、录井传感器与检测技术等内容。第四章，现场气体录井方法与技术，重点论述了气相色谱分析理论与技术、现场烃类气体分析方法与技术、现场非烃气体分析方法与技术等内容。第五章，现场光谱分析录井方法与技术，主要阐述了定量荧光录井的基本理论与原理，定量荧光录井仪器与测量方法以及定量荧光录井的应用技术；现场核磁共振录井的基本理论与原理，现场核磁共振录井仪器与测量方法以及现场核磁共振录井的应用技术。第六章，录井资料综合解释方法与技术，内容包括录井解释技术基础，油气层录井单项评价方法与技术（气测录井、地球化学录井），油气层综合解释与评价技术。第七章，现场录井随钻地层压力检测与评价，主要阐述了异常压力形成的基本理论以及现场录井过程中随钻地层压力检测与评价方法。第八章，特殊钻井条件下的录井方法与技术，主要阐述了欠平衡钻井、定向井（水平井）、PDC 钻头钻井等特殊钻井条件下的录井方法与技术。

　　本书主要作为我国新设立的录井技术与工程本科专业的专业课程教材。同时也可作为地球物理测井、测控仪器、石油地质、石油工程等相关专业的选修课程教材，以及现场生产和科研录井工作者的参考资料。该教材的编写对录井技术与工程本科专业的专业建设有着非常重要的意义，同时也填补了录井学科教材建设的空白。

　　本教材由主编刘强国、朱清祥统编，副主编刘其春、韩性礼协助编写。各章编写人员如下：第一章由朱清祥编写，第二章由张学涛编写，第三章由韩性礼、吴爱平编写，第四章由刘强国、韩性礼编写，第五章由刘强国、韩性礼编写，第六章由刘其春、李瑞贞编写，第七章由刘强国、梁宝安编写，第八章由刘强国、杨占三、钱文博编写。

在本书的编写过程中，得到了下述单位的大力支持和关心，他们分别是：中国石油天然气集团公司工程技术分公司，中国石油化工集团（股份）公司石油工程管理部，石油工业出版社，《录井工程》杂志社，大庆油田第一录井公司，胜利石油管理局地质录井公司，长城钻探工程有限公司录井公司，渤海钻探第一录井公司，上海神开石油化工装备股份有限公司等。对于他们的支持和帮助，在此一并表示衷心的感谢！

由于该教材是针对刚设立的录井技术与工程专业而编写，加之资料有限，书中难免有许多不当之处，望使用本书的广大读者，特别是录井专业人士批评指正。

编　者

2011 年 8 月

目 录

绪 论 ·· 1

第一章 工程录井方法与技术 ·· 8
第一节 钻井现场简介 ··· 8
第二节 钻井生产过程 ··· 13
第三节 钻井生产与录井 ·· 14
第四节 钻井液与录井 ··· 16
第五节 实时钻井监控方法 ··· 17
思考题与习题 ··· 42

第二章 现场地质录井方法与技术 ··· 43
第一节 现场地质录井概述 ··· 43
第二节 岩屑录井 ··· 44
第三节 荧光录井 ··· 56
第四节 岩心录井 ··· 59
第五节 井壁取心录井 ··· 76
思考题与习题 ··· 77

第三章 综合录井仪器系统 ·· 79
第一节 综合录井仪概述 ·· 79
第二节 总线接口与系统 ·· 84
第三节 传感器检测技术基础 ·· 96
第四节 综合录井仪传感器系统 ·· 110
思考题与习题 ··· 163

第四章 现场气体录井方法与技术 ··· 164
第一节 气相色谱分析技术 ··· 164
第二节 气相色谱理论基础 ··· 181
第三节 现场气体录井气相色谱分析系统 ······································· 191
第四节 现场硫化氢监测与报警系统 ··· 218
思考题与习题 ··· 224

第五章 现场光谱分析录井方法与技术 ··· 226
第一节 现场定量荧光录井方法与技术 ·· 226
第二节 现场定量荧光录井的具体应用 ·· 259
第三节 现场核磁共振录井方法与技术 ·· 270
第四节 现场核磁共振录井的具体应用 ·· 304

思考题与习题…………………………………………………………………………………314

第六章　录井资料综合解释方法与技术……………………………………………………316
　第一节　录井解释技术基础………………………………………………………………316
　第二节　气测录井油气层评价方法与技术………………………………………………323
　第三节　地球化学录井油气层评价方法与技术…………………………………………351
　第四节　油气层综合解释与评价技术……………………………………………………374
　　思考题与习题…………………………………………………………………………………390

第七章　现场录井随钻地层压力检测与评价………………………………………………392
　第一节　地层压力的概念…………………………………………………………………392
　第二节　地层压力分析……………………………………………………………………398
　第三节　随钻地层压力检测与评价方法…………………………………………………403
　　思考题与习题…………………………………………………………………………………425

第八章　特殊钻井条件下的录井方法与技术………………………………………………426
　第一节　欠平衡钻井条件下的录井方法与技术…………………………………………426
　第二节　定向钻井条件下的录井方法与技术……………………………………………458
　　思考题与习题…………………………………………………………………………………512

参考文献……………………………………………………………………………………………514

绪 论

录井技术是油气勘探与开发工作中的一项随钻技术，它包含了录井信息的采集、处理和应用。早期它是勘探者的耳目，逐渐上升成为勘探者的有力助手，现在已成为勘探者必不可少的决策依据。这一功能性的变化，充分反映了它在油气勘探与开发中的地位，如今录井技术已发展成为石油勘探技术中的一个独立学科，具有广阔的发展前景。

一、录井技术的发展历史

我国在 20 世纪 50 年代初期主要是手工方式录井，1955 年从苏联引进半自动气测仪，从此开始了使用仪器的历史。1957 年钻井液检测技术引入录井范畴。1964 年研制出全自动气测仪，1974 年推出 SQC-701 型气测仪，而当时的西方国家已经开发出第一代面板式综合录井仪。80 年代初期，法、英、美等国将计算机技术引入录井领域，制造出第二代脱机式综合录井仪。随着电子技术和计算机技术的高速发展，80 年代中期西方国家又推出第三代联机式综合录井仪，其中具有代表性的有我国于 1984 年引进的法国 Geoservices 生产的 TDC 综合录井仪。80 年代后期及 90 年代，西方国家又推出第四代无二次仪表基于 WINDOWS 环境的联机式综合录井仪。世界上几个技术发达的国家为了适应国际石油勘探开发的需要和国际录井市场竞争的需要，每隔三五年就推出一种录井仪器新机型，每隔十年录井技术的发展就会上一个新台阶。近几年来，定量荧光录井技术、核磁共振录井技术及快速色谱技术等也已运用于录井工程中。

我国于 20 世纪 80 年代后期开始研制国产综合录井仪，包括上海石油仪器厂于 1988 年推出的 SDL-1 地质录井仪、SQC882 气测录井仪，新乡二十二所（全称中国电子科技集团第 22 研究所）于 1991 年推出的 SLZ-1 综合录井仪。近几年，国内生产厂商也加快了产品升级步伐，如新乡二十二所生产的 SLZ-2A 型综合录井仪、上海神开生产的 SK2000 型综合录井仪就相当于国外生产的第四代综合录井仪。

录井技术伴随着新中国的油气勘探开发已走过半个多世纪，可分为四个阶段的历程：第一阶段（80 年代中期以前），以岩屑（心）、气测录井为主，各项数据信息的收集以人工为主；第二阶段（80 年代中期—90 年代中期），以综合录井仪及岩屑录井为主，以数据自动采集、实时监控等技术的应用为标志；第三阶段（90 年代—2000 年），以岩石热解地球化学录井、定量荧光录井、核磁共振录井等多项新技术的加入为标志，录井技术呈现多样化的发展，加快了综合录井仪及其技术的研究和应用；第四阶段（21 世纪以来），以综合录井仪为井场信息平台，以专家系统和数据库所支持的录井数据实时评价、数据远程传输和监控系统以及其他技术（如 LWD、SWD、光谱技术、衍射技术等）的加入，录井技术更具有实时性、准确性和多样性。

二、录井技术体系及其应用

(一) 录井技术体系及基本构成

录井技术是随着油气勘探开发的需求而逐步发展起来的一门井筒技术,是油气勘探开发技术的重要组成部分。录井技术经历了岩心、岩屑录井阶段以及常规地质、气测、综合录井、地球化学录井等多项技术综合发展阶段,现在已经形成了十大核心技术系列:工程井位测量;钻井地质设计;地质剖面建立;油、气、水识别评价;钻井工程实时监控及油气层保护;录井资料处理;录井资料解释评价;地质综合研究;录井信息远程传输应用;录井设备研制开发。这些录井系列在油气勘探开发过程中发挥着重要作用。

录井技术体系不仅涵盖了录井资料采集、整理、录井信息传输等技术,还包括了钻井地质设计、随钻监控、随钻评价、井筒综合评价等相关技术。录井技术体系既要求完善已有的录井技术,开发新的录井技术,也要求根据钻探状况(地下地质情况、钻探技术状况)形成不同的录井系列。总的来讲,录井技术体系应是录井技术与相关技术之间相互联系、相互作用的有机整体。

录井技术体系要素包括井位测量技术、钻井地质设计技术、岩屑录井技术、岩心录井技术、工程录井技术、气测录井技术(包括非烃气录井技术)、岩石热解地球化学录井技术、轻烃色谱分析录井技术、荧光录井技术(包括定量荧光录井技术)、现场岩矿分析技术、岩石物性录井技术、地层压力检测技术、现场随钻分析决策技术、录井信息传输和存储技术、油气层评价技术和单井评价技术等。录井技术体系如图0-1所示。

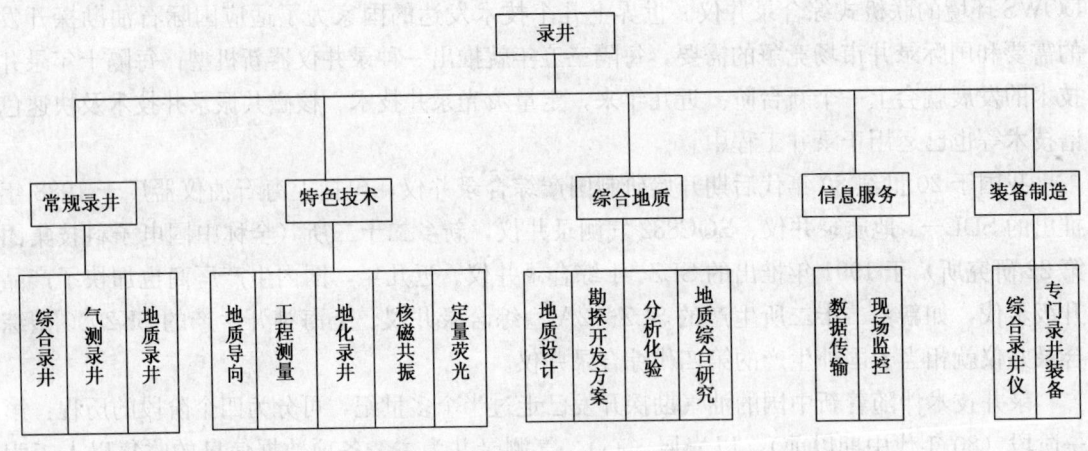

图0-1 录井技术体系示意图

针对不同的钻探对象,录井技术应有不同的组合,形成相应的录井系列。根据现在面临的地下地质情况及钻井条件,录井系列可按以下分类建立:一般砂泥岩地层录井技术系列、砂砾岩体地层录井技术系列、古潜山(火成岩、变质岩)地层录井技术系列、浅气层录井技术系列、煤型气录井技术系列、深井(超深井)录井技术系列、高压地层录井技术系列、水平井录井技术系列、油基钻井液录井技术系列、欠平衡钻井录井系列和PDC钻头条件下录井技术系列等。

录井资料采集的定量化、信息化是录井技术体系建立的关键。因此要用信息技术不断提高六种能力,即井位测量能力、钻井地质设计能力、现场录井能力、现场分析决策能力、单井综合地质评价能力和录井仪器制造能力，应重点发展地层信息识别技术，油气信息识别技术，现场录井信息传输、存储技术，录井数据库技术等，这是当前录井技术体系建设的核心内容。

录井技术是一门多学科渗透，多项技术综合，传统与现代结合的井筒技术。可以预见，不久的将来通过录井技术体系的完善，钻井过程中的地层识别能力将大大提高，复杂地质条件和不同钻井技术下的录井能力、综合评价水平将大幅度提高。在各种复杂条件下及时、准确地建立地质剖面，发现油气显示，评价油气层，提供保护油气层所需的参数，优化钻井，满足勘探开发需要，提高勘探开发效益，录井技术将会作出更大贡献。

（二）录井技术的具体应用

录井技术广泛应用于油气勘探开发过程中的钻探过程。它不仅在新区勘探过程中对参数井、预探井、探井有广泛的应用，而且对老区开发过程中的开发井、调整井的施工也有着十分明显的作用。录井技术是油气勘探开发活动中最基本的技术，是发现油气藏、评价油气藏最及时、最直接的手段，具有获取地下信息及时、多样、分析解释快捷的特点。

1. 地层评价

地层评价是勘探过程中的一项基础工作。地层评价包括岩性的确定、地层划分、构造分析、沉积环境分析、岩相古地理分析及以单井评价为基础进行区域对比。

在勘探过程中，利用综合录井收集的大量资料，可以有效地进行随钻地层评价。通过岩屑、岩心、井壁取心、泥（页）岩密度、碳酸盐含量等资料，参考钻时、转盘扭矩等参数变化，结合 MWD、FEMWD（随钻地层评价仪）获取的电阻率、自然伽马、中子孔隙度、岩石密度等资料，可以建立单井地层剖面、岩性剖面及单井沉积相和岩相古地理分析。利用综合录井计算机系统的多井对比（Multiwell）软件可以进行多井的对比。随钻进行小区域的地层对比，建立区域构造剖面，进行随钻分析，及时修改设计，预报目的层，卡准取心层位和古潜山顶面，确定完钻井深等工作。

2. 油气资源评价

油气资源评价是勘探活动中最主要的工作之一。油气资源评价的好坏直接关系到勘探效果。资源评价搞得好，有利于提高勘探的成功率，减少探井钻探口数，有助于加快勘探的步伐，从而具有很大的经济效益和社会效益。

综合录井配套的各种技术和仪器设备可以在现场提供从单井油气层的发现、解释到储集层的分析、评价，生油层的生油资源评价等一整套手段和方法。在钻探现场及时、准确地进行油气资源评价，从单井评价到区域评价，都可以快速并能及时作出评价报告。

（1）及时、准确发现油气层

发现油气层是资源评价的基础。录井技术使用了多种方法来检测、发现钻井中油气显示，在一般的岩屑录井、岩心录井、荧光录井的基础上，综合录井使用气测录井，包括定量脱气分析、岩屑分析、VMS 真空蒸馏脱气分析、岩石热解分析、定量荧光分析等方法，能及时有效、准确地发现油气显示。除上述方法外，现场录井还可利用钻井液电阻率、温度、流量、泥浆池体积等参数进行井下流体的分析、判断，以发现油气显示。

（2）油气层解释与评价

录井技术不仅可以快速、准确地发现油气显示，而且还可以利用自身的手段进行油气层的综合解释，大大提高了现场资料的运用效果。

在评价油、气、水层方面，主要依靠岩屑、岩心的油砂含量，含油饱满程度，滴水情况以及气测组分、地球化学指标异常信息、钻井液全脱信息、岩石热解色谱信息、钻井液罐装轻烃与热解烃信息、钻井液录井信息（电导率、密度、黏度、氯离子、池体积）等。结合各个区域的基本特征，采用气测的皮克斯勒法三角形法、比值法、3H法（Wh，Bh，Ch）、地层含气量法、灌满系数法、地球化学 B-P 法、亮点法、组分对比法、定量荧光孔渗性指数与荧光强度法、油性指数与荧光强度法、岩石热解色谱图谱形态法，并结合各种数据对比进行油气层解释评价。

（3）储集层评价

在钻井施工现场，利用岩屑、岩心描述（包括视孔隙度、粒度、圆度、分选、胶结类型、胶结物、结构等参数的描述）对储集层的储集空间、油气运移通道等储集条件进行分析，充分利用 P-K 仪测量孔隙度、渗透率、含油饱和度，利用地球化学录井仪测量 TOC（总有机炭）、STOC（残余碳）、I_H（氢指数）、D（降解潜率）、I_S（重烃指数）、St（总烃含量）等参数，用以确定储集层类型、含油级别，估算产能，现场计算单层油气地质储量等。

（4）生油层评价

生油层评价实际是生油资源评价。综合录井使用热解色谱地球化学录井仪测量 STOC（残余碳）、TOC（总有机碳）、I_H、D、St、S_4（残余碳加氢生成油量）等参数进行生油层的有机质类型、成熟度、有机质丰度、生油气量、排烃量及生油潜力等参数的计算，总体评价生油资源。

（5）单井油气资源综合评价

在上述四项工作基础上，利用综合录井计算机系统应用软件对所钻井的油气层、生油层进行统计分析，对该井做单井综合油气资源评价，可为用户提供单井油气资源综合评价报告。在此基础上，可以利用多井对比软件进行横向区域油气资源评价，寻找有利的生油、储油部位，直接指导勘探部署。由于评价报告来源于钻井现场，故其所具有的及时性、准确性是其他技术不可替代的。

3. 钻井实时监测

（1）工程异常监测

在钻进过程中，常见的工程异常主要有井涌、井喷、井漏、钻具失效、钻头异常、卡钻、溜钻、顿钻、井壁坍塌、井下压力异常等。录井可实时采集钻时、钻压、悬重、立管压力、转盘扭矩、转速、钻井液性能等大量参数，并可计算出地层压力系数、钻井液水力学参数等。系统进行实时屏幕显示、曲线记录，根据作业公司的施工设计，指导和监督井队按设计施工。如发现有异常变化，则可及时判断，分析原因，提供工程事故预报，以使施工单位超前或及时采取相应措施，减少井下事故的发生，达到节约成本，提高钻井效益的目的。由于现场录井对工程参数监测和异常预测具有实时性、连续性、准确性、及时性、指导性等显著特点，为高效、安全钻井施工发挥着其他手段无法代替的作用。

（2）地层压力监测

钻井施工的安全、油气层的保护均与地层压力有关。要实现安全钻井和油气层保护，关键在于选择合理的钻井液性能参数，其中最主要的参数是钻井液密度。

钻井过程中钻井液密度的使用是由所钻遇的地层岩性及地层压力决定的，也就是说，要实现钻井安全，油层不被污染和压死，就必须要实现钻井过程中的井筒液柱压力与地层孔隙压力的动态平衡。要实现这个目的，关键在于在施工过程中进行实时的地层压力监测，根据地层压力变化情况，及时调整钻井液性能，这就是录井在勘探中的另一个重要作用。

录井技术用于检测地层压力的方法主要有 d_c 指数法、Sigma 法、泥（页）岩密度法、地温梯度法和标准化钻速法。并可结合气体参数、钻井液温度、出口密度、电阻率、流量等参数绘制压力趋势线。通过综合分析，及时检测异常地层压力的存在，并得到地层压力数据。

根据所得的地层压力资料和数据，就可以正确地选用钻井液密度和适当的套管程序，使每口井或同一口井的逐个井段均能实现平衡钻井，即所谓"压而不死、活而不喷"的钻进。这样既能防止油层污染，不至于破坏产层，保证第一次揭开产层的质量，又能大大地提高钻井速度，而且还能控制气侵、防止井喷、压制失控井喷。同时，亦可避免井漏、卡钻等事故。利用综合录井资料检测地层压力，可以实现钻井施工安全和优质、高速、低耗的最优化的钻井。

4. 定向井、水平井的地质导向

当前先进的录井设备配有 MWD、FEMWD 或 LWD。通过接收、处理 MWD（或 FEMWD、LWD）信息，配合常规录井的有关参数，可实现设计的油藏数据信息资料与录井实时录取的数据资料对比，判断在水平井或其他定向井钻井中实钻井眼轨迹与设计轨迹和油气层段的空间关系，为控制井眼轨迹提供信息，确保井眼沿着目的油气层段穿越，为定向井、水平井的施工提供地质导向，提高钻井成功率，降低开发成本。

5. 数据资源共享平台

计算机技术的高速发展为录井技术增添了强有力的技术支持，为油气勘探提供了更为广泛的服务。利用数据终端网为地质师、钻井工程师、钻井平台司钻、监督及作业公司提供远程终端。不同用户可以根据自身的需要从中心数据库中提取如岩心、储集层评价、油藏描述、井控、钻井时效分析、地层压力评价等数据进行处理、分析，指导钻井施工、地层评价和油气资源评价。同时将获得的各种评价报告利用远传设备传回基地。现场录井综合信息平台系统如图 0-2 所示。

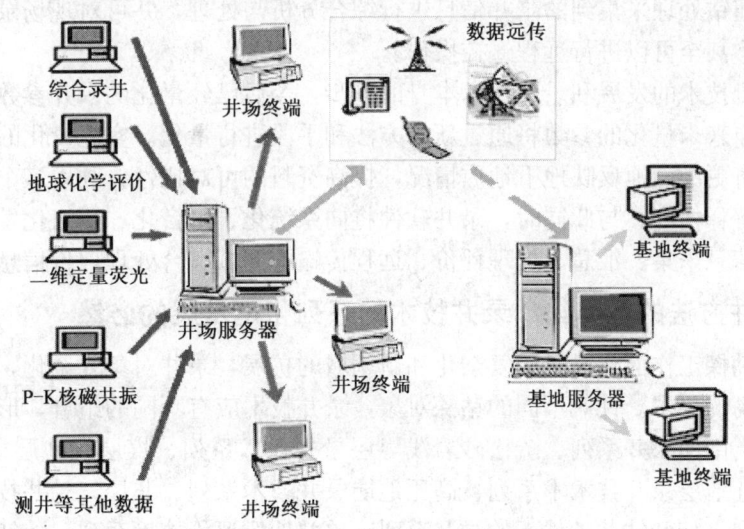

图 0-2 现场录井综合信息平台示意图

三、录井技术的发展趋势

录井技术的发展与油气勘探开发以及其他工程技术专业的发展特征类似，具有加速发展的趋势。新技术、新理论、新方法出现的周期越来越短；各种专业学科技术之间的交叉、渗透日益深入，专业界线越来越模糊；多种技术方法的综合应用日趋广泛；多个部门之间的联盟日渐普遍，合作越加紧密，科技创新的意义也就越来越突出；地球化学技术、质谱分析技术、信息技术和自控技术等高新技术在录井行业的推广应用会越来越广泛、深入，产生的影响会越来越巨大、深远。

（一）录井信息采集的自动化、定量化、信息化是录井技术发展的重要内容

随着录井信息采集的自动化、智能化，岩屑、岩心等实物资料的采集、描述将摆脱人工原始记录、手工人力操作的历史，而实现自动取样、自动描述。录井信息的采集将朝着全面自动化、智能化的方向发展。

现场测量由定性向定量化发展，实现资料采集标准化。对岩石含油量、钻井液含油量、含油砂比例、不同成分岩屑含量、矿物含量将实现定量化分析。定量脱气分析、定量荧光分析、岩屑定量分析将成为现实。

录井信息的采集对象、途径、方式可能要发生改变，反映地层本质特征的图像、数字信息可能成为采集的主体。岩屑荧光成像录井、岩心成像录井、岩屑伽马录井、岩心伽马录井、随钻录井等新技术将会得到广泛应用，运用综合录井参数反演地层岩性、划分岩性界面也将成为成熟的技术。

由于科技的快速发展，录井资料采集、记录在实现自动化的同时，数据采集量化程度和精度将进一步提高，原来受到人为因素影响所致录井数据采集精度相对较低的状况将得到改善。快速色谱、光谱录井、显微分析技术等精细录井技术手段将得到广泛应用。

随着互联网的普及、数据传输技术的进步，使远程大容量高速信息传输成为现实，使传统录井信息的采集、处理方式得到改进，井场与基地人员在录井信息采集、加工、处理等方面的分工将改变。大量的技术专家将集中在基地对分布在不同地区甚至不同国家的录井现场进行监控，对随钻处理采集到的录井信息进行综合分析与处理，并可对现场录井设备进行远程诊断与维护，甚至可以进行远程遥控操作。

随着计算机技术的发展和录井技术本身的进步，今后已经量化的录井参数会变得更加灵敏、准确，对原来未量化的参数将通过新的方法和手段进行量化。实施量化的过程必将促进技术的发展，将更准确地反映地下地质情况，提高资料的可对比性，利用多个手段提高油气层的发现率和解释精度。与此同时，录井软件将向系统化、平台化、网络化发展，综合录井仪将成为井场信息采集、汇总、处理评价、远程传输的区域综合处理评价信息平台。

（二）录井方法的多样化、录井技术的系列化是发展的必然

随着油气勘探工作面临对象的复杂化和新领域的扩展，录井对象复杂化，同时对录井技术也提出了更高的要求。针对不同的钻探对象，录井技术应有不同的组合，形成相应的录井系列。如砂砾岩剖面录井系列、疏松砂岩浅气层录井技术系列、煤层气地层录井技术系列、石灰岩等裂缝性地层录井技术系列、高压地层录井技术系列、非烃气录井技术系列、油气层评价技术系列、特殊钻井条件下的录井系列、单井地质评价技术系列、随钻地质预测与决策技术系列和录井信息传输技术系列等。

目前实时反演地下地层信息的随钻地层评价技术（LWD）在国外得到快速的发展，这使得录井技术由地面向地下发展。录井技术与其他勘探专业技术的主要区别就在于它的实时性，时刻跟随于石油钻井施工，具备及时快速的特点。因此，录井技术的发展趋势必然是随钻录井，使录井的各种检测仪器深入地下去，随钻地下检测与随钻解释评价才是录井技术发展的必由之路。随钻录井技术的发展为录井技术向高层次发展开辟了广阔的前景。目前已研制出了机械效率录井和卡钻指示器的解释方法，该方法已成功应用于监控钻头状态和钻柱的磨损，实现了安全优化钻井的目的。可以预期，在今后的发展中，随钻录井技术在随钻岩性信息检测、随钻油气信息检测、随钻井底压力与温度信息检测等方面将得到迅速的发展。FEMWD 随钻录井的出现，预示着将录井、地震、测井、地层测试融为一体的发展趋势。

目前我国录井技术已发展成为一个独立的产业。从信息的获取到信息的服务再到勘探的决策，已经成为一个完整的产业链。它是信息产业在油气勘探方面的一个分支。

录井技术已发展成为一项具有自身产业理论的技术。它包括地下和地面的参数检测和采集理论、异常状况识别理论以及信息资源两级开发理论。在今后的发展中，应加强各种参数的传感与检测理论、异常识别理论、信息源的解释评价理论及其他相关理论的研究，为录井技术的发展奠定坚实的理论基础。

当前我国录井行业缺乏深入全面的基础理论研究工作的能力，致使录井技术缺少基础理论的支持。对录井技术体系的研究和录井新技术发展方向的研究等方面，较之其他技术存在严重的不足。这样大大地影响了录井技术向纵深发展，严重制约了录井技术行业的发展。因此，建立录井技术研究机构与录井专业人才的培养体系（包括大专院校录井专业的设置），加速进行现代录井技术体系和录井学科建设，是我国录井行业发展的重要条件。

第一章　工程录井方法与技术

钻井是勘探和开发油气田的主要手段。要把地下的石油和天然气开采出来，要直接了解地下的地质情况，要证实已探明的构造是否含有油气以及含油气的面积和储量，都需要通过钻井来完成。钻井质量的优劣、速度的高低，直接影响着勘探与开发油气田的速度和水平，而录井技术的发展也是钻井技术进步的推动力之一。现场录井包含着工程参数和钻井液参数录井。根据工程参数和钻井液参数及时发现工程参数异常，并采取相应的措施，可预防钻井工程事故的发生和进一步恶化。要做到这一点，需要对钻井工程知识有较详细的了解和掌握，才能较好地完成此项工作。本章主要阐述工程参数和钻井液参数录井方法和技术。

第一节　钻井现场简介

目前，在石油钻井中，尽管钻井目的不同，井的深浅各异，不论在陆地还是在海上，都是用旋转方法钻井，包括转盘旋转钻、井下动力旋转钻及顶部驱动旋转钻。下面以钻机为中心对钻井设备做以简单介绍。

一、钻井设备

图1-1为钻井现场主要设备示意图。

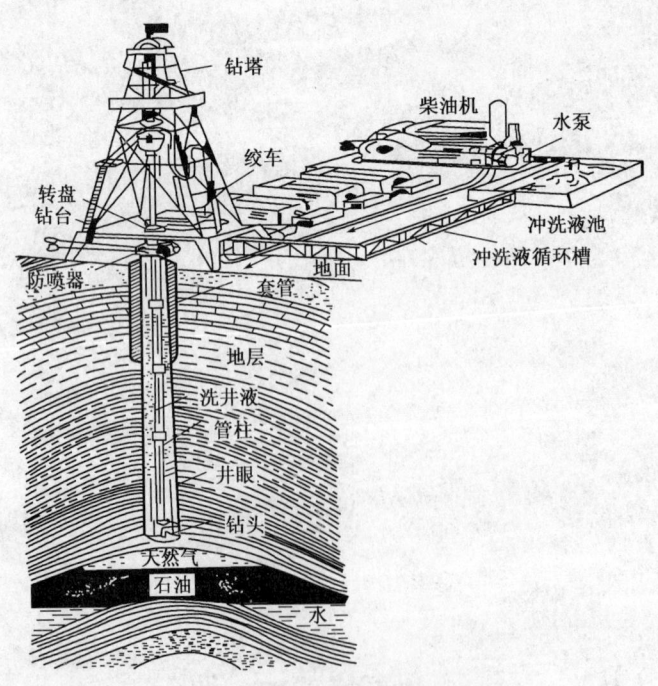

图1-1　钻井现场主要设备示意图

根据钻井工艺中钻进、洗井、起下钻具各工序的要求，一套钻机必须具备下列各系统和设备。

提升系统：为了控制钻头送进、起下钻具以及下套管等，钻机要装一套起升设备，主要包括主绞车、辅助刹车、游动系统（包括钢丝绳、天车、游动滑车）和大钩以及悬挂该系统的井架等。除此之外，还有起下钻操作使用的工具及设备，包括吊环、吊卡、卡瓦、大钳、立根移运机构等。

旋转系统：为了转动钻具以不断破碎岩石，钻机应配备有转盘、旋转接头和方钻杆。

循环系统：为了随时用钻井液清除已破碎的岩石，保证连续钻进，钻机应配有钻井液循环系统。循环系统包括钻井泵、地面管汇、泥浆罐和泥浆槽、泥浆净化设备（如振动筛、除砂器、除泥器、除气器、离心机、沉淀罐）以及泥浆调配设备（如搅拌器、泥浆枪、混合漏斗等）。在喷射钻井和井下动力钻具钻井中，循环系统还担负着传递动力的任务。

起升系统的主绞车、循环系统的钻井泵和旋转系统的转盘，被称为石油钻机的三大工作机组。

动力系统：驱动绞车、钻井泵和转盘以及辅助设备（如空气压缩机）等工作机组的动力设备，可以是柴油机、柴油机发电机组、交流电动机或直流电动机以及供电保护、控制设备。

传动系统：传动系统的主要任务是把动力设备的机械能传递和分配给绞车、转盘和钻井泵等工作机。动力设备的输出特性往往不能满足工作的需要，因而要求传动系统在传递和分配动力的同时具有减速、并车、倒车等多种功能。现代石油钻机的传动方式有机械传动（包括万向轴、减速箱、离合器、链传动和三角胶带传动等）、柴油机—液力传动、电传动和液压传动。

控制系统：为了使钻机各个系统协调地工作，钻机上配有多种控制装置，如机械控制（刹把、机械换挡装置等）、气控制、液压控制、电控制和电气液混合控制，现代钻机普遍采用集中控制。

钻机底座：钻机底座包括钻台底座、机房底座和钻井泵底座等。对于配有 K 型井架的钻机的底座，普遍采用将底座连接成一个整体的结构形式。

辅助设备：一般包括空气压缩机、井口防喷器、辅助发电设备（供机械化装置及照明用电等）、辅助起重设备（气动小绞车）、供暖保温设备以及材料房、值班房、营房等。

其中与录井有关的钻井设备，现场常称钻机八大件，包括井架、天车、游动滑车、大钩、水龙头、绞车、转盘和钻井泵，它们与钻头、钻柱一起完成钻井作业。

二、钻具

钻具是指包括方钻杆（顶驱）、钻铤、连接接头、钻头及其他下井工具构成的管串或钻柱。随不同钻井作业目的要求不同其具体组成也不同，但主要是钻杆段和下部钻具组合两大部分。下部钻具组合包括钻铤、稳定器、减振器、扩径器、变扣接头及其他特殊工具。特殊钻具组合中还可能包括随钻监测仪器、测试工具、震击器及打捞器具等。

钻进过程中，井深的准确性取决于下井钻具长度的准确性。井深的准确性又是保证各项录井资料深度准确可靠的前提和先决条件。因此，钻具管理是实施综合录井技术中首要的一项关键性工作。录井中管理钻具的侧重点是确保其长度。录井现场录井人员应与钻井队配合，保证钻具丈量、计算和井深准确无误。

（一）钻头

钻头是破碎岩石的主要工具。钻头主要分为刮刀钻头、牙轮钻头、金刚石钻头等三大类（图1-2）。

  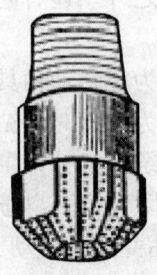

(a)刮刀钻头　　　　(b)牙轮钻头　　　　(c)金刚石钻头

图1-2　钻头的结构示意图

1）钻头用钻头类型和尺寸（单位为mm，保留整数）及钻头长度（单位为m，保留两位小数）表示。例如，尺寸为215.90mm的三牙轮钻头，其长度为0.24m，则应表示为3A215mm×0.24m。衡量钻头的主要指标是钻头进尺和机械钻速。

2）钻头的丈量方法。将钢圈尺零米处对准刮刀钻头刮刀片顶端、牙轮钻头牙轮的牙齿顶端、取心钻头顶端或磨鞋底面，拉直钢圈尺，在另一端螺纹的底部读数（内螺纹量的是顶端）。长度丈量要求精确到厘米。

（二）钻柱

钻柱的基本作用是：起下钻头；施加钻压；传递动力；输送钻井液；进行挤水泥、处理井下事故等特殊作业。

钻柱由方钻杆、钻杆段和下部钻具结合三大部分组成。方钻杆位于钻柱的最上端，有四方形和六方形两种；钻杆段包括钻杆和接头，有时也装有扩眼器；下部钻具组合主要是钻铤，也可能安装稳定器、减振器、震击器、扩眼器及其他特殊工具。

1. 方钻杆

钻进时，方钻杆与方补心、转盘补心配合，将地面转盘扭矩传递给钻杆，以带动钻头旋转。标准方钻杆全长为12.19m，驱动部分长为11.25m。方钻杆有多种尺寸和接头类型。方钻杆的壁厚一般比普通钻杆的壁厚厚3倍左右，并用高强度合金钢制造，故具有较大的抗拉强度及抗扭强度，可以承受整个钻柱的重量和旋转钻柱及钻头所需要的扭矩。

2. 钻杆段

（1）钻杆

钻杆是用无缝钢管制成，壁厚一般为9～11mm。其主要作用是传递扭矩和输送钻井液，并靠钻杆的逐渐加长使井眼不断加深。

（2）加重钻杆

加重钻杆的特点是壁厚比普通钻杆的壁厚厚2～3倍，其接头比普通钻杆接头长，钻杆中间还有特制的磨锟。加重钻杆主要用于以下几个方面：

1) 用于钻铤与钻杆的过渡区，缓和两者弯曲刚度的变化，以减少钻杆的损坏。
2) 在小井眼钻井中代替钻铤，操作方便。
3) 在定向井中代替大部分钻铤，以减小扭矩并能减少粘附卡钻等事故的发生，从而降低成本。

（3）接头

接头分为钻杆接头和配合接头两类。其中钻杆接头是钻杆的组成部分，用以连接钻柱，其类型有：

1) 内平接头：适用于外加厚及内加厚的钻杆。优点是钻井液流过接头阻力小，但易于磨损，强度较低。
2) 贯眼接头：适用于内加厚及内外加厚的钻杆。接头磨损比内平接头小，流动阻力较大。
3) 正规接头：适用于内加厚钻杆。流动阻力最大，但它外径小、磨损小，强度较高。

接头类型的表示法：用三位数字表示接头的类型。第一位数字表示钻杆路径（钻具的直径尺寸，单位为英寸，1in=2.54cm）；第二位数字表示接头类型，用1，2，3三个数字，分别表示接头类型，即"一平二贯三正规"（1—内平接头，2—贯眼接头，3—正规接头）；第三位表示内、外螺纹母扣，"1"表示外螺纹，"0"表示内螺纹。

例如，420×521，420——上端接4in，贯眼接头，内螺纹接头；521——上端接5in，贯眼接头，外螺纹接头。

3．下部钻具组合

下部钻具组合包括钻铤、稳定器、减振器、扩径器、变扣接头及其他特殊工具。这里主要介绍钻铤、稳定器和减振器。

（1）钻铤

钻铤的主要特点是壁厚大（一般为38~53mm，相当于钻杆壁厚的4倍），具有较大的重力和刚度。它在钻井过程中主要起到以下作用：

1) 给钻头施加钻压；
2) 保证压缩条件下的必要强度；
3) 减轻钻头的振动、摆动和跳动等，使钻头工作平稳；
4) 控制井斜。

（2）稳定器

在钻铤柱中适当位置安放一定量的稳定器，以满足钻直井时防止井斜的要求，钻定向井时也可以起到控制井眼轨迹的作用。此外，稳定器的使用还可以提高钻头工作的稳定性，从而延长其使用寿命，这对金刚石钻头尤为重要。

（3）减振器

在钻井过程中会要产生冲击振动，严重情况下钻头的实际载荷可能超过平均值的2倍，直接危害钻头、钻具和地面设备。应用专门设计的减振器可以大大减轻这种振动的幅度及危害。

（三）钻具管理

钻具管理的主要工作如下：

1）编写钻杆立杆序号。每次起下钻，钻杆和钻铤应一柱一柱地按顺序摆放在钻台上，应逐柱编号。起钻按编号排列，下钻按编号依次下井，如发现有坏钻具，应及时做标记，并在钻具记录上注明。

2）记录甩下钻台的坏钻具。起下钻时如有坏钻具被甩下钻台，应丈量其长度，查对钢印号，并做好记录。

3）丈量并记录替入钻具。替入钻具，必须丈量其长度、内径、外径，查明钢印号，并记录替入位置。

4）填写钻具交接班记录。详细填写钻具变化情况、丈量方入，计算交接班时井深。填写前要计算好倒换钻具后的钻具总长、到底方入等。

5）交接班时，交接人应向接班人交代本班钻具变化情况，交代正钻单根编号、小鼠洞单根编号、大门坡道处单根编号，接班人查清后方可接班。

（四）丈量钻具的要求

1）对下井钻具（钻铤、钻杆、接头、钻头等），录井队需协助钻井队技术员按照下井顺序编号，标明丈量长度并登记成册。丈量次数不得少于两次，以保证准确无误，并做到钻井队与录井队钻具资料对口。

2）钻具记录必须用钢笔（圆珠笔）认真填写，记录清晰、数据准确，记录有误时，不得任意涂改、撕毁，只能划改，并注明修改时间及原因，重抄时必须保留原记录。

3）钻具丈量时，工程和录井人员需同时丈量。丈量一遍后，丈量人员需互换位置重复丈量一次，复核校对记录，单根允许误差为±5mm，计算数据需精确到厘米。

4）出井、入井钻具均需丈量并记录。井内钻具的种类、规格、尺寸、长度应做到五"清楚"（钻具组合清楚、钻具总长清楚、方入清楚、井深清楚、下接单根清楚）、二"对口"（钻井对口、录井对口）和一"复查"（全面复查钻具），严把钻具倒换关，确保井深准确无误。

5）对有损伤的坏钻具，丈量后需填入专用记录，并做好明显记录。

6）每次起下钻时要准确丈量方入，误差不得超过1cm。

（五）钻具的丈量方法

钻井现场钻具的丈量必须遵循以下规则进行：

1）将钢圈零米处对准钻具内螺纹顶端，拉直钢圈尺，在另一端外螺纹的螺纹根部进行读数（需精确到厘米，厘米以下用四舍五入法记录），外螺纹的螺纹部分不计入长度。

2）每丈量一个单根，应立即用醒目的颜色笔（白漆）在钻具的一端注明其长度，同时需有专人作记录，并记入钻具记录或钻具卡片。

3）对有损伤不能下井的坏钻进行分类编号，做出明显标记。

4）查对钢印号。

5）建立钻具记录并填写钻具卡片。按编号顺序填写，内容包括钻具名称、长度、内径、类型、钢印号、产地、外径等。钻具记录的首页需明示方钻杆的规范、全长及有效长度。坏钻具、备用钻具、钻铤、接头和特殊钻具要另行编号。

6）丈量人员需互换位置，重复丈量一次，复核记录，两次丈量的误差不得超过1cm。

1. 钻柱的丈量方法

1）钻铤和钻杆的丈量方法。丈量钻铤和钻杆的长度，需将钢圈尺零米处对准钻具内螺纹顶端,拉直钢圈尺,在另一端外螺纹台阶处进行读数(需精确到厘米,百米以下按四舍五入法记录),外螺纹部分不计入长度,单位为 m,如图 1-3 所示。对钻铤、钻杆还要查明钢号。

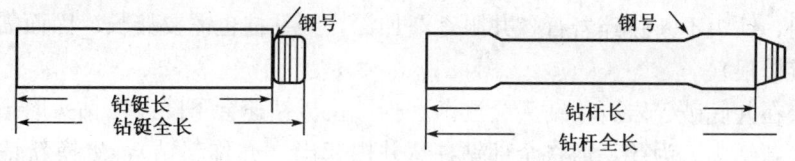

图 1-3 钻柱的丈量方法

2) 接头的丈量方法。与钻杆的丈量方法相同,因其使用频繁,又不被人们注意,易出错,应有专门记录。

3) 方钻杆的丈量方法。与钻杆的丈量方法相同,方钻杆需有整米记号,以备丈量方入之用。如图 1-4 所示。

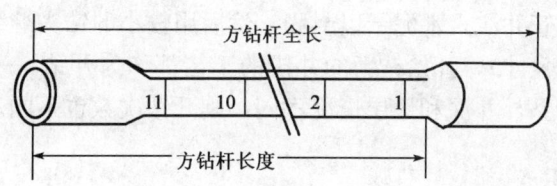

图 1-4 方钻杆的丈量方法

4) 补心高:补心高是指基础顶面到转盘面(方补心)的垂直距离。从转盘面用钢卷尺自然下垂至基础顶面,其长度即为补心高。

2. 井深计算

(1) 方入的概念

方入:方钻杆进入转盘面(或方补心)以下的长度。

方余:方钻杆在转盘面(或方补心)以上的长度。

到底方入:钻头到达井底时的方入,即到底井深减去钻具总长之差。

整米方入:井深为整米时的方入,即整米井深减去钻具总长之差。

(2) 井深计算方法

$$井深＝钻具总长＋方入$$

$$钻具总长＝钻头长度＋接头长度＋钻铤长度＋钻杆长度$$

第二节 钻井生产过程

钻井生产过程主要包括钻进、固井和完井。

一、钻进

钻进是指以一定压力作用在钻头上,并使钻头旋转使之破碎井底地层岩石,井底地层岩石被破碎后所产生的岩屑通过循环钻井液被携带到地面上来。加在钻头上的压力是利用部分钻柱（钻铤）的重力来完成的，钻头的旋转是由转盘或顶驱动力水龙头带动钻柱与钻头旋转来实现的。在使用井下动力钻具时，钻柱不旋转，井下动力钻具带动钻头旋转。在钻进过程中，只要钻具在井内，就应不断循环钻井液，避免造成井下事故。

在钻进中，钻头不断破碎岩石，井眼逐渐加深，则钻柱也需要接长，因而需要不断加接钻杆（亦称接单根）。

由于钻头在井底破碎岩石，钻头会逐渐磨损，机械钻速会下降。当钻头磨损到一定程度时，需要更换新钻头。为此，需将全部钻柱从井内起出（亦称起钻），更换新钻头后再将新钻头与全部钻柱下入井内（亦称下钻），这一过程称为起下钻。有时为了处理事故、测井等也需进行起下钻作业。

在钻井过程中，井眼不断加深，所形成井眼的井壁应当稳定并不发生复杂情况，以保证继续钻进。在钻进中要钻穿各种地层，而各地层的特点不同，其岩石强度有高有低，有的地层含高压油、气、水等流体，有的含有盐、石膏、芒硝等成分，这些对钻井液都有不良影响。强度低的地层会发生坍塌，或被密度大的钻井液压裂而发生井漏等复杂情况，妨碍继续钻进，这就需要下入套管并注入水泥予以封固，然后用较小的钻头继续钻出新的井段。每改变一次钻头尺寸（井眼尺寸），开始钻新的井段的工艺都称为开钻。一般情况下，一口井的钻井过程中应有几次开钻，井深和地层情况不同，则开钻次数也不同。

二、固井和完井

固井是指在已钻成的井眼内下入套管，然后在套管与井壁之间的环形空间内注入水泥浆（在套管的下段部分或全部环空），将套管和地层固结在一起的工艺过程。它可以防止井眼复杂情况发生，以保证安全继续钻进下一段井眼（对于表层、技术套管而言）或保证顺利开采油气（对于油层套管而言）。套管柱的上部在地面用套管头予以固定。

完井工程包括钻开油气层，进行油气层和井眼的连通，安装完井的井口装置。完井作业还包括下油管、装油管头和采油树，然后进行替喷、诱导油气流使油气流进入井眼，流出地面进行计量，进而可进行采油生产。

第三节 钻井生产与录井

一、钻井生产过程与工程参数录井的关系

随着油气勘探开发工作的不断深入，为满足各地区勘探开发深层石油和天然气的需要，深井钻井规模日益扩大，各油田深井钻井数量逐步增多，而且呈现出钻井越来越深的趋势。深井钻井相对于其他钻井，存在着以下几点特殊性：

1) 钻井工程更具系统性和复杂性。对钻井技术、操作方法、钻井工具等提出了更高的要求。

2) 深部地质条件更为复杂，地层硬。地层岩性一般为上软下硬，易出现蹩钻、跳钻现象，使得钻具发生疲劳失效的概率大幅度增加。

3) 钻井周期长。下部岩石的可钻性级值高，钻时慢，钻进困难。

4) 井下温度高。在井深4000m左右，井底温度达140℃以上，并且钻井液的成分也很

复杂。

这些特性使得深井钻井过程中很容易发生工程事故,严重影响深井钻井速度。及时发现工程参数异常,采取相应的措施,可预防钻井工程事故的发生和进一步恶化,对钻井速度的提高和钻井成本的降低具有十分重要的意义。

随着各种钻井工艺的复杂化和地质条件的变化,井下工具的使用增多,工程复杂种类也相应增多,如何避免和减少工程复杂情况的发生,是保证钻井安全、高效和优化的重要前提。综合录井不但是及时发现油气异常的重要手段,而且通过连续监测和记录工程参数的变化,可及时发现各种工程参数的异常变化趋势。录井技术的进步,不仅提高了钻井时效、降低了钻井成本,而且还促进了钻井对录井需求的增强,进而促进了录井技术的不断发展。

要发挥好综合录井工程异常预报的技术优势,必须对出现工程复杂时工程参数的变化趋势有充分的了解和掌握。在钻井过程中,钻井工程异常情况随时都可能发生,其特征也是千变万化的。在录井现场能否及时、准确地对钻井工程异常情况进行分析、判断,录井参数采集的齐、全、准是基础,仪器操作员的责任心、工作经验及对录井、钻井工程知识的掌握情况是关键。通过剖析一些钻井工程异常实例,总结出现工程异常时的各种工程参数的变化规律,经过实践,录井监测在钻井施工过程中发挥了重要作用,是钻井过程中不可缺少的一项技术。

二、工程参数录井的用途

综合录井仪常规检测和记录到的工程参数见表1-1。

表1-1　工程参数的用途

参　数	用　途
钻时	是通过绞车换算参数,反映钻穿单位厚度地层所用的时间。可以用来判断钻头的使用情况
转盘转速	用以测量转盘转速,提供优化钻井、压力检测所需数据
泵冲	用以测量钻井泵每分钟的活塞动作次数,根据输入的单冲泵容积、泵效率等参数计算出入口流量,计算迟到时间及其他派生参数
悬重	通过测量大钩悬重参数变化,可以判断钻井工作状态(坐卡、解卡、钻进、起下钻、离井底),计算钻压,提供优化钻井所需数据,判断卡钻、遇阻、掉钻具等工程事故
钻压	钻头对地层的压力,通过悬重换算得到。可用于判断溜钻、顿钻事故
扭矩	通过测量扭矩参数变化,可以反映钻头使用及工程异常情况(钻头泥包、钻头终结、井塌、钻具扭断等)、地层储集层物性等
立管压力	通过测量立管压力参数变化,可以监测循环系统的工作状态(开、停泵,循环钻井液),提供水动力学计算,优化钻井所需的实时数据,判断工程事故(刺钻具、憋泵、堵水眼、掉钻具等)
套管压力	通过测量套管压力变化,可以监测井筒内压力变化,为测试计算地层压力梯度和处理工程事故、制订方案提供可靠依据
深度	绞车传感器用于测量井深、钻时、钻头位置、大钩高度、速度和判断运动方向

钻井工程参数包括钻时、转盘转速、泵冲、悬重、钻压、扭矩、立管压力、套管压力和深度等。

综合录井工程参数主要用途:

1)进行实时工程监测、优化钻井,保证钻井安全施工;

2)结合气体检测参数评价油气层。综合录井仪检测到的工程参数异常变化与工程事故有着直接或间接的关系,是进行工程异常预报的重要依据。

第四节 钻井液与录井

钻井液是指油气钻探过程中以其多种功能满足钻井工作需要的各种循环流体的总称。钻井中钻井液的循环程序：钻井液罐经泵→地面管汇→立管→水龙带、水龙头→钻柱内→钻头→钻柱外环形空间→井口、泥浆槽→钻井液净化设备→泥浆罐。

一、钻井液的功能

钻井液是钻井的血液，其主作用是：携带、悬浮岩屑；冷却、润滑钻头和钻具；清洗、冲刷井底，利于钻井；利用钻井液液柱压力，防止井喷；保护井壁，防止井壁垮塌；为井下动力钻具传递动力。

钻井液首要和最基本的功用，就是通过其本身的循环，将井底被钻头破碎的岩屑携至地面，以保持井眼清洁，使起下钻畅通无阻，并保证钻头在井底始终接触和破碎新地层，不造成重复切削，保持安全快速钻进。在接单根、起下钻或因故停止循环时，钻井液又将井内的钻屑悬浮在钻井液中，使钻屑不会很快下沉，防止沉砂卡钻等情况的发生。

在钻进中钻头一直在高温下旋转并破碎岩层，产生很多热量，同时钻具也不断地与井壁摩擦而产生热量。正是通过钻井液不断的循环作用，将这些热量及时吸收，然后带到地面释放到大气中，从而起到了冷却钻头、钻具，延长其使用寿命的作用。由于钻井液的存在，使钻头和钻具均在液体内旋转，因此在很大程度上降低了摩擦阻力，起到了很好的润滑作用。

井壁稳定、井眼规则是实现安全、优质、快速钻井的基本条件。性能良好的钻井液应能借助于液相的滤失作用，在井壁上形成一层薄而韧的泥饼，以稳固已钻开的地层并阻止滤相侵入地层，减弱泥页岩水化膨胀和分散的程度。与此同时，在钻进过程中需通过不断调节钻井液密度，使液柱压力能够平衡地层压力，从而防止井塌和井喷等井下复杂情况的发生。

钻井液在钻头喷嘴处以极高的流速冲击井底，从而提高了钻井速度和破岩效率。高压喷射钻井正是利用了这一原理，即采用高泵压钻进，使钻井液所形成的高速射流对井底产生强大的冲击力，从而显著地提高了钻速。在使用涡轮钻具钻进时，钻井液由钻杆内以较高流速流经涡轮叶片，使涡轮旋转并带动钻头破碎岩石。

钻井实践表明，作为一种优质的钻井液，仅做到以上几点是不够的。为了防止和尽可能减少对油气层的损害，现代钻井技术还要求钻井液必须与所钻的油气层相配，满足保护油气层的要求；为了满足地质上的要求，所使用的钻井液必须不影响对地层的评价；此外，钻井液还应对钻井人员及环境不发生伤害和污染，对井下工具及地面装备不腐蚀或尽可能减轻腐蚀。

一般情况下，钻井液成本只占钻井总成本的 7%～10%，然而先进的钻井液技术往往可以成倍地节约钻时，从而大幅度地降低钻井成本，带来十分可观的经济效益。

二、钻井液的种类与性能

（一）钻井液的种类

随着钻井液工艺技术的不断发展，钻井液的种类越来越多。目前，国内外对钻井液有各种不同的分类方法，其中较简单的分类方法有以下几种：

1) 按钻井液密度大小，可分为非加重钻井液和加重钻井液。
2) 按与粘土水化作用的强弱，可分为非抑制性钻井液和抑制性钻井液。
3) 按钻井液中固相含量的不同，将固相含量较低的称为低固相钻井液，基本不含固相的钻井液称为无固相钻井液。

然而，一般所指的分类方法是按钻井液中流体介质和体系的组成特点来进行分类的。根据流体介质的不同，总体上分为水基钻井液、油基钻井液和气体型钻井流体三种类型。

（二）钻井液的性能

钻井液的性能指标主要有密度、粘度、屈服值、静切力、失水量、泥饼厚度、含砂量、酸碱度、固相以及油、汽、水含量。

三、钻井液录井资料收集与评价

钻井液参数主要包括流量（出口、入口）、泥浆池体积、密度（进口、出口）、温度（进口、出口）和电导率（进口、出口），见表1-2。

表1-2 钻井液参数的用途

参　　数	用　　途
出口流量	钻井液出口流量变化与入口流量对比，可以监测是否有钻井液漏失和地层流体进入，及时预报井涌、井漏和井喷
泥浆池体积	测量泥浆池体积变化，可以监测是否有钻井液漏失和地层流体进入，及时预报井涌、井漏和井喷
密度	反映钻井液中的固相物质含量，可以监测地层流体进入，及时预报井涌、井漏和井喷，为计算地层压力等提供实时数据参数，为调整钻井液性能、优化钻井提供方案
温度	钻井液温度的变化可以间接反映地热梯度，是监测异常压力的重要参数，可监测是否有钻井液漏失和地层流体进入，及时预报井涌、井漏和井喷
电导率	监测钻井液的电导率变化，根据变化趋势监测是否有地层流体进入，判断浸入钻井液中地层流体的性质

第五节　实时钻井监控方法

钻井工程异常种类很多，常见的工程异常主要有井涌、井喷、井漏、钻具失效、钻头异常、卡钻、溜钻与顿钻、井壁坍塌、井下压力异常等。使用综合录井仪进行录井时，通过安装相应的传感器，连续测量钻井工程参数，可以实现对钻井施工情况的实时监测。由于综合录井对工程参数监测和异常预报具有实时性、连续性、准确性、及时性、指导性等显著特点，因此可为高效、安全钻井施工发挥着其他手段无法代替的作用。从现场施工来看，由于录井提供了及时、准确的监控和工程预报，已使钻井工程施工人员由经验判断转为更多地依赖于录井参数的分析。本节主要对上述的工程异常参数变化规律进行总结归纳，结合实例进行分析和阐述。

一、钻井作业对录井参数的影响

（一）井涌、井喷

当地层孔隙压力大于井底压力时，地层孔隙中的流体（油、气、水）将流入井内，通常称为井侵。最常见的井侵为气侵和盐水侵。当井侵发生后，井口返出的钻井液的量比泵入的钻井液的量多，停泵后井口钻井液自动外溢，这种现象称为溢流。溢流进一步发展，钻井液涌出井口的现象称为井涌。

地层流体（油、气、水）无控制地涌入井筒，喷出地面的现象称为井喷。井喷流体自地层经井筒喷出地面称为地上井喷，从井喷地层流入其他低压层称为地下井喷。井喷发生后，无法用常规方法控制井口而出现敞喷的现象称为井喷失控，这是钻井过程中最恶性的钻井事故。

总之，井侵、溢流、井涌、井喷、井喷失控反映了地层压力与井底压力失去平衡以后，井下和井口所出现的各种现象及事故发展变化的不同严重程度。

1. 井涌、井喷时录井参数的响应

1）出口流量增加（主要征兆）。当泵入量一定时，出口流量增加，这是井涌的最早征兆。流量增加意味着有流体进入井眼。

2）泥浆池钻井液体积增加（主要征兆）。若在地面上未向钻井液内加入处理剂，或因其他原因（钻井液罐中的钻井液放入泥浆池）造成钻井液体积增加，这就意味着有井涌发生，导致钻井液内体积增加。

3）停泵后钻井液外溢（主要征兆）。在钻井泵停止工作后，钻井液继续由井内外溢，表明井涌正在进行，唯一例外的是钻杆内钻井液比环空中的重（如向钻杆内打重钻井液准备起钻时的情况）。

4）泵压下降和泵冲数增加。泵压的变化可能表明井涌的发生。井涌流体开始进入井眼可能引起钻井液絮凝使泵压暂时增加，然而随着流体的继续流入，钻井液密度降低，泵压开始下降。由于环空内流体变轻，钻杆内钻井液趋于下降，使泵冲数增加。另外的钻井问题也有这种迹象，如钻杆上有个孔（称为冲蚀），也会引起泵压下降；一部分钻柱扭断也有同样的征兆。如果观察到这些征兆，立即检查有无井涌是很必要的。

在海洋钻井中，如果没有隔水管，而钻具和钻井泵又没有刺坏，那么泵压降低可以作为已发生井涌但气体尚未到达地面的唯一依据。

5）起钻时井内流体外溢（主要征兆）。当钻柱从井内起出时，钻井液面应该下降，其值等于起出的钻具体积。如果没有灌入预计应补充的钻井液量而液面已达井口，可以认为有地层流体进入井内。这时虽有气或盐水进入井内，但不会继续流入，直到进入井内的地层流体较多，使钻井液液柱压力小于地层压力时才会发生井涌。

6）钻柱重量变化。井内流体对钻柱提供浮力作用，并有效地减小了井架对钻柱的实际支承重量。钻井液密度越大，浮力就越大。当井涌发生时，低密度的地层流体开始进入井眼，浮力减小，因而大钩负荷增加。如果流体侵入量很大，钻具像被举起一样反而使大钩负荷减小。这些现象都是即将发生强烈井喷的前兆。

7）钻具不正常或钻具放空。钻头钻进速度突然增加，称为钻具放空，这是可能出现井涌的信号（钻速的逐渐增加是异常压力地层的显示，不能误认为是钻具放空）。钻速突然增加，可以认为地层发生了变化。一般认为钻到砂岩层等新地层时就有可能发生井涌。虽然遇到钻具放空也并非一定发生井涌，但每当钻至一个新地层时就有可能出现井涌。在遇到钻具放空时，建议钻入砂岩 1~1.5m 后停钻检查流量。

8）钻井液密度降低。出口钻井液密度下降有时表示正发生井涌，钻井液密度减小的某些原因有：岩屑体积减小；有地层流体侵入，尤其是气体；充气钻井液从泥浆池循环入井。

幸运的是岩屑中含气只在接近地面时,由于气体膨胀,才使钻井液密度下降,不会使全井钻井液密度下降。

9) 钻井液油、气、水侵(主要征兆)。在钻遇油、气、水层以后,如果钻井液静液柱压力小于地层压力,会发生油、气、水侵。气体全量及组分出现异常,接单根气量和起下钻气量明显增加,钻井液出口温度、电导率也可能上升或下降,井口和槽面出现油、气、水显示,这些都是井涌的警告信号。

通过上述分析,可以看出发生井涌时一些工程参数的变化趋势。

2. 钻进过程中发生井涌

入口流量无变化,出口流量间歇性变化,出口流量增大,钻井液体积增加,密度减小,温度升高(涌出物以油或水为主)或降低(涌出物为气),电导率升高(涌出物以水为主)或降低(涌出物以油或气为主),立管压力下降,泵冲数增加,气体全烃、组分检测数值可能增加,表明可能伴有H_2S等有毒害气体出现。

3. 起下钻发生井涌

钻开油气层以后,在起下钻过程中,因施工措施不当,将诱发井涌、井喷。

起钻发生井涌的原因:一方面是钻井队未按规定补充钻井液使井筒液面下降,导致液柱压力降低,当液柱压力低于地层压力时,地层流体将不断侵入井筒,引发井涌;另一方面是起钻速度过快产生的抽汲作用使井筒产生负压,导致地层流体侵入井筒诱发井涌。起钻时,录井人员要在监测钻井队的灌浆情况、起钻速度的同时,监测好出口流量和泥浆池体积的变化情况,并观察井口有无溢流,如果有溢流,要立即通知钻井队。

下钻发生井涌的原因:下钻时,钻井液液柱压力大于地层压力,以及下钻速度过快产生压力激动均会引发井漏,当钻井液漏失使井筒液面下降至不能平衡地层压力时,地层流体侵入到井筒中,最终发生井涌。因此,下钻时录井人员要监测好钻井队的下钻速度及返浆情况,下钻时不返浆,就可能是井漏,要通知钻井队及时处理;当出现出口返浆量大于正常的返浆量时,在后续钻具未入井前要观察井口有无溢流,如果有溢流,要立即通知钻井队可能要发生井涌。

(二) 井漏

井漏是指钻井液从井眼漏入洞穴、孔洞性岩层或裂缝性、高孔隙度的地层而大量损失或全部损失的现象。以漏失速度的快慢可大致分为渗漏、小漏、大漏和只进不出。井漏在钻井过程中最容易引发重大恶性事故,渗漏、小漏会增加钻井液量的消耗,增加钻井成本。大漏或只进不出的漏失,将引起井壁垮塌、卡钻等井下事故,如井漏层位上部有油气层,还将可能引起井喷。由井漏引起的任何事故,处理起来都非常困难,因此是钻井工程中最复杂的问题之一。工程录井需要对可能出现的井漏做好预报,以便及时预防和处理。

1. 井漏的判断方法

首先做好压力监测,掌握区域资料,做好漏前预报及防范。在不同的钻井施工过程中井漏表现各不相同,最直接的为钻井液液位下降(钻井液体积的下降),出口流量减少,利用录井参数可预报可能发生的井漏。

2. 钻进过程中预报井漏

在快速钻进中,由于钻井液消耗较大,需不断补充钻井液,钻井液总量的变化较大,因此只根据钻井液液位变化情况不易判断井漏。但由于工程录井采集的参数多，通过综合分析，可预先判断。

在快速钻进录井监测时，通过钻时、捞取的砂样可知已钻地层的岩性剖面，如果钻入好的渗透性地层，钻井液密度较高或钻进中有泵压波动，就有可能引起井漏。出现上述现象时要密切注意钻井液液位、出口排量和泵压的变化。如果快速钻进中泵压下降、出口排量减少，而且钻井液液位下降，就有可能是井漏。

在机械钻速较低的正常钻进过程中，钻进液液位相对平稳，可以直接通过钻井液液位变化来判断是否井漏。另外，通过分析钻时、砂样岩性剖面，钻井液密度与监测地层压力差的大小，泵压波动情况，以及对钻井液处理情况的综合分析，可以提早预报井漏。

3. 起下钻过程中预报井漏

在起钻过程中判断井漏主要是观察灌浆情况，一般提出 3~5 柱钻具，要灌入一次钻井液，灌入量可根据实际钻具体积计算得到。如果起出 3~5 柱钻具后，灌入量大于下入钻具体积量甚至更多，就可能是发生了井漏。

在下钻过程中由于激动压力可能引起井漏，通过起下钻监测程序监测下钻速度，可防止激动压力过大压漏地层。根据下钻返出钻井液量可以判断是否发生井漏，如果下入 3~5 柱钻具，返出的钻井液量小于实际或不返钻井液，就有可能是发生了井漏。

监测下钻是否有钻井液返出，可以通过安装在钻井液返出口电导率传感器或温度传感器进行监测，钻井液返出时在电导率或温度上应该有变化。下钻有钻井液返出时，电导率由零值迅速上升，变化非常明显，无钻井液返出时电导率值保持不变，因而可用电导率判断是否发生了井漏。温度探头判断是否有钻井液返出受环境影响较大，冬季寒冷，返出钻井液温度与环境温度差别较大，温度变化异常易于判断，而夏季两温差较小，异常变化不明显。

（三）钻具失效

钻具失效类型有多种多样，主要的失效类型是钻具刺漏。

1. 钻具刺漏的原因

钻具刺漏是钻井中较为常见的现象。发生钻具刺漏的原因是由于钻进所使用的钻具较为陈旧，钻井液对钻具腐蚀以及钻进时使用的钻井泵泵压较高，容易引起钻具刺漏。钻柱的扭转振动造成钻柱旋转速度时快时慢，当钻柱突然加速旋转时，扭矩可能突然增加，又因为钻柱与井壁、外螺纹与内螺纹间的交互作用使得在接头处产生很高的热量，螺纹脂从螺纹间隙流出，可能造成密封失效，同时高压流体沿着螺纹间隙从管内流出，引起刺扣；轴向拉力也会降低密封能力；上紧扭矩过小、过低的螺纹过盈量也会导致较低的密封能力；钻柱的横向振动使钻柱承受交变的弯曲应力同样会造成密封失效；加工误差、不合理的公差配合也是一个重要原因。

2. 钻具刺漏的判断方法

钻具刺漏的明显特征是在泵冲稳定的情况下，泵压缓慢下降，但要注意区别钻井液加重后密度不匀引起的泵压下降，以及由于钻井泵上水不好引起的泵压下降。

（四）掉钻具

1. 掉钻具的原因

由于钻进所使用的钻具较旧，钻进中没有及时发现钻具刺漏，或发现异常后没有采取有效措施，钻进时因溜钻、顿钻引起的扭矩急剧升高，以及起钻过程中遇阻后野蛮性地强提导致拉断钻具。

(1) 断裂

断裂在钻具事故中所占比例较大，危害也很严重，主要有以下几种：

1) 过载断裂，由于工作应力超过材料的抗拉强度所引起的，例如钻杆遇卡提升时焊缝热影响区的断裂、蹩钻时的钻柱体折断等。

2) 低应力脆断，在整个钻具失效中占相当大的比例。钻杆、钻铤和转换接头处均能发生，如钻杆焊缝的脆性断裂，钻铤和转换接头螺纹部位的脆性断裂等。这种断裂的主要原因是疲劳损伤。其显著特点是：在突然断裂前没有宏观前兆，一般测量手段查不出来，在不知不觉中造成灾难性事故，低应力脆断是最危险的断裂方式之一。

3) 应力腐蚀断裂，是钻具失效的常见形式。如钻柱在含硫油气井中工作时的硫化物应力腐蚀断裂，钻杆接触某些腐蚀介质（如盐酸、氯化物类）时的应力腐蚀断裂等。

4) 氢脆断裂。当金属中存在过多氢时，在拉应力作用下可以使材料产生氢脆。实际上，由硫化氢和盐酸引起的钻具应力腐蚀断裂也是由于氢的作用造成的。

5) 疲劳断裂。一般发生在钻杆接头、钻铤和转换接头螺纹部位等截面变化区域，或因表面损伤而造成的应力集中区处。由于整个钻具承受复杂的交变应力，有些部位，如螺纹根部、焊缝及划伤等缺陷处会出现应力集中，缺口根部应力可高出平均应力几倍或更高，所以缺陷处很快发生裂纹并扩展，直到断裂。疲劳断裂失效是钻具的主要失效形式。

(2) 脱扣

当螺纹锥度较大时，上紧圈数未达到适当圈数而扭矩就已达到推荐值，此时承受轴向拉力作用，易发生脱扣；当螺纹间隙充填物不合理时也有这种可能性。

2. 掉钻具的判断方法

钻井过程中出现钻具刺漏、溜钻、顿钻、H_2S 侵入以及起钻中遇卡上提吨位较大时，就要密切注意悬重的变化。一般钻进过程中断钻具，工程参数表现为悬重下降（用悬重下降的多少可判断落鱼的长短）、泵压突降、扭矩突降以及出口流量增加。起钻过程中断钻具表现为大钩负荷持续上升，然后突降并且小于钻具总量，就可能是钻具被拔断。

(五) 钻头异常

钻头是破碎岩石的主要工具，准确判断钻头使用状况，可以避免掉牙轮等井下复杂事故的发生，对提高机械钻速、安全钻井意义重大。根据钻头的工作原理不同，可把钻头分为牙轮钻头与刮切类（包括 PDC）钻头。

1. 牙轮钻头异常

牙轮钻头异常占钻井事故中的比例较大，做好牙轮钻头异常预报对安全钻井意义重大。牙轮钻头异常类型一般有掉牙轮、掉牙齿、堵水眼、掉水眼和钻头泥包。

(1) 掉牙轮、掉牙齿

1) 掉牙轮、掉牙齿的原因及危害。

牙轮钻头是通过牙轮滚动使牙轮上的牙齿对地层岩石产生冲击破碎实现钻进。牙轮由于长时间在高压下滚动，牙轮上的牙齿、牙轮轴承使用到一定程度就会磨损、松动，甚至脱落。牙轮落井后，不能正常钻进，将影响钻井工期并加大钻井成本。

2) 牙轮钻头使用状况的判断方法

对钻头的判断由钻头数据收集开始，如入井钻头的类型是新钻头还是旧钻头。如果是旧钻头，它的已纯钻进时间、已钻进尺、新度情况、井底是否干净；新钻头入井后是否按要求磨合，钻头正常钻进时的钻时、钻压、转盘转速、扭矩，以及所钻岩性剖面等参数之间的变化规律；钻井过程中送钻是否均匀，钻压、转速的搭配是否合理，有无溜钻、顿钻。对这些数据要在工程录井监测中建立模式，为以后判断钻头使用状况提供参考数据。

一般情况下，牙轮钻头异常主要表现为机械钻速变慢、扭矩增加、扭矩波动变大。对钻头的监测就是要在钻头磨损严重、掉牙轮之前做出判断，保证最大限度地使用钻头而又不发生掉牙轮事故。

(2) 堵水眼

1) 堵水眼的原因及危害。

下钻过程中由于钻头没有做防堵水眼措施，或钻进时钻井液中大颗粒物体进入水眼，会使水眼堵死，钻井液无法循环。只有起钻通水眼，但这将增加一次起下钻，影响钻井时效。

2) 堵水眼的判断方法。

下钻到底开泵或钻进循环时，泵压持续升高，停泵后泵压不降或下降很慢，通常情况下可以判断为水眼堵，但要区别钻井液加重后密度不均引起的泵压升高。

(3) 掉水眼

1) 掉水眼的原因及危害。

掉水眼是由于水眼安装不到位，钻井液沿水眼周边刺漏，最后刺掉水眼。掉水眼后钻头水马力下降，脱落的水眼引起钻头蹩跳而导致钻速下降，会降低钻头使用寿命。

2) 掉水眼的判断方法。

掉水眼早期，由于钻井液沿水眼周边刺漏，表现为泵压缓慢下降，刺漏到一定程度时水眼被刺掉，表现为泵压不再下降，转盘扭矩跳变，钻速降低，此时水眼可能已经掉入井内。

(4) 钻头泥包

1) 钻头泥包的原因及危害。

牙轮钻头或刮切类钻头在钻大段泥岩时，由于钻头选型不合理（牙齿大小、水眼大小等）或转盘转速、钻压、泵压等工程参数的搭配不合理，钻头就会泥包。泥包后的钻头机械钻速将会明显降低，影响钻井工期。如果以泥包钻头起钻，还将诱发井涌甚至井喷。

2) 钻头泥包的判断方法。

钻头泥包一般发生在钻大段泥岩，钻头泥包后，机械钻速会明显降低，扭矩变小而且波动变小，扭矩曲线较钻头没有泥包时平滑。钻头泥包后还表现为扭矩变化较小，泵压会略微上升，返出的岩屑为泥岩。

2. 刮切类钻头异常

1) 刮切类钻头老化的原因及危害。

刮切类钻头是用钻头本体上镶的牙齿切削地层岩石来实现钻进的。当钻头牙齿切削地层岩石到一定程度时，钻头上镶的牙齿会脱落或磨平，此时机械钻速明显降低，会增加钻进成本。

2) 刮切类钻头老化的判断方法。

刮切类钻头钻进要求井底干净，如果井底有落物或落物打捞不干净，将使刮切类钻头的牙齿较早磨平、脱落，缩短钻头的使用寿命。刮切类钻头老化后，机械钻速降低，泵压在钻头到底与钻头提离井底时不同，钻头到底后泵压将上升。这是由于刮切类钻头老化后牙齿磨平或脱落使钻头水眼与井底间隙变小造成泵压上升。另外，刮切类钻头老化还表现为扭矩变小、波动幅度减弱。准确、及时地判断钻头老化，及时更换钻头，可以提高钻井时效。

（六）卡钻、遇阻

1. 卡钻、遇阻的原因

在起下钻或接单根时，由于钻井液性能及地层岩性引起的井眼缩径或井壁垮塌，将导致下钻时遇阻，钻具下不到井底，不能进行正常钻进，在起钻或接单根上提时遇卡，遇卡时如果工程处理不当，将会引起卡钻事故。

2. 判断遇卡的方法

起钻遇卡时，上提钻具，大钩负荷将持续上升并远大于钻具的实际负荷。下钻遇阻时，大钩负荷将持续下降并小于钻具的实际负荷。

（七）溜钻、顿钻

1. 溜钻、顿钻的原因

溜钻一般是司钻送钻不均匀，在钻头上突然施加上超限的钻压，导致钻具压缩、井深突然增加的现象；顿钻一般是在钻头提离井底后，由于未控制好刹把，钻具自然下落，在钻头上突然施加上超限的钻压，导致钻具压缩、井深突然增加的现象。

2. 溜钻、顿钻的判断方法

溜钻时，井深跳进、钻时加快，钻压突然增加，扭矩也突然变大，转盘转速降低；顿钻时，井深跳进、钻时加快，钻压突然增加。

（八）减振器失效

1. 减振器失效的原因

在钻井过程中，井下钻具要产生纵向和旋转的冲击振动，在严重情况下钻头的实际载荷（钻压与转矩）可能超过平均值的2倍，直接危害钻头、钻具及地面设备。应用专门设计的钻具减振器，可以大大减轻这种振动的幅度及危害，这已成为现代钻井必需的井下工具。及时发现减振器失效，对保护钻头、钻具及地面设备都有十分重大的意义。减振器失效的原因主要是减振元件、驱动部分、密封元件等的损坏。

2. 减振器失效的判断方法

减振器失效后，减振功能不能正常发挥，导致钻具跳动幅度加大，使钻压和大钩负荷较正常钻进时的波动幅度明显增大，转盘扭矩波动幅度也增大，转盘发蹩。

（九）井壁垮塌

1. 井壁垮塌的原因

井壁垮塌（简称井塌）一般是由于地层与钻井液性能的不匹配以及工程上的钻具组合不当引起的。井塌将引起井下复杂、起钻遇卡、下钻遇阻，严重时将引起卡钻、固井质量下降等情况的发生。

2. 井壁垮塌的判断方法

判断井壁垮塌最可靠的依据是井内返出的岩屑情况，循环返出岩屑较正常时量大、块大、岩性杂及颜色杂。同时，井壁垮塌后，录井参数表现为泵压上升、流量增加及扭矩增大。

二、实时钻井监控原理

通过测量和分析各种录井参数的异常变化，可对钻井工程异常情况进行预测分析，从而达到实时钻井监控的目的。

钻井过程中的最重要的五项实时监控项目是快钻时或钻进放空、钻井液体积的增加与减少、钻井液流量的增加与减少、钻井液密度的升高与降低及气体含量的增加。导致以上五项参数变化的原因见表1-3。

表1-3 录井参数变化及其可能原因

参 数 变 化	可 能 原 因
快钻时或钻进放空	低阻抗力地层（较软，孔隙度与渗透率增加，欠压实地层），储层
钻井液体积的增加与减少	由于流体的侵入（井涌）而增加，由于地层漏失（井漏）而降低，由于地面流体的稀释而降低，由于地面损失而降低
钻井液流量的增加与减少	由于流体的侵入（井涌）而增加，由于地层漏失（井漏）而降低，由于泵故障而降低
钻井液密度的升高与降低	由于地面的钻井液稀释而变化，由于流体的流入（井漏）而降低，由于水的损失（过滤）而增加，由于地层流体污染而变化
气体含量的增加	接单根/起下钻气，释放气体，生产气体，重循环气体，污染气体

下面对工程异常时录井参数变化原因及处理措施讨论如下。

1) 钻速变化（瞬间变化）的原因及处理措施见表1-4。

表1-4 钻速变化的原因及处理措施

描 述	可能起因	检查/查询	措 施
钻进放空（快钻时）	假信号； 低阻抗力地层（砂层、盐岩层等）； 欠压实储层	传感器电缆； 岩性对比	按照客户的指标进行流量检查； 按照地质师的指示把井底物质循环出来
钻时突然变大	电缆粘连或传感器故障； 钻头磨损； "泥包钻头"； 地层变化	对比岩性； 扭矩（增大）； 扭矩（减小）； 扭矩及先前的岩屑	维修或重新放置； 通知甲方代表； 通知地质师

2) 钻井过程中泥浆池液面变化（瞬间变化）的原因及处理措施见表1-5和表1-6。

表1-5 钻井液体积增加的原因及处理措施

描 述	可能起因	检查/查询	措施/通知
较慢和正常0.5~3m³/h 滚动小于1m³/h	地面水或钻井液的加入； 水或油的低速侵入； 气体开始侵入； 浮船运动； 泥浆搅拌器	泥浆池/钻工； 阻抗/气体/流速记录； 阻尼系数	注意体积图表1； 通知司钻、甲方代表； 如果需要，重置传感器以减小变化

续表

描　述	可能起因	检查/查询	措施/通知
快而小，1～3m³/h	水或油的侵入； 气体侵入（可能先前有气体膨胀的缓慢增加）	泵冲/压力记录； 司钻/钻工； 钻速/气体/流速/密度/阻率/H_2S记录	注意与图表有关的体积和泥浆池变化； 司钻/甲方代表/地质师； 注意图表上体积变化
快速且较大，大于20m³/h	停泵； 钻井液转移； 水或油的侵入； 气体侵入（先前有快速和正常的增加）	泵冲/压力记录； 钻工； 钻速/气体/流速/密度/阻抗/H_2S记录	注意与图表有关的体积与泵冲的变化； 司钻/甲方代表/地质师； 如果需要，就关井循环

表1-6　钻井液体积下降的原因及处理措施

描　述	可能起因	检查/查询	措施/通知
慢且规则，0.5～3m³/h	井眼体积正常增加； 除泥设备工作； 在裸眼井中由于过滤作用而形成漏失	钻开井眼体积同钻井液体积下降量之比； 钻工	泥浆工程师
快速下降	钻井液被转移到没有安装传感器的泥浆池； 正常循环路线由旁路代替； 在地面上的损失（喷射，操纵阀不能正确地打开）； 在裸眼井中部分或全部漏失到地层中	泵冲/压力记录； 钻工； 钻速/流速/密度	司钻/钻工； 注意图表上体积的变化； 司钻/甲方代表/泥浆工程师

3）接单根过程中泥浆池液面变化（瞬间变化）的原因及处理措施见表1-7和表1-8。

表1-7　接单根过程中钻井液体积增加的原因及处理措施

描　述	可能起因	检查/查询	措施/通知
瞬间的变化达到3m³/h	接单根时停泵	泵冲/压力记录	—
恢复钻进以后	钻井液混入或转移； 接单根时的抽汲	钻工/泥浆工程师； 钻井液密度/钻井液粘度记录； 注意图表上体积的增加和接单根时全烃图	—

表1-8　接单根过程中钻井液体积下降的原因及处理措施

描　述	可能起因	检查/查询	措施/通知
瞬间的变化达到4m³/h	重新开泵	泵冲/压力记录	—
恢复钻进以后	在地面上的损失； 由于正压力差造成的地层漏失	司钻； 泵冲/压力/流速记录	注意图表体积变化； 司钻/地质师

4）在起下钻过程中泥浆池液面变化（瞬间变化）的原因及处理措施见表1-9和表1-10。

表1-9 起下钻过程中钻井液体积增加的原因及处理措施

描 述	可 能 起 因	检查/查询	措施/通知
起钻过程中的增加	钻井液混入或转移； 井涌的开始（由于正压力差或抽汲）	泥浆工程师； 井眼充填体积（对钻具移开后的补偿）； 大钩速度	注意图表体积变化； 司钻/甲方代表； 如果需要，关井循环
钻具在井眼中运动过程中的增加	替换钻井液的钻具体积； 井涌开始	泥浆工程师； 相当的钻具体积与泥浆池容积的增加量； 替换量	注意图表体积的变化； 司钻/甲方代表； 如果需要，就关井循环

表1-10 起下钻过程中钻井液体积下降的原因及处理措施

描 述	可 能 起 因	检查/查询	措施/通知
起钻	不能快速替换由于钻具起出造成的空间； 相当的钻具体积与泥浆池液面的减少量	注意图表体积的变化	—
钻具在井眼中运动时引起的下降	地面损失； 地层中的漏失（由于急放）	起下钻替泥浆池/活动钻井液循环； 替换体积； 大钩速度	注意图表体积的变化； 司钻/地质师

5) 钻井液密度变化（瞬间的入口密度和出口密度）的原因及处理措施见表1-11。

表1-11 钻井液密度变化的原因及处理措施

描 述	可 能 起 因	检查/查询	措施/通知
出口密度突然降低	气体侵入； 水或油的侵入； 接单根或起下钻气体	泥浆池的液面/流速/全烃/电阻率	司钻/甲方代表/地质师； 注意图表上的变化
出口密度显著增大	地层中水的损失； 返出钻井液中岩屑量增加	钻井液粘度； 振动筛页岩密度	泥浆工程师； 注意图表上的变化
入口密度下降	被稀释（有意的或意外的）	钻工	泥浆工程师； 注意图表上的变化
入口密度增大	加重	钻工	泥浆工程师； 注意图表上的变化

6) 钻井液电导率变化（入口瞬间变化、出口迟到型变化）的原因及处理措施见表1-12。

表1-12 钻井液电导率变化的原因及处理措施

描 述	可 能 起 因	检查/查询	措施/通知
入口电导率增加	钻井液添加剂	钻工； 泥浆工程师	地质师； 泥浆工程师
入口电导率下降	附加的水/混入水	钻工； 泥浆工程师	地质师； 泥浆工程师
出口电导率增加	钻遇盐岩层； 盐水侵入	钻速/泥浆池液面/岩屑	地质师/泥浆工程师/甲方代表
出口电导率下降	淡水侵入； 油/气侵入； 钻井液中充气	泥浆池液面/流速/全烃	司钻/地质师/甲方代表

续表

描 述	可能起因	检查/查询	措施/通知
无变化（零或正值）	传感器位于钻井液液面之上或被埋进岩屑； 油基泥浆； 传感器故障	传感器位置/安装条件； 泥浆工程师	清洗、重置或维修
突然变化	传感器部分侵入	传感器位置	重置

7) 钻井液温度变化（入口瞬间变化、出口变化）的原因及处理措施见表1-13。

表1-13 钻井液温度变化的原因及处理措施

描 述	可能起因	检查/查询	措施/通知
入口或出口温度无变化	传感器位于钻井液液面之间； 传感器故障	传感器位置/安装条件	重置或维修
入口温度快速递减	地面上添加的流体； 开放式泥浆池接受暴雨	钻工； 泥浆池液面	调整性能
入口温度梯度递减	在欠压实的页岩中热导率下降	钻速/"d"指数	甲方代表/地质师

8) 其他参数变化的原因及处理措施见表1-14。

表1-14 其他参数变化的原因及处理措施

描 述	可能起因	检查/查询	措施/通知
扭矩突然增大	钻遇井底落物； 钻具上的泥饼粘附； 地层变化	岩屑； 钻速	司钻/甲方代表
扭矩逐渐增大	钻头磨损	岩屑中的金属物； 钻头使用周期	甲方代表
扭矩突然下降	地层变化； 钻头严重泥包	岩屑； 钻速	司钻/甲方代表
泵压下降之后又上升	钻井液密度增大	入口钻井液密度	调整性能
泵压缓慢下降	钻具刺穿； 泵漏； 钻井液密度变化	使泵转速稳定	司钻/甲方代表
泵压突然下降	传感器故障； 钻具断裂； 掉水眼	动力线路破损； 大钩载荷/钻速/扭矩	司钻（下次起钻时维修）； 司钻/甲方代表
泵压突然升高	水眼堵	使泵转速稳定	司钻/甲方代表
泵压缓慢上升	钻井液粘度升高	使泵转速稳定； 钻井液工程师	司钻/甲方代表
上提钻具时超拉	地层垮塌，压差卡钻	岩屑/扭矩	司钻/甲方代表
H_2S 传感器报警	H_2S 传感器被打湿； 设备的测试； H_2S 气体流入	传感器； 同事/井队人员/安全经理； 气体含量； 传感器	注意图表上的测试和故障信息； 司钻/甲方代表

下面对实时钻井监控方法小结如下：

1) 钻具（或泵）刺穿：泵冲数及钻井液出口流量稳定，立管压力逐渐下降，钻时、扭矩增大。

2) 钻头寿命终结：钻压及转盘转速不变时，扭矩增大并大幅度波动，钻时增大，钻井成本增加，岩屑变细或有铁屑。

3) 溜钻或顿钻：钻压突然增大，大钩负荷突然减小，大钩高度和钻时骤减。

4) 井涌：钻井液入口流量稳定时，体积增加，密度减小，出口流量增大，温度升高（油侵）或降低（水或气侵），电阻率升高（油气或淡水侵）或降低（盐水侵），立管压力下降。

5) 井漏：钻井液入口流量稳定时，体积减小，出口流量减小，立管压力下降。

6) 卡钻：扭矩增大或大幅度波动，上提钻具时大钩负荷增大而下放钻具时大钩负荷减小，立管压力升高。

7) 掉水眼：入口流量不变时，立管压力突然减小，钻时增大。

8) 掉钻具：钻进时大钩负荷突然减小，立管压力下降，扭矩减小；起下钻过程中，大钩负荷突然减小。

9) 水眼堵：钻井液入口流量稳定时，立管压力增大，钻时增大，扭矩增大。

10) 井壁坍塌：扭矩增大，岩屑量增多且多呈大块状。

可以利用计算机对综合录井资料组合（主要是工程参数和钻井液参数）进行实时处理，实现随钻监控，指导钻井施工。基于此原理，目前有关录井研究单位和录井仪器生产厂家正在进行钻井实时监控智能系统研究。这一系统的研发将会大大提高录井在钻井实时监控方面的自动化和智能化水平。

三、钻井异常实例分析

（一）井涌实例

实例：某井于 2003 年 3 月 17 日 21：45～22：00 时钻进，至井深 2985.60～2987.00m（迟到井深 2984.40～2984.80m）时，气测全烃、烃组分开始缓慢抬升，全烃由 3.96% 增至 10.692%，C_1 由 2.682% 增至 7.797%；出口密度、出口电导率呈缓慢下降趋势，出口密度由 0.90g/cm^3 下降至 0.89g/cm^3，出口电导率由 0.40S/m 降至 0.39S/m；总体积呈上升态势，由 243.0m^3 升至 244.1m^3；钻时由 14.7m/min 降至 12.0m/min。综合分析后预报可能发生井涌，及时通知了钻井队，如图 1-5 所示。

钻井队采取继续钻进观察。22：15～22：20 时钻进到井深 2989.30～2989.90m（迟到井深 2984.90～2985.40m）时，全烃由 10.2% 升到 58.34%，C_1 由 9.648% 增至 56.695%；出口流量由 17.1% 升到 37.2%；出口密度由 0.89g/cm^3 降至 0.80g/cm^3；出口温度由 43.7℃ 降至 43.4℃，出口电导率由 0.39S/m 降至 0.33S/m；钻井液总体积由 243.1m^3 升至 246.5m^3；钻时加快，2988.00m 钻时最低为 6.1m/min。综合分析判断为气涌。再次及时通知了钻井队。

22：30 时，钻进到 2990.63m（迟到井深 2986.50m）时，钻井队决定将正常循环流程改为欠平衡循环流程；22：35 时，完成欠平衡循环流程转换；22：43 时，迟到井深 2987.80m，全烃达到 95% 左右，C_1 含量达到 90% 左右，出口密度降至 0.71g/cm^3，出口温度降至 41.2℃，电导率降至 0.29S/m，钻井液总体积升至 250.2m^3；22：44 时于迟到井深 2988.00m 在燃烧管线排放口一次点火成功。在后续钻进过程中，每次接单根作业后，再次开泵循环都会发生井涌。

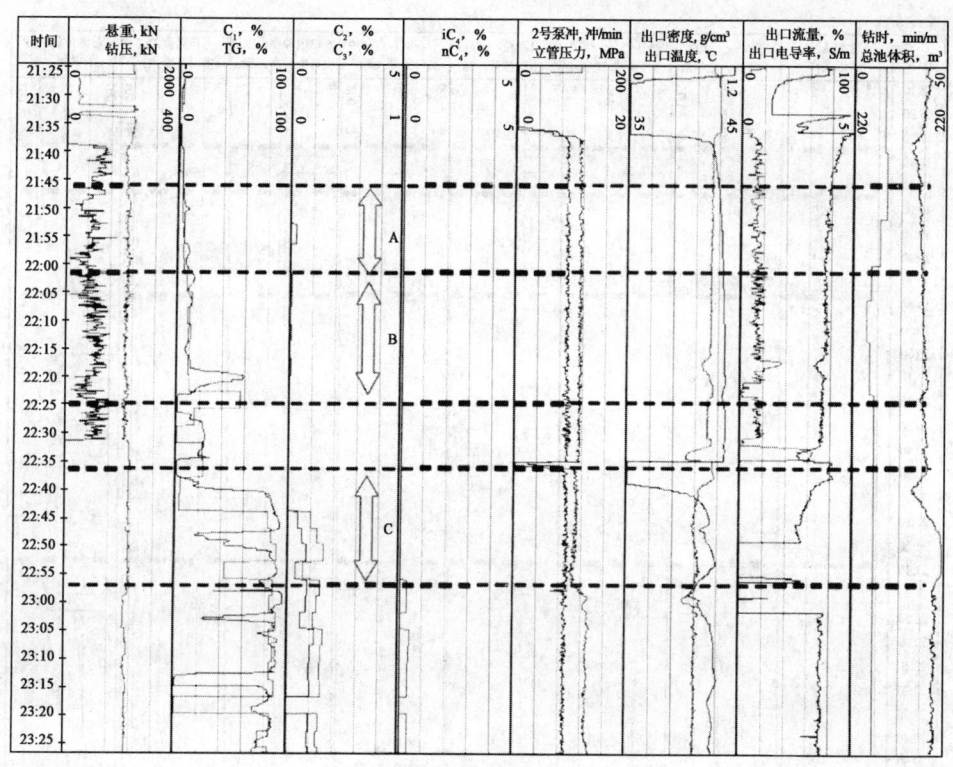

图1-5 井涌录井参数曲线

（二）井漏实例

实例1：某井于2004年12月12日18：30时钻至井深3387.66m时，钻井液总池体积为137.2m³。18：48时，泵冲数不变，即入口流量稳定的情况下，总池体积降至134.0m³，降幅为3.2m³。现场检查，未发现钻井液跑冒情况，预报为井漏，及时通知了钻井队，如图1-6所示。

钻井队决定钻进观察，在19：20时，钻进至井深3390.21m，总池体积继续呈下降态势，降至132.2m³，再次及时通知相关人员，发生井漏。19：32时，总池体积降至129.6m³，且钻井液出口槽池面有所下降，工程停止钻进，决定处理钻井液，此时共漏失钻井液7.6m³，漏速为9.5m³/h。

19：32～21：20时钻井队处理钻井液，并补充20m³钻井液至循环罐内，钻井液总池体积达到145.7m³。

21：24时，开始开泵循环钻井液，继续观察，总池体积继续呈下降态势，至21：44时，总池体积由145.7m³降至131.5m³，井漏未能被控制。21：25时，钻井队决定钻进观察，22：54时，钻至井深3394.12m，钻井液总池体积降至121.6m³，漏失钻井液24.1m³，漏速为16.4m³/h。

此后钻井队一边钻进，一边堵漏，于2004年12月13日19：10时，井漏得到控制，堵漏成功。

实例2：某井于2005年7月7日19：02时，井深2902.28m接完单根后，继续常规钻进，此时总池体积143.70m³。19：16时，钻进至井深2093.65m，在入口流量、立管压力等参数无明显变化的情况下，钻井液总池体积降至140.2m³，预报为井漏，及时通知了钻井队，如图1-7所示。

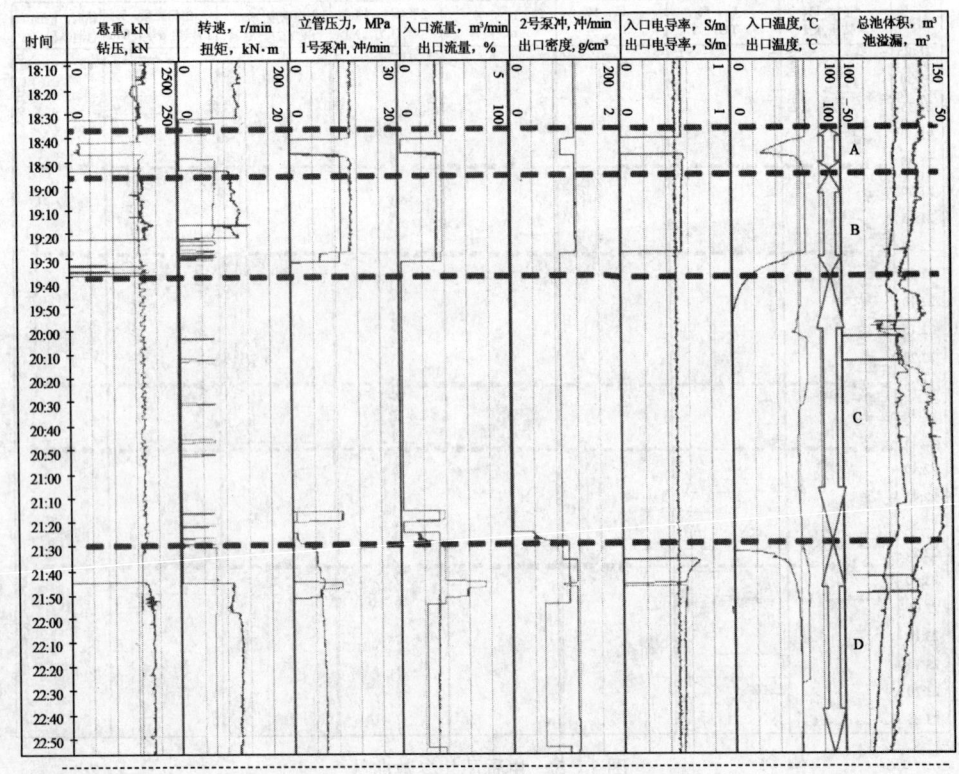

图 1-6 井漏实例 1 录井参数曲线

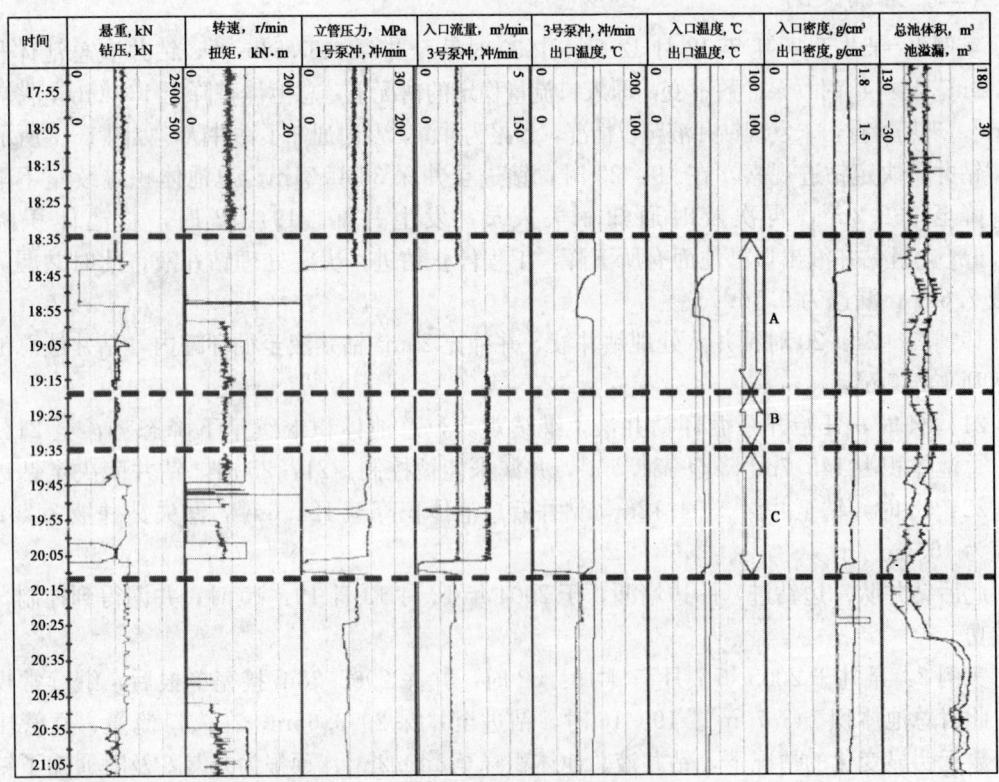

图 1-7 井漏实例 2 录井参数曲线

钻井队接到预报通知后，由备用罐向 5 号池倒入了 8m³ 钻井液，同时继续钻进观察。

在钻进观察过程中，发现钻井液总池体积继续呈下降态势，21：10 时钻进至井深 2907.87m 时，钻井液总池体积降至 132.70m³，入口流量无变化，立管压力由 17.6MPa 降至 16.6MPa，钻井液总漏失量为 19.00m³，漏速为 0.31m³/min。

20：25 时，采用小排量循环处理钻井液，采取堵漏措施，至 23：50 时，井漏得到控制，堵漏成功。

（三）钻具失效实例

实例 1：某井于 2004 年 4 月 27 日 6：20 时钻进至井深 2135.30m 时，2 井泵冲保持在 97 冲/min，稳定，立管压力开始呈下降趋势，到 6：48 时，立管压力由 9.6MPa 下降至 9.1MPa，预报为刺钻具，及时通知了钻井队，建议起钻检查钻具。钻井队未采纳，继续钻进，如图 1-8 所示。

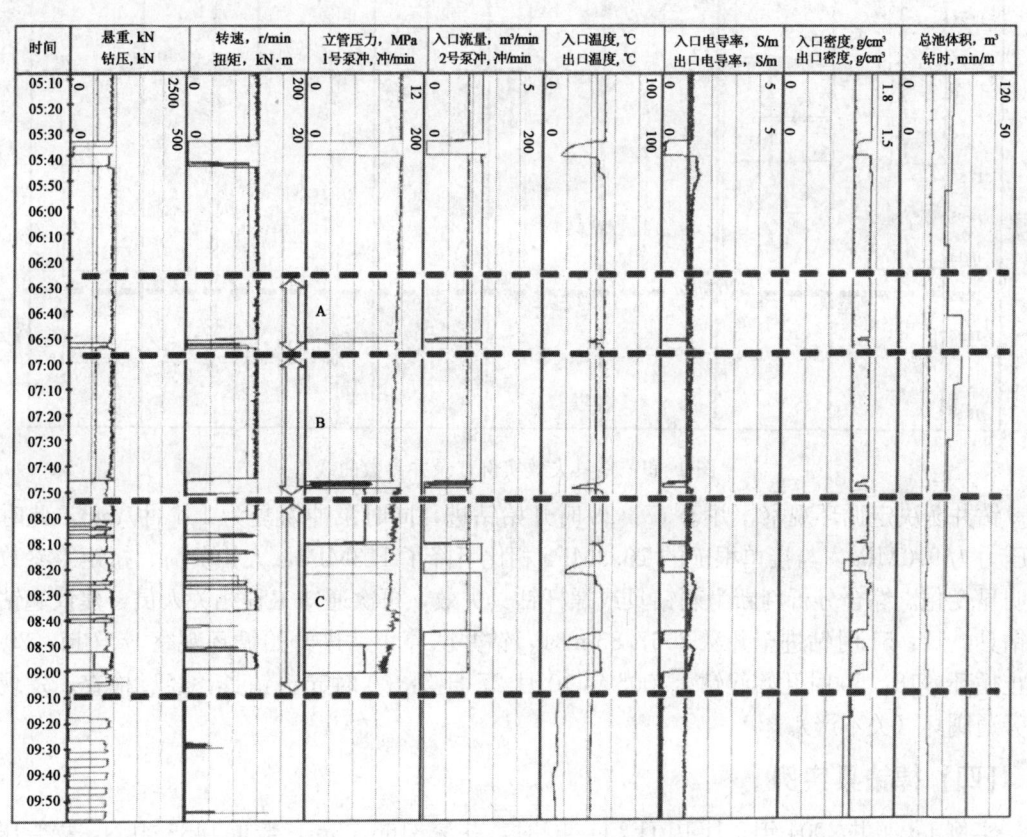

图 1-8 钻具失效实例 1 录井参数曲线

7：45 时钻至井深 2138.29m 时，在泵冲保持在 97 冲/min 的情况下，立管压力又由 9.1MPa 缓慢下降至 8.7MPa，录井队再次通知钻井队已经刺钻具。钻井队未采纳。

7：48～8：56 时，钻井队先后 3 次换泵循环钻进，在泵冲数保持稳定情况下，立管压力一直呈下降趋势，8：56 时立管压力又降至 7.8MPa，录井队多次通知钻井队已经刺钻具，继续钻进可能将发生断钻具事故。9：02 时钻进队停泵，起钻检查钻具，结果发现一根钻铤横向刺穿 23cm 裂隙，已经接近断掉。由于预报及时，避免了一次掉钻具事故的发生。

实例 2：某井 2005 年 10 月 26 日 16：58 时钻进至井深 2567.38m 时，泵冲为 101 冲/min，

立管压力为10.3MPa,此时工程接单根。17:10时,接完单根后开始循环钻井液,17:15时,泵冲数为95冲/min,立管压力降为8.0MPa,降幅较大,预报为刺钻具,及时通知了钻井队,如图1-9所示。

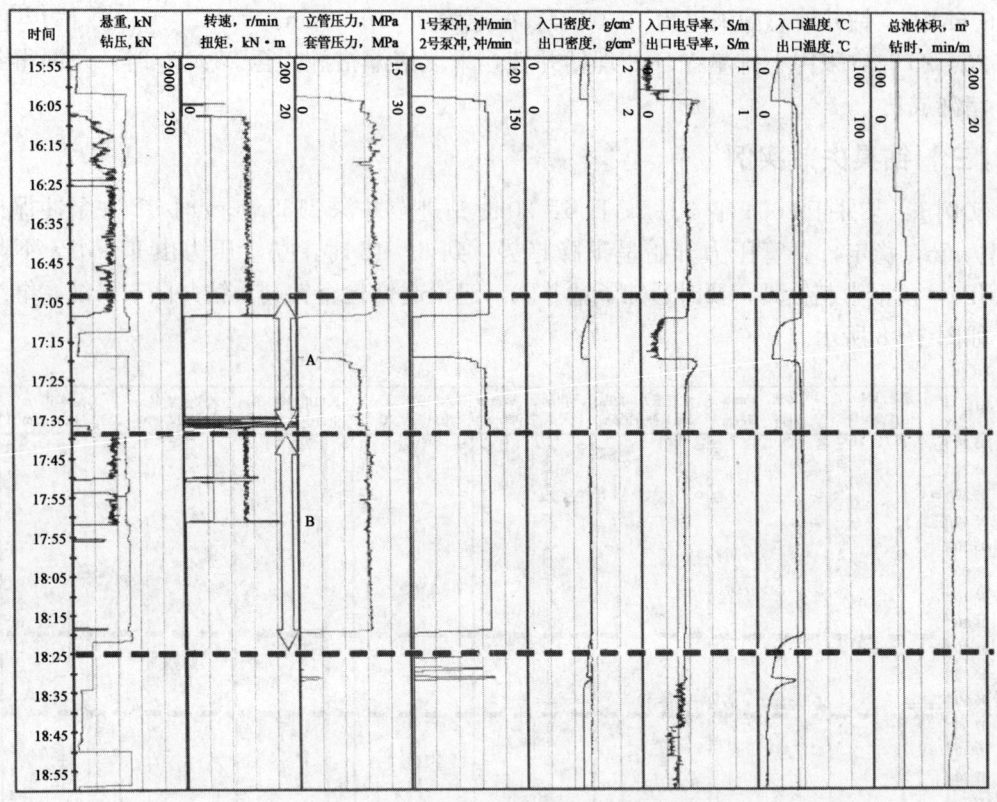

图1-9 钻具失效实例2录井参数曲线

钻井队决定循环观察,并于17:28时开始钻进,同时泵冲恢复为101冲/min,此时立管压力为9.0MPa,与接单根前的10.3MPa相比下降了1.3MPa,大钩负荷、扭矩等参数均无明显变化。综合分析判断为刺钻具或螺杆钻具失效,再次通知工程相关人员,建议起钻检查钻具。17:51时钻进至井深2567.85m时,钻井队停止钻进开始循环观察,于18:20时停止循环,18:50时开始起钻。2005年10月27日2:00时起出钻具,经过检查,发现螺杆旁通阀坏(关不严)。

(四) 掉钻具实例

实例1:某井2004年9月10日14:40时,井深3166.03m,悬重1435.4kN,立管压力为18.2MPa,总泵冲数为122冲/min。14:20~15:20时在总泵冲数为122冲/min的稳定情况下,立管压力呈下降趋势,由18.2MPa降为17.3MPa,其他参数无明显变化。分析判断为刺钻具,及时通知了钻井队,如图1-10所示。

钻井队接到预报通知后,决定继续钻进做进一步观察。15:21~16:50时,在泵冲数稳定的情况下,立管压力在17.3MPa左右变化,相对稳定,其他参数也未发生明显变化。因此认为之前的立管压力下降可能是由于泵上水不好引起的,未能引起足够重视。

16:55时钻至井深3169.23m时,总泵冲数仍稳定在122冲/min,立管压力由17.3MPa降至16.7MPa,降幅为0.6MPa,转盘转速由69冲/min升至75冲/min,扭矩由

1.33kN·m 降至 1.07kN·m。16：57 时上提钻具，悬重由 1435.4kN 降至 1245.6kN，降幅为 189.8kN，预报为掉钻具，及时通知了钻井队。17：01 时总泵冲数增至 124 冲/min，立管压力为 16.3MPa，

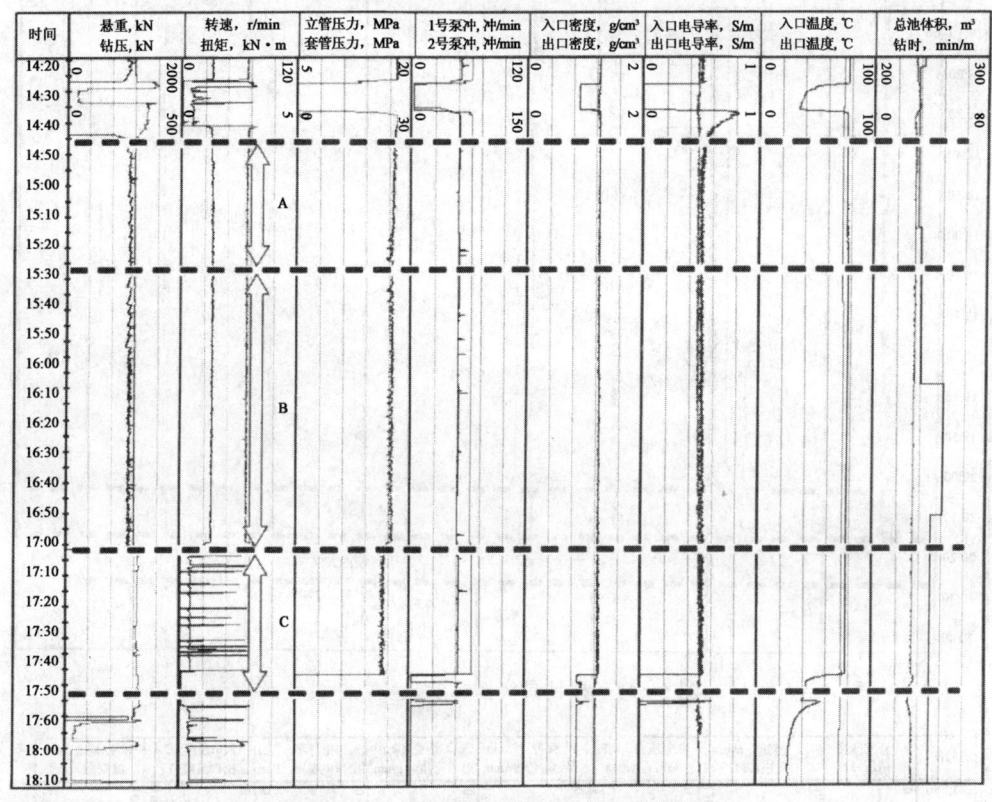

图 1-10 掉钻具实例 1 录井参数曲线

上提、下放钻具，悬重始终为 1245.6kN，立管压力为 16.3MPa。18：00 时起钻检查钻具。9 月 11 日 2：00 时起出钻具，结果为断钻具，落鱼长度为 101.05m。

实例 2：某井于 2005 年 4 月 27 日 17：50 时接完单根后，悬重为 1220kN，17：56 时开始钻进，总泵冲数为 162 冲/min，稳定，立管压力为 17.8MPa，悬重在 950kN 左右变化，钻压在 170kN 左右变化，如图 1-11 所示。

20：00 时钻进至井深 2879.39m 时，悬重为 950kN，钻压为 170kN，总泵冲数为 162 冲/min，稳定，立管压力由 17.8MPa 下降至 17.0MPa，预报为刺钻具，及时通知了钻井队。

钻井队未及时起钻检查钻具，而是继续钻进观察。20：15 时钻进至 2879.90m 时，总泵冲数为 162 冲/min，稳定，立管压力降至 16.2MPa，扭矩由 14.2kN·m 突降至 8.1kN·m，转盘转速由 53r/min 突增至 62r/min，上提钻具，悬重由 1220kN 下降至 947.6kN，预报为断钻具。起钻检查钻具，发现钻具断裂落井，落鱼长度为 145.70m。

实例 3：某井于 2004 年 9 月 24 日 13：40～13：55 时，钻至井深 2973.16～2973.86m，扭矩由 7.8kN·m 开始缓慢升高到 9.3kN·m，预报为钻头终结，及时通知了钻井队，如图 1-12 所示。

钻井队决定钻进观察。14：00 时钻至井深 2973.86m 时，扭矩突增至 13.1kN·m 后，又降至 7.0kN·m，停转盘出现倒车情况。14：03 时上提钻具，在 1 号泵冲数稳定（100 冲/min）的情况下，立管压力由 18.5MPa 降至 9.5MPa，悬重由 1140kN 变为 1120kN，预报为断钻

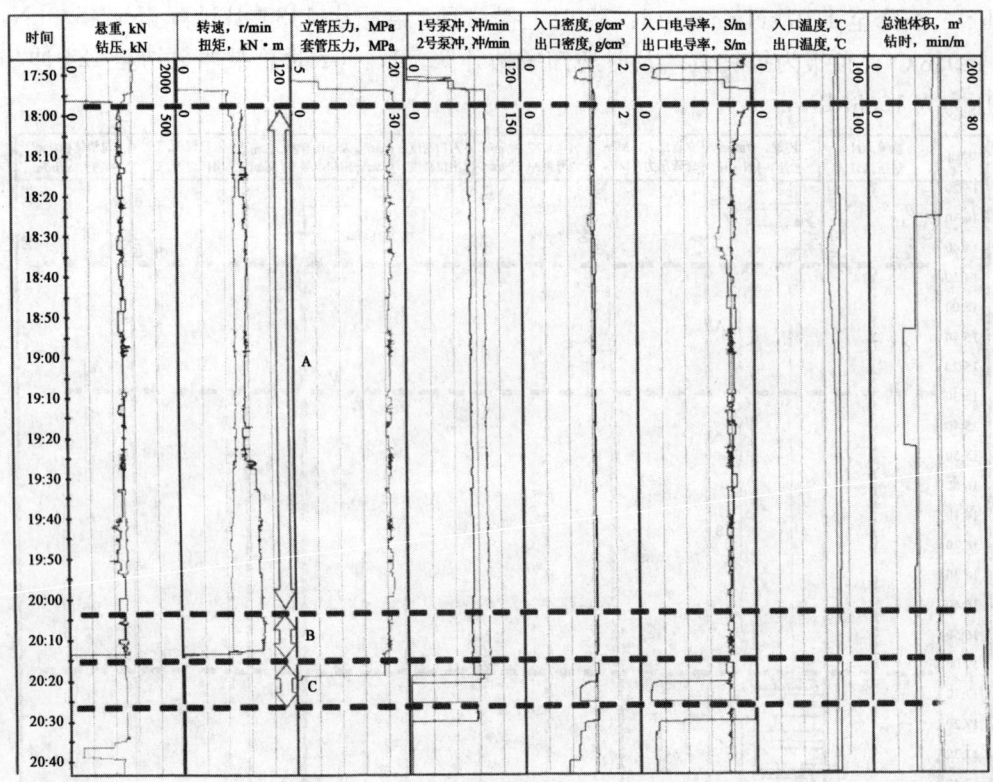

图 1-11 掉钻具实例 2 录井参数曲线

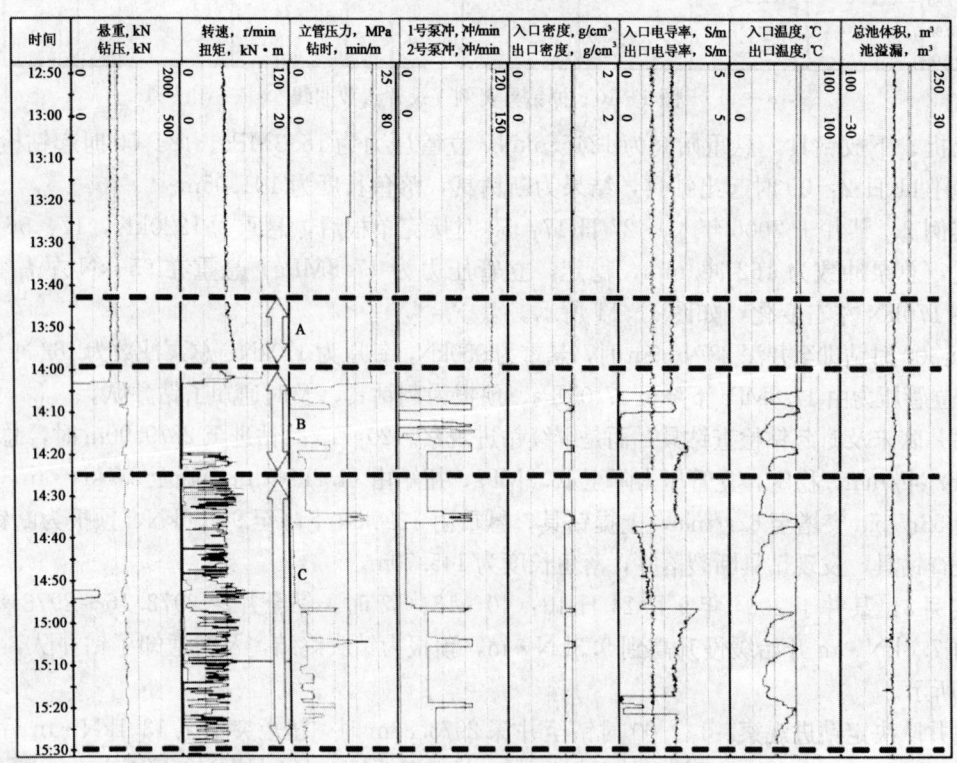

图 1-12 掉钻具实例 3 录井参数曲线

具,及时通知了钻井队。钻井队改用2号泵(泵冲数为98冲/min)循环钻井液,立管压力为9.0MPa,排除了钻井液泵损坏导致立管压力下降的因素。

根据施工过程中曾出现过停转盘倒车的情况,综合分析立管压力下降、悬重减少的主要原因可能是钻铤倒扣导致钻具脱落。14:20~15:25时钻井队采取下钻对扣方法打捞钻具,14:35时,在泵冲数稳定(98冲/min)的情况下,泵压恢复到17.5MPa,认为对扣成功。上提钻具,但刚上提钻具约0.5m,泵压又下降至9.5MPa,说明钻具再次脱落。之后又进行两次对扣作业,均未成功,开始起钻。起出钻具发现双向减振器脱扣掉井,落鱼长度为19.90m。下钻打捞完减振器后,发现2个牙轮掉井。

(五) 钻头异常实例

实例1:某井,2005年4月26日8:30~11:55,扭矩在4.25~4.55kN·m之间变化,转盘转速为70r/min,如图1-13所示。

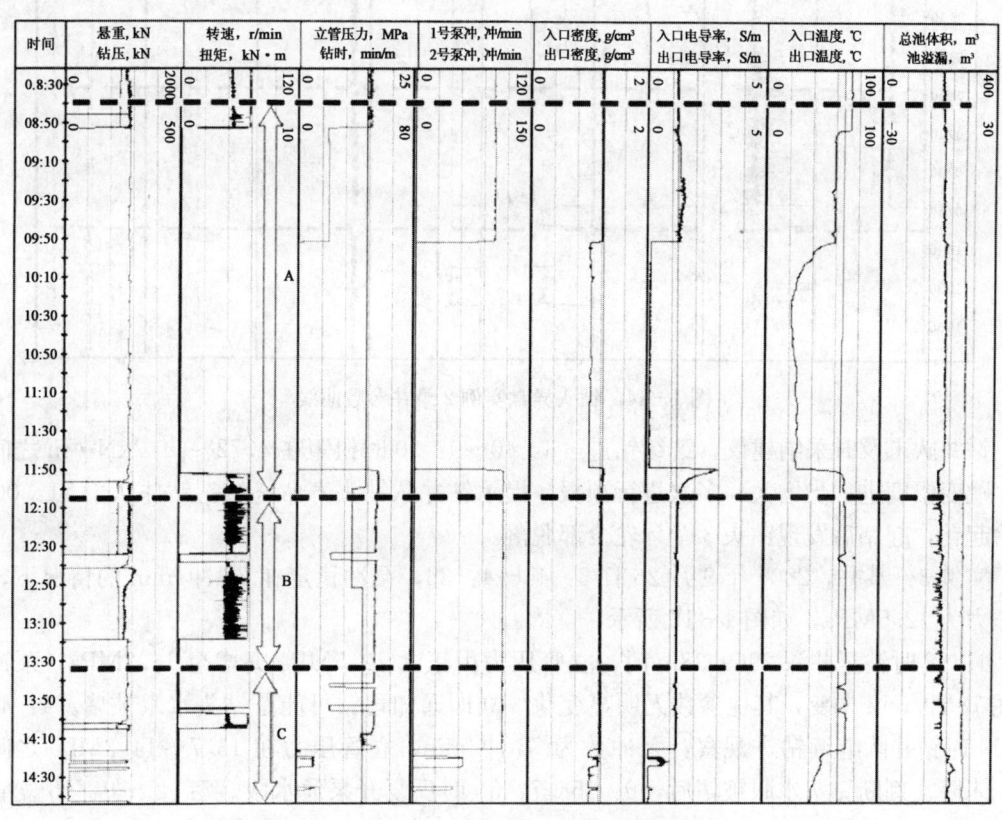

图1-13 钻头异常实例1录井参数曲线

11:56时钻进至井深2755.91m时,扭矩波动幅度加大,在3.8~5.5kN·m之间变化,12:00时录井预报钻头终结,及时通知了钻井队。钻井队分析可能是钻具与井壁摩擦引起扭矩的波动,决定继续钻进观察。12:00~14:04时扭矩基本在3.8~5.5kN·m之间变化,而且波动幅度较大,并伴有转盘发蹩情况出现,分析判断为牙轮磨损严重,再次预报为钻头终结,建议钻井队起钻检查钻头。钻井队采纳建议及时起钻,起出钻头后发现钻头牙轮严重磨损。

实例2:某井于2003年10月15日8:10钻至井深3516.93m时,扭矩在10.23~11.20kN·m范围内变化。8:30~8:40时钻至井深3517.30~3517.45m时,扭矩在

6.27~12.45kN·m 范围内变化，波动幅度明显增大。预报为钻头终结，建议钻井队起钻检查钻头，如图 1-14 所示。

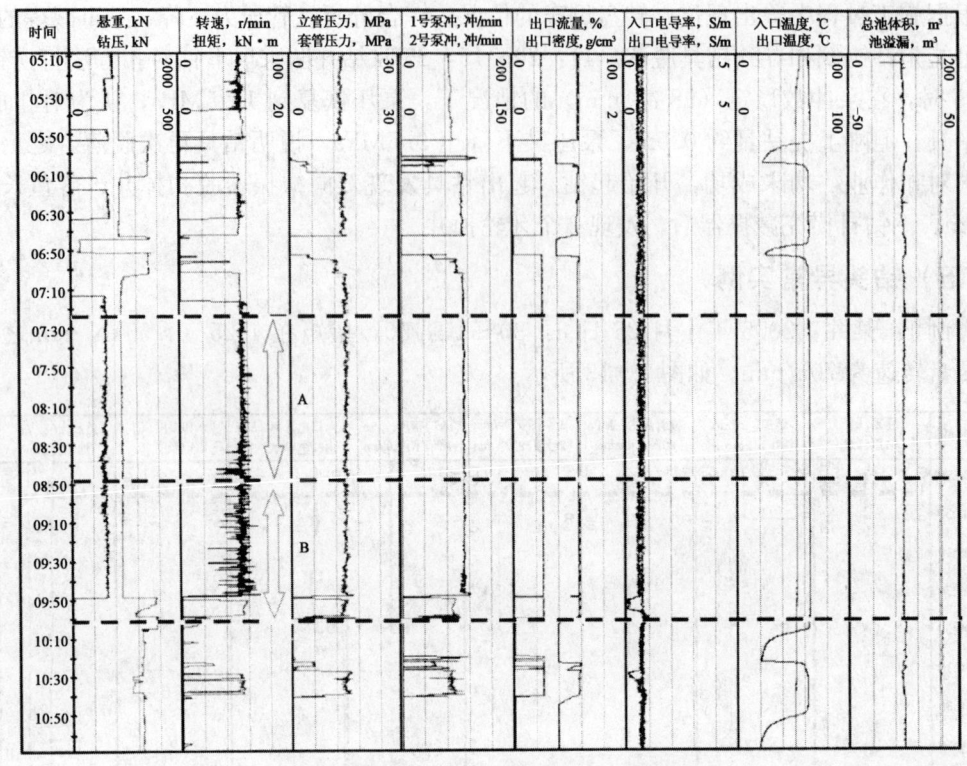

图 1-14 钻头异常实例 2 录井参数曲线

钻井队未及时采纳建议，继续钻进，8：40~9：50 时扭矩在 4.72~14.2kN·m 之间变化，跳变幅度进一步增大。多次进行预报，提示钻井队钻头寿命终结。钻井队于 11：00 时开始起钻，起钻后发现钻头 3 个牙轮全部脱落。

实例 3：某井，2004 年 9 月 26 日 3：45~4：35，泵冲稳定在 78 冲/min 的情况下，立管压力为 12.5MPa，如图 1-15 所示。

4：38 时钻至井深 2969.38m 时，立管压力由正常 12.5MPa 突增至 14.2MPa，泵冲稳定在 78 冲/min 未变，其他参数无明显变化，立即通知司钻可能是钻头水眼被堵。4：44~6：14 时钻井队继续钻进观察，泵冲数为 78 冲/min，立管压力在 13.7~14.3MPa 之间变化，未降。判断钻头水眼被堵后，6：15~7：30 时反复开泵通水眼。7：45~9：15 立管压力下降至 12.5MPa 左右，但不稳定。

9：30 时开始采用反循环方式循环钻井液。11：00 时立管压力稳定在 12.5MPa，水眼通开，恢复正常钻进。

实例 4：某井于 2004 年 10 月 16 日 18：05 时钻进至井深 3519.70m 时，泵冲稳定在 85 冲/min 未变情况下，立管压力由 19.1MPa 开始呈下降趋势。18：07 时降至 18.4MPa，18：10 时立管压力降至 17.3MPa，预报为刺钻具，立即通知钻井队司钻。司钻决定钻进观察，18：26 时钻进至井深 3520.34m，泵冲仍为 85 冲/min，立管压力稳定在 17.3MPa 左右不再下降，其他参数无异常变化，预报为掉水眼。起钻检查钻头，发现一水眼脱落，如图 1-16 所示。

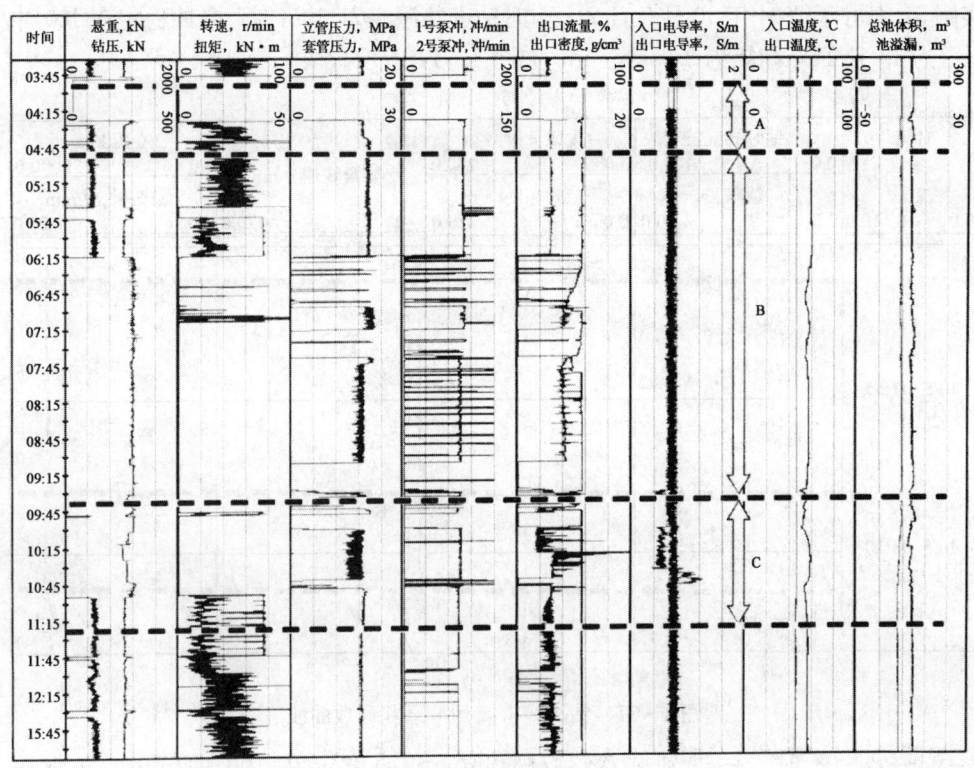

图 1-15 钻头异常实例 3 录井参数曲线

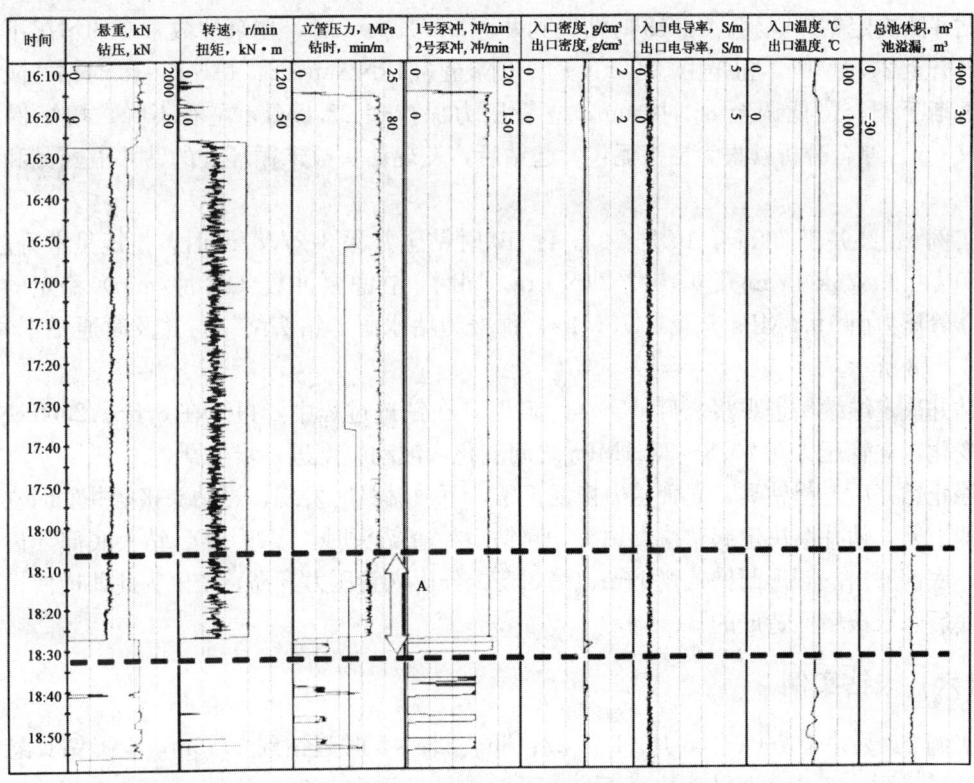

图 1-16 钻头异常实例 4 录井参数曲线

实例5：某井于2004年10月5日7：55时钻进井深3071.10m时，泵冲稳定在100冲/min，立管压力为18.1MPa，扭矩为3.95kN·m，如图1-17所示。

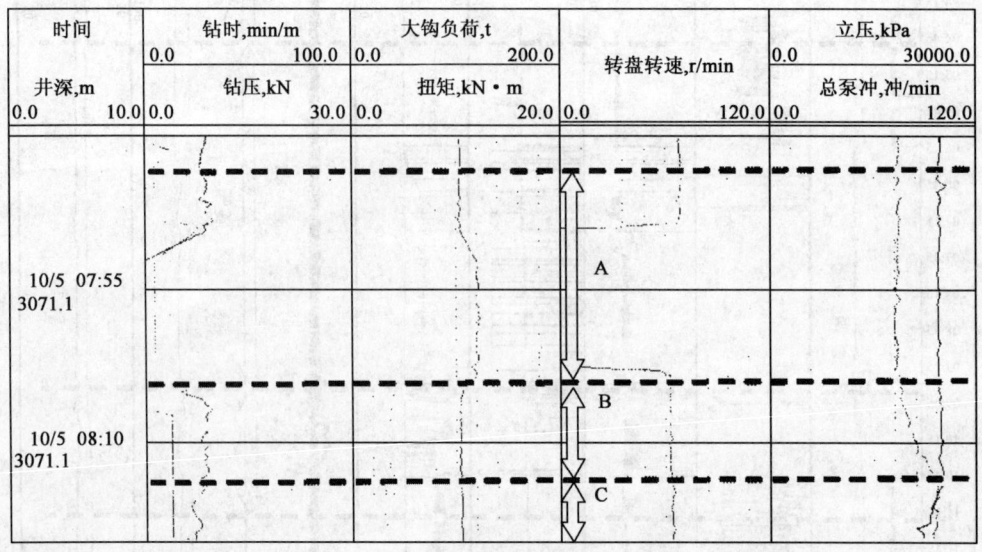

图1-17 钻头异常实例5录井参数曲线

8：04～8：08时，钻进到井深3071.36m，泵冲稳定在100冲/min，立管压力由18.5MPa升至20.1MPa，并呈继续上升趋势，分析判断为堵水眼，及时通知了钻井队。

钻井队决定钻进观察。8：13时钻进到井深3071.40m时，在泵冲数未变的情况下，立管压力升至24.1MPa，扭矩由3.95kN·m下降至3.1kN·m，8：14～8：18时钻井队将泵冲数逐渐下调，最低调至85冲/min，立管压力保持在23.8MPa左右不降，扭矩保持在3.1kN·m。综合分析预报为钻头泥包。起钻后，发现钻头被未循环开的钻井液药品和岩屑包死。

实例6：某井于2005年10月24日4：10时钻至井深3127.87m时，扭矩呈上升趋势，4：15时由9.875kN·m升至10.302kN·m。同时，在总泵冲数（92冲/min）稳定的情况下，立管压力由19.8MPa升至21.8MPa，预报为堵水眼、钻头终结，并及时通知了司钻，如图1-18所示。

钻井决定继续钻进观察。4：15～4：35时，在钻进过程中，扭矩在8.5～12.65kN·m之间变化，立管压力在20.8～27.1MPa之间变化，波动幅度进一步加剧。

停止钻井后上提钻具，立管压力恢复正常，下放钻具时发现，当钻头接触井底时立管压力立即上升。钻井队决定起钻检查钻头。起钻后检查钻头时，发现PDC钻头底部牙齿磨掉80%，底部磨出一圆形凹槽，宽1cm、深3cm。分析立管压力升高，是因为此凹槽使钻头接触井底后水眼被堵而造成的。

（六）卡钻实例

实例1：某井于2004年8月11日22：35—22：45时起钻到1745m，上提钻具悬重由863.8kN升到986.6kN，钻头位置不变，下放钻具悬重由863.8kN降至772.1kN，钻头位置不变，预报为卡钻，如图1-19所示。

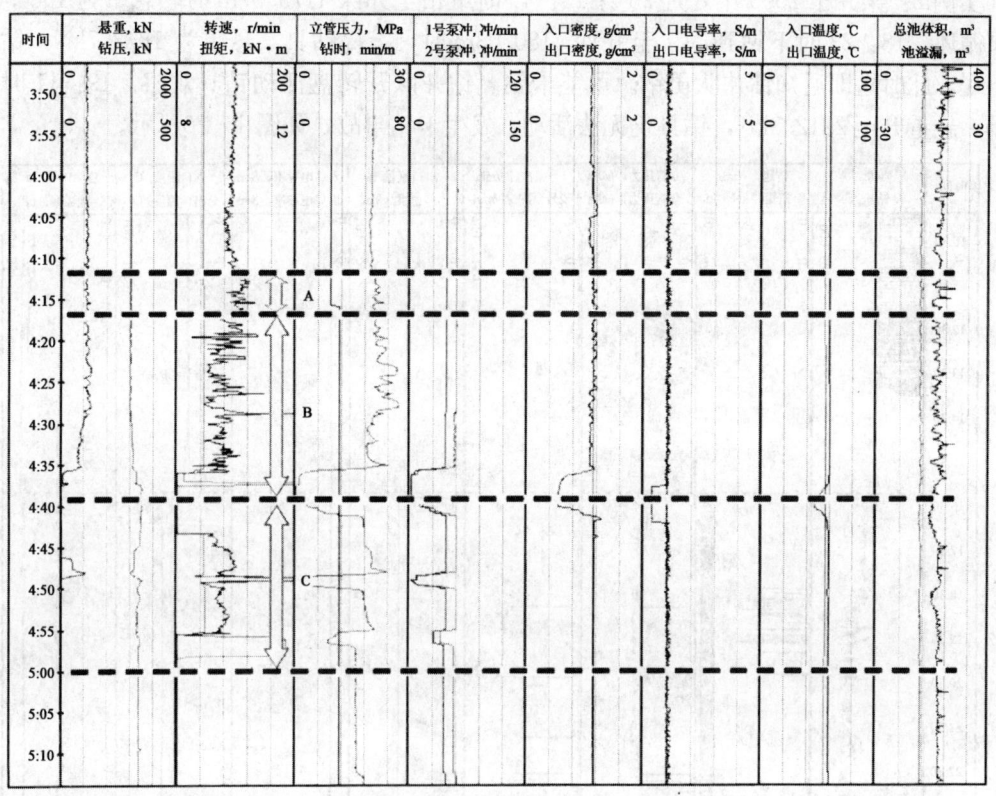

图1-18 钻头异常实例6录井参数曲线

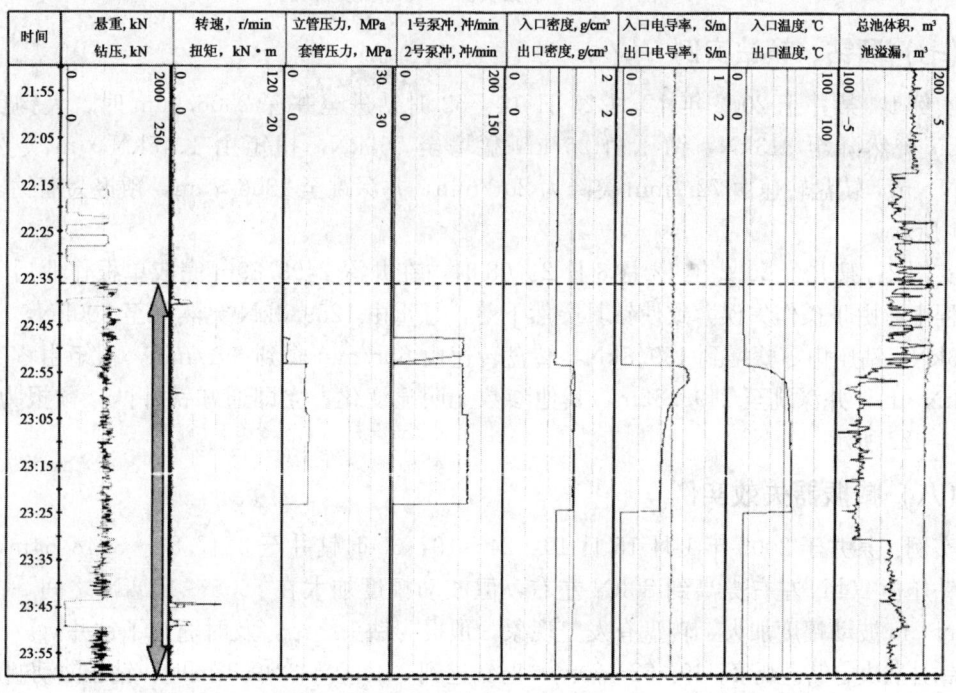

图1-19 卡钻实例1录井参数曲线

实例2：某井于2005年8月26日16：47时下钻至井深4179.57m时，悬重为1586.6kN，开泵循环，18：23时下钻到底，至井深4180.03m时，上提钻具，悬重为1842.7kN，钻头位置不变，此时立即通知钻井队司钻。可能卡钻。钻井队开转盘活动钻具观察。19：11时上提钻具，悬重升至2212.3kN，钻具仍无法活动，发生卡钻事故，如图1-20所示。

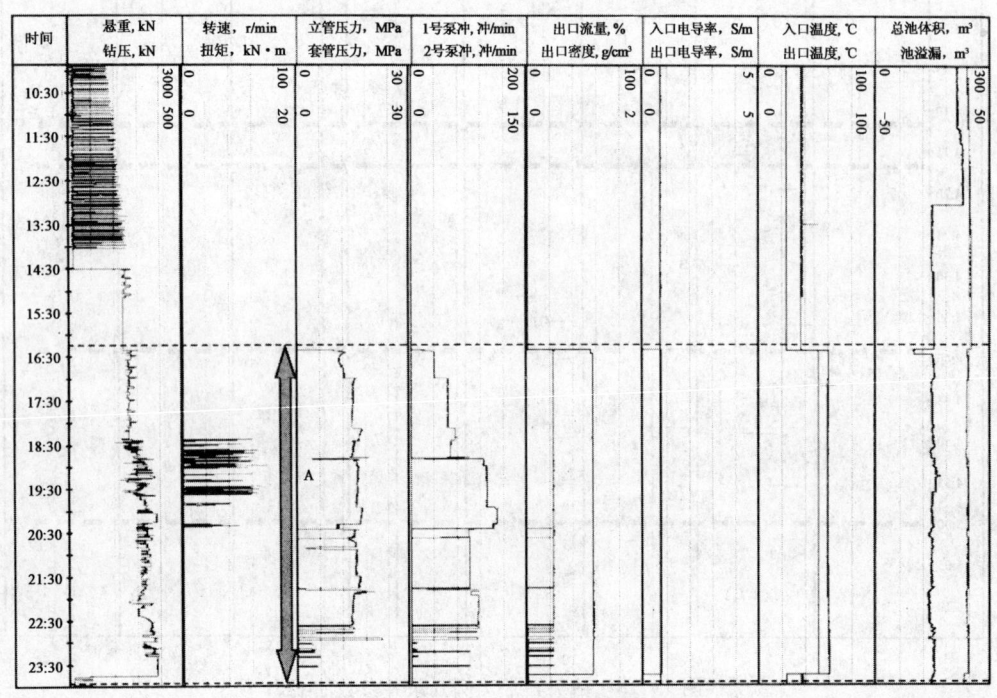

图1-20 卡钻实例2录井参数曲线

（七）溜钻、顿钻实例

实例1：某井于2002年12月25日14：52时钻进至井深2806.06m时，大钩负荷由1108kN突然降至813kN，钻压由267kN猛增至562kN，扭矩由1.45kN·m突然增至3.5kN·m，转盘转速由72r/min突降为20r/min，井深跳至2806.75m，预报为溜钻，如图1-21所示。

实例2：某井于2002年12月8日2：08时，在井深2493.29m完成单根作业后下放钻具过程中，由于操作失误，致使钻具突然下落，悬重由1259.3kN突然降至800kN，降幅为459.3kN，钻压由零骤增到459.3kN，转盘转速由62r/min降到39r/min，扭矩由零突增至1.45kN·m，井深跳至2493.62m，其他参数无明显变化。立即通知钻井队，预报为顿钻，如图1-22所示。

（八）减振器失效实例

实例：某井于2005年1月15日19：24～19：30时钻井至3247.88～3248.64m，钻井队将钻压由20kN左右提高到80kN左右，但波动幅度加大在55.5～100kN之间，扭矩由8.4kN·m波动幅度加大，转盘有发蹩现象，预报为钻头终结，及时通知了钻井队。

钻井队决定钻进观察。19：52～20：00时钻进到3248.80～3249.33m时，钻压波动幅度进一步加剧，在110～260kN之间大幅度波动，扭矩波动幅度和频率加剧，转盘有明显发蹩现象，综合分析预报为减振器失效。起钻检查钻具，发现一根159减振器损坏，如图1-23所示。

图 1-21 溜钻实例录井参数曲线

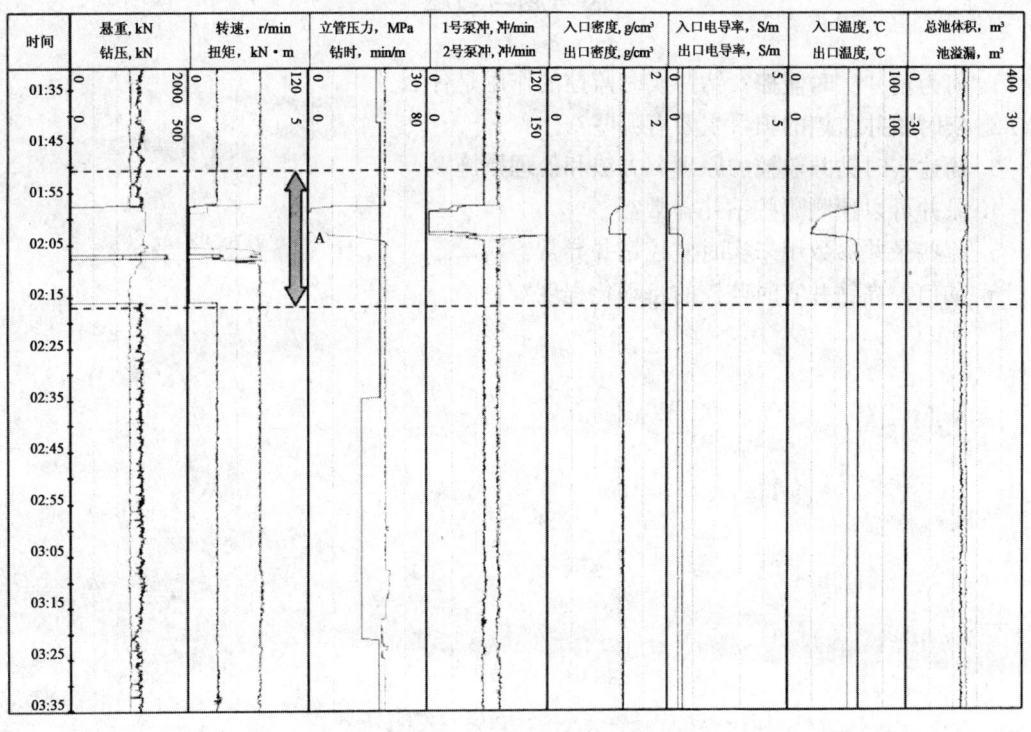

图 1-22 顿钻实例录井参数曲线

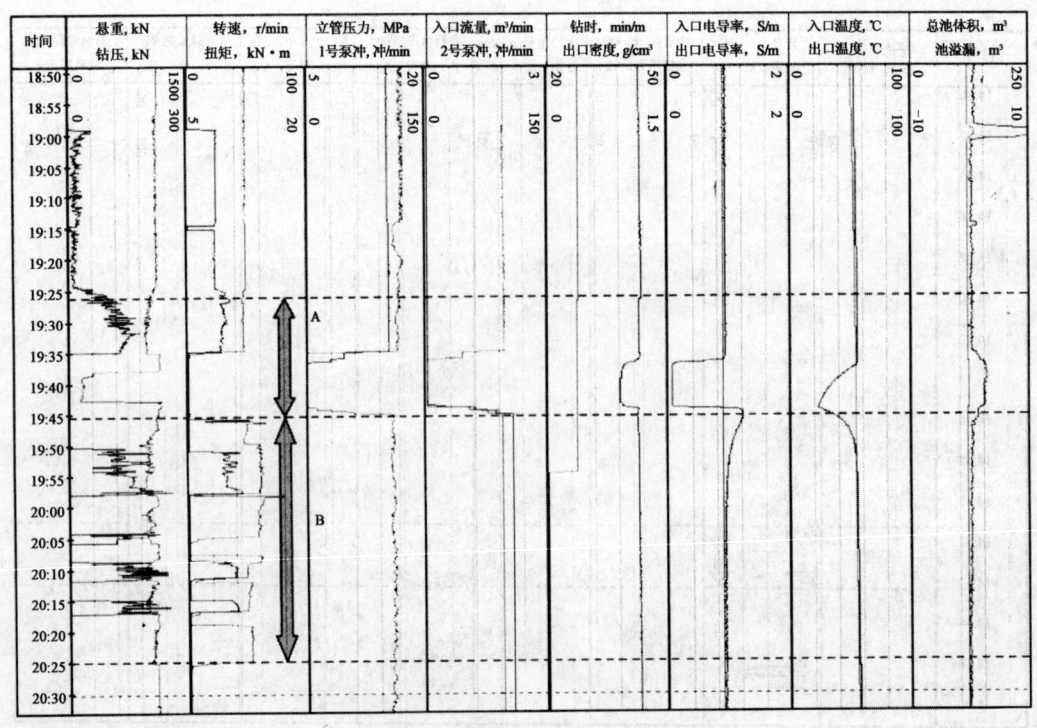

图 1-23 减振器失效实例录井参数曲线

思考题与习题

1. 何为钻井实时监控？钻井实时监控的作用是什么？
2. 实时钻井监控的项目主要有哪些？
3. 简述实时钻井监控的原理、方法和处理措施。
4. 录井可以预测哪些钻井异常？
5. 哪些录井参数用来实时监控钻井异常？
6. 如何提高钻井实时监控的自动化程度？

第二章 现场地质录井方法与技术

第一节 现场地质录井概述

一、地质录井技术的发展

地质录井技术起源于野外地质考察，是伴随着钻井技术的发展而发展起来的，具有悠久的历史。早在900多年前的宋代，地质录井技术已初具萌芽，在四川自流井地区天然气井的钻探中用一种底部有阀的竹筒下井提捞岩屑，有专职人员负责鉴别岩性、划分地层，并且每口井都建立"岩口簿"。各井的"岩口簿"对岩层和标准层有统一的命名，通过"岩口簿"建立了早期的地质剖面。

解放初期，我国只有常规的地质录井方法，但技术落后，岩心录井收获率低，岩屑录井方法不完善；钻时录井则是在划方钻杆记钻时全部采用手工操作。当代录井技术是随着新中国的石油勘探开发进程在近几十年逐渐发展起来的。

录井工作的主要任务是根据井的设计要求和规定的技术标准，取全取准反映地下情况的各项资料，用于判断井下地层和含油气情况，为油气田的勘探和开发提供可靠的第一性资料。录井是以"找油、找气"为主要目的，伴随着油气田勘探开发的需求和科技的不断进步而逐步发展起来的，是油气田勘探的重要组成部分，几十年来地质录井为油气田的勘探开发作出了重要贡献。常规地质录井主要包括钻时录井、岩心录井、岩屑录井、荧光录井、井壁取心录井等。常规地质录井以其经济实用、方便快捷和获取现场第一手实物资料、现场应用快等优势，在整个油气田以及勘探开发过程中一直发挥着重要的作用。它是第一个直接检测并发现油气的行业，也是为油田提供第一张地质成果图的行业。随着录井技术的发展，地质录井在油气钻探过程中发挥着重要的作用，已从勘探家的耳目逐渐上升为勘探家的有力助手，现已成为勘探家的重要参谋，在勘探开发中起着越来越重要的不可替代的作用。地质录井技术作为一项既可直接获取地下信息，又可通过钻井液等媒介间接获取大量与油气及地层有关的信息的勘探技术，以其独到之处，在勘探开发中得到了广泛应用和发展。

二、现场地质录井资料收集的主要内容

（一）岩屑录井

1) 分层定名：井深、岩性。
2) 描述内容：
①颜色、成分、结构、构造、化石及含有物、物理性质、化学性质、胶结物和胶结程度；
②含油岩屑颜色、原油颜色、饱满程度、产状、油气味、滴水试验结果、原油性质和含油级别。

3) 分析样品：样品编号、井深、层位、岩性、分析项目和取样日期。
4) 岩屑代表样：样品编号、井深、层位和岩性。
5) 岩屑录井草图。

（二）荧光录井

1) 基本数据：井深、层位和岩性；
2) 录取资料：荧光（湿照、干照、滴照）的颜色、产状和滴照级别。

（三）岩心录井

1) 取心数据：取心层位、出筒时间、次数、井段、进尺、心长、收获率、各级别含油气岩心长度及总长度。
2) 分层定名：岩心编号、破碎及磨损情况、分段长度、累计长度、岩样编号、岩样长度及距顶位置、岩性。
3) 描述内容：
①颜色、成分、结构、构造、化石及含有物、加酸反应、滴水试验情况、胶结物、胶结类型、胶结程度、充填物和充填程度；
②含油岩心颜色、原油颜色、饱满程度、产状、油气味、滴水和含气试验结果、原油性质和含油级别。
③岩层接触关系、地层视倾角和孔洞缝描述。
4) 岩心照片或岩心扫描图像。
5) 分析样品：样品编号、取心井段、距顶位置、样品长度、层位、岩性、分析项目和取样日期。
6) 岩心代表样：样品编号、取心井段、距顶位置、层位和岩性。
7) 岩心录井草图。

（四）井壁取心录井

1) 取心数据：设计取心颗数（深度点）、实际取心颗数（深度点）、含油岩心颗数和不含油岩心颗数；
2) 井壁取心定名及描述内容。

三、现场地质录井资料收集的基本要求

1) 按地质设计要求取全各项资料，资料取全率为100％。
2) 油气显示发现率为100％。
3) 钻井取心层位卡准率不小于80％。
4) 岩性剖面符合率不小于70％（PDC钻头和气体钻井条件下的录井不要求）。
5) 资料数据差错率小于3‰。

第二节 岩屑录井

地下的岩石被钻头破碎后，随钻井液被带到地面，这些岩石碎块就称为岩屑，又常称为"砂样"。在钻井过程中，地质人员按一定井深间距和岩屑迟到时间，连续采集随钻过程中自

井底返至井口的岩屑,并对其进行观察、描述、整理,以及绘制录井图、恢复地下地层剖面的全过程称为岩屑录井。由于岩屑录井具有成本低、简便易行、了解地下情况及时和资料系统性强等优点,因此在油气田勘探开发过程中被广泛采用。

一、岩屑迟到时间的测定

岩屑录井要获取具有代表性的岩屑,关键是做到两点,一是井深准,二是岩屑迟到时间准。要达到井深准,必须管理好钻具;要达到迟到时间准,则必须按一定间距测准岩屑迟到时间。岩屑迟到时间是指岩屑从井底返至井口取样位置所需的时间,岩屑迟到时间准确与否,直接影响岩屑的代表性和真实性。

(一) 钻井液迟到时间与岩屑迟到时间的概念

1) 钻井液迟到时间($T_{上M}$):钻井液从井底上行至井口所需的时间。

2) 岩屑迟到时间($T_{上C}$):被钻头破碎的岩屑受钻井液携带,从井底上行至井口所需的时间。

通常,岩屑迟到时间大于钻井液迟到时间($T_{上C}>T_{上M}$)。因为岩屑密度大,一般为 $2.0 \sim 2.6 \text{g/cm}^3$,钻井液密度小,一般为 $1.0 \sim 1.2 \text{g/cm}^3$,所以岩屑和钻井液返至井口的速度 $T_{上C}$ 与 $T_{上M}$ 存在一定的差异,即存在 $T_{上C}<T_{上M}$ 的关系。当井底钻井液携带岩屑上返,结果是钻井液率先返至井口,岩屑随后才能到达。

(二) 钻井液循环时间的理论计算(容积法)

钻井液上行时间(即钻井液迟到时间):

$$T_{上M} = \frac{V}{Q} = \frac{\pi(D^2-d^2)H}{4Q} \qquad (2-1)$$

式中 $T_{上M}$——钻井液迟到时间,min;

V——井内环形空间容积,m³;

Q——钻井液泵排量,m³/min;

D——钻杆外径,m;

H——井深,m。

一般来说,岩屑比钻井液落后的时间有如下的经验关系:

浅井(<1200m): $\qquad T_{上C}=T_{上M}\times\dfrac{1}{5}$

中深井(1200~3000m): $\qquad T_{上C}=T_{上M}\times\dfrac{1}{4}$

深井(>3000m): $\qquad T_{上C}=T_{上M}\times\dfrac{1}{4}$

(三) 岩屑循环时间的实际测量

由于理论计算的钻井液上行时间($T_{上M}$)存在一定的误差,一般较实际情况偏小,而且该误差随井深增大而增大。出现上述误差的原因主要是由于井径不规则(扩径)和泵上水系数实际偏低(即泵排量实际偏小)所致。因此对钻井液循环时间通常采用实测。

实测法是现场中最常用的方法,也是比较准确的方法。其方法是:选用与岩屑大小、密度相近似的物质作重指示剂,如染色的岩屑、红砖块、瓷块等,选用玻璃纸或者塑料片等密度较轻的物质作轻指示剂,在接单根时把它们从井口投入到钻杆内。指示剂从井口随钻井液经过钻杆内到井底,又从井底随钻井液沿钻杆外的环形空间返到井口振动筛处。记下开泵时间和发现第一片指示剂的时间,两者之间时间差即为循环周时间。指示剂从井口随钻井液到达井底的时间称为下行时间,从井底上返至振动筛处的时间称为上行时间,所求的迟到时间就是指示剂的上行时间。

测量步骤:接钻杆时,将轻、重指示剂投入其水眼内;开泵时,启动秒表,记录开泵时间;从秒表上分别读取轻、重指示剂在岩屑取样点上大量出现的时间。

按式(2-2)计算钻井液循环周时间,从而确定轻、重指示物的返出时间:

$$\Delta T_1 = T_1 - T_0 \tag{2-2}$$

式中 ΔT_1——钻井液循环周时间,min;
　　T_1——轻指示剂在岩屑取样点上大量出现的时间,min;
　　T_0——轻指示剂投入钻杆水眼内开泵的时间,min。

按式(2-3)计算岩屑滞后时间:

$$\Delta T_2 = T_2 - T_1 \tag{2-3}$$

式中 ΔT_2——岩屑滞后时间,min;
　　T_2——重指示剂在岩屑取样点上大量出现的时间,min。

按式(2-4)计量钻井液排量(或采用泵冲传感器测量钻井液排量):

$$Q = Q_0 C \tag{2-4}$$

式中 Q——钻井液排量,m³/min;
　　Q_0——钻井液泵一个泵冲的钻井液排量,m³/min;
　　C——钻井液泵在1min内泵冲的次数。

因为钻杆、钻铤内径是规则(如果用内径不同的混合柱,则要分段计算)的,所以按式(2-5)计算钻具内容积:

$$V = \frac{\pi h d_1^2}{4} \tag{2-5}$$

式中 V——钻具内容积,m³;
　　h——钻具长度,m;
　　d_1——钻具内径,m。

按式(2-6)计算钻井液下行时间:

$$T_3 = \frac{V}{Q} \tag{2-6}$$

式中 T_3——钻井液下行时间,min;
　　V——钻具内容积,m³;
　　Q——钻井液排量,m³/min。

按式(2-7)计算钻井液迟到时间:

$$\Delta T_3 = \Delta T_1 - T_3 \tag{2-7}$$

式中 ΔT_3——钻井液迟到时间,min;
　　ΔT_1——钻井液循环周时间,min;
　　T_3——钻井液下行时间,min。

按式（2-8）计算岩屑迟到时间：

$$T_{迟C} = \Delta T_3 - \Delta T_2 \tag{2-8}$$

式中　$T_{迟C}$——岩屑迟到时间，min；

　　　ΔT_3——钻井液迟到时间，min；

　　　ΔT_2——岩屑滞后时间，min。

在实际工作中还常常应用特殊岩性法来校正迟到时间，利用大段单一岩性中的特殊岩性（如大段砂岩中的泥岩，大段泥岩中的砂岩，大段泥岩中的灰岩、白云岩等）在钻时上表现出特高值或特低值，记录钻遇时间和返出时间，按式（2-9）二者之差即为真实的岩屑迟到时间，用这个时间校正正在使用的迟到时间，可以保证取准岩屑资料。

$$T = T_5 - T_4 \tag{2-9}$$

式中　T——岩屑迟到时间，min；

　　　T_5——特殊钻时特征岩层的岩屑在其取样点上大量出现的时间，min；

　　　T_4——钻达特殊钻时特征岩层的时间，min。

两次实测迟到时间之间的钻井液排量发生变化时，按式（2-10）进行迟到时间修正：

$$T_{新} = \frac{Q_{原}}{Q_{新}} \cdot T_{原} \tag{2-10}$$

式中　$T_{新}$——钻井液排量变化后的迟到时间，min；

　　　$Q_{原}$——变泵前的钻井液排量，m³/min；

　　　$Q_{新}$——变泵后的钻井液排量，m³/min；

　　　$T_{原}$——钻井液排量变化前的迟到时间，min。

使用实测法，要求在钻达录井井段前 50m 左右实测岩屑迟到时间，进入录井井段后，每钻进一定录井井段，必须实测成功一次迟到时间，以提高岩屑捞取的准确性。

二、岩屑的取样与整理

岩屑返出地面后，地质人员根据设计的捞样间距在振动筛前捞取岩屑。岩屑捞取后要进行洗样、晒（或烤）样、描述、装袋、入库等工作。

（一）取样位置

在一般情况下，岩屑是按取样时间在振动筛前连续捞取的，取样容器放在振动筛出砂口下方，岩屑沿筛布斜面落入取样容器内；边井喷边钻进时，可将岩屑取样容器置于放喷口处连续取样。

（二）取样原则

岩屑录井井段和取样间距应符合钻井地质设计的要求。

（三）取样容器放置时间

钻至岩屑取样井段顶界的时间或下钻到底恢复钻进的时间，加上该井深的岩屑迟到时间，即为取样容器放置时间。

（四）取样时间

钻达岩屑采样井段底界的时间加上该井深的岩屑迟到时间，即为岩屑取样时间。岩屑的捞取必须严格按照迟到时间连续进行，以确保岩屑的真实性、准确性。

(五) 岩屑采集方法

1) 采集结束后，立即更换采样容器。
2) 若砂样盆接满后未到取样时间，应垂直砂样盆将岩屑二等分后去掉一半，剩余部分则搅拌均匀后摊平。若盆内岩屑再次接满，同样按上述方法处理，以保证岩屑捞取的连续性。岩屑捞取数量按钻井地质设计或甲方要求，一般无挑样任务时，岩屑每包不少于500g，有挑样要求时，岩屑每包不少于1000g。
3) 起钻循环时，井深尾数大于0.2m的岩屑应捞出后与下次钻至取样点捞取的岩屑合为一包；若遇特殊情况起钻造成井内岩屑未能全部返出时，则在下次循环钻井液时补取。

(六) 岩屑清洗

1) 捞取出的岩屑应用无油污的清水缓慢冲洗，并进行充分搅动，水满时应慢慢倾倒，要防止悬浮细砂和较轻的物质（沥青块、油砂块、碳质页岩、油页岩等）被冲掉，直至清洗出岩屑本色。清洗时要注意观察盆面有无油气显示。
2) 对盐膏层地层清洗时，应尽量避免反复冲洗，确保岩屑的真实性；条件允许的情况下可使用饱和盐水清洗。

(七) 岩屑干燥

1) 采用自然晾晒法时，将清洁后放有井深标签的岩屑按深度顺序依次摊晒在砂样台上，且相邻两个岩屑样品之间的晾晒距离应不小于5cm。
2) 采用烘烤法时，按一个烤盘装一包岩屑样品的原则，将清洁后放有井深标签的岩屑置于烤箱内烘烤。烤箱温度应控制在85℃以下，防止烤焦岩屑。
3) 对含油岩屑以及用于含油气试验的储集层岩屑和生油条件分析的岩屑均不得进行烘烤。

(八) 岩屑挑选

在钻井过程中，由于井眼裸露、钻井液性能变化及钻具在井内频繁活动等因素影响，使已钻过的上部岩层碎块经常从井壁上脱落下来，混杂在来自井底的岩屑中。如何从这些混杂的岩屑中挑选出真正来自井底的新鲜岩屑，是保证岩屑录井质量、准确建立地层剖面的关键环节。

1. 真、假岩屑的识别

1) 新鲜岩屑：被钻头新破碎代表该录井深度位置的岩屑。新鲜岩屑的特征：个体碎小，色调新鲜，棱角明显；泥岩多呈瓦片状、碎块状、扁平状；页岩多呈薄片状；疏松砂岩多呈散砂状、小颗粒状；致密砂岩多呈碎块状、片状；碳酸盐岩多呈碎块状（图2-1）。
2) 残留岩屑：由于井径不规则、钻井液性能和泵排量变化等原因，未能及时返出井口的陈旧岩屑（有时断断续续地返出）。残留岩屑一般个体较大，色调较模糊，略带或明显有磨圆痕迹。残留岩屑主要是泥质岩，有部分砂岩。残留岩屑分上部井段岩屑和长久滞留的岩屑两种。
3) 掉块：由于粘土矿物吸水膨胀，加之钻柱在井内频繁的活动和不停地碰撞井壁等原因，经常造成上部井壁泥质岩碎块的剥落（惯称掉块）。掉块个体有大有小，色调往往较新鲜，也有带棱角的，有时与新鲜岩屑难于分辨。但只要是从上到下系统地进行观察、鉴定，并熟悉已钻过地层的岩性，一般都能排除。

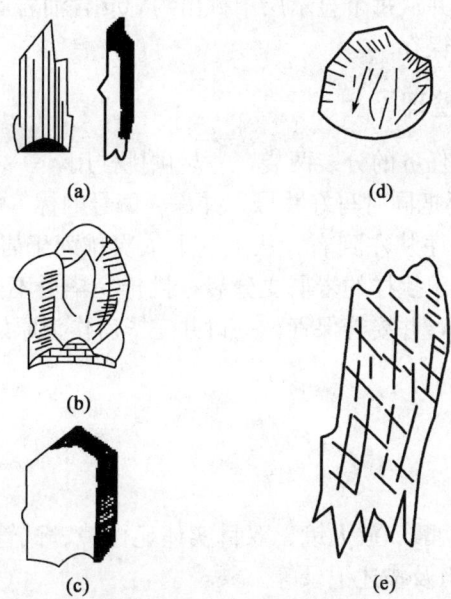

图 2-1 各类岩屑形状示意图
(a) 新钻页岩；(b) 新钻石灰岩；(c) 新钻泥岩；(d) 残留岩屑；(e) 垮塌岩屑

4) 坍塌物：由于钻井液性能突然变化，造成上部井壁局部坍塌。坍塌物主要有散砂、砾石以及大块的泥质岩和煤块等。坍塌物多为比较集中突发性地出现，且与所钻地层的钻时、岩性明显不符，因而容易区别排除。

5) 假岩屑：假岩屑包括水泥块、泥皮（即泥饼碎片）、铁锈片、某些钻井液处理剂以及其他杂质。岩屑的混杂程度主要取决于井深、裸眼长度、井径规则与否、钻井液性能好坏、钻井液泵工作状况以及停钻时间长短等因素。

岩屑挑选就是要剔除各种假岩屑以及残留岩屑、坍塌物和掉块。

2. 岩屑挑选方法

鉴别挑选岩屑应从以下几个方面入手：

1) 岩屑的色调与形状。色调新鲜、棱角特征明显者通常是新钻开的岩屑；而色调模糊晦暗、棱角磨损者，一般为滞后岩屑或掉块。

2) 岩屑中新成分逐渐增加。岩屑中新成分逐渐增加且连续出现时，即使开始数量很少，也是新地层钻开的标志。

3) 利用钻时、气测等资料验证是否进入新地层。在砂泥岩剖面中钻井时，常常出现砂岩与泥岩岩屑交互出现的情况，这时可根据钻时曲线判断是否钻入砂岩或泥岩，并据此鉴别真假岩屑。若钻入油气层，则气测曲线上一般都有明显的显示。

（九）岩屑含油气性观察

1) 清洗岩屑时，应观察有无油味、油花和气泡，并记录其显示井段、油花产状、气泡数量及大小。

2) 清洁后的岩屑在晾晒或烘烤前，应逐包进行荧光湿照、滴照，并记录其显示井段、荧光颜色和含油级别。

3) 岩屑干燥后，观察记录含油岩屑的颜色、岩性、含油产状、含油饱满度和含油岩屑占同类岩性岩屑的百分比，并从每个显示层中挑出约10g含油岩屑代表样（以井号、井深和岩性作为标识）装入样品袋保存。

（十）岩屑的包装、整理

岩屑晾晒干后，有挑样任务的分装两袋，一袋供挑样用，一袋用来描述及保存，每袋应不少于500g。装岩屑时，要把同时写好井号、井深、编号的标签放入袋内。

将袋装岩屑按照井深顺序从左到右、从上到下依次排列于岩屑盒中，并在盒外标明井号、盒号、井段和包数。用于挑样的岩屑要分袋，挑样完毕后不必保存；供描述用的岩屑，描述完后，要按原顺序放好，并妥善保管，一口井完毕后作为原始资料入库保存。

三、岩屑描述

（一）描述前的准备

1）器材准备：包括稀盐酸、放大镜、双目实体显微镜、试管、荧光灯、有机溶液（氯仿或四氯化碳）、镊子、小刀及描述记录等。

2）资料收集：包括钻时、憋跳钻情况、取样间距、气测数据、槽面或盆面油气显示情况、钻遇油气显示的层位、岩性、井段等。

（二）描述方法

1）仔细认真、专人负责：描述前应仔细认真观察分析每包岩屑。一口井的岩屑由专人描述，如果中途需换人，二人应共同描述一段岩屑，达到统一认识、统一标准。

2）大段摊开、宏观细找：岩屑描述要及时，应在岩屑未装袋前，在岩屑晾晒台上进行描述。若岩屑已装袋，描述时应将岩屑大段摊开（不少于10包岩屑），系统观察分层。描述前必须检查岩屑顺序准确。宏观细找是指把摊开的岩屑大致看一遍，观察岩屑颜色、成分的变化情况，找出新成分出现的位置，尤其对含量较少的新成分和呈散粒状的岩性更需仔细寻找。

3）远看颜色、近查岩性：远看颜色，易于对比，区分颜色变化的界线。近查岩性是指对薄层、松散岩层及含油岩屑、特殊岩性需要逐包仔细查找、落实，并把含油岩屑、特殊岩性及本层定名岩性挑出，分包成小包，以备细描和挑样。

4）干湿结合、挑分岩性：描述颜色时，以晒干后的岩屑颜色为准。但岩屑湿润时，颜色变化、层理、特殊现象和一些微细结构比较清晰，容易观察区分。挑分岩性是指分别挑出每包岩屑中的不同岩性，进行对比，帮助判断分层。

5）参考钻时、分层定名：钻时变化虽然反映了地层的可钻性，但因钻时受钻压、钻头类型、钻头新旧程度、钻井泵排量、转速等因素影响，所以不能以钻时变化为分层的唯一根据。应该根据岩屑新成分的出现和百分含量的变化，参考钻时，上追顶界、下查底界的方法进行分层定名。

6）含油岩性，重点描述：对百分含量较小或成散粒状的储集层及用肉眼不易发现、区分油气显示的储集层，必须认真观察，仔细寻找，并做含油气的各项试验，不漏掉油气显示层。

7）特殊岩性，必须鉴定：不能漏掉厚度在0.5m以上的特殊岩性，并详细描述。特殊岩性以镜下鉴定的定名为准。

（三）分层原则

1）岩性相同而颜色不同或颜色相同而岩性不同，厚度大于 0.5m 的岩层，均需分层描述。

2）根据新成分的出现和不同岩性百分含量的变化进行分层。

3）同一包内出现两种或两种以上新成分岩屑，是薄层或条带的显示，应参考钻时进行分层。除定名岩性外，对其他新成分的岩屑也应详细描述。

4）见到少量含油显示的岩屑，甚至仅有一颗或数颗，必须分层并详细描述。

5）特殊岩性、标准层、标志层在岩屑中含量较少或厚度不足 0.5m 时，必须单独分层描述。

（四）定名原则

定名要概括和综合岩石的基本特征，包括颜色、含油级别、特殊含有物、特殊矿物、结构、构造化石和岩性。

（五）岩屑描述内容

1）分层深度：岩屑分层深度以钻具井深为准。连续录井描述第一层时，在分层深度栏写出该层顶界深度和底界深度，以后只写各层底界深度。

2）岩性定名：与岩心各种岩性定名要求相同。孔隙性地层含油岩屑含油级别的划分见表 2-1。

表 2-1 孔隙性地层含油岩屑含油级别划分

含油级别	含油岩屑占定名岩屑百分含量,%	含油产状	油脂感	味
富含油	>40	含油较饱满、较均匀，有不含油的斑块、条带	油脂感较强，染手	原油味较浓
油斑	5~40	含油不饱满，多呈斑块状、条带状含油	油脂感较弱，可染手	原油味较淡
油迹	0~5	含油极不均匀，含油部分呈星点状或线状分布	无油脂感，不染手	能够闻到原油味
荧光	0	肉眼看不见含油，荧光滴照见显示	无油脂感，不染手	一般闻不到原油味

缝洞性地层含油岩屑含油级别的划分见表 2-2。

表 2-2 缝洞性地层含油岩屑含油级别划分

含油级别	含油岩屑占定名岩屑百分含量,%
富含油	>5
油斑	0~5
荧光	肉眼看不见含油，荧光滴照见显示

3）描述内容：包括颜色、矿物成分、结构、构造、化石及含有物、物理性质及化学性质、含油程度等，可按岩心描述中各类岩性描述内容参照执行。

4）岩性复查：中途测井或完井测井后，发现岩性、电性不符合处需及时复查岩屑。复查前需进行剖面校正，找出测井深度与钻具井深的误差，在相应深度的前后复查岩屑，寻找与电性相符的岩性并在描述中复查结果栏进行更正。若复查结果与原描述相同，则应注明已复查，表示原描述无误。

（六）岩屑描述应注意的事项

1）岩屑描述应及时，必须跟上钻头，以便随时掌握地层情况，作出准确地质预告，使钻井工作有预见性。

2）描述要抓住重点，定名准确，文字简练，条理分明，各种岩石的分类、命名原则必须统一，描述中所采用的岩谱、色谱、术语等也应统一。

3）对岩屑中出现的少量油砂，要根据具体情况对待。若第一次出现，可参考别的资料定层；若前面已出现过，则应慎重对待，既不能盲目定层，也不能草率否定，必须综合分析再作出结论。如果综合分析后仍不能作出结论，可将所见到的油砂及含油情况记录在岩屑描述记录纸上，供综合解释参考。

对不易识别的油砂，应作四氯化碳试验，或用荧光灯照射。在新探区的第一批探井，应对所有岩屑进行荧光普查，以免漏掉油气层。

4）要认真鉴别混油钻井液中的假油砂和地面油污染而成的假油砂，要对这种假油砂的形成追根求源，查明原因，证据确凿之后才能将其否定。

5）对油气显示层、标准层、标志层、特殊岩性层进行描述时，要挑出实物样品，供综合解释和讨论试油层位时参考。另外，还应将少量样品用纸包好，待描述完后，仍放在岩屑袋中，供挑样和复查岩屑时参考。

四、岩屑录井图的编绘

岩屑录井图包括岩屑录井草图和岩屑录井综合图。岩屑录井草图就是将岩屑描述的内容（如岩性、油气显示、化石、构造、含有物等）、钻时资料等，按井深顺序用统一规定的符号绘制下来。岩屑录井草图有两种，一种为碎屑岩岩屑录井草图，另一种为碳酸盐岩岩屑录井草图。下面着重介绍碎屑岩岩屑录井草图的编绘方法。编制碎屑岩岩屑录井草图（图2-2）的步骤如下：

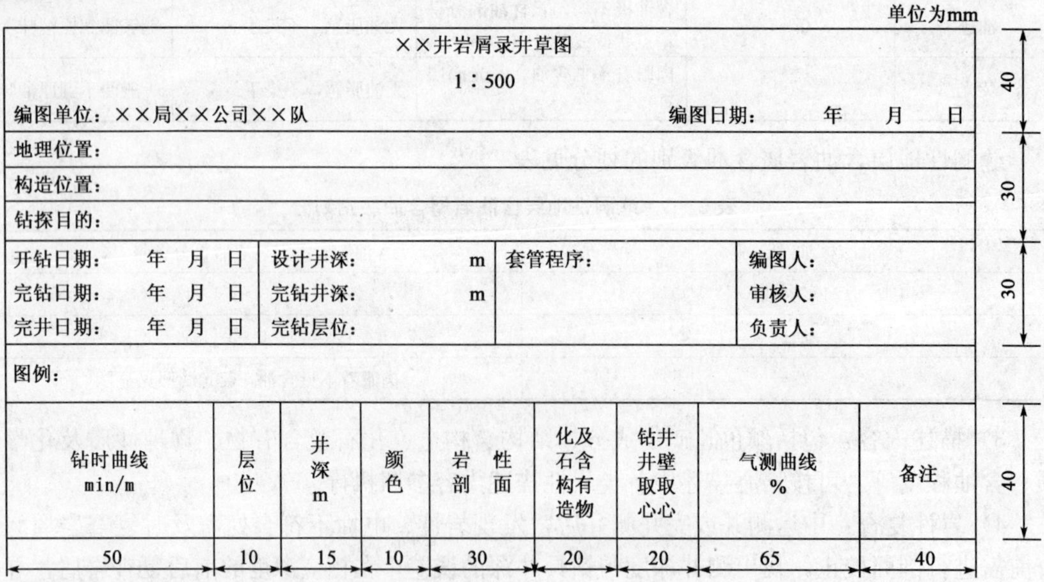

单位为mm

××井岩屑录井图 1:500									
编图单位：××局××公司××队　　　　　　　　　　编图日期：　　年　　月　　日									
地理位置：									
构造位置：									
钻探目的：									
开钻日期：　年　月　日　设计井深：　　　　m　套管程序：　　　　　编图人：									
完钻日期：　年　月　日　完钻井深：　　　　m　　　　　　　　　　　审核人：									
完井日期：　年　月　日　完钻层位：　　　　　　　　　　　　　　　　负责人：									
图例：									
钻时曲线 min/m	层位	井深 m	颜色	岩性剖面	化石及构造含有物	钻井井壁取心取心	气测曲线 %	备注	
50	10	15	10	30	20	20	65	40	

图2-2　碎屑岩岩屑录井草图格式

1) 按标准绘制图框。

2) 填写数据。将所有与岩屑有关的数据填写在相应的位置上，数据必须与原始记录相一致。

3) 深度比例尺为1∶500，深度记号每10m标一次，逢100m标全井深。

4) 绘制钻时曲线。若有气测录井，则还应绘制气测曲线。

5) 对颜色、岩性按井深用规定的图例、符号逐层绘制。

6) 化石及含有物、油气显示用图例绘在相应地层的中部。化石及含有物分别用"1"、"2"、"3"符号代表"少量"、"较多"和"富集"。

7) 有钻井取心、井壁取心时，应将取心数据对应取心井段绘在相应的栏上。

8) 有地球化学录井数据时，应将地球化学录井的数据画在相应的深度上。

9) 完钻后，将测井曲线（一般为自然电位曲线或自然伽马曲线和电阻率曲线）画在岩屑草图上，以便于复查岩性。

10) 岩屑含油情况除按规定图例表示外，若有突出特征时，则应在"备注"栏内描述。钻进中的槽面显示和有关的工程情况也应简略写出，或用符号表示。

岩屑录井综合图就是集测井曲线、分层、岩性、测井解释、气测解释、综合解释为一体的录井成果图。目前国内很多录井公司编绘录井综合图都已经实现了电子化绘图（图2-3）。

五、岩屑录井的影响因素

这里所谈的影响因素是指影响岩屑代表性的因素。与钻井取心比较起来，岩屑录井虽然既经济又简便，同样能达到了解井下地层剖面及含油气情况的目的，但由于种种影响因素的存在，使岩屑的代表性（即准确性）在不同程度上受到一定影响，以致影响到岩屑录井的质量。影响岩屑代表性的因素如下：

1) 钻头类型和岩石性质的影响。钻头类型及新旧程度的差异，所破碎的岩屑形态有差异，密度也有差异，上返速度也就不同。如片状岩屑受钻井液冲力及浮力的面积大，较轻，上返速度快；粒状及块状岩屑与钻井液接触面积小，较重，上返速度较慢。由于岩屑上返速度的不同，直接影响到岩屑迟到时间的准确性，进而影响了岩屑深度的正确性和代表性。

2) 钻井液性能的影响。钻井液是钻井的血液，它起着巩固井壁、携带岩屑、冷却钻头等作用。在钻进过程中钻井液性能的好坏，将直接影响钻井工程的正常进行，也严重影响地质录井的质量。如采用低密度、低粘度钻井液或用清水快速钻进时，井壁垮塌严重，岩屑特别混杂，使砂样失去真实性。若钻井液性能好、稳定，井壁不易垮塌，悬浮能力强，岩屑就相对地单纯，代表性强。

在处理钻井液过程中，若性能变化很大，特别是当钻井液切力变小时，岩屑就会特别混杂。在正常钻进中，未处理钻井液时，钻井液在井筒环形空间中一般形成三带：靠近钻具的一带是正常钻井液循环带，携带并运送岩屑；靠近井壁的地方形成泥饼；二者之间为处于停滞状态的胶状钻井液带，其中混杂有各种岩性的岩屑。当钻井液性能未发生变化时，胶状钻井液带对正常钻井液循环带的影响较小，所以在钻井液循环带里岩屑混杂情况较轻。当处理钻井液时，钻井液性能突然变化，切力变小，破坏了三带的平衡状态，停滞的胶状钻井液带中混杂的各种岩屑进入循环带里，与所钻深度的岩屑一同返出地面，造成岩屑特别混杂。只有当新的平衡形成以后，这种混杂现象才会停止。

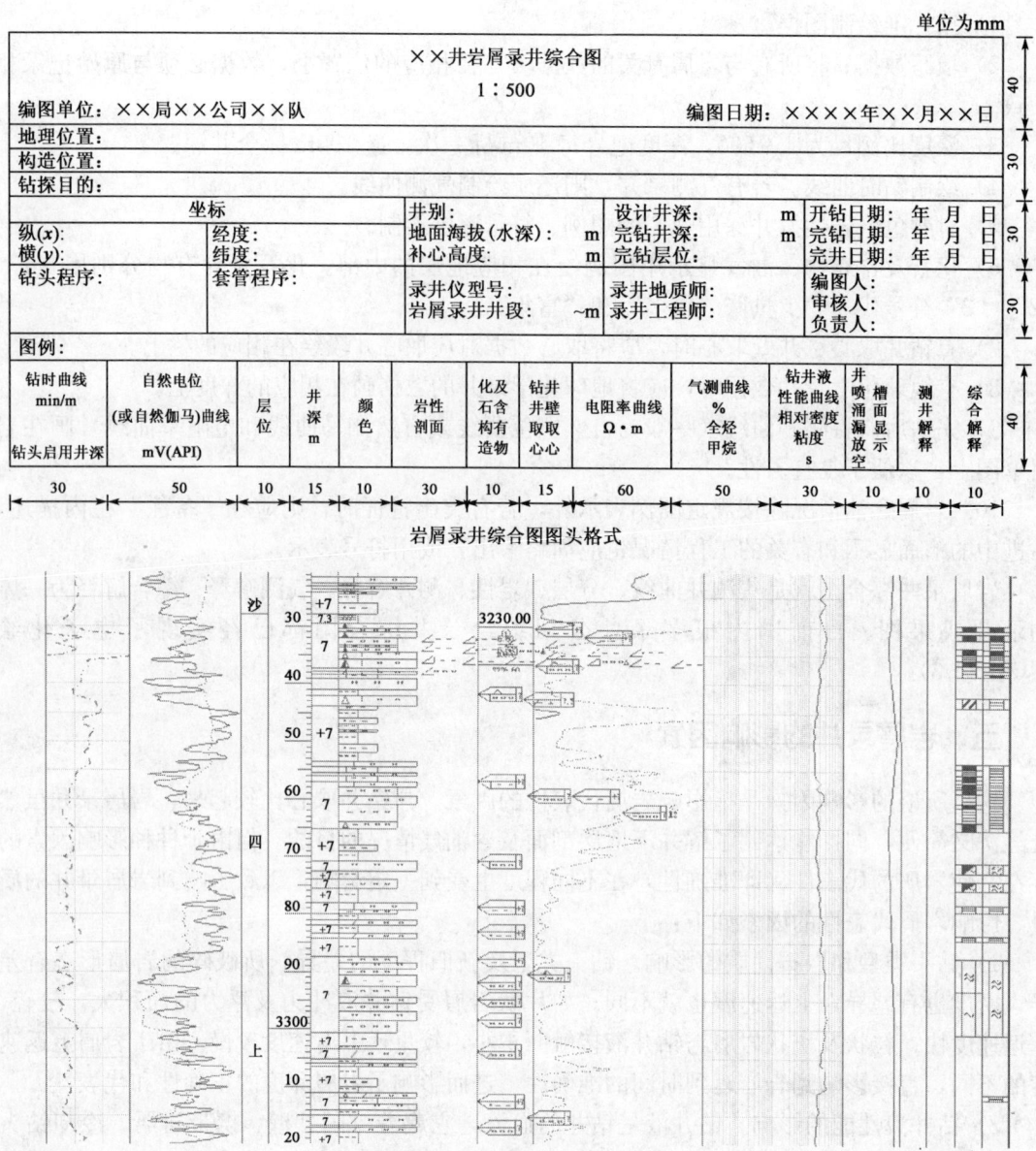

图 2-3 ××井岩屑录井综合图

3) 钻井参数的影响。钻井参数对岩屑准确性的影响也是很明显的。当排量大时,钻井液流速快,岩屑能及时上返;如果排量小,钻压较大,转速较高,钻出的岩屑较多,又不能及时上返,岩屑混杂现象将更加严重。尤其是当单泵、双泵频繁倒换时,钻井液排量及流速也会频繁变化,最容易产生这种现象。

4) 井眼大小的影响。钻井参数不变,若井眼不规则,钻井液上返速度也就不一致。在大井眼处,上返慢,携带岩屑能力差,甚至在"大肚子"处出现涡流,使岩屑不能及时返出地面,造成岩屑混杂;而在小井眼处,钻井液流速快,携带岩屑上返及时。由于井眼的不规则,钻井液流速不同,岩屑上返时快时慢,直接影响迟到时间的准确性,并造成岩屑的混杂。

5) 下钻、划眼的影响。在下钻或划眼过程中,都可能把上部地层的岩屑带至井底,与新岩屑混杂在一起，返至地面，致使真假难分。这种情况在刚下钻到底后的前几包岩屑中最容易见到。

6）人为因素的影响。司钻操作时加压不均匀或者打打停停，都可能使岩屑大小不一、上下混杂，给识别真假岩屑带来困难。

六、岩屑录井资料的应用

岩屑录井资料主要应用于下面几个方面：

1）提供研究资料。岩屑录井资料是现场地质录井工作中最直接了解地下岩性、含油性的第一性资料。通过岩屑录井，可以掌握井下地层岩性特征，建立井区地层岩性柱状剖面；可以及时发现油气层；通过对暗色泥岩进行生油指标分析，以便了解其区域的生烃能力。

2）进行地层对比。把岩屑录井草图与邻井进行对比，及时了解本井岩性特征、岩性组合、钻遇层位、正钻层位，还可检查和验证本井地质预告的符合程度，以便及时校正地质预告，进一步推断油、气、水层可能出现的深度，指导下一步钻井工作的进行。

3）为测井解释提供地质依据。岩屑录井资料是测井解释的重要地质依据，综合利用岩屑录井资料，可以大大提高测井解释和综合解释的精度，特别是对于低阻、低渗和特殊电性资料的综合解释，岩屑录井资料显得更加重要。在砂泥岩剖面中，特殊岩性含油往往不能在电性特征上有明显反映，仅凭电性特征解释油气层常常感到困难，此时岩屑录井草图的重要性就更加突出。

4）配合钻井工程的进行。在处理工程事故如卡钻、倒扣、泡油等项工作过程中，经常应用岩屑录井资料，以便分析事故发生的原因，制定有效的处理措施。在进行中途测试、完井作业过程中也要参考岩屑录井草图。

5）岩屑录井草图是编绘完井综合录井图的基础。完井综合录井图中的综合解释剖面就是以岩屑录井草图为基础绘制的。岩屑录井草图的质量直接影响着综合图的质量。岩屑录井草图的质量高，综合解释剖面的精度也就高；相反，岩屑录井草图质量低，不仅使综合解释剖面质量降低，而且将会大大增加解释过程中的工作量。

岩屑录井是地质录井工作中最基础的工作，除岩心录井外，常规录井中其他录井工作都是配合岩屑录井的。岩屑录井是目前钻进过程中了解地下地质情况及油气显示的主要手段，而其他录井工作则会进一步补充说明岩屑录井的可靠性和准确性。包括岩屑录井在内的各种录井资料的综合，又是进行地质综合研究的基础。因此，地质录井工作者应做好这项工作，以提高工作质量，为油田勘探开发负责，为加速石油工业的发展提供可靠的基础资料。

七、特殊钻井条件下的岩屑录井

由于岩屑录井具有成本低、简便易行，了解地下情况及时和资料系统性强等优点，因此，在油气田勘探开发过程中被广泛采用。但是随着钻井技术和工艺的不断提高，对相应的岩屑录井技术和方法也必须进行针对性的研究和改进。

1）PDC钻头钻井井段的岩屑录井。PDC钻头钻进的地层，由于PDC钻头破碎岩石的岩屑颗粒很细碎，特别是含油砂岩，颗粒更细，从捞取到的岩屑很难发现油气显示，这时岩样的可信程度相应下降，增加了岩屑录井分层定名的难度，岩屑描述的剖面符合率很低。因此，目前各录井公司正对PDC钻头钻进的地层加大研究力度，寻找规律，以求找出解决问题的方法,以提高岩屑描述的剖面符合率。

2) 水平井岩屑录井。岩屑沉积床的形成、井壁坍塌和井眼不规则、岩屑多次破碎、钻时资料失真及混油钻井液污染等因素影响,使得水平井的岩屑比普通直井更混杂、更细碎,代表性也更差,岩屑中的油气显示真假难辨。由于水平井钻井的技术和工艺与直井的巨大差异,导致对相应的岩屑录井技术和方法也必须进行重大改进。从第一口水平井钻探以来,地质录井工作者一直都在努力探索适用于水平井的岩屑录井技术和方法,取得了一些成功的经验,在水平井的钻探施工中发挥了比较大的作用。但是不论是在国内或国外,有关水平井的岩屑录井技术和方法并不像水平井钻井技术那样有成熟的理论和经验可以借鉴,而且国内录井界在系统的理论研究方面也还没有取得突破。因此,开展系统深入的水平井岩屑录井技术和方法研究,既有其理论意义,也有其重大的实际应用价值。

3) 欠平衡钻井井段的岩屑录井。

①欠平衡钻井对迟到时间的影响。由于欠平衡钻井时钻井液的循环系统与近平衡钻井时钻井液的地面循环系统不一样,钻井液循环要通过地面设备的密闭系统(防喷器连接系统、节流管汇、液气分离器),导致迟到时间延长 4~5min。由于欠平衡钻井中常使用气体、泡沫等可压缩性强的钻井液,在井筒内循环气体的流速随深度而变化,常规计算迟到时间的方法会产生很大的误差,应选取合适的计算公式和流动模式。

②欠平衡钻井对岩屑录井的影响。欠平衡钻井时,钻井液携带的岩屑经过液气分离器时,是从分离器的顶部经过伞面以自由落体的方式落入底部,汇集到一起后再到振动筛。这个过程将导致岩屑的混杂,对岩屑分层描述造成困难,同时也会影响到与岩屑有关的录井项目的质量。因此,在录井期间应加密实测迟到时间,参考钻时录井、微钻时录井、d_c 指数、扭矩等进行岩性归位,恢复地层剖面。

特殊钻井条件下的岩屑录井方法可参见第八章的部分内容。

第三节 荧 光 录 井

一、荧光录井的原理

原油是碳氢化合物,除含烷烃外,还含有 π-电子结构的芳香烃化合物及其衍生物。芳香烃化合物及其衍生物在紫外光的激发下,能够发射荧光。不同地区的原油,虽然配制溶液的浓度相同,但所含芳香烃化合物及其衍生物的数量不同,π-电子共轭度和分子平面度也有差别,故在 365nm 近紫外炮的激发下,被激发的荧光强度和波长是不同的,这种特性称为原油的荧光性。利用荧光录井仪,根据原油的这种荧光性,将现场采集的岩屑浸泡后,便可直接测定砂样中的含油量。

二、荧光录井的准备工作

荧光录井工作开始之前要准备以下的设备和材料:

1) 紫外光仪:发射光波长小于 3.65×10^{-7}m 的高灵敏度紫外岩样分析仪 1 台,内装 15W 紫外灯管 1 支或 8W 紫外灯管 2 支。

2) 标准定性滤纸。

3) 有机溶剂（分析纯）：使用分析纯的氯仿、四氯化碳或正己烷。

4) 其他设备：试管（直径 12mm，长度 100mm），磨口试管（直径 12mm，长度 100mm），10 倍放大镜，双目显微镜，滴瓶（50mL），盐酸（浓度 5%～10%），镊子，玻璃棒，小刀等。

三、荧光录井的工作方法

现场常用的荧光录井工作方法有岩屑湿照、干照、滴照和系列对比。

（一）岩屑湿照、干照

岩屑湿照、干照是现场使用最广泛的一种方法。它的优点是简单易行，对样品无特殊要求，且能系统照射，对发现油气显示是一种极为重要的手段。为了及时有效地发现油气显示，尤其对轻质油，各油田采取了湿照和干照相结合的方法，使油气层发现率有了很大的提高。岩屑荧光湿照、干照方法如下：

1) 砂样捞出后，洗净、控干水分，立即装入砂样盘，置于紫外光岩样分析仪的暗箱里，启动分析仪。干照则是取干样置于紫外光岩样分析仪内，启动分析仪，观察描述。

2) 观察岩样荧光的颜色和产状，与本井混入原油的荧光特征进行对比，排除原油污染造成的假显示（表 2-3）。

表 2-3 真假荧光显示判别表

项目 结果	假 显 示	真 显 示
岩样	由表及里浸染，岩样内部不发光	表里一致，或核心颜色深，由里及表颜色变浅
裂缝	仅岩样裂缝边缘发光，边缘向内部浸染	由裂缝中心向基质浸染，缝内较重，向基质逐渐变轻
基质	晶隙不发光	晶隙发荧光，当饱和时，可呈均匀弥漫状
荧光颜色	与本井混入原油一致	与本井混入原油不一致

3) 观察荧光的颜色，排除成品油发光造成的假显示（表 2-4）。

表 2-4 原油、成品油荧光判别表

油品名称	原油	成 品 油					
		柴油	机油	黄油	螺纹油	红铅油	绿铅油
荧光颜色	黄、棕褐色等	亮紫色乳紫蓝色	蓝天蓝色乳紫蓝色	亮乳蓝色	蓝、暗乳蓝色	红色	浅绿色

4) 用镊子挑出有荧光显示的颗粒或在岩心上用红笔画出有显示的部位。

5) 在自然光或白炽灯光下认真观察，分析岩样，排除上部地层掉块造成的假显示。

6) 观察岩样的荧光结构，若仅见砾石或砂屑颗粒有荧光而胶结物无荧光，可能为早期油层遭受破坏的再沉积或早期储集层被后期充填的胶结物填死而形成的"假"显示。

（二）滴照

岩屑荧光滴照方法和步骤如下：

1) 取定性滤纸一张，在紫外光下检查，确保洁净无油污。

2) 把湿照挑出来的荧光显示岩屑一粒或数粒放在备好的滤纸上,用有机溶剂清洗过的镊柄碾碎。

3) 悬空滤纸,在碾碎的岩样上滴 1～2 滴有机溶剂。待溶剂挥发后,在紫外光下观察。若为岩心,可先在岩心的荧光显示部位滴 1～2 滴有机溶剂,停留片刻,用备好的滤纸在显示部位压印,再在紫外光下观察。

4) 若滤纸上无荧光显示,则为矿物发光。

5) 观察荧光的亮度和产状,按表 2-5 划分滴照级别,若为二级或二级以上,则参加定名。

表 2-5 荧光级别的划分

滴照级别	一级	二级	三级	四级	五级
荧光特征	模糊晕状、边缘无亮环	清晰晕状、边缘有亮环	明亮,呈星点状分布	明亮,呈开花状、放射状	均匀明亮或呈溪流状

6) 观察荧光的颜色,划分轻质油和稠油(表 2-6)。

表 2-6 轻质油和稠油荧光的特征

轻质油荧光	稠油荧光
轻质油含胶质、沥青质不超过 5%,而油质含量达 95% 以上,其荧光的颜色主要显示油质的特征,通常呈浅蓝、黄、金黄、棕色等	稠油含胶质、沥青质可达 20%～30%,甚至高达 50%,其荧光颜色主要显示胶质、沥青质的特征,通常为颜色较深的棕褐色、褐色、黑褐色

(三) 系列对比法

系列对比法是现场常用的定量分析方法。其操作方法是:取 1g 磨碎的岩样放入带塞无色玻璃试管中,倒入 5～6mL 氯仿,塞盖摇匀,静置 8h 后与同油源标准系列在荧光灯下进行对比,找出发光强度与标准系列相近似的等级。用公式(2-11)计算样品的沥青含量:

$$Q = A \cdot B/G \times 100\% \tag{2-11}$$

式中 Q——被测岩样的原油沥青含量,%;

A——被测岩样同级的 1mL 标准溶液中的沥青含量,g;

B——被测岩样用的氯仿溶液体积,mL;

G——样品质量,g。

然后用求得的结果与标准系列原油沥青原量表对比,得到对应的荧光级别。

四、荧光录井的应用

一般地讲,常规荧光录井可应用于以下几个方面:

1) 荧光录井灵敏度高,对肉眼难以鉴别的油气显示尤其是轻质油能够及时发现。

2) 通过荧光录井可以区分油质的好坏和油气显示的程度,正确评价油气层。

3) 在新区新层系以及特殊岩性段,荧光录井可以配合其他录井手段准确解释油气显示层,弥补测井解释的不足。

4) 荧光录井成本低,方法简便易行,可系统照射,对落实全井油气显示极为重要。

荧光录井自勘探以来一直普遍应用于每一个录井现场,成为落实全井油气显示极为重要、简便易行的有效手段。有关定量荧光录井方法和应用可参见第五章的部分内容。

第四节 岩心录井

在露头区，地质家可以方便地观察研究岩层的各种特征，而在覆盖区，岩石深埋地下，在勘探开发过程中，当地质家需要直接研究岩石时，就需要把岩石从地下取出来进行研究。所谓岩心录井，就是在钻井过程中用一种取心工具，将井下岩石取上来（这种岩石就称为岩心）并对其进行分析化验、综合研究而取得各项资料的方法。也是指确定钻井取心层位、井段，记录钻井取心过程中油、气、水显示资料及其他相关参数，收集、整理、编录岩心实物以及绘制岩心归位图，并利用岩心资料研究地层、岩性、沉积构造、储集层物性、流体性质及其他矿产的全过程。

岩心录井是为了满足地质录井工作者直接研究地下岩石的需要，直接获得地下岩石信息的一种最直观的录井方法。岩心录井资料是极为宝贵的实物资料，其他间接资料如物探资料、测井资料等，其最大弱点是具有多解性，要靠岩心资料来解释、校正。岩心资料对了解岩石"四性"关系、研究沉积相、储量计算、制定或调整开发方案等都有着不可替代的作用。

岩心录井资料是最直观地反映地下岩层特征的第一性资料。通过对岩心的分析、研究，可以解决以下问题：

1) 获得岩性、岩相特征，进而分析沉积环境。
2) 获得古生物特征，确定地层时代，进行地层对比。
3) 确定储集层的储油物性及有效厚度。
4) 确定储集层的"四性"（岩性、物性、电性和含油性）关系。
5) 取得生油层特征及生油指标。
6) 了解地层倾角、接触关系、裂缝、溶洞和断层发育情况。
7) 检查开发效果，获取开发过程中所必需的资料。

一、取心前的准备工作

取心前的准备工作可按以下步骤进行：

1) 取心前应收集好邻井、邻区的地层、构造、含油气情况及地层压力资料，若在已投入开发的油田内取心，则应收集邻井采油、注水、压力资料。在综合分析各项资料后，根据地质设计的要求，作好取心井目的层地质预告图。

2) 丈量取心工具和专用接头，确保钻具、井深准确无误。分段取心时，对取心钻具与普通钻具的替换，或连续取心时倒换使用的岩心筒长度，都应分别做好记录。要准确计算到底方入，并记录清楚，为判断真假岩心提供依据。

3) 取心工作中要明确分工，确保岩心录井工作质量。一般分工是：地质录井队长负责具体组织和安排，对关键环节进行把关；地质大班负责岩心描述和绘图；岩心采集员负责岩心出筒、丈量、整理、采样和保管等工作；小班地质工负责钻具管理、记录钻时，计算并丈量到底方入、割心方入，收集有关地质、工程资料与数据。岩心出筒时，各岗位人员要通力配合，专职采集人员做好出筒、丈量、整理和采样工作。

4) 卡准取心层位。在钻达预定取心层位前，应根据邻井实钻资料及时对比本井实钻剖面，抓住岩性标准层或标志层、电性标准层或标志层，卡准取心层位。若该井无岩性标准层或标志层，或者地层变化较大，则必须进行对比测井。对比测井后，根据测井对比结果，决定取心层位。若设计无对比测井时，与邻井进行地层对比的同时，根据钻时、气测和岩性变化情况，卡准取心深度。

5）场地设施准备。在钻台坡道朝向地质值班房一侧设置一个接心台。其中：

①对水基钻井液取心井，设置长度大于取心筒内筒长度1m的接心台。

②对密闭取心、冷冻保形取心、油基钻井液取心和长筒取心井，设置长度大于取心筒内筒单筒长度2m、宽1.5m、高0.3m的接心台。

6）工具材料和仪器准备。

①岩心整理应准备的主要工具和材料包括电烤箱（或电炉）、铝盆（或锅）、锤头、劈刀、劈心架、钢卷尺、直尺、石蜡、样品罐、岩心盒、保鲜膜、玻璃纸（或锡箔纸）、牛皮纸、磁漆（白色、黑色）、绘图墨水（黑色）、铅笔（红色、灰色）、毛笔、排笔、蘸水笔、棉纱、标签和记录纸。油基钻井液取心增加无水柴油、泡沫灭火器和塑料桶。冷冻保形取心增加衬管、切割机和冰柜。

②实验室岩心处理应准备的主要仪器和工具包括岩心扫描仪、岩心伽马测量仪、岩心剖切机和台式取心机。

二、取心原则

虽然岩心录井是取得油层物性，油层含油、气、水情况，油田开发效果等宝贵资料的重要方法，但由于钻井取心成本高、速度慢，在勘探开发过程中，只能根据地质任务要求适当安排取心。总的来说，取心原则可从以下几方面来考虑：

1）新区第一批探井应采用点面结合、上下结合的原则将取心任务集中到少数井上，或者用分井、分段取心的方法，以较少的投资获取探区比较系统的取心资料。或按见油气显示取心的原则，利用少数井取心资料获得全区地层、构造、含油性、储油物性、岩电关系等资料。

2）针对地质任务的要求，安排专项取心。如开发阶段，要检查注水效果，部署注水检查井取心；为求得油层原始饱和度，采用油基钻井液和密闭钻井液取心；为了解断层、接触关系、标准层、地质界面而布置专项任务取心。

3）其他地质目的取心：如完钻时的井底取心、潜山界面取心、油水过渡带的取心等。

三、取心层位的确定

为了加快油气田的勘探开发步伐，在已确定的取心井中不是全井都取心，而常常是分段取心，因此要合理选择取心层位。一般针对以下情况应当进行取心：

1）储集层的孔隙度、渗透率、含油饱和度、有效厚度不清楚的层位。

2）地层岩性、电性关系不明，影响测井解释精度的层位。

3）地层对比变化较大或不清楚的区域，应对标准层进行取心。

4）当地层层位不清时，需要取心证实。

5）研究生油岩特征的层位，应对生油岩进行取心。

6）需要检查开发效果及注水效果的层位。

7) 有特殊目的需要取心的层位。

四、取心方式

取心工具主要由取心钻头、岩心筒、岩心爪、回压阀、扶正器等组成。目前钻井取心主要有以下几种取心方式：

1) 松软地层常规取心。松软地层常规取心是指岩性比较疏松、成柱性差或未胶结的地层，对岩心没有任何特殊要求的取心。代表工具是结构简单、使用方便的 R-8120 型，是油田松软地层取心的主要工具，每年仅胜利油田取心数十口井，主要适用在软地层取心。

2) 硬地层常规取心。硬地层常规取心是指在中硬—硬地层岩心成柱性较好且对岩心没有任何特殊要求的取心。一般采用短筒或中长筒常规取心。常用的取心工具是 Y-8120 型，是油田取心的主要工具，每年仅胜利油田取心近百口井，主要适用在中硬—硬地层取心。

3) 油基钻井液取心。油基钻井液取心是指在油基钻井液条件下进行的取心。其最大的优点是保护岩心不受钻井液冲刷，能取得接近油层地下原始状态下的油水饱和度资料，为油田储量计算和开发方案的编制提供准确的参数。适用于砂岩油田的各种地层，多数在开发准备阶段采用。曾在胜利油田创出单次进尺 102m、岩心收获率 100% 的好成绩。但其工作条件极差，对人体危害大，污染环境，且成本高。

4) 密闭取心。密闭取心的作用是指在油田开发过程中为检查油田注水开发效果，了解油层水洗情况及油水动态，制定合理的开发调整方案。在以注水方式开采的砂岩油田，采用密闭取心技术，这种方法仍采用水基钻井液，但由于取心工具的改进和内筒中装有密闭液，岩心受密闭液保护，免受了钻井液的冲刷和侵入，能达到近似油基钻井液取心的目的，能在水基钻井液条件下取出几乎不受钻井液滤液污染的岩心。对于岩心成柱好或深部地层，通常使用 Ym-8115 型深井密闭取心工具。自 1985 年投入现场以来，已先后在国内胜利、青海、中原、大港、华北、吉林、滇黔桂、内蒙古、新疆、哈萨克斯坦等多个油田推广应用，并创造了许多密闭取心的最好指标。

5) 保形取心。保形取心指在水基钻井液条件下，使用保形筒在极疏松砂岩地层取得接近原始形状岩心的钻井取心。在岩心内筒里增加一层复合材料衬筒或铝合金衬筒，在岩心出筒时，将岩心与衬筒一起从内筒顶出，按地质要求长度割开，封住两端，待岩心冻实后割开衬筒，对岩心取样分析。使用的取心工具为 Rb-8100 型，主要适用在沿海东部的疏松砂岩地层取心。

6) 低污染取心。低污染取心是指采用特殊的取心钻头，把保形取心技术与密闭取心技术相结合而成的密闭保形取心。由于岩心受密闭液保护，钻井中岩心受冲蚀、污染较少，故称为低污染取心。使用的取心工具为 Mb-8100 型，主要适用于老油田的高含水和高渗地层中的松软地层取心。

7) 定向井、水平井取心。定向井、水平井取心是指用特种取心工具在定向井、水平井中的钻井取心。随着钻井技术的进步和地质勘探开发要求的不断提高，定向井、大斜度井、大位移井、水平井不断增多，为适应石油勘探开发和市场需要，于 20 世纪 90 年代研制开发了 D-8100 型、Sp-8100 型水平井取心工具，在国内大位移井取心中获得较好成绩。其中桩斜 314 井自井深 1955m 至 3610.50m 井段，采用水平井取心工具和定向井取心工具，累计取心 91.12m，总收获率达 90.54%。在 3525～3610.50m，在井斜角大于 71.30° 的稳斜井段连续取心 70m，心长 68.22m，收获率达 97.45%，平均单筒取心进尺 6.36m，创造了胜利油田大位移定向井取心的历史最好成绩。

在实际工作中采用哪种取心方式，应根据油气田在勘探开发中的不同阶段所需完成的地质任务来确定。

五、取心过程中应注意的事项

1) 准确丈量方入。在取心钻进中，只有量准到底方入和割心方入，才能准确计算岩心进尺并合理选择割心层位。在实际工作中，常见到底方入与实际井深不符，主要原因是井底沉砂太多，井内有落物，井内有余心使钻具不能到底，也或者钻具计算有误差等。遇到这种情况，应及时查明原因，方可开始取心钻进。丈量割心方入时，指重表悬重与取心钻进时悬重应该一致，这样计算出的取心进尺与实际取心进尺才相符，否则就会出现差错。

2) 合理选择割心层位。合理选择割心层位是提高岩心收获率的主要措施之一。如割心位置选择不当，常使疏松油砂岩心的上部受到钻井液冲刷而损耗，下部岩心爪抓不牢而脱落。理想的割心层位是"穿鞋戴帽"，顶部和底部均有一段较致密的地层（如泥岩、泥质砂岩等），以保护岩心顶部不受钻井液冲刷损耗，底部可以卡住岩心不致脱落。现场钻遇理想割心层位的机会不多，当充分利用内岩心筒的长度仍不能钻穿油层时，应结合钻时，在钻时较大部位割心；若钻时无变化，则采取干钻割心的办法。

3) 取全取准取心钻进工作中的各项地质资料。在进行取心钻进时，应齐全准确地收集好各项地质资料，以配合岩心录井工作的进行。钻时和岩屑资料可供选择割心位置参考。在岩心收获率低时，岩屑资料还是判断岩性的依据。在油气层取心时，应及时收集气测资料及观察槽面油、气、水显示，并做好记录，供综合解释时参考。必要时还应取样分析。

4) 在取心钻进时应做到送钻均匀，不能随意上提下放钻具。当上提后再下放时，易使活动接头卡死或失灵，使已取的岩心折断、损耗，降低岩心收获率。取心时还应根据岩心筒的长度掌握好取心进尺，以免因岩心进不去岩心筒而把大于岩心筒长度的岩心磨掉。

六、岩心出筒、丈量和整理

（一）岩心出筒及清洗

在岩心出筒及清洗过程中，应注意以下几个方面：

1) 岩心筒起出井口后，要防止岩心滑落。

2) 岩心出筒前应丈量岩心内筒的顶空、底空，顶空是岩心筒内上部无岩心的空间距离，底空是岩心筒内下部（包括钻头）无岩心的空间距离。

3) 岩心出筒：岩心出筒的关键在于保证岩心的完整和上下顺序不乱。岩心出筒的方法有多种，现场常用的手压泵出心法、钻机或电葫芦提升出心法以及水泥车出心法等。用机械出心法出筒时，岩心筒内的胶皮塞长度应等于或大于岩心筒内径的1.5倍，胶皮塞直径应等于内筒内径。用水泥车、手压泵出心时，必须使用本井取心钻进时所用的钻井液，严禁用清水或其他液体顶心。接心要特别注意顺序，先出筒的为下部岩心，后出筒的为上部岩心，应依次排列在出心台，不能倒乱顺序。岩心全部出完要进行清洗，但对含油岩心要特别小心，不能用水冲洗，只能用刮刀刮去岩心表面的泥饼，并观察其渗油、冒气情况，做好记录。对油基钻井液取出的岩心，应用无水柴油清洗。对密闭取心的岩心，用三角刮刀刮净或用棉纱擦净即可。严禁储集层岩心与外界水接触。

4) 冬季出心，一旦发生岩心冻结在岩心筒内，只许用蒸汽加热处理，严禁用明火烧烤。

5) 岩心出筒时，必须有地质人员严守筒口，负责接心，保证岩心顺序不乱。

（二）岩心丈量

岩心的丈量方法直接影响岩心收获率。在岩心丈量的过程中要注意以下几方面的工作：

1) 判断真假岩心：假岩心松软，像泥饼，手指可插入，剖开后成分混杂，与上下岩心不连续，多出现在岩心顶部，可能为井壁掉块或余心碎块与泥饼混在一起进入岩心筒而形成的。假岩心不能计算长度。另外，凡超出该筒岩心收获率的岩心要特别注意，只有查明井深后，才能确定是否为上筒余心的套心。

2) 岩心丈量：岩心清洗干净后，对好岩心茬口，磨光面和破碎岩心要堆放合理，用红铅笔或白漆自上而下划一条丈量线，箭头指向钻头的方向，标出半米和整米记号。用钢卷尺从本筒岩心顶端沿岩心方向线一次性丈量岩心总长，长度精确到厘米（cm）。

3) 岩心收获率计算：岩心收获率＝实取心长度（m）÷取心进尺（m）×100%

每取心一筒均应计算一次收获率，当一口井取心完毕，应计算出全井岩心收获率（即平均收获率）。

总岩心收获率＝累计岩心长（m）÷累计取心进尺（m）×100%，计算结果取小数点后两位。

每个取心段的第一筒岩心收获率不应大于100%，若其岩心长度大于取心进尺，则应查明原因后修正错误数据。

连续进行钻井取心时，若上筒在井底留有余心，则本筒岩心长度（应不超过本筒取心进尺与上筒余心长度之和）大于取心进尺的部分作为套心处理。

（三）岩心整理

岩心的整理工作关系到岩心样品的保存和原始资料准确性，因此要严格按照以下的方法进行：

1) 将丈量好的岩心按井深顺序自上而下、从左到右依次装入岩心盒内。放岩心时，如有斜口面、磨损面、冲刷面和层面都要对好，排列整齐。若岩心是疏松散砂或是破碎状，可用塑料袋或塑料筒装好，放在相应位置。

2) 每筒岩心都应做好0.5m、1m长度记号，便于进行岩心描述，以免分层厚度出现累计误差。对岩心盒内的岩心应进行编号。岩心编号可用代分数表示。如 $4\frac{8}{15}$ 表示这块岩心是第四次取心，本次取心共分15块，本块是其中第8块。

编号方法是在岩心柱面上涂一小块长方形白漆，待白漆干后，用墨笔将岩心编号写在长方形白漆上。岩心编号的密度一般以20~30cm为宜，在本筒范围内，按自然断块自上而下逐块涂漆编号，或用卡片填写后贴在该块岩心之上。这一方法对破碎和易碎的岩心尤为适用。

3) 盒内两次取心接触处用挡板隔开，挡板两面分别贴上标签，标签上注明上下两次取心的筒次、井段、进尺、岩心长度、收获率和块数，便于区分检查。岩心盒外进行涂漆编号。

在岩心整理过程中，应对岩心的出油、出气及其他含油气情况进行观察，在出油、出气的地方用彩色铅笔加以圈定，并作文字记录。对大段碳酸盐岩地层的岩心，还应及时作含油含气试验。试验的具体方法详见岩心描述。整理工作完成以后，对于用作分析含油饱和度的油砂，应及时采样、封蜡，以免油、气逸散。对于保存完整有意义的化石或构造特征应妥善加以保护，以免弄碎或丢失。

七、岩心描述

（一）岩心描述前的准备工作

在描述岩心之前应做好下列准备工作：

1）收集取心层位、次数、井段、进尺、岩心长度、收获率、岩心出筒时的油气显示情况等资料和数据。

2）准备浓度为5%或10%的稀盐酸、放大镜、双目实体显微镜、试管、荧光灯、荧光对比系列、氯仿或四氯化碳、镊子、滤纸、小刀、2m的钢卷尺、锤头、劈岩心机、铅笔、描述记录及做含水试验所用的器材。

3）将岩心抬到光线充足的地方，检查岩心排放的顺序是否正确。如有放错位置的岩心，要查明原因，放回正确位置，并进行岩心长度的复核丈量，以免造成描述失误。

4）检查岩心编号、长度记号应齐全完好，岩心卡片内容填写应齐全准确，发现问题要查明原因，及时整改。

5）沿岩心同一轴线并尽量垂直层面将岩心对半劈开。岩心编号或长度记号被损坏时，应立即补好。

（二）岩心描述的分层原则

岩心描述的分层主要考虑以下两方面：

1）一般长度大于或等于10cm，颜色、岩性、结构、构造、含油情况等有变化者均需分层描述。

2）在岩心磨光面或岩心的顶、底部或油浸级别以上的含油岩性、特殊岩性、标准层、标志层，即使厚度小于10cm，也要进行分段描述（作图时可扩大到10cm）。

（三）碎屑岩的描述

在进行岩心描述时，首先应当仔细观察岩心，在此基础上给予恰当定名。然后分别详细描述颜色、成分（碎屑成分和胶结物）、胶结类型、构造、含油情况、接触关系、化石及含有物、物理性质、化学性质等。对有意义的地质现象应绘素描图或照相。

1. 定名

采用的定名原则是：颜色——突出特征（含油情况、胶结物成分、粒级、化石等）——岩石本名，如浅灰色油斑细砂岩、浅灰色灰质砂岩、灰色含螺中砂岩等。定名时，一般都将含油级别放在颜色之后，以突出含油情况，然后依次排列化石和粒度。

定名时还应注意下列几种情况：

1）当岩石中砾石、灰质、白云质含量在5%～25%之间时，定名时可用"含"字表示，含量在25%～50%之间时，定名中用"质"或"状"字表示，如浅灰色含白云质粉砂岩、灰色灰质砂岩、灰白色砾状砂岩等。

2）若岩石粒级不均一，可用含量大于50%的粒级定名，对其余粒级可在描述中加以说明。除粉细砂岩外，不定复合粒级。如可定浅灰色粉细砂岩，不能定浅灰色中粗砂岩。

3) 当同一段岩心中出现两种岩性时，都要在定名中体现出来。主要岩性在前，次要岩性在后，如浅灰绿色砂质泥岩及浅灰色粉砂岩。但对已作条带或薄夹层处理的岩性，则不必在定名中表现出来。

应该强调指出的是，在定名时一定要统一定名原则，否则就失去了对比的基础。

2. 颜色

颜色是沉积岩最醒目的特征，它既反映了矿物成分的特征，又反映了当时的沉积环境。因此，对颜色的观察描述不仅有助于岩石鉴定，而且可以推断沉积环境。描述颜色时，应按统一色谱的标准，以干燥新鲜面的颜色为准。岩石的颜色是多种多样的，描述时常遇到以下几种情况：

1) 单色：指岩石颜色均一，为单一色调，如灰色细砂岩。为表示同一颜色色调的差别，可用深浅来形容，如深灰色泥岩、浅灰色细砂岩。

2) 单色组合（也称复合色）：由两种色调构成。描述时，次要颜色在前，主要颜色在后，如灰白色粉砂岩，以白色为主，灰色次之。单色组合也有色调深浅之分，如浅灰绿色细砂岩、深灰绿色细砂岩。

3) 杂色组合：由三种或三种以上颜色组成，且所占比例相近，即为杂色组合，如杂色砾岩。

3. 含油、气、水情况

岩心的含油、气、水情况是岩心描述的重点内容之一。描述时既要进行详细观察，做好文字记录，还应做一些小型试验，以帮助判断地层的含油气丰富程度。

(1) 含油产状

含油产状是指油在岩心纵向、横向上的分布状况。观察含油产状时，要将含油岩心劈开，在未被钻井液侵入的新鲜面上观察岩心含油情况与岩石结构、胶结程度、层理、颗粒分选程度的关系。描述时，可用斑点状、斑块状、条带状、不均匀块状、沿微细层理面均匀充满等词语分别描绘不同的含油产状。

(2) 含油饱满程度

分三种情况描述。

1) 含油饱满：颗粒孔隙全部被原油充满，达到饱和状态。岩心呈棕褐色或黑褐色（视原油颜色而不同），新鲜面上油汪汪的，出筒时原油外渗，染手，油脂感强。

2) 含油较饱满：颗粒孔隙被原油均匀充填，但未达到饱和状态，颜色稍浅，新鲜面上原油均匀分布，没有外渗现象，捻碎后可染手，油脂感较强。

3) 不饱满：颗粒孔隙的一部分或不同程度被原油充填，远未达到饱和状态，颜色更浅，呈浅棕褐色或浅棕色，新鲜面上发干或有含水迹象，油脂感弱。

(3) 含油级别

碎屑岩的含油级别主要根据含油产状、含油饱满程度、含油面积等综合考虑确定。目前石油行业主要分为以下 6 个含油级别：

1) 饱含油：含油面积大于或等于 95%，含油饱满，分布均匀，孔隙充满原油并外渗，颗粒表面被原油糊满，局部少见不含油斑块和条带，棕色、棕褐色、深棕色、深褐色、黑褐色，看不见岩石本色，油脂感强，极易染手，原油味浓，具原油芳香味，滴水不渗呈圆珠状。

2）富含油：含油面积在 70%～95%，含油较饱满，分布较均匀，有封闭的不含油斑块或条带，棕色、浅棕色、黄棕色、棕黄色，不含油部分见岩石本色，油脂感较强，手捻后易染手，原油味较浓，具原油芳香味，滴水不渗呈圆珠状。

3）油浸：含油面积在 40%～70%，含油不饱满，含油呈条带状、斑块状不均匀分布，浅棕色、黄灰色、棕灰色，含油部分看不见岩石本色，油脂感弱，可染手，有水渍感，原油味较淡，含油部分滴水呈半珠状，不渗至缓渗。

4）油斑：含油面积在 5%～40%，含油不饱满、不均匀，多呈斑块状、条带状或星点状，颜色以岩石本色为主，油脂感很弱，可染手，原油味很淡，含油部分滴水呈半珠状，缓渗。

5）油迹：含油面积小于 5%，含油极不均匀，肉眼可见含油显示，呈零星斑点状或薄层条带状分布，基本呈岩石本色或微黄色，无油脂感，不染手，略有原油味，含油部分滴水，一般缓渗至速渗。

6）荧光：肉眼看不见含油部分，荧光系列对比在六级或六级以上，颜色为岩石本色。

(4) 含油、气、水实验及观察

1）四氯化碳（CCl_4）试验：将岩样捣碎，放入干净试管内加入约两倍的四氯化碳或氯仿，摇匀浸泡 10min，若溶液变为淡黄、棕黄或棕褐、黄褐等色时，证明岩心含油。若溶液未变色，可将溶液倾在洁白干净的滤纸上，待挥发后用荧光灯照射，观察滤纸上的颜色产状并做好记录。

2）丙酮试验：将岩样粉碎，放入试管内，加两倍于岩样体积的丙酮，摇匀后，再加入与丙酮体积等量的蒸馏水。如含油，则溶液变混浊；若无油，则仍保持透明。

3）含气试验：在地下，岩层的孔隙、裂缝空间常被液体或气体充填。岩心取出地面后，由于压力逐渐降低，岩心里的气体就要外逸。试验方法是把刚出筒的岩心立即冲去岩心表面的钻井液，并把岩心放入预先准备的一盆清水中进行观察，看看有无气泡冒出。若有气泡，应记录冒出气泡的部位、强弱、声响程度、气味、数量及延续时间等内容，供油气层综合解释时参考。

4）含油砂岩的含水程度观察：观察含油岩心劈开面的含水程度，对判断含油岩心是油层、水层或油、水同层有一定实际意义。

观察时应将岩心劈开，看新鲜面上含油部分颜色是否发灰（含水时呈灰色），有无水外渗，然后进行滴水试验。

滴水试验常是用滴管把水滴在含油岩心的新鲜面上，观察水的渗入速度和停止渗入后所呈现的形状。通常根据渗入速度和形状可分为五级：

一级：滴水立即渗入；

二级：10min 内渗入，水滴呈薄膜状；

三级：10min 内水滴呈凸透镜状，浸润角小于 60°；

四级：10min 内水滴呈球状，浸润角为 60°～90°；

五级：10min 内水滴呈圆珠状或半珠状，浸润角大于 90°。

油和水几乎是互不溶解的。因此，可以根据滴水试验的结果，大致确定含油砂岩中的含水程度，含水多时为一、二级，含油多时为四、五级。在油、水过渡带取心或检查井取心时,可根据滴水试验定性地了解油水分布规律及水洗油程度。

5) 含油砂岩被钻井液水浸程度的观察:在用水基钻井液取心时,含油岩心被浸泡在钻井液之中。钻井液水侵入岩心柱形成了侵入环。侵入环的深度和颜色变化反映了岩层的胶结程度和亲水性能,也反映了岩层本来的含水程度,也称"含油岩心水洗程度"。对于疏松、分选好的砂岩,钻井液水可以侵入很深,即侵入环很厚,有时甚至将岩心柱内大部分原油排出岩心,只剩下岩心柱中心含油。在岩性相同的条件下,含水多的砂岩亲水性能好,因而侵入环厚,而含油多含水少的砂岩侵入环较薄。根据对钻井液水侵入程度的观察、分析,可以帮助判断油层、油水同层及含油水层。

6) 含水级别:含水砂岩的含水级别一般可分以下二级。

①含水:岩心具明显水湿感,灰色,新鲜面有渗水现象,久置仍具有潮湿感,滴水呈薄膜状,或立即渗入,多伴有硫化氢味(地层水中含硫化氢)。

②弱含水:微具水湿感,稍放后水湿感消失,滴水呈薄膜状(渗或微渗)。

4. 矿物成分

在现场工作中,对用肉眼或借助放大镜、实体双目显微镜可见的矿物成分均应描述,如石英、长石、暗色矿物、岩块、砾石等。描述时,主要矿物以"为主"表示,其余矿物含量在30%~20%时用"次之"表示,含量在10%~5%时用"少量"表示,含量小于5%时用"微含"表示;当对含量不能估计百分比时,用"少见"或"偶见"表示。

5. 结构

结构描述的内容包括粒度、磨圆度、球度、分选程度、胶结物的成分、胶结程度等内容。

1) 粒度:根据颗粒直径分为砾、粗砂、中砂、细砂、粉砂、粘土六级。

砾——颗粒直径大于 1mm;

粗砂——颗粒直径 1~0.5mm;

中砂——颗粒直径 0.5~0.25mm;

细砂——颗粒直径 0.25~0.10mm;

粉砂——颗粒直径 0.10~0.01mm;

粘土——颗粒直径小于 0.01mm。

2) 磨圆度:指碎屑颗粒原始棱角被磨圆的程度,分为圆状、半圆状、次棱角状、棱角状四个级别。

3) 球度:根据碎屑颗粒三个轴的长度比例,分为圆球状、椭球状、扁球状、长扁球状四种形状。

4) 分选程度:分为好、中等、差三级。

分选好——主要粒级颗粒含量大于 75%;

分选中等——主要粒级颗粒含量为 50%~75%;

分选差——颗粒含量均小于 50%。

5) 胶结物的成分:常见的有泥质、高岭土质、灰质、白云质、石膏质、凝灰质、硅质、铁质等。

6) 胶结程度:一般分为三级——松散、疏松和致密。介于两级之间而近于某级时,可在某级之前加"较"表示,如胶结较疏松。

6. 构造

构造描述的内容应包括层理、层面特征、颗粒排列、地层倾角及其他特征（如擦痕、裂纹、裂缝、错动等）。其中以层理描述最为重要。

(1) 层理描述

对层理除着重描述其形态、类型及显现原因和清晰程度外，还应描述组成层理的颜色、成分和厚度。对不同类型的层理，描述重点也有所区别：

1) 水平层理：应描述显示层理的矿物颜色和成分、粒度变化，层的厚度，界面清晰程度、连续性、界面上是否有生物碎片、云母片、黄铁矿等及其分布情况。

2) 波状层理：应描述显示层理的矿物颜色和成分，界面清晰程度，波长、波高及对称性、连续性，粒度变化等内容。

3) 斜层理：应描述显示层理的矿物颜色和成分，界面清晰程度，粒度变化，顶角、底角、形态（直线或曲线）。

4) 交错层理：应描述显示层理的矿物颜色和成分，层厚度、连续性、倾角、交角、形态。

5) 压扁层理和透镜状层理：应描述显示层理的矿物颜色和成分、厚度、形态、对称性等。

6) 递变层理：描述粒度变化情况、厚度等。

描述层理时应注意两个问题：

第一，在岩心柱上若能看出是斜层理，劈岩心一定要注意方向性，否则将岩心劈开后会把斜层理误认为水平层理，交错层理误认为斜层理，从而造成描述上的错误。

第二，对含油较好的岩心，必须在岩心劈开后立即对层理特征进行观察、描述，否则层理很快会被油污染而无法辨认、描述。

(2) 层面特征描述

层面特征主要是指波痕、雨痕、冰雹痕、晶体印痕、生物活动痕、冲刷面和侵蚀下切痕迹。对层面特征的描述可以帮助我们判断岩石的生成环境，判断地层的顶底。

1) 波痕：包括风成波痕和水成波痕。描述时应将波痕的形状、大小、波高、波长、波痕指数、对称性详细记录下来，以判断波痕的形成条件，进而推断岩层形成时的沉积环境。由于岩心柱较小，观察波痕时，有时只能见到波痕的一部分，见不到完整的波痕。在这种情况下，就应该实事求是，见到多少描多少，切忌生搬硬套。

2) 雨痕：多为椭圆或圆形，凹穴边沿耸起，略高于层面。

3) 冰雹痕：较大且深，形态不规则，应描述凹穴形状、大小、深度及分布情况。

4) 晶体印痕：应描述形状、大小、充填并交代物质的性质等。

5) 生物活动痕：应描述数量、大小、分布状况、充填物的成分、与层面的关系等内容。

6) 冲刷面和侵蚀下切痕迹：描述时应注意观察其形态、侵蚀深度，尤其要注意观察冲刷面或侵蚀面上下的岩性、构造、化石、含有物特征以及上覆沉积物中有无下伏沉积物碎块等，据此判断沉积环境，有无沉积间断。

(3) 颗粒排列情况的描述

颗粒排列情况主要指砾石的排列情况。对砾石的描述主要注意砾石排列有无方向性，其最大偏平面的倾向是否一致，倾角多少，以及倾向与斜层理的关系等。这些资料是判断砾石形成时沉积环境的重要依据。

对砂粒的排列主要应观察颗粒排列与成分、层理的关系以及颗粒排列是否带韵律性特征等。

(4) 对地层倾角的描述

岩心倾角的大小反映了构造的形态。在岩心中，对清晰完整的层面都应测量其倾角，并将测量结果记录下来。

此外，在描述裂缝、小错动时，还应记录数量、产状，有无充填物及充填物性质等特征。对揉皱构造、搅混构造、虫孔构造、斑点和斑块构造等也都应详加描述。

7. 接触关系

描述时应仔细观察上下岩层颜色、成分、结构、构造的变化及上下岩层有无明显的接触界线、接触面等，综合判断两岩层的接触关系，可分为渐变接触、突变接触（角度不整合、平行不整合）、断层接触、侵蚀接触等。

1) 渐变接触——不同岩性逐渐过渡，无明显界线。

2) 突变接触——不同岩性分界明显，见到风化面时，应描述产状及特征。

3) 断层接触——在岩心中见到断层接触时，应描述产状、上下盘的岩性、伴生物（断层泥、角砾）、擦痕、断层倾角等。

4) 侵蚀接触——一般侵蚀面上有下伏岩层的碎块或砾石的沉积，上下岩层接触面起伏不平。应描述侵蚀面的形态、侵蚀深度、砾石成分及形态、分布状况等。

对岩心见到的断层面、风化面、水流痕迹等地质现象应详细描述它们的特征及产状。

8. 化石

对化石的描述包括化石的颜色、成分、大小、纹饰、数量、产状、保存情况等。

1) 颜色：与描述岩石一样，按各地统一色谱描述。

2) 成分：动物化石的硬壳部分是否为灰质或被其他物质（如硅质、方解石、白云质、黄铁矿）所替代。

3) 大小：介形虫和蚌壳的长轴、短轴的长度，塔螺的高度，体螺环的直径、平卷螺的直径等。

4) 形态：化石的外形、纹饰特征以及清晰程度。

5) 数量：化石数量的多少可用"少量"、"较多"、"富集"等词描述。"少量"表示数量稀少，不易发现；"较多"表示分布普遍，容易找到，"富集"表示数量极多，甚至成堆出现。描述时"少量"、"较多"、"富集"可分别用"+"、"++"、"+++"表示。对大化石可直接用数字表示，当量多不易指出数量时，可用"较多"或"富集"表示。

6) 产状：指化石的分布是顺层面分布或是自身成层分布，也或是杂乱分布，化石的排列有无一定方向，化石分布与岩性的关系等。

7) 保存情况：指化石保存的完整程度。可按完整、较完整、破碎进行描述。

9. 含有物

含有物指地层中所含的结核、团块、孤砾、条带、矿脉、斑晶及特殊矿物等。描述时应注意其名称、颜色、数量、大小、分布特征以及它们和层理的关系等。

10. 物理性质

对物理性质应描述硬度、断口、光泽、味、风化程度、可塑性、燃烧程度、透明度等内容。

11. 化学性质

对化学性质描述主要指岩石遇稀盐酸反应情况。现场常用浓度为5%～10%的盐酸溶液对岩心进行实验,观察并记录反应情况。反应强度可分为强烈、中等、弱和无反应四级。

1) 强烈:加盐酸后立即反应,反应强烈,迅速冒泡(冒泡量多),并伴有吱吱响声,用"＋＋＋"符号表示。

2) 中等:加盐酸后立即反应,虽连续冒泡,但不强烈,响声也较小,用"＋＋"符号表示。

3) 弱:加盐酸后缓慢起泡,冒泡数量少,且微弱,用"＋"符号表示。

4) 加盐酸后不冒泡,无反应,用"—"符号表示。

12. 素描图

对岩心中的重要地质现象或用文字无法说明的地质现象,如层理的形态特征,砾石或化石的排列情况,上下岩层间的接触关系,裂缝的分布特点,含油产状等都应当通过绘素描图予以说明。每幅素描图应注明图名、比例尺、所在岩心柱的位置(用距顶的尺寸表示)和图幅相对于岩心柱的方向。

(四) 粘土岩的描述

粘土岩主要有高岭土粘土岩、蒙脱石粘土岩、伊利石粘土岩、海泡石粘土岩、泥岩、页岩等几种类型。

1. 粘土岩定名

粘土岩定名包括颜色、含油级别、特殊矿物(如硫磺),特殊含有物、非粘土矿物和粘土矿物等内容。

2. 粘土岩的描述内容

粘土岩描述内容包括颜色、粘土矿物成分及非粘土矿物的含量变化和分布情况、遇盐酸反应情况、物理性质、化学性质、结构、构造、含有物及化石、含油情况、接触关系等。

1) 颜色:按标准色谱确定,同时描述岩石颜色的变化及分布等情况。

2) 描述粘土矿物成分及非粘土矿物的成分、含量、变化等情况,并描述遇盐酸的反应情况。有机质含量较多时,更应详细描述。

3) 物理性质:包括粘土岩的软硬程度、可塑性、断口、吸水膨胀性、可燃程度、燃烧气味以及裂缝等。

软硬程度——分为软(指甲可刻动)、硬(小刀可划动)、坚硬(小刀刻不动)三级。硬度在二者之间时可用"较"字形容,如较软、较硬。

4) 化学性质:同碎屑岩描述。

5) 结构:粘土岩结构按颗粒的相对含量可分为粘土结构、含粉砂(砂)粘土结构、粉砂(砂)质粘土结构;按粘土矿物的结晶程度及晶体形态可分为非晶质结构、隐晶质结构、显晶质结构。粘土岩的结构还包括鲕粒及豆粒结构、内碎屑结构、残余结构等几种。

6) 构造:包括层理、层面、生物活动痕迹、水底滑动、搅混构造等。

①层理的描述:粘土岩多在静水或水流较微弱的环境下沉积而成,故以水平层理为主,且常具韵律性。其描述方法与碎屑岩水平层理的描述相同。

②层面的描述：粘土岩层面特征指泥裂、雨痕、晶体印痕等。这些特征是判断沉积环境的重要标志。

泥裂：描述时要注意裂缝的张开程度、裂缝的连通情况以及裂缝中充填物的性质，同时还应注意上覆岩层的岩性特征。

雨痕：描述时要注意雨痕的大小、分布特点以及上覆岩层的岩性特征。

晶体印痕：描述时要注意印痕的大小、分布特点以及上覆岩层的岩性特征。

此外，粘土岩中还可见结核、团块构造、斑点构造、假角砾构造等，都应详细描述。

7）含油情况：粘土岩一般是层面或裂缝中具有含油显示，含油级别为油浸（含油面积大于25%）、油斑（含油面积小于25%到肉眼可见到的含油显示）两级，达不到饱含油程度和含油级，并且油斑与油迹的划分界线不易掌握，荧光级显示作用意义不大，故仅采用油浸、油斑两个含油级别。应描述含油显示的颜色、产状等。

8）含有物及化石：同碎屑岩描述。

9）接触关系：同碎屑岩描述。

（五）碳酸盐岩的描述

1. 碳酸盐岩定名

碳酸盐岩定名包括岩石的颜色、含油级别、主要结构组分、构造和岩石名称等内容。

2. 碳酸盐岩的描述内容

碳酸盐岩描述应特别着重裂缝、溶洞的分布状态、开启程度、连通情况和含油气产状等。描述内容包括颜色、结构组分及化学性质、构造、化石、含有物、含油程度、接触关系等内容。

1）颜色：按标准色谱确定，还应描述颜色的变化和分布状况。

2）结构组分：碳酸盐岩主要由颗粒、泥、胶结物、晶粒、生物格架五种结构组分组成。

①颗粒——包括内碎屑、鲕粒、生物颗粒、球粒、藻粒等。描述前把岩石新鲜面用浓度5%或10%的稀盐酸浸蚀2min，再用水洗净，在放大镜下观察，描述其数量、大小和分布状况等。

②泥——描述其含量及分布状况。

③胶结物——应描述胶结物成分和胶结类型等，如晶簇状胶结、粒状嵌晶胶结和连晶胶结。

④晶粒——描述晶粒形状、大小等内容。

⑤生物格架——描述数量、大小、形态、排列及分布状况。

3）化学性质：同碎屑岩描述。

4）构造：构造描述包括层理、鸟眼构造、虫孔构造、缝合线、间隙缝、缝、洞等。应描述各构造的形态、分布状况等。

①层理——同碎屑岩描述。

②鸟眼构造——描述形状、大小、分布状况、充填程度、充填物成分等。

③虫孔构造——描述形态、孔径、延伸情况、数量、与层面的关系、充填程度、充填物成分等内容。

④缝合线——描述数量、形态、凹凸幅度、延伸方向、与层面关系等。

⑤间隙缝——描述数量、大小、形态、开启程度、充填物质成分等。

⑥缝、洞——裂缝宽度大于2mm称为大缝，宽度为1~2mm称为中缝，宽度小于1mm称为小缝。洞包括溶洞和晶洞，孔径大于100mm称为巨洞，孔径为10~100mm称为大洞，

孔径为 5~10mm 称为中洞，孔径为 1~5mm 称为小洞，孔径小于 1mm 称为溶孔、针孔。孔洞被张开缝所串通，称为缝连洞；裂缝有两次充填，称为缝中缝；被充填的宽裂缝中的晶洞，称为缝中洞；不同期次的裂缝相互穿插，称为切割缝。未被充填或未全部充填的裂缝，称为张开缝；全部被充填的裂缝，称为充填缝。

应描述缝洞的类型、数量、长度、宽度（洞为直径）、形态、充填情况、充填物成分、缝洞关系、分布状况及以层为单位统计缝洞的密度、连通程度和开启程度。缝洞描述的几个参数如下：

裂缝密度＝裂缝条数/岩心长度（条/米）

孔洞密度＝孔洞个数/岩心长度（个/米）

裂缝开启程度＝张开缝条数/裂缝总数×100%

孔洞连通程度＝连通孔洞数/孔洞总数×100%

5) 含油情况：包括岩心含油的颜色、产状、原油性质及钻遇该层时的钻时变化、槽面显示、洗岩心时的盆面显示、气测值的变化情况、钻井液性能变化情况等。碳酸盐岩含油级别的划分见表 2-7。

表 2-7 碳酸盐岩含油级别的划分

级别	含油缝洞占岩石总缝洞，%	含油产状	颜色	油脂感	气味	滴水试验
富含油	≥50	裂缝、孔洞发育，原油浸染明显，含油均匀，有外渗现象	油染部分呈棕褐色或棕黄色，其他部分呈岩石本色	较强，可染手	原油芳香味较浓	油染部分不渗，呈圆珠状
油斑	<50	肉眼可见，含油不均匀，呈斑块状或斑点状	油染部分呈浅棕色或浅棕黄色，其他部分呈岩石本色	较弱	原油芳香味淡	沿裂缝孔隙缓渗
荧光	肉眼看不见	荧光系列对比在六级以上（含六级）	岩石本色	—	—	—

碳酸盐岩岩心在出筒静置 8h 后，必须复查含油情况。描述时，对用肉眼未发现油气显示的岩心，必须用荧光灯进行干照、滴照以及系列对比。确定含油级别及产状，各项试验结果必须记录在描述中。岩心越破碎，越应仔细观察并做试验，证实是否有油气显示。

6) 化石及含有物：同碎屑岩描述。

7) 接触关系：同碎屑岩描述。

(六) 可燃有机岩的描述

可燃有机岩主要指煤、沥青、油页岩几种类型。

1. 可燃有机岩定名

可燃有机岩定名包括颜色、岩性等内容。

2. 可燃有机岩的描述内容

1) 煤：主要描述颜色、纯度、光泽、硬度、脆性、断口、裂隙、燃烧时气味、燃烧程度、含有物及化石的数量与分布状况等内容。

2) 油页岩、碳质页岩、沥青质页岩：描述颜色、岩石成分、页理发育情况、层面构造、含有物及化石情况、硬度、可燃情况及气味等内容。

(七) 蒸发岩的描述

蒸发岩包括石膏岩、硬石膏岩、岩盐、钾镁岩盐、芒硝—钙芒硝岩、硼酸岩盐等几种类型。

1. 蒸发岩定名

蒸发岩定名包括颜色、岩性等内容。定名时，以含量大于50%的矿物命名，如石膏岩；含量小于50%时，参考其他岩石定名。

2. 蒸发岩的描述内容

蒸发岩描述内容包括颜色、成分、构造、硬度、脆性、含有物及化石等内容。

(八) 岩浆岩的描述

岩浆岩主要有安山岩、玄武岩、花岗岩、橄榄岩、辉长岩、闪长岩、流纹岩等。

1. 岩浆岩定名

根据颜色、含油级别、结构、构造、矿物成分对岩浆岩综合命名。岩浆岩必须选样进行镜下鉴定，以鉴定后的定名为准。

2. 岩浆岩的描述内容

岩浆岩描述内容包括颜色、矿物成分、结构、构造、特殊含有物、含油情况等内容。

1) 颜色：应描述岩石颜色的变化及所含矿物颜色的变化和分布状况等。
2) 矿物成分：描述用肉眼或借助放大镜观察到的各种矿物及其含量变化。
3) 结构：包括全晶质结构、半晶质结构、玻璃质结构、等粒结构、不等粒结构、文象结构、蠕虫结构等。应描述结构名称、组成某些结构的矿物成分等内容。
4) 构造：包括块状构造、带状构造、斑杂构造、晶洞构造、气孔和杏仁构造、流纹构造、原生片麻构造等。应描述组成某些构造的成分、颜色及晶洞、气孔的形状、直径、充填物成分等。
5) 含油情况：描述含油颜色、产状等情况，含油级别的划分与碳酸盐岩相同。

(九) 火山碎屑岩的描述

火山碎屑岩包括集块岩、火山角砾岩、凝灰岩等几种类型。

1. 火山碎屑岩定名

首先根据物质来源和生成方式划分出火山碎屑岩类型，再根据碎屑物质相对含量和固结成岩方式划分岩类，又根据碎屑粒度和粒级组分的种属划分基本种属，最后以碎屑物态、成分、构造即颜色、含油级别、结构和岩性作为形容词进行定名，例如灰色油斑凝灰岩。对火山碎屑岩必须选样进行镜下鉴定。

2. 火山碎屑岩的描述内容

火山碎屑岩描述内容包括颜色、成分、结构、构造、化石及含有物、含油气情况等内容。

1) 颜色：火山碎屑岩颜色主要取决于物质成分和次生变化。常见的颜色有浅红、紫红、绿、浅黄、灰绿、灰、深灰等色。
2) 成分：火成碎屑物质按组成及结晶状况分为岩屑、晶屑和玻屑。应描述其物质成分。

3）结构：包括集块结构（集块含量大于50%）、火山角砾结构（火山角砾含量大于75%）、凝灰结构（火山灰含量大于75%）和沉凝灰结构等。凝灰质含量小于50%时，参照其他岩性定名，如凝灰质砂岩、凝灰质泥岩等；含量小于10%时，不参加定名。另外，还需描述磨圆度、分选情况等，同碎屑岩描述。

4）构造：包括层理、斑杂、平行、假流纹、气孔、杏仁等构造，同碎屑岩描述。

5）含油情况：同碎屑岩描述。

6）化石及含有物：同碎屑岩描述。

（十）变质岩的描述

变质岩常见的主要有片麻岩、片岩、千枚岩、大理岩等几种类型。

1. 变质岩定名

根据原岩、主要变质矿物、结构、构造的特征进行分类定名。包括颜色、含油级别、变质矿物、构造和岩石基本类型等内容。对变质岩应选样进行镜下鉴定。

2. 变质岩的描述内容

变质岩的描述内容包括颜色、矿物成分、结构、构造、含有物以及含油情况等。

1）颜色：应描述颜色的变化和分布情况。

2）矿物成分：变质岩的矿物成分十分复杂，既有和岩浆岩、沉积岩共有的矿物类型，又有自身独具的矿物类型，如一些变质矿物。变质岩中不含副长石（霞石、石榴石）、鳞石英、透长石等矿物。

3）结构：主要有变余结构、变晶结构、交代结构、碎裂及变形结构。

4）构造：主要有变余构造（包括变余流纹、变余气孔—杏仁、变余枕状、变余条带）、变成构造（包括斑点构造、板状构造、千枚状构造、片状构造、片麻状构造）和混合构造（网脉状构造、角砾状构造、眼球状构造、条带状构造、肠状构造和阴影状构造）。

5）含油情况：同碳酸盐岩描述。

6）含有物：同碎屑岩描述。

八、岩心采样和岩心保管

（一）岩心采样

1）采样要求：油浸以上的油砂每米取10块，油斑及以下砂岩和含水砂岩每米取3块。碳酸盐岩类：一般岩性每米取1～2块，油气显示段及缝洞发育段每米取5块。样品长度一般为8～10cm，松散岩心取300g。

2）注意事项：采样前首先要检查岩心顺序，核对岩心长度。采样时应将岩心依次对好，沿同一轴面劈开，用同一侧岩心取样，另一侧保存。对用作含油饱和度的样品必须在出筒后两小时内采样并封蜡。水砂每米采1块样品，并填写标签，用纸包好。样品必须统一编号，从第一筒岩心到最后一筒岩心顺序排列，不能一筒心编一次号。岩心样品分析项目由地质任务书或使用单位确定。采样完毕，应填写送样清单一式三份（两份上交，一份自存），并随样品送分析化验单位。

（二）岩心保管

将岩心装箱后，应按先后顺序存放在岩心房内，严防日晒、雨淋、倒乱、人为损坏和丢失。每取一个井段的岩心后,应及时要求管理单位验收,验收合格后,将岩心送岩心库统一保管。入库时要求填写详细的入库清单,包括井号、取心井段、取心次数、心长、进尺、收获率、地层层位、岩心箱数等。

九、岩心录井草图的编绘

为了便于及时分析对比及指导下一步的取心工作,应将岩心录井中获得的各项数据和原始资料(如岩性、油气显示、化石、构造、含有物及取心收获率等)用统一规定的符号绘制在岩心录井图上。岩心录井图有两种,一种为岩心录井草图,另一种为碳酸盐岩岩心录井综合图。下面着重介绍碎屑岩岩心录井草图的编绘方法。编制碎屑岩岩心录井草图(图2-4)的步骤如下:

1) 按标准绘制图框。
2) 填写数据:将所有与岩心有关的数据(如取心井段、收获率等)填写在相应的位置上,数据必须与原始记录相一致。
3) 深度比例尺为1:100,深度记号每10m标1次,逢100m标全井深。
4) 第一筒岩心收获率低于100%时,岩心录井草图由上而下绘制,底部空白。下次收获率大于100%时(有套心),则岩心录井草图应由下而上绘制,将套心补充在上次取心草图空白部位。
5) 每次第一筒岩心的收获率超过100%时,应根据岩心情况合理压缩成100%绘制。
6) 对化石及含有物用图例绘在相应地层的中部。化石及含有物分别用"1"、"2"、"3"符号代表"少量"、"较多"和"富集"。
7) 样品位置、磨损面、破碎带按该筒岩心的距顶位置用符号分别表示在不同的栏内。
8) 岩心含油情况除按规定图例表示外,若有突出特征时,则应在"备注"栏内描述。钻进中的槽面显示和有关的工程情况也应简略写出,或用符号表示。

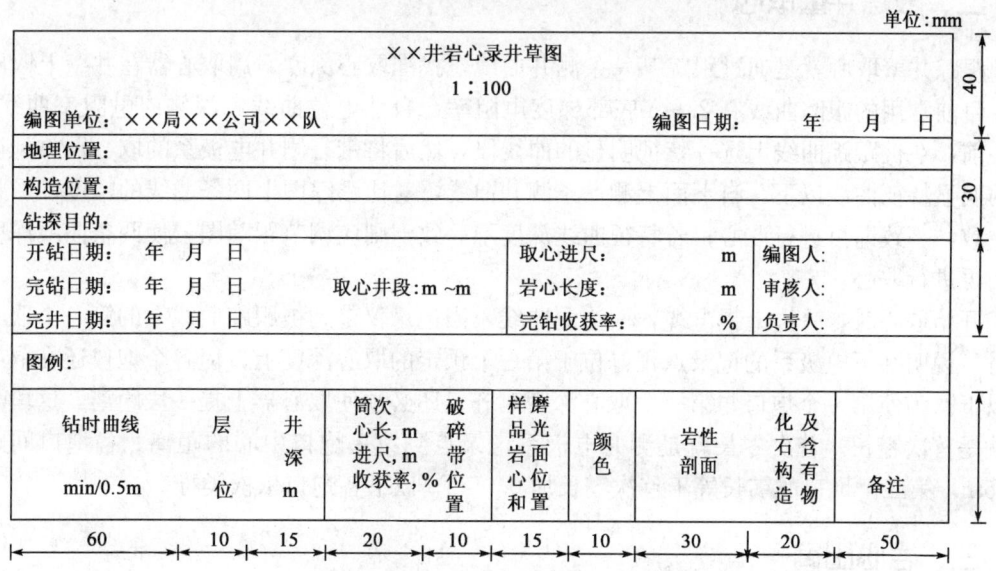

图2-4 岩心录井草图图头格式

第五节 井壁取心录井

井壁取心指用井壁取心器按预定的位置在井壁上取出地层岩样的过程。井壁取心通常是在测井后进行。井壁取心录井是确定井壁取心层位、井段，收集、整理、编录井壁取心实物，并利用井壁取心资料研究地层、岩性、储集层物性、流体性质及其他矿产的全过程。

取心器一般有 36 个孔，孔内装有炸药，通过电缆接到地面仪器上，在地面控制取心深度并点火、发射。点火后，炸药将取心筒强行打入井壁，取心筒被钢丝绳连接在取心器上，上提取心器可将岩样从地层中取出。

一、井壁取心的原则

井壁取心的目的是为了证实地层的岩性、物性、含油性以及岩性和电性的关系，或者为满足地质方面的特殊要求。一般情况下在下列地层均应进行井壁取心：

1）在钻进过程中有油气显示的井段，必须进一步用井壁取心加以证实。
2）在岩屑录井过程中漏取岩屑的井段，或者钻井取心时岩心收获率过低的井段。
3）测井解释有困难，需井壁取心提供地质依据的层位，如可疑油层、油水同层、含油水层、气层等。
4）需进一步了解储油物性而又未进行钻井取心的层位。
5）录井资料和测井解释有矛盾的地层。
6）某些具有研究意义的标准层、标志层及其他特殊岩性层。
7）为了满足地质的特殊要求而选定的层位。

井壁取心具体位置由地质、气测、测井绘解人员根据岩心录井、岩屑录井、测井、气测等资料在现场进行综合分析、共同协调确定。

二、跟踪井壁取心

跟踪井壁取心就是通过跟踪某一条测井曲线，找准取心深度，用取心器在井壁上取出岩心。目前常用的跟踪曲线有 2.5m 底部梯度电阻率，自然电位曲线，深侧向电阻率曲线等。取心前，在被跟踪曲线上选一特征明显的曲线段，然后将带有测井电极系的取心器放到被跟踪的明显特征曲线以下，自下而上测一条测井曲线，对比跟踪图上两条曲线的幅度、形状是否一致，一致即可进行取心；若特征曲线深度不一致，则应调节跟踪图，使两条曲线深度一致，再进行取心。

开始取心时，一边上提电缆，一边测曲线，当记录仪走到被跟踪曲线上的第一个取心位置时，说明井下电极系的记录点正好位于第一个预定的取心深度上，但各个炮口还在取心位置以下。为使第一个炮口与第一个取心深度对齐，还必须使取心器上提一段距离，这段上提值就是首次零长。首次零长就是测井电极系记录点到第一炮口中心的距离。各炮口间距为 0.05m，第二个炮口的零长等于首次零长加 0.05m，以下各炮口依次类推。

三、岩心出筒

当全部点火放炮后，即将炮身提出井口，这时工作人员应依次取下岩心筒，对号装入准备好的塑料袋中。岩心出筒时，每出一颗岩心，立即把深度标上，防止把深度搞乱。出筒时要注意不要把岩心弄碎，尽可能保持完整性。对已出筒的岩心，由专人用小刀刮去泥饼，检查岩心是否真实，岩性是否与要求相符；如不符合要求，应通知炮队重取。

四、井壁取心的描述和整理

井壁取心描述内容基本上与钻井取心描述相同。但由于井壁取心的岩心是用井壁取心器从井壁上强行取出的，岩心受钻井液浸泡、岩心筒冲撞严重，在描述时，应注意以下事项：

1) 在描述含油级别时，应考虑钻井液浸泡的影响，尤其是混油和泡油的井更应注意。
2) 在注水开发区和油水边界进行井壁取心时，岩心描述应注意观察含水情况。
3) 在可疑气层取心时，对岩心应及时嗅味，并进行含气试验。
4) 在观察和描述白云岩岩心时，有时也会发现白云岩与盐酸作用起泡，这是岩心筒的冲撞作用使白云岩破碎而与盐酸接触面积大大增加的缘故。在这种情况下应注意与灰质岩类的区别。
5) 如果一颗岩心有两种岩性，则都要描述。定名可参考测井曲线所反映的岩电关系来确定。
6) 如果一颗岩心有三种以上的岩性，就描一种主要的，其余的则以夹层和条带处理。

岩心描述完后，将岩心用玻璃纸包好，连同标签一起装入井壁取心盒内，并在盒上注明井号、井深和编号。对有油气显示的含油岩心通常用红笔打上记号，以便查找。此外，应填写送样清单，并将送样清单和井壁取心描述记录送交指定单位。

五、井壁取心的应用

由于井壁取心是用取心器直接将井下岩石取出来，直观性强，方法简便，经济实用，因此在现场工作中被广泛使用。

1) 井壁取心与岩心一样属于实物资料，可以利用井壁取心来了解储集层的物性、含油性等各项信息。
2) 利用井壁取心进行分析实验，可以取得生油层特征及生油指标。
3) 用以弥补其他录井项目的不足。
4) 用以解释现有录井资料与测井资料不能很好解释的层位。
5) 利用井壁取心可以满足一些地质的特殊要求。

井壁取心录井基本可以适应现阶段的地质录井要求。但是在出现卡钻时，一般要泡油。泡油井段的井壁取心资料一般污染十分严重，原则上泡油时的井壁取心资料不能使用。泡油后，井壁取心由于长期受到油的浸泡，侵入较深，利用井壁取心资料无法分清是地层中的显示还是泡油造成的显示。

思考题与习题

1. 如何识别真假岩屑？
2. 钻井取心的原则是什么？取心层位如何确定？
3. 碎屑岩岩心描述有哪些内容？

4. 碎屑岩的定名原则是什么?
5. 对碎屑岩的颜色如何描述?
6. 碎屑岩含油、气、水情况下如何描述?
7. 岩心、岩屑描述的分层原则是什么?
8. 目前石油行业对碎屑岩含油级别如何划分?
9. 碎屑岩的结构主要包括哪些内容?
10. 如何进行荧光滴照?
11. 确定井壁取心的原则是什么?
12. 岩屑录井资料主要应用于哪些方面?
13. 简述荧光录井的应用。
14. 简述岩心录井在油气田勘探开发中的作用。
15. 简述井壁取心录井在油气田勘探开发中的作用。

第三章 综合录井仪器系统

第一节 综合录井仪概述

综合录井仪是应用电子技术、传感器技术、气相色谱分析、信号采集、计算机数字采集处理、地质与钻井工程专家系统评价软件技术于一体并进行连续随钻录井和钻井过程监测的一种石油勘探仪器。综合录井仪可以在实时状态下采集钻井液参数、钻井工程参数及钻井液中烃类和非烃类气体特性参数,实现钻井过程实时监测、井下异常预报、地层压力监测预报和及时发现评价油气层,从而帮助实现在钻井过程中发现油气层、保护油气层、减少井下事故、提高综合勘探效益的目的。

一、综合录井仪的发展历史

我国在 20 世纪 50 年代初期主要是手工方式录井,到 1953 年引入荧光录井,1955 年前苏联引进半自动气测仪,从此开始了使用仪器的历史。1957 年钻井液检测技术引入录井范畴。1964 年研制出全自动气测仪,1974 年开发出 SQC-701 型气测仪,为第一代面板式综合录井仪。20 世纪 80 年代初期,开发出第二代脱机式综合录井仪。80 年代后期我国开始研制国产综合录井仪,包括上海石油仪器厂于 1988 年推出的 SDL-1 地质录井仪、SQC882 气测录井仪。目前,国产的常用综合录井仪有上海神开石油化工装备股份有限公司 1999 年推出的 SK-2000 综合录井仪,2001 年推出的 CAN 总线型 SK-2000FC 综合录井仪,2004 年推出的 CMS 综合录井仪;新乡二十二所推出的 SLZ 系列综合录井仪;胜利地质录井公司研制生产的 SRP200 综合录井仪;大港油田地质录井公司生产的 DML 综合录井仪;兴国科技总公司研制的 XG-SZLY 综合录井仪。近几年来,又发展了 MWD、LWD、核磁共振录井、定量荧光录井等录井技术。

随着电子技术和计算机技术的高速发展,20 世纪 80 年代中期,西方国家又推出第三代联机式综合录井仪,其中具有代表性的有我国于 1985 年引进的法国 Geoservices 生产的 TDC 综合录井仪。80 年代后期及 90 年代,西方国家又推出第四代无二次仪表基于 WINDOWS 环境的联网式综合录井仪。目前我国引进的国外综合录井仪类型有:从法国 Geoservices 公司引进的 ALSII(Advanced Logging System II)综合录井仪;从美国 Baker Hughes Inteq 公司引进的 Advantage 综合录井仪;美国 Halliburton 公司生产的 SDL9000 综合录井仪;英国 Gearheart 公司生产的 Drillbyte 综合录井仪等。引进的国外录井技术大大地推动了我国录井技术的飞速发展。

二、综合录井仪系统的配置与结构

(一)综合录井仪的系统组成

综合录井仪的系统一般分为四个部分:

1）信息采集部分：包括用于各类参数检测的传感器和气体分析仪器。

2）接口与总线部分：分为两类，一种是分线式数据接口，另一种是总线式数据接口。

3）数据处理与监控部分：包括录井过程的前台监控、工作站（服务器）、数据库和后台数据的处理系统。

4）录井数据输出部分：包括录井数据和图表的打印、实时录井屏幕的终端输出和录井数据的远传系统。

几种不同型号的录井仪器系统结构框图如图3-1、图3-2所示。

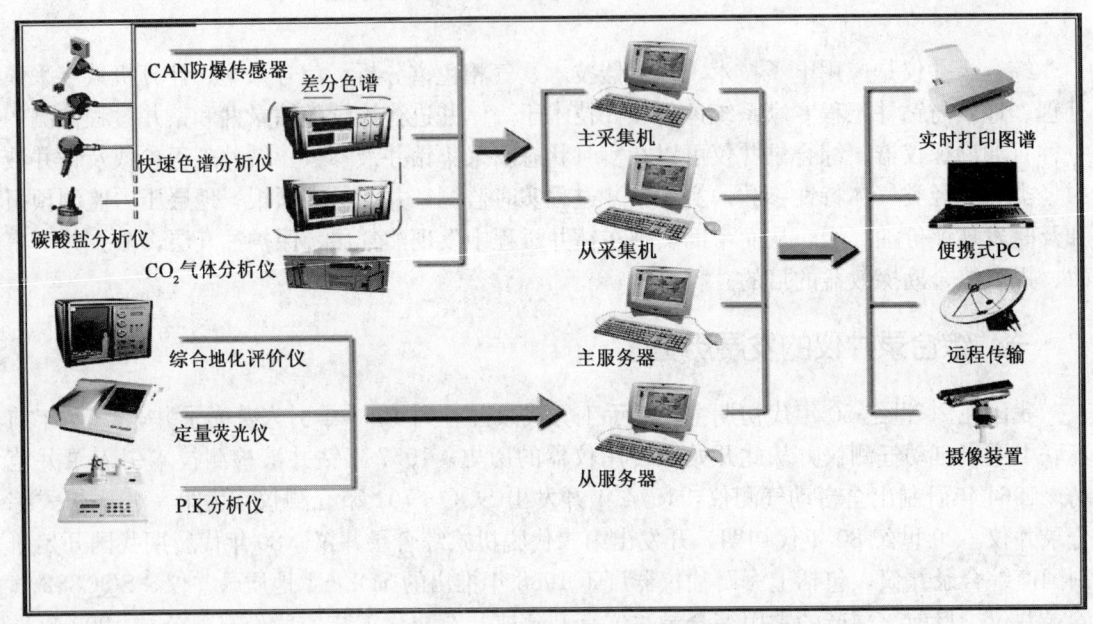

图3-1 总线结构录井仪系统结构框图

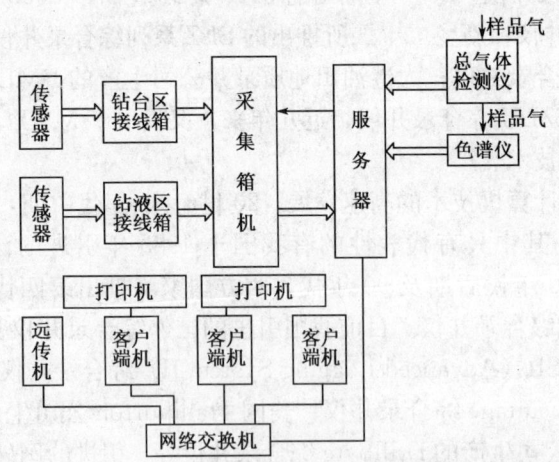

图3-2 DML分线式结构录井仪系统结构框图

（二）综合录井仪的配置与连接

综合录井仪的基本配置是指一般综合录井仪所必须具备的配置。常见的基本配置如下：

1）防爆型传感器：包括4～20mA信号模拟量传感器、脉冲量泵冲及转盘转速传感器和绞车编码器数字量传感器。

2）防爆 CAN 总线数字采集设备：包括 CAN 总线防爆隔离栅、CAN 总线屏蔽电缆、T 型 CAN 三通、CAN 采集适配卡。

3）计算机系统：包括主服务器（MAIN‑SERVER）、从服务器（SUB‑SERVER）、主采集机（MAIN‑DAQ）、从采集机（SUB‑DAQ）。

4）软件系统：数据采集软件、数据处理软件（基于 Windows2000 平台）。

5）氢焰色谱分析仪：快速色谱仪。

6）非烃分析仪：红外线分析仪。

7）样品预处理器。

8）辅助单元：包括集线器、视频分配器、24V/4A DC 开关电源及 CAN 总线接口。

9）氢气发生器。

10）空气压缩机。

11）长图打印机。

12）碳酸盐分析仪。

13）热真空全脱气器。

14）电动脱气器。

15）UPS：2 台。

16）强配电系统：包括隔爆变压器和强配电控制箱。

17）正压防爆系统：包括隔爆控制箱，室内烟雾、气压、可燃性气体及硫化氢检测器，鼓风机，防火风闸等。

18）其他辅助设备：包括远程防爆终端、地质仪器、打印机等。

（三）连接方式

采集机和服务器采用网络通过集线器联网。CAN 采集适配卡安装在采集机内，CAN 总线信号连入采集适配卡（详见 CAN 采集适配卡）。配置快速氢焰色谱仪，采用网络通过集线器与采集机联网。若网络出现故障而无法通信，用户也可使用 RS232 串口线直接接入采集机多余的 COM 口。若配置红外线分析仪，通过 RS232 串口线接入采集机的 COM2；长图打印机通过数据线接入采集机并行口。碳酸盐分析仪作为一个 4～20mA 标准信号模拟量传感器接入 CAN 总线。电动脱气器采集到的样品气通过不吸附管线输入到样品预处理器，再分两路分别分配给氢焰色谱仪和非烃分析仪。

三、综合录井仪的测量参数

综合录井仪测量的参数可分为直接（原生）测量参数和计算（次生）参数。直接（原生）测量参数是指由传感器直接测量得到的参数。综合录井仪中的直接测量参数见表 3-1。计算（次生）参数是指由直接参数经过计算（或转换）后所得到的新的参数。综合录井仪中的计算（次生）参数见表 3-2。

四、综合录井仪外形与结构

综合录井仪在结构上必须是防爆的且能适应野外作业的条件和环境。下面以上海神开 CMS 综合录井仪来介绍其外形与结构。图 3-3 为其外形图，图 3-4 为其内部结构图。该仪器的主要技术指标分别为：

表 3-1 直接（原生）测量参数

实时参数				迟到参数			
序号	参数名称	符号	量纲	序号	参数名称		符号	量纲
1	大钩负荷	WOH	kN	1	全烃		TGAS	%
2	大钩高度	HKH	m	2	烃类气体组分	甲烷	C_1	%
3	转盘扭矩	TQRQ	kN·m			乙烷	C_2	%
4	立管压力	SPP	MPa			丙烷	C_3	%
5	套管压力	CHKP	MPa			异丁烷	iC_3	%
6	转盘转速	RPM	r/min			正丁烷	nC_3	%
7	1号泵冲速率	SPM1	s/min			异戊烷	iC_4	%
8	2号泵冲速率	SPM2	s/min			正戊烷	nC_4	%
9	1号池钻井液体积	TV01	m³	3	硫化氢		H_2S	%
10	2号池钻井液体积	TV02	m³	4	二氧化碳		CO_2	%
11	3号池钻井液体积	TV03	m³	5	氢气		H_2	%
12	4号池钻井液体积	TV04	m³	6	氦气		He	%
13	入口钻井液密度	MDI	g/cm³	7	出口钻井液密度		MDO	g/cm³
14	入口钻井液温度	MTI	℃	8	出口钻井液温度		MTO	℃
15	入口钻井液电导率	MCI	mS/m	9	出口钻井液电导率		MCO	mS/m
				10	出口钻井液流量		MFO	%

表 3-2 计算（次生）参数

序号	参数名称		符号	量纲	序号	参数名称	符号	量纲
1	井深	标准井深	DMEA	m	7	迟到时间	LAGT	min
		垂直井深	DVER	m	8	d_c 指数	DXC	无
		迟到井深	DRTM	m	9	Sigma 指数	SIGMA	无
2	钻压		WOB	kN	10	地层压力梯度	FPPG	g/m³
3	钻时		ROP	min/m	11	地层破裂压力梯度	FFPG	g/m³
4	钻速		ROP	m/h	12	地层孔隙度	PORO	%
5	钻井液流量		MF	L/s	13	每米钻井成本	COST	元/m
6	钻井液总体积		TVT	m³				

仪器房，长 8.0m×宽 2.44m×高 2.75m，带拖撬长 8.5m；

仪器房顶底壁，4mm 平板钢；

仪器房外壁，4mm 波纹钢；

内部饰板，符合Ⅲ级防火、防爆；

重量，12t；

环境温度，-40～60℃；

环境湿度，<90%；

防爆类型：正压防爆型；
电源：三相四线或三相三线；
输入电压：440/380/220±30%V AC；
输入频率：50±30%Hz；
安全指标：相线与机房接地导线之间绝缘电阻大于2MΩ。

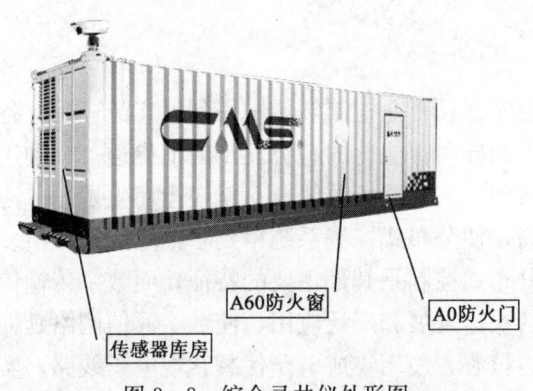

图3-3 综合录井仪外形图　　　　图3-4 综合录井仪内部结构图

五、综合录井仪防爆控制系统

综合录井仪在井场作业（特别是在海上平台上作业）过程中，当井场出现可燃气体（如井喷）时，仪器房必须具有自动防爆功能。这是仪器制造时一项必须具备的功能和指标。其自动检测控制原理如图3-5所示。按下防爆箱自动检测控制"启动"按钮后，鼓风机供电运转向录井房内鼓进新鲜空气，室内气压逐渐增大，保持室内的正气压达到设定值（一般为60~200Pa），井场内的可燃气体不会进入仪器房内，从而起到防爆的作用。一般换气周期为20min。如果录井房门被打开，录井房内气压下降，差压继电器释放，但由于时间继电器有20s延时，一般打开录井房时间不超过20s，正压状态继续保持；如果超过20s，将自动切断主电路电源。

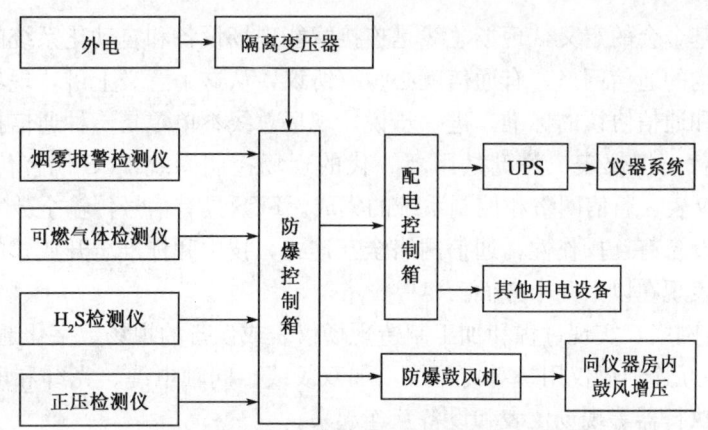

图3-5 综合录井仪防爆控制系统原理图

此外，在"自动控制"状态下，可燃性气体、硫化氢、烟雾检测报警开始工作。只要其中任何一种检测超过设定值，其相应的可燃性气体、硫化氢、烟雾报警的继电器就动作，其接入控制电路中的常闭触点相应断开，切断主电路的电源，同时进行报警。

第二节 总线接口与系统

一、现场总线

(一) 现场总线的产生

随着自动控制技术的发展,微处理器和微控制器在工业控制领域中得到了广泛应用。各种仪器、仪表、装置和设备由于微处理器的嵌入而导向智能化的趋势逐步向下渗透。一种用现场网络的数字通信把各种各样的微机设备集成到一起的现场总线概念就应运而生了。

微处理器的普遍应用和计算机可靠性的提高,使分布式控制系统得到了推广应用,由多台计算机和一些智能仪表以及智能部件实现的分布式控制是其最主要的特征,而数字传输信号也在逐步取代模拟传输信号。随着微处理器的快速发展和广泛应用,使数字通信网络延伸到工业过程现场成为可能,产生了以微处理器为核心,使用集成电路代替常规电子线路,实施信息采集、显示、处理、传输以及优化控制等功能的智能设备。设备之间彼此通信、控制,在精度、可操作性以及可靠性、可维护性等方面都有更高的要求。

现场总线是计算机局域网技术在工业控制领域的应用,连接的对象是工业自动化测控领域中常用的各类单片机、可编程控制器等。在工业测控系统中,采用现场总线技术实现场地级数据传输,是提高工业现场实时效率的有效途径。现场总线作为一种工业环境下的通信标准,更适合于场地级设备的互联,其成本低、效益高。现场总线技术将专用微处理器置入传统的测量控制仪表,使它们各自都具有了数字计算和数字通信能力,采用双绞线、电缆和光纤等作为通信介质,把多个测量控制仪表连接成网络系统,并按公开、规范的通信协议,在位于现场的多个微机化测量控制设备之间以及现场仪表与远程监控计算机之间,实现数据传输与信息交换,形成各种满足实际需要的自动控制系统。

(二) 现场总线的基本原理

按现场总线基金会的定义,现场总线是连接智能现场设备和自动化系统的数字式、双向传输、多分支结构的通信网络。有通信就必须有协议,从这个意义上讲,现场总线就是一个定义了硬件接口和通信协议的标准。进一步说,现场总线不单单是一种通信技术,也不仅仅是用数字仪表代替模拟仪表、关键是用新一代的现场控制系统 FCS 代替传统的集散系统 DCS,实现智能仪表、通信网络和控制系统的集成。FCS 具有信号传输全数字化,系统结构全分散式,现场设备有互操作性,通信网络全互连式,技术和标准全开放式的特点。现场总线的本质原理还表现在以下几个方面:

1) 现场通信网络,实现过程和加工制造现场仪表或设备的现场数字化通信。

2) 现场设备互连,仅仅用一对传输线,如双绞线、同轴电缆、光纤和电源线等,将传感器、变送器和执行器等现场仪表和设备互连起来。

3) 互操作性,现场仪表或设备品种繁多,不可能从一家制造公司购齐,现场总线允许选用各制造商性价比最高的产品集成在一起,实现"即接即用",即对不同品牌的仪表或设备互相连接,统一组态。

4) 功能分散,将 DCS 的三级结构改革为 FCS 的二级结构,废弃了 DCS 的输入/输出单元和控制站,将控制功能分散到现场仪表,从而构成虚拟控制站,因此现场仪表应是智能型多功能仪表。

5) 通信线供电,对于本质安全要求的低功耗现场仪表,允许直接从通信线上摄取能源。

6) 开放式互连,现场总线为开放式互连网络,既可与同层网络互连,也可与不同层次网络互连,共享资源,统一调度。

(三) 现场总线的优点

传统的测控自动化系统采用一对一连线,用电压、电流的模拟信号进行测量控制,或采用自封闭的集散系统,难以实现设备之间以及系统与外界之间的信息交换,使自动化系统称为"信息孤岛"。现场总线作为过程自动化、制造自动化等领域现场智能设备之间的互连通信网络,沟通了生产过程现场控制设备之间及其与更高控制管理层网络之间的联系,为彻底打破自动化系统的"信息孤岛"创造了条件。现场总线具有如下优点:

1) 结构简洁。即用一条传输线连接多台仪表,双向传输数字信号。这种结构使得接线简单,安装费用低,容易维护。在增加现场控制设备与仪表时,只需要挂接到电缆上,无须架设新的电缆。

2) 可靠性高。数字信号传输抗干扰能力强,精度高,无须采取其他抗干扰措施。

3) 可控性强。操作员在控制室既可以了解现场设备与现场仪表的工作状态,也能对其进行调整,还可以预测或寻找故障,使其始终处于操作员的远程监视与控制之下,提高了系统的可靠性、可控性和可维护性。

4) 可互操作性。用户可以将不同制造商的符合同一协议的不同品牌仪表集成在一起,构成所需要的控制系统。不必为集成不同品牌的产品而在硬件或软件上花费力气或者增加额外投资。

5) 功能综合。现场仪表不仅有检测、变换、补偿、控制和运算功能,还可提供非测量管理信息。

6) 分散控制。控制功能分散在现场仪表中,通过现场仪表本身可构成控制回路,实现了彻底的分散控制,提高了系统的可靠性、自制性和灵活性,并降低了布线成本。

7) 系统开放。现场总线是开放式互连网络,所有的技术和标准都是公开的,制造商必须共同遵守。这样用户可以自由集成不同制造商的通信网络,既可同层网络互连,也可与不同层网络互连。另外,用户可以极其方便地共享网络数据库。

总而言之,现场总线是高可靠、低成本、组态简单、可互操作性强、分散控制、方便运行、数据库一致的开放式系统。

(四) 几种典型的现场总线

目前,世界上有多种现场总线的企业或国家标准,总线标准的制定工作进展缓慢。但开发共同遵从的统一的标准规范,真正形成开放互连系统是大势所趋。目前较流行的现场总线主要有以下七种。

1. 基金会现场总线 (Foundation Fieldbus,简称FF)

这是以美国Fisher - Rousemount公司为首联合了横河、ABB、西门子、英维斯等80家公司制定的ISP协议和以Honeywell公司为首联合欧洲等地150余家公司制定的WorldFIP协议于1994年9月合并而成的。该总线在过程自动化领域得到了广泛的应用,具有良好的发展前景。

基金会现场总线采用国际标准化组织 ISO 的开放化系统互连 OSI 的简化模型（1层，2层，7层），即物理层、数据链路层和应用层，另外增加了用户层。FF 分低速 H1 和高速 H2 两种通信速率，前者传输速率为 31.25kbit/s，通信距离可达 1900m，可支持总线供电和本质安全防爆环境；后者传输速率为 1Mbit/s 和 2.5Mbit/s，通信距离为 750m 和 500m，支持双绞线、光缆和无线发射，协议符号 IEC1158-2。FF 物理媒介的传输信号采用曼彻斯特编码。

2. CAN（Controller Area Network，控制器局域网）

该总线由德国 Bosch 公司推出，是一种具有高可靠性、支持分布式实时控制的串行数据网络。其总线规范已被 ISO 国际标准组织制定为国际标准，得到了 Intel、Motorola、NEC 等公司的支持。它最初用于汽车内部测量与执行部件之间的数据通信协议。现已逐步发展到用于其他工业部门的控制，如机械制造、数控机床、变电站检测设备的监控等。CAN 协议分为二层：物理层和数据链路层。CAN 的信号传输采用短帧结构，传输时间短，具有自动关闭功能，具有较强的抗干扰能力。CAN 支持多主工作方式，网络节点数实际可达 110 个。目前已有多家公司开发了符合 CAN 协议的通信芯片。

3. Lonworks

Lonworks 由美国 Echelon 公司推出，并由 Motorola、Toshiba 公司共同倡导。它采用 ISO/OSI 模型的全部 7 层通信协议，采用面向对象的设计方法，通过网络变量把网络通信设计简化为参数设置。支持双绞线、同轴电缆、光缆和红外线等多种通信介质，通信速率从 300bit/s 至 1.5Mbit/s 不等，直接通信距离可达 2700m（78kbit/s），被誉为通用控制网络。Lonworks 技术采用的 LonTalk 协议被封装到 Neuron（神经元）的芯片中，并得以实现。采用 Lonworks 技术和神经元芯片的产品被广泛应用在楼宇自动化、家庭自动化、保安系统、办公设备、交通运输、工业过程控制等行业。

4. DeviceNet

DeviceNet 是一种低成本的通信连接，也是一种简单的网络解决方案，有着开放的网络标准。DeviceNet 具有的直接互连性不仅改善了设备间的通信，而且也提供了相当重要的设备级阵地功能。DeviceNet 基于 CAN 技术，传输速率为 125kbit/s 至 500kbit/s，每个网络的最大节点为 64 个，其通信模式为生产者/客户（Producer/Consumer），采用多信道广播信息发送方式。位于 DeviceNet 网络上的设备可以自由连接或断开，不影响网上的其他设备，而且其设备的安装布线成本也较低。DeviceNet 总线的组织结构是 Open DeviceNet Vendor Association（开放式设备网络供应商协会，简称"ODVA"）。

5. PROFIBUS

PROFIBUS 是德国标准，有几种改进型，分别用于不同的场合。如 PROFIBUS-PA 用于过程自动化，通过总线供电，提供本质安全，可用于危险防爆区域；PROFIBUS-FMS 用于一般自动化；PROFIBUS-DP 用于加工自动化，适用于分散的外围设备。PROFIBUS 的传输速率为 9.6kbit/s 至 12Mbit/s，最大传输距离在 9.6kbit/s 下为 1200m，在 12Mbit/s 下为 200m，可采用中继器延长至 10km，传输介质为双绞线或者光缆，最多可挂接 127 个站点。

6. HART

HART 是 Highway Addressable Remote Transducer 的缩写，最早由 Rosemount 公司开发。其特点是在现有模拟信号传输线上实现数字信号通信，属于模拟系统向数字系统转变的过渡产品。其通信模型采用物理层、数据链路层和应用层三层，支持点对点主从应答方式和多点广播方式。由于它采用模拟、数字混合信号，难以开发通用的通信接口芯片。HART 能利用总线供电，可满足本质安全防爆的要求，并可用于由手持编程器与管理系统主机作为主设备的双主设备系统。

7. CC-Link

CC-Link 是 Control&Communication Link（控制与通信链路系统）的缩写，在 1996 年 11 月，由三菱电机为主导的多家公司推出，其增长势头迅猛，在亚洲占有较大份额。在其系统中，可以将控制和信息数据同以 10Mbit/s 高速传送至现场网络，具有性能卓越、使用简单、应用广泛、节省成本等优点。不仅解决了工业现场配线复杂的问题，同时具有优异的抗噪性能和兼容性。CC-Link 是一个以设备层为主的网络，同时也可覆盖较高层次的控制层和较低层次的传感层。2005 年 7 月 CC-Link 被我国国家标准委员会批准为中国国家标准指导性技术文件。

二、CAN 总线

（一）CAN 总线的概念

CAN 是 Controller Area Network（控制器局域网络）的简称，是国际上应用最广泛的现场总线之一。这是由德国 Bosch 公司推出的，是一种具有高可靠性、支持分布式实时控制的串行数据网络。最初，CAN 被设计作为汽车环境中的微控制器通信，在车载各电子控制装置 ECU 之间交换信息，形成汽车电子控制网络。例如发动机管理系统、变速箱控制器、仪表装备、电子主干系统中均嵌入 CAN 控制装置。同时，由于 CAN 总线本身的特点，其应用范围目前已不再局限于汽车行业，而向自动控制、航空航天、航海、过程工业、机械工业、纺织机械、农用机械、机器人、数控机床、医疗器械、建筑以及石油勘探等众多领域延伸，CAN 已经形成国家标准，并已经被公认为几种最有前途的现场总线之一。其典型的应用协议有 SAE J1939/ISO11783、CANOpen、CANaerospace、DeviceNet、NMEA 2000 等。

在一个由 CAN 总线构成的单一网络中，理论上可以挂接无数个节点。在实际应用中，节点数目受网络硬件的电气特性所限制。例如，当使用 Philips P82C250 作为 CAN 收发器时，同一网络中允许挂接 110 个节点。CAN 可提供高达 1Mbit/s 的数据传输速率，这使实时控制变得非常容易。另外，硬件的错误检定特性也增强了 CAN 的抗电磁干扰能力。

CAN 中常用的一些基本概念如下：

1) 报文（Message）。总线上的信息以不同报文格式发送，但长度受到限制。当总线空闲时，任何一个网络上的节点都可以发送一个新的报文。

2) 信息路由（Information Routing）。在 CAN 中，节点不使用有关系统结构的任何信息，比如站地址，由接收节点根据报文本身特征判断是否接收这帧信息。因此，在系统扩展时，不用对应用层以及任何节点的软件和硬件作改变，可以直接在 CAN 中增加节点。

3）标识符（Identifier）。要传送的报文有特征标识符（是数据帧和远程帧的一个域），它给出的不是目标节点地址，而是这个报文本身的特征。信息以广播方式在网络上发送，所有节点都可以接收到。节点通过标识符判定是否接收这帧信息。

4）位速率。CAN 的数据传输速率在不同的系统中是不同的，但在一个给定的系统里，位速率是唯一的，并且是固定的。

5）优先权。在总线访问期间，由发送数据的报文中的标识符决定报文占用总线的优先权。标识符越小，优先权越高。

6）远程数据请求（Remote Data Request）。通过发送远程帧，需要数据的节点请求另一节点发送相应的数据。回应节点传送的数据帧与请求数据的远程帧由相同的标识符 ID 命名。

7）多主站。当总线开放时，任何单元均可以发送报文，发送具有最高优先权报文的单元会赢得总线的访问权。

8）仲裁（Arbitration）。当总线空闲时，任何节点都可以向总线发送报文。如果有两个或两个以上的节点同时发送报文，就会引起总线访问碰撞。通过使用标识符的逐位仲裁可以解决这个碰撞。仲裁的机制确保了报文和时间均不损失。当具有相同标识符的数据帧和远程帧同时发送时，数据帧优先于远程帧。在仲裁期间，每一个发送器都对发送位的电平与被监控的总线电平进行比较。如果电平相同，则这个单元可以继续发送；如果发送的是"隐性"电平而监视到的是"显性"电平，那么这个单元就失去了仲裁，必须退出发送状态。

9）故障界定（Confinement）。CAN 节点能区分瞬时扰动引起的故障和永久性故障，可自动关闭故障节点。

（二）CAN 总线的特点

CAN 属于总线式串行通信网络，由于采用了许多新技术及独特的设计，CAN 总线与一般的通信总线相比，它的数据通信具有突出的可靠性、实时性和灵活性。其特点可概括如下：

1）CAN 可以是对等结构，即多主机工作方式，网络上任意一个节点可以在任意时刻主动向网络上其他节点发送信息，不分主从，通信方式灵活。

2）CAN 网络上的节点可以分为不同的优先级，满足不同的实时需要。

3）CAN 采用非破坏性仲裁技术，当两个节点同时向网络上传信息时，优先级低的节点自动停止发送，在网络负载很重的情况下不会出现网络瘫痪。

4）CAN 可以以点对点、点对多点、点对网络的方式发送和接收数据，通信距离最远 10km（5kbit/s），节点数目可达 110 个。

5）CAN 采用的是短帧结构，每一帧的有效字节数为 8 个，具有 CRC 校验和其他检测措施，数据出错概率小。CAN 节点在错误严重的情况下具有自动关闭功能，不会影响总线上其他节点操作。

6）通信介质采用廉价的双绞线，无特殊要求，用户接口简单，容易构成用户系统。

（三）CAN 通信协议

CAN 通信协议主要描述设备之间的信息传递方式。CAN 层的定义与开放系统互连模型（OSI）一致，每一层与另一设备上相同的那一层通信。实际的通信发生在每一设备上相邻的两层，而设备只通过模型物理层的物理介质互连。CAN 的规范定义了模型的最下面两层：

数据链路层和物理层，仅保证了节点间无差错的数据传输，提高了实时性。表3-3中展示了OSI开放式互连模型的各层。CAN的应用层协议必须由CAN用户自行定义，或采用一些国际组织制定的标准协议。应用最为广泛的是DeviceNet和CANopen，分别广泛应用于过程控制和机电控制领域。但此类协议一般结构比较复杂，更适合复杂大型系统的应用。在汽车工业，许多制造商都应用他们自己的标准。

表3-3 OSI开放系统互连模型

7	应用层	最高层，用户、软件、网络终端等之间用来进行信息交换，如DeviceNet
6	表示层	将两个应用不同数据格式的系统信息转化为能共同理解的格式
5	会话层	依靠低层的通信功能来进行数据的有效传递
4	传输层	两通信节点之间数据传输控制，操作如数据重发、数据错误修复
3	网络层	规定了网络连接的建立、维持和拆除的协议，如路由和寻址
2	数据链路层	规定了在介质上传输的数据位的排列和组织，如数据校验和帧结构
1	物理层	规定通信介质的物理特性，如电气特性和信号交换的解释

CAN通信协议规定了4种不同的帧格式，即数据帧、远程帧、错误帧和超载帧。数据帧携带数据从发送器至接收器，用于传输数据；远程帧用于请求数据，总线单元发出远程帧，请求发送具有同一识别符的数据帧；任何单元检测到一个总线错误时就发送错误帧；超载帧用于扩展帧序列的延迟时间，在先行的和后续的数据帧（或远程帧）之间提供一个附加的延时。

数据帧由7个不同的位场组成，即帧起始标志位、仲裁场、控制场、数据场、CRC场、应答场和帧结束。远程帧由6个不同的位场组成，即帧起始、仲裁场、控制场、CRC场、应答场和帧结束。错误帧由两个不同的场组成，第一个场是错误标志，用于为不同站提供错误标志的叠加，第二个场是错误界定符。超载帧包括两个位场：超载标志和超载界定符。

帧起始标志位标志数据帧和远程帧的起始，以一个单独的"显性"位组成，只有在总线处于空闲状态时，才允许站开始发送，这个状态将结束总线空闲状态，表明有某个节点设备开始发送消息，并且所有站都必须同步于首先开始发送的那个站的帧起始前沿。

仲裁场由标识符和远程发送请求位组成，仲裁场的作用有两个，一是说明数据帧或远程帧发送目的地，二是指出数据帧或远程帧。对于CAN2.0A标准，标识符的长度为11位，这些位以从高位到低位的顺序发送，最低位为ID.0。远程发送请求位在数据帧中必须是显性位，即设成0，而在远程帧必须为隐性位，即设成1。对于CAN2.0标准，其标准格式和扩展格式的仲裁场不同。在标准格式中，仲裁场由11位标识符和远程发送请求位组成；在扩展格式中，仲裁场由29位标识符和替代远程请求位（SRR）、标志位（IDE）和远程发送请求位组成。

控制场包括数据长度码和两个保留位，由6个位组成。数据长度码为4位，说明数据帧中有效数据的长度，给出了数据场的字节数目。数据场由数据帧中的发送数据组成，它可以是0~8个字节。CRC场包括CRC序列，后随CRC界定符。应答场长度为两个位，包括应答间隙和应答界定符。每一个数据帧和远程帧均由一个标志序列界定，这个标志序列由7个隐性位组成。

（四）CAN网络控制器及相关芯片

CAN总线的两层协议固化在它的相关芯片中，主要是总线控制器和总线收发器。总线控制器是一个物理层的器件,它是 CAN 总线控制器和物理总线之间的接口,器件可以提供对总线的差动发送能力和对 CAN 总线控制器的差动接收能力。CAN 网络控制器具有完成 CAN 通信协议所要求的物理层和数据链路层的几乎所有功能。CAN 总线网络控制器发展到今天,已经有多个厂家各种类型的产品(表 3-4)。按照控制器芯片的功能分,既有独立的 CAN 控制器芯片,如 Philips 公司的 SJA1000,又有集成到微控制器中的控制芯片,这样的芯片中有 8 位的微控制器芯片,也有 16 位的微控制器芯片以及 32 位的微控制器芯片。在进行 CAN 总线开发前,首先要选择好 CAN 总线控制器以及 CAN 总线收发器。

表 3-4 一些主要的 CAN 总线器件产品

制造商	产品型号	产品描述
Intel	82526	CAN 通信控制器,符合 CAN2.0A
	82527	CAN 通信控制器,符合 CAN2.0B
	8XC196CA/CB	扩展的 8XC196+CAN 通信控制器,符合 CAN2.0A
Philips	82C200	CAN 通信控制器,符合 CAN2.0A
	SJA1000	CAN 通信控制器,82C200 的替代品,符合 CAN2.0B
	82C250	通用 CAN 总线收发器
	TJA1040	高速 CAN 总线收发器
	TJA1054	容错 CAN 总线收发器
	8XC592	8XC552+CAN 通信控制器,去掉 IIC,符合 CAN2.0A
	8XCE598	提高了电磁兼容性的 8XC592
	P51XA-C3	16 位微控制器+CAN 通信控制器,符合 CAN2.0B
Motorola	68HC05X4 系列	68HC05 微控制器+CAN 通信控制器,符合 CAN2.0A
Siemens	81C90/91	CAN 通信控制器,符合 CAN2.0B
	C167C	微控制器+CAN 通信控制器,符合 CAN2.0A/B
TI	TMS320LF/LC24XX	带 CAN 接口的 16 位 DSP,支持 CAN2.0B
	TMS320F241/243	带 CAN 接口的 16 位 DSP,支持 CAN2.0B

三、录井现场总线

综合录井仪所涉及的技术包括钻井工程、地质、气相色谱分析、传感器技术、计算机数据采集、信息处理及传输和专家系统评价软件等多学科技术。系统主要由现场数据采集系统和联机、脱机处理软件两大部分组成。其中的数据采集系统绝大部分采用的是分散式数据采集系统,综合录井仪大多设备体积庞大、结构复杂,安装调试连接繁杂。几十个现场测控参量所用电缆成本昂贵,铺设连接困难,安装施工周期长,直接影响钻井生产。同时信号检测、传输可靠性差,维护维修工作量很大,也降低了综合录井仪的整体性能。

以 CAN/DeviceNet 网络协议为基础的开放型总线测量控制系统,是由一系列智能化现场总线测量控制模块、PC/PLC 通信网卡/网桥以及一系列基于开放式国际标准的应用软件构成。它是自动化技术、计算机网络技术和仪表技术发展结合的成果,并将改变传统模拟信号传输模式,实现了现场仪表间、仪表与控制室之间全数字化双向多站通信,顺应了以高可靠串行数据总线/网络取代传统点到点模拟线路连接方式的趋势,减少信号传输转换的中间环节，节省设备成本，并可提高系统精度和抗干扰性，缩短工期，节约大量电缆和系统工程费用，大大提高各行业自动化技术水平。这种低成本自动化系统将会随着现场总线时代的到来和计算机控制技术的全面推广而具有越来越广阔的市场前景。下面介绍的是上海神开石油化工装备股份有限公司生产的 SK-2000 系列综合录井仪中的录井现场总线（CAN 总线）的组成与结构。

（一）现场总线的组成及连接

DeviceNet（CANOpen）现场总线由传感器（节点）、三通接头、电缆线及终端匹配电阻等组成。现场总线由一根四芯电缆就可将所有传感器连通并完成所需信息的传输。连接电缆的方法如图 3-6 所示。

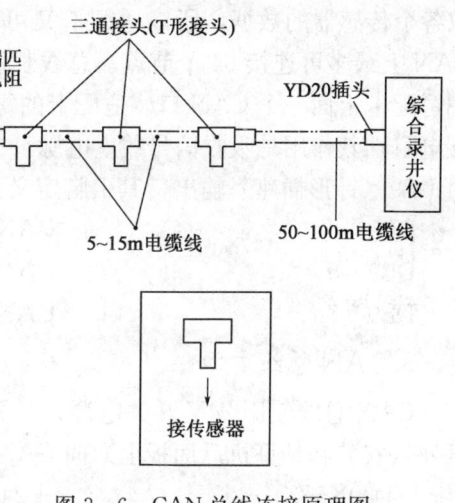

图 3-6　CAN 总线连接原理图

1. DeviceNet（CANOpen）总线型传感器

1）SK-8J06 和 SK-9N01 组成总线型绞车传感器。SK-9N01 是 CAN 总线绞车隔离栅，隔离栅完成绞车传感器与总线之间的连接，其接线端子如图 3-7 所示。

2）SK-8B06F 和 SK-9N02 组成总线型泵冲传感器。SK-9N02 是 CAN 总线泵冲隔离栅，隔离栅完成泵冲传感器与总线之间的连接，其接线端子如图 3-8 所示。

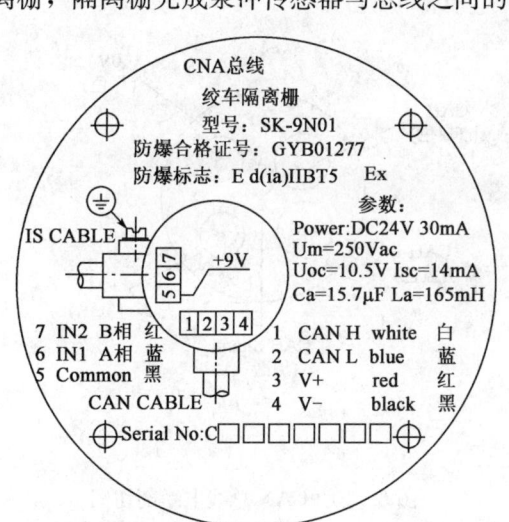
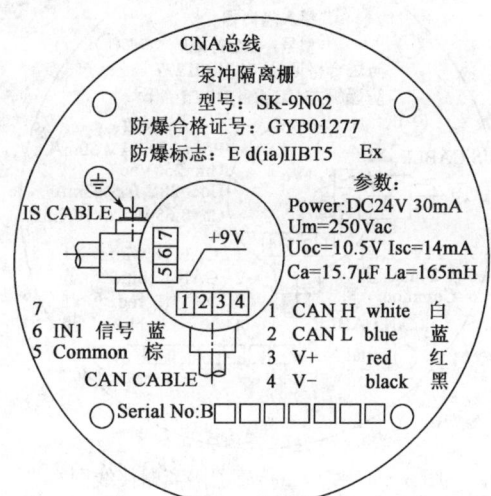

图 3-7　绞车传感器隔离栅接线图　　　图 3-8　泵冲传感器隔离栅接线图

3）SK-9N03 为模拟量传感器隔离栅，各类 4～20mA 模拟量传感器配上 SK-9N03 后即组成相应的总线型传感器，其接线端子如图 3-9 所示。两线制变送器与三线制变送器的接线方式不一样，具体区别如下：两线制变送器接 6 脚和 7 脚；三线制变送器 7 脚不接并将线直接接到 3 脚，5 脚并接一根线到 4 脚。

2. CAN 适配卡

CAN 适配卡插在计算机 PCI 总线上，相当于计算机的一个外设。由此，计算机可以读取各个传感器的数据,所以适配卡又可称为采集卡。CAN 适配卡上有两个 CAN 口,每个 CAN 上最多可连接 64 个节点,总线长度不超过 500m,通信速率设定在 125Kbps。一般使用适配卡上面一个 CAN 口。适配卡的每个 CAN 口上均设有 125Ω 的电阻,该电阻为总线终端电阻,其作用是吸收信号线上电脉冲的多余能量,防止反射形成信号混淆。CAN 信号通过 DB9(针形插座)输出,其引脚定义为:

DB9-2　　　　　　　　CAN-L
DB9-5　　　　　　　　CAN Shield
DB9-7　　　　　　　　CAN-H

3. CAN 总线电源

CAN 总线使用 24V 开关电源,开关电源安装在计算机箱内。24V 电源通过 YD20K5Z 插座(安装在计算机后面板上)向 CAN 总线供电,其引脚定义为:

YD20K5Z　—2　　　　　　+24V
　　　　　—3　　　　　　0V
　　　　　—5　　　　　　CAN-L
　　　　　—1　　　　　　CAN Shield
　　　　　—4　　　　　　CAN-H

4. CAN 总线电缆剖切图

CAN 总线电缆剖切图如图 3-10 所示,它由信号线、电源线和屏蔽线组成。

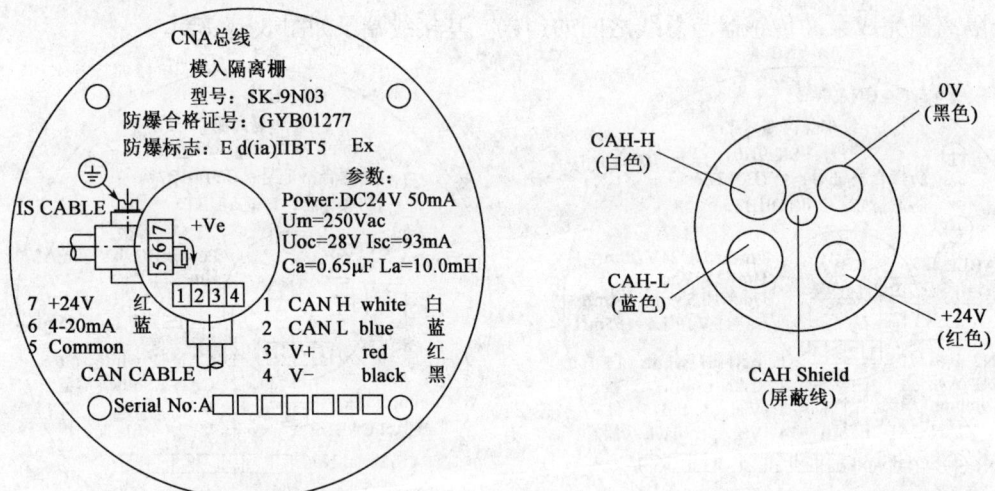

图 3-9　模拟量传感器隔离栅接线图　　　图 3-10　CAN 总线电缆剖切图

5. 现场总线的系统连接图

由图 3-11 可见,现场总线系统的连接是各类传感器(模拟量、数字量)通过总线各节点连接,再由总线接至计算机内的适配卡上。

6. CAN 系统接线方法

1) CAN 节点防爆接线盒接线按防爆盒背面铭牌上的标识进行连接。

2) CAN 防爆盒至三通。

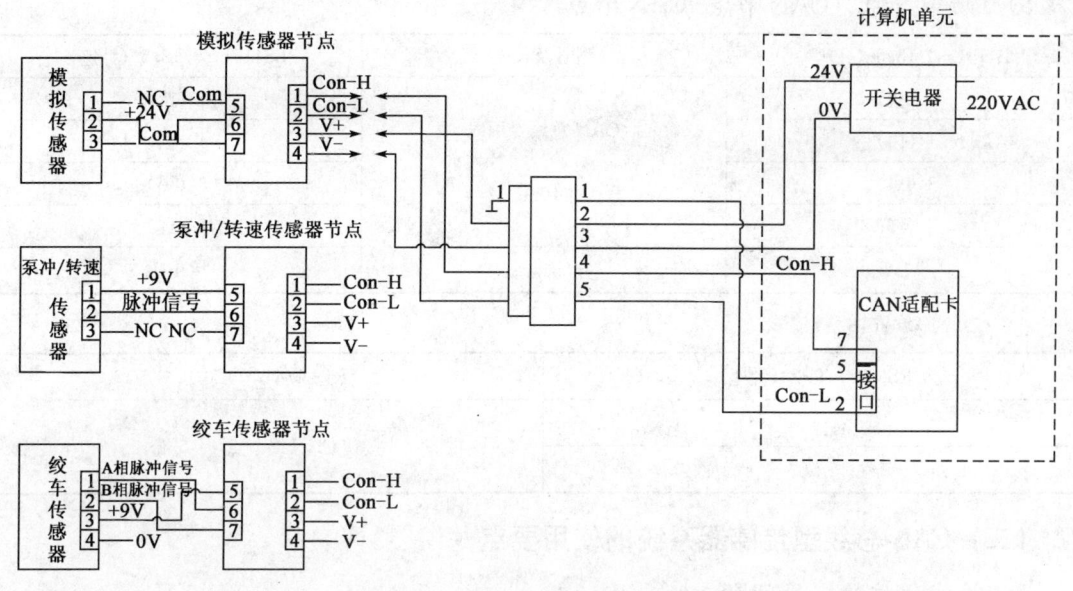

图 3-11 现场总线的系统连接示意图

CAN 防爆盒 4 位接线端子	型号及长度	RS4151-0/9（针座）
1（黑）CAN_GND	CAN 总线专用线 5M	3（黑）CAN_GND
2（红）CAN_V+		2（红）CAN_V+
3（蓝）CAN_L		5（蓝）CAN_L
4（白）CAN_H		4（白）CAN_H
	屏蔽	1（CAN Shield）

3）CAN 总线至适配器。

YD20K5Z	型号及长度	适配器 DB9（孔）	工控机内 24VDC 电源
2（红）	RV1*32/0.15	—	+24VDC（红）
3（黑）		—	0V（黑）
5（红）	7+1 电缆	2 CAN_L（红）	—
1（绿）		5 CAN Shield（绿）	—
4（紫）		7 CAN_H（紫）	—

4）100m 主干电缆（CAN 节点 1 至工控机）。

B4151-0/13.5（外圈）	型号及长度	YD20J5TP（内圈）
5（蓝）	CAN 总线专用线 100m	5（蓝）
4（白）		4（白）
3（黑）		3（黑）
2（红）		2（红）
1	屏蔽	1

5) 10m 主干线（CAN 节点-CAN 节点）。

B4151-0/13.5（孔座）	型号及长度	BS4151-0/13.5（针座）
5（蓝）	CAN 总线专用线 10m	5（蓝）
4（白）		4（白）
3（黑）		3（黑）
2（红）		2（红）
1	屏蔽	1

6) CAN 终节点。

RSM57-TR2（针座）	RJ-1/4W-120Ω
4	接在 CAN 终节点 4、5 端
5	

（二）CAN 总线型传感器系统的使用要点

1. 总线通信稳定性问题

按 CAN 规范，以 125Kbps 通信速率，主干电缆长度可达到 500m，接入的 CAN 节点可达到 64 只；综合录井仪接入的 CAN 节点在 23 只左右，主干电缆长度在 300m 以下。如果出现通信不稳定现象（指某些节点时不时出现超时，或搜索节点时某些节点时有时无，甚至同一节点搜索到一次以上），一般应注意以下几点：

（1）终端电阻的配接

终端电阻应有两个，其一接在主干电缆的末端三通上，另一个已焊接在 CAN 适配卡上。终端电阻的作用是吸收信号线上电脉冲的多余能量，防止反射形成信号混淆，信号混淆将导致通信错误。频繁的通信错误会导致 CAN 总线重置。如此循环，将使 CAN 总线根本无法正常通信。

具体检查方法为：断开 CAN 总线与适配卡的连接，用 VC9806 型万用表 200Ω 挡测量 YD20 的 4、5 脚，应在 125Ω 左右。未接终端电阻，将导致通信不稳定。如正常，还应检查 YD20 五个芯脚之间是否互相绝缘（万用表 2MΩ 应溢出）。

（2）总线的拓扑结构

CAN 总线主干电缆应从头至尾为一根"直肠子"，不允许分支。具体来讲，三通左右两端用于连接主干电缆，丁字端只能连接 CAN 节点而不能接入主干电缆。尤其在主干分支达到相当长度时，CAN 总线必定会出现通信不稳定现象。此时只能取消主干电缆分支。

正确的做法是：首先将三通接头布置在应安装的 CAN 节点附近，然后将主干电缆走线至各三通接头互连，而所有三通丁字端只用于连接 CAN 节点。

（3）总线工作电压

CAN 规范规定总线工作电压为 24V。由于电流传输存在压降损失，当总线上某一 CAN 节点获得工作电压低于 19V 时，也会导致总线通信不稳定的现象。此时可将向总线供电的开关电源输出电压调高，但不应超过 26V。

（4）主干电缆是否有螺丝松动，引起接触不良现象

主干电缆的芯线与插头的连接是靠小螺丝固定的，如果某一根线螺丝未上紧而接触不

良,也会出现总线通信超时或某一个传感器超时现象,此时通信时好时坏。当出现某一个传感器超时现象时,应注意检查对应节点的插头有无线头螺丝未上紧的现象,并排除故障。

2. 总线接插件防护等级

CAN 总线接插件防护等级为 IP65,接插件插拔可达 10000 次。实际使用发现密封不好,分析原因认为是现场总线未固定而在频繁移动中造成的。井场油污、泥沙等脏物进入接插件密封部位,将导致接插件防护等级下降。对此,在保证电气连接正常的情况下,建议将三通等接插件用防水材料包裹好。大庆油田在井架护棚通有蒸汽的情况下,采用自粘胶带包好三通,收到了良好的防水效果。但仍应注意包扎前接头应是干燥的。

3. CAN 节点熔断丝问题

神开公司提供的 CAN 节点符合防爆要求。为满足防爆强制规定,节点内装有三个快速熔断丝,其规格不得任意变更。不能靠增大熔断丝电流规格来追求不烧熔断丝,而无视可能引起危险气体的爆燃事故。由于自复熔断丝等效参数不满足 CAN 通信要求,也无法应用于 CAN 节点中,在能妥善解决此问题的新技术出现之前,建议用户注意以下几点:

1) 每次架设 CAN 总线传感器系统之后,向 CAN 总线送电之前,首先检查总线上绝缘情况,正常后才送电。

2) 尽量避免带电情况下更换 CAN 节点。无法避免时,应特别注意将接插件定位槽对齐后再插入。这样可避免引脚错误情况下强行插入所引起的浪涌电流熔断熔断丝。

3) CAN 节点盒盖不得随意打开。针对此项维修操作的需要,神开公司应用户要求而提供特别服务。

4) 接插件未连接之前,应加以小心保护,避免粘上钻井液、雨水之类导电液体。已经粘上钻井液、雨水时,可用清水洗干净烘干。

4. 三通连接的注意事项

1) 井场传感器比较集中的地方通常会出现几只三通连用。由于三通外壳为软性塑料,如果连接超过三只,总线又未固定好,可能造成三通内插针接触不良或烧断。因此,建议用户在使用时,相互连接的三通(中间无总线)不超过三只。

2) 为了防止传感器接头进水、钻井液或其他污染物,在安装或更换时,需用厂方提供的保护套对其进行保护。

5. 关于 CAN 总线隔离栅型号的说明

A 型节点又分为二线制和三线制两种,出厂时在防爆隔离栅外壳不锈钢标牌上有所标识。三线制 A 节点仅用于 SK-8N07 电扭矩传感器、SP1102 总烃检测传感器和 H_2S 传感器(格林通),其余均为二线制。值得注意的是,安路、雪格产 H_2S 传感器为二线制。目前使用的防爆隔离栅共分三种,请在使用时注意区分:

1) SK-9N01 CAN 总线绞车隔离栅,俗称 C 型节点,用于绞车传感器;

2) SK-9N02 CAN 总线泵冲隔离栅,俗称 B 型节点,用于泵冲、转盘转速传感器;

3) SK-9N03 CAN 总线模拟量隔离栅,俗称 A 型节点,用于所有 4~20mA 输出信号传感器。

四、录井数据接口

目前综合录井仪用的数据存储在 Access、SQL Server、Sybase 等数据库中,而且数据格式也杂乱多样,有的以 WITS 格式存储,有的以二进制格式存储,有的以字符串格式存储。综合录井仪数据库的异构以及数据格式的异构严重影响了录井数据的共享，阻碍了井场信息化的进程，因此，需要一个数据迁移转换接口，将录井数据从各异构数据库中迁移到目的数据库中，并在迁移过程中将异构数据转换成格式统一的规范数据，为数据共享做准备。将来可以在这个目标数据库上面搭建数据共享平台，实现录井仪数据库间开放性数据共享。在该数据迁移转换接口设计中需要解决以下几个问题：

1) 数据迁移的方法。由于录井数据来源离散杂乱且格式不统一，所以在录井数据迁移过程中，应当使录井数据保持完整性，而且能够实现大量数据的迁移，并且迁移过程实施的时间也应当比较短，在数据迁移时涉及的问题也越少越好。因此采取哪种数据迁移方法能使数据迁移转换接口更具高效性，这是首先要解决的问题。

2) 数据转换的方法。在录井数据迁移过程中面临的最大挑战是如何解决综合录井仪数据库系统的异构性。数据库的异构性通常有三类：操作系统的跨平台、DBMS 的异构和语义的异构。由此看出，数据迁移的主要难点是如何解决不同平台、不同数据库之间的数据转换，这也是设计数据迁移接口的关键问题。要解决这个问题，就需要解决数据的提取、数据的传输方式、数据的传输格式等问题。因此，采取何种技术对异构数据进行转换是需要解决的核心问题。

3) 数据的抽取。综合录井仪数据库操作系统的异构性要求录井数据的抽取是与平台无关的。该数据抽取方法可以应用到任何操作系统上，如 Unix、Linix、WindowsNT 等，可以抽取多种关系数据库中的数据，如 Access、SQL Server、Sybase 等。因此，要求数据迁移转换接口中的数据抽取技术应具备与平台无关的特性。

4) 如何实现跨平台的问题。如何简化录井仪数据库的复杂性，屏蔽录井仪数据库的多样性，减小程序设计的复杂性，是设计综合录井仪数据迁移转换接口的又一难题。

第三节　传感器检测技术基础

检测技术作为信息科学的一个重要分支，与计算机技术、自动控制技术和通信技术等一起构成了信息技术的完整学科。在人类进入信息时代的今天，人们的一切社会活动都是以信息获取与信息转换为中心，传感器作为信息获取与信息转换的重要手段，是信息科学最前端的一个阵地，是实现信息化的基础技术之一。

"没有传感器就没有现代科学技术"的观点已为全世界所公认。以传感器为核心的检测系统就像神经和感官一样，源源不断地向人类提供宏观与微观世界的种种信息，成为人们认识自然、改造自然的有利工具。

一、传感器的定义

国家标准《传感器通用术语》（GBT 7665—2005）中对传感器（Transducer/Sensor）的定义是：能够感受规定的被测量并按照一定规律转换成可用输出信号的器件或装置（一般定义为：传感器是将非电量转换为与之有确定对应关系电量输出的器件或装置）。传感器应具备以下功能：

1) 传感器是测量装置，能完成检测任务；
2) 输入量是某一被测量，可能是物理量，也可能是化学量、生物量等；

3) 输出量是某种物理量，便于传输、转换、处理、显示等，可以是气、光、电物理量，主要是电物理量；

4) 输出与输入之间有对应关系，且应有一定的精确程度。

二、传感器的组成

传感器的组成主要包括敏感元件、转换元件和基本转换电路（图 3-12）。

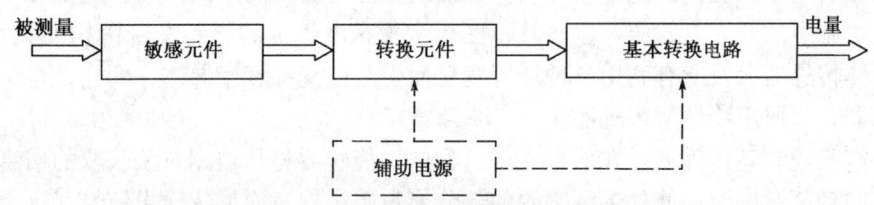

图 3-12 传感器结构图

敏感元件是直接感受被测量，并输出与被测量成确定关系的某一物理量的元件。对敏感元件的一般定义为：把被测非电量转换为可用非电量的器件或装置。

转换元件：敏感元件的输出就是它的输入，它把输入转换成电路参量。

基本转换电路：上述电路参数接入基本转换电路（简称转换电路），便可转换成电量输出。

实际上，有些传感器很简单，有些则较复杂，大多数是开环系统，也有些是带反馈的闭环系统。最简单的传感器由一个敏感元件（兼转换元件）组成，它感受被测量时直接输出电量，如热电偶。有些传感器由敏感元件和转换元件组成，没有转换电路，如压电式加速度传感器，其中质量块是敏感元件，压电片（块）是转换元件。有些传感器，转换元件不止一个，要经过若干次转换。不少传感器要在通过转换电路后才能输出电信号，从而决定了转换电路是传感器的组成环节之一。

三、传感器的分类

对传感器的分类，可按不同的工作原理和不同的结构形式分为以下不同的类型：

1) 按传感器的工作机理分类，分为物理型、化学型、生物型等。

2) 按构成原理，分为结构型与物性型两大类。

3) 按传感器的能量转换形式分类，可分为能量控制型传感器和能量转换型传感器。

4) 按物理原理分类，电参量式传感器分为电阻式、电感式、电容式等；磁电式传感器分为磁电感应式、霍尔式、磁栅式等；压电式传感器分为声波传感器、超声波传感器；光电式传感器分为一般光电式、光栅式、激光式、光电码盘式、光导纤维式、红外式、摄像式等；气电式传感器分为电位器式、应变式；热电式传感器分为热电偶、热电阻；波式传感器分为超声波式、微波式等；射线式传感器分为热辐射式、γ射线式；半导体式传感器分为霍耳器件、热敏电阻；其他原理的传感器分为差动变压器、振弦式等。

5) 按传感器的用途分类，分为位移传感器、压力传感器、振动传感器、温度传感器。

6) 按转换过程可逆与否分类，分为单向传感器和双向传感器。

7) 按传感器的输出信号分类，分为模拟信号传感器和数字信号传感器。

8) 按传感器使用电源与否分类，分为有源传感器和无源传感器。

结构型传感器是利用物理学中场的定律构成的，包括动力场的运动定律、电磁场的电磁定律等。物理学中的定律一般是以方程式给出的。对于传感器，这些方程式就是许多传感器在工作时的数学模型。这类传感器的特点是传感器的工作原理是以传感器中元件相对位置变化引起场的变化为基础，而不是以材料特性变化为基础。

物性型传感器是利用物质定律构成的，如虎克定律、欧姆定律等。物质定律是表示物质某种客观性质的法则。这种法则，大多数是以物质本身的常数形式给出。这些常数的大小决定了传感器的主要性能。因此，物性型传感器的性能随材料的不同而异。例如光电管，它利用了物质法则中的外光电效应，显然其特性与涂覆在电极上的材料有着密切的关系。又如，所有半导体传感器以及所有利用各种环境变化而引起的金属、半导体、陶瓷、合金等性能变化的传感器，都属于物性型传感器。

对于能量控制型传感器，在信息变化过程中，传感器将从被测对象获取的信息能量用于调制或控制外部激励源，使外部激励源的部分能量载运信息而形成输出信号。这类传感器必须由外部提供激励源，如电阻、电感、电容等电路参量传感器都属于这一类传感器。基于应变电阻效应、磁阻效应、热阻效应、光电效应、霍尔效应等的传感器也属于此类传感器。

能量转换型传感器，又称有源型或发生器型，传感器将从被测对象获取的信息能量直接转换成输出信号能量，主要由能量变换元件构成，它不需要外电源。如基于压电效应、热电效应、光电动势效应等的传感器都属于此类传感器。

有些传感器的工作原理可能具有两种以上原理的复合形式，如不少半导体式传感器，也可看成电参量式传感器。

四、传感器的特性

传感器的特性是指传感器的输出与输入之间的关系，分为静态特性和动态特性。当传感器的输入量为稳定状态的信号或变化极其缓慢的信号（常称为静态信号）时，可用静态参数来描述和表征传感器的静态特性。当传感器的输入量是周期信号、瞬变信号或随机信号（常称为动态信号）时，可用动态参数来描述和表征传感器的动态特性。

理想的传感器应该具有单值、确定的输出—输入关系，其输出电量无论是在静态量或动态量输入时，都应当不失真地体现输入量的变化。一个高精度的传感器必须具有良好的静态特性和动态特性，才能完成信号（或能量）不失真的转换。

（一）传感器的静态特性及性能指标

对传感器的静态特性要求是，输入信号为 0 时，输出也为 0。对于一定大小的输入，根据某种对应关系，输出的大小也是确定的。传感器在稳态信号作用下，其输出—输入关系为静态特性。衡量传感器静态特性的主要性能指标有灵敏度、线性度、迟滞、重复性、阈值和分辨力。

1. 灵敏度

传感器的灵敏度是指在稳定工作状态下输出变化量与输入变化量的比值，即

$$K = \frac{输出变化量}{输入变化量} = \frac{\Delta y}{\Delta x} \tag{3-1}$$

例如，某位移传感器，当位移变化 1 mm 时，输出电压变化 300mV，则其灵敏度为 300mV/mm。有些情况下，灵敏度有另一种含义，因为有许多传感器的输出电压与其电源

电压有关,在同样输入量情况下,输出电压是不同的,此时,灵敏度计算中还要考虑单位电源的作用。如若电源电压为10V,上例位移传感器的灵敏度应为30mV/(mm·V)。

对于线性传感器,其灵敏度就是它的校准曲线的斜率,为一常数。而非线性传感器的灵敏度为一变量,其灵敏度可表示为 $K=\mathrm{d}y/\mathrm{d}x$,也可用某一小区域内的拟合直线的斜率表示。通常希望传感器的灵敏度高,在满量程内是恒定的,即传感器的输入输出特性表现为直线。

2. 线性度

传感器的线性度又称非线性误差,是指传感器输出与输入之间的线性程度。理想传感器的输出量 y 与输入量 x 之间应为线性关系,其静态特性可表示为:

$$y = a_1 x \tag{3-2}$$

式中 a_1——静态特性的斜率(或静态灵敏度)。

实际上许多传感器的输出—输入特性都呈非线性。一般可用下列多项式来表示输出—输入特性:

$$y = a_0 + a_1 x + a_2 x^2 + \cdots + a_n x^n \tag{3-3}$$

式中 a_0——传感器的零位输出。

在实际工作中,为了标定和读数的方便,使仪表具有均匀刻度的标尺并便于分析、处理测量结果,常用一条拟合直线近似地代表实际的特性曲线。在规定条件下,传感器校准曲线和拟合直线间最大偏差与满量程输出量的百分比称为线性度,如图 3-13 所示。用 δ_L 代表线性度,则有

$$\delta_L = \pm \frac{\Delta y_{\max}}{y_{FS}} \times 100\% \tag{3-4}$$

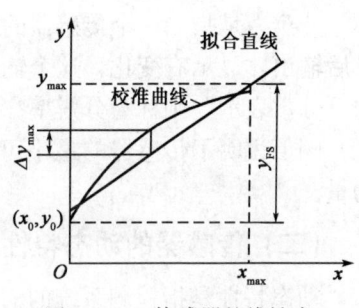

图 3-13 传感器的线性度

式中 $\Delta y_{\max}$——校准曲线与拟合直线间的最大偏差;

y_{FS}——传感器满量程输出,即 $y_{FS} = y_{\max} - y_{\min}$。

由此可知,线性度是以拟合直线为基准直线计算出来的,若基准直线不同,则求出的线性度也不同。因此,在谈到线性度或非线性误差时,必须同时说明其所依据的基准直线。最常用的求解拟合直线的方法有端点法和最小二乘法。

3. 迟滞

迟滞是指传感器在相同工作条件下做整个测量范围校准时,在同一次校准中,当输入量相同时,其正行程(输入量增大)和反行程(输入量减小)期间的特性曲线不一致的程度(图 3-14)。也就是说,对应于同一大小的输入信号,传感器正反行程的输出信号大小会有不相等的情况,这就是迟滞现象。迟滞大小一般由试验确定,用最大偏差对满量程输出值的百分比表示:

$$\delta_H = \pm \frac{\Delta H_{\max}}{y_{FS}} \times 100\% \tag{3-5}$$

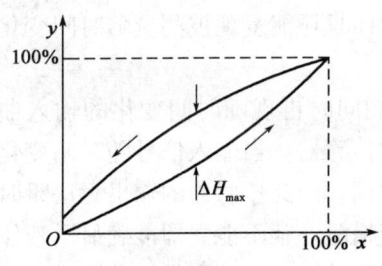

图 3-14 传感器的迟滞特性

式中 δ_H——传感器的迟滞;

$\Delta H_{\max}$——输出值在正反行程间的最大偏差。

产生迟滞现象的主要原因是传感器的机械结构和制造

工艺存在不可避免的缺陷,如轴承摩擦、螺钉的松动、间隙、元件腐蚀、材料的内摩擦及积尘等。

4. 重复性

重复性是指输入量按同一方向全量程连续多次变化时所得到的特性曲线不一致的程度(图3-15)。它反映的是校准曲线的离散程度,是一种随机误差。

根据标准偏差计算重复性:

$$\varepsilon_x = \pm \frac{(2 \sim 3)\sigma}{U_{FS}} \quad (3-6)$$

式中,σ为方差,由贝塞尔公式求出:

$$\sigma = \sqrt{\frac{\sum(y_i - \bar{y})^2}{n-1}} \quad (3-7)$$

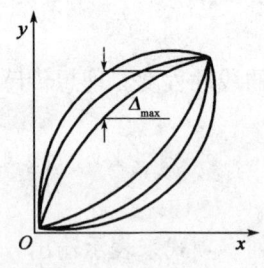

图3-15 传感器的重复性

重复性是反映传感器精密度的一个指标。产生特性曲线不一致的原因与产生迟滞现象的原因相同。多次重复测试的曲线吻合越好,说明该传感器重复性好,使用时误差越小。

5. 阈值和分辨力

当一个传感器的输入从零开始极缓慢地增加时,只有在达到了某一最小值后才测得出输出变化,这个最小值就称为传感器的阈值。在规定阈值时,最先可测得的那个输出变化往往难以确定。因此,为了改进阈值数据测定的重复性,最好给输出变化规定一个确定的数值,在该输出变化值下的相应输入就称为阈值。

分辨力是指当一个传感器的输入从非零的任意值缓慢地增加时,只有在超过某一输入增量后输出才显示有变化,这个输入增量称为传感器的分辨力。有时用该值相对满量程输入值的百分数表示,则称为分辨率。

阈值说明了传感器的最小可测出的输入量;分辨力说明了传感器的最小可测出的输入增量。

(二)传感器的动态特性及性能指标

动态特性是指检测系统的输入为随时间变化的信号时系统的输出与输入之间的关系。衡量传感器动态特性的主要性能指标有时域单位阶跃响应性能指标和频域频率特性性能指标。传感器的输入信号是随时间变化的动态信号,这时就要求传感器能时刻精确地跟踪输入信号,按照输入信号的变化规律输出信号。当传感器输入信号的变化缓慢时是容易跟踪的,但随着输入信号的变化加快,传感器随动跟踪性能会逐渐下降。输入信号变化时引起输出信号也随时间变化,这个过程称为响应。动态特性就是指传感器对于随时间变化的输入信号的响应特性,通常要求传感器不仅能精确地显示被测量的大小,而且还能复现被测量随时间变化的规律,这也是传感器的重要特性之一。

一个动态特性好的传感器,其随时间变化的输出曲线能同时再现随时间变化的输入曲线,即输出—输入具有相同类型的时间函数。但对于实际的传感器,当输入信号随时间变化较快时,由于传感器内的各种运动惯性及能量传递均需要时间,因此传感器的输出无法瞬时地完全跟随输入量而同步变化。例如:将温度计插入待测液槽时,就不能立即准确显示液体的温度值,而要经过一段时间达到平衡后才能准确地显示。这种输出与输入之间的差异就是所谓的动态误差。研究传感器的动态特性主要就是从测量误差的角度分析产生动态误差的原因并提出改善措施。

传感器的动态特性与其输入信号的变化形式密切相关，在研究传感器动态特性时，通常是根据不同输入信号的变化规律来考察传感器响应的。实际传感器输入信号随时间变化的形式可能是多种多样的，最常见、最典型的输入信号是阶跃信号和正弦信号。这两种信号在物理上较容易实现，而且也便于求解。

对于阶跃输入信号，传感器的响应称为阶跃响应或瞬态响应，它是指传感器在瞬变的非周期信号作用下的响应特性。这对传感器来说是一种最严峻的状态，如传感器能复现这种信号，那么就能很容易地复现其他种类的输入信号，其动态性能指标也必定会令人满意。

而对于正弦输入信号，传感器的响应则称为频率响应或稳态响应。它是指传感器在振幅稳定不变的正弦信号作用下的响应特性。稳态响应的重要性在于工程上所遇到的各种非电信号的变化曲线都可以展开成傅里叶（Fourier）级数或进行傅里叶变换，即可以用一系列正弦曲线的叠加来表示原曲线。因此，当已知传感器对正弦信号的响应特性后，也就可以判断它对各种复杂变化曲线的响应了。

1. 数学模型与传递函数

分析传感器的动态特性，必须建立数学模型。线性系统的数学模型为常系数线性微分方程。对线性系统动态特性的研究，主要是分析数学模型的输入量 x 与输出量 y 之间的关系，通过对微分方程求解，得出动态性能指标。

对于线性定常（时间不变）系统，其数学模型为高阶常系数线性微分方程，即

$$a_n \mathrm{d}^n y/\mathrm{d}t^n + \cdots + a_1 \mathrm{d}y/\mathrm{d}t + a_0 y = b_m \mathrm{d}^m x/\mathrm{d}t^m + \cdots + b_1 \mathrm{d}x/\mathrm{d}t + b_0 x \quad (3-8)$$

对式（3-8）所示的常系数线性微分方程，可以利用拉普拉斯变换很方便地求解。当输入量 $x(t)$ 和输出量 $y(t)$ 及它们的各阶时间导数的初始值（$t=0$ 时的值）为 0 时，式（3-8）的拉氏变换式为：

$$(a_n s^n + a_{n-1} s^{n-1} + \cdots + a_1 s + a_0) Y(s) = (b_m s^m + b_{m-1} s^{m-1} + \cdots + b_1 s + b_0) X(s) \quad (3-9)$$

由式（3-9）可得出系统的传递函数：

$$H(s) = \frac{Y(s)}{X(s)} = \frac{b_m s^m + \cdots + b_1 s + b_0}{a_n s^n + \cdots a_1 s + a_0} \quad (3-10)$$

式中 $Y(s)$——传感器输出量的拉氏变换式；

$X(s)$——传感器输入量的拉氏变换式。

式（3-10）中的分母是传感器的特征多项式，决定系统的"阶"数。可见，对一定常系统，当系统微分方程已知，只要把方程式中各阶导数用相应的 s 变量替换，即可求出传感器的传递函数。

传感器的频率特性由传递函数经傅氏变换（令 $s=j\omega$）导出：

$$H(j\omega) = \frac{Y(j\omega)}{X(j\omega)} = \frac{b_m (j\omega)^m + \cdots + b_1 (j\omega) + b_0}{a_n (j\omega)^n + \cdots a_1 (j\omega) + a_0} \quad (3-11)$$

$H(j\omega)$ 为一复数，它可用指数形式表示，即

$$H(j\omega) = K(\omega) e^{j\phi(\omega)} \quad (3-12)$$

式中，$K(\omega)$ 为传感器的幅频特性，表示传感器的输出与输入的幅度比值随频率而变化的大小，也称为传感器的动态灵敏度（或增益），可表示为：

$$K(\omega)=|H(j\omega)|=\sqrt{[H_R(\omega)]^2+[H_I(\omega)]^2} \qquad (3-13)$$

$H_R(\omega)=\text{Re}\left[\dfrac{Y(j\omega)}{X(j\omega)}\right][H(j\omega)\text{ 的实部}]$, $H_I(\omega)=\text{Im}\left[\dfrac{Y(j\omega)}{X(j\omega)}\right][H(j\omega)\text{ 的虚部}]$

式（3-12）中 $\phi(\omega)$ 表示传感器输出信号的相位随频率 ω 变化的关系，称为传感器的相频特性，即

$$\phi(\omega)=\tan^{-1}\left[\dfrac{H_I(\omega)}{H_R(\omega)}\right]=\left\{\dfrac{\text{Im}\left[\dfrac{Y(j\omega)}{X(j\omega)}\right]}{\text{Re}\left[\dfrac{Y(j\omega)}{X(j\omega)}\right]}\right\} \qquad (3-14)$$

传感器的相位角通常是负的，表示传感器的输出滞后于输入相位的角度。

2. 动态响应（正弦和阶跃输入）

求传感器动态响应常用试验的方法：频率响应分析法——以正弦信号作为系统的输入；瞬态响应分析法——以阶跃信号作为系统的输入。

(1) 正弦输入时的频率响应

1) 零阶传感器。

在零阶传感器中，只有 a_0 与 b_0 两个系数，微分方程为：

$$a_0 y(t)=b_0 x(t), \quad y(t)=(b_0/a_0)x(t)=Kx(t) \qquad (3-15)$$

式中　K——静态灵敏度。

零阶传感器的传递函数为：$H(s)=K$

零阶传感器的频率特性为：$H(j\omega)=K$

零阶传感器的幅频特性为：$K(\omega)=K$

零阶传感器的相频特性为：$\phi(\omega)=0$

零阶输入系统的输入量无论随时间如何变化，其输出量总是与输入量成确定的比例关系，在时间上也不滞后，幅角等于零，如电位器传感器。在实际应用中，许多高阶系统在变化缓慢、频率不高时，都可以近似地当做零阶系统处理。

2) 一阶传感器。

微分方程除系数 a_0、a_1、b_0 外其他系数均为 0，则有：

$$a_1\dfrac{dy}{dt}+a_0 y=b_0 x \qquad \tau\dfrac{dy}{dt}+y=Kx \qquad (3-16)$$

式中　τ——时间常数（$\tau=a_1/a_0$）；

　　　K——静态灵敏度（$K=b_0/a_0$）。

传递函数：$\qquad H(s)=\dfrac{K}{1+Ts}$

频率特性：$H(j\omega)=\dfrac{K}{1+j\omega\tau}$　（时间常数 τ 越小，系统的频率特性越好）

幅频特性：$\qquad K(\omega)=\dfrac{K}{\sqrt{1+(\omega\tau)^2}}$

相频特性：$\phi(\omega)=\arctan(-\omega\tau)$（负号表示相位滞后）

根据上述的公式可得一阶传感器幅频及相频特性曲线图（图 3-16）。

一阶传感器的时间常数 τ 具有时间的量纲，它反映了传感器惯性的大小。一阶系统又称为惯性系统。

3) 二阶传感器。

很多传感器，如振动传感器、压力传感器等属于二阶传感器，其微分方程为：

$$a_2 \mathrm{d}^2 y/\mathrm{d}t^2 + a_1 \mathrm{d}y/\mathrm{d}t + a_0 y = b_0 x$$

写成通用形式为：

$$\frac{\mathrm{d}y^2}{\mathrm{d}\tau^2} + 2\xi\omega_0 \frac{\mathrm{d}y}{\mathrm{d}\tau} + \omega^2 y = K_0 \omega^2 x \quad (3-17)$$

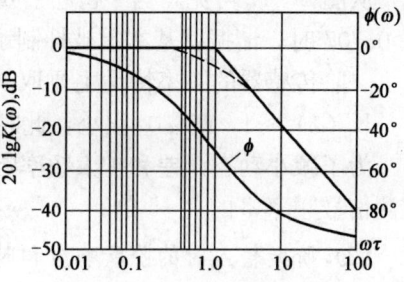

图 3-16 一阶传感器幅频及相频特性曲线

式中 τ——时间常数，$\tau = \sqrt{a_2/a_0}$；

ω_0——固有角频率，$\omega_0 = 1/\tau$；

ξ——阻尼比，$\xi = a_1/(2\sqrt{a_0 a_2})$；

k_0——静态灵敏度，$k_0 = b_0/a_0$。

传递函数：

$$H(s) = \frac{Y(s)}{X(s)} = \frac{K_0}{\frac{1}{\omega_0^2}s^2 + \frac{2\xi}{\omega_0}s + 1} = \frac{K_0 \omega_0^2}{s^2 + 2\xi\omega_0 s + \omega_0^2} \quad (3-18)$$

频率特性：

$$H(j\omega) = \frac{K_0 \omega_0^2}{(j\omega)^2 + 2\xi\omega_0 s + \omega_0^2} = \frac{K_0}{1 - \left(\frac{\omega}{\omega_0}\right)^2 + j2\xi\frac{\omega}{\omega_0}} \quad (3-19)$$

幅频特性：

$$H(\omega) = |H(j\omega)| = \frac{K_0}{\sqrt{\left[1-\left(\frac{\omega}{\omega_0}\right)^2\right]^2 + \left[2\xi\left(\frac{\omega}{\omega_0}\right)\right]^2}} \quad (3-20)$$

相频特性：

$$\phi(\omega) = -\arctan \frac{2\xi\frac{\omega}{\omega_0}}{1-\left(\frac{\omega}{\omega_0}\right)^2} \quad (3-21)$$

根据式（3-20）、式（3-21）可画出传感器的相频和幅频特性曲线（伯德图）如图 3-17 所示。

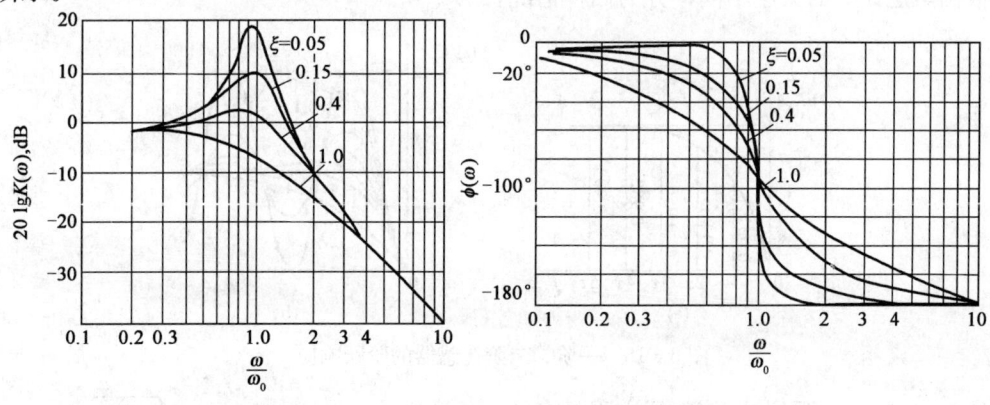

(a)幅频特性曲线 (b)相频特性曲线

图 3-17 二阶传感器的相频和幅频特性曲线

从图 3-17 可见，当 ξ 趋近于 0 时，系统会出现谐振。为避免这种情况，可增加 ξ 值。$\xi \geqslant 0.707$ 时，谐振就基本上被抑制了。

二阶传感器的频率特性主要取决于传感器的固有频率 ω_0 和阻尼比 ξ。当 $\xi > 1$，$\omega_0 \gg \omega$ 时，$K(\omega) \approx 1$，$\phi(\omega)$ 很小，此时传感器的输出再现了输入的波形。

为了减小动态误差和扩大频率响应范围，一般提高传感器的固有频率 ω_0，通常 ω_0 至少为被测信号频率 ω 的 3～5 倍。

(2) 阶跃输入时的阶跃响应和时域动态指标

1) 一阶传感器的阶跃响应。

对一阶系统的传感器，设在 $t=0$ 时，x 和 y 均为 0；当 $t>0$ 时，有一单位阶跃信号输入，即

$$x(t) = \begin{cases} 0, & t \leqslant 0 \\ 1, & t > 0 \end{cases}$$

传感器的拉氏变换为：

$$Y(s) = H(s)X(s) = \frac{1}{\tau s + 1} \cdot \frac{1}{s} \tag{3-22}$$

一阶传感器的单位阶跃响应为：$y(t) = f^{-1}[Y(s)] = 1 - e^{-\frac{t}{\tau}}$

一阶传感器在单位阶跃输入下的相对动态误差为：

$$\varepsilon(t) = \frac{y(t) - y(\infty)}{y(\infty)} \times 100\% = -e^{-\frac{t}{\tau}} \times 100\% \tag{3-23}$$

输出的初值为 0，随着时间推移，y 接近于 1；当 $t=\tau$ 时，$y=0.63$。在一阶系统中，时间常数值是决定响应速度的重要参数。一阶传感器的阶跃响应如图 3-18 (a) 所示。

2) 二阶传感器的单位阶跃响应。

令传感器的静态灵敏度 $K_0=1$，由式（3-9）可得二阶传感器输出的拉氏变换为：

$$Y(s) = H(s)X(s) = \frac{\omega_0^2}{s(s^2 + 2\xi\omega_0 s + \omega_0^2)} \tag{3-24}$$

其特征方程为：$s^2 + 2\xi\omega_0 s + \omega_0^2 = 0$

二阶系统的特征根为：$s_{1,2} = -\xi\omega_0 \pm \omega_0\sqrt{\xi^2 - 1}$

根据阻尼比 ξ 的大小不同，分为四种情况：

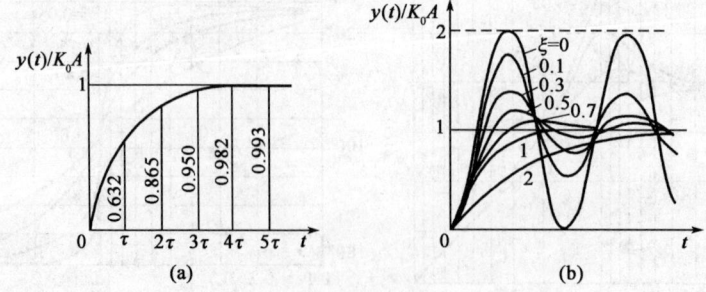

图 3-18　一阶、二阶传感器的阶跃响应

① $0 < \xi < 1$（欠阻尼）：该特征方程具有共轭复数根为 $s_{1,2} = -\xi \pm j\omega_0\sqrt{1-\xi^2}$。

二阶系统的阶跃响应为：

$$Y(s) = H(s)X(s) = \frac{\omega_0^2}{s(s^2 + 2\xi\omega_0 s + \omega_0^2)}$$

$$= \frac{1}{s} - \frac{s + \xi\omega_0}{(s + \xi\omega_0)^2 + \omega_d^2} - \frac{\xi\omega_0}{(s + \xi\omega_0)^2 + \omega_d^2} \quad (3-25)$$

式 (3-25) 中的阻尼振荡频率为：$\omega_d = \omega_0\sqrt{1-\xi^2}$

时间响应为：

$$y(t) = L^{-1}[Y(s)] = 1 - e^{-\xi\omega_0 t}\left(\cos\omega_d t + \frac{\xi}{\sqrt{1-\xi^2}}\sin\omega_d t\right)$$

$$= 1 - \frac{1}{\sqrt{1-\xi^2}}e^{-\xi\omega_0 t}\sin(\omega_d t + \theta) \quad (3-26)$$

其中阻尼角为：$\theta = \arctan\frac{\sqrt{1-\xi^2}}{\xi} = \arccos\xi$

由输出表达式及特性曲线可以看出，稳态输出为 1。瞬态分量为一按指数衰减的简谐振荡，阻尼比越小，最大振幅越大，如图 3-19 所示。

② $\xi=0$（零阻尼）：

$$y(t) = K_0 A[1 - \cos(\omega_0 t)] \quad (3-27)$$

特点：输出量 $y(t)$ 围绕稳态值 $K_0 A$ 作等幅振荡，振荡频率是系统的固有频率 ω_0。

③ 当 $\xi>1$ 即为过阻尼时，有：

$$y(t) = K_0 A\left[1 - \frac{\xi + \sqrt{\xi^2-1}}{2\sqrt{\xi^2-1}}e^{(-\xi + \sqrt{\xi^2-1})\omega_0 t} + \frac{\xi - \sqrt{\xi^2-1}}{2\sqrt{\xi^2-1}}e^{(-\xi - \sqrt{\xi^2-1})\omega_0 t}\right] \quad (3-28)$$

特点：系统没有振荡，是非周期性过渡过程。

④ 当 $\xi=1$ 即为临界阻尼时，阶跃响应为：

$$y(t) = K_0 A[1 - (1 + \omega_0 t)e^{-\omega_0 t}] \quad (3-29)$$

特点：输出量 $y(t)$ 以指数规律逼近稳态值，是欠阻尼状态到过阻尼状态的转折点。

式 (3-28) 和式 (3-29) 表明，当 $\xi \geq 1$ 时，该系统不再是振荡的，而是由两个一阶阻尼环节组成，前者两个时间常数相同，后者两个时间常数不同。二阶传感器的阶跃响应如图 3-18（b）所示。

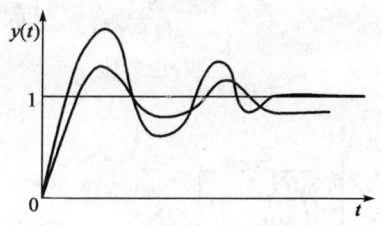

图 3-19 欠阻尼响应曲线

ξ 值一般可适当安排，在 $\xi=0.6\sim0.7$ 范围内，可获得较合适的综合特性。对正弦输入来说，当 $\xi=0.6\sim0.7$ 时，幅值比 $k(\omega)$ 在比较宽的范围内变化较小。计算表明，在 $\omega\tau=0\sim0.58$ 范围内，幅值比变化不超过 5%，相频特性中 $\phi(\omega)$ 接近于线性关系。

对于高阶传感器，在写出运动方程后，可根据具体情况写出传递函数、频率特性等。在求出特征方程共轭复根和实根后，可将它们分解为若干个二阶模型和一阶模型，研究其过渡函数。对有些传感器可能难于写出运动方程，这时可采用试验方法，即通过输入不同频率的周期信号与阶跃信号，以获得该传感器系统的幅频特性、相频特性与过渡函数等。

3. 传感器的时域动态性能指标

二阶传感器的时域动态特性如图 3-20 表示。其动态性能指标分述如下。

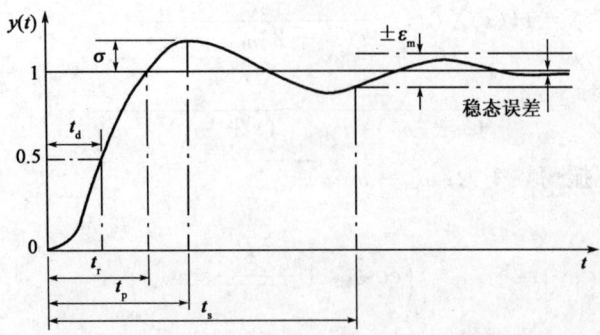

图 3-20 二阶传感器的动态特性曲线

(1) 响应时间 t_s

在工程上通常规定系统响应的相对动态误差达到且不超过某一允许值 ε_m，一般取 $\varepsilon_m = 5\%$（也有时取 $\varepsilon_m = 2\%$）。系统响应的相对误差达到且不超过某一容许值，即 $\varepsilon(t) \leqslant \varepsilon_m$ 所需最短时间称为响应时间，记为 t_s。

由式（3-23）可得一阶系统响应时间为：

$$t_s = \tau \ln(\frac{1}{\varepsilon_m}) \overset{\varepsilon_m=5\%}{\approx} 3\tau \qquad (3-30)$$

欠阻尼二阶系统在阶跃输入下的响应曲线如图 3-21 所示，欠阻尼二阶系统的阶跃响应是以角频率 ω_d（周期为 T_d）做衰减振荡。

对公式（3-26）求导数，并令其为零，可求得振荡峰对应的时间 t_n：

$$\begin{aligned}\frac{dy}{dt}\Big|_{t=t_n} &= \frac{1}{\sqrt{1-\xi^2}}\left[\xi\omega_0 e^{-\xi\omega_0 t_n}\sin(\omega_d t_n + \theta) - \omega_0\sqrt{1-\xi^2}e^{-\xi\omega_0 t_n}\cos(\omega_d t_n + \theta)\right]\\ &= \frac{\omega_0}{\sqrt{1-\xi^2}}e^{-\xi\omega_0 t_n}\left[\xi\sin(\omega_d t_n + \theta) - \sqrt{1-\xi^2}\cos(\omega_d t_n + \theta)\right]\\ &= 0\end{aligned} \qquad (3-31)$$

则有：$\xi\sin(\omega_d t_n + \theta) - \sqrt{1-\xi^2}\cos(\omega_d t_n + \theta) = 0$

由于 $\sin\theta = \sqrt{1-\xi^2}$，$\cos\theta = \xi$，应用三角公式得：

$\sin\omega_d t_n = 0$，$\omega_d t_n = 0, \pi, 2\pi, \cdots, n\pi$

所以有：

$$t_n = \frac{n\pi}{\omega_d} = \frac{n\pi}{\sqrt{1-\xi^2}\omega_0} \qquad (3-32)$$

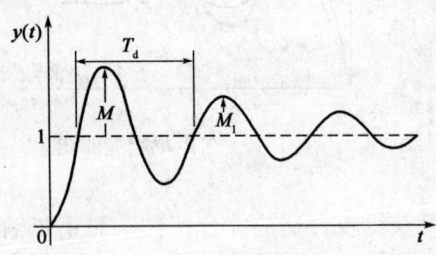

图 3-21 欠阻尼二阶传感器（$\xi<1$）的阶跃响应

由式（3-32）可见，当 ξ 一定时，ω_0 增大，t_n 降低；当 ω_0 一定时，ξ 增大，t_n 减小。将式（3-32）代入式（3-26）得第 n 个振荡峰值为：

$$y(t_n) = 1 - \frac{1}{\sqrt{1-\xi^2}}e^{-\xi\omega_0 t_n}\sin(n\pi + \theta) = 1 \pm e^{-\xi\omega_0 t_n} \qquad (3-33)$$

其相对动态误差为：

$$\varepsilon(t_n) = \frac{y(t_n) - y(\infty)}{y(\infty)} = \pm e^{-\xi\omega_0 t_n}$$

令 $|\varepsilon(t_n)| = \varepsilon_m$,可得欠阻尼二阶系统的响应时间 t_s:

$$t_s = t_n = \frac{\ln\frac{1}{\varepsilon_m}}{\xi\omega_0} \underset{\varepsilon_m=5\%}{\approx} \frac{3}{\xi\omega_0} \tag{3-34}$$

(2) 峰值时间 t_p

输出响应达到第一个正峰值所需要的时间,记为 t_p。令 $n=1$,由式(3-32)得:

$$t_p = \frac{\pi}{\omega_d} = \frac{T_d}{2}$$

可见,峰值时间 t_p 等于振荡周期 T_d 的一半(图 3-20)。

(3) 超调量 σ

超调量指峰值时间 t_p 对应的相对动态误差值(图 3-20),记为 σ,即

$$\sigma = \varepsilon(t_p) = \frac{y(t_p) - y(\infty)}{y(\infty)} = M = e^{-\xi\omega_0 t_p} = e^{-\xi\omega_0 \cdot \frac{\pi}{\omega_d}} = e^{-\frac{\pi\xi}{\sqrt{1-\xi^2}}} \tag{3-35}$$

(4) 阻尼比系数 ξ

可根据超调量 σ 表达式(3-35)求出阻尼比系数 ξ 为:

$$\xi = \sqrt{\frac{1}{1+\left(\frac{\pi}{\ln\sigma}\right)^2}} = \sqrt{\frac{1}{1+\left(\frac{\pi}{\ln M}\right)^2}} \tag{3-36}$$

(5) 二阶系统的固有角频率 ω_0

确定了阻尼比系数 ξ 和振荡周期 T_d 以及峰值时间 t_p,即可确定二阶系统的固有角频率:

$$\omega_0 = \frac{2\pi}{T_d\sqrt{1-\xi^2}} = \frac{\pi}{t_p\sqrt{1-\xi^2}} \tag{3-37}$$

五、传感器的标定

任何一种传感器在使用一段时间后或经过修理后,都要对其主要技术指标进行校准试验,以确保传感器的各项性能指标达到要求。这一校准过程称为传感器的标定。

传感器的标定是指利用较高等级的标准器具(或仪器、仪表)对传感器的特性进行刻度,或者说通过试验建立传感器的输入量与输出量之间的关系,将已知的标准值输入到待标定的传感器中,使传感器得到相应的输出量,将输出量与输入的标准量绘制成曲线即得标定曲线。同时,也可确定出不同使用条件下的误差关系。

传感器的标定分为静态标定和动态标定两种。静态标定的目的是确定传感器静态特性指标,如线性度、灵敏度、迟滞和重复性等;动态标定的目的是确定传感器的动态特性参数,如时间常数、上升时间或工作频率、通频带和阻尼比等。有时根据需要也要对横向灵敏度、温度响应、环境影响等进行标定。对传感器标定的基本要求:

1) 标定应该在与其使用条件相似的状态下进行;
2) 增加重复标定的次数,以提高测试精度;
3) 对传感器需定期标定,一般以一年为期;
4) 对重要的试验,需在试验前后标定误差,使其在允许的范围内。

(一) 传感器的静态特性标定

1. 静态标准条件

传感器的静态特性是在静态标准条件下进行标定的。所谓静态标准，是指没有加速度、振动、冲击（除非这些参数本身就是被测物理量），环境温度一般为室温（20±5℃），相对湿度不大于85%，大气压力为标准大气压的情况。

2. 标定仪器设备的精度等级的确定

对传感器进行标定，是根据试验数据确定传感器的各项性能指标，实际上也是确定传感器的测量精度。所以在标定传感器时，所用的测量仪器的精度至少要比被标定的传感器的精度高一个等级。这样，通过标定确定传感器的静态性能指标才是可靠的，所确定的精度才是可信的。

3. 静态特性标定方法

对传感器进行静态特性标定，首先要创造一个静态标准条件，其次是选择与被标定传感器的精度要求相适应的一定等级的标定用仪器设备，然后才能开始对传感器进行静态特性标定。

4. 标定过程

1) 将传感器全量程（测量范围）分成若干等间距点。

2) 根据传感器量程分点情况，由小到大逐渐一点一点地输入标准量值，并记录下与各输入值相对应的输出值。

3) 将输入值由大到小一点一点地减少下来，同时记录下与各输入值相对应的输出值。

4) 按2) 和3) 所述过程，对传感器进行正、反行程往复循环多次测试，将得到的一组输出—输入测试数据用表格列出或绘成曲线。

5) 对测试数据进行必要的处理，根据处理结果，就可以确定传感器的线性度、灵敏度、迟滞和重复性等静态特性指标。

(二) 传感器的动态特性标定

传感器的动态特性标定主要是研究传感器的动态响应特性。常用的标准激励信号源是正弦信号和阶跃信号。根据传感器的动态特性指标，传感器的动态标定主要涉及一阶传感器的时间常数τ、二阶传感器的固有角频率ω_n和阻尼系数ξ等参数的确定。可以通过测量传感器的阶跃响应，确定传感器的时间常数、固有频率和阻尼比。

对于一阶传感器，测得阶跃响应之后，取输出值达到最终值的63.2%所经过的时间作为时间常数τ。通过这种方法确定的时间常数实际上没有涉及响应的全过程，测量结果的可靠性取决于某些个别的瞬时值。

对于二阶传感器，当$\xi<1$（欠阻尼）时，它的阶跃响应是以$\omega_0\sqrt{1-\xi^2}$为角频率作衰减振荡。将此角频率记为ω_d，称为有阻尼固有角频率。对此响应函数求极值，即为各振荡峰值所对应的时间$t_p=0$, π/ω_d, $2\pi/\omega_d$, …。将$t=\pi/\omega_d$代入式（3-35），可求得最大超调量M和阻尼比ξ的关系。测得M后即可按式（3-36）求得ξ。求得ξ后，再由图3-19测得阶跃响应衰减振荡周期T_d，按式（3-37）可求得固有频率ω_0。

六、传感器的选择标准

现代传感器在原理与结构上千差万别,如何根据具体的测量目的、测量对象以及测量环境合理地选用传感器,是在进行某个量的测量时首先要解决的问题。当传感器确定之后,与之相配套的测量方法和测量设备也就可以确定了。测量结果的成败,在很大程度上取决于传感器的选用是否合理。

(一) 根据测量对象与测量环境确定传感器的类型

要进行一个具体的测量工作,首先要考虑采用何种原理的传感器,这需要分析多方面的因素之后才能确定。因为即使是测量同一物理量,也有多种原理的传感器可供选用,哪一种原理的传感器更为合适,则需要根据被测量对象的特点和传感器的使用条件考虑以下一些具体问题:量程的大小;被测位置对传感器体积的要求;测量方式为接触式还是非接触式;信号的引出方法,有线或是非接触测量;传感器的来源,国产还是进口,价格能否承受,还是自行研制。在考虑上述问题之后,就能确定选用何种类型的传感器,然后再考虑传感器的具体性能指标。

(二) 灵敏度的选择

通常在传感器的线性范围内,希望传感器的灵敏度越高越好。因为只有灵敏度高时,与被测量变化对应的输出信号的值才比较大,有利于信号处理。但要注意的是,传感器的灵敏度高,与被测量无关的外界噪声也容易混入,也会被放大系统放大,影响测量精度。因此,要求传感器本身应具有较高的信噪比,尽量减少从外界引入的干扰信号。传感器的灵敏度是有方向性的。当被测量是单向量,而且对其方向性要求较高时,应选择其他方向灵敏度小的传感器;如果被测量是多维向量,则要求传感器的交叉灵敏度越小越好。

(三) 响应特性(反应时间)

传感器的频率响应特性决定了被测量的频率范围,必须在允许的频率范围内保持不失真的测量条件。实际上传感器的响应总有一定延迟,希望延迟时间越短越好。传感器的频率响应高,可测信号的频率范围就宽。而由于受到结构特性的影响,机械系统的惯性较大,因此有频率低的传感器可测信号的频率较低。在动态测量中,应根据信号的特点(稳态、瞬态、随机等)来确定其合适的响应特性,以免产生过大的测量误差。

(四) 线性范围

传感器的线性范围是指输出与输入成正比的范围。从理论上讲,在此范围内,灵敏度保持定值。传感器的线性范围越宽,则其量程越大,并且能保证一定的测量精度。在选择传感器时,当传感器的种类确定以后,首先要看其量程是否满足要求。但实际上,任何传感器都不能保证绝对的线性,其线性度也是相对的。当所要求测量精度比较低时,在一定的范围内,可将非线性误差较小的传感器近似看作线性的,这会给测量带来极大的方便。

(五) 稳定性

传感器使用一段时间后,其性能保持不变的能力称为稳定性。影响传感器长期稳定性的因素除传感器本身结构外,主要是传感器的使用环境。因此,要使传感器具有良好的稳定性,传感器必须要有较强的环境适应能力。

在选择传感器之前,应对其使用环境进行调查,并根据具体的使用环境选择合适的传感器，或采取适当的措施减小环境的影响。衡量传感器的稳定性有定量指标，在超过使用期后，在使用前应对其重新进行标定，以确定传感器的性能是否发生变化。在某些要求传感器能长期使用而又不能轻易更换或标定的场合，对所选用的传感器稳定性要求更严格，要能够经受住长时间的考验。

（六）精度

精度是传感器的一个重要性能指标，它是关系到整个测量系统测量精度的一个重要环节。传感器的精度越高，其价格越昂贵，因此，对传感器的精度只要求能满足整个测量系统的精度要求，不必选得过高。这样就可以在满足同一测量目的的诸多传感器中选择比较便宜和简单的传感器。如果测量目的是定性分析，选用重复精度高的传感器即可，不宜选用绝对量值精度高的；如果是为了定量分析，必须获得精确的测量值，就需选用精度等级能满足要求的传感器。对某些特殊使用场合，无法选到合适的传感器，则需自行设计制造传感器。自制传感器的性能应满足使用要求。

七、传感器的发展趋势

传感器技术所涉及的知识非常广泛，渗透到各个学科领域，但是它们的共性是利用物理定律和物质的物理、化学和生物特性，将非电量转换成电量。所以，如何采用新技术、新工艺、新材料以及新理论，以达到高质量的转换效能，是传感器总的发展趋势。

随着人们对自然认识的深化，会不断发现一些新的物理效应、化学效应、生物效应等。利用这些新的效应可开发出相应的新型传感器，从而为提高传感器性能和拓展传感器的应用范围提供新的可能。

当前，传感器技术的主要发展动向，一是开展基础研究，发现新效应，开发传感器的新材料和新工艺；二是实现传感器的多维化、多功能化、智能化和网络化。

第四节 综合录井仪传感器系统

录井仪所检测的钻井工程参数、钻井液参数和有害气体参数都是通过传感器把物理量和化学量转变成标准电信号，然后传送到录井仪接口电路上，由计算机处理后，通过显示器完成检测、显示。录井仪所用的传感器种类繁多，以传感器输出信号的类型可分为模拟量传感器和数字量传感器两大类。

钻井现场属于一类爆炸危险场所，环境恶劣，全天候施工，因此录井仪所配的传感器必须满足这些情况。钻井施工环境和地区及钻机类型差异很大，所以对录井用传感器的要求更加特殊。

目前录井行业的技术在飞速发展，特别是各种不同类型录井仪的引进，所使用的传感器更是多种多样。从总体看基本要求相似，其共性为本质安全型（工作电流和回路电流在短路或其他情况下所造成的火花不能点燃可燃气体或爆炸，这种电路称为本质安全电路）。

根据目前技术看录井仪传感器的发展方向，未来的走向会向智能化、标准协议化、总线通信化和无线传输化发展。所有传感器都有它的共同点和不同点，在实际使用过程中，应该了解其特性，正确地安装、使用、保养和检验。一般的传感器校准周期不得超过一年。当发现传输的数据不准确、传感器表面有损伤，或更换传感器件后，应急时检测校准。只有传感器准确,我们所录取的资料才会准确无误。

一、模拟量传感器

模拟量传感器是指输出信号为模拟量信号的传感器。综合录井仪常用的大部分传感器为模拟量传感器,主要有大钩负荷传感器、立管压力传感器、套管压力传感器、转盘扭矩传感器、出口流量传感器、钻井液温度传感器、钻井液电导率传感器、钻井液密度传感器、泥浆池体积传感器、碳酸盐传感器、硫化氢传感器等十一种。

压力传感器的电路原理图如图3-22所示。测量桥(感压器件)受到被测力后,给变送器输入一个与被测压力成线性关系的差压信号,经变送器处理放大调整该差压信号,此信号通过V/A变换成电流信号,输出信号是4~20mA。被测压力为零时,变送器输出为4mA;被测压力为最大时,变送器输出为20mA。传感器采用二线制电流传输,有利于防止在传输过程中的电路损耗并增强抗干扰性。

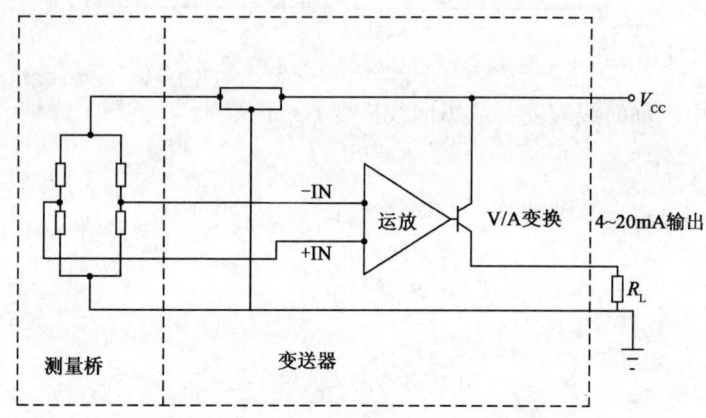

图3-22 压力传感器的电路原理图

(一)压力传感器

录井仪所使用的压力传感器所测量的参数有大钩负荷、立压、套压、碳酸盐含量、机械扭矩等,应用比较广泛。目前压力传感器测量器件基本上有电阻应变片式压力传感器、扩散硅压力传感器、压阻陶瓷传感器、溅射薄膜压力传感器等器件。

1. 电阻应变片式压力传感器

(1)工作原理

金属电阻丝受张力作用而变细,从而其电阻增加。金属电阻随所加应变而改变,应变是一种形变。导体的电阻随着机械变形而发生变化的现象,称为电阻应变效应。对于同一种金属,通常是越细越长,阻值越大。若外加力使金属电阻体伸缩,则阻值随之增减。因此,若将电阻体紧贴在待检测物体上,当待检测物体随外力伸缩时,电阻体也伸缩,从而发生阻值变化。应变片是一种根据阻值变化检测应变大小的器件。金属导线的电阻可用公式(3-38)表达:

$$R = \rho \frac{L}{A} \quad (3-38)$$

式中 ρ——电阻率,$\Omega \cdot cm^2/m$;

A——截面积,cm^2;

L——金属丝的长度,m。

当导体受轴向力 F 而被拉伸(或压缩)时,其 L、A、ρ 均发生变化,如图 3-23 所示,因而其电阻值也发生变化。对式(3-38)两边取对数再微分,即可求得电阻值的相对变化:

$$\frac{dR}{R} = \frac{dL}{L} - \frac{dA}{A} + \frac{d\rho}{\rho} \tag{3-39}$$

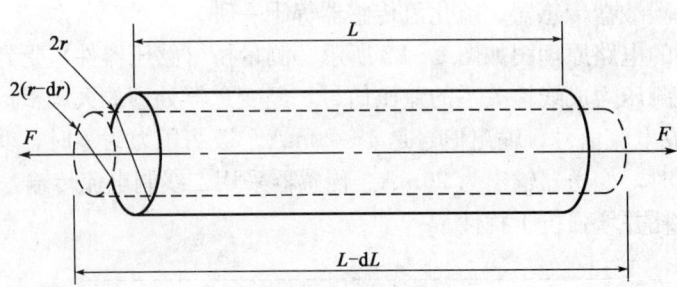

图 3-23 导体受拉伸后的参数变化

在材料力学中,轴向线应变(或纵向线应变)ε 定义为:

$$\varepsilon = dL/L \tag{3-40}$$

而泊松比 μ 为径向(横向)线应变 $\frac{dr}{r}$ 与 $\frac{dL}{L}$ 之比:

$$\mu = -\frac{dr/r}{dL/L} \tag{3-41}$$

因 $A = \pi r^2$,故体应变为:

$$\frac{dA}{A} = 2\frac{dr}{r} = -\frac{dr/r}{\varepsilon} \tag{3-42}$$

相应的体应变为:

$$\frac{dV}{V} = \frac{dL}{L} + \frac{dA}{A} = (1-2\mu)\varepsilon \tag{3-43}$$

实践证明,金属导体材料的电阻率相对变化与其体应变成正比:

$$\frac{d\rho}{\rho} = C\frac{dV}{V} = C(1-2\mu)\varepsilon \tag{3-44}$$

式中 C——由金属电阻材料本身所决定的常数。

将式(3-40)~式(3-44)代入式(3-39),得金属电阻的应变效应为:

$$\frac{\Delta R}{R} \approx \frac{dR}{R} = (1+2\mu)\varepsilon + C(1-2\mu)\varepsilon = K\varepsilon \tag{3-45}$$

式中,K 为金属材料的应变灵敏系数:

$$K = (1+2\mu) + C(1-2\mu) \tag{3-46}$$

由式(3-45)可见,电阻的相对变化由两部分组成:一部分是由于材料受力后几何尺寸变化(应变)即式(3-45)中的前两项引起;另一部分是由于材料受力后电阻率发生变化而引起的。对于金属材料,一般 $\mu \approx 0.3$,$1+2\mu \approx 1.6$,以康铜为例,$C \approx 1$。由式(3-46)可得 $K \approx 2.0$,可见金属材料的应变效应以材料的尺寸变化为主。金属材料的应变灵敏系数 K 一般为 1~2。

(2) 应变片的安装方法

一般用粘合剂将应变片贴在待测物上，压力传感器所用的待测物为不锈钢弹性模片，其厚度与测量范围有关，直径大小与灵敏度有关。

(3) 应变片的测量电路（应变电桥）

惠斯顿电桥的电路图如图 3-24 所示。电桥具有灵敏度高、非线性误差小等特点。常规的电阻应变片 K 值很小（$K \approx 2$），应变 ε 一般在 $10^{-6} \sim 10^{-3}$ 范围内，故应变片的电阻变化（$\Delta R = K \varepsilon R$）范围为 $10^{-4} \sim 10^{-1} \Omega$，测量电桥应能精确地测量出这样小的电阻变化。在电阻应变传感器中，最常用的是桥式测量电路。

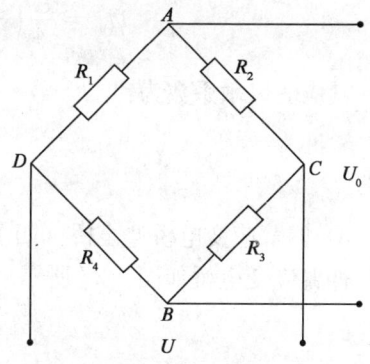

图 3-24 惠斯顿电桥电路

一般情况下，电桥输出电压为：

$$U_0 = U_{BC} - U_{AC} = \frac{R_1 R_3 - R_2 R_4}{(R_1 + R_2)(R_3 + R_4)} U \qquad (3-47)$$

电桥平衡条件为：

$$R_1 R_3 = R_2 R_4 \qquad (3-48)$$

当 $\Delta R_i \ll R_i$，电桥负载阻抗无限大时，电桥输出电压可近似用式（3-49）表示：

$$U_0 = \frac{R_1 R_2}{(R_1 + R_2)^2} \left(\frac{\Delta R_1}{R_1} - \frac{\Delta R_2}{R_2} + \frac{\Delta R_3}{R_3} - \frac{\Delta R_4}{R_4} \right) U \qquad (3-49)$$

电桥平衡情况下，有 $R_1 = R_2 = R_3 = R_4$，此时式（3-49）可写成：

$$U_0 = \frac{U}{4} \left(\frac{\Delta R_1}{R_1} - \frac{\Delta R_2}{R_2} + \frac{\Delta R_3}{R_3} - \frac{\Delta R_4}{R_4} \right) \qquad (3-50)$$

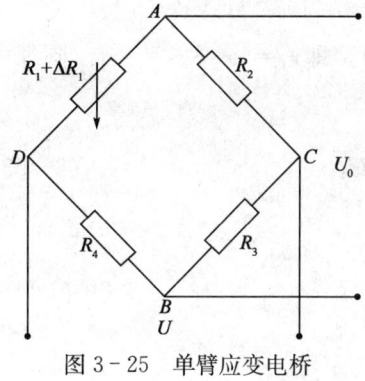

图 3-25 单臂应变电桥

应变片粘贴好后通常接入惠斯顿电桥，成为应变电桥，以便把应变片电阻值的变化转换为电压进行测量。在实际工作中，通常采用同型号的应变片，即应变片的阻值 R 和应变灵敏系数 K 都相同。下面分别讨论单臂应变电桥（一个应变片）、双臂应变电桥［半桥（两个应变片）］、四臂应变电桥［全桥（四个应变片）］的工作情况。

1) 单臂应变电桥（一个应变片）。

单臂应变电桥如图 3-25 所示。在图中，$\Delta R_2 = \Delta R_3 = \Delta R_4 = 0$，根据应变效应公式有：

$$\frac{\Delta R_i}{R_i} = K \varepsilon_1$$

将其带入式（3-50）有：

$$U_0 = \frac{U}{4} \cdot \frac{\Delta R_1}{R_1} = K \varepsilon_1 \qquad (3-51)$$

其应变灵敏系数为：

$$K = \frac{U \varepsilon}{4}$$

2) 双臂应变电桥［半桥（两个应变片）］。

双臂应变电桥如图 3-26 所示。在图中，$\Delta R_3 = \Delta R_4 = 0$，且 R_1 和 R_2 接成差动对（一个受拉力，另一个受压力）即 $\varepsilon_2 = -\varepsilon_1$。同理可得：

$$U_0 = \frac{U}{4}\left(\frac{\Delta R_1}{R_1} - \frac{\Delta R_2}{R_2}\right) = \frac{KU}{4}(\varepsilon_1 - \varepsilon_2) = \frac{U}{2}K \tag{3-52}$$

其应变灵敏系数为：

$$K = \frac{U}{2}\varepsilon$$

3) 四臂应变电桥［全桥（四个应变片）］。

四臂应变电桥如图 3-27 所示。

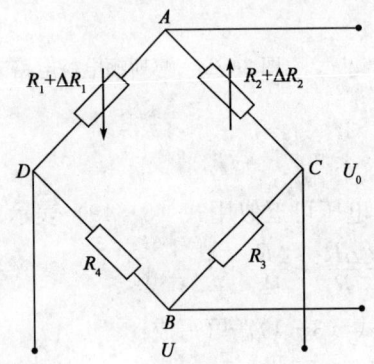
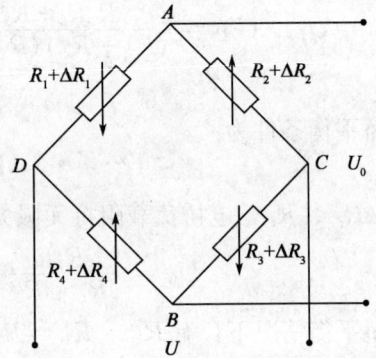

图 3-26 双臂应变电桥（半桥）　　　　图 3-27 四臂应变电桥（全桥）

在图 3-27 中、R_1 和 R_2、R_3 和 R_4 分别接成两个差动对，即 $\varepsilon_1 = -\varepsilon_2$，$\varepsilon_3 = -\varepsilon_4$。同理可得：

$$U_0 = \frac{KU}{4}(\varepsilon_1 - \varepsilon_2 + \varepsilon_3 - \varepsilon_4) = KU\varepsilon_1 \tag{3-53}$$

其应变灵敏系数为：

$$K = U\varepsilon$$

由以上分析可得以下结论：

1) 如果电阻传感器接在电桥的相邻两臂，温度引起的电阻变化将相互抵消，其影响将减小或消除。

2) 若使两电阻传感器的电阻变化符号相同，则应将这两电阻传感器接在电桥的相对两臂，但是这只能提高电桥输出电压，并不能减小温度变化的影响和非线性误差。

3) 被测非电量若使两电阻传感器的电阻变化符号相反，则应将这两电阻传感器接在电桥的相邻两臂即构成差动电桥，这既能提高电桥输出电压，又能减小温度变化的影响和非线性误差。

4) 全桥与半桥、半桥与单臂电桥的应变灵敏系数分别是 2 倍的关系，全桥的灵敏系数最高。

在实际传感器的制造过程中，有着许多工艺要求，如操作环境、材料、温度、补偿、灵敏度调整和零位调整等。电阻应变片式压力传感器应具有以下这些性能指标：

输出灵敏度	0.5～2mV/V；
输入、输出端桥阻	200Ω～2kΩ，典型值350Ω；
绝缘电阻	＞2000MΩ（用兆欧表测）；
线性	0.5%F·S；
迟滞误差	0.5%F·S；
重复性	0.5%F·S；
电压范围	6～20V，最佳12V；
温度范围	－10～75℃；
安全过载能力	100%F·S，典型瞬时。

2. 压阻陶瓷传感器

压阻陶瓷传感器是一种基于"压阻效应"的厚膜力敏材料传感器。压阻效应是指电阻在应力作用下产生阻值变化。大多数金属、合金和半导体材料的阻值变化都与所受应力成比例，厚膜电阻也如此。压阻效应表示为：

$$\frac{d\rho}{\rho} = \pi\sigma \tag{3-54}$$

式中 π——压阻材料在受力方向的压阻系数；
σ——作用于压阻材料的轴向应力。

由材料力学可知，应力 σ 与力 F 及应变 ε 之间的关系为：

$$\sigma = \frac{F}{A} = \varepsilon E \tag{3-55}$$

式中 E——压阻材料的弹性模量。

根据式（3-45）同理可得压阻材料的电阻相对变化为：

$$\frac{\Delta R}{R} \approx \frac{dR}{R} = [(1+2\mu) + \pi\sigma]\varepsilon = K\varepsilon \tag{3-56}$$

式中 K——压阻材料的应变灵敏系数。

$$K = 1 + 2\mu + \pi E \tag{3-57}$$

对于压阻材料，$\pi E \gg 1 + 2\mu$，即 $K \approx \pi E$，因此压阻材料的电阻变化主要取决于压阻效应。

对于厚膜压力传感器，一般电阻浆料有三种成分，即导体、玻璃和载体。但是它的导体通常不是金属元素，而是金属元素的化合物，或者是金属元素与其氧化物的复合物。常用的浆料有铂基、钌基和钯基电阻浆料。一般采用钌基厚膜应变电阻和氧化铝陶瓷弹性体。应变电阻直接印烧在陶瓷弹性体上，和弹性体牢固地结成一体，避免了常用应变式传感器因胶粘贴应变电阻所引起的蠕变和迟滞。厚膜电阻印烧在陶瓷圆形的膜片上，形成压力传感器。厚膜电阻 R_1 和 R_3 放在陶瓷弹性体膜片中心，R_2 和 R_4 放在边缘，并连成全桥。加载时，R_1 和 R_3 阻值增大，R_2 和 R_4 阻值减小，通过全桥输出变化，把压力转化成电信号。

(1) 压阻陶瓷传感器的基本检测原理

抗腐蚀的陶瓷压力传感器没有像扩散硅需要硅油隔离,压力直接作用于陶瓷膜片的前面,使膜片产生微小的形变,对厚膜电阻采用激光刻技术刻在陶瓷膜片的背面,连接成一个惠斯顿电桥(全桥)。由于压敏电阻的压阻效应,使电桥产生一个与压力和激励电流均成正比的高度线性的电压信号,标准的信号根据压力量程的不同标定为 2.0/3.0/3.3mV/V,可以和应变式传感器相兼容。通过激光标定,传感器具有很高的温度稳定性和时间稳定性,传感器自带温度补偿0~70℃,它的敏感膜片可以与绝大多数的介质直接接触。其稳定性高达每年优于 0.2%F·S,温度影响优于 0.01%F·S/℃。

(2) 压阻陶瓷传感器的基本结构

压阻陶瓷传感器的结构如图 3-28 所示。目前我们行业采用压阻陶瓷传感器标准 OEM 组件,18mm 圆形膜片易安装。测量电路采用了厚膜方式激光光刻技术,一致性好,通用互换性好。

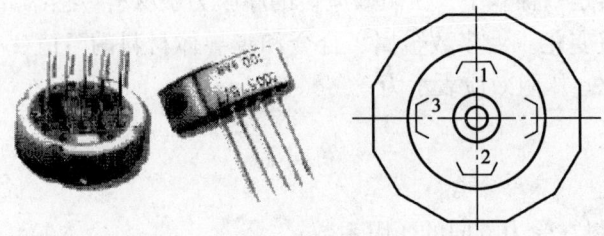

图 3-28 压阻陶瓷传感器的结构图

(3) 压阻陶瓷传感器的变送电路

该传感器由于桥阻大,因而需要恒流源供电,它的桥阻值一般在 12kΩ 左右,因此更有利于采用两线制工作方式。其具体电路与扩散硅传感器相同。由于压阻陶瓷传感器自带良好的温度补偿功能,所以在变送器处理中更为方便。

压阻陶瓷压力传感器变送电路如图 3-29 所示。它是由一个电桥电路陶瓷压力传感器和一个信号放大电路(专用的集成电路 AM457)以及用来调整电路系统的零位和满度值的电阻网络组成。此外还有一些保护和稳定电路用的电容器。电路系统用 5V 供电,比例电压输出,与压力成线性地输出 0.5~4.5V。

为了校准传感器与放大电路组成的系统,使其输出电压在零位时为 0.5V,在满度时为 4.5V,根据图 3-29,应该通过激光调阻(或手工)的方法来调整电阻 R_1,R_{2A},R_6,R_{7A}。由于技术上的原因,在这里将电阻 R_2、R_7 分成基本电阻 R_{2B}、R_{7B} 和可调电阻 R_{2A},R_{7A} 两部分。电阻 R_1,R_{2A} 用于调整压力最小时的电压输出,电阻 R_6、R_{7A} 用于调整压力最大时的电压输出。电阻 R_1、R_{2A} 和电阻 R_6、R_{7A} 的调节方向是相反的,即调大 R_{2A} 可使零位输出电压变小,调大 R_1 可使零位输出电压变大;调大 R_{7A} 可使满度输出电压变大,调大 R_6 可使满度输出电压变小。常用压阻陶瓷传感器的一般参数为:

灵敏度	3.6mV/V;
温度范围	-40~+125℃;
测量范围	100kPa~100MPa(任选);
桥阻	10~12kΩ;
精度等级	0.2;

供电电流　　　　1~2mA；
过载功能　　　　100%；
补偿温度　　　　0~70℃。

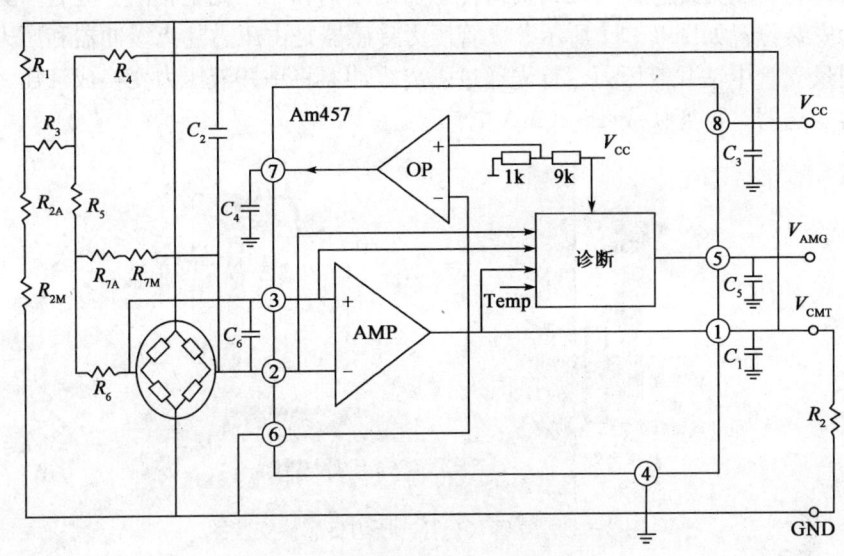

图 3-29　压阻陶瓷传感器变送电路

(二) 大钩负荷传感器/立管压力传感器

1. 大钩负荷传感器

(1) 大钩负荷传感器的测量原理

大钩负荷传感器用快速接头连接于钻机大绳死绳端的压力转换器的接头上（图 3-30），当钻具重量变化时，压力转换器内的油压（0~6MPa）也随着变化，经压力传感器变换成电信号，从而测出大钩负荷重量的变化。当钻进时，大钩负荷的总重变小，则显示出钻压参数，钻压＝钻具总重-悬重（钻进时的大钩负荷重量称为悬重）。此时，传感器输出信号等于大钩负荷重量。

大钩负荷传感器的技术指标如下：

　　测量范围：5/60/100MPa；
　　综合精度：（非线性、迟滞、重复性）
　　　　　　≤±1% F·S；
　　输出信号：4~20mA（二线制）；
　　供电电源：24±4V DC；
　　工作温度：-40~+80℃；
　　温度影响：≤±0.04% F·S/℃。

(2) 大钩负荷传感器的安装

大钩负荷传感器的安装位置如图 3-30 所示。现场大钩负荷传感器的安装是将传感器的快速接头连接到悬吊系统死绳端压力转换器的加液三通快速接头上。为了使敏感元件不至于被粘稠

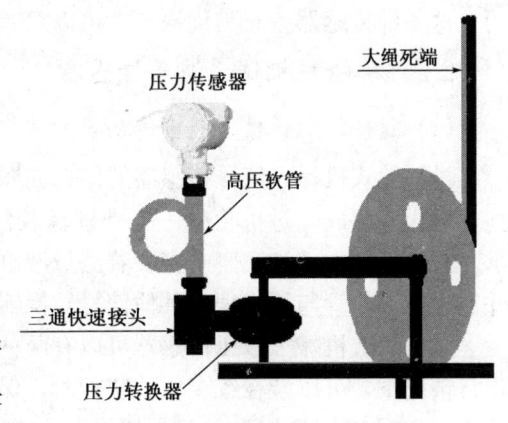

图 3-30　大钩负荷传感器安装位置图

物质粘上，安装时应尽可能使传感器测压头部向下。

2. 立管压力传感器

立管（套管）压力传感器与大钩负荷传感器的结构和原理完全相同。立管（套管）压力传感器现场安装位置如图3-31所示。立管压力传感器是由压力隔离缓冲器和压力传感器组成，用来测量立管中钻井液压力。首先通过隔离缓冲器将钻井液压力变换成液压（油压）力信号给压力变送器，再变换成4~20mA电信号。

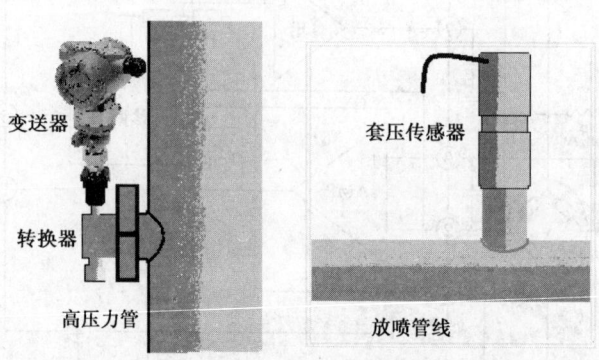

图3-31 立管（套管）压力传感器安装图

套管压力传感器也是由压力隔离缓冲器和压力传感器组成，套管中气体压力变换成液压油压力信号给压力变送器，再变换成4~20mA电信号。

（三）转盘扭矩传感器

1. 概述

转盘扭矩（钻柱）的大小可以反映井斜、卡钻等井下工况与钻头工况，是一项十分重要的安全参数。通常所测的扭矩是相对量。

目前，录井行业使用的转盘扭矩传感器有多种。第一种为过桥轮式机械—液压传感器，通过测量带动转盘的传动链条张力，转换成压力再换算成转盘的相对变化量；第二种为顶丝转盘扭矩传感器，它是通过测量转盘底座的压力而换算成相对转盘扭矩变化量；第三种为电动扭矩传感器，通过测量电动钻机转盘扭矩电机的电流来间接反映钻具扭矩相对变化的量；第四种是夹持式无线扭矩传感器，它是通过测量钻机万向轴受到扭力的大小直接测量扭矩的。这4种传感器各有其优缺点，可以只考虑钻机型号或安装条件来选择传感器的类型。

2. 过桥轮式机械—液压传感器

（1）过桥轮式机械—液压传感器的结构

过桥轮式机械—液压传感器的结构如图3-32所示。它主要由过桥轮、杠杆、液缸、主柱、底板等组成。过桥轮是一个外硬橡胶滚轮，装在杠杆的一端，杠杆的另一端由立柱支承。在杠杆的中部和底座中安装着测量液缸，液缸的活塞与杠杆相连，液缸内充以液压油，并通过压力软管与压力表或其他信号转换器相连。

过桥轮式机械—液压传感器可以有两种安装方式，其典型安装方法如图3-33所示。在正常情况下，可以装在绞车内。装配时，保证过桥既可以自由转动，又受到驱动链条一定的压力，如图中位置"1"所示。如果无法按这种方式安装，则可以装在绞车至转盘驱动链条的下方，如图中位置"2"所示。下面就第二种安装方式定量分析液缸压力与转盘扭矩之间的关系。

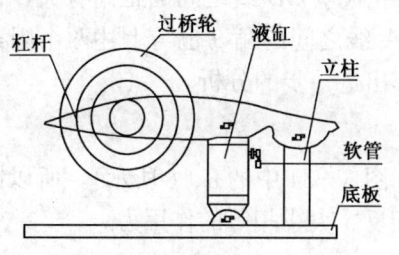 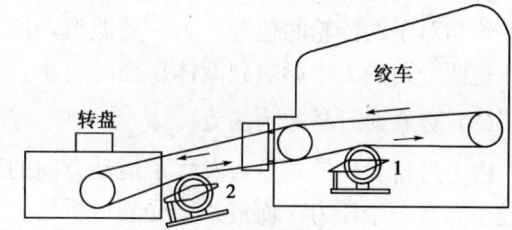

图 3-32 过桥轮式机械—液压传感器结构图　　图 3-33 过桥轮式机械—液压传感器的典型安装方法

(2) 链条张力与转盘扭矩之间的关系

为分析方便,现画出图 3-33 所示安装方式的简化示意图,如图 3-34 所示。设钻柱(转盘输出轴)的扭矩为 M,而转盘链轮的输入扭矩为 M_f,单位为 kgf·m。

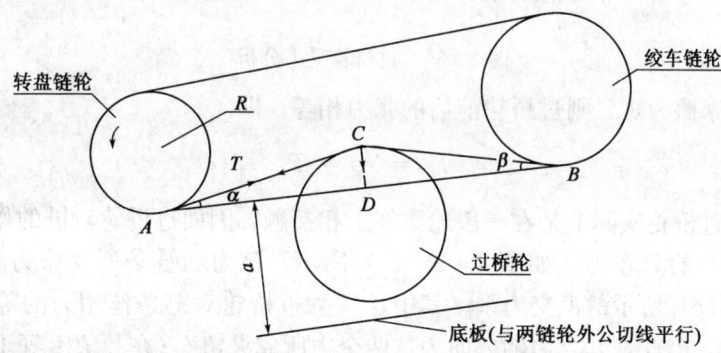

图 3-34 过桥轮的受力情况

当转盘转速恒定时,应有:

$$M_r = \frac{1}{i}(M + M_f) \tag{3-58}$$

式中　i——转盘齿轮减速比;

　　　M_r——折合到输出轴的摩擦力矩,kgf·m。

设机械效率为 η [$\eta = M/(M+M_f)$],则有:

$$M_r = \frac{M}{i\eta} \tag{3-59}$$

链条对转盘链轮提供的输入力矩应与上述 M_r 相等,即

$$\frac{M}{\eta i} = \frac{TR}{100} \tag{3-60}$$

式中　R——链条半径,cm;

　　　T——链条张力,kgf。

于是,可以得到:

$$T = \frac{100M}{\eta i R} = K_1 M \tag{3-61}$$

$$K_1 = 100/\eta i R$$

当机械装置一定且机械效率恒定时,K_1 为常数。式 (3-61) 表明,链条张力 T 与转

盘输出轴（亦即钻柱）扭矩成正比。其方向是沿着转盘与过桥轮的内切线方向，即 AC 方向，它和两链轮的外公切线 AB 之间的夹角 α 与过桥轮底板至 AB 线之间的距离有关，也与过桥轮相对于两链轮的位置有关。类似地，BC 线与 BA 线之间的角 β 也与上述两个因素有关。这两个角的大小影响到液体压强的大小，下面将作出进一步的分析。

（3）链条对过桥轮的压力

由于过桥轮使链条紧边发生了运动方向的变化（如图 3-34 中的 α、β 所示），所以链条对过桥轮有一个压力，而链条则受到过桥轮一个方向相反、大小相等的作用力。

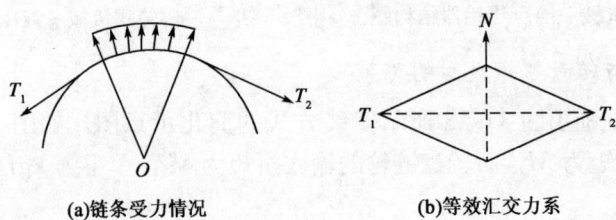

(a)链条受力情况　　　　　(b)等效汇交力系

图 3-35　过桥轮受力分析

忽略过桥的摩擦力矩，则过桥轮前后的张力相等，即

$$T_1 = T_2 = T \tag{3-62}$$

由于链条和过桥轮实际上是在一段轮廓线上相接触，因而过桥轮对链的作用力是分布在接触线上离开轮心的分布力，如图 3-35（a）所示，该力和链条所受张力相平衡。据此，可得如图 3-35（b）所示的汇交力系。其中，N 为过桥轮对链条作用力的等效力合力。由于 T_1 和 T_2 相等，因此，其合力的方向为这两个力所成夹角 θ（在数值上等于图 3-34 中的 $\angle ACB$）平分线的方向。由图 3-35 可得：

$$N = 2T\cos\frac{\theta}{2} \tag{3-63}$$

由式（3-63）可见，由于 $\theta < 180°$，因此 N 随 θ 的增大而减小。若过桥轮不对链轮施加压力，则链条不会改变方向，$\theta = 180°$，因而 $N = 0$。过桥轮越是向上装，θ 越小，N 越大。前已指出，过桥轮受到链条的压力与 N 方向相反、大小相等。

值得指出的是，由于传感器底板不一定平行于两链轮的外公切线（图 3-34 中的 AB），所以该压力虽然指向过桥轮的轴向，但并不一定垂直于传感器的底板。造成这种情况的另一原因是 N 也不一定垂直于 AB 线。参见图 3-34，链条对过桥轮的压力重合于 $\angle ACB$ 的平分线 CD，不难看出：

$$\begin{aligned}
\angle ADC &= \beta + \frac{1}{2}\angle ACB = \beta + \frac{1}{2}(180° - \beta - \alpha) \\
&= 90° + (\beta - \alpha)/2 \\
&= 90° - \varepsilon
\end{aligned} \tag{3-64}$$

其中，$\varepsilon = (\alpha - \beta)/2$，表示合力方向与 AB 垂线的偏差角。

显然，α、β 的大小与过桥轮安装位置有关。若过桥轮装在两链轮的中心，则 $\alpha = \beta$，而 $\varepsilon = 0$。此时，链条对过桥轮的压力恰好与两链轮外公切线 AB 垂直。过桥轮安装位置越是偏离两链轮的中央位置，ε 越大，即过桥轮所受的压力方向越是偏离 AB 的垂直方向。

（4）液缸受力分析

过桥轮所受压力通过杠杆作用在液缸上。现假定传感底板与 AB 线平行，且考虑过桥轮及杠杆本身的重量影响，从力矩平衡的观点出发，求液缸活塞对杠杆的推力（液缸所受到的杠杆压力与其大小相等、方向相反）。杠杆的受力情况如图 3-36 所示。

在图 3-36 中，杠杆与底平行，与地平面成 σ 角，因而包括过桥轮和杠杆重的重力 G 亦与杠杆的垂线成 σ 角，且作用于质心 B，链条对过桥轮的压力 N'（与 N 大小相等、方向相反）通过过桥轮轴心 A，且与杠杆的垂线成 ε 角；液缸活塞对杠杆产生一个垂直于杠杆的推力 F。这三个力与支点 D 的距离分别为 l_N、l_G、l_F。

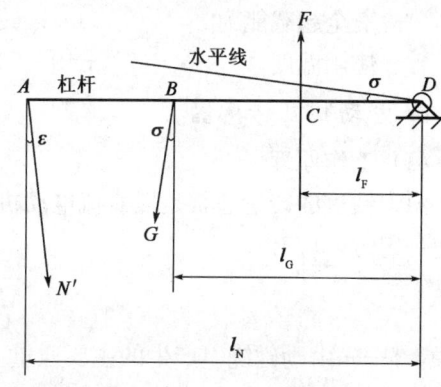

据静力学原理有：

$$N' l_N \cos\varepsilon + G l_G \cos\sigma - F l_F = 0 \quad (3-65)$$

由此可得：

$$F = \frac{l_N \cos\varepsilon}{l_F} N' + \frac{l_G \cos\sigma}{l_F} \quad (3-66)$$

图 3-36 杠杆的受力情况

又有：

$$F = pS \quad (3-67)$$

式中 p——液缸压强；
  S——活塞截面积。

由式（3-65）～式（3-67）整理后可得：

$$p = \frac{2k_1 l_N \cos(\theta/2) \cos\varepsilon}{l_F S} M + \frac{l_G \cos\sigma}{l_F S} G \quad (3-68)$$

式（3-68）中右边第一项与钻柱扭矩成正比，M 的系数只与链轮、传感器结构及其相对位置有关，为仪器常数 K_M；第二项与钻柱扭矩无关，而只与传感器本身结构及其安装角度有关，装好之后，亦为常数，设为 p_0。式（3-68）可以简化为：

$$p = K_M + p_0 \quad (3-69)$$

由于 K_M 值与传感器的安装情况等有关，因此要准确地测量真实的钻柱扭矩实际是有困难的。事实上，钻井工作者最感兴趣的只是扭矩的相对变化情况。通过调整链条的张紧程度，利用了这种过桥轮式传感器，可以使得在正常钻进过程中扭矩示值在一定范围内变化。有些传感器设计了可调升降装置以方便现场安装调整。传感器输出的液压信号可以直接驱动显示或记录仪表，也可以经液压/气压或液压/电压转换器转换为气信号或电信号。

这种传感器的关键部件是过桥轮。由于它要承受很大的压力和摩擦力，因而易于磨损或压裂。目前用于过桥轮的外敷材料有氯丁橡胶和尼龙等耐压材料。

传感器采用的是 0～5 MPa 压力传感器，其技术参数与大钩负荷传感器完全相同。扭矩测量范围：0～150kN·m。

3. 顶丝转盘扭矩传感器

顶丝转盘扭矩传感器只适应顶丝固定转盘底座的钻机，它是一种有特殊结构的应变式测力传感器。传感器自身输出信号为毫伏级电压信号，须经过放在接线箱内的前置电路转换成 4～20mA 的电流信号送往仪器处理。其技术指标为：

额定载荷	150kN；200kN。
输出灵敏度	≥1.5mV/V。
供桥电压	12V DC；最大 20V DC。
输出阻抗	1kΩ；2kΩ。
绝缘电阻	≥500MΩ。
安全超载能力	20%；最大 50%。
使用温度	−40～50℃。

4. 电动扭矩传感器

(1) 工作原理

海上钻机的转盘通常是以直流电动机单相驱动的。不难证明，对于它激式直流电机，当转速一定时，应有：

$$M_{机} = K_M \phi I_{枢} \tag{3-70}$$

式中 ϕ——由励磁绕组产生的主要通量，Wb；

$I_{枢}$——电枢电流，A；

K_M——电机常数，N·m/(Wb·A)；

$M_{机}$——电机输出轴转矩，N·m。

电机输出轴通过减速比为 i 的齿轮传动装置，带动转盘输出轴。考虑到传动损失，设其机械效率为 η，则有

$$M = i\eta M_{机} \tag{3-71}$$

式中 M——钻柱扭矩。

由式（3-70）和式（3-71）整理得：

$$I_{枢} = \frac{M}{K_M \phi i \eta} \tag{3-72}$$

对于一定的电机和传动装置，且励磁电流恒定时，K_M、ϕ、i、η 均为常数，令

$$\alpha = \frac{1}{K_M \phi i \eta} \tag{3-73}$$

则

$$I_{枢} = \alpha M \tag{3-74}$$

式（3-74）清楚表明，电机的电枢电流与钻柱扭矩成正比。因此可以通过测量电机的电枢电流间接测量钻柱的扭矩。测量电枢电流可以用两种方法。一是采用分流电路直接测量电枢电流，这将在仪表电路中引入高电压，而且准确度也难以保证。目前广泛采用的是霍尔效应法，这种传感器的外形结构如图 3-37 所示。

(2) 霍尔效应

将一块半导体或导体材料沿 z 方向加以磁场 B，沿 x 方向通以工作电流 I，由于电荷受磁场

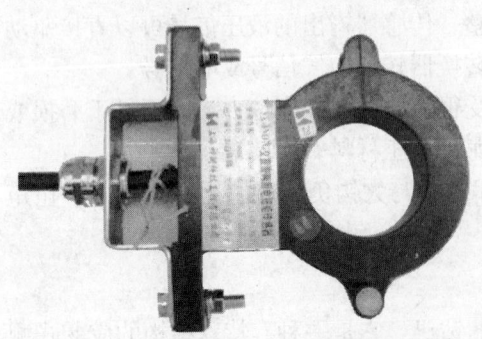

图 3-37 电扭矩（霍尔式）传感器外形结构图

中洛伦兹力作用，在 y 方向会产生电动势 V_H，如图 3-38 所示，这现象称为霍尔效应，V_H 称为霍尔电压。这种物理现象是美国物理学家霍尔（A. H. Hall）发现的，故称为霍尔效应。

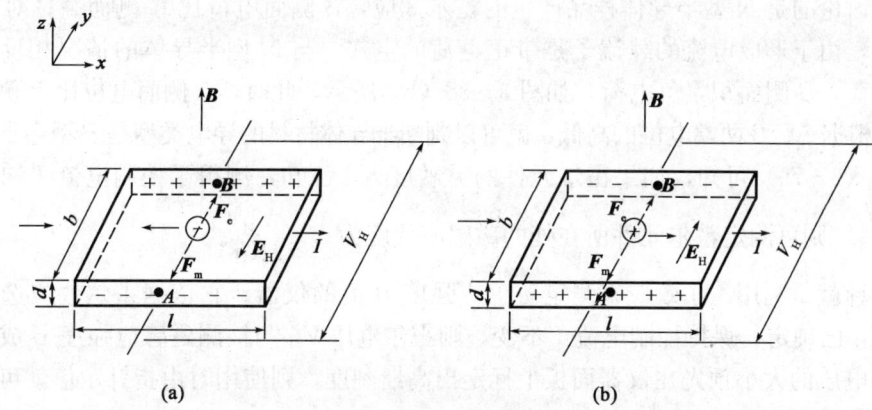

图 3-38 霍尔效应原理图

如图 3-38（a）所示，一块长为 l、宽为 b、厚为 d 的 N 型单晶薄片，置于沿 z 轴方向的磁场 **B** 中，在 x 轴方向通以电流 I，则其中的载流子——电子所受到的洛伦兹力为：

$$F_m = qV \times B = -eV \times B = -eVBj \tag{3-75}$$

其中 **V** 为电子的运动速度，其方向沿 x 轴的负方向。e 为电子的电荷量。F_m 指向 y 轴的负方向。自由电子受力偏转的结果向 A 侧面积聚，同时在 B 侧面上出现同数量的正电荷，在两侧面间形成一个沿 y 轴负方向上的横向电场 E_H（即霍尔电场），使运动电子受到一个沿 y 轴正方向的电场力 F_e，A、B 面之间的电位差为 V_H（即霍尔电压），则

$$F_e = qE_H = -eE_H = eE_Hj = e\frac{V_H}{b}j \tag{3-76}$$

F_e 将阻碍电荷的积聚，最后达到动态平衡时有：

$$F_m + F_e = 0$$

$$-eVBj + e\frac{V_H}{b}j = 0$$

即

$$eVB = e\frac{V_H}{b}$$

得

$$V_H = VBb \tag{3-77}$$

此时 B 端电位高于 A 端电位。

若 N 型单晶中的电子浓度为 n，则流过样片横截面的电流为：

$$I = nebdV$$

得

$$V = \frac{I}{nebd} \tag{3-78}$$

将式（3-78）代入式（3-77）得：

$$V_H = \frac{1}{ned}IB = R_H\frac{IB}{d} = K_HIB \tag{3-79}$$

式（3-79）称为霍尔效应输出表达式。式中，$R_H = \frac{1}{ne}$，称为霍尔系数，它表示材料产生霍尔效应的大小；$K_H = \frac{1}{ned}$，称为霍尔元件的灵敏度，一般来说，K_H 越大越好，以便获得较

大的霍尔电压 V_H。因 K_H 和电子浓度 n 成反比，而半导体的电子浓度远比金属的载流子浓度小，所以采用半导体材料作霍尔元件的灵敏度较高。又因 K_H 和样品厚度 d 成反比，所以霍尔片都切得很薄，一般 $d \approx 0.2$ mm。

上面讨论的是 N 型半导体样品产生的霍尔效应，B 侧面电位比 A 侧面高；对于 P 型半导体样品，由于形成电流的载流子是带正电荷的空穴，与 N 型半导体的情况相反，A 侧面积累正电荷，B 侧面积累负电荷，如图 3-38（b）所示，此时，A 侧面电位比 B 侧面高。由此可知，根据 A、B 两端电位的高低，就可以判断半导体材料的导电类型是 P 型还是 N 型。

由式（3-79）可知，如果霍尔元件的灵敏度 K_H 已知，测得了控制电流 I 和产生的霍尔电压 V_H，则可测定霍尔元件所在处的磁感应强度为 $B = \dfrac{V_H}{IK_H}$。

高斯计就是利用霍尔效应来测定磁感应强度 B 值的仪器。它依据霍尔效应选定霍尔元件，即 K_H 已确定，保持控制电流 I 不变，则霍尔电压 V_H 与被测磁感应强度 B 成正比。如按照霍尔电压的大小预先在仪器面板上标定出高斯刻度，则使用时由指针示值就可直接读出磁感应强度 B 值。

由式（3-79）可得：

$$R_H = \frac{V_H d}{IB}$$

因此将待测的厚度为 d 的半导体样品放在均匀磁场中，通以控制电流 I，测出霍尔电压 V_H，再用高斯计测出磁感应强度 B 值，就可测定样品的霍尔系数 R_H。又因 $R_H = \dfrac{1}{ne}$（或 $\dfrac{1}{pe}$），故可以通过测定霍尔系数来确定半导体材料的载流子浓度 n（或 p）（n 和 p 分别为电子浓度和空穴浓度）。

该传感器的输出电压为：

$$U_H = R_H I_{枢} \tag{3-80}$$

式中　U_H——霍尔电势；

R_H——传感器等效电阻。

以式（3-74）代入式（3-80），得：

$$U_H = R_H \alpha M = KM \tag{3-81}$$

其中，$K = \alpha R_H$，为常数。

该式表明，传感器的输出电压与钻柱扭矩成正比。

在结构上，把框架做成可以方便拆卸或装配的两边是为了便于穿过电枢电源线。若电枢电流较小，为提高测量灵敏度，可以增加穿过传感器的电源线的匝数，如图 3-37 所示。在传感器上印有指明正电源线穿入面的标志，穿线时，必须保持正电流流入带有标志的一面，以使后续电路工作正常。应避免双线穿入方式。由于穿过传感器的两个电流大小相等、方向相反，因此产生的合磁场为零。此外，还必须注意穿过传感器的电源线切不可用具有磁屏蔽能力的铠装电缆且将屏蔽层接地。一般地，应使用非磁性屏蔽的绝缘导线，如橡胶或塑料绝缘线。其原因很明显，因为霍尔元件实测的是磁感应强度。

（3）霍尔传感器测量电路

霍尔效应传感器输出的电压信号为毫伏量级，因此需要加以进一步放大和处理，才可以推动显示仪表。在实际应用中一般加差分放大电路，如图 3-39 所示。

该类传感器的技术指标为：

测量范围：0~1000A AC，交流变化范围。

频率响应：0~1000Hz。

测量精度：≤5%F·S。

工作温度：-40~+85℃。

输出信号：4~20mA DC。

电源电压：24~4V DC。

最大耗电电流：≤60mA。

5. 夹持式无线扭矩传感器

夹持式无法扭矩传感器分为两部分，一部分是随轴旋转扭矩信号采集发射部分（扭矩传感器），另一部分是固定在地面的信号接收转换部分（变送器）。上述两个部分的通信是通过射频无线电信号来传递的。随轴旋转部分由测力部件和电路部分组成，测力部件如图3-40所示。紧箍在转轴上的两个零件1、2由于转轴受到扭力会绕轴心相对错开一个角度，此时分别固定在零件1、2上的测量杆3就会产生一定的变形，用固定在测量杆上的力传感器就可以测量出转轴的扭矩大小。将传感器获得的微弱信号通过固定在零件2上电路放大、A/D转换，再用射频发送电路发射出来。固定在地面的射频接收电路收到测量信号后再通过D/A变换将扭矩信号变成4~20MA的标准信号输出。该传感器的测量电路框图如图3-41所示。

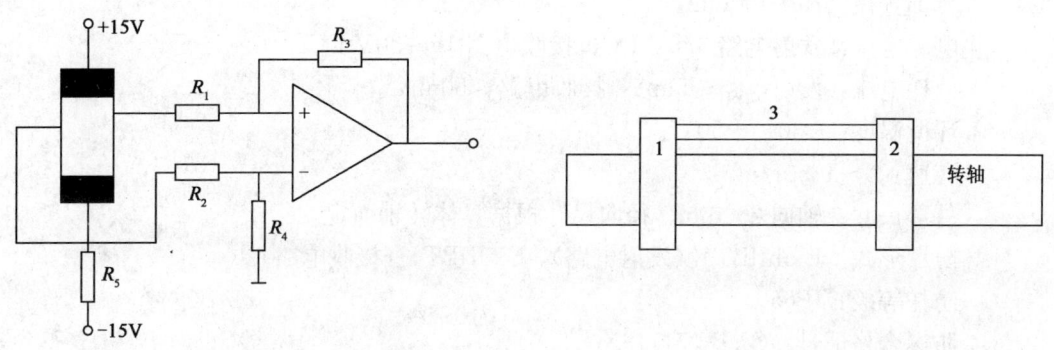

图3-39 霍尔传感器测量电路　　　　图3-40 无线扭矩传感器安装示意图

1，2—测量杆夹持器；3—测量杆

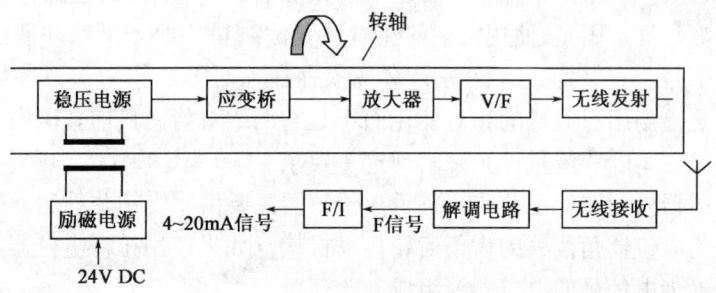

图3-41 无线扭矩传感器测量电路框图

该传感器的电源供应是由安装在转轴上的一组环形变压器提供，感应电压经过轴上的整流、稳压等电路转换成高稳定的直流电压。该电压既供给应变桥作为桥压，也供给转动轴上的电路作为工作电压。应变桥检测到的毫伏级信号经仪表放大器放大成伏级信号，再经过V/F转换器转变成与扭矩成正比的调频信号。通过轴上的无线发射器，非接触地传递到轴外不随转动的无线接收部分。再通过解调器还原成原来的与扭矩成正比的调频信号，通过F/I转换器把调频信号转换成4～20mA标准信号。

4～20mA电流变送器采用三线制方式，根据接收模块接收到的扭矩值，在电流环内输出相应的电流。当扭矩显示数值为"0"时，变送器输出电流为12mA；当扭矩显示数值为+10kN·m即扭矩正向最大时，变送器输出电流为20mA；当扭矩显示数值为-10kN·m即扭矩反向最大时，变送器输出电流为4mA。当接收模块在2s未接收到任何扭矩数据时，液晶屏上的扭矩显示数值以及电流变送器的输出电流维持不变。当2s之后仍未接收到任何扭矩数据时，变送器输出电流为3.5mA，且接收模块的显示屏上闪烁显示"ERROR"字样。数据显示部分负责将接收到的扭矩数值在液晶屏上进行显示。扭矩显示范围为0～10kN·m以及0～-10kN·m，最小显示单位为0.01kN·m。

该传感器的技术指标为：

测量范围：0～±10kN·m。

测量误差：≤5%F·S。

响应时间：100ms。

输出信号：4～20mA（三线制）。

显示范围：-10.00～0～+10.00kN·m。

转轴直径：75～150mm。

电源电压：发射电路3.6V DC；接收电路15～30V DC±10%。

消耗电流：发射电路≤5mA；接收电路≤50mA。

环境温度：-30～+50℃。

转速：0～1250r/min。

外形尺寸：轴向200mm；径向尺寸根据具体转轴而定。

防爆形式：ExibIIBT4（发射电路），ExdIIBT4（接收电路）。

防护等级：IP65。

防爆合格证号：GYB 071119X。

（四）出口流量传感器

在钻井液出口处，泥浆处于低压，难以充满被测管道（充满度变化大），且高架管内流体为多相流体（液、气、固），使用常规的流量计无法测量。而测量钻井液出口流量主要目的是为了预测井下是否有井涌或井漏等异常现象存在，而不是作为水力参数的绝对值来测量。因此重要的是检测出口流量的相对变化而不是它的绝对值。目前，国内外大多采用简单的挡板流量计（又称桨叶式流量计）来实现这一要求。

出口流量传感器外形图如图3-42所示。传感器主要由感受钻井液运动的挡板，用以把挡板角位移转换为电位器角位移的齿条齿轮传动机构（如果使用拉杆电位器，可以省去）以及把位移信号转换为电信号的电位器等组成。

挡板式流量计结构示意图如图3-43所示。当钻井液自右向左流过挡板时，挡板受钻井液动压力的作用，从而迫使挡板向左偏转。而由于打破了原来的平衡状态，挡板本身的重力和弹簧伸长的拉力要产生一个阻碍这种变化的力矩，当该力矩与钻井液动压力的力矩达到平衡时，挡板就停留在新的平衡位置上。由于挡板向左偏斜带动电位器转过一定角度，因而可以改变电位器中心头两侧的电阻值，达到输出电信号的目的。

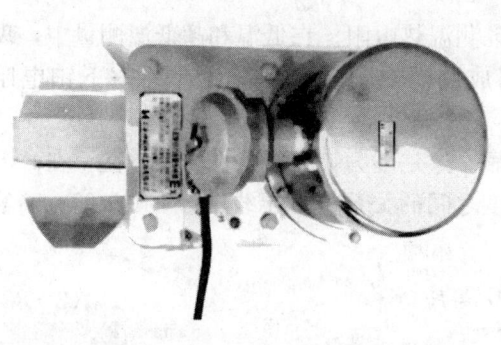

图 3-42 出口流量传感器外形图

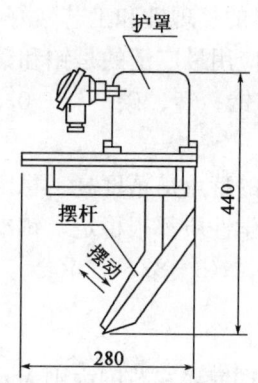

图 3-43 挡板式流量计结构示意图

由于钻井液并未充满管道，钻井液流对挡板的作用面积以及钻井液在挡板处的流通面积本身都是钻井液流量的函数，钻井液流对挡板的作用力的合力大小以及作用点和转轴的距离也都是流量的函数，且都会影响挡板的转角，因而定量推导流量和挡板角位移之间的关系既很复杂也无必要。定性地说，挡板受力不仅和流速成平方关系，而且也与作用在挡板上的流体质量（从而与流体密度和作用面积）有关。因而用这种流量计测得的流量与流体的密度有关。输出信号转换为流量时要考虑密度的影响。另外，由于流通面积本身也是流量的函数，因而无法根据流速直接求流量，或者说用这种流量计测得的只是相对流量的变化量。

该传感器的技术指标为：

工作环境温度：$-40\sim+80$℃。

输出信号：$4\sim20$ mA（电位器 $0.5\sim2.15$ kΩ）。

挡板张开角度：$0\sim45°$。

测量范围：$0\sim100\%$ 测相对变化。

供电电压：$10\sim24$ V DC。

8C02A 防爆标志：Exib Ⅱ BT5。

（五）钻井液温度传感器

循环钻井液温度也是可以反映钻井安全的重要参数。掌握出口、入口钻井液温度之差，有助于了解井下情况。当泥浆出口温度显著升高时，说明井底可能有压力异常层（见地层压力检测部分）。此外，温度升高还会影响钻井液的性质，因而要做相应的处理。在录井仪所使用的温度传感器传温元件是热电阻。钻井液温度传感器外形图如图 3-44 所示。

1. 热电阻式传感器

几乎所有物质的电阻率都随其本身温度的变化而变化，这一物理现象称为热电阻效应。利用这一特性制成的传感器称为热电阻式传感器，它主要用于温度以及和温度有关的参数的检测。按其性质，这种传感器又可分为金属热电阻式传感器和半导体热电阻式传感器两大类。前者通常简称为热电阻式传感器，而后者则简称为热敏电阻式传感器。热电阻式传感器由电阻体、绝缘套管和接线盒等主要部件组成。

纯金属是制造热电阻的主要材料，作为温度测量用的材料应具有以下特性：

1）电阻值与温度之间有良好的线性关系，具有高而稳定的电阻温度系数。

2) 电阻率高,从而可使传感器形小体轻、热容量小、反应速度快。
3) 在使用温度范围内,具有稳定的物理化学性质。
4) 材料的复现性和工艺性好,价格低。

目前,应用最广泛的是铂和铜,并已制成标准测温热电阻。在低温和超低温测量中,现已开始采用铟、锰、碳、铑—0.5%铁等材料制成测温热电阻。下面仅介绍一下铂电阻(Pt)。

铂电阻的特点是精度高、稳定性好、性能可靠。这是因为铂在氧化性介质中甚至在高温下的物理化学性质都很稳定。铂电阻的阻值与温度之间的关系接近于线性,在0～630.74℃范围内可用式(3-82)表示:

$$R_t = R_0(1 + At + Bt^2) \qquad (3-82)$$

而在-190～0℃范围内则表示为:

$$R_t = R_0[1 + At + Bt^2 + C(t-100)t^3] \qquad (3-83)$$

式中 R_t——温度为t℃时铂电阻的电阻值;
R_0——温度为0℃时铂电阻的电阻值。

对于常用工业铂电阻,有:

$$A = 3.96847 \times 10^{-3}/℃$$
$$B = -5.847 \times 10^{-7}/℃^2$$
$$C = -4.22 \times 10^{-12}/℃^4$$

由式(3-82)、式3-83)可见,当R_0不同时,在同样温度下R_t也不同。目前国内通常使用的工业铂电阻的R_0值有46Ω和100Ω两种,并已将R_t值与t的对应关系统一列成表格。这种表格称为铂电阻的分度表,分度号分别用B_{A1}和B_{A2}表示。此外,尚有旧分度号B_1和B_2目前仍在使用,但已渐趋淘汰。通常使用的铂电阻温度传感器零度阻值为100Ω,电阻变化率为0.3851Ω/℃。铂电阻温度传感器精度高,稳定性好,应用温度范围广,是中低温区(-200～650℃)最常用的一种温度检测器。

铂电阻的精度与铂的纯度有关,常用百度电阻比$W(100)$来表示。$W(100) = R_{100}/R_0$,R_{100}为在标准大气压下水沸点时的铂电阻值。国际温标规定,作为基准器的铂电阻,其$W(100)$不得小于1.3925,其测温精度可达±10^{-4}℃,一般亦可达±10^{-3}℃。按照当前的技术水平,铂纯度可达99.9995%,相应的$W(100)$为1.3930。一般工业用铂电阻,其$W(100)$不得小于1.3910,其精度在-200～0℃范围内为±1℃;在0～100℃范围内为±5℃,在100～650℃范围内为0.5%t。我国新分度号B_{A1}和B_{A2}对应的$W-100-=1.3910$,而旧分度号B_1、B2对应的$W-100-=1.3890$。

标准铂电阻与工业铂电阻的明显区别是,标准铂电阻的R_0较小,通常只有10Ω或30Ω。

2. 钻井液温度传感器的工作原理

钻井液温度传感器采用进口专用两线制集成电路,电路工作原理参阅接口电路有关电路,采用专用集成铂电阻处理电路,它适应录井现场远距离传输要求,并且对器件本身非线性有着良好的补偿。钻井液温度传感器外形图如图3-44所示。

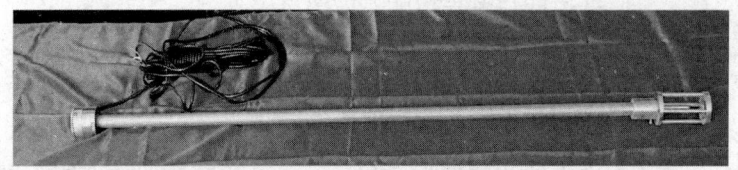

图3-44 钻井液温度传感器外形图

采用铂电阻作为感温元件，R_t和温度t的对应关系见表3-5。

表3-5 R_t与温度t的对应关系

t,℃	0	30	60	90	100	120
R_t, Ω	100	111.67	123.24	134.70	138.50	146.06

铂电阻温度传减器测量电路框图如图3-45所示。前置电路将此电阻值转换成4～20mA的电流信号，而接口电路再将其转换成50mV～4.95V送至A/D。由于电阻和温度之间有着良好的线性关系（0～120℃），在应用中十分方便，并且准确可靠。

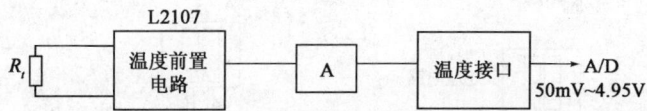

图3-45 铂电阻温度传感器测量电路框图

钻井液温度传感器所用铂电阻要求应达到工业级要求；它安装在传感器总成底部的不锈钢罩内，铂电阻的四周填充满了硅脂，起到了减震和增加导热性，使其铂电阻更好地反映周围温度变化。采用两线制工作方式和专用集成电路，使外围器件少，减小误差和故障率。该传感器的技术指标为：

测量范围：0～120℃。

分辨率：0.1℃。

精度：1%F·S。

冰点阻值：100Ω。

供电电压：10～24V DC。

输出：4～20mA DC。

（六）钻井液电导率传感器

1. 概述

电导是表示导体导电能力的物理量，它与电阻互为倒数关系，单位是西门子（S）。溶液电导值的大小是与测量条件有关的，电极与溶液的接触面积、电极之间的距离都将影响测量结果。为了使各种溶液导电性能的测量结果具有可比性而使用了电导率单位（S/m），其倒数就是电阻率。电导率的测量范围很宽，从低于1×10^{-5} S/m的纯水到超过100 S/m的浓硫酸。

电解质溶液是典型的导电溶液，绝大部分被测导电溶液都是水溶液，因为水具有溶解的能力，使电解质能够稳定地形成离子；纯水本身也可以导电（但是很微弱），因为它可分解出极少量H^+和OH^-。

电导率测量对于所有存在离子的溶液都会有反应，对一种溶液不能单独通过电导率测量来鉴别或得到它的质量浓度。但是在某些情况下已知溶液中电解质成分时，可以通过它的质量浓度与电导率的对应关系得到。

钻井液中存在的离子主要包括：阳离子是 Ca^{2+}、Mg^{2+}、Na^+ 和 K^+，阴离子是 Cl^-、SO_4^{2-}、HCO_3^-、CO_3^{2-} 等。电导率传感器主要检测钻井液中 Cl^-、Na^+ 含量。地层流体（油、气、水）进入钻井液的类型和量不同以及钻井液的性能不同，其电导率也随着改变，根据进出口钻井液电导率两个参数的差值，可定性划分水层、气水同层、油水同层，在这方面有它独特的用途和作用，但这必须基于传感器测量灵敏度、准确度高以及测量数据可靠。

2. 传感器的结构

传感器外形结构由探测头、信号电缆和金属防护架组成（图 3-46）。传感器探测部分的结构示意如图 3-47 所示，主要由原级线圈、次级线圈、同轴支撑管、温度补偿电阻、外护壳、处理电路和信号电缆组成。

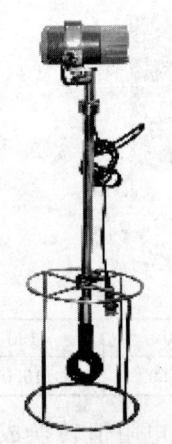

图 3-46 钻井液电导率传感器外形结构图

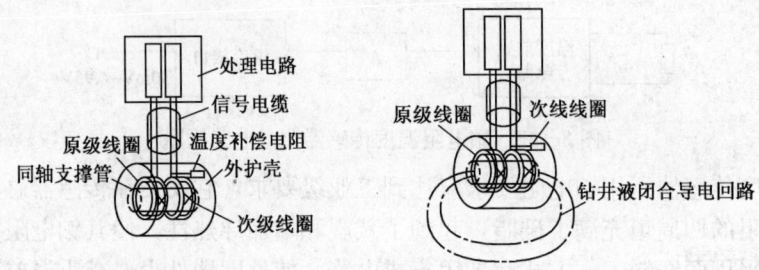

图 3-47 钻井液电导率传感器的探测部分结构示意图

3. 传感器的测量原理

该传感器输出电流与钻井液电导率的关系为：

$$I = GV/(N_1 \cdot N_2) \tag{3-84}$$

式中 N_1——发射极线圈圈数；
N_2——接收极线圈圈数；
V——接收极上的感应电压，V；
G——周围液体的电导，S；
I——接收极内的电流，A。

由式（3-84）可以看出：$I \propto G$，$V/(N_1 \cdot N_2)$ 为比例常数。只要与标准液体的 I 值相比，就可得到被测液体的电导。

电导 G 与电导率 K 的关系是：

$$K = JG \tag{3-85}$$
$$J = L/A \tag{3-86}$$

式中 J——探头常数；
L——电极间距，cm；
A——电极有效面积，cm^2。

若 $J=1$，则 $G=K$；若 J 为常数，则 G 与 K 的关系确定。因此，通过与标准液体的比较，就可以确定被测液体的电导率。

感应式环状钻井液电导率传感器测量原理如图 3-48 所示。原级和次级两个磁环绕组并列安装在同一轴线上,两个磁环之间的距离一般为1~3cm。原级绕组为发射线圈,次级绕组为接收线圈。若把传感器置于空气中,因为磁环的磁导率远大于空气的磁导率,所以原级绕组磁力线基本上都经本级磁环而闭合,漏磁通非常小,原、次级线圈之间没有直接的耦合,这样即使在原级线圈中通有20kHz的交变电流,次级线圈也不能感应出交变电压。若把传感器置于钻井液(或其他溶液)中,钻井液经过传感器探测头孔而呈现闭合状态,此时原、次级线圈之间通过有一定导电能力的钻井液而耦合,这样在原级线圈中通有20kHz的交变电流时,原级线圈磁环中的交变磁通能够使经过传感器探测头孔而呈现闭合状态钻井液产生交变电流。该交变电流同时也产生交变磁场,这交变磁场又使次级线圈感应出交变电势。次级线圈感应出的交变电势信号经专用电路处理后,送出电导率参数的检测信号。

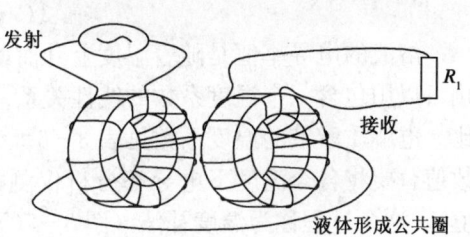

图3-48 感应式环状钻井液电导率传感器测量原理图

次级线圈感应电势高低取决于经过传感器探测头孔而呈现闭合状态钻井液产生的交变电流的大小,该交变电流的大小又取决于钻井液的电导率γ高低。通常在原级线圈上加的电压是恒定的,一般综合录井仪的电导率面板对电导率传感器的原级线圈恒定加24V,20kHz交变电压。由此也可以看出,次级线圈感应电势高低主要取决于钻井液的电导率γ高低。

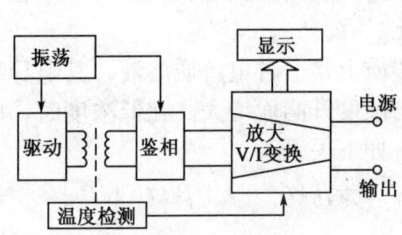

图3-49 两线制电导率传感器电路原理框图

随着录井设备的发展,早期七线制(TDC仪器)、三线制、四线制钻井液电导率传感器已不能适应进口设备和海上防爆环境条件的限制。我国自行研制开发的两线制高分辨率智能型电导率传感器(电理原理框图见图3-49)适用于石油钻井及环境污水等监测场所,经过多年对各种类型仪器的使用及国外恶劣环境的考验,效果良好,完全可以取代进口电导率传感器。具有电压适应范围宽(13.5~36V),输出标准4~20mA,测量精度高,重复性好,抗干扰能力强,寿命长,故障率低等优点。

4. 钻井液电导率的温度系数校正

钻井液是一种电解溶液,具有导电的特性,若有电流流过,与金属导体一样,也会呈现出电阻的性质。可用式(3-87)表示:

$$R = \rho_x \cdot L/A \tag{3-87}$$

式中 R——钻井液电阻,Ω;
ρ_x——钻井液电阻率,$\Omega \cdot cm$;
L——导电液体长度,cm;
A——导电液体截面积,cm^2。

对于金属导体而言,电阻率具有正温度系数,而溶液电阻率具有负温度系数。通常为了计算和使用方便,一般使用溶液电导和电导率的定义:

$$G = 1/R = 1/(\rho_x \cdot L/A) = A/(\rho_x \cdot L) = \gamma \cdot A/L \tag{3-88}$$

式中 G——溶液电导,S;

γ——溶液电导率，S/cm。

式（3-88）的物理意义为：长度 $L=1cm$，面积 $A=1cm^2$ 时溶液所具有的电导。通常在录井过程中，钻井液的电导率（单位为 mS/cm）与电阻率（单位为 Ω·m）的关系为：

$$1mS/cm = 10/\Omega \cdot m$$

$$1\Omega \cdot m = 0.1 mS/cm$$

溶液的电导率值是随着温度上升而增大的。在适中和高浓度的电导溶液里，这种温度影响可以用包含一个温度系数的线性关系来补偿，温度系数定义为每摄氏度电导率增量的百分比。电解质溶液的温度系数见表 3-6。为了具有可比性，一般用 25℃下的电导率作为标准数值，要将各个温度下电导率分析仪测得的电导率数值转换为标准数值（25℃下的电导率值），这个过程称为温度补偿（图 3-50）。

表 3-6 电解质溶液的温度系数

电解质	酸	碱	盐
温度系数，1/℃	0.001~0.016	0.018~0.022	0.022~0.030

钻井液电导率的温度系数较大，测量过程中一般采用温度补偿电阻进行特定温度（通常为 20℃或 25℃）补偿，使其钻井液为任何温度时都以特定温度进行温度差值补偿。换句话说，钻井液无论在任何温度，通常温度补偿电路都会把电导率测量值换算到特定温度进行显示与记录，这样才能正确与真实地反映出电导率在不同时刻的变化。

钻井液实质上是一种电解质溶液，其电导率是随着溶液的温度升高而增大。在低浓度时，电导率与温度有如下关系：

$$\gamma_t = \gamma_0 [1 + \beta_1(t-t_0) + \beta_2(t-t_0)^2] \quad (3-89)$$

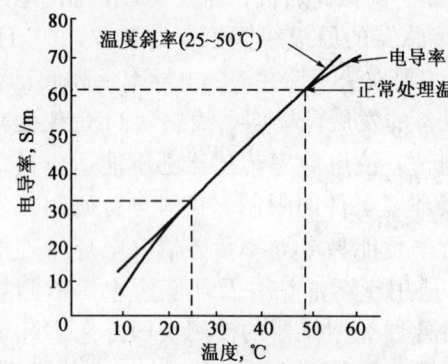

图 3-50 温度对电导率测量值的影响及温度系数补偿

式中 γ_t——对应温度为 t 时的电导率；
γ_0——对应温度为 t_0 时的电导率；
β_1、β_2——电导率的温度系数。

通常 $\beta_2(t-t_0)^2$ 的值非常小，一般忽略不计。在 25℃的室温下，对酸性溶液，$\beta_1=0.016$（1/℃）；对盐类溶液，$\beta_1=0.024$（1/℃）；对碱性溶液，$\beta_1=0.019$（1/℃）。

为了准确地测量进出口钻井液电导率的变化，一般要求仪器无论在任何钻井液温度下都能真实地反映某一特定温度（综合录井仪的特定温度为 25℃）时的钻井液电导率。所以要求钻井液电导率测量的一、二次仪表要具有可靠的自动补偿功能。

5. 传感器的调校与标定（以神开 SK-8D05 电导率传感器为例）

该传感器的技术指标为：

使用对象：液体。

测量范围：0~300mS/cm。

输出范围：4~20mA DC。

电源：工作电源为 +14~40V DC，推荐 +24V DC。

温度范围：传感器工作温度 870EC：-25~+55℃，870EV：-5~+105℃。

测量精度：满量程的 ±0.5%。

重复性：满量程的±0.1‰。

防爆等级：dibⅡBT4。

对于变送传感器与外部连接线，要求拧开变送器的盖子，按照图3-51所示连接）。传感器探头用7芯电缆线与变送器连接。调校与标定方法连线如图3-52所示。

零位调整：若零位偏离，可以按以下方法调整零位。应先洗净传感器探头，再接上电源，并串入电流表（若测量电压，就串入负载电阻，电阻两端接上测量电压表，测得电压除以电阻值就是输出电流值。推荐用100Ω负载电阻），再调节变送器外壳上的调零螺丝，使变送器输出为4mA。

量程调整：量程在出厂前都已调整在合格位置上，一般用户不需要再作调整，但是如果在长时期工作以后，为了获得更好的准确度，则可按下列步骤调整量程。

①不接热敏电阻，即松开棕色线、蓝色线的插脚，再在变送器上接上100kΩ标准电阻，这时变送器显示为25℃的电导率值。

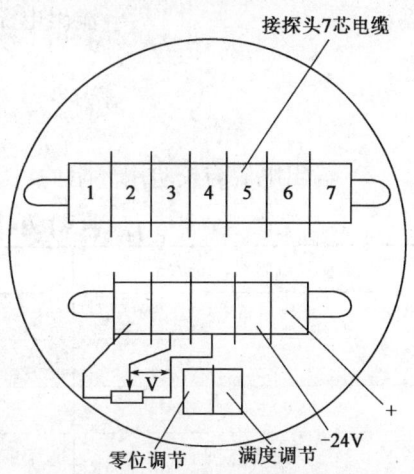

图3-51 钻井液电导率传感器接线图

②用一根导线穿过传感器中心孔，导线两端接在电阻箱上，形成环形电阻回路。

③接上所要求的电源，在电源上串入一只检测用电流表。

④以上准备工作完成后，先校正零位，即当环阻 $R_L=\infty$ 时，输出为4mA。若零位偏离，则应调节变送器外壳上的调整零位螺丝，使输出为4mA。

⑤接上电阻箱，使环阻 $R_L=1.5\Omega$，这时输出应为 20 ± 0.16 mA。若偏离，就卸下电路组件，调节有标记的3296型量程电位器，使输出为20mA。

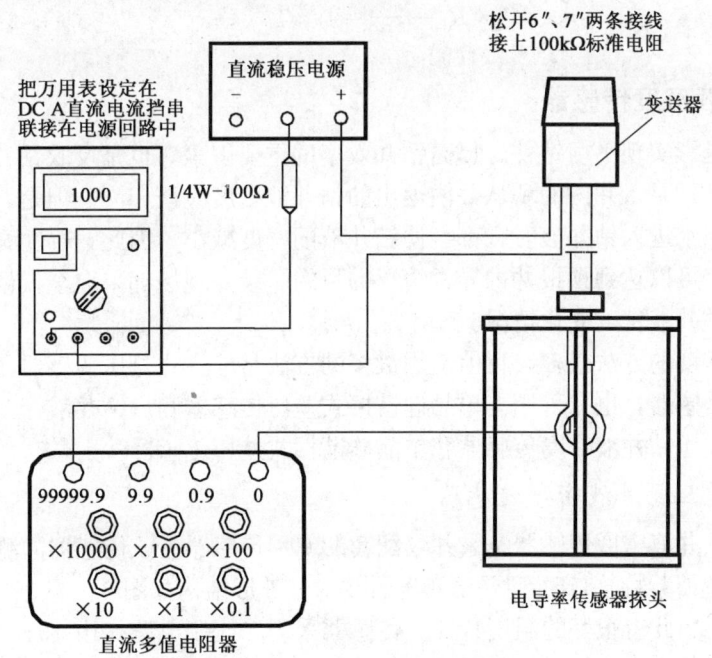

图3-52 电导率传感器调校连线图

重复④、⑤过程，直到输出零位和满度值为合格范围。

6. 线性测试检查

1) 输出电流与电导率的关系式：

$$输出电流值 = \frac{被测电导率值}{电导率满度值} \times 16 + 4$$

$$被测电导率值 = \frac{输出电流 - 4}{16} \times 电导率满度值$$

2) 输出电流与校验用环阻的对应值见表3-7。

表3-7 输出电流与校验用环阻的对应值

对应的电阻率，mS/cm	R_L，Ω	I，mA
300	1.5	20
225	2	16
150	3	12
75	6	8
37.5	12	6
18.75	24	5
0	∞	4

$$R_L = \frac{450}{对应的电阻率}$$

例：对应电阻率为300mS/cm时环阻为：

$$R_L = \frac{450}{300} = 1.5\Omega$$

（七）钻井液密度传感器

钻井液密度是影实现平衡钻井、提高钻井效率的重要因素，也是反映钻井安全的重要参数。在正常情况下，泵入井内的和从井内返出的钻井液密度应该相同。但是，当井内有高压层，有油气或地层水进入钻井液时，都会使钻井液的密度减小。因此，通过测量进出口钻井液密度及其差值，可以达到预报井内异常情况的目的。录井现场都采取全天候监测钻井液循环系统进出口的钻井液密度变化情况。

测量钻井液密度的方法很多，目前使用最多的方法是电容式差压传感器，另外还有基于阿基米德原理的传感器，也有采用。单晶硅谐振式差压传感器测量钻井液密度的情况。本文主要介绍电容式差压钻井液密度传感器和单晶硅谐振式差压传感器。

1. 电容式差压钻井液密度传感器

电容式差压钻井液密度传感器是录井仪配套的专用传感器。该传感器的测量部分采用美国Rosemount（罗斯蒙特）1151型差压变送器技术（外形结构如图3-53所示），设有专门的温度补偿电路，因此有很好的温度特性。传感器采用二线制电路，由15～30V直流供电，电路部分将敏感元件产生的电容变化转化成4～20mA直流电流输出。

图 3-53 电容式差压钻井液密度传感器外形结构图

(1) 检测部分

检测部分由测量元件和传压系统组成。传压系统主要由充满硅油的压力测量头和导压毛细管组成密封系统。测量元件是检测部分的核心（图 3-54）。有预张紧力的测量膜片作为可动极板，它和两个弧形的定极板形成电容 C_1、C_2。当被测压力 p_1、p_2 作用在压力测量头的隔离膜片时，经导压毛细管内的溶液（硅油）将 p_1、p_2 传递到测量元件的隔离膜片上，再经其腔内所充液体传递到测量膜片的两侧。当 $p_1=p_2$ 时，$C_1=C_2$，测量膜片在中间位置；$p_1 \neq p_2$，即有压差 Δp 存在，测量膜片产生 Δd 位移，$C_1 \neq C_2$，经转换，放大成 4~20mA 电流信号输出。

该传感器采用双法兰差压法。双法兰差压法由差压变送器和固定机架组成，其测量原理如图 3-55 所示，上法兰、下法兰所受压力分别是 p_1、p_2：

$$p_1 = \rho \cdot g \cdot h_1 \qquad p_2 = \rho \cdot g \cdot h_2$$

式中　ρ——液体密度；
　　　g——液体的重力加速度；
　　　h_1、h_2——上、下法兰距液面的距离。

将上两式相减得：

$$\Delta p = p_2 - p_1 = \rho \cdot g \cdot (h_2 - h_1)$$

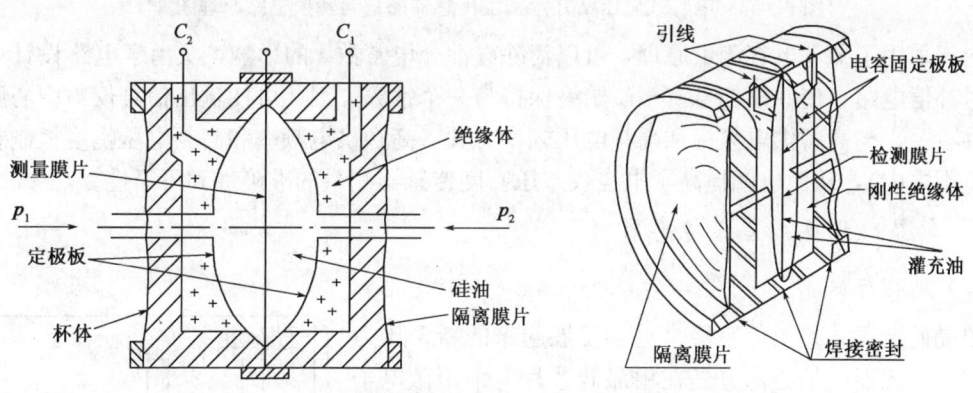

图 3-54 电容式差压钻井液密度传感器的测量元件结构图

由于 $H = h_2 - h_1$，所以有：

$$\Delta p = \rho \cdot g \cdot H \tag{3-90}$$

当 H、g 都是常数时，Δp 与 ρ 即是线性的一一对应关系，通过测量 Δp 就可以换算出液体的密度 ρ。

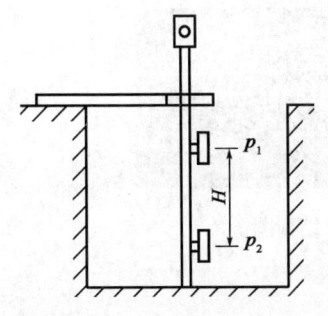

图 3-55 双法兰差压法测量原理图

据推导,电容式差压传感器两个差动电容 C_1 和 C_2 与差压 Δp 的关系为:

$$\frac{C_1-C_2}{C_1+C_2}=\frac{a^2}{4Td_0}\Delta p=\frac{a^2 gH}{4Td_0}\rho=k\rho \quad (3-91)$$

式中　a——动极板的工作半径;
　　　T——动极板初始张力;
　　　d_0——定、动极板的初始距离。

(2) 测量与转换电路

该传感器的测量与转换电路原理图如图 3-56 所示。差动电容信号[见式(3-91)]送入解调器产生一个差动电压信号,该信号由一高频正弦振荡器供电。经相敏整流后输出两组电流信号。一组为差动电流信号 i_2-i_1,另一组为共模信号 i_1+i_2。通过信号补偿电路使共模信号 i_1+i_2 始终保持为一个常数,差动电流信号 i_2-i_1 经过电流转换放大电路处理后,输出 4~20mA(相对应液体密度为 0.96~2.76 g/cm³)的电流信号。

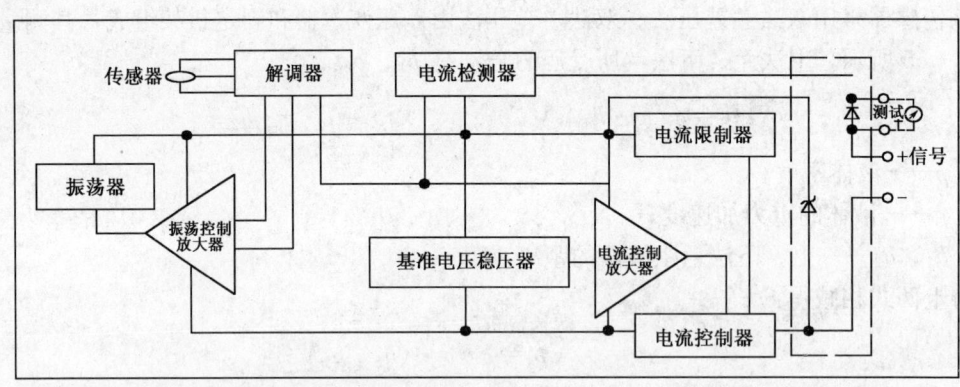

图 3-56 电容式差压钻井液密度传感器测量与转换电路原理图

由于采用了差动电容测量原理,可以消除硅油介电常数 e 的影响,又由于电路设计中采用信号补偿电路,使共模信号 i_1+i_2 始终保持为一个常数,因此可使输出信号仅与中心膜片的位移有关,与高频供电频率和高频电压幅度无关(高频供电频率和高频电压幅度控制在要求的范围之内),从而也就提高了电容式差压密度传感器测量的准确性和可靠性。

2. 单晶硅谐振式差压传感器

(1) 结构与原理

单晶硅谐振式差压传感器是近年发展起来的新型压力传感器,传感器的核心部分是在单晶硅芯片上采用微电子机械加工技术,分别在其表面的中心和边缘做成两个形状、大小完全一致的 H 形状的谐振梁(图 3-57),而且处于微型真空器中,使其不与充灌液(硅油)接触,又确保振动时不受空气阻尼的影响。

如图 3-58 所示,位于高压端和低压端的金属膜片受到过程压力,通过密封液分别传送到单晶硅片的上下两面。

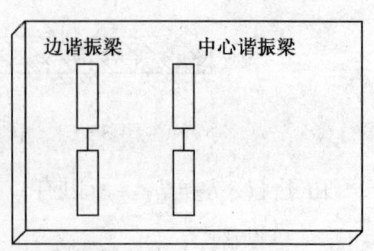

图 3-57 单晶硅谐振式差压传感器的谐振梁示意图

在单晶硅片中有2个振子腔体，2个振子的固有频率之差就是差压信号。真空腔体中的振子是经过精细加工的（H形谐振梁长约700μm，宽约25μm，厚约5μm）。由于振子H形谐振梁的4端与单晶硅连接，所以当单晶硅变形时，振子振动频率与压力差成正比，固有振动频率发生变化。

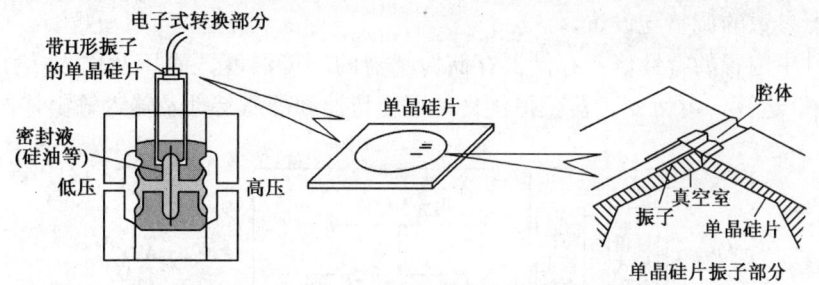

图3-58　单晶硅谐振式差压传感器的测量元件结构图

单晶硅谐振梁处于永久磁铁提供的磁场中，与变压器、放大器等组成一正反馈回路（图3-59）。当激励变压器给谐振梁提供一激励电流时，处于磁场中的谐振梁产生电磁振荡，检测变压器检出振荡信号，通过放大器放大，调节信号幅值和相位，反馈到激励变压器，使系统能可靠稳定地工作于闭环自激状态，以其自身固有的振动模态持续振动。

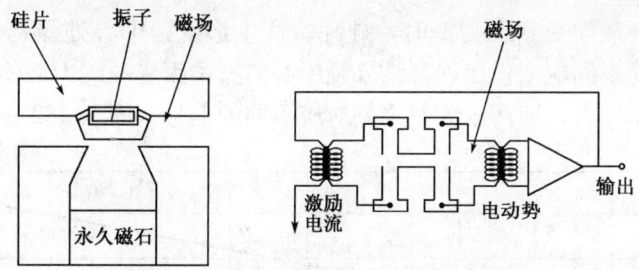

图3-59　单晶硅谐振器自激振荡原理图

(2) 信号变换与处理

如图3-60所示，永磁体给振子一个磁场，振子的半片和剩余的半片构成一个励磁电路，测量出该电路的固有频率，将该固有频率与另一个振子的固有频率之差转换成差压信号，再将差压信号转换成4～20mA脉冲或数字信号输出。

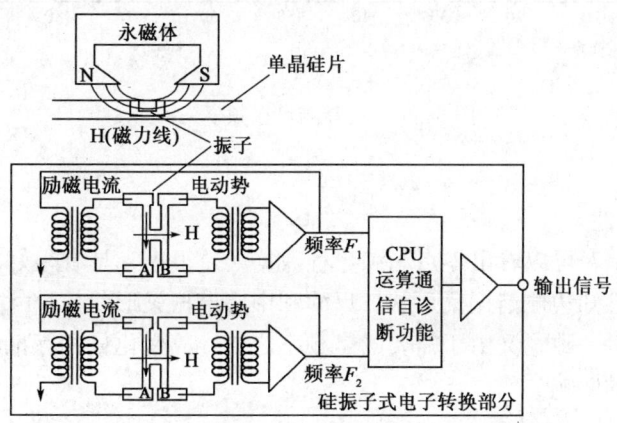

图3-60　单晶硅谐振式差压传感器测量与转换框图

目前已生产出智能型的变送器（图3-61），由单晶硅谐振器上的两个H形振动梁分别将差压、压力信号转换为频率信号，送到脉冲计数器计数。将两频率之差直接传递到CPU（微处理器）进行数据处理，经D/A转换器转换为与输入信号相对应的4～20mA DC输出信号，并在模拟信号上叠加一个BRAIN/HART数字信号进行通信。通过手持器，可方便地进行传感器参数的调整与设置。

膜盒组件中内置的特性修正存储器存储传感器的环境温度、静压及输入/输出特性修正数据，经CPU运算，可使变送器获得优良的温度特性和静压特性及输入输出特性。

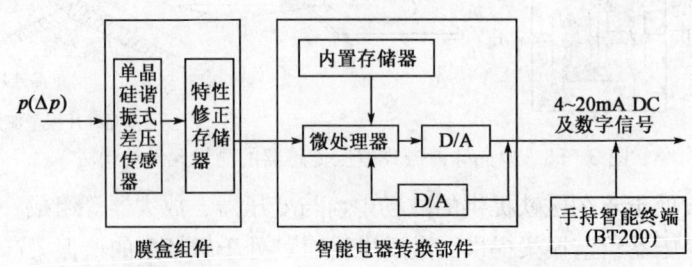

图3-61 单晶硅谐振式差压传感器智能变送器工作原理图

当单晶硅的上下表面受到压力差时，硅片将产生形变，中心处受到张力，因而两个H形状谐振梁分别感受不同应变作用，其结果是中心谐振梁因受压缩力而使频率减小，边侧谐振梁因受张力而频率增大，即两个频率之差对应不同的信号（图3-62）。

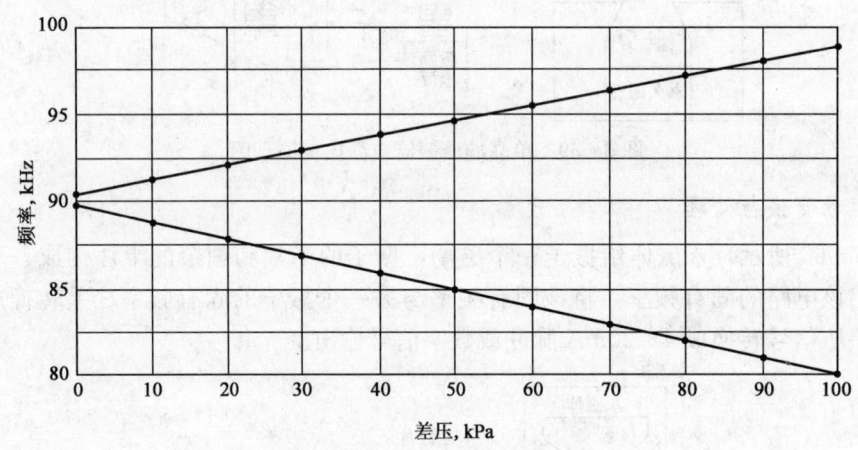

图3-62 差压与谐振频率关系图

(3) 特性

1) 温度影响特性。

如图3-63所示，可以看出零点和满量程数据误差很小，具有很好的温度特性。这是由于当温度上升时，已知边侧谐振梁形状、尺寸和中心谐振梁形状、尺寸完全一致，故在相同的温度状态下变化量一致，又由于需要的是频率之差，故变化量相互抵消，因此可以自动消除温度误差所造成的影响。

2) 静压影响特性。

如图3-64所示，膜盒分别承受50MPa、100MPa、150MPa的静压后，零点几乎无变化,具有很好的静压特性。这是由于当加有静压时,两谐振梁的形状、大小完全一样,且又处于同一场所,故频率的变化量一样,因是检测两频率之差,所以两频率的变化量互相抵消,自动消除了静压的影响。

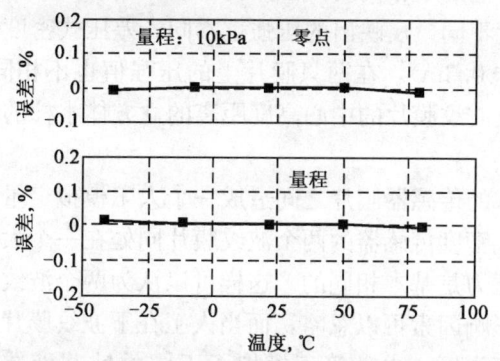

图 3-63 单晶硅谐振式差压传感器的温度影响特性

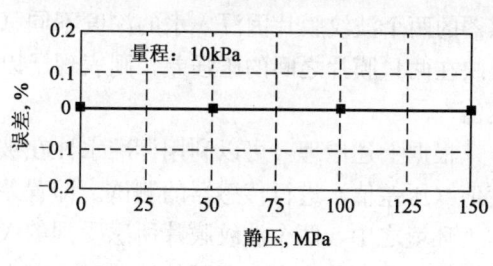

图 3-64 静压影响

3) 单向过压特性。

如图 3-65、图 3-66 所示,在 14MPa 过压下持续对传感器的高低压侧反复施加 10 万次的试验后,可以看出前后几乎没有变化。这是由于有单向压力作用时,隔离膜片内侧的硅油向中心膜片移动,硅油传递压力到硅谐振传感器,压力增大到某一数值时,隔离膜片与本体完全接触在一起,此时外部压力不管怎样增大,硅油压力不会增大。因此,单晶硅谐振式差压传感器受到一定的压力后就不会再受到更大的压力,有很好的保护能力,即使受到了一定力的作用,由于单晶硅材料的恢复性能特别好,也能完全恢复而无误差。

电容式传感器的中心膜片既起隔离作用又起测量作用,当有过压作用其上时,中心膜片变形,去掉压力后,由于金属固有的滞后性,使其不能完全恢复,从而有误差影响。

该传感器的技术指标为:

外形尺寸:高 1630mm,宽 162mm,高 140mm。

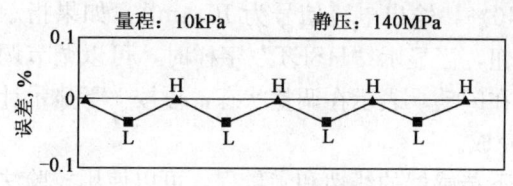

图 3-65 过压引起的单晶硅谐振式
差压传感器零点漂移

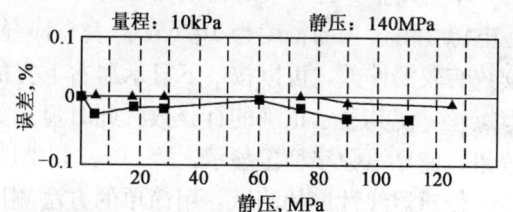

图 3-66 单晶硅谐振式差压传感器
对于过压的长期稳定性

重量:15kg。

测量范围:0.9~2.8kg/L。

精度:0.01kg/L。

灵敏度:0.001kg/L。

电源:24V DC。

输出电流:4~20mA DC。

输出形式:二线制。

最大工作静压:315kgf/cm^2。

使用温度:-20~+80℃。

(4) 校验方法

1) 标准水柱校验法。

在水的密度一定（不同温度条件下水的密度值是不相同的，但变化的量值很小，不影响其测量精度，可以忽略）条件下，随着水的深度不同，反映出的压强也不同。差压式密度传感器的两个波纹膜片因浸入水的深度不同（相差0.3m），在两只膜片上的压强值也不相同。反映在两只膜片之间的压强差，则表现了以两只波纹膜片的中心高度距离的立方体水柱的密度值。

根据上述原理，可以利用标准水柱在被测试的传感器膜片之间造成一个人工模拟定量密度值（压差值）进行传感器的测试。即置差压式密度传感器的两个波纹膜片同处在一个大气压力环境之中，两个波纹膜片所感受到的大气压力是基本相同的。这样可以认为两个波纹膜片之间的差压值为零。测试传感器时，设大气影响因素可以忽略，而当人工在下波纹膜片上增加压力时，就使得这两个波纹膜片之间产生差压，也就等于模拟了不同的钻井液体密度值。

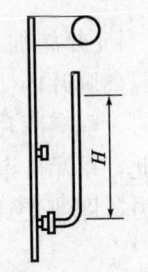

图3-67 差压式密度传感器的校验连接图

校验方法：卸下下法兰的不锈钢防护罩；将校验法兰的三个缺口对准下法兰的固定块，放入校验法兰，注意放气螺丝应处于上方，顺时针转动校验法兰，使手柄处于水平位置即可；将软性透明塑料管（长约1.2m）接在塑料管接头垂直放置，在塑料管中放水约1m，拧开校验法兰上端的放气螺丝，放气至水溢出为止，拧紧（图3-67）。

零位调整：将传感器放在空气中，通过变送器内调零螺钉调节，调到输出电流为4mA±0.12mA。但调零后不能立即断电，如调零后30s内断电，零点将恢复原值。注意零位调整应在上下两法兰干燥的情况下调整。

增益调整：拧开变送器端盖，将内藏式指示计插入电路板，再将传感器放入清水中，接上电源，由于水的密度为$1g/cm^3$，表头应显示40%，输出电流信号为10.4mA。如果指示读数有较大偏差，可以按一下显示器右下方的按钮，当显示"HSET"字样时，可以调节调零螺丝，使其显示正确的百分数。此时显示数值在闪动，表示在调整状态，再按一下显示计按钮，使显示数字稳定显示，等30s，调整即告完成。

传感器线性度的测试：用简单的方法测试一下传感器的线性和满量程，可以使用校验法兰（选购件）。拆下传感器防护罩，将校验法兰安装在下法兰上。在塑料软管中装上清水，先将校验法兰上的放气螺丝拧松，待加入一定量的水后使该放气螺丝处有水溢出，然后再将螺丝拧紧，轻轻敲击塑料软管，将管壁上的气泡赶出。然后接上电源并在输出回路中串入电流表（或安上内藏式指示针），改变塑料软管内液面的高度，就可以看到输出信号在变化，这一变化应大致符合表3-8的要求。

表3-8 水柱高度与密度的关系对应表

H, mm	0	300	450	600	750
ρ, g/cm³	0	1	1.5	2	2.5
加水量,%	0	40	60	80	100
I, mA	4	10.4	13.6	16.8	20

2) 专用仪表校验法。

上述的水柱压力法检验设备精度低，无法完成传感器的准确校准。在计量设备校准规程中规定，计量器具的精度高于被检设备精度2～5倍。如单晶硅谐振式差压密度传感器，其测量精度为0.075%，水柱设备等传统检验方法的精度无法达到该要求，操作也比较烦琐，检验精度不容易控制。在水柱检验方法中传感器的膜片与密封盖之间的气体很难排除，传感器的校准精度很难控制。传统检验方法误差相对也较大，不能对传感器的技术指标进行全面的评价。

对于单晶硅谐振式差压传感器，可以使用BT200手持智能终端对传感器进行参数设置（包括零位、输入量程、输出信号范围等）并完成传感器调校所需步骤。

①气压校准系统的组成与校验原理。

气压校准设备主要由智能气体压力发生器、数字万用表、稳压电源以及辅助配件组成，其连接情况如图3-68所示。智能气体压力发生器输出气体通过气管线与传感器高压侧的密封盖连接；稳压电源的正负极与传感器的正负极对应连接；数字万用表串联在传感器与稳压电源的连接电路中。智能气体压力发生器输出0～35 kPa的气体，该气体作用在密度传感器的高压侧膜片上，代替水柱使传感器两个探头之间产生压差。可以根据传感器实际测量范围所对应的压力调节气体的压力。数字万用表主要用来测量传感器输出的实际电流，与标准电流比较，计算传感器的示值误差；稳压电源为传感器提供+24V直流电压。

当传感器的测量范围为0.96～2.76 g/cm³时，液体密度值与理论电流值之间的对应关系如下：

$$I = \frac{16}{M} \times (\rho - 0.96) + 4 \quad (3-92)$$

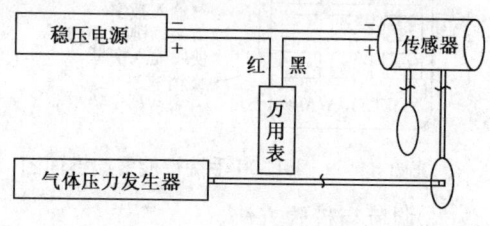

图3-68 传感器校验的连接

式中　I——传感器输出的理论电流值，mA；

　　　M——传感器的量程，g/cm³；

　　　ρ——被测液体的密度值，g/cm³。

根据式（3-92）计算液体密度值、压力值与理论电流值之间的对应关系见表3-9。该数据可以作为调校钻井液密度传感器的标准数据。

表3-9　被测液体密度值、压力值与理论电流值的对应关系

密度值 g/cm³	H=30cm		H=45cm		H=60cm	
	压力，kPa	电流，mA	压力，kPa	电流，mA	压力，kPa	电流，mA
0.96	2.88	4	4.32	4	5.76	4
1.41	4.23	8	6.35	8	8.46	8
1.86	5.58	12	8.37	12	11.16	12
2.31	6.93	16	10.40	16	13.86	16
2.76	8.28	20	12.42	20	16.56	20

利用该校验方法，由BT200手持智能终端配合气体压力发生器完成单晶硅谐振式差压密度传感器的基础数据设置、零位调节、传感器示值校准等内容。

BT200手持智能终端是一种便携的终端（BT200手持智能终端键面图如图3-69所示），它与采用BRAIN通信协议的仪表一起使用，对其进行设定、更改、显示和打印参数

(如牌号、输出方式、范围等)。它可监控输入/输出值并自诊断结果,设定恒定电流的输出并调零。当系统开动或维持操作时,只要把 BT200 接在 4~20mA 通信信号线上或把它接在 ESC(信号调节通信卡)上提供的接口上,就可以使用 BT200。对于变送器与 BT200 的连接,既可在变送器接线盒里用 BT200 挂钩连接,也可通过中断端子板传输线连接。

连接方式:按照如图 3-70 所示将直流稳压电源、万用表、传感器连接在一起,将气体压力发生器输出的气体通过气管线连接到传感器的高压侧;再按照如图 3-68 所示将 BT200 连接到测量电路中,其中负载电阻 R 取 250~300Ω。

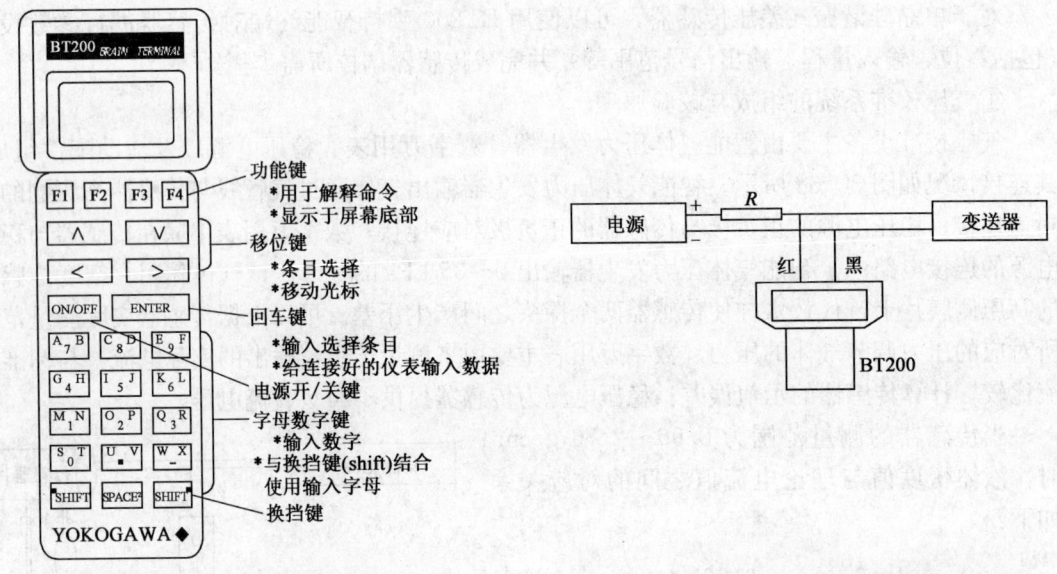

图 3-69　BT200 手持智能终端键面图　　图 3-70　智能终端与测量电路的连接

② 调节与校验方法。

a. 基础数据输入。

以钻井液密度传感器的测量范围为 0.96~2.76 g/cm³,传感器两个探头之间的距离为 30 cm 为例,介绍传感器的校准方法。

b. 测量单位调节。

打开 BT200,在 BT200 通信正常的条件下,按照屏幕提示进入主菜单。此时按下 SET 键或 F2 键,出现 SET 菜单屏,在 SETT N G 处回车,出现参数 $C_{10} \sim C_{60}$。选择 C_{20} (PRESS UNIT)回车,进入测量单位设置菜单,此时可以选择多种测量单位,如 mmH₂O、kPa、psi 等。根据所使用的检测设备,选择"kPa",然后按两次 ENTER 键,再根据屏幕提示按 OK 键或 F4 键即可。

c. 输出下限调节。

回到上一级菜单后,选择 C_{21}(LOW　RANGE)回车,进行测量下限设置,键入数据 2.88,按两次 ENTER 键,再根据屏幕提示按 OK 键或 F4 键即可。

d. 输出上限调节。

回到上一级菜单后,选择 C22(HIHG　RANGE)回车,进行测量上限设置,键入数据 8.28,按两次 ENTER 键,再根据屏幕提示按 OK 键或 F4 键即可。

e. 零位校准。

设置气体压力发生器的输出压力为 2.88 kPa(传感器零位对应的压力值),待压力和传感器输出电流稳定后,从万用表上读取传感器的输出电流,此时传感器的输出电流应为 4mA。若输出电流偏差大,则需要对传感器的零位进行调节。即回到 BT200 的主菜单,按下 F3 键或 ADJ 键,出现调整菜单屏,在 ADJUST 处回车。选择 J10(ZEROADJ)回车,进入零位设置菜单,键入数据 0.00,按两次 ENTER 键,再根据屏幕提示按 OK 键或 F4 键即可。

传感器零位输出电流的示值误差如下:

$$\Delta = I'_0 - I_0 \tag{3-93}$$

式中 Δ——零位输出电流的示值误差,mA;
I'_0——零位输出电流的示值,mA;
I_0——零位的标准电流,mA。

传感器零位中输出电流示值的最大引用误差如下:

$$r_0 = \frac{\Delta}{I_3} \times 100\% \tag{3-94}$$

式中 r_0——零位中输出电流示值的最大引用误差,%;
I_3——传感器测量上限的标准电流,mA。

当零位输出电流的最大引用误差大于传感器的测量精度时,则说明传感器的技术指标超差。一般情况下,对于第一次投产使用的传感器,由于其测量范围与实际需求可能有差别,都需要进行零位校准与调节。在使用过程中,由于生产需要改变传感器的测量范围,也必须进行零位校准与调节。经校准后,可以确认传感器的技术指标是否符合要求。

f. 示值校准。

根据表 3-7 中各校准点所对应的压力,从传感器的测量下限压力开始,用气体压力发生器给传感器逐点加压到上限压力。在此过程中,在各校准点的压力和输出电流稳定后,从数字万用表上逐点读取传感器输出电流的示值。

传感器各校准点输出电流的示值误差如下:

$$\Delta' = I_2 - I_1 \tag{3-95}$$

式中 Δ'——各校准点输出电流的示值误差,mA;
I_2——各校准点输出电流的示值,mA;
I_1——各校准点的标准电流,mA。

传感器校准点中输出电流示值的最大引用误差如下:

$$r = \frac{\Delta_{max}}{I_3} \times 100\% \tag{3-96}$$

式中 Δ_{max}——校准点中输出电流的最大示值误差,mA;
r——校准点中输出电流示值的最大引用误差,%;
I_3——传感器测量上限的标准电流,mA。

传感器校准点中输出电流示值的最大引用误差应小于传感器测量精度,否则可以判断传感器的技术指标超差。经示值校准后,可以判断传感器的测量精度以及传感器输出电流的线性度等技术指标是否符合要求。

(八)泥浆池体积传感器

泥浆池体积传感器是钻井过程中监测钻井液总量变化,判断和预防井涌、井喷和井漏等异常情况,进而保证安全钻井的一种必不可少的监测工具。通过地面泥浆总体积的变化,可以早期发现井漏、井涌和井喷，因而泥浆池体积也是一项十分重要的参数。

当泥浆罐的截面积一定时，罐中泥浆体积是该罐的泥浆液面（液位）的单值函数。因此只要测出各罐中泥浆液位，就可换算出各池中泥浆体积并可以得到总体积参数。现录井现场测量泥浆液位的传感器主要有两种，一种为浮球式，另一种为较先进的超声波式。

1. 浮球式液位传感器

浮球式液位传感器的结构与外形图如图3-71所示。它是利用环形磁性浮球随液位升降，使对应位置的干簧开关吸合，将液位转换成相应的电阻信号，再经变送模块转换成二线制4~20mA标准信号输出。

传感器的检测管内装有一组干簧管和精密电阻，当管外磁性浮球随液位上下变化时，检测管内位于液面处的干簧管依次接通使传感器的电阻值发生变化，接线盒内的转换电路将其阻值转换成电流输出（图3-72）。

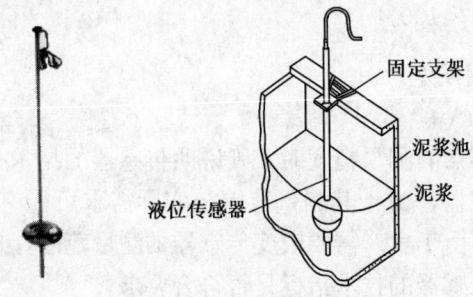

图3-71 浮球式液位传感器的结构与外形图

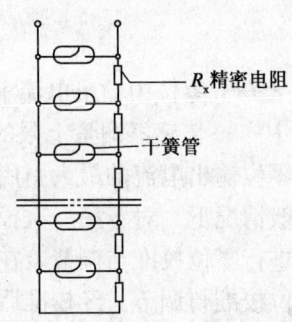

图3-72 传感器检测管结构图

测量管内的电阻可表示为：

$$R_x = \sum_{i=1}^{n} R_i$$

其中，$n=1, 2, \cdots, N$，N为分度系数。

该传感器的分辨率为：

$$r = \frac{L}{N}$$

如测量管长度$L=2m$，$N=200$（200个精密电阻），则有：

$$r = \frac{2000}{200} = 10mm$$

其相对精度为：

$$\delta = \pm 10/2000 = 0.5\%$$

变送器采用仪表放大器（VIC）将电阻的变化转换成二线制4~20mA标准信号输出。

连接方法：打开接线盒盖子，使用2芯ϕ8屏蔽电缆，标有"+"号接24V正极，芯线截面不小于$0.5mm^2$，电缆屏蔽层与传感器外壳绝缘（图3-73）。接线完成后要拧紧接线盒的盖子和电缆夹线螺丝，使传感器达到应有的防护等级。变送器接线如图3-74所示。

零点和满度的调整：在输出回路上串接电流表，将浮球放到最低点，调整调零电位器，使电流表读数为$4\pm0.02mA$；将浮球放置最高点，调整调满度电位器。使电流表读数为$20\pm0.02mA$，再重复

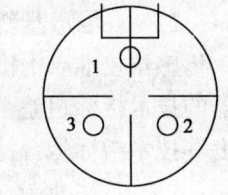

图3-73 航空插头接线
1脚：空；2脚：+24；
3脚：4~20mA信号

一次。调节螺丝在铭牌下面,标有"Z"为调节零点螺丝(约定方向:当浮筒上升时,输出电阻应减小)。

2. 超声波式液位传感器

(1) 工作原理

目前最常用的超声波式液位传感器是一种将传感器与电信号处理结合在一起的超声波式液位传感器。它主要用来测量敞开或密封容器中的液体液位。

该传感器装有超声波发射及温度感应元件。传感器由探头发射一系列超声波脉冲,而超声波脉冲遇到液面后返回,被传感器接收。传感器中的滤波装置可从来自超声波、电波噪声及转动搅拌器桨叶噪声的各种假回波中分辨出从液面上返回的真回波,脉冲波从发射到液面再返回到传感器所用的时间经温度补偿后,可转换成可显示的距离,并转变为电流输出。

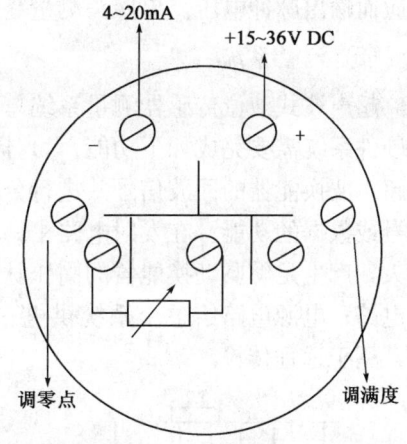

图 3-74 变送器接线

一般把声波频率超过 20kHz 的声波称为超声波,超声波是机械波的一种,即是机械振动在弹性介质中的一种传播过程,它的特征是频率高、波长短、绕射现象少,另外方向性也好,能够成为射线而定向传播。超声波在液体、固体中衰减很小,因而穿透能力强,尤其是在对光不透明的固体中,超声波可穿透几十米的长度,碰到杂质或界面就会有显著的反射,超声波磁性液位计测量物位就是利用了它的这一特征。

由超声波在介质中传播原理可知,若介质压力、温度、密度、湿度等条件一定,则超声波在该介质中的传播速度就是一个常数。因此,当测出超声波由发射到遇到液面反射被接收所需要的时间时,就可换算出超声波通过的路程,即得到了液位的数据。

超声波液位计工作原理是由超声波换能器(探头)发出高频脉冲声波,遇到被测物位表面反射回波,被换能器接收转换成电信号。声波的传播时间与声波的发出到物体表面的距离成正比。声波传输距离 h 与声速(超声波在空气中的传播速度) c 以及声波传输时间 t 的关系可用式(3-97)表示:

$$h = \frac{ct}{2} \tag{3-97}$$

图 3-75 为气介式单探头测量图。探头置于液面上方,以空气作为介质。液位高度 H 与声波传输距离 h 关系为:

$$H = H_0 - h = H_0 - \frac{ct}{2} \tag{3-98}$$

式中 H——钻井液液位高度;

h——传感器至钻井液液位的距离;

H_0——传感器至泥浆池底的距离;

c——超声波在空气中的传播速度,340m/s;

t——超声波在空气中传播的往返时间。

超声波式传感器的换能器一般采用压电元件,当给压电元件施加一脉冲电压时,压电元件产生逆向压电效应而振动发射超声波;反之,当压电元件接收到超声波时,产生正向压电效应而输出脉冲电压。单探头测量是一种自发自收式结构。

(2) 测量系统

超声波式液位传感器测量系统总体电路原理如图 3-76 所示。超声液式液位传感器的测量硬件系统需要完成如下功能：1) 提供超声波换能器的发射脉冲信号并发射超声波；2) 拾取超声波换能器的回波信号并进行分析处理；3) 计算及显示被测液位；4) 具有远距离传输信号或数据的功能。在发射电路中,由 NE555 产生脉冲,同时启动计数器,在经发射电路放大,产生足够驱动换能器的高压脉冲激励；检测回波方面采用多级集成运放来构成滤波放大电路；电源电路给整个系统供电。硬件部分还包括显示电路和 4～20mA 的模拟传输通道,用于远程传输。

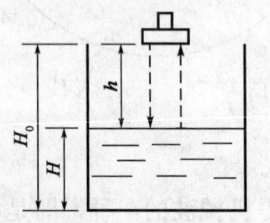
图 3-75 气介式单探头测量图

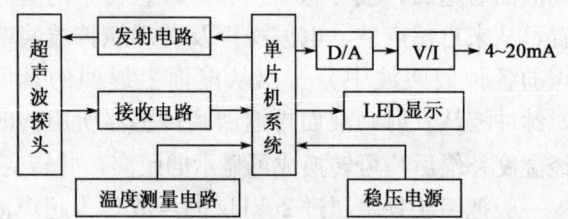
图 3-76 超声波式液位传感器测量系统的总体电路原理

(3) 发射部分

超声波液位仪是利用液面反射超声波的特性来确定液位的。因此,在超声波液位仪工作时,为了能够接收到一定的回波信号,必须发射一定强度的超声波信号。发射部分在超声波液位仪中就是起这一作用的,也就是说,它为超声波传感器提供一个具有一定频率的脉冲电压信号,经收发开关加在超声波式液位传感器上,便产生相同频率的超声波。在选择换能器的工作频率时,应在考虑声衰减的前提下选得尽量高。由于换能器的工作频率越高,波长越短,测量精度也越高,当 $f=200\text{kHz}$ 时,波长约为 1.7mm；当 $f=40\text{kHz}$ 时,波长约为 8.5mm。显然测量精度降低了很多,但频率高也会带来衰减快的问题,测量距离会大大减小。由于该超声波式液位传感器的测量范围为 20～300 cm,且传播介质为空气（超声波在空气中的传播速度为 340m/s）,所以选换能器的工作频率为 40kHz 即能满足 0.25% 的测量精度。

超声波液位仪的发射部分如图 3-77 所示。由频率调节器控制振荡器产生不同频率的脉冲信号,同步器从相位检测环节得到现脉冲信号的相位,并控制脉冲串生成环节在每次发射时必须保持脉冲串的初相相同。为了获得小盲区大量程同步器,必须根据反射波的强度和液位的高低来调节发射时间 τ。脉冲串信号经由功率放大器放大后产生一定频率的脉冲电压信号。其波形为发射时间为 τ、重复周期为 T 的脉冲串。同时,为了获得小盲区大量程,功率调节器必须根据反射波的强度和液位的高低来调节功率放大器的放大倍数,经过调节的脉冲串通过收发开关加在超声波式液位传感器上。

在设计时,必须首先通过试验测定出超声波式液位传感器的饱和发射时间,这样可以减少自动调节时间。当发射时间达到饱和发射时间时,即使再增加发射时间,发射强度也不会改变,也就是说,在发射时间达到饱和发射时间时,继续增加发射时间不能增大发射强度,反而会加大盲区。

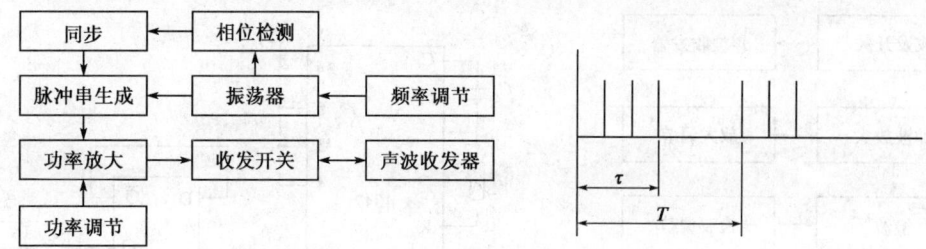

图 3-77 发射波形与发射电路结构图

为了减小盲区,在液位即将进入盲区时,在保证一定的反射波强度的同时,尽量减小发射时间和发射功率。由于发射时间的缩短和发射功率的降低,发射后的衰减速度加快,这样就实现了减小盲区的目的。

所谓盲区,是指反射波隐藏在发射后的衰减波内,这时反射波被发射后的衰减波所覆盖,无法辨认反射波的存在,通常将这段无法测定的距离称为盲区。盲区是由于液位过高而产生的。盲区的大小受传播媒介种类和温度变化的影响,它是一个变化的距离带,这是由于传播媒介不同,其超声波的传播速度也不同。对同一种传播媒介(空气)而言,其温度发生变化时,超声波的传播速度也随之改变,即盲区的大小随温度的不同而发生变化,所以还要进行温度补偿。

(4) 接收部分

超声波液位仪接收部分的任务是通过适当的滤波将超声波式液位传感器上接收到的微弱信号经滤波放大和检波后送至信号处理器。

超声波液位仪的接收部分如图 3-78 所示,它的主要组成部分是滤波放大、放大调节、检波、检波调节以及信号处理。由于回波信号的强弱受到很多因素的影响,如液位的高低、液体里的气泡含量、液面波动等,为了获得一定的回波电压信号,必须将微弱的回波信号进行滤波和放大调节,放大调节后的信号作为检波的输入信号,经检波调节后的检波信号送往信号处理器。

在液位即将进入盲区时,在保证一定的反射波强度的同时,尽量减小放大倍数,提高检波水准。因为在放大反射波的同时,发射时的衰减信号也同时被放大,这样必须减小放大倍数,才能达到减小盲区的目的。提高检波水准,就是尽量减小发射时的衰减信号对反射波的影响,这样可以大大减小盲区。

(5) 温度的影响及补偿

一般温度每变化 10℃,声速约变化 2%。工程应用中一般采用如下经验公式表示:

$$c = 334.45 + 0.607T \tag{3-99}$$

常用声速补偿的方法是通过实测温度进行声速补偿。在系统中增设一温度检测通道,感温元件采用热敏电阻或集成温度传感器 AD590 将超声波换能器与温度传感器有机地融为一体,单片机根据温度传感器检测的温度数据查询相应的声速修正数据,从而实现液位的准确测量。下面以 NTC 热敏电阻作为感温元件为例来设计温度补偿电路。

测量系统采用集成多谐振荡器 4047,将温度转换成频率,输入至单片机中断 INT1,如图 3-79 所示。4047 工作在无稳多谐振荡器状态,它的输出方波 Q 的振荡频率为:

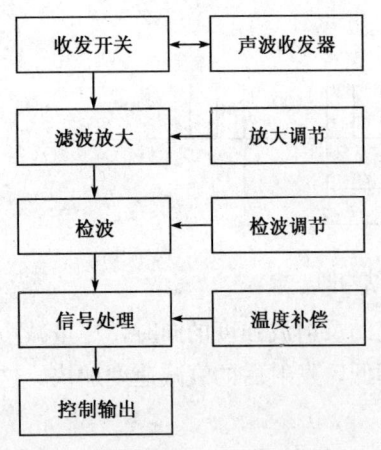

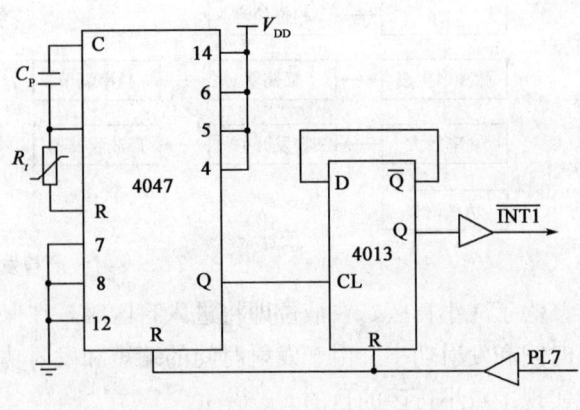

图 3-78 接收部分电路框图　　　　图 3-79 温度采样电路

$$f = \frac{1}{K \cdot R_t \cdot C_p} \tag{3-100}$$

$$R_t = R_0 - \alpha(t - t_0) \tag{3-101}$$

式中　K——系数，$K = 4.40$；

　　　C_p——外接电容值；

　　　R_t——温度 t℃时经线性化后的等效热敏电阻值；

　　　R_0——NTC 热敏电阻在标准温度 t_0 时的等效电阻值；

　　　α——等效温度系数。

由此可得振荡周期 T 为：

$$T = 1/f = K \cdot C_p \cdot [R_0 - \alpha(t - t_0)] \tag{3-102}$$

可见振荡周期 T 与温度 t 成线性关系，只要测出周期 T，便能方便地确定温度 t_0 的值。

温度补偿电路中 CD4047B 为一稳/无稳多谐振荡器构成温度传感器。CD4047B 的输出端 Q 先连接一个 D 触发器，再连接到单片机的中断 INTI。在单片机需要查询温度的时候，先由 INTI 发出触发信号，计数器计时开始，当收到中断请求后，计数停止，这样温度所对应的频率值就被采集到计算机中。利用此频率值得到环境温度值和对应的声速值，利用此声速值来计算距离，可以有效地修正偏差。

该传感器的技术指标为：

供电电源　　　　　　　12～24V DC。

闭路回流　　　　　　　4～20mA DC。

测量范围（液体）　　　0.25～5 m (0.8～16.4ft)。

定向波束角　　　　　　10°（-3dB）。

工作温度　　　　　　　连续工作，-40～+60℃。

温度补偿　　　　　　　超出操作范围内部补偿。

显示　　　　　　　　　液晶显示。

电流输出范围　　　　　4～20mA。

增益　　　　　　　　　正比或反比。

精度　　　　　　　　　0.25%满量程。

分辨率　　　　　　　　3mm (0.125in)。

负载	最大 600Ω（24V DC 电流）。
结构组成	探头与信号处理电路组合在一起。

二、数字式传感器

数字式传感器指输出信号为数字量信号的传感器。综合录井仪常用的数字式传感器有绞车传感器、转盘转速传感器、泵冲传感器三种。

（一）绞车传感器

大多数录井参数都是以井深为基础，离开了井深，大部分录井参数都将失去意义，所以说井深是录井过程中最重要的参数。井深参数测量系统是录井仪器中最重要的组成部分。绞车传感器是综合录井仪的核心传感器，主要用于录取井深参数，其性能好坏直接影响录井资料的质量和油气勘探工作的开展，因此也是油气勘探过程中最重要的传感器。

井深测量是通过测量大钩高度实现的，对大钩高度的测量主要是应用绞车传感器。绞车传感器安装在钻机滚筒（绞车）轴上，滚筒上缠绕的大绳随着滚筒的转动带动大钩升降，绞车传感器随之输出与大钩高度相对应的脉冲信号，将该脉冲信号传入服务器，通过转换和计算就可以得到实时的井深参数。

1. 相关概念与参数

大钩高度（大钩的运动）是一个基本参数，由此派生的参数有进尺、钻时（钻速）、井深等。机械进尺是反映钻进效率的一个重要参数。进尺的累计即为井深，单位时间进尺为机械钻速（m/min），而单位进尺所花的时间则称为钻时（min/m）。钻速和钻时是互为倒数的关系。

大钩（绞车）的运动与钻井状态是相互关联的。钻井状态有钻进、起下钻、接单根、划眼、循环钻井液、活动钻具（上提/下放）等。而钻井工况可以由相关的录井参数来表征，如大钩负荷、大钩高度、钻盘钻速、立管压力等。在钻进状态下，进尺在数值上等于钻柱的行程，而钻柱的行程又等于水龙头或游动滑车的行程。但应注意，大钩（水龙头、滑动游车）的运动并不等于钻柱的运动，钻柱的运动也并不意味着有机械进尺，这要视钻井状态而定，可以由大钩（水龙头）的运动方向和钻头相对于井底的位置以及大钩负荷情况加以判别。各种钻井状态与录井参数之间的关系见表 3-10。

表 3-10 各种钻井状态的判别

钻井工况	钻头与井底相对位置	水龙头运动方向	大钩负荷
钻进	接触井底	下行	重载
上提钻具	脱离井底	上行	重载
下放钻具	未到井底	下行	重载
循环钻井液	未到井底	停	重载
接单根 接单根入鼠洞 起下钻、修理	未到井底	上行	轻载
		下行	轻载
		停	轻载

由该表不难看出：

1) 钻进时，大钩负荷为重载。这是因为在正常钻进时水龙头下面接上全部钻柱的缘故。

大钩负荷为轻载时,意味着钻柱坐在转盘上(坐卡),方钻杆与下面的钻柱脱开等非钻进状态。

2) 钻进的另一个必要条件为水龙头下行,这是显而易见的。但是水龙头下行和大钩重载仍然并不一定表征就是钻进状态,而可能是下放钻具状态。

3) 正常钻进时,钻头与井底接触,既"钻头井底距"为零,或者说"钻头位置"等于井深。

可见,只有同时满足大钩重载、水龙头下行和钻头接触井底(以及转盘转速、立管压力不为零)三个条件时,才可以断定处于钻进状态。也只有在这种情况下,才可以通过对大钩或水龙头位移的测量进行进尺、井深和钻速的测量记录。

2. 测量原理与方法

(1) 吊悬系统坐标

具有滚筒的吊悬系统是一个非线性系统。对于这样的系统,首先规定其坐标系。我们规定大钩高度为纵坐标,单位为 m,绞车脉冲计数为横坐标,坐标原点(0,0)为大钩高度的零点及绞车脉冲计数的零点。一般规定大钩高度的零点在转盘面上,高于转盘面,大钩高度为正值;低于转盘面,大钩高度为负值。大钩高度的标定为无论吊上什么设备,都以双吊环吊上吊卡底面到转盘面的距离作计量。

(2) 理论模型

确定理论模型的任务是找出大钩高度与绞车脉冲计数理论上的对应关系。假设钢丝绳在滚筒上按层排列,忽略钢丝绳因受力而引起的形变,也忽略外层钢丝绳对内层钢丝绳所产生的强烈挤压作用。钢丝绳排列在滚筒上,其截面为正角形,忽略由于钢丝绳在滚筒上的位置变化而引起的滚筒到天车段钢丝绳长度的变化。经过上述处理,便可得到理论模型。通过实践检验,上述处理是合理的,所带来的误差很小。总的说来,在吊悬系统坐标系中,大钩高度与绞车脉冲计数理论上应为分段线性函数。滚筒上大绳排绕情况如图 3-80 所示。图中 d 为大绳直径,D_0 为滚筒直径;D_1 为在滚筒上第 1 层大绳绕一圈的直径;D_i 为在滚筒上第 i 层大绳绕一圈的直径;L 为滚筒长度。

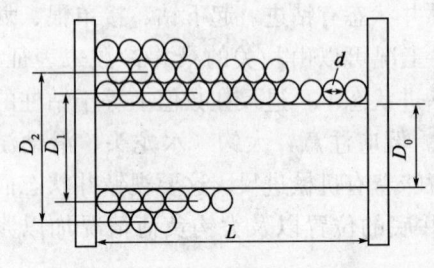

图 3-80 大绳在滚筒上排绕结构图

由图 3-81 可得大绳在滚筒上缠绕直径的变化为:

$$D_1 = D_0 + d$$
$$D_2 = D_1 + \sqrt{3}d$$

设滚筒上最多排绕 7 层大绳,则有:

$$D_i = D_1 + (i-1)\sqrt{3}d \qquad i = 1,2,\cdots,7 \qquad (3-103)$$

滚筒上大绳每增加一层,相当于滚筒实际缠绕直径增量 ΔD(图 3-81)。

$$\Delta D = 2\sqrt{d^2 - \left(\frac{d}{2}\right)^2} = \sqrt{3}d$$

每当绞车滚筒转动一圈,则大钩移动距离为:

$$H_i = \frac{\pi D_i}{M} \qquad (3-104)$$

式中 H_i——大钩移动距离,cm;

D_i——某层实际缠绕直径,cm;

M——天车变速比,大绳股数。

天车变速比(大绳股数)是指当滚筒的圆周运动转变为大钩的直线运动之间的转换系数。它主要取决于天车(固定滑轮组)和游动滑车(动滑轮组)所穿绳索数,如图 3-82 所示。

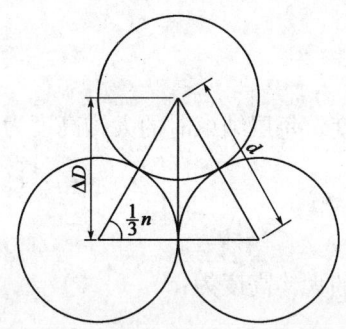

图 3-81 大绳层位变化的直径增量

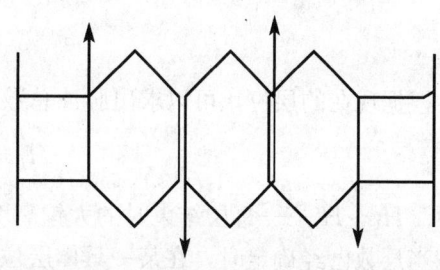

图 3-82 滑轮组所穿绳索数示意图

设绞车传感器每转动 360°,鉴相器能输出 n 个脉冲,则大钩移动单位距离与脉冲数的关系如下:

$$K_i = \frac{n}{H_i}$$

综合式 (3-103)、式 (3-104) 可得:

$$K_i = \frac{Mn}{\pi D_i} \tag{3-105}$$

式中 K_i——在某一层数大钩移动 1cm 鉴相器输出的脉冲数。

(3) 层位(层序)和层变的判别

在缠绕钢丝绳时,在滚筒第一层总是预先缠绕若干圈,用以确保安全,即在大钩高度等于零时,滚筒上还剩余一定圈数的钢丝绳,把这些钢丝绳定义为 T。这些钢丝绳在滚筒转动时,始终不会产生脉冲数。

每层(一整层)所能发出的脉冲数:

$$K_0 = \text{INT}\left(\frac{L}{d} + 0.5\right)n \tag{3-106}$$

式中 K_0——一整层所发脉冲数;

L——滚筒长度;

n——滚筒每转动一周鉴相器输出的脉冲数;

d——大绳直径;

INT( ) —— 取整函数。

第一层未发出的脉冲数:

$$K'_0 = Tn \tag{3-107}$$

式中 K'_0——第一层未发出的脉冲数;

T——大钩高度为零时滚筒上剩余大绳圈数;

n——滚筒每转动一周鉴相器输出的脉冲数。

第一层所发出的脉冲数：
$$N_1 = K_0 - K'_0 \tag{3-108}$$

1）当每一层结束时（考虑到第一层未发出的脉冲数），所发脉冲数为：
$$N_i = K_0 + N_{i-1} \tag{3-109}$$

根据采集到的脉冲总数（16 位计数值）与 $N_1 \sim N_i$ 相比较，看其落在哪两个值之间，即可判断在哪一层中[可根据式（3-109）来判断层位]。

2）脉冲总数与大钩高度的关系：
$$H_1 = \frac{N_1}{K_1} \tag{3-110}$$

根据现在的层位，可以求出脉冲总数对应的大钩高度。每层结束时的大钩高度为：
$$H_i = H_{i-1} + \frac{K_0}{K_{i-1}} \tag{3-111}$$

式中 $H_1 \sim H_i$——每层结束时的大钩高度。

当层数已经确定时，在某一具体层位，脉冲所对应的大钩高度为：

第一层：
$$h_1 = \frac{X}{K_1}$$

第 i 层：
$$h_i = H_{i-1} + \frac{X - N_{i-1}}{K_i}$$

式中 h——现在大钩高度，cm；

X——采集所得 16 位计数器中的脉冲总数。

式（3-111）表征了在某一具体层位脉冲数所对应的大钩高度。

由于所用单位为米，而上述式中 H 的单位为厘米，要经转换才能输出。同时任何深度系统都有一定的系统误差，要求随时都能校正，因此可得：
$$H_m = B \times \frac{\text{INT}(h)}{100} \tag{3-112}$$

式中 H_m——校正后大钩高度，m；

B——系统校正系数。

(4) 钻头位置的计算与钻井状态的判别

钻头位置的计算：在大钩重载情况下，大钩的位移等于钻头的位移。假设大钩处于重载：在 t_0 时刻，钻头在 H_0 处，大钩在 h_0 处；在 t_1 时刻，大钩下行 Δh_0，那么钻头下行 $\Delta H_0 = \Delta h_0$，钻头位置为 $H = H_0 + \Delta H_0$；在 t_2 时刻，大钩上行 Δh_1，那么钻头上行 $\Delta H_1 = \Delta h_1$，此时钻头位置为 $H = H_0 + \Delta H_0 - \Delta H_1 = H_0 + \Delta h_0 - \Delta h_1$。显然，钻头位置可由大钩位移求得。在钻柱坐卡情况下，大钩为轻载，此时大钩的运动与钻头位置无关，钻头位置保持不变。

井深的计算：井深总是大于或等于钻头位置。设：在 t_0 时，井深—钻头位置为 H_0；在 t_1 时，大钩与钻头均向上移动 ΔH_0，此时，钻头位置为 $H_0 - \Delta H_0$，但井深仍然为 H_0。当钻头再向下移动 ΔH_0 时，井深与钻头位置相同，即钻头已经接触井底。如果想让钻头继续下移，则为钻进状态，在这种状态下，钻头位置总是与井深相同，知道了钻头位置，也就等于知道了井深。

钻井状态的判别：钻井状态包括初级钻井状态和次级钻井状态，系统根据采集参数首先判别初级钻井状态，然后确定次级钻井状态。

初级钻井状态的判定：对初级钻井状态主要根据设置的参数门限值判别。

1) 大钩重载（ON-HOOK）和轻载状态（ON-SLIP）的判定。

为了判断大钩重载或轻载，设计了两种模型，即双限模型和差值模型。双限模型设置了坐片门限和解卡门限；差值模型设置坐卡门限和差值门限。

双限模型：若大钩负荷＜坐卡门限，初级钻井状态为轻载（ON-SLIP）；若大钩负荷＞解卡门限，初级钻井状态为重载（ON-HOOK），如图3-83所示。

差值模型：若大钩负荷＜坐卡门限，初级钻井状态为轻载（ON-SLIP）；若大钩负荷＞坐卡门限，则需进一步判断。若理论大钩负荷－大钩负荷＞重量差值门槛，则为轻载；反之，为重载，如图3-84所示。

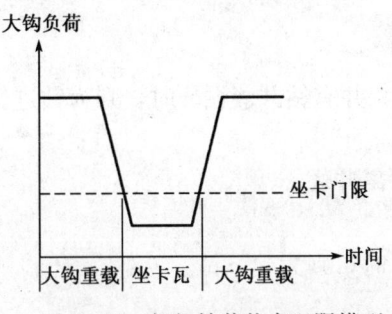

图3-83 初级钻井状态双限模型

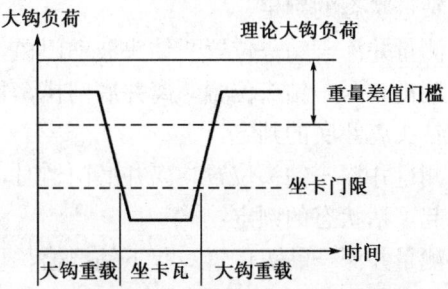

图3-84 初级钻井状态差值模型

2) 钻井液循环状态的判定。

为判断循环系统是否正在循环，特设置了一个立压门限，即最小循环压力 $p_{\min}$。若立管压力（SPP）≥最小循环压力 $p_{\min}$，判为循环；反之，为停循环。为了保证判断无误，即在压力传感器失效时对循环状态正确判断，特设定当入口流量（FLOW）≥10L/s时，应判为循环。

3) 钻头离井底状态的判定。

根据钻头离井底门限值和当前钻头位置及当前井深判断钻头是否离井底。若井深与钻头位置的差值＞钻头离井底门限值，则判断为钻头离井底。

4) 方钻杆接卸的判定。

当大钩负荷小于卸下方钻杆门限值（此时大钩负荷仅为游动滑车重量）时，判别为方钻杆已卸下；反之，判为方钻杆已接上。在判为方钻杆卸下时，如果此时为循环状态，则判为方钻杆仍为接上状态。

5) 次级钻井状态的判定。

次级钻井状态分为钻进、离井底、划眼和起下钻四个状态。它代表了整个钻井过程的不同工况。判断次级钻井状态的主要根据是钻头与井底的相对位置、是否循环钻井液、有无转速、方钻杆是否接上等参数状态以及前序次状态。

根据起下钻门槛、离井底门槛以及井深和钻头位置的差值的比较，可分成四个带，如图3-85所示。

第一带：井深－钻头位置＝0，此时次级钻井状态为钻进；

第二带：0＜井深－钻头位置＜离井底门槛，此时四种次级钻井状态均可能出现，要根据原钻井状态加以判定，处于此带时，继续延续原来的

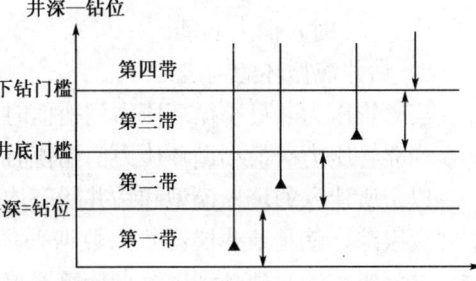

图3-85 次级钻井状态分区

钻井状态；

第三带：离井底门槛＜井深—钻头位置＜起下钻门槛，此时可能存在的钻井状态为离井底、划眼和起下钻，处于此带时，继续延续原来的钻井状态，若原钻井状态为钻进，则变为离井底；

第四带：井深—钻头位置＞起下钻门槛，此时可能存在的钻井状态为划眼和起下钻。对于划眼和起下钻的区分，可根据是否接有方钻杆来判定：若接有方钻杆，则为划眼；否则，为起下钻。

根据以上分区，各次级状态的判定原则为：

钻进状态的判定：

测量井深—钻头位置≤钻头波动门槛，则判为钻进。

测量井深—钻头位置≤离井底门槛，且钻压大于0，并有钻井液循环时，判为钻进。

钻头离井底的判定：

测量井深—钻头位置＞离井底门槛时，判定为钻头离井底。

起下钻状态的判定：

测量井深—钻头位置＞起下钻门槛，且方钻杆卸下时，判为起下钻。

划眼状态的判定：

测量井深—钻头位置＞离井底门槛，循环、转速不等于零，且前序主状态为起下钻时，判当前状态为划眼。

如果用以上判别原则不能确定当前钻进状态，则当前钻井状态持续前序状态。

6）接卸钻具的判断。

当主状态由轻载变为重载时，需要确定此操作是否为接卸钻具，是接钻具还是卸钻具以及接卸的钻具长度和接卸的钻具类型。判别方法如下：

当主状态由重载变为轻载时，记下此时的大钩高度 H_{H0}，而由轻载重新变回重载时的大钩高度为 L_2，则钻具接卸长度为：

$$L = L_2 - H_{H0} \tag{3-113}$$

当 $L>0$ 时，为接入钻具；

当 $L<0$ 时，为卸下钻具。

接卸短节：$L<$ 最小钻杆长度，说明接卸短节；

接卸钻杆：最小钻杆长度 $<L<$ 最大钻杆长度，说明接卸钻杆；

接卸立柱：$L>$ 最大钻杆长度，说明接卸立柱。

7）钻具运动方向的判定：

当 $L>0$ 时，向下运动；

当 $L<0$ 时，向上运动。

8）钻井液循环的判定：

当立管压力≥最小循环压力门槛值时，为循环；

当立管压力＜最小循环压力门槛值时，为不循环。

以上所建立的理论模型和钻井状态均是为了通过绞车传感器的检测来实时跟踪井深。所谓井深跟踪，就是录井仪器井深数据采集始终要与现场钻进或划眼状态下钻头位置保持一致。井深跟踪的原理是利用绞车传感器感应滚筒转动、钻机参数参与推算校正，系数参与微调的处理方式来实现深度跟踪。

钻机参数包括绞车滚筒直径和滚筒长度、悬吊系统（图3-86）大绳直径和大绳股数（天车变速比），当大钩下落且使其两侧耳环触到转盘面时绞车滚筒上大绳剩余圈数等。

使用绞车传感器作为深度变送装置，必须要解决以下几个问题：

1）绞车传感器连接在绞车轴头上，随绞车滚筒一起转动，绞车传感器的信号必须能反映出绞车的正转与反转，以及绞车的转动圈数或角度。

2）由于悬挂大钩的大绳是多圈、多层地缠绕在绞车滚筒上，要想派生出大钩移动距离，必须弄清滚筒转动角度与大钩运动距离之间的关系。

3）由于滚筒上每层大绳的缠绕周长不同，在不同的层上滚筒转动一圈所对应的大钩移动距离也不同，所以需要判断绞车上外层大绳所处的层数。

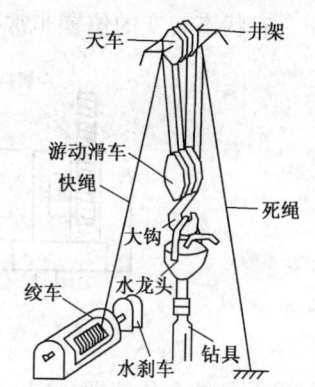

图3-86 钻井悬吊系统示意图

4）由于不同的钻机结构，使用大绳直径、天车变速比以及深度系统开始工作的不同时机，大钩的位置也都不相同。因此在每次工作前，都必须预置不同钻机型号的绞车和大钩数据。

从以上条件可以看出，要用绞车传感器变送钻井深度，有着很多数据处理、计算和判断过程。

3. 结构与工作原理

绞车传感器是一种增量型旋转编码器，绞车传感器在结构上主要由一个定子部件和一个转子部件组成。定子部件包括一个金属圆盘外壳和传感器转子部件的支架；转子部件包括接头、轴承和一个具有12个方齿的齿轮（国外仪器有20齿的）。在安装传感器时，转子与滚筒轴固定在一起（图3-87），定子部件固定不动，保护传感器探头及本体。当大钩运动时，传感器转子部件随滚筒一起转动，转子齿轮的齿与齿间空交替通过探测头空隙，输出脉冲信号。脉冲信号被信号处理电路加以处理后，用于测量实时井深。

目前常用的检测元件有光电式和霍尔效应式两种。这两种传感器输出的数字信号是一样的。霍尔式绞车传感器（图3-88）：超小型双脉冲探头以90°相位差平卧在定子槽中。当转子转动时，转盘上的12个金属齿不断从霍尔元件表面扫过，改变通过霍尔元件的磁通量。霍尔元件输出随磁通量增减而产生的脉冲数字信号，传感器的输出就得到具有90°相位差的两组脉冲信号。每一路的每个脉冲周期代表了绞车滚筒转动30°。两路脉冲经绞车接口电路处理后变为每圈48个单路脉冲（上行或下行），即每个脉冲代表绞车滚筒转动7.5°。这样，只要对该脉冲累加计数，再通过钻机参数参与推算，就能得出相应的大钩位移。

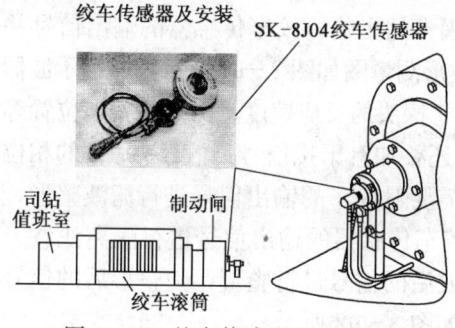

图3-87 绞车传感器安装结构图

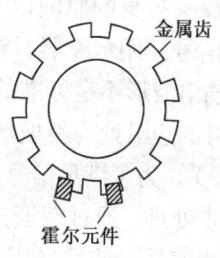

图3-88 霍尔式绞车传感器结构图

霍尔开关（3-89）工作方式：金属齿未进入工作气隙时，霍尔开关电路处于截止态。金属齿进入后，磁通量增加，使开关变成导通态，经过相关电路的处理，转换成一系列脉冲输出。它状态转变的位置非常精确。

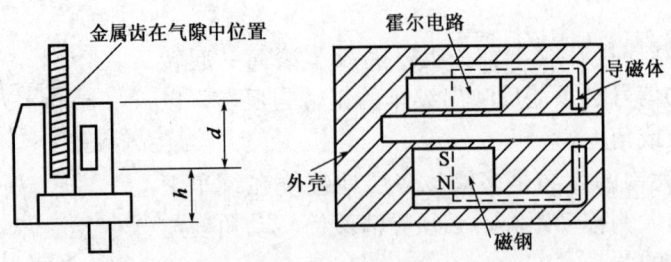

图3-89 霍尔开关结构图

光电式绞车传感器（图3-90）的机械部分与霍尔式绞车传感器大致相同。所不同之处是检测元件为光敏元件和红外发光管。

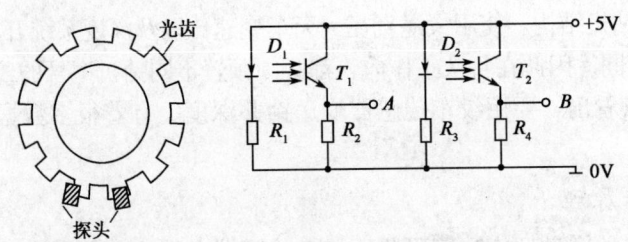

图3-90 光电式绞车传感器结构图与检测电路原理图

在图3-90中D_1、D_2为红外线发光二极管；T_1、T_2为光敏三极管。当遮光片（光齿）阻断红外线时，光敏三极管的基级没有输入信号，T_1、T_2处于截止状态，输出脚A（B）输出低电平；当遮光片（光齿）导通红外线时，红外线照射到光敏三极管的基级，T_1、T_2处于导通状态，输出脚A、B输出高电平。

由于绞车传感器采用的是12齿的转子，为了产生准确的相位差为90°的脉冲信号，绞车传感器的两个光电开关探头中心点的安装位置角度差必须为15°（360°/24）的奇数倍。即当一个探头正对着某一齿时，另一个探头只遮挡另一齿的一半（图3-90）。由绞车传感器输出的相差为90°的A、B两相脉冲信号一般要通过光电隔离、鉴相、计数和信号处理后，方可得到绞车（大钩）的运动脉冲和方向信号。信号整形滤波、鉴相倍频计数的基本方法如下。

(1) 信号整形滤波

由于绞车探头自身的原因以及施工现场环境等因素的影响，绞车传感器的输出信号并不是标准的方波信号。用示波器对绞车传感器进行的波形测量图如图3-91所示，通过示波器观察，该传感器输出波形不是标准的方波信号，并且由于探头的反应速度、探头的安装位置等因素的影响，信号的边沿处为斜坡形式，在高低电平上还叠加有干扰信号，信号A、B的相位差也不是准确的90°。为了满足信号准确处理的要求，需要对绞车的输出信号进行滤波整形，然后再进行下一步处理。通过双通道的光电隔离器对绞车传感器的输出信号进行隔离滤波，去除信号中的干扰信号，然后采用施密特触发器对滤波后的信号进行整形，使整形后的信号与标准的数字信号相匹配。经过滤波整形之后的波形如图3-92所示。

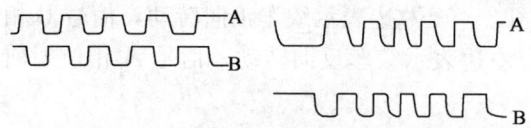
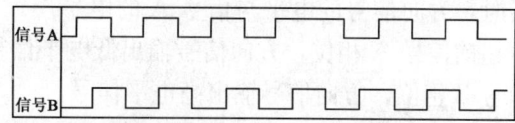

图 3-91　绞车传感器输出波形

（5V 表示测量时纵坐标的刻度为 5V；20ms 表示测量时横坐标的刻度为 20ms；10ms 表示测量时横坐标的刻度为 10ms）

图 3-92　整形滤波后绞车传感器输出波形

图中信号 A 的波形变宽处为绞车转动方向变为原来方向的反向

（2）鉴相倍频计数

对经过滤波整形之后的信号需要进行鉴相、倍频和计数等处理工作。通常鉴相、倍频和计数处理采用分立元件进行，鉴相使用 D 触发器就可以实现；倍频电路使用单稳态芯片来检测每对脉冲信号的两个边沿，在脉冲信号的每个边沿都会产生一个脉冲信号，每对脉冲信号能产生 4 个脉冲信号（构成 4 倍频的脉冲信号）；计数使用计数器芯片就可以完成，鉴相信号用于控制计数器的加减计数，4 倍频信号作为计数器时钟信号。

鉴相的目的就是区分绞车正、反转时的两种信号波形，判断绞车的转动方向，以便决定在对绞车脉冲计数时是递增计数还是递减计数，进而确定钻台大钩的运动（升或降）方向。

从任意一路信号波形的边沿类型（上升沿或下降沿）、相同时刻另一路信号的电平（高电平或低电平）以及绞车转动方向（正向或反向）的对应关系上分析，绞车传感器的输出波形存在着表 3-11 所列的特征。

经过对表 3-11 中各个对应关系的分析，要在两路信号的边沿处判断出绞车的转动方向，必须确定以下三个条件：

1) 该边沿的信号源属于信号 A 还是信号 B。
2) 该边沿的类型是上升沿还是下降沿。
3) 该边沿所对应的另一路信号的电平是高电平还是低电平。

表 3-11　波形边沿、电平及绞车转向的对应关系

序号	信号 A	信号 B	绞车转向
1	上升沿	低电平	正转
2	下降沿	高电平	正转
3	高电平	上升沿	正转
4	低电平	下降沿	正转
5	上升沿	高电平	反转
6	下降沿	低电平	反转
7	高电平	下降沿	反转
8	低电平	上升沿	反转

只有这三个条件全部确定后，才可以判断绞车的转动方向。

边沿检测、倍频、鉴相波形图如图 3-93 所示。时钟为外部高频时钟，图中 A 上升沿、A 下降沿分别为信号 A 的上升沿和下降沿检测信号，B 上升沿、B 下降沿分别为信号 B 的上升沿和下降沿检测信号。这 4 个边沿检测信号进行逻辑运算之后产生计数脉冲，每对信号

A、B产生4个脉冲信号。鉴相信号如图3-93所示,为方向信号的波形。在信号B的上升沿时,方向信号的电平与信号A的电平一致。图3-93左边表示绞车正向转动,信号B相位超前信号A相位,方向信号输出低电平信号;右边表示绞车反向转动,信号A相位超前信号B相位,方向信号输出高电平信号。

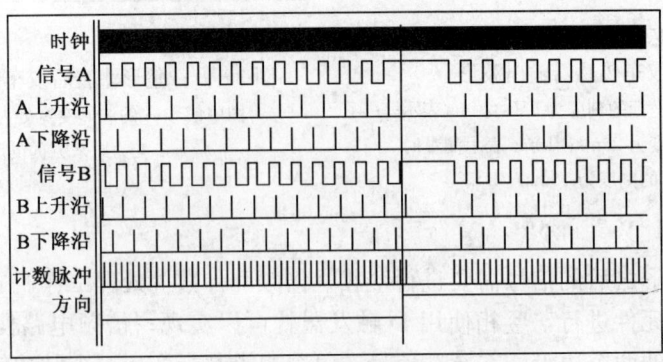

图3-93 边沿检测、鉴相、倍频波形图

根据边沿检测电路分析,在信号A由高电平变成低电平时,A下降沿信号保持高电平直到时钟的上升沿触发,A下降沿信号的高电平宽度最大为一个时钟周期。为了保证对A下降沿信号和B上升沿信号进行准确检测与逻辑运算,A下降沿信号的下降沿和B上升沿信号的上升沿之间至少有一个时钟周期的时间间隔,根据信号A、B的相位差90°计算,对于时钟信号频率的要求至少是信号A、B频率的8倍。为了保证准确检测信号A、B的边沿,时钟频率最好远大于信号A、B的频率。假设绞车转速为1000r/s,经过处理后每转产生48个计数脉冲信号,则计数脉冲的频率为48000 Hz,信号A、B的频率为48000÷4=12000Hz,则时钟频率至少为12000×8=96000Hz。考虑实际情况,在设计中采用频率为4MHz的时钟信号。

目前大多由单片机系统来处理绞车传感器的信号。下面以MCS-51系列单片机芯片AT 89 C 52为例来说明其处理过程。利用单片机两个外部中断,使两路绞车信号的边沿产生中断,再利用两个I/O口来读取两路绞车信号的电平,根据中断函数鉴相的三个条件进行判断,可得出鉴相结果(正转或反转),再对绞车脉冲计数进行相应的加或减计算,完成计数。计数结果通过串口发送给上位机(录井计算机),由录井软件计算出相应深度。

具体硬件实现原理如图3-94所示,两路绞车信号经处理后的信号A和信号B分别接至P0.3和P0.4,用于读取两路信号的电平;经信号取沿后的信号A和信号B分别接至P3.2(INT0为外中断0)和P3.3(INT1为外中断1),利用中断函数进行鉴相和计数。

INT0中断函数的判断过程是:由于INT0与取沿后信号A相联,首先可以确定鉴相的第一个条件,即边沿的信号源是信号A;然后读取P0.3口(与取沿前信号A相联),根据读取结果可以确定鉴相的第二个条件,即该边沿是上升沿还是下降沿。如果P0.3口信号为1,则说明边沿是上升沿,反之是下降沿。再读取P0.4口(与取沿前信号B相联),则可确定鉴相的第三个条件,即另一信号(因是信号A边沿触发,所以这单是信号B)的电平,若P0.4口信号为1,则信号B是高电平,反之信号B是低电平。以上三个鉴相条件确定后,就可以根据表3-11的对应关系得出鉴相结果,并根据鉴相结果进行加1或减1计数。

同理,利用INT1中断函数以与INT0中断函数判断相同的过程,可以完成信号B边沿触发时的鉴相和计数。

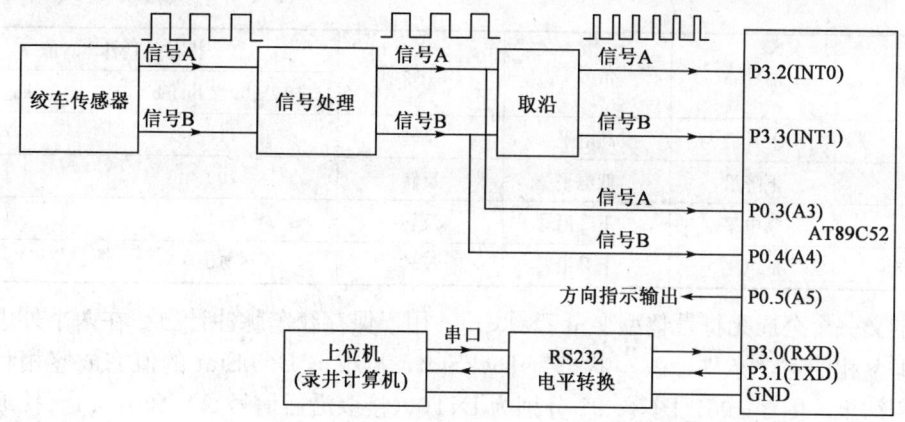

图 3-94 MCS-51 单片机实现绞车信号的鉴相和计数电路原理图

编程的方法：在代码实现过程中，可以先定义一个全局的字节变量 DwkStat 作为绞车信号状态字，分别用位 1、位 2 和位 0 表示鉴相的三个条件内容，定义如下：

位 2（bit 2）表示触发边沿的信号源，0 表示信号 B，1 表示信号 A。

位 1（bit 1）表示触发边沿的类型，0 表示下降沿，1 表示上升沿。

位 0（bit 0）表示另一信号的电平，0 表示低电平，1 表示高电平。

根据表 3-11 中的对应关系，对每一种情况进行分析，分别判断出相应状态字 DwkStat 的上述 3 位的值，计算出状态字 DwkStat 的值，并重新列出状态字与绞车转动方向的对应关系（表 3-12）。从表 3-12 可以看出：当状态字 DwkStat＝0，3，5，6 时，绞车为正向转动；当状态字 DwkStat＝1，2，4，7 时，绞车为反向转动。

以图 3-95 的信号波形为例，在边沿 t_a 处鉴相。已知该边沿属于信号 A，因此状态字 DwkStat 第 2 位 bit 2＝1，该边沿是下降沿，故

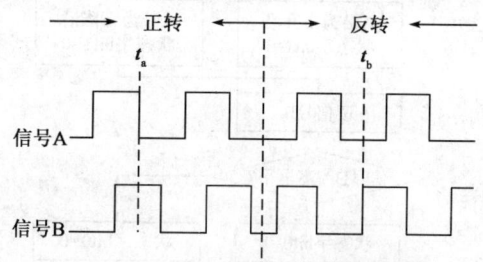

图 3-95 绞车传感器正反转波形图

DwkStat 第 1 位 bit 1＝0，此时信号 B 为高电平，DwkStat 第 0 位 bit 0＝1，则状态字 DwkStat＝101（二进制）＝5（十进制）。根据表 3-12 状态字与绞车转动方向的对应关系可以判断，当 DwkStat＝5（十进制）时，绞车的转动方向为正向。以同样的方法，可以判断出在边沿 t_b 处的 DwkStat＝010（二进制）＝2（十进制），从表 3-12 的对应关系可知，此时绞车转动方向为反向。

表 3-12 状态字 DwkStat 的值与绞车转向的对应关系

序号	信号 A	信号 B	绞车转向	状态字 DwkStat 值	
				二进制（bit 2 bit1 bit 0）	十进制
1	上升沿	低电平	正转	110	6
2	下降沿	高电平	正转	101	5
3	高电平	上升沿	正转	011	3
4	低电平	下降沿	正转	000	0

续表

序号	信号 A	信号 B	绞车转向	状态字 DwkStat 值 二进制 (bit 2 bit1 bit 0)	十进制
5	上升沿	高电平	反转	111	7
6	下降沿	低电平	反转	100	4
7	高电平	下降沿	反转	001	1
8	低电平	上升沿	反转	010	2

再定义一个全局无符号整型变量 DwkCnt，用于保存绞车脉冲计数。在两个外中断函数中，根据鉴相的三个条件，改写状态字 DwkStat，再根据 DwkStat 的值完成鉴相和计数并输出鉴相结果。图 3-96、图 3-97 分别为 INT0（接取沿后信号 A）和 INT1（接取沿后信号 B）中断函数完成鉴相和计数的流程图。

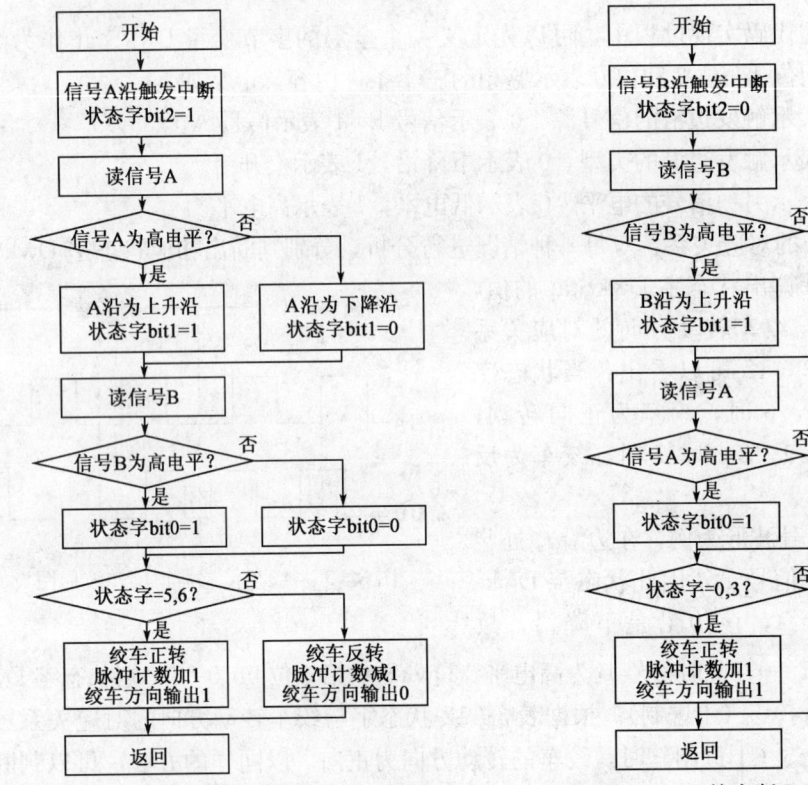

图 3-96 外中断 INT0 鉴相计数流程　　图 3-97 外中断 INT1 鉴相计数流程

在海洋钻井过程中，特别是浮动的钻井平台，由于潮汐和海浪的作用使转盘面上下不停地变化，采用在陆地钻井过程中的录井测量井深方法进行测量就会产生误差。

决定浮动钻井平台上井深参数主要有两个因素，一个是转盘面以下钻具的长度，一个是潮水使转盘面上下移动的幅度。要想精确地测量出井深，就需要把转盘面与大地之间的距离固定下来，把浮动的钻井平台转盘面转换成像陆地上钻井固定的转盘面一样，这样就需要选择一个参照点。一般把海水平潮时转盘面的位置作为转盘面的标准位置，这时转盘面下的钻具长度就是井的深度，如果出现了海水涨潮或者落潮使转盘面位置发生变化，只要考虑到涨潮或者落潮时与平潮时的差值，就能正确地得出准确的井深，即

$$H = L \pm l \tag{3-114}$$

式中 H——井深;

  L——转盘面下钻具的长度;

  l——潮水的涨落幅度。

在浮动钻井平台上也有两个地方可以测量出海潮的上下幅度,一个是平台的升沉补偿器,另一个是在游车的补偿器上。如果在这两个地方装上相应的传感器,就能够测量出潮水的涨落幅度。

浮动钻井平台的游车和大钩与陆地钻井或支撑式钻井平台上的游车和大钩有一个明显的不同(图3-98)。在浮动钻井平台大钩和游车之间增加了一个液压装置,该装置可缓冲潮汐和海浪在钻井过程中对井下钻具的冲击,并对潮汐和海浪使钻井平台的升沉进行了补偿,称为游车液压补偿装置。当游车液压补偿装置受潮汐和海浪的影响而上下移动,绞车传感器却是不动的,这时绞车传感器就失去了作用,从而不能得到一个正确的井深参数。因此,对浮动钻井平台来说,只靠一个绞车传感器不能得到正确的井深参数。如果能够测量出游车液压补偿装置的移动距离,再和绞车传感器测量出的钻具长度结合,就可以得到准确的井深参数。因此将绞车传感器和测量游车液压补偿装置移动距离的传感器配合使用,就可以测量出正确的井深。测量游车液压补偿装置移动距离的传感器称为游车补偿装置传感器(图3-99)。此外,也可以用平台升降补偿器来解决上述问题。

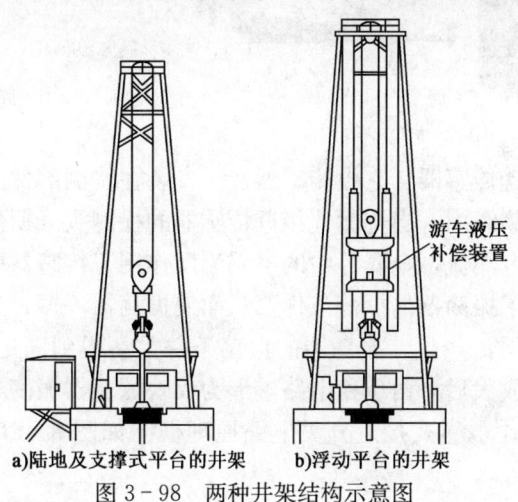

图3-98 两种井架结构示意图
a)陆地及支撑式平台的井架 b)浮动平台的井架

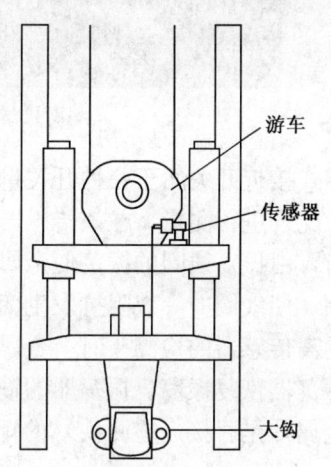

图3-99 游车补偿装置传感器安装示意图

绞车传感器的相关技术指标为:

工作电压 5±10%V DC。

最大工作电流 35mA。

输出信号 位相差为90°的两组方波。

工作温度 −40～85℃。

编码盘齿数 12。

最大转速 2000r/min。

防护等级 IP64。

(二)转盘转速/泵冲传感器

1. 概述

泵速:指每分钟泵冲数(次/min),在综合录井仪中,一般通过测量泵速间接测量入口钻井液流量，入口钻井液流量等于钻井液泵容积、泵冲和泵效率三者的乘积。此外，当从井中提出钻具时，泵冲数反映向井下补灌的钻井液量。计算迟到井深：在取砂样时，利用泵冲数可以计算出钻井液出口采集的砂样所对应的实际井深，即迟到井深。泵冲数也可以反映出钻井泵的工作是否正常。

转盘转速：指转盘每分钟转数（r/min），它影响钻井效率，是在优化钻井工艺中必须优选的重要参数。对于不同的钻头，采用的转盘转速不一样。当地层性质、扭矩发生变化时，对转盘转速应作相应调整。

转盘转速传感器与泵冲传感器的测量原理和测量方法是完全一样的，所使用的传感器相同，传感器信号的处理电路也完全相同。

2. 工作原理

图3-100为转盘转速/泵冲传感器外形结构图。转盘转速/泵冲传感器是一种电磁类接近开关型传感器。这类传感器通常分为电感式和霍尔式两类，目前录井中常用的是电感式。

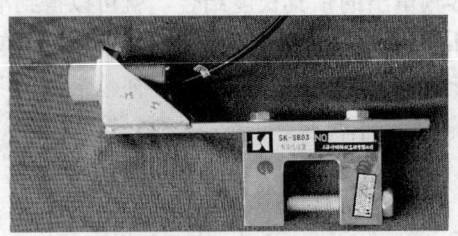
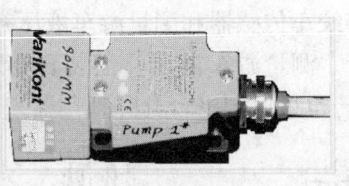

图3-100 转盘转速/泵冲传感器外形结构图

电感式接近开关属于一种开关输出的位置传感器。它由传感器及一安装在待测部件上的金属片配合进行测量。在该传感器中有一振荡线圈，当金属片接近传感器的检测头（振荡线圈）时，由振荡线圈的振荡使金属片中产生电涡流，金属片中的电涡流反作用于传感器内振荡线圈，使线圈的等效阻抗发生变化，破坏了振荡器的振荡条件，从而使振荡器停振；当金属片远离传感器的检测头时，金属片中无电涡流产生，振荡器的振荡条件重新得到满足，从而使振荡器恢复振荡。振荡器的输出信号经放大后，由单稳电路整形为反映振荡器振荡与否（即金属片是否接近检测头）的矩形脉冲串。电感式接近开关电路原理框图如图3-101所示。

转盘转速传感器安装位置如图3-102所示。转盘转速传感器用传感器固定支架安装在转盘转轴（万向轮附近）处，感应平面（探头）和转盘转轴带动的金属片距离不大于20mm。

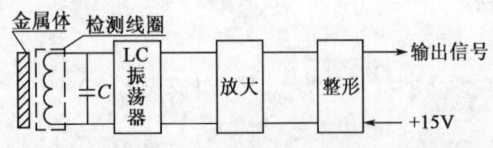
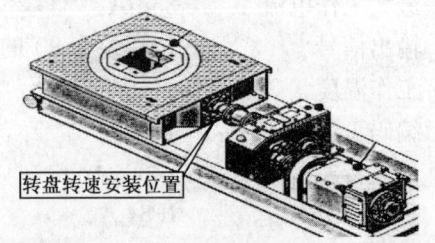

图3-101 电感式接近开关电路原理框图　　图3-102 转盘转速传感器安装位置图

泵冲传感器安装位置如图3-103所示。泵冲传感器用传感器固定支架安装在钻井液活塞拉杆处，感应平面（探头）和钻井液活塞拉杆带动的金属片距离不大于20mm。

转盘转速/泵冲传感器相关技术指标为：

工作温度　　　　　　－25～70℃。
额定工作电压　　　　8～30V DC（二线制）。
最大输出电流　　　　500mA。
重复定位精度　　　　≤0.10mm。
垂直接近距离　　　　≤12mm。
最高工作频率　　　　≥50Hz。
开关电压降　　　　　≤6V。

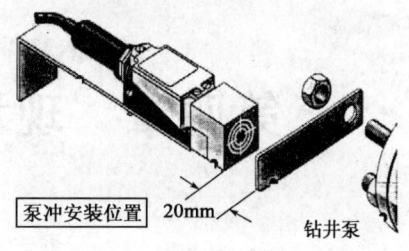

图 3-103　泵冲传感器安装位置图

思考题与习题

1. 综合录井仪的定义是什么？
2. 综合录井仪的系统是由哪几部分组成？
3. 综合录井仪直接采集和计算的参数有哪些？
4. 综合录井的作用有哪些？
5. 何为现场总线？简述现场总线的优点。
6. 简述 CAN 总线的特点。
7. 综合录井仪的 CAN 总线组成是怎样的？
8. 简述传感器的定义与组成。
9. 什么是传感器的静态特性？传感器的静态特性有哪些？
10. 什么是传感器的标定？标定作用和目的是什么？
11. 按输出信号类型分类，录井仪所用的传感器分为哪几类？分别为哪些传感器？
12. 压力传感器可用于哪些录井参数的测量？简述其测量原理。
13. 扭矩的测量为何分为机械液压扭矩和电扭矩？两者测量方法有何不同？
14. 入口钻井液排量是用什么传感器检测的？简述其检测原理。
15. 简述泥浆池体积参数的检测原理。
16. 简述钻井液电阻（导）率参数的检测原理。
17. 钻井液电阻（导）率传感器的标定是如何进行的？
18. 简述钻井液密度参数的检测原理。
19. 钻井液密度传感器的标定是如何进行的？
20. 简述绞车传感器的检测原理与方法。
21. 钻井状态分为哪几种？综合录井仪中是如何鉴别这些钻井状态的？
22. 已知滚筒直径 D 为 780mm，大绳股数 M 为 12，大绳直径 d 为 38mm，传感器每转一圈产生的脉冲数 N 为 48，分别求在第 1～4 层，绞车传感器产生一个脉冲对应的大钩位移。

第四章 现场气体录井方法与技术

在钻井过程中，钻开地层中的流体以各种方式进入井筒，随着钻井液上返到地面。在地面条件下，这些流体以气态或液态形式呈现。地层气主要有烃类气（$C_1 \sim C_5$）、非烃类气（H_2、CO_2）以及有害气体 H_2S 等。通过对烃类和非烃类气体的实时检测，可以及时地发现和评价油、气、水层。因此，在油气勘探开发过程中，现场气体录井是一种非常重要和有效的技术和方法。对 H_2S 气体的检测，可以及时地发现（报警）有害气体，在保证安全环保钻井方面有着至关重要的意义。本章主要内容为现场烃类气体分析方法和技术、现场非烃类气体分析方法和技术以及 H_2S 检测技术等。

第一节 气相色谱分析技术

一、气相色谱分析原理

1903 年，俄国植物学家 Tswett（茨维特）首先用色谱法分离植物色素。在一根竖直的装满碳酸钙颗粒的玻璃管中，从顶端倒入植物色素的石油醚提取液，再用纯石油醚进行淋洗，此时植物色素的提取液沿玻璃管向下流动，形成具有不同颜色的色带，每个色带为不同的色素。由此人们把这种方法称为色谱法（Chromatography）。做分析用的玻璃管称为色谱柱，管内装填物（碳酸钙）称为固定相，淋洗液（石油醚）称为流动相。以后在应用中色谱法得到不断发展，不但可用于分离有色物质，而且大量地用于分离无色物质，由此色谱法这一名称一直沿用到现在。

色谱法亦称色层法或层析法，是一种物理分离分析方法。它是根据混合物各组分在互不相溶的两相（固定相和流动相）中的吸附能力、分配系数或其他亲和作用性能的差异作为分离依据的。当混合物中各组分随流动相移动时，在流动相和固定相之间进行反复多次的分布，这样就使吸附能力（或分配系数）不同的各组分在移动速度上产生了差别，从而得到分离。

（一）色谱法分类

1. 按流动相分类

用气体作为流动相的称为气相色谱法，按固定相不同又分为气—固色谱和气—液色谱。用液体作为流动相的称为液相色谱法，按固定相不同又分为液—固色谱和液—液色谱。这种分类见表 4-1。

2. 按分离原理分类

吸附色谱：根据固定相对各组分吸附性能的差异进行分离。随所用流动相不同，又可分为气—固吸附色谱和液—固吸附色谱两类。

表 4-1 色谱法分类

流动相	总称	固定相	色谱名称
气体	气相色谱法	固体	气—固色谱
		液体	气—液色谱
液体	液相色谱法	固体	液—固色谱
		液体	液—液色谱

分配色谱：根据各组分在固定相与流动相间分配系数的差异进行分离。随所用流动相不同，又可分为气—固分配色谱和液—液分配色谱两类。

离子交换色谱：根据各组分的离子交换能力不同进行分离，属于液相色谱法。

3. 按固定相形状分类

柱色谱：固定相装在金属或玻璃色谱柱内（填充柱）或涂在毛细管柱壁（空心毛细管柱），如气相色谱和液相色谱。

纸色谱：用滤纸上的水分子作固定相，样品溶液在纸上展开进行分离。

薄层色谱：以涂在玻璃板或塑料板上的吸附剂作固定相，样品在板上展开进行分离。

本章着重介绍在现场录井中所用到的气相色谱法。

(二) 气相色谱法

气相色谱法（Gas Chromatography，以下简称 GC）是以气体作为流动相，当它携带欲分离的混合物流经固定相时，由于混合物中各组分的性质不同，与固定相作用的程度也不同，因而组分在两相间具有不同的吸附或分配系数，经过反复多次的吸附或分配之后，各组分在固定相中的滞留时间有长有短，从而使各组分依次先后流出色谱柱而得到分离。

气相色谱的载气有氮气、氢气和空气等，这类气体自身不与被测组分发生反应。当试样组分随载气通过色谱柱而得到分离后，根据流出组分的物理或物理化学性质，可用相应的鉴定器进行检测，得到电信号随时间变化的色谱曲线，称为色谱图。根据色谱组分峰的出峰时间（保留值），可进行色谱定性分析；再根据谱峰面积或谱峰高度，可进行色谱定量分析。

自 1952 年以来，气相色谱法发展极为迅速。由于它能分离气体、液体及挥发性固体，而且效能高、分析速度快、样品用量少，故近年来已成为应用广泛的分离分析手段。

1. 气相色谱的基本流程

气相色谱的基本流程如图 4-1 所示。

由流程图可见，气相色谱的关键部件是色谱柱和检测器。混合组分能否完全分离决定于色谱柱，分离后的组分能否被准确检测出来取决于检测器。

2. 气相色谱分离过程

气相色谱分离过程如图 4-2 所示。

由 A、B 二组分组成的欲被分离混合物在进样口汽化为气体（若分离混合物为气体，则直接进样）后，由载气（流动相）携带进入色谱柱（内装固定相）。刚进柱时，组分 A 和 B 是一条混合谱带，随着载气持续在柱中通过，由于二组分吸附能力或分配系数的差异，致使二者的移动速度不同，逐渐分离为谱带 A、A+B、B。经过多次吸附或分配，谱带 A 和 B 最终得以分离。当组分进入检测器时，将得到被分离的 A 和 B 的响应信号。

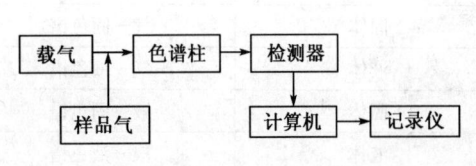

图 4-1 气相色谱的基本流程图

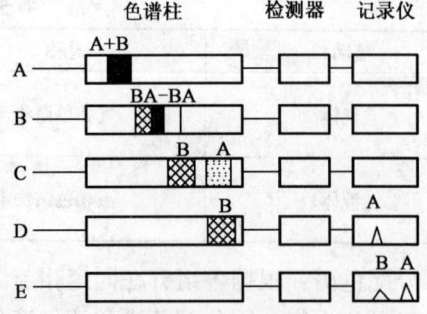

图 4-2 气相色谱分离过程示意图

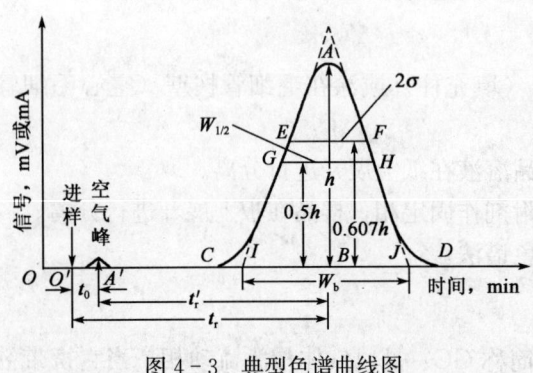

图 4-3 典型色谱曲线图

3. 典型色谱图及常用术语

典型色谱曲线图如图 4-3 所示。

基线：在通过检测器的载气中不带有任何使检测器产生响应信号的溶质时，记录仪记录的检测器响应信号是一条水平直线。

色谱峰：当一个溶质被载气带入检测器，按浓度或质量变化产生相应的峰形响应信号曲线，称为色谱峰。典型的色谱峰为正态分布。

峰高 h：从基线到峰顶的垂直距离即峰高，AB 高度。

峰宽（W_b）与半峰宽（$W_{1/2}$）：在色谱峰的拐点作切线，与基线相交的两点之间的距离为峰宽（W_b）。峰高一半处色谱峰的宽度称为半峰宽（$W_{1/2}$）。

保留时间（t_r）：样品从进样开始到出现峰最大值所需要的时间。

保留体积：保留时间乘以载气的流速为保留体积，$V_r = t_r \cdot F_c$。

死时间（t_0）：自进样开始到惰性物质（不被固定相吸附或溶解的物质，如空气）峰（称为空气峰）最高点所需的时间。

死体积（V_0）：死时间乘以载气的流速为死体积，$V_0 = t_0 \cdot F_c$。

校正保留时间（t'_r）与校正保留体积（V'_r）：扣除死时间以后的保留时间，即校正保留时间 $t'_r = t_r - t_0$；扣除死体积后的保留体积，即校正保留体积 $V'_r = V_r - V_0$。

分配系数 K：在一定温度和压力下，组分在流动相和固定相之间达到平衡时的浓度比。

$$K = \frac{c_1}{c_g} \tag{4-1}$$

式中　c_1——组分在固定相中的浓度；
　　　c_g——组分在流动相中的浓度。

分配比（k）：也称容量比、容量因子，是指在一定温度和压力下，流动相和固定相之间达到平衡时，组分分配在固定相和流动相中的重量比。

$$k = p/q \tag{4-2}$$

式中　k——分配比；
　　　p——组分在固定相中的重量；

q——组分在流动相的重量。

分配系数 K 与分配比 k 有如下关系：
$$K = (p/V_1)/(q/V_g) = (p/q) \cdot (V_g/V_1) = k(V_g/V_1) \tag{4-3}$$

式中　V_g——柱中流动相所占体积（即柱空隙）；

　　　V_l——柱中固定相所占体积。

若组分的总分子数为 n，每个分子的重量 m，则有：
$$p = n(t'_r/t_r)m \tag{4-4}$$
$$q = n(t_0/t_r)m \tag{4-5}$$

式中　t_0/t_r——组分在流动相中保留时间比例数；

　　　t'_r/t_r——组分在固定相中保留时间比例数。
$$k = p/q = [n(t'_r/t_r)m]/[n(t_0/t_r)m] = t'_r/t_0 = (t_r - t_0)/t_0$$

二、气相色谱仪

气相色谱仪分为气路系统、进样系统、色谱柱、检测器和记录器等几部分。不同的仪器型号，其气路、进样和记录器有所不同，这几部分将在以后的仪器部分中分述。以下仅就色谱柱、检测器部分加以介绍。

（一）色谱柱

色谱柱中装有固定相，样品在色谱柱中进行各组分的分离，各组分的分离关键在于选择合适的固定相。

按分离方式划分，色谱柱可分为填充柱和毛细管柱。

1. 填充柱

填充固定相的色谱柱称为填充柱，使用填充柱的气相色谱，称为填充柱气相色谱（packed column gas chromatography）。填充的固定相分别是固体吸附剂、多孔性有机聚合物或表面均匀涂渍一层固定相液膜的惰性载体。填充柱制备简单，可供选择的吸附剂、固定液和载体种类很多，因而具有广泛适用性，能解决各种混合试样的分离分析问题。由于填充柱的固定相用量较大，样品负荷高，也适用于制备气相色谱。但填充柱渗透性小、传质阻力大，因此柱效较低。填充柱由不锈钢、铜、玻璃或聚四氟乙烯制成。可根据样品有无腐蚀性、反应性及对柱温的要求，选用适当材料制作的色谱柱。色谱柱有 U 形、W 形、螺旋形数种，内径 2～4mm，柱长 1～4m 左右。

填充柱的分离选择性和柱效主要决定于色谱固定相的类型和性质。气相色谱固定相种类很多，按色谱条件下的物理状态，可分为固体固定相和液体固定相两大类。固体固定相包括固体吸附剂、多孔性聚合物等。液体固定相大多数是各种高沸点有机化合物，色谱工作条件下呈液态，称为固定液。固定液不能直接装在色谱柱内，而是涂渍在一种惰性固体表面上，这种固体称为载体，它是固定相的重要组成部分。化学键合相和各种新型固体吸附剂，是具有很大潜力和发展前途的气相色谱固定相。

2. 毛细管柱

毛细管柱（capillary column）又称开管柱（open tubular column），它是将固定液直接涂渍在毛细管内壁，使载气和样品分子在不受限制的畅通路径上运行，提高了溶质在两相间传质速率,不存在涡流扩散,使色谱柱效得以提高。这种色谱柱通常多由不锈钢拉制成螺旋形,柱内径 0.1~0.5mm,柱长 30~300m。

开管柱色谱的主要特点是:渗透率高,柱阻抗小,当柱长、线速度相等时,填充柱载气压力降比开管柱高 10~400 倍。在相同柱前压下,开管柱平均线速度高,能进行快速分析;柱效高,特别适用于分离性质极相似,含 100 多个组分以上的复杂混合物;柱容量小,开管柱固定液含量比填充柱小几十倍至几百倍,一般只有几十毫克,有效分离样品量小。但是开管柱色谱系统对进样、检测器等的要求比填充柱高,制备技术复杂。

色谱柱的结构直接影响分离效果。增加柱长有利于提高分离效能,但延长了分析时间;加大柱内径可以增大进样量,缩短分析时间,但会降低分离效能。因此,要根据具体情况选择合适的色谱柱。

(二) 固定相

一个混合物在气相色谱柱中能否得到完全分离,主要取决于所选择的固定相是否合适。

气相色谱固定相可分为三类:在气—固吸附色谱中,使用固体吸附剂作为固定相;在气—液分配色谱中,使用液体固定相,并将液体涂于担体表面上构成新型合成固定相。

1. 气—固吸附色谱固定相

气—固吸附色谱固定相为固体吸附剂。固体吸附剂吸附容量大,热稳定性好,适于分离气体混合物。但它的吸附等温线不呈线性,进样量稍大就得不到对称峰。通常用的固体吸附剂有活性炭、氧化铝、硅胶和分子筛。

活性炭:为非极性吸附剂,可用来分析永久性气体和低沸点碳氢化合物,不宜用来分析活性气体和高沸点组分。

氧化铝:为极性吸附剂,可用来分析 C_1~C_4 烃类异构物。

硅胶:为非极性吸附剂,可用来分析 C_1~C_4 烃类。硅胶对 CO_2 有较强的吸附能力,选择性地保留 CO_2,而与永久性气体 O_2、N_2、H_2、CH_2 等分开。

分子筛:是合成的硅铝酸盐,为强极性吸附剂,一般用来分离永久性气体及无机气体,如 H_2、N_2、O_2、CO 等。

2. 气—液分配色谱固定相

气—液分配色谱固定相由惰性担体与涂在担体上的固定液组成。

(1) 担体

气相色谱载体(supprot)又称为担体,可提供一个大的惰性固定表面,让固定液分布在其表面,形成一薄层均匀液膜,使液体固定相具有比较大的物质交换面,样品易于在气液间建立分配平衡。担体必须有较大的表面积及良好的热稳定性,而且无吸附性,无催化性。

担体分为硅藻土型和非硅藻土型两类。硅藻土型担体由天然硅藻土煅烧而成,又有红色担体与白色担体之分。前者结构紧凑,强度较好,但表面存在活动中心,不宜涂极性固定液;后者含有助溶剂碳酸钠,结构疏松,表面吸附性小,可与极性固定液配合使用,但强度较差。

由于担体表面具有活动中心,当分析极性组分时,容易形成色谱峰拖尾。为此,需经酸、碱或氯硅烷、硅胺处理。担体经 Na_2CO_3、K_2CO_3 处理后,担体表面形成一层玻璃化的釉质,称为釉化担体;以氯硅烷处理后,担体表面的硅醇、硅醚被钝化,称为硅烷化担体。

(2) 固定液

对于大多数气相色谱分析问题，分析气—液色谱是最有效的技术，用液体固定相具有如下优点：

1）在色谱分离条件下，溶质在气—液两相间的分布等温线呈线性，这样能获得对称色谱峰，很少出现色谱拖尾现象。

2）容易改变柱内固定液用量以控制 k 值；改变固定液膜厚度，改善传质，获得高柱效；能增加固定液用量，提高色谱柱样品容量，适用于制备色谱分离。

3）固定液纯度高，易获得重复性很好的保留值，便于定性。

4）固定液品种多，适用范围广，能解决大部分气相色谱分析，固定液涂渍和色谱柱制备简便，使用成本低。

气—液色谱的主要缺点是固定液总具有一定挥发性，特别是高温操作和使用高灵敏度检测器，由于固定液流失而产生本底噪声，在程序升温时引起基线漂移，从而限制色谱柱使用温度。固定液在色谱柱内蒸气压大小受载体性质、固定液用量和柱结构的影响。

欲分离分配系数分别为 K_1 和 K_2 的两组分，则由它们的相对挥发度 α 所决定。经推导，相对挥发度 α 等于两组分的分配系数之比：

$$\alpha = \frac{K_1}{K_2} = \frac{\gamma_1 p_1^0}{\gamma_2 p_2^0} \qquad (4-6)$$

式中　γ_1、γ_2——活度系数，是溶质和溶剂分子间作用力的度量，在气—液色谱中是组分和固定液分子间作用力的度量；

　　　p_1^0、p_2^0——组分的蒸气压。

式（4-6）说明混合物各组分分离取决于组分的蒸气压以及它在固定液中的活度系数 γ。因而组分与固定液之间作用力对分离起很大作用，这与蒸馏分离具有本质上的区别。当 $p_1^0 = p_2^0$，即两组分沸点相等，只要选择合适固定液，也可将两组分分开。

色谱分离选择性主要取决于组分与固定液的相互作用。虽然影响 K，但不影响两种溶质的相对挥发度 α。p^0 的绝对值随温度变化，温度升高，p^0 升高，K 下降；如果溶质的汽化热相似，则 p^0 的相对值变化不大。γ 是唯一依赖于溶剂与溶质两者化学结构的量，是决定两溶质 K 相对值的主要因素。因此，组分的分离选择性随 γ 变化而变化，γ 的变化由溶剂类型即改变固定液的结构来实现。

由以上分析可得，对固定液的要求在操作温度下呈液态，并有足够的稳定性，能溶解被分离混合物中各组分，使各组分在气—液相间得到分配，在操作温度下粘度要低，以保证固定液能均匀分布在担体表面上，对被分离各组分有足够的分离能力。组分与固定液之间具有一定的作用力，被分离组分分配系数要有足够差别，才能保证有一定分离能力。

对于组分与固定液间的作用力，γ 反映了溶质与溶剂分子间的作用力。它与物质的沸点、熔点、溶解度、汽化热、表面张力和粘度等物理性质有关。在气—液分配色谱过程中，被分离的组分大部分时间溶解在固定液里，此时不被载气移送；从固定液析出进入气相时，才随载气迁送，这仅占保留时间一小部分。基于分配系数不同，各组分在色谱柱内分离主要是基于组分在固定液中溶解度和蒸气压不同。在色谱柱内，样品组分溶解在固定液中构成以固定液为溶剂和以样品组分为溶质的溶液。由于样品量很少，此溶液可看成是稀溶液（即溶质分子间没有作用力），根据溶液理论来考察组分在气相中的行为、组分与固定液形成溶液的性质及溶质和溶剂的相互作用。组分与固定液间的作用力包括以下几种：

内聚力：分定向力、色散力、诱导力和氢键力。

定向力：也称静电力，是由极性分子的永久偶极矩使分子间产生静电作用而引起的。

色散力：是非极性分子间的作用力。由分子的正负电中心瞬间相对位置产生瞬间偶极矩，此瞬间偶极矩使周围分子极化，极化后的分子反过来又加剧瞬间偶极矩幅度，从而产生色散力。

诱导力：诱导力是由于极性分子的电场作用，使非极性分子极化而产生诱导偶电矩所形成的作用力。

氢键力：当用带有醇、胺、羧酸、酯等基团的固定液分离含 F、O、N 的组分时，固定液与组分之间发生氢键作用，使这些组分的保留时间增大。

(3) 固定液的选择

当对混合物样品进行气液色谱分析时，我们应先考虑选择什么固定液才能实现样品的分离。制定气液色谱分析方案时，常常将很多精力和时间用在选择固定液上。选择固定液的问题，是分离成功与否的关键。如何选择适当的固定液，至今尚未总结出一套严格的规律，但可按照下列原则并参考有关文献加以选择（几种常用的固定液见表 4-2）。

表 4-2 几种常用的固定液

种类	固定相	最高使用温度,℃	分析对象
氢键性	甘油 三乙醇胺 聚乙二醇-600	70 160 200	含氢、氮化合物水溶液 醇类、吡啶类 醇、醛、酮、极性样品
强极性	β,β'-氧二丙腈 有机皂土 苯乙腈	100 200 室温	烃类、含氧化合物、极性物质 芳烃 气体烃、卤代烃
中、弱极性	邻苯二甲酸 聚苯醚 磷酸三甲酚酯	130 200 120	烃、醇、酮、酸、酯、各类有机物 芳烃、脂肪烃 烃类、芳烃、酚类异构体
非极性	角鲨烷 阿匹松脂 甲基硅橡胶	140 300 350	分离 $C_1 \sim C_8$ 最理想的固定液 分离高沸点化合物 各类高沸点有机化合物

根据"相似者相溶"原则：相似相溶原理是指结构或极性相似的物质之间具有较大的溶解度。因为相似相溶的缘故，组分在固定液中的溶解度大，分配系数大，保留时间长，分开的可能性就大。例如，欲分离非极性烃类，应选用与被分离混合物中各组分性质相近的固定液。

根据特殊作用力：对于能形成氢键的组分，应选用氢键型固定液。对于芳香族异构体，可选用有机皂土作固定液。

固定液的涂渍：通常将固定液溶于适当溶剂中，然后倒入担体；使二者混匀后，在适当温度下，蒸发掉溶剂而得到固定相。用这种方法制得的固定相往往存在表面不均匀、吸附效应以及升温时固定液流失引起的热不稳定性等缺点。

3. 新型合成固定相

近年来出现的新型合成固定相通过控制担体的结构及调配固定相的表面性质，改进了前述固定相的一些缺点，是较为理想的固定相。目前常用的有两种：高分子聚合物微球和化学键合相。

多孔性高聚物，又称高分子聚合物微球或高分子多孔小球固定相。高分子多孔小球固定相的主要特点是：

1）选择性强，分离效果好，可提前洗出，是分析有机物中水的最有效固定相；
2）热稳定性好，无流失现象，能在250℃长期使用；
3）具有一定比表面积，但吸附力比较弱，对极性化合物亦能洗出对称色谱峰；
4）粒度均匀，机械强度好，不易破碎；
5）耐腐蚀，耐辐射。

这类固定相不涂固定液直接使用，能用来分离氨、氯化氢等腐蚀性气体、低分子碳氢化合物、烷烃、芳烃、醇类、酸类、酮类、醛类、胺类等。关于多孔聚合固定相的分离机理有不少研究。随聚合物的组成、表面结构及使用条件不同，其分离机理也不同。有人认为，在较低柱温下可能以吸附为主，近似于气—固吸附色谱；在较高柱温下可能以分配过程为主。

（三）检测器

检测器是气相色谱的关键部件之一，是一种测量载气中各分离组分及其浓度变化的装置，它把组分及其浓度变化以不同的方式变换成电信号。被测组分经色谱柱分离后，以气态分子与载气分子相混状态从柱后流出，人肉眼不可能识别。因此必须要有一个装置或方法，将混合气体中组分的真实浓度（mg/mL）或质量流量（g/s）变成可测量的电信号，且信号的大小与组分的量成正比。此装置称为气相色谱检测器，其检测方法称为气相色谱检测法。因此，气相色谱检测器是一种能检测气相色谱流出组分及其变化的器件。检测器通常由两部分组成：传感器（鉴定器）和检测电路。

传感器是利用被测物质的各种物理性质、化学性质以及物理化学性质与载气的差异，来感应出被测物质的存在及其量的变化。如热导检测器（TCD）就是利用被测物质的热导率和载气热导率的差异；火焰电离检测器（FID，又称为氢火焰离子化鉴定器），氮磷检测器（NPD）等都是利用被测组分在一定条件下可被电离而载气不电离；火焰光度检测器（FPD）就是利用被测物质在一定条件下可发射不同波长的光而载气（N_2）却不发光等。传感器是将被测物质变换成相应信号的装置，它是检测器的核心。检测器性能的好坏主要取决于传感器。

检测电路是将传感器产生的各种信号转变成电信号的装置。从传感器送出的信号是多种多样的，有电阻、电流、电压、离子流、频率、光波等。检测电路的作用是测定出这些参数的变化，并将其变成可测量的电信号。如TCD中热丝阻值的变化，利用惠斯顿电桥变成电信号；各种气相电离产生的电子或离子流，用电场收集、微电流放大器放大后，才显示出它的变化；而各种光度法产生的不同波长光的强度即是利用光电倍增管或PDA进行光电转换，然后经微电流放大器放大得到相应结果等。基于现场气体录井的特点，本章仅介绍FID、TCD两种鉴定器。

1. 气相色谱检测方法

气相色谱检测方法是气相色谱分析法的一部分。它所涉及的内容应包括两方面：一是检测器的正确选择和使用；二是其他有关条件的优化。一个好的气相色谱检测方法应该是这两方面均处于最佳状态。

(1) 检测器的正确选择和使用

建立气相色谱检测方法，首先要针对不同样品和分析目的正确选用不同的检测器，并使检测器的灵敏度、选择性、线性及线性范围和稳定性等性能得到充分的发挥，即处于最佳状态。通常用单检测器直接检测。必要时可衍生化后再检测，或用多检测器组合检测。正确选用检测器，使其性能达到最佳，不仅得到的定性和定量信息准确、可靠，而且还可简化整个分析方法；反之，不仅得不到有关信息，浪费时间和精力，而且可能会损坏检测器。

(2) 其他有关条件的优化

一个良好的检测方法除考虑检测器本身外，还应考虑检测器前后色谱峰或信号不失真、不变形。因此，要求柱后至检测器峰不变宽、不吸附。以谱带宽度保持柱分离状态进入检测器为佳。还要求检测器产生的信号在放大或变换的过程中，或信号传输至记录器、数据处理系统过程中，也或在数据处理过程中不失真。

2. 检测器的分类

根据对信号记录方式的不同，检测器大致分为积分型和微分型两类。

积分型检测器测量各组分累积总量，所得色谱图为一系列台阶。在定量分析时，每一阶就代表相应组分的含量。积分型检测器的缺点是灵敏度低，显示不出保留数据，故不常使用。

微分型检测器具有测量载气中各组分及其浓度瞬间变化的性质，所得色谱图为一系列色谱峰。载气流过检测器时，信号是恒定的，即基线值。当载气中某一组分出现，则信号随其浓度或质量变大而增强直至最大值（峰高）。然后随浓度或质量减小，信号逐渐减弱，直至回到原来的基线值。微分型检测器具有灵敏度高，能测出痕量组分，并可同时得到各组分的峰面积及其保留数据的特点而常被采用。

按检测器响应信号与溶质浓度或溶质质量成比例情况，可将检测器分为浓度型和质量型两种。

浓度型检测器能测量载气中组分浓度瞬间的变化，在一定流速范围内，其响应信号取决于载气中组分浓度而与载气流速无关。

质量型检测器有氢火焰检测器、火焰光度检测器、氩离子化检测器、氦离子化检测器等。质量型检测器测量的是载气中组分进入检测器的速度变化，其响应值（峰高）取决于单位时间组分进入检测器的质量。

检测器的测量方法有两种，即峰高法和峰面积法。峰高法具有色谱峰高对应信号好，直观、准确、快速、简便等特点而被广泛应用。峰面积法为峰高和半高峰宽的乘积。随着仪器的改进，分析周期的缩短，色谱峰出峰较快，峰宽变窄，换算出的峰面积误差可能会较大。

3. 检测器的性能指标

(1) 噪声和漂移

通常，检测器的基线稳定性可用噪声和漂移两项指标来衡量。

噪声：由于各种原因引起的基线波动，称为基线噪声（N）。无论在无组分流出还是有组分流出时，这种波动均存在。它是一种背景信号。噪声分短期噪声和长期噪声两类，如图4-4所示。短期噪声是来回摆动的信号，其频率明显比色谱峰快。此噪声能用适当的噪声滤波器将其除去，对分析工作影响不大。长期噪声的出现频率与色谱峰相当，此噪声不能用

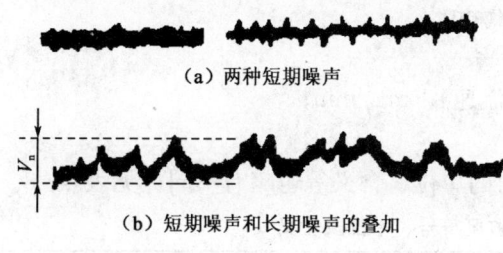

(a) 两种短期噪声

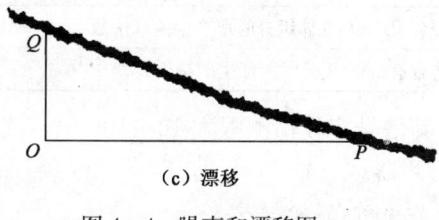

(b) 短期噪声和长期噪声的叠加

图 4-4 噪声和漂移图

滤波器除去，也无法与这样大响应值的色谱峰区别开，它对接近检测限的组分测定有较大的影响。

噪声的测量通常是取 10～15min 的噪声带来计算的。噪声带用峰对峰的两条平行线来确定，如图 4-4 中虚线所示。此为测得的噪声 V_n 单位为 mV。这时，检测器的噪声电平（N_D）为：

$$N_D = V_n A \quad (4-7)$$

式中　V_n——从记录的色谱图上测得的噪声，mV；

　　　A——衰减。

漂移：基线随时间单方向的缓慢变化，称为基线漂移，如图 4-4（c）所示。漂移的测量通常是取 0.5h 或 1h 内基线的变动来计算，从低电平点 P 作水平线，从高电平 Q 作垂直线，相交得交点 O。这时，检测器的漂移为 $D_r = \dfrac{OQ}{OP}$，单位为 mV/h。

噪声和漂移除与检测器本身的性能有关外，噪声还可能来自于：检测器和数据处理系统的机械或电噪声；检测器加热、通气、火焰点燃、加电流等操作噪声；以及载气不纯或漏气、柱流失等噪声。而漂移大多与仪器中某些单元尚未进入稳定状态有关。多数情况下，漂移是可以控制和改善的。

（2）灵敏度 S

一定量的组分通过检测器时，所给出的信号大小称为该检测器对该组分的灵敏度。灵敏度亦称响应值或应答值，是衡量检测器质量的重要指标。

浓度型检测器的响应信号与载气中组分的浓度成正比，质量型检测器的响应信号与单位时间通过检测器的组分质量成正比。

灵敏度是指通过检测器物质的量变化时，该物质响应值的变化率。图 4-5 为不同组分量（Q）与对应响应值（R）图。直线部分斜率即为灵敏度（S）：

$$S = \frac{\Delta R}{\Delta Q} \quad (4-8)$$

检测器按其响应特征可分为浓度型和质量型两类。前者 Q 为浓度（c），单位为 mg/mL；后者 Q 为质量流量（m），单位为 g/s。因此，两者灵敏度的具体计算式是不同的，推导如下。

浓度型：

$$S = \frac{\Delta R}{\Delta c} = \frac{hc_1}{m/(W_{h/2}c_2 F)} = \frac{Ac_1 c_2 F}{m} \quad (4-9)$$

式中　h——峰高，mm；

　　　$W_{h/2}$——半峰宽，mm；

　　　A——峰面积，mm^2；

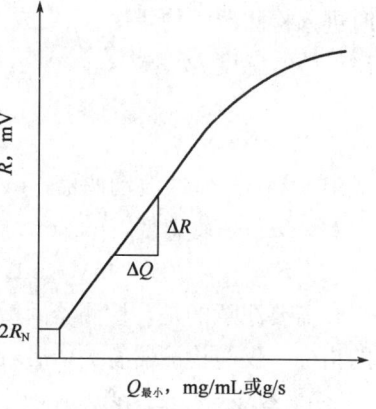

图 4-5 组分量与响应值图

C_1——记录器或数据处理机灵敏度,mV/mm;

C_2——纸速倒数,min/mm;

F——载气流速(换算至检测器温度下之流速),mL/min;

m——样品质量,mg。

因气体和液体的样品浓度单位不同,故 S 值的单位、含义等也略有不同,见表4-3。

表4-3 气体和液体的灵敏度符号、单位及含义

样品状态	灵敏度	符号	单位	含义
气体	体积灵敏度	S_v	mV·mL/mL	每毫升载气中含有1mL气体组分时所产生的毫伏数
液体	质量灵敏度	S_g	mV·mL/mg	每毫升载气中含有1mg组分时所产生的毫伏数

测量灵敏度应在检测器的线性范围内进行。其信号应较检测限大 10~100 倍,或在相同的条件下较噪声大 20~200 倍。TCD 是浓度型检测器。

质量型检测器:

$$S_t = \frac{\Delta R}{\Delta m} = \frac{hc_1}{m/(W_{h/2}c_2)} = \frac{60Ac_1c_2}{m} \qquad (4-10)$$

式中符号意义同前。S 的单位为 mV·s/g 或 C/g,即有 1g 样品通过检测器时每秒钟所产生的电位或电量(库仑)数。测量灵敏度时的要求同浓度型。FID 是质量型检测器。

(3) 敏感度(检测限)

检测器的灵敏度只能表示检测器对某组分产生信号的大小。但灵敏度大时基线波动随之增大(所谓基线波动,是指纯载气通过检测器时给出信号的不稳定程度,以 $I_b/2$ 表示),如图 4-6 所示,因此仅用灵敏度 S 还不能很好地衡量检测器的质量,必须引入敏感度 M 这一概念。

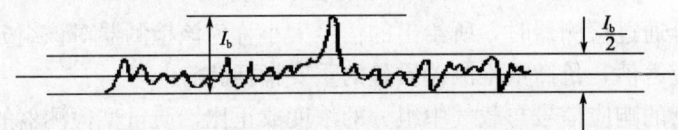

图 4-6 基线示意图

敏感度 M 是指单位体积或单位时间内使检测器出现能检测信号的最小物质量,也称为检测器的最小检出量(MDA)或最小检出浓度(MDC),它们分别是指产生两倍噪声信号时进入检测器的物质量(g)或浓度(mg/ml)。通常,信号要等于基线波动的两倍时才能检出,故敏感度 M 为:

$$M = \frac{I_b}{S} \qquad (4-11)$$

式中 I_b——基线波动两倍,mV;

M——敏感度,mg/mL 或 g/s;

S——灵敏度,mV·mL/mg 或 mV·s/g。

需要注意的是,检测器的敏感度与色谱分析的最小检出量不同,前者是衡量检测器性能的指标,仅与检测器有关,后者除与检测器性能有关外,还受柱效率及操作条件的影响。

4. 氢火焰离子化检测器(Flame Ionization Detector,FID)

FID 是利用氢火焰作电离源,使有机物电离,产生一微电流而响应的检测器。FID 的突

出优点是灵敏度高、线性范围宽,对几乎所有的有机物均有响应,特别是对烃类,其响应与碳原子数成正比,故有碳计数器之称。它对 H_2O、CO 等无机物无响应。对气体流速、压力和温度变化不敏感。它性能可靠、结构简单、操作方便。它的死体积几乎为零,可与毛细管柱、快速 GC 和特快速 GC 毛细管柱直接相连。因此,FID 无论在过去的填充柱时期,还是毛细管柱时期已经很普及,在全二维、快速气相色谱发展的今天均得到普遍的应用。

氢火焰离子化检测器结构简单,由不锈钢制成,包括氢气入口、高压极化极、收集极和高电阻等部分(图 4-7)。

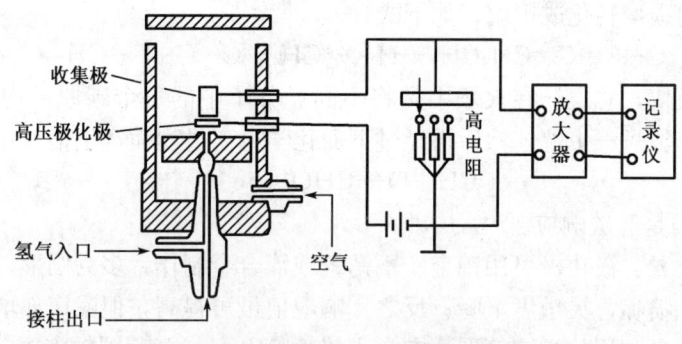

图 4-7 FID 结构示意图

氢火焰以氢气与空气燃烧产生的火焰为能源。有机物随载气进入火焰燃烧,由于离子化反应而生成许多离子。在火焰上方为筒状收集极,下方为一"丫"形极化极,两极间施加恒定的 180V 电压,形成一个静电场。只有载气和助燃空气时,两极间离子很少,即基值很低。当载气中出现有机物时,由于化学电离反应产生带电离子对,在电场作用下,这些带电离子向两极定向运动,形成离子流。通过放大,取出信号,进行记录、采集、处理,即可对有机物进行定性定量分析。FID 收集到的微电流均十分弱,都必须经过微电流放大器进一步放大后才能记录。现代 GC 微电流放大器能检测的最小噪声为 10^{-14} A,最大测量信号为 10^{-5} A,响应时间最快达 50ms。

该电路在收集极和极化极间形成一高压静电场。在电场作用下,正离子移向收集极(负极),负离子和电子移向极化极(正极)。形成的微电流流经输入电阻 R_1 在其两端产生电压降 U_{in}。它经微电流放大器放大后,从输出衰减器中取出信号,在记录器中记录即为基流,或称本底电流、背景电流。只要载气流速、柱温等条件不变,该基流亦不变。如载气纯度高、流速小,柱温低或固定相耐热性好,基流就低,反之就高。基流越小,越易于测得信号电流的微小变化。通常,通过调节 R_5 加上一个反向的补偿电压(图 4-8),使流经输入电阻的基流降至零,此即所谓"基流补偿"。一般在进样前均要用基流补偿,将记录器上的基线调至零。进样后,载气和分离后的组分一起从柱后流出,氢火焰中增加了组分被电离后产生的正、负离子和电子,从而使电路中收集的微电流显著增大,此即该组分的信号。该信号大小与单位时间进入火焰中物质的碳原子数成正比,即"等碳响应"。

响应机理:FID 的氢—空气火焰是一种典型的扩散焰。柱后流出物从火焰的中心流出,空气

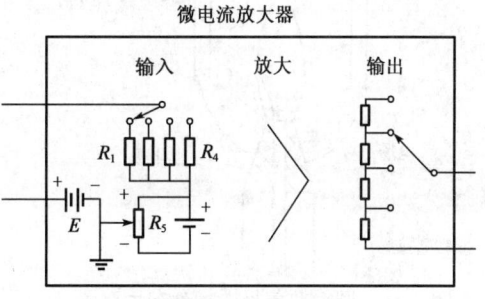

图 4-8 微电流放大器原理图

在火焰四周。氧燃烧所需的氧必须通过火焰外围向内扩散才能得到。扩散焰的特征是火焰中产生的基团和内、外火焰温度变化极大。FID内火焰为富氢焰，外火焰为富氧焰，它们之间即是H_2和O_2的混合区。在此又随火焰高度不同，发生不同的火焰化学反应和火焰电离反应。

1996年，T. Holm等研究了火焰不同高度成分的变化后指出：在火焰下部，从燃烧区向内扩散的氧原子流量较大。烃类首先产生热氢解作用，形成甲烷、乙烯和乙炔的混合物。然后这些非甲烷烃类与氢原子反应，进一步加氢成饱和烃。在低于6000℃温度下，C—C键断裂，最后所有的碳均转化成甲烷，如下式：

$$C—C—C—CH_2CH_3 + H \cdot \rightarrow CH_4 + C—C—C—CH_2 \cdot$$

此反应过程极快，总之，在火焰中是将不同烃分子中的每个碳原子均定量转换成最基本、共同的响应单位——甲烷，然后再经过下面化学电离过程而产生信号：

$$CH + O \rightarrow CHO^+ + e^-$$

所以说FID对烃类是等碳响应。

电极形状与位置：极化极可用铂金、不锈钢或镍合金制作，多为圆形，并和喷嘴在同一平面。极化极低于喷嘴，灵敏度下降；反之，响应值虽可提高，但噪声亦增大。收集极多用不锈钢制作，目前最常用的是圆筒形，它在火焰喷嘴上方与喷嘴同轴安置。圆筒直径为6～10mm，长为20～60mm。

收集极和喷嘴必须有极好的绝缘，因在100V电压时，即使有$10^{-12}\Omega$的漏电电阻，也能产生10nA的基线偏移。聚四氟乙烯绝缘电阻可达$10^{15}\sim10^{18}\Omega$，但要求绝缘点离热源远些。高纯陶瓷绝缘电阻可达$10^{14}\sim10^{16}\Omega$，且可耐300℃高温。所有绝缘表面均要求洁净。收集极和极化极之间的距离一般为0～6cm，过小，收集极过热，易产生热电子，增大噪声；过大，离子流到达电极的时间长，正、负离子再结合的概率小，收集效率降低。

图4-9为圆筒收集极电场分布示意图。此电场分布最重要的特征是：在收集极下部电场最强；在收集极内部离喷嘴距离越远，其电场越弱。这就是说，FID中产生的大部分离子和电子是在收集极的下部收集的。

FID中为气相电离，因此有等浓度的正、负离子形成。在设计良好的FID中，当极化电压从负到正变化时，其电离电流对极化电压的曲线是对称的，如图4-10所示。极化电压一般为150～350V。点火一般用镍铬丝作点火线圈，接3～5V交流电源，点火时通电，线圈发红即可。

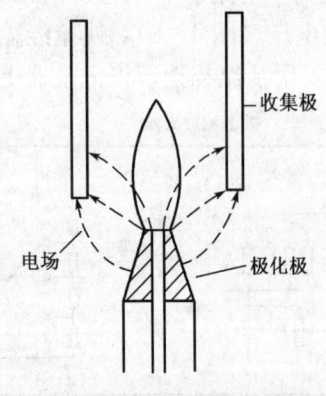

图4-9 圆筒收集极电场分布示意图

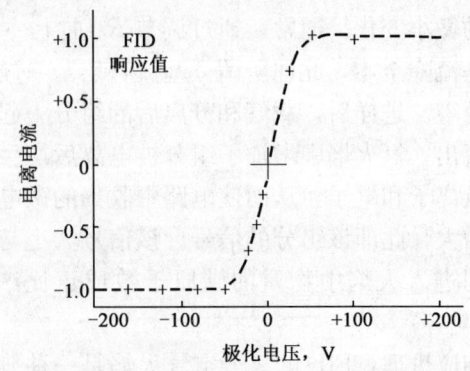

图4-10 电离电流—极化电压曲线

5. 微电流放大器

检测器产生的电信号往往是很微弱的。如 FID 电离室中极化极和收集极间的电阻高达 $10^{10}\Omega$ 以上,输出的信号电流通常仅有 $10^{-14} \sim 10^{-7}$ A,因此需要进行微电流放大。微电流放大器的作用有两方面:一是放大器的输入阻抗要高,使其与检测器相匹配;输出阻抗要低,使与记录器或数据处理机匹配,即起阻抗变换作用。二是放大器的输入和输出电压可基本不变,但对输入微电流要不失真地比例放大,即它仅对电流放大,对电压并不放大。

放大器的电压放大倍数(K_V)和电流放大倍数(K_I)为:

$$K_V = U_{out}/U_{in} \approx 1, K_I = I_{out}/I_{in} = R_{out}/R_{in} \qquad (4-12)$$

电流放大倍数取决于放大器输入和输出电阻值之比。通常输入电阻为 $10^7 \sim 10^{10}\Omega$,输出电阻小于 $10^3\Omega$,所以放大器对电流的放大倍数为 $10^4 \sim 10^7$ 倍。

不同检测器对放大器性能的要求是不同的,应根据检测器的实际需要来确定。FID 检测器的放大器性能指标见表 4-4。

表 4-4 FID 检测器的放大器性能指标

指 标 名 称	FID
灵敏度,A	$\leqslant 1 \times 10^{-14}$
噪声,A	$\leqslant 1 \times 10^{-14}$
漂移(30min),A	$< \pm 2 \times 10^{-14}$
基流补偿范围,A	$10^{-10} \sim 10^{-12}$
输入高阻,Ω	$10^7 \sim 10^{10}$
输入信号线长度	尽量短
线性范围	10^7
响应时间	小

灵敏度的设置如图 4-11 所示,$R_1 \sim R_4$ 为输入电阻,FID 通常是 $10^7 \sim 10^{10}\Omega$,不同挡是 10 倍的变化。操作时需根据样品浓度及相对响应因子值(RRF),调至一合适值。样品浓度低或 RRF 值小,可设在高阻值挡;反之,即设在低阻值,以使放大器的输入信号适中,得到合适的输出信号。多数用 1、10、10^2、10^3 或 1、2、3、4 表示灵敏度逐增,即数字越大,灵敏度越高。

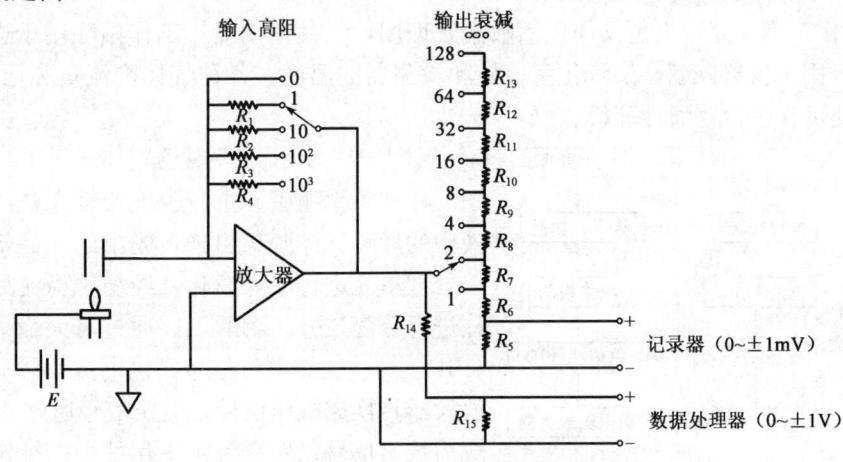

图 4-11 微电流放大器电路原理图

衰减器：放大后的输出信号均要经过一输出衰减器，调至一适当值输出，以便记录器上的色谱图适中，此为调衰减。衰减器有串联式和并联式两种。图 4-11 为串联式衰减。在"1"挡时，信号经 R_6（1.8kΩ）、R_5（0.2kΩ）分压后，从 R_5 取出输出信号至记录器记录。$R_7 \sim R_{13}$ 阻值分别为 2kΩ、4kΩ、8kΩ、16kΩ、32kΩ、64kΩ、128kΩ，相当于 2、4、8、16、32、64 和 128 挡衰减值（A）。衰减值是对输出信号衰减的倍数，它是按式（4-13）计算而得的：

$$A = \frac{\sum R_i}{R_0} \tag{4-13}$$

式中　R_i——衰减输出信号经过的电阻值；

　　　R_0——未衰减输出信号经过的电阻值（图 4-11 中为 2kΩ）。

积分仪和数据处理机的输入电压范围为 0~1V，所以放大器的输出不需通过衰减器，用分压电阻直接引出与其相连即可。这时，色谱图大小调节可用数据处理机衰减键，而与放大器的衰减无关。

目前大都采用高阻抗低漂移的集成放大器，如 AD515、AD549 等。其输入电流达到静电计级。解决了 FID 放大器噪声和前级的平衡问题，消除前末级之间的干扰，提高了可靠性，使放大器的本底噪声达到 $10\mu V$。

6. 数据处理系统（色谱工作站）

数据处理系统的工作原理是：分析过程中 A/D 转换器不断接收 GC 来的信号，将其转换成数字信号送给专用计算机存储起来。专用计算机据分析人员从键盘给的指令，对谱图进行判峰、判基线和测峰面积以及定性、定量等操作，得到结果从绘图仪或打印机输出。

色谱工作站：它和色谱数据处理机相比，其组成和工作原理基本上是相同的，不同之处主要有如下几点。

1）软件：处理机内是固化程序，故其数据量和谱图处理能力是有限的。如仅有 10 个文件号，最多仅存 10 个色谱条件及数据。

工作站的数据量和处理能力比处理机大得多。例如，它可同时连接几个 GC 信号，可事后再调节参数，对谱图进行再处理；谱图可放大、缩小；谱图可作相加或相减运算；可进行谱图比较；谱图可永久保存；可调节前、后台，操作、检索十分方便；有的还可针对具体样品帮助建立分析方法；打印格式灵活、多样等。

2）工作范围：处理机是仅作色谱数据处理用，无其他功能。工作站除用于进行数据处理外，还可用于仪器控制，如汽化室、柱和检测器的温度、各种气体的流量和压力控制等。另外，它还可作一台普通计算机。

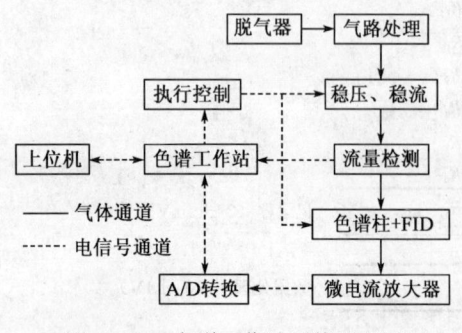

图 4-12 色谱工作站系统原理图

图 4-12 所示为一现场气体录井 GC 系统原理图。在现场检测服务中，脱气器首先被用来将钻井液中的烃类气体脱离出来，脱出的样品气体通过气路处理单元进行干燥净化，经稳压稳流后送到色谱柱进行分离，分离后的气体通过氢火焰离子鉴定器（FID）转换成微电流信号。该电流信号通过微电流放大器转换成电压信号，电压信号通过 A/D 转换后成为数字信号，然后色谱工作站根据标定曲线将其

换算成为气体浓度。色谱工作站一方面完成气体检测,同时也对样品的气流量、压力、鉴定器温度进行检测,并通过执行机构对放大器量程自动切换,进行防爆安全控制等。所有的信号通过串口或网络送到上位机进行在线评价解释。

7. 热导检测器(Thermal Conductivity Detector,TCD)

在现场气体录井中,为了分析 CO_2、H_2,采用空气作为载气,TCD 采用参比的方法进行分析。在这种情况下,分析组分浓度 c 与混合气体的热导率(组分+空气)λ 的关系如下。

如待测组分浓度为 c_1,空气浓度为 c_2,即 $c_1+c_2=1$,则有:

$$\lambda = c_1\lambda_1 + \lambda_2(1-c_1) \text{ 或 } c_1 = \frac{\lambda-\lambda_2}{\lambda_1-\lambda_2} \tag{4-14}$$

式中 λ——混合气体的热导率。

由式(4-14)可知,只要测出混合气体的热导率 λ,即可得到被测组分的浓度。

TCD 的响应是热平衡的结果。当通过热导池的载气、桥电流及池温等恒定时,桥电流在热丝上所产生的热量与散失的热量相等。此散热有五种方式:热丝周围气体的热传导;热丝热辐射;热丝两端导线传导或称冷端散热;质量流量或称载气的强制对流;气体自然对流。理论和实验均表明,热传导方式散热的比例已占 90% 以上。该比例越大,TCD 性能越好。因为只有此散热方式才与响应值有关,其他散热方式均与响应值无关,应越小越好。

(1) TCD 的结构

TCD 是利用被测组分和载气的热导率不同而响应的浓度型检测器。热导检测器主要由池体和热敏元件构成。池体为方形,由不锈钢块制成(图 4-13)。池体内钻有孔道,内装热敏元件。热敏元件是 TCD 的感应元件,它可以是热丝或热敏电阻。为了提高灵敏度,选用电阻率高,电阻温度系数大,机械强度高,能在较高的温度、浓度范围内操作,对各种组分都显示惰性的铼—钨丝。在热导池

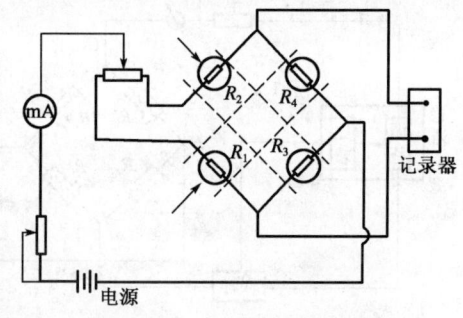

图 4-13 热导检测器原理图

中热敏元件的阻值变化用惠斯顿电桥原理进行测量。电桥四臂都由热敏元件(铼—钨丝)组成,位于池体同一孔道中的 R_1、R_3 为测量臂,另一孔道中的 R_2、R_4 为参比臂。四个铼—钨丝的电阻值相同,以增加检测器的稳定性。当只有载气流过参比臂、测量臂时,在一定的池温和流速下,电桥平衡,即 $R_2/R_1=R_3/R_4$,输出为 0。当有组分流过测量臂时,参比臂则只有载气流过。由于组分的热导系数和纯载气的热导系数不同,由热传导带走的热量不同而引起热敏元件阻值的变化,使电桥失去平衡,产生不平衡电压输出信号。

TCD 中所用的热敏元件一般有两类:热敏电阻和热丝。

热丝:主要是钨丝。但钨丝电阻率低,相同长度之阻值只有铼—钨丝的一半,灵敏度难以提高。钨丝强度差,高温下易氧化,致使噪声增加、信噪比下降。所以一般采用铼—钨丝。铼—钨丝有两种系列:纯钨加铼(W—Re)合金丝和掺杂钨加铼(WAl_2—Re)合金丝。在相同结构设计和操作条件下,选用后者可获得较高电阻值。对于掺杂钨加铼合金丝,其阻值和 TCD 灵敏度均随掺铼量的增加而提高。从表 4-5 可以看出,简单地改变 Re 的配比,可使灵敏度大幅度提高。

表 4-5 铼含量与热丝阻值及灵敏度的关系

铼含量,%	阻值,Ω	灵敏度, mV·mL/mg		铼含量,%	阻值,Ω	灵敏度, mV·mL/mg	
		180mA	200mA			180mA	200mA
0	50	644	1300	3	135	3720	5760
1	100	2400	3600	5	180	5200	7000

(2) 检测电路

通常 TCD 是用惠斯顿电桥来测量气体热导系数的变化。其供电和输出信号的方式可分为五种，即恒压电路、恒流电路、恒定热丝温度电路、恒定热丝平均温度电路和动态电流供电电路。但大多使用恒流电路。

恒流电路：该电路用一取样电路与电桥串联，以保持电桥的电流不变（图 4-14）。当组分进入测量臂（R_i），电阻增大，桥电流下降时，在取样电路上就反映出电流减小。经比较，将此变化送至调整电路，保持桥电流不变。由于 TCD 的灵敏度与桥电流的三次方成正比，因此恒流检测的灵敏度高于恒压检测。

为提高热导检测气相色谱分析的灵敏度和准确度，采用单片机 AT89S52 对热导检测器各单元进行控制，对被测气体成分进行在线检测。基于单片机 AT89S52 热导检测器的气相色谱热导检测原理如图 4-15 所示。

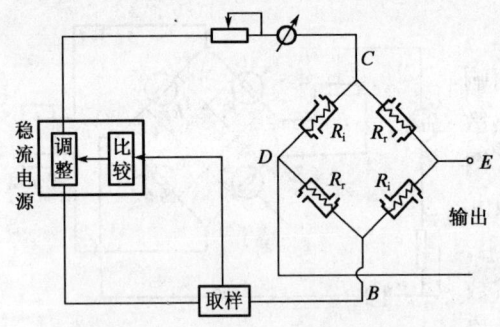
图 4-14 恒流电路示意图

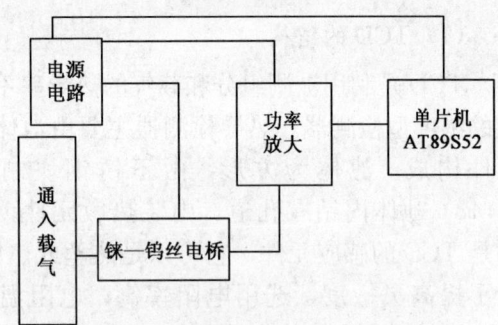
图 4-15 基于单片机 AT89S52 热导检测器的气相色谱热导检测原理图

气相色谱热导检测系统硬件设计主要从三个方面考虑：
1) 仪器采用模块化电路设计；
2) 仪器的智能化自动检测化程度要高；
3) 检测灵敏度高。

设计中采用 24 位 A/D 转换器将模拟信号数字化，通过串口总线与微机连接，处理实时检测到的导热参数、显示测试结果及相关提示信息。设计采用单片机 AT89S52 控制的热导检测器，并对关键元器件进行选择：

1) 热导池的池体结构选用直通式四臂池，是把热敏元件放在气路之中，全部载气通过热敏元件，所以灵敏度高，响应时间快（少于 1s）；
2) 热导池的热敏元件采用铼—钨丝，其优点为强度高，灵敏度高，丝体积小，可缩小池体积并获得高稳定性；
3) 测量电路采用 4 臂热导池体，使得输出信号大，并具有温度补偿，测量精度高；
4) 高精度稳压电源，采用以线性集成元件设计；

5）采用高精度的 A/D 转换芯片 CS5381，使得 A/D 具有大的动态范围，同时提高采样速率；

6）采用单片机 AT89S52 控制的热导检测器。

第二节 气相色谱理论基础

一、色谱法的分离原理

（一）气—固吸附色谱法的分离原理

气—固吸附色谱法的固定相是活性固体吸附剂，流动相是载气。由不同组分组成的混合物样品随载气进入色谱柱，组分被固体吸附剂吸附，随着载气继续通过，被吸附的组分又被冲洗脱附下来，脱附下来的组分随着载气继续通过色谱柱又被固体吸附剂吸附。随着载气在色谱柱中不断的流动，被测组分在固体吸附剂的表面反复地进行吸附→脱附→再吸附→再脱附的循环过程中，吸附系数小的组分先被分离，先出峰；吸附系数大的组分后被分离，后出峰。这样经过色谱柱后，由于各组分在吸附剂表面的吸附能力不同而被彼此分离。

（二）气—液分配色谱法的分离原理

气—液分配色谱法的固定相是涂渍在惰性担体表面的一薄层固定液液膜，流动相是载气。由不同组分组成的混合物样品随载气进入色谱柱，各组分被固定液溶解后进入固定液中，随着载气的继续通过，又将溶解到固定液中的组分冲洗挥发。随载气继续通过色谱柱，又被溶解到固定液里，在如此反复的溶解→挥发→再溶解→再挥发的循环过程中，在固定液中溶解系数小的，即分配系数小的组分先被分离，先出峰；溶解系数大的组分后被分离，后出峰。这样经过色谱柱后，由于各个组分在固定液中的溶解度不同而被彼此分离。

二、塔板理论（平衡理论）

塔板理论是将色谱柱假想为一个蒸馏塔，塔内存在许多块塔板。各组分在每块塔板的液相和气相间进行分配。经多次分配平衡后，分配系数小的组分先离开蒸馏塔；分配系数大的组分后离开蒸馏塔。当色谱柱长为 L，每达成一次分配平衡所需要的"柱长"为 H（塔板高度）时，所得理论塔板数为 n，即：

$$n = \frac{L}{H} \tag{4-15}$$

由式（4-15）可知，当色谱柱长 L 固定时，每次分配平衡所需要的理论塔板高度 H 越小，则柱内理论塔板数 n 越多，柱效率越高。

理论塔板数 n 的经验式为：

$$n = 5.54 \times \left(\frac{t_r}{W_{1/2}}\right)^2 = 16 \times \left(\frac{t_r}{W}\right)^2 \tag{4-16}$$

式中 n——理论塔板数；

t_r——保留时间；

W——峰宽（以时间为单位）；

$W_{1/2}$——半峰宽(以时间为单位)。

在实验中测出某组分在色谱柱上的保留值和半峰宽后,可按式(4-16)算出在此柱上该组分的理论塔板数。由式(4-16)可知,组分的保留时间越长,峰形越窄,则理论塔板数越多。

在实际应用中,常常出现计算出的理论塔板数 n 虽然很大,但色谱柱的分离效能却不高的现象。这是由于未将死时间 t_0 扣除之故,即理论塔板数未能真实反映色谱柱的分离效能。为此,提出以有效理论塔板数 $n_{有效}$ 代表色谱柱的分离效能:

$$n_{有效} = 5.54 \times \left(\frac{t_r'}{W_{1/2}}\right)^2 = 16 \times \left(\frac{t_r'}{W}\right)^2 \tag{4-17}$$

式中 $n_{有效}$——有效理论塔板数;
t_r'——校正保留时间;
W——峰宽(以时间为单位);
$W_{1/2}$——半峰宽(以时间为单位)。

当将校正保留时间改用校正保留体积表示时,则半峰宽也应以载气体积表示。在气相色谱法中,常用填充柱的理论塔板高度 H 在 1mm 左右,对于柱长 L 为 1m 的色谱柱,理论塔板数 n 约为 1000 块。

塔板理论是一个半经验理论,有很大的局限性,只能定性地给出塔板高度的概念,而不能找出影响塔板高度的因素、解释使色谱峰变宽的原因,也不能指出提高色谱柱效能的方法、解决该怎样选择色谱分离条件的实际问题。为此,在 1956 年由范第姆特(VanDeemter)提出了速率理论。

三、速率理论

速率理论仍然采用塔板理论中理论塔板高度的概念,将组分在色谱柱中的分配平衡过程与分子扩散以及在流动相、固定相中的传质过程联系在一起,从而找出了影响理论塔板高度的各种因素和使色谱峰变宽的原因,同时也就指明了怎样选择组分分离的最佳色谱条件的方法。

一支色谱柱 H 值的大小不仅取决于各组分在柱中的分配过程,还取决于同一组分的不同分子在柱中迁移速度的差异所引起的色谱峰扩展程度。速率理论考虑了后一因素,并将它与理论塔板高度 H 之间的关系用范第姆特方程式来表示:

$$H = A + \frac{B}{u} + C_g u + C_l u \tag{4-18}$$

式中 H——理论塔板高度;
A——涡流扩散形成的塔板高度分量;
$\frac{B}{u}$——纵向扩散形成的塔板高度分量;
$C_g u$——气相传质阻力形成的塔板高度分量;
$C_l u$——液相传质阻力形成的塔板高度分量。

范第姆特认为,色谱峰变宽时,理论塔板数 n 就会小,理论塔板高度 H 就会大,组分分离情况不好,柱效能低,究其原因就是因为受到涡流扩散、分子扩散、组分在两个相之间的传质阻力的影响,才导致了色谱峰变宽、柱效能低。以下的讨论都围绕着使塔板高 H 变小进行。只有 H 变小,n 才变大,柱效能才高。

（一）涡流扩散项 A

$$A = 2\lambda d_p \quad (4-19)$$

式中　λ——固定相的填充不均匀因子，与粒度分布和填充密度的数值有关，取决于填充柱的类型和填充物，其数值为 $1\sim2$；

　　　d_p——固定相的平均颗粒直径，cm。

涡流扩散项又称为多路效应项。流动相载气带着样品通过色谱柱时，会在前进时遇到填充的固定相颗粒，因而不断改变前进的方向，各组分通过色谱柱所经过的路程不相同，这使得被测组分的分子在柱中通过时形成了类似涡流的流动状态。使用颗粒直径小而均匀的固定相填充色谱柱时应该做到均匀紧密，涡流扩散项 A 就小，使塔板高度 H 变小，使塔板数 n 变大，柱效能就高。

（二）分子扩散项 B/u

在气相色谱法中，分子扩散项 B/u 用式（4-20）表示：

$$B/u = 2rD_g/u \quad (4-20)$$

式中　B——组分分子的扩散系数，cm^2/s；

　　　D_g——组分分子在气相中的扩散系数，$0.01\sim1cm^2/s$；

　　　r——填充柱的弯曲因子，因为固定相颗粒使组分扩散的路程弯曲，故 $r<1$，硅藻土担体 r 为 $0.5\sim0.7$，对于空心柱 $r=1$；

　　　u——流动相载气在色谱柱中的线速度，cm/s。

分子扩散项 B/u 又称为纵向（轴向）扩散项，因为载气带着样品进入色谱柱后，样品组分沿着轴向形成浓度梯度而扩散。组分分子在气相中的扩散系数 D_g 与载气相对分子质量的平方根成反比，即 $D_g \propto 1/\sqrt{M}$，所以使用相对分子质量大的载气，D_g 小，B 小，分子扩散项 B/u 小，H 小，n 大，柱效能高。

分子扩散项 B/u 与载气的流速 u 成反比。因为载气流速比较大时，样品中组分分子在柱中停留时间短，还来不及在载气中从高浓度向低浓度载气前进的方向扩散，就被载气带出柱，所以载气流速越大，分子扩散项越小。同时，由于载气的流速较大，这也会使组分在气相中的扩散系数 D_g 相应地减小，使 B/u 减小，H 小，n 大，柱效能高。

（三）传质阻力项

组分分子的气相传质阻力系数 C_g 为：

$$C_g = \frac{0.01k^2 d_f^2}{(1+k)^2 D_g} \quad (4-21)$$

组分分子的液相传质阻力系数 C_l：

$$C_l = \frac{2k d_f^2}{3(1+k)^2 D_l} \quad (4-22)$$

式中　d_p——柱内填充固定相的颗粒直径，cm；

　　　D_l——组分分子在液相（固定液）中的扩散系数，cm^2/s；

　　　d_f——涂渍在担体上形成的固定液液膜的厚度，cm；

　　　$\dfrac{d_f^2}{D_g}$——组分分子在流动相载气中滞留的时间，s；

　　　$\dfrac{d_f^2}{D_l}$——组分分子在固定液中滞留的时间，s；

k——分配比，即容量因子。

气相传质阻力是组分分子从气相到气液两相交界面进行质量交换的传质阻力。组分分子的气相传质阻力系数 C_g 越小，气相传质阻力就越小，而 C_g 与固定相的颗粒直径 d_p^2 成正比，使用颗粒小的固定相可以使 C_g 减小；C_g 减小使气相传质阻力减小，H 小，柱效能高。载气的流速 u 与气（液）相传质阻力成正比，而与分子扩散项 B/u 成反比，为此应通过实验选择最佳的载气线速度。

由以上公式可得气相色谱法中范第姆特方程式展开式：

$$H = 2\lambda d_p + \frac{2rD_g}{u} + \left[\frac{0.01k^2 d_p^2}{(1+k)^2 D_g} + \frac{2kd_f^2}{3(1+k)^2 D_l}\right]u \tag{4-23}$$

气相色谱分析法就是根据范第姆特方程式的展开式选择最佳的色谱分离条件，以提高色谱柱的分离效能，达到分离分析的最终目的。

四、气相色谱分离条件的选择

被分析样品中各组分在色谱柱中能否得到分离，首先关键要选择适宜的固定相，其次是选择正确的分离条件。固定相的选择前面已经介绍，下面着重介绍分离条件的选择。

（一）分离条件选择的指标

一支色谱柱对某样品分离效果如何，可从以下三方面进行评价：具有低的塔板高度，即有好的柱效能；采用合适的固定相；具有好的分离度。

1. 柱效能

在色谱分析中，用有效理论塔板高度作为柱效能指标，即

$$n_{\text{有效}} = 5.54 \times \left(\frac{t'_r}{W_{1/2}}\right)^2 = 16 \times \left(\frac{t'_r}{W}\right)^2 \tag{4-24}$$

$$H_{\text{有效}} = \frac{L}{n_{\text{有效}}} \tag{4-25}$$

一支色谱柱的有效理论塔板数越大，说明组分在柱中进行分配平衡的次数越多，越有利于分离。

2. 选择性

样品中各组分在一支色谱柱中能否得到分离，取决于各组分在固定相中分配系数的差异，而不由分配平衡次数的多寡所决定。故不能将有效理论塔板数看作能否实现分离的依据，只能以它表示一定条件下色谱柱效能程度，而应以固定液选择性作为样品中各组分能否实现分离的依据。

选择性是指固定液对于一难分离物质对的校正保留值之比值，以 α 表示：

$$\alpha = \frac{t'_{R(2)}}{t'_{R(1)}} = \frac{V'_{R(2)}}{V'_{R(1)}} \tag{4-26}$$

α 表示固定液对难分离物质对的选择性保留作用，α 越大，分离效果越好。α 是无因次量，仅随固定相及柱温变化而变化。

3. 分离度

欲将难分离物质对的两组分进行分离，首先是要求两峰之间的距离要大，即两组分保留时间有足够的差值。其次要求峰形要陡。由图 4-16 可以看出，右上图与右下图所绘二色谱

峰保留时间的差值相同，但右下图二峰能完全分离，右上图却有很大程度交错。

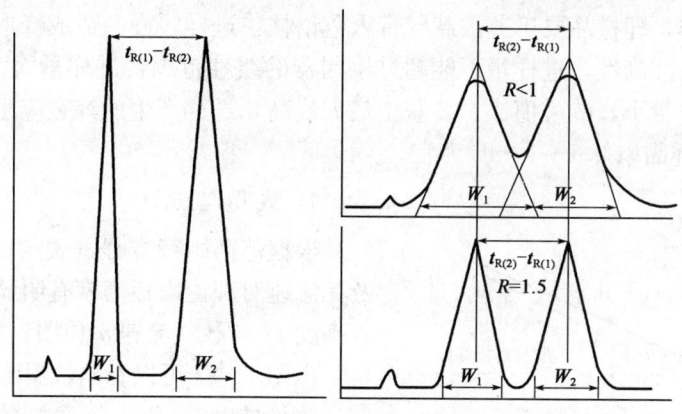

图 4-16 色谱分离度示意图

为了综合考虑保留值的差值与峰宽两方面因素对柱效率的影响，以分离度 R 作为色谱峰的总分离效能指标：

$$R = 2\left(\frac{t_{R(2)} - t_{R(1)}}{W_1 + W_2}\right) \tag{4-27}$$

式中 R——分离度；
$t_{R(1)}$——组分 1 的保留时间；
$t_{R(2)}$——组分 2 的保留时间；
W_1——组分 1 的峰宽；
W_2——组分 2 的峰宽。

分离度 R 为相邻二峰保留时间的差值与各自的峰宽总和之比值的二倍。R 越大，分离效果越好。当 $R=1.5$ 时，二色谱峰能完全分离；当 $R=1$ 时，二色谱峰稍有重叠。

当色谱峰峰形不对称或相邻二峰间有重叠时，峰宽度较难测量，可用半峰宽代替峰宽，此时，分离度 R 用式（4-30）表示：

$$R = \frac{t_{R(2)} - t_{R(1)}}{W_{1/2(1)} + W_{1/2(2)}} \tag{4-28}$$

（二）分离条件的具体选择

由上所述，可从以下几方面考虑分离条件。

1. 固定液及其配比

由速率方程可知，固定液的性质与液相传质阻力塔板有关。为降低液相传质阻力，需降低液膜厚度。但随所用担体不同，固定液配比也应有所不同。表面积小的担体可选用较低的配比；表面积大的担体，固定液若过少，则往往担体表面未被固定液覆盖而出现吸附作用，致使峰形拖尾，故不宜采用过低配比。

2. 担体

担体应为化学惰性、多孔性、孔径分布均匀的颗粒。为得到小的塔板高，应选用粒度小的担体，但粒度过小会增大柱压差，从而使填充不规则因子增大，导致塔板高度也增大。对担体粒度的选择要兼顾这两方面的因素。对较长的柱子多用 60~80 目担体，较短的柱子用 80~100 目担体。

3. 进样与进样量

要求迅速进样,即样品要迅速被载气带入色谱柱,进样缓慢会造成峰形扩张,不利于分离。为保证定量的准确性,进样量不能超过检测器的线性范围,进样量太大会使峰形变宽,分离效果差;进样量小,响应值小。要获得最大峰高,进样产生的峰宽应小于柱扩散产生峰宽的 1/10,气体样品以 0.1~10mL 为宜。

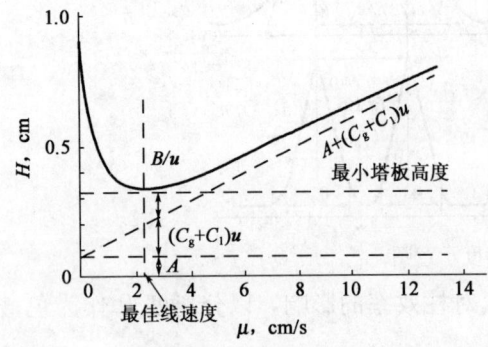

图 4-17 理论塔板高度与载气流速关系图

4. 载气与流速

根据范第姆特方程(式 4-18)可知,载气及其流速对理论塔板高度有明显影响。用理论塔板高度 H 与载气流速 u 作图,如图 4-17 所示。

由图 4-17 可以看出,涡流项 A 与流速 u 无关;分子扩散项 B/u 与载气的流速 u 成反比,当流速很大时,它可以忽略;而传质扩散项 Cu ($C=C_g+C_1$) 与载气流速成正比,当流速很大时,它是影响塔板高度的主要因素。在曲线的最低点,塔板高度(H)最小,此时柱效能最高。该点所对应的流量即为最佳流量($u_{最佳}$),最佳流量及最小塔板高度可由式(4-29)和式(4-30)求得:

$$\frac{dH}{du}=-\frac{B}{u^2}+C=0 \tag{4-29}$$

$$u_{最佳}=(B/C)^{1/2} \tag{4-30}$$

通常为节省分析时间,选用比最佳流速稍大点的载气流速。除了载气流速与板高 H 有关外,载气的类型也需要考虑。当载气流速较小时,应选用 N_2、Ar 等相对分子质量较大、扩散系数较小的载气;而当要求载气流速较大时,应选用 H_2、He 等相对分子质量较小、扩散系数较大的载气,以降低气相传质阻力。

载气的选择还必须与检测器相适应,氢气流量与检测器响应值之间的关系如图 4-18 所示。

从图 4-18 中可以看出,当氢气流量接近 25mL/min 时,检测器的响应值达到最大。

空气流量的选择:FID 氢火焰离子化检测器的性能好坏还要考虑空气流量的合理选择。一般来说,当空气流量为 10 倍的氢气流量时,火焰的稳定性最好,检测器的响应值达到最大(图 4-19)。

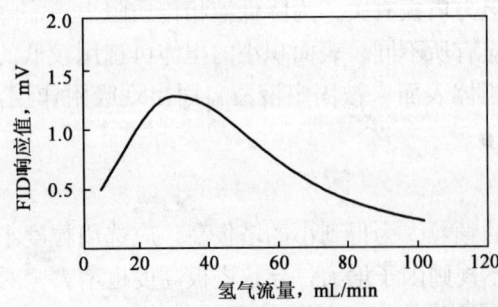 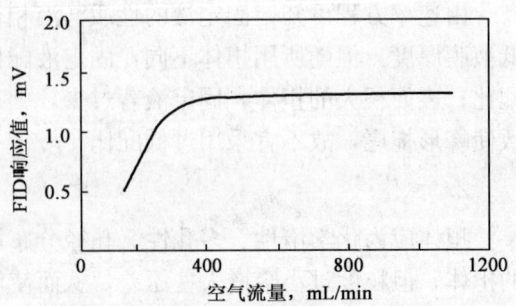

图 4-18 FID 响应值与载气流量(H_2)的关系图　　图 4-19 FID 的响应值与空气流量的关系图

5. 柱温

柱温升高，使气相及液相传质速率加快，有利于降低塔板高度。但由于柱温升高，纵向扩散加大，反而加大了塔板高度，降低了分离度。降低柱温可提高柱子的选择性，但降低柱温若不降低固定液配比，则组分在柱中达到平衡较慢，导致峰形变宽、柱效下降，并会延长分析时间。柱温选择的原则是：在使最难分离的组分能尽可能多地分离的前提下，尽可能采取较低的柱温，但要以保留时间适宜和峰形不拖尾为条件。具体操作条件的选择应根据不同的实际情况而定。

6. 色谱柱尺寸

柱子长，理论塔板数 n 就大，分离效果就好。若柱子太长，会使色谱峰增宽，因此不利于分析。若柱子太短，理论塔板数 n 减小，而达不到组分分离要求。通常根据分离度 $R>1.5$ 的要求和式（4-15），计算柱子长度。色谱柱直径细，对提高柱效有利。若柱直径太细，将增加气相传质阻力和分析时间；若柱子直径过粗，会降低柱效，分离效果变差。通常根据分离度 $R>1.5$ 的要求和实际需要进行适当选择，以满足柱子工作性能要求为原则。

五、气相色谱的定性与定量分析

（一）气相色谱的定性分析

色谱定性分析是指确定各色谱峰所代表的化合物。由于色谱分析的物质很多，不同组分在同一固定相上色谱峰的位置可能相同或相近，因此只凭色谱峰的位置来定性有一定困难。故对于一个未知样品，首先要了解它的来源，对性质作初步估计，再结合一定的定性方法确定各色谱峰所代表的化合物。色谱法只能定性鉴定已知物，不能鉴定未知的新化合物。色谱定性分析通常采用三种方法：保留值定性，根据保留值与已知物对照定性或利用检测器响应差别进行定性；用其他仪器或化学方法定性；与各种结构分析仪器联用定性。常用的定性方法为保留值定性法。

1. 绝对保留值法

当有纯已知物时，可在适当操作条件下测出各纯已知物的保留值（t_r 或 V_r）。然后在相同的条件下，测定未知样品的各组分保留值，与纯已知物的保留值比较，相同者即为同一化合物。

在柱子和操作条件（如柱温、进样量、流速等）严格不变的条件下，混合物气体中各组分的出峰时间（即绝对保留值）是一定的。通过对比试样中具有与纯物质相同的出峰（保留）时间的色谱峰，就可以确定该试样中是否有该物质及在色谱峰中的位置。该法简便，但是不适用于从不同仪器上获得的数据之间的对比。同时，为了避免在同一色谱柱上几个组分有相同的绝对保留值，还应采用极性不同的另一根柱子来进行同样的实验，方可得到确切的定性结果。保留时间比保留体积对流速的波动更敏感，当流速有波动时，最好用保留体积进行定性。

此方法的缺点是受操作条件影响较大，故必须严格控制操作条件。另外，它必须有纯物质作对照。

2. 相对保留值法

在某一固定相及柱温下，测定 i 组分与基准物 s 的校正保留值，计算其相对保留值 r_{is}，用式（4-31）计算：
$$r_{is} = t'_{ri}/t'_{rs} \tag{4-31}$$
式中　t'_{ri}、t'_{rs}——i组分与基准物s的校正保留时间。

可查有关文献资料中提供的相对保留值r_{is}定性。此方法可选用易获得的纯物质作为基准物，通常用甲烷、乙烷、丙烷、丁烷、环己烷、苯等。另外，它仅与固定液及柱温变化有关，与其他操作条件无关。此方法的操作较为简单，一般操作人员容易掌握。

相对保留值仅与柱温和固定液性质有关，而受操作条件的影响很小，而且在色谱手册中都能查到各种物质在不同固定液上的相对保留值。利用相对保留值定性，对于那些组成比较复杂的样品，难以推测其组成，且相邻的两峰距离较近时，定性的结果容易发生错误。但是对于气体混合物，不会发生这种情况。因为气体混合物不是十分复杂，而且事前都可以根据其样品来源、性质推测其大体组成，因此在得到色谱图以后，完全可以通过实测相对保留值与文献上的相对保留值进行比较而得到正确的定性结果。

（二）气相色谱的定量分析

色谱分析的定量依据是在一定的操作条件下，被测组分的进样量与它的响应信号（峰面积或峰高）成正比。
$$m_i = f_i A_i \tag{4-32}$$
式中　m_i——被测组分i的质量；
　　　f_i——被测组分i的校正系数；
　　　A_i——组分i的峰面积。

因此要进行定量分析，必须确定峰面积和校正系数的大小，然后根据式（4-32）计算被测物的含量。

1. 峰面积的测量方法

（1）峰高乘半峰宽法

若色谱峰形状对称，流出曲线近似为高斯分布，其峰面积可用式（4-33）计算：
$$A = 1.065 h W_{1/2} \tag{4-33}$$
式中　A——峰面积；
　　　h——峰高；
　　　$W_{1/2}$——半峰宽度。

式（4-34）只适用于对称峰，在计算时，可以忽略1.065。此法可近似将色谱峰当做等腰三角形来处理，算出的峰面积是实际峰面积的0.94倍。

（2）峰高乘平均峰宽法

若色谱峰不对称，此时可用式（4-34）计算峰面积：
$$A = 1/2 h (W_{0.15} + W_{0.85}) \tag{4-34}$$
式中　$W_{0.15}$——峰高的15%处对应的峰宽；
　　　$W_{0.85}$——峰高的85%处对应的峰宽。

用此法测量时比较麻烦，但计算结果比较准确。

（3）自动积分仪法

采用积分仪可以准确地测量色谱峰面积。积分仪有电子模拟积分仪和数字积分仪。它们均可自动记录峰面积,既可增强自动化程度,又可提高测定的准确度。

2. 定量校正因子

色谱定量的依据是在一定条件下组分的峰面积与其进样量成正比。由于相同质量的不同物质在同一检测器中往往会产生不同大小的峰面积,因此不能直接用峰面积来计算样品中各组分的含量,只能将测得的峰面积经校正因子校正后再用于定量。

(1) 绝对校正因子

由式(4-32)可得绝对校正因子:

$$f_i = \frac{m_i}{A_i} \tag{4-35}$$

绝对校正因子的倒数称为绝对响应值 S_i,即

$$S_i = 1/f_i \tag{4-36}$$

绝对校正因子 f_i 表示了单位峰面积所代表的组分的质量,也称绝对质量校正因子。如果以物质的量 n_i 计算,则校正因子称为绝对摩尔校正因子:

$$f_{n_i i} = \frac{n_i}{A_i} = \frac{m_i/M_i}{A_i} = f_i/M_i \tag{4-37}$$

式中 M_i——组分 i 的摩尔质量。

由式(4-32)知,要求出绝对校正因子 f_i,就必须准确地知道进样量 m_i 和峰面积 A_i。而进样量 m_i 却往往不能准确得知,如果用相对校正因子定量,可以解决这一困难。

(2) 相对校正因子 f'_i

待测组分与标准物的绝对校正因子之比,称为待测组分的相对校正因子,即

$$f'_i = \frac{f_i}{f_s} = \frac{m_i/A_i}{m_s/A_s} = \frac{A_s m_i}{A_i m_s} \tag{4-38}$$

也可用同样的方法求出相对摩尔校正因子或相对体积校正因子,但应用最广泛的是相对校正因子 f'_i。f'_i 的测量是否准确,直接影响定量分析的准确性,故要求使用色谱纯试剂或纯度在99%以上的试剂,并且称量要准确,即分别准确称取待测组分和标准物的纯物质 m_i 和 m_s,将两者混合均匀,进样后得到相应色谱峰面积为 A_i 和 A_s,然后代入式(4-37)计算出待测组分的 f'_i。由于二者混合均匀,所以无论进样大或是小,它们的质量比 m_i/m_s 始终为一常数,因此就不必准确知道进样量是多少。

相对响应值 S'_i 与 f'_i 的关系如下:

$$S'_i = 1/f'_i \tag{4-39}$$

如果在分析中采用峰高定量法,则可用相同的方法测量出峰高相对校正因子 f''_i:

$$f''_i = \frac{h_s m_i}{h_i m_s} \tag{4-40}$$

相对校正因子和相对响应值都只与待测组分、标准物和检测器有关,而与固定相和色谱操作条件无关,因此是能通用的常数。

3. 常用定量方法

色谱定量方法有归一化法、内标法、外标法等,它们各有其特点和适用条件。

(1) 归一化法 (normallization methed)

如果样品中的所有组分都能出峰,就可以用归一化法定量。设样品中有 n 个组分,它们

的质量分别是 $m_1, m_2, \cdots, m_n$，进样后得到对应色谱峰面积为 $A_1, A_2, \cdots, A_n$，则其中任一组分 i 的百分含量为：

$$c_i = \frac{m_i}{m_1 + m_2 + \cdots + m_n} \times 100\% = \frac{f_i A_i}{f_1 A_1 + f_2 A_2 + \cdots + f_n A_n} \times 100\% \quad (4-41)$$

将分子分母同除以标准物的绝对校正因子 f_g，得：

$$c_i = \frac{f'_i A_i}{\sum_{i=1}^{n} f'_i A_i} \times 100\% \quad (4-42)$$

当满足峰高定量的条件时，可用峰高校正因子 f''_i 定量：

$$c_i = \frac{f''_i h_i}{\sum f''_i h_i} \times 100\% \quad (4-43)$$

归一化法的优点是简单、准确，不必准确知道进样量。但是样品中的所有组分都必须出峰，还需求出所有组分的峰面积（或峰高）以及它们的相对校正因子。

(2) 内标法 (internal standard method)

当试样中某些组分不能出峰，或者只需要求出试样中部分组分的百分含量时，可以采用内标法定量。它可分为单点内标法和内标标准曲线法。

1) 单点内标法：准确称取样品 W_g、内标物 m_s 将二者充分混匀，然后进样得色谱图。从色谱图中测出待测组分 i 和内标物 s 的峰面积分别为 A_i 和 A_s。设 W_g 样品中组分 i 的质量为 m_i，由于样品与内标物混合均匀，因此无论进样量多大，组分和内标物的质量比不变。因为 $m_i = f_i A_i$，$m_s = f_s A_s$，故 $\frac{m_i}{m_s} = \frac{f_i A_i}{f_s A_s}$，若选 s 为标准物，则 $f'_i = f_i / f_s$，故有：

$$m_i = f'_i \frac{A_i m_s}{A_s} \quad (4-44)$$

于是 i 组分的百分含量为：

$$c_i = f'_i \frac{A_i m_s}{A_s W} \times 100\%, \text{或} \%c_i = f'_i \frac{A_i m_s}{A_s W} \times 100 \quad (4-45)$$

什么样的物质可以作内标物呢？首先，样品中不应有这种物质；其次，它必须和样品互溶，它的峰形应对称，峰位应独立，并且与待测组分的峰位接近。内标物的加入量一般与待测组分的质量相近。

单点内标法要求不必准确控制进样量，操作条件不太严格，有一定的准确度。但是每次分析都要准确称取样品和内标物，还必须求出相对校正因子，故不利于快速分析。为了减少称量和计算上的麻烦，提高分析结果的准确度，可采用内标标准曲线法。

2) 内标标准曲线法：在式 (4-45) 中，若固定样品的称量 W 和加入内标物的质量 m_s 不变，则 $f'_i \frac{A_i m_s}{A_s W} \times 100$ 为一常数 k，因此式 (4-45) 可简化为：

$$\%c_i = k \frac{A_i}{A_s} \quad (4-46)$$

对 $\%c_i$ 和 A_i/A_s 作图，便能得到一条经过原点的直线，如图 4-20 所示。

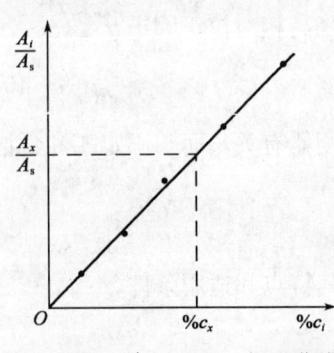

图 4-20 $\%c_i \sim A_i/A_s$ 标准曲线

在作标准曲线时，先将待测组分的纯物质配制成不同浓度的标准溶液，然后每次取固定量的标准溶液和固定量的内标物混合均匀后进样，从色谱图上测出相应的 A_i 和 A_s，求出各个 A_i/A_s 的值，再与对应的标准溶液浓度 $\%c_i$ 作图。分析样品时，取制作标准曲线时用量相同的样品和内标物，混匀后在与标准曲线相同的条件下进样，从色谱图上测得待测组分与内标物的峰面积分别为 $A_\%$ 和 A_s，由 $A_\%/A_s$ 值从标准曲线上可以直接查出待测组分的百分含量。对于各组分的相对密度比较接近的液体样品，可用体积代替质量，免去了称量的麻烦，则方法更加简便快速。这种方法要求也不必严格定量进样，不必测定相对校正因子，比单点内标法更准确，特别适宜于液体试样的常规分析。

如果符合峰高定量的条件，上述内标法中的峰面积均可用峰高代替，同时用峰高校正因子代替峰面积校正因子。

(3) 外标法（绝对法或已知样校正法）(external standard method)

若进样量为 W_g，其中待测组分质量为 m_i，由 $m_i = f_i A_i$，可得：

$$\%c_i = \frac{m_i}{W} \times 100 = \frac{f_i A_i}{W} \times 100 \tag{4-47}$$

当进样量 W 一定时，$\frac{f_i}{W} \times 100$ 为一常数 a，故有：

$$\%c_i = aA_i \tag{4-48}$$

这说明在进样量固定不变的情况下，待测组分的百分含量与其峰面积成正比。

外标标准曲线法：取待测组分 i 的纯物质加入稀释剂配制成一系列不同浓度的标准样，分别取相同体积进样，得到相应一系列的峰面积，然后作 $A_i \sim \%c_i$ 曲线，即为如图 4-21 所示的外标标准曲线。

在分析样品时，在与作标准曲线完全相同的条件下，取与标准样相同体积的样品注入色谱仪，从色谱图上测出待测组分的峰面积为 A_i，便可从标准曲线上查出 A_i 所对应的组分 i 的百分含量（$\%c_i$）。

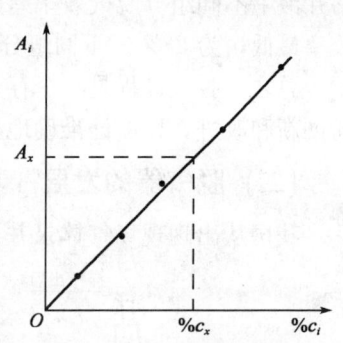

图 4-21 外标标准曲线法

外标标准曲线法的特点是操作简单，计算方便，不必求出 f_i'，不加内标物，但它定量的准确性主要取决于重复进样量的准确性和操作条件的稳定性。利用这种方法还需要用待测组分的标准样对标准曲线进行定期的校验，以减小分析误差。

由于气体进样量大，重复进样误差小，因此常用外标法对气样定量分析，例如天然气分析。若符合峰高定量的条件，可将外标法中的峰面积改为峰高。

第三节 现场气体录井气相色谱分析系统

现场气体录井中所用的气相色谱分析系统，主要用来分析随钻井液上返到地面的钻井液中的地层释放的气体。地层气主要有烃类气（$C_1 \sim C_5$）；非烃气（H_2、CO_2）；这些气体表征了地层含油、气、水的特性。因此，对于地层气的检测与分析，是综合录井中一项非常重要的关键技术和手段。

一、钻井液中气体的采集方法

钻井液中气体的采集方法和方式,它直接影响如何准确获取钻井液中地层含气量。这一点对于气测仪的分析,以及利用气测资料进行油气层评价都是至关重要的。钻井液中气体的连续采集装置称为脱气器。脱气器是一种将循环钻井液中的天然气及其他气体分离出来,通过样气管线为气测仪提供样品气的设备。

(一)脱气器设计的相关概念

脱气效率:这是脱气器的一个最基本指标。它定义为脱出的气体体积与单位体积钻井液中总的含气量之比。

$$\eta = \frac{V_{脱}}{V_{液}} \times 100\%$$

影响脱气器效率除脱气器结构本身之外,还存在下面一些影响因素:

1)钻井液的性能(粘度、密度、切力等)、类型、流速等均影响脱气的效率。

2)进入脱气器的空气流量,这与脱气器周围环境的大气流速有关。试验结果表明,当风速达到 11.18m/s 时,采气量的损失就达到 50%。

3)对不同烃组分,由于其沸点、相对分子质量不同,脱气效率是不同的。实验表明,钻井液中不同组分脱气效率差别很大。其中 C_1 的脱气效率最高,为 71%;iC_5 和 nC_5 脱气效率最低,为 28%。不同组分的脱气效率呈现随碳原子数增多而逐渐降低的规律。

总之,脱气过程是一个存在诸多影响因素的复杂过程。这就需要在脱气器设计中进行不断创新和改进,以保证准确地获取钻井液中地层含气量指标。

(二)脱气器的发展

我国从出现现场气体录井开始,与之配套的脱气器的发展大致经历如下几个阶段:

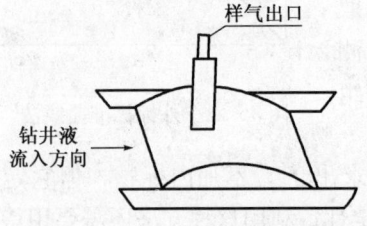

图 4-22 浮子式脱气器结构图

1)非动力型脱气器的使用阶段。

此类脱气器由于在设计上没有引入动力搅拌装置,故称为非动力脱气器。这类脱气器的典型代表是浮子式脱气器。其结构图如图 4-22 所示。

这类脱气器在设计上没有采用动力装置对钻井液进行搅拌脱气,而仅仅依赖于钻井液流经脱气器时,由脱气器内的栅板来破碎钻井液进行脱气,故脱气效率低,尤其是对于高粘度的钻井液而言,此缺点就显得更为突出。

2)动力型脱气器的使用阶段。

1970 年以后,人们将动力装置引入脱气器,目前现场上使用的脱气器主要为电动式连续钻井液脱气器,简称电动式脱气器。它是依据通过电动机搅拌破碎钻井液,在气测仪中的样品泵抽吸下使其中气体负压脱出的原理制成的,由防爆电动机、搅拌棒、钻井液室、钻井液破碎挡板、电动脱气器集气室及安装支架等部分组成(图 4-23)。

防爆电动机可使用 220V 或 380V,50/60Hz 三相交流电。其额定功率一般为 0.5~0.75kW,转速一般在 1350r/min 左右。接通电源时,电动机带着搅拌棒高速旋转,搅拌棒带动钻井液旋转,由于离心作用及筒壁的限制,使钻井液呈旋涡状沿筒壁快速上升,遇到挡圈时钻井液被碰撞破碎成细滴状淋出,使钻井液表面积急剧增大,钻井液中的气体大量逸出。在样品泵的抽吸下，通过样气出口进入气水分离器及干燥筒净化，而后由样气管线进入分析仪器。该类脱气器可采集钻井液中的游离气及部分吸附气，脱气效率较高，约为20%。

由于常规电动式脱气器受诸如浸入液面、空气入口流速、钻井液组成等因素的影响，美国德士古石油公司与芝加哥气体研究所协作开发了一种新型的连续气体脱气器，称为QGM脱气器（图4-24）。

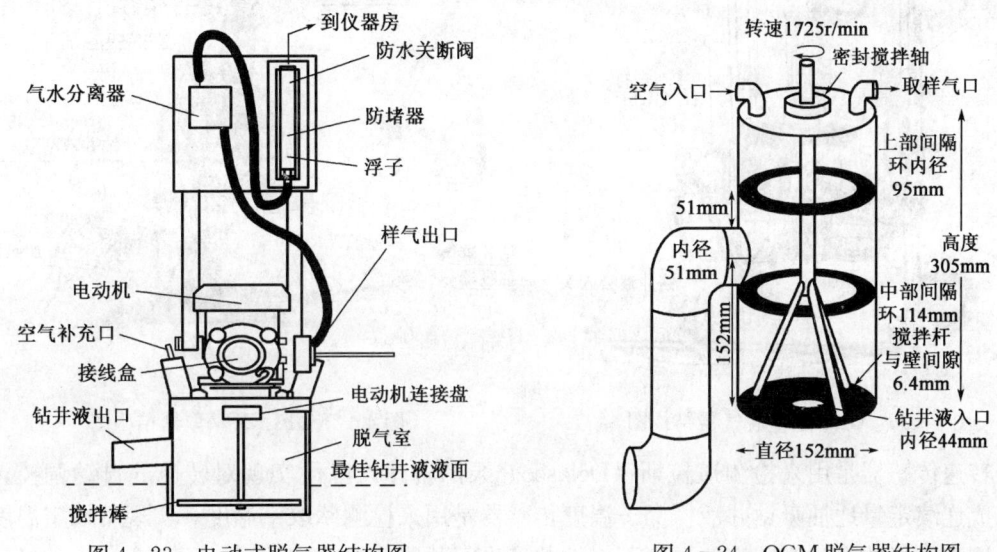

图4-23 电动式脱气器结构图　　图4-24 QGM脱气器结构图

该脱气器在设计上增加了一个搅拌杆隔层，一只向下的钻井液出口管并密封了搅拌轴。其目的是为了使脱气器密封以减少采集气体的损失。另外，在空气入口加上了1.2m长的管线，以确保进入脱气器的补偿空气中不含非采集的天然气并避免风的影响。一般地，脱气器是以固定高度安装在钻井液槽上，当钻井液排量发生变化时，通过脱气器的钻井液流量就会相应地发生变化。为了消除浸入深度对脱气效率的影响，QGM脱气器采用了"锥"型搅拌杆，它通过减少浸入深度对空气与钻井液混合情况的影响，使脱气效率（气体脱出量与钻井液流量是倍数关系）保持不变。另外，定量脱气器在钻井液出口的上下各增加一个水平间隔环（图4-24），实验证明，这两个不同尺寸的间隔环对锥形搅拌杆定量脱气器性能有一定的影响。与无间隔的脱气器相比，采用内径为114.3mm的上部间隔环脱气器性能变化最小而灵敏度最大，钻井液浸入液面较低时，气体脱出量会增大。这是因为随着钻井液浸入量的减少，间隔环增大了钻井液的驻留时间。如图4-24所示，在钻井液出口顶端上方50mm处为一内径为95mm的间隔环，其作用是防止钻井液溅入取样气孔，并且可确保浸入最深时钻井液流量无多大影响。适当的脱气器高度和内径会对气孔起到保护作用而不会降低脱气器的性能。

3）定量脱气器的发展阶段。

1990年以后，国外又率先将动力型脱气器发展为定量脱气器，主要特征是在常规机械搅拌脱气器的基础上增加了引流装置和恒流泵，保证了在单位时间内进入脱气器的钻井液量的恒定，从而实现了脱气量与钻井液中气体含量稳定的精确定量关系，消除了钻井液排量的影响，取得稳定的脱气效率。这类脱气器的典型代表有法国地质服务公司研制的GZG脱气器（图4-25）。

21世纪初，法国地质服务公司FLAIR推出地层流体实时分析系统（FLAIR）。在系统中配备了一种名为 FLEX (Fluid Extractor) 萃取器的定量脱气装置。FLEX 萃取器由以下几部分组成：引流装置，钻井液液位器，道拉斯 (Delasco) 泵，电动机，钻片液萃取脱气装置，加热器，温度传感器，转速传感器和配套的连接、固定设备，如图 4-26 所示。

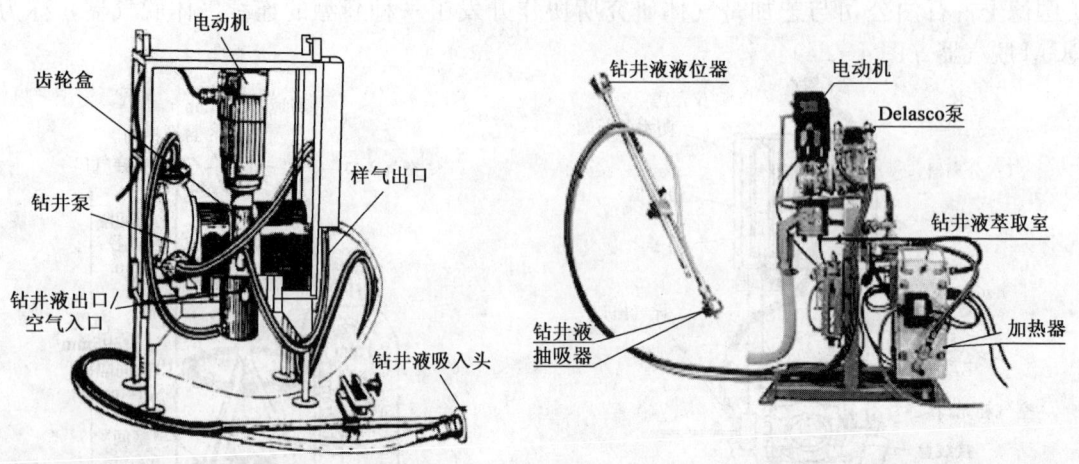

图 4-25　GZG 定量脱气器结构图　　　　图 4-26　FLEX 萃取器结构图

转速传感器是用来检测道拉斯 (Delasco) 泵的转速，以便实现对转速的自动调控，从而完成连续定量地抽吸钻井液样品。温度传感器是用来检测萃取室温度，实现萃取室温度的自动调控，保持在一个特定的温度下对钻井液进行萃取，在特定的温度下，有利于重烃从钻井液中的析出。FLEX 萃取器可以脱出到 C_8 的烃类气样。常温常压下，C_5 以后组分均为液态，要想在气管线中正常传送 $C_6 \sim C_8$ 等组分，有两个解决方案：一是保持气管线内温度大于 $C_6 \sim C_8$ 的沸点；二是降低气管线内的压力到一个特定值以下（即负压状态），进而保证 $C_6 \sim C_8$ 在气管线内处于气态状态。气体传送组件是由气体流量控制器、压力传感器、一根特制的气管线所组成，气体传送系统维持气管线内恒定负压的气体传送。可见，FLEX 萃取器具有定量恒温脱气和恒定负压送气的特点，使定量脱气技术得到进一步的发展。

（三）非连续气体的采集方式

在使用脱气器进行连续气体采集过程中，当遇到油气比小、钻速低、钻井液、密度大时，无法将钻井液中的气体脱出，有可能会漏掉油气层。为此，当钻遇到有显示的层位时，采用按迟到深度定时、定点取钻井液样，然后用一种装置将钻井液样中的气体全部脱出。这样一种采气方式称为非连续气体采集方式。目前常用的非连续气体采集装置称为热真空蒸馏脱气器 (VMS)，或简称为全脱。上海神开生产的 SK 系列的 VMS 如图 4-27 所示。

热真空蒸馏脱气器是由储气筒、脱气主体、钻井液瓶、加热搅拌器、真空泵、储油瓶及饱和盐水瓶等组成，按图 4-27 将仪器组合安装即可。

储气筒：由蒸气计量筒、圆底玻璃瓶组成，用以计量和保存由钻井液中分离出来的气体。

脱气主体：由真空表、观察窗及三个阀所组成，实现和控制气体的脱出。

搅拌器：用于加热搅拌钻井液，提高脱气效率。

钻井液瓶：用于储存钻井液及加热钻井液的容器，容积为 250mL。

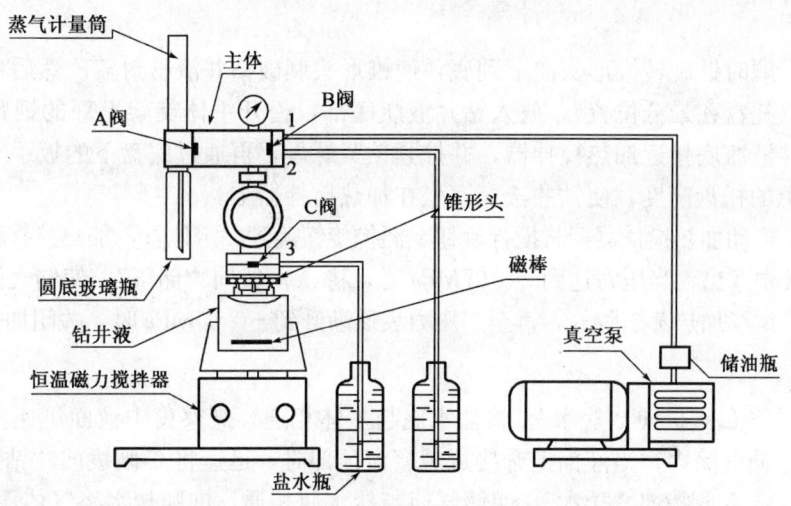

图 4-27 VMS 结构件图与管路连接图

该装置的脱气过程大致为:

(1) 待机状态

第一步:储存钻井液。用钻井液瓶到钻井液出口槽灌满新鲜钻井液,按照钻井液密度选择磁棒放入钻井液瓶(密度大的钻井液放入大的磁棒,密度小的钻井液放入小的磁棒),盖上密封盖,旋上接头。

第二步:将 B 阀拨向"泵"位(主体与真空泵相通),A 阀拨向"储气"(储气筒与主体相通),C 阀拨向"钻井液瓶"(主体与钻井液瓶相通)。

第三步:连接管线。将盐水瓶、主体、真空泵等用管线按图连接好(用三根塑料管将主体后面标有"真空泵"的接头与真空泵上储油罐上的接头连接;将标有"盐水瓶"的两个接头分别插在两只灌满饱和盐水的盐水瓶内,其中连接 A 阀的盐水瓶中的盐水将反复使用,而连接 C 阀的盐水瓶中的盐水将一次性使用。注意:若脱气要求不高,则用户也可用清水替代饱和盐水。

(2) 准备状态

准备抽真空。逆时针方向旋转锥形头,使刺针不能露出锥形头端部;再在锥形头上均匀涂上硅脂(增加锥形头与钻井液瓶的密封),将钻井液瓶套入锥形头,用手轻轻往上托,注意向上压紧,使钻井液瓶不致掉下来,此步目的是使钻井液瓶与锥形头保持密封状态。

(3) 抽真空

第一步:启动真空泵抽气,使压力表稳定在 -0.09MPa 以下,此时,主体、储气筒处于真空状态。

第二步:将 A 阀拨向"关闭"。

第三步:将 B 阀拨向"关闭",关闭真空泵,将标有接真空泵接头的塑料管拔下(防止储油罐返出油)。

(4) 脱气准备

将 A 阀缓慢拨向"盐水",使储气筒与盐水瓶接通,当盐水进入圆底玻璃瓶高度为 2～3cm 后,迅速将 A 阀拨向"关闭"。

(5) 脱气

第一步：顺时针旋转锥形头向上到底，使锥形头刺破钻井液密封盖。然后将加热搅拌器放入托盘上（托盘在最低位置），放入钻井液瓶底部，松开主体支架上部的锁紧螺母，调整高度，使钻井液瓶底接近加热搅拌器，并拧紧锁紧螺母，再通过底盘下的扳手（手柄）调整加热搅拌器上的托盘高度，使钻井液瓶底坐在加热搅拌器上。

第二步：启动加热搅拌器，将搅拌旋钮、温控旋钮旋到一定位置，加热搅拌钻井液，气体不断从钻井液中逸出，当压力达到$-0.07MPa$时，将 A 阀拨向"储气"，使储气筒与主体、钻井液瓶连通，继续加热蒸馏脱气，直至当压力表逐渐升到$-0.06MPa$时，关闭加热器。

(6) 收集气体

第一步：将 C 阀拨向"盐水"，将盐水瓶与主体相通，观察窗中液面迅速上升，饱和盐水将气体压至储气筒内，当液面上升接近观察窗顶部时，迅速将 C 阀拨向"钻井液瓶"。

第二步：将 A 阀拨向"盐水"，使储气筒与盐水瓶相通，饱和盐水将气体压至计量筒内，使圆底玻璃瓶和计量筒的水位上升，至压力平衡后，此时计量筒顶部空间即为脱出来的气体。

(7) 取样

用注射器从计量筒顶部抽取气体，然后注入色谱分析仪即可进行分析。若计量筒内气体的量不够分析用，可用注射器注入一定量的空气与样品气混合后作为分析用气，待分析后折算。

VMS 采用加热搅拌和降压方法，可以使钻井液中以游离、溶解、吸附的形式存在的气体膨胀，大量挥发，几乎全部分离出来，为油气层的定性、定量解释提供可靠的依据。

二、现场烃类气体录井

气体录井的烃类气体组分分析数据通常由气相色谱仪提供。随着科学技术的发展和进步，石油钻井工艺技术水平迅速提高，钻井速度越来越快。以前钻井速度较慢，综合录井色谱仪的一个分析周期（3~4min）能保证每米有几组色谱分析数据，如今在快速钻井条件下，对于一般油气显示层来讲，综合录井色谱仪甚至每米得不到一组色谱分析数据，无法及时准确发现油气显示。在先进的精细勘探开发过程中，薄层、裂缝性油气层及超薄油气层被列入勘探开发的目标，常规的气体色谱检测仪已不能满足勘探开发的需要，因此需要更快（快速色谱）、更灵敏的色谱仪来完成该检测。在下面的内容中，主要以上海神开公司生产的 SK-3Q 系列现场气体录井气相色谱分析仪为基点来进行论述。

（一）快速色谱分析的原理

分析速度、分离度和灵敏度是快速色谱分析技术的三个重要的性能指标。理想的色谱分析是在最短的时间内实现满意的分离并且最大限度地提高色谱分析的灵敏度。

分离度、灵敏度和分析速度都是色谱分析过程中所追求的，但实际操作中不可兼顾。当设法提高分离度时，往往不得不牺牲分析速度，而采用复杂样品制备来提高灵敏度时，就会以降低分析效率为代价。在实际工作中往往是首先满足分离度的要求，然后提高分析灵敏度，最后再考虑尽可能地缩短分析时间。而快速色谱分析的主导思想则是在保证分离度和灵敏度的前提下，注重分析速度的提高。

1. 快速色谱的划分

提起快速色谱，人们都明白其意义，但是如何界定快速色谱，还是比较复杂的。通常对快速色谱根据分析时间来进行划分,表4-6为传统快速色谱划分表。

表4-6 传统快速色谱划分

类 别	常 规	高 速	超 快 速
时间	30～60min	以分钟计	以秒计
色谱设备	常规	常规	特殊

但是单纯通过分析时间的长短进行划分有其局限性,因为随着样品分析类型、成分个数、实验环境不同,样品分析时间也不一样。对于非常复杂的成分分析,最少分析时间一般都在分钟级别,而对于简单的成分分析,即使是秒级的分析也不能称为快速。所以单纯的以分析时间来定义色谱分析的快速性是不合适的。有关学者提出以半峰宽来作为比较的标准,因为任何分析时间的缩短必然导致色谱峰的变窄。根据这种方法可以将快速色谱定义为:一般快速,其半峰宽为1～3s;高速,其半峰宽为30～200ms;超快速,其半峰宽为5～30ms。在一般情况下,超快速色谱分离效果较差,没有应用价值;高速色谱通常适合于简单的成分分析,特别是在线气体检测领域。根据以上划分,录井领域应用的快速色谱应该属于高速色谱的范畴。

2. 提高色谱快速分析的主要方法

1) 选取合适的色谱柱。样气中各组分的分离是在色谱柱中实现的,选取合适的色谱柱能够在提高柱效率,保证C_1、C_2(烃类气分析中C_1与C_2的保留时间相差最小)分离度的同时,缩短分析时间。

2) 选取合适的载气及其操作参数。通过大量的对比实验,选用相对分子质量低的氢气作载气,确定色谱分析的最佳参数值,减少分析时间而不影响色谱柱分离效率。

3) 确定最佳柱温。色谱柱的温度升高使载气速度加快,有利于提高柱效率,但柱温过高会使纵向扩散增加,又降低了柱效率。选择各烃组分最佳柱温的平均值作为恒定的色谱柱温度,一般采用70℃左右柱温。

4) 选取合适的检测器。氢火焰离子化检测(FID)对有机物分子有极高的灵敏度,故选用高灵敏度的氢火焰离子化检测器来检测烃类气体。

5) 选取最佳气体流速。燃气(氢气)流速、助燃气(空气)流速对仪器的灵敏度有很大的影响。通过实验,氢气、样气、空气流速分别在30mL/min、5mL/min、300mL/min时,具有很高的灵敏度和稳定性。

目前国内生产的快速色谱仪,色谱分析周期为30s,最小检测质量分数为10^{-5},可连续分析样品气中总烃含量和组分C_1～C_5含量。当然,在快速色谱技术研究的同时,与之相配套的技术研发,如定量脱气、快速智能评价系统(色谱工作站)等也是不可忽视的,只有这样才能体现真正意义上的快速色谱技术。

(二) 现场气体录井FID气相色谱分析仪系统

1. FID气相色谱分析仪的系统结构

气相色谱仪由气路系统、电路系统、色谱工作站组成。主要功能是:

1) 通过两套独立的氢火焰离子化检测(FID),可连续分析检测总烃含量,30s周期内分析C_1～nC_5七种组分含量,最小检测质量分数为10^{-5}。

2) 实时采集分析检测到的总烃和烃组分数据,并通过RS232串口送到上位机作进一步处理。现场气体录井气相色谱分析仪(以上海神开生产的SK-3Q为例)系统原理图如图

4-28所示。样品预处理单元（SK-9G01）负责采集处理来自钻井液脱气器的样品，对采集的样品气进行净化、分配后进入分析单元。分析单元包括采样系统、分离系统、检测器、流路控制系统、测控系统等分析系统。

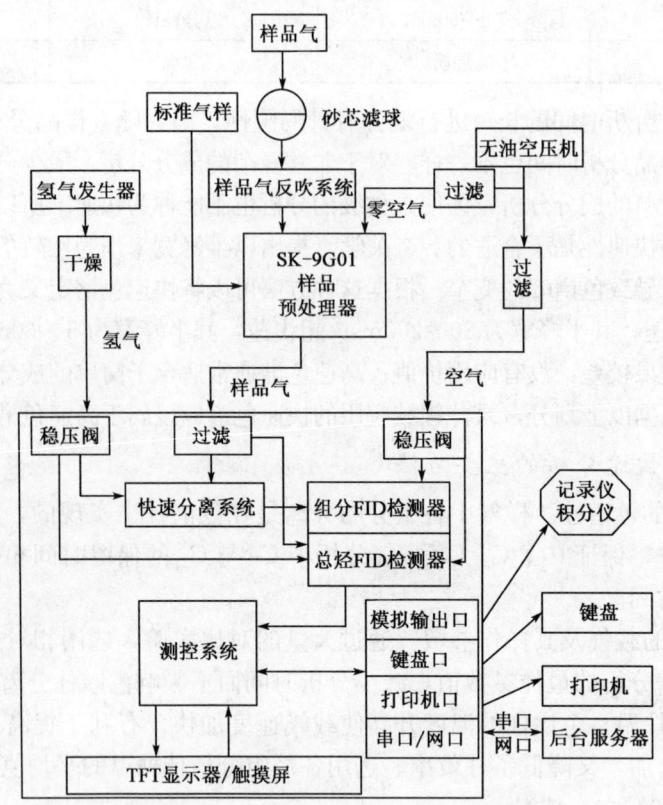

图4-28 SK-3Q气相色谱分析仪系统原理图

2. FID气相色谱分析仪的样品预处理系统

在气相色谱仪工作过程中，需要提供多路的气源。FID气相色谱仪所用载气是H_2，TCD气相色谱仪所用载气是空气；空气还作为FID的助燃气源和两种色谱仪的基线调零。此外，还有从钻井液中采集到的样品气。气体的进样方式又分为：

1) 钻井液脱气工作方式，对钻井液的采集气进行连续分析；

2) 采样袋（注入）校正工作方式，采样袋（一般为球胆）装有一定浓度（一般是1%）的混合气样自动注入仪器，对色谱仪进行校正和刻度；

3) 零空气工作方式，用空气对色谱仪进行调零；

4) 标准气样工作方式，使用标准气样（即钢瓶气）对色谱仪进行校验和刻度。

样品预处理器是完成对上述气源的输入/输出、分配和工作方式的转换的一个专用仪器面板。上海神开SK-9G01样品预处理器流程图如图4-29所示。

SK-9G01样品预处理器可作为氢焰色谱仪或热导色谱仪前置的样品气预处理器，在与氢焰色谱仪配套使用的情况下，通过切换SK-9G01样品预处理器面板上的平面切换二位六通阀和平面切换四位五通阀，使之具有四路不同的气体输入方式和输出二路不同排量的气体以供分析氢焰色谱仪、热导色谱仪使用。SK-9G01样品预处理器面板结构图如图4-30所示。

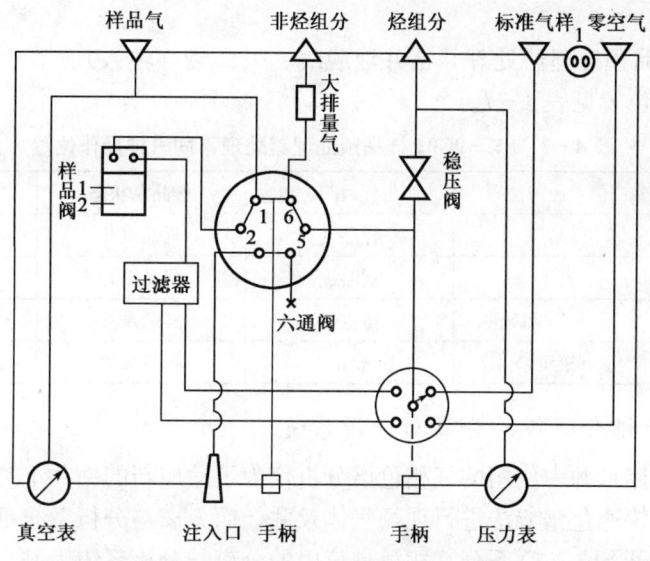

图4-29 SK-9G01样品预处理器流程图

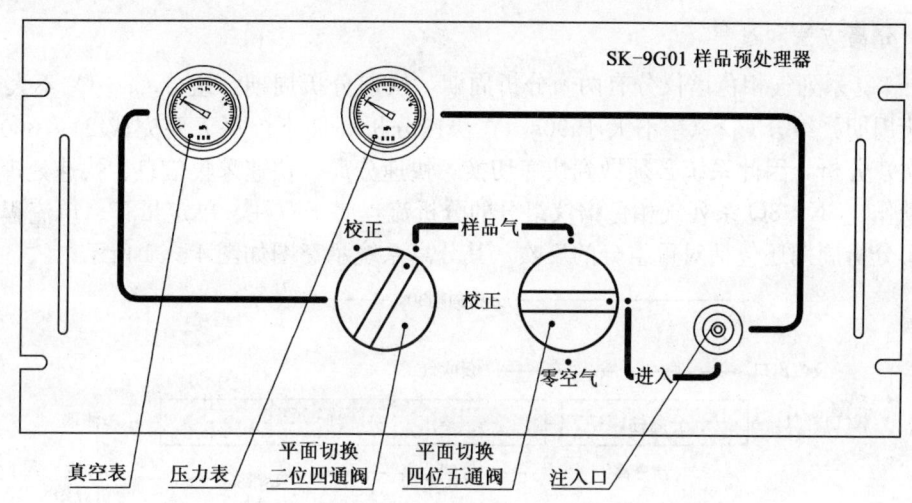

图4-30 SK-9G01样品预处理器面板结构图

SK-9G01样品预处理器通过样品泵将电动脱气机所提供的样品气由管线抽入样品预处理器后面板上的样品输入口，通过切换样品预处理器前面板上的二位阀至"样品气"位，在后面板上分别从样品气输出1口通过管线接入氢焰色谱仪后板上的样品气输入端口，从样品气输出2口通过管线接入SK-3R03热导色谱仪后板上的样品气输入端口，分别对样品气进行分析。

SK-9G01样品预处理器可在前面板上的注入口接上气体取样袋，切换二位阀至"校正"位，切换四位阀至"注入"位，这样就能从后面板上的样品气输出1口提供标定气给氢焰色谱仪作标定。

SK-9G01样品预处理器还可在后面板上的标准气输入口、零空气输入口分别接上钢瓶气和干净的零位空气，将前面板上的二位阀切换至"校正"位，四位阀分别切换至"校正"位和"零空气"位，这样就能通过从后面板上的样品气输出1口提供给氢焰色谱仪作校验和零位校正。

SK-9G01样品预处理器处理"钻井液脱气、采样袋(注入)、零空气、标准气样"不同气样各状态操作位置见表4-7。

表4-7 SK-9G01样品预处理器处理不同气样操作位置

进样方式	二位六通阀位置	四位五通阀位置	样品泵状态	输出1口	输出2口
钻井液脱气	样品气	样品气	样品泵开	有	有
采样袋(注入)	校正	注入	样品泵开	有	无
零空气	校正/样品气	零空气	样品泵关	有	无/有
校准气样	校正	校正	样品泵关	有	无

3. FID气相色谱分析仪的分离与分析系统

目前,现场气体录井中使用的气相色谱分析仪为了适应新的钻井工艺技术和精细勘探开发技术,大多使用快速色谱方法进行现场气体录井,而分离与分析系统是实现快速色谱的关键。下面以上海神开SK-3Q系列气相色谱仪中的分离与分析系统为例,来分析这一原理和过程。

(1) 分离方法和过程

SK-3Q系列气相色谱仪分有两个分析周期,快速分析周期:组分$C_1 \sim C_5$不大于30s;常规分析周期:组分$C_1 \sim C_5$不大于90s。在快速分析周期下,每天要完成$24 \times 3600/30 = 2880$(次)分析,因此系统必须做到快速切换、快速分离、快速采集信息、快速处理和储存等逻辑动作。SK-3Q系列气相色谱仪组分的分析流程属于双柱、单定量管、单流程气路结构,整个分析周期还包括对重组分的反吹,其分离系统示意图如图4-31所示。

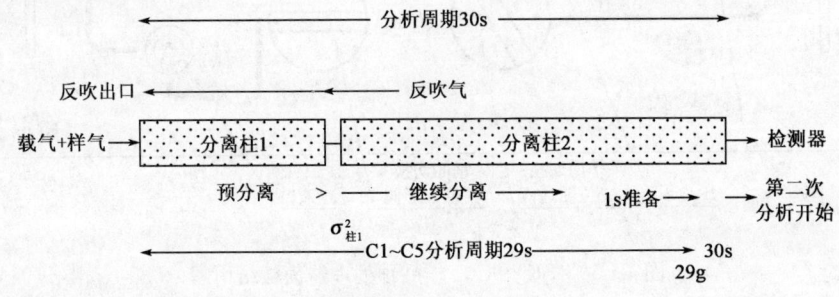

图4-31 SK-3Q系列快速气相色谱仪分离系统示意图

该系统采用了双分离柱系统,分离柱1(陷阱式预分离柱)的作用是将$C_1 \sim nC_5$与后面的高碳重组分分离出来,而重组分捕集在分离柱1中,在反吹流程中,将高碳的重组分反方向吹出分离柱1;分离柱2(主柱)的作用是对从分离柱1来的混合气体$C_1 \sim nC_5$进行分离。图4-32中分离柱1和分离柱2交界处有一"$\sigma_{柱1}^2$"项,它是色谱柱柱外效应积累体积(死体积)的一部分,它会影响样气的保留时间。柱效率越高,$\sigma_{柱1}^2$一般较小或可以小到可以忽略不计。由图4-31可见,该系统实际参与分离的时间不大于29s,其中的1s时间差为下次分析的准备时间。

(2) 分离流程

分离流程又称为色谱仪的气路流程。气路的流向是由一系列的电磁阀在测控系统的控制下进行自动控制切换的。分离流程示意图如图4-32所示。

图 4-32 中，在状态 1 时，载气将定量管中的样品气吹入预分离柱 A 和分离柱 B 进行分离，$C_1 \sim C_5$ 的轻组分从预分离柱 A 进入分离柱 B，而 C_5 以后的重组分仍存在于 A 柱中。此时，切换为状态 2，载气通过分离柱 B 将 $C_1 \sim C_5$ 的轻组分吹入 FID 分析出峰，将 C_5 以后的重组分在分离柱 A 中以反方向吹出放空，同时样品气进入定量管，为下次分析作准备。

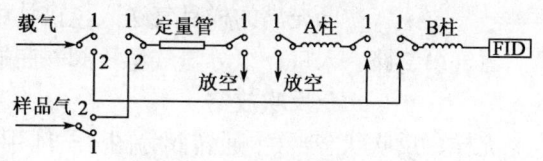

图 4-32 分离流程示意图

SK-3Q 系列快速色谱仪气路流程图如图 4-33 所示。

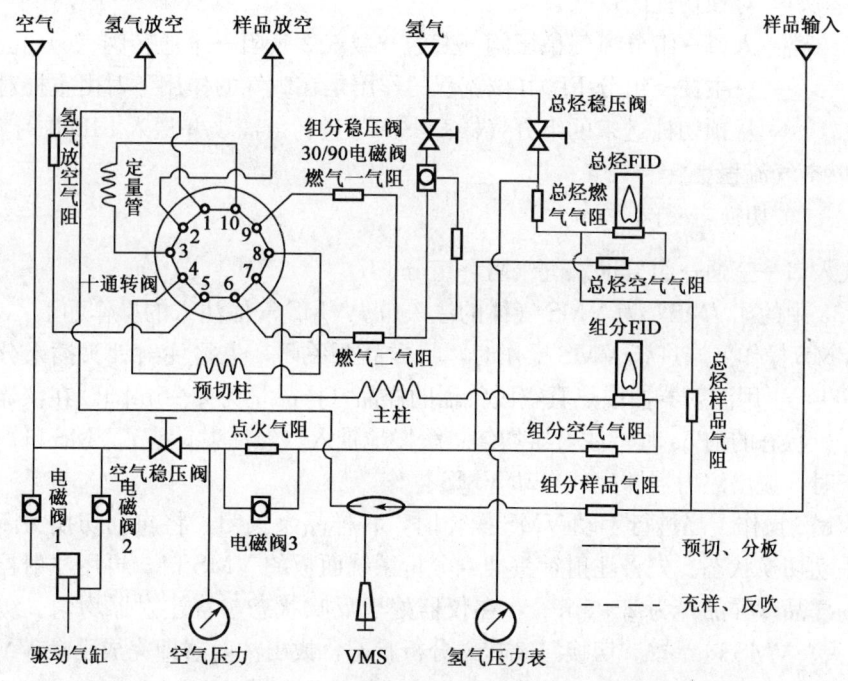

图 4-33 SK-3Q 系列快速色谱仪气路流程图

SK-3Q 系列快速色谱仪气路流程分述如下：
1) 总烃气路流程。
样 品 气：入口→总烃样品气气阻→总烃 FID
　　　　切换电磁阀
助燃空气：入口→三通→空气稳压阀→点火气阻（点火电磁阀）→三通→总烃助燃空气
　　　　　气阻→总烃 FID
氢气燃气：入口→三通→总烃氢气稳压阀→总烃燃气气阻→总烃 FID
2) 组分气路流程。
预切、分析状态：（十通转阀为图 4-34 中的实线位置）
样 品 气：入口→组分样品气阻→三通→十通转阀（1）孔→（2）孔→样气放空
氢气第一路：入口→组分氢气稳压阀→三通→载气 1 气阻→十通转阀（9）孔→（10）孔
　　　　　　→定量管→十通转阀（3 孔）→（4）孔→预切柱→十通转阀（8）孔→
　　　　　　（7）孔→主柱→组分 FID（该流程的作用是通过载气将上一周期定量管中

已充满的样品气送入色谱柱中的预切柱进行预分离)

氢气第二路：入口→组分氢气稳压阀→三通→载气2气阻→十通转阀（6）孔→（5）孔→反吹放空

充样、反吹状态：（十通转阀为图4-34中的虚线位置）

样 品 气：入口→组分样品气阻→三通→十通转阀（1）孔→（10）孔→定量管→十通转阀（3）孔→（2）孔→样气放空（该流程的作用是对定量管进行充样）

氢气第一路：入口→组分氢气稳压阀→三通→载气1气阻→十通转阀（9）孔→（8）孔→预切柱→十通转阀（4）孔→（5）孔→反吹放空（该流程的作用是完成对预切柱的反吹）

氢气第二路：入口→组分氢气稳压阀→三通→载气2气阻→十通转阀（6）孔→（7）孔→主柱→组分FID（该流程的作用是在载气的作用下对由主柱对上一周期从预切柱送来的组分气样 $C_1 \sim nC_5$ 进行分离，并送入FID进行鉴定）

3）助燃空气流程。

　　　　　切换电磁阀
　　　　　　↑
空气入口→三通→组分助燃气气阻→组分FID

图4-33中的"VMS"为VMS气体的注入口。VMS气体注入的操作如下：

自动VMS操作。当进行VMS操作时，将样品泵关闭，先将注射针头插入分析系统面板的VMS口，再用注射器抽取热真空脱气器的样品（样品量为2~5mL），在仪器处于反吹状态转入分析状态的前5s时将注射器均匀、缓慢地推入（经注射针头）VMS口。在程序进入分析状态时，拔出注射器即完成自动VMS操作。

手动VMS操作。当进行手动VMS操作时，将样品泵关闭，将自动切换关闭，使分析系统处于手动切换状态。先将注射针头插入分析系统面板的VMS口，再用注射器抽取热真空脱气器的样品（样品量为2~5mL），在仪器处于反吹状态，将注射器均匀、缓慢地推入（经注射针头）VMS口，按"切换"键转入分析状态，拔出注射器即完成手动VMS操作。

校正基线：SK-3Q系列氢焰色谱仪在作高灵敏度（低浓度时）分析时，仪器具有基线校正功能。当按"校正基线"时，在基线自动校正五次分析周期，"校正基线"自动弹出，按"基线补偿"键，下一个周期即可以作高灵敏度（低浓度时）测试。

在90s分析周期时校正后，切换到30s分析周期时需要重新校正，即30s分析周期与90s分析周期为二套校正程序。在录井过程中一般选用90s分析周期，只有在接近目的层时方进入30s分析周期操作。

(3) 色谱仪的校验（刻度）曲线与标定

色谱仪在投入工作前，必须要建立被测气体的体积分数（%）与仪器的响应（电信号mV）之间的关系。这一关系的建立是通过使用标准气样对仪器进行标定而得到的校验（刻度）曲线来完成的。色谱仪的校验曲线在仪器出厂前由厂家提供，但仪器工作一段时间（3~5个月）后或每上一口新的井时都必须进行重新标定。对于现场录井所使用的色谱仪，要分别对总烃和烃组分进行标定。

总烃的标定：目前现场对总烃的标定一般使用标准的甲烷气体，并采用多点注样刻度，分别用体积分数为0.01%、0.1%、1%、5%、10%、50%、100%甲烷气体进行标定。需要注意的是，总烃的FID检测的是总的烃类气体，那么它的响应值应等于各组分的响应值之和。但是在现场录井中经常出现两者并不相等，或者总烃的体积分数大于100%的情况。产生的原因大致为：FID是质量型鉴定器（不是浓度型），所以用浓度来计量会出现误差；不同区域（地层）其烃类的含量比是不同的，也会导致出现此种情况。因此，总烃的响应一般只是用来定性。

烃组分的标定：烃组分的标定要分别使用$C_1 \sim nC_5$单组分的标准气样进行标定。要分别配制0.01%、0.02%、0.5%、1%、2%、5%、10%、20%、50%、100%共计10种标准样品。至少应配备0.1%、1%、10%、100%共计4种标准样品，其他6种样品从这4种标准样品中手工配制而成。手工配制过程中只允许进行一次配制，不宜超过5:1的稀释倍数，尽量保持数据的准确性。标定从0.01%浓度开始，依次增加浓度，注样分析，最终在色谱工作站上可得到$C_1 \sim nC_5$校验曲线。

4. FID气相色谱分析仪的硬件系统

目前现场录井所使用的色谱仪中的硬件设计大多分为两类：基于单片机控制系统的硬件设计和基于嵌入式PC控制系统的硬件设计。

(1) 基于单片机控制系统的硬件设计

基于单片机控制系统的硬件系统控制流程图如图4-34所示。该硬件系统包括单片机控制电路、微电流放大电路、A/D转换电路、驱动电路、气体流速检测电路、电源供电等电路。

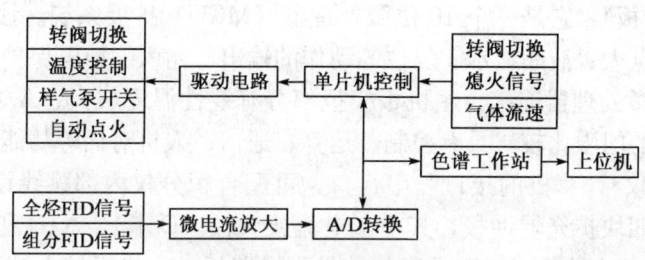

图4-34 基于单片机控制系统的硬件系统控制流程图

单片机控制系统监测色谱柱箱的温度、FID的熄火信号、气体流速等状态。单片机控制系统具有通过RS232串口接收色谱工作站的控制指令；通过驱动电路来完成柱箱/FID的恒温控制、分析周期的切换、样气泵软件开关、自动点火等功能。

微电流放大电路的功能是采集检测器输出的总烃微电流信号、烃组分微电流信号，经过3级放大后，送到A/D转换电路进行处理。A/D转换电路采用双路24位高精度A/D转换器，通过RS232串口向色谱工作站输出高精度的气测数字量信号。

色谱工作站在总体设计中采用了多窗口的框架和多线程的技术，在气测图谱处理上使用高保真数字滤波算法，消除了干扰信号。色谱工作站软件建立了3个线程，如图4-35所示。

在图4-35中，主线程完成程序初始化，并通过RS232串口和单片机控制电路通信，通过RS232串口送气测数据到上位机作进一步处理。数据采集线程通过RS232串口采集A/D转换电路的气测数据。图谱处理

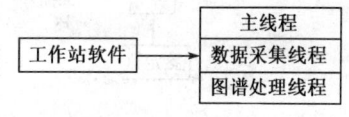

图4-35 色谱工作站软件结构示意图

线程对气测数据进行数字滤波、智能判峰,按照工作曲线进行定量计算,并进行图谱显示。

上海神开生产的基于单片机控制系统 SK-3Q02G 氢焰色谱分析仪电路控制图如图 4-36 所示。该控制系统是由主机板（母板）（SK-3Q02A）、双道微电流放大板（SK-3Q02D）、A/D 和 D/A 转换板（SK-3Q02C）、驱动板（SK-3Q02B）及并行输出板（SK-3Q02E）等辅助板所组成。

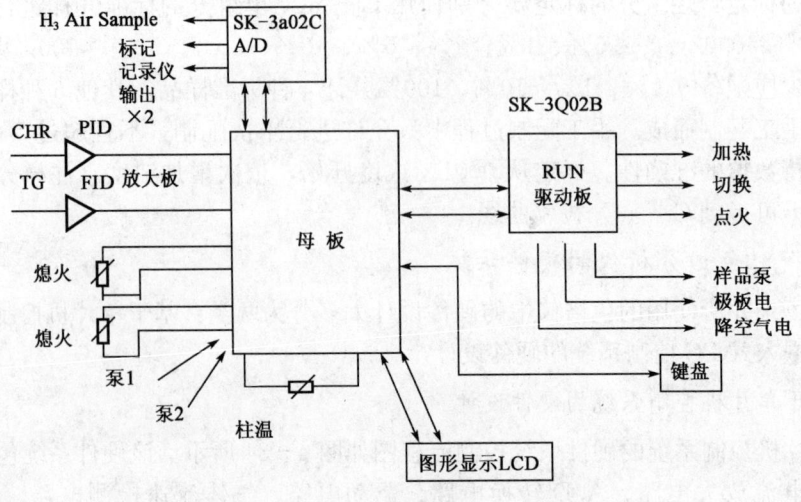

图 4-36　SK-3Q02G 电路控制图

1) 主机板（母板）：它是一个 16 位微处理器（MCU）扩展系统。该板主要负责键盘、电磁阀、样品泵、点火、液晶显示、复位等动作的输出、输入。掉电保护、液晶显示屏也通过扩展 I/O 总线与微处理器连接。主机板模拟部分有线性温度放大、A/D 转换、二路泵冲量和二路熄火指示的门限比较，具有控制、运算、通信、人机对话等功能，是仪器的核心。

该板有去积分仪/计算机的接口和串行口,可配合积分仪内部跳线设置成 0~1V 的模式。主机板可插入四块扩充辅助板,其中微电流放大板（D卡）、A/D 和 D/A 转换板（C、E卡）、驱动板（B卡）是色谱仪正常工作的必配电路板。主机板接上液晶显示屏和键盘即可进行正常操作。主机板原理框图如图 4-37 所示。

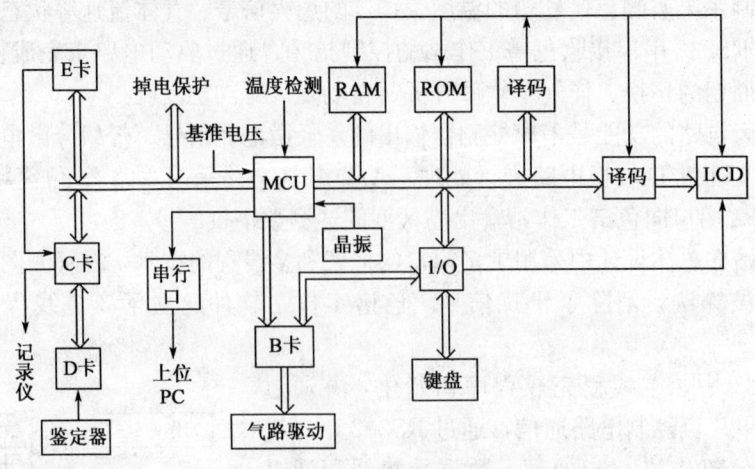

图 4-37　主机板原理框图

2) 微电流放大电路：该板由二个完全相同的二级反相放大组成的。信道分为组分、总烃放大。第一级采用运放，输入阻抗为47MΩ。第二级采用低漂精密运放，电位器补偿灵敏度（图4-38中的W1、W2为满量程调节），输出信号范围$-20mV \sim +10V$。二路高阻抗部分之间采用静电屏蔽板隔开，防止两个信道信号相互干扰。组分、总烃放大器零位在主机板的控制下，由A/D板发出各自调零电压调节。该板电路原理框图如图4-38所示。

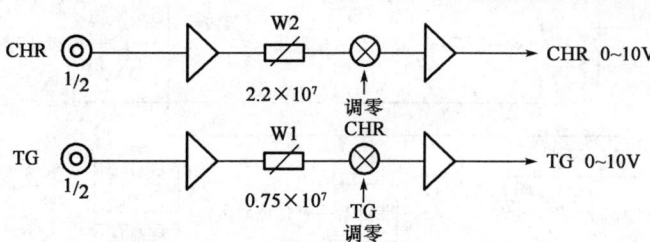

图4-38 双微电流放大电路原理框图

上述微电流放大电路中的满度调节是采用W1、W2增益电位器人工调节的。在兼顾最小检测浓度和测量范围这两项指标的过程中，对信号的零点和满度的调节难以自动调控。SLZ综合录井仪中的色谱电路采用了程控增益放大器，比较好地解决了这一问题，如图4-39所示。

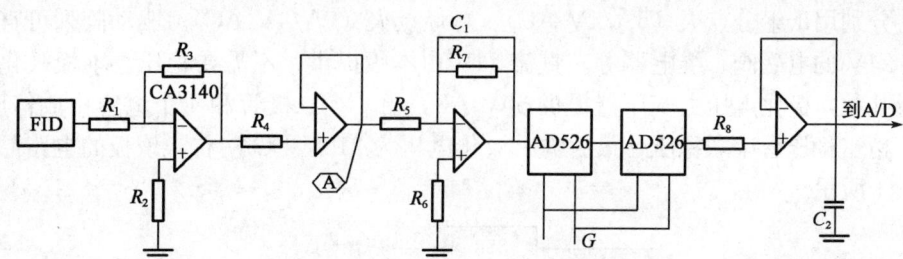

图4-39 色谱信号的测量电路图

微电流放大器中的高输入阻抗运放CA3140，采用100MΩ高值电阻构成反馈网络。微电流放大器的输出为$U_0 = -I_i R_3 = -10^8 I_i$（$I_i$为FID输出电流，mA）。程控增益放大器由2片AD526级连构成，总增益等于2片AD526增益的乘积，最高增益256倍；采用两根I/O线同时控制2片AD526的增益，既可节省I/O地址、简化控制程序，又实现了增益指标的均匀分配，有利于电路稳定工作。该放大电路和12位A/D转换器同时工作，使得对应于A点的电压分辨率达到$4.8\mu V$，完全满足低端信号的测量要求。

3) A/D和D/A转换电路：该电路的主信道转换选用AD转换芯片（总烃与组分相同），该芯片有17位以上的位数，可以满足$0.1mV \sim 10V$动态范围，工作电压为$+5V$。通过电阻网络将量程扩展为$\pm 10V$，转入主板，由软件处理。

D/A转换使用集成度很高的四路8位串行芯片。D/A转换中两路分别用于组分、总烃放大器零位调节。另外两路用于软件驱动两个井深记号的打点动作。A/D包含有两个继电器输出，可用于两个井深记号的打点动作。

压力检测部分集成三路相同的气压检测/放大单元。分别用氢100kPa、空气100kPa、样品气40kPa，使用三个压力传感器来检测三路的气体压力。压力传感器的输出经放大成为$0 \sim 5V$，送入主机板微控制器的A/D信道。由软件进行采样、比较，最后以数据（kPa）表示气体压力状态。A/D和D/A转换电路原理框图如图4-40所示。

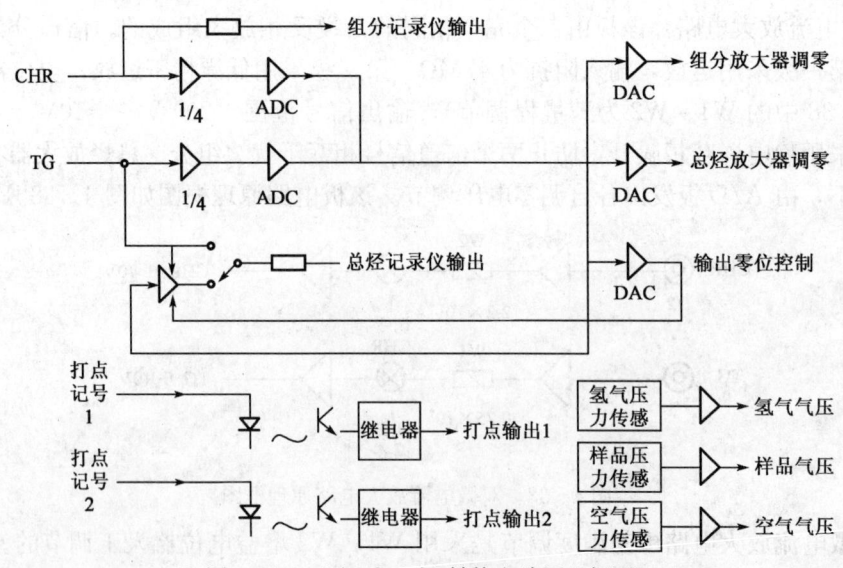

图 4-40 A/D 和 D/A 转换电路原理框图

4) 驱动电路：该电路主要完成由微控制器命令的高压、大电流的动作。板上 2 个 SSR（固态继电器）用于使用 220V AC、40W 加热器柱温电热丝和样品泵（220VAC）输出。1 个继电器分别用于组分点火（5A/4V AC）、总烃点火（5A/4V AC）。驱动阵列可直接驱动 3 个直流 24V 的电磁阀、继电器等。直流 24V 由本板提供，不需要稳压。本板极化电压部分与母板共地，极化电压由变压器提供 50V AC，由 4 个二极管和 4 个电容构成倍压整流，4 个 50V 精密稳压管串联稳压，最后输出极化电压为 210V DC 左右。该板的电路原理框图如图 4-41 所示。

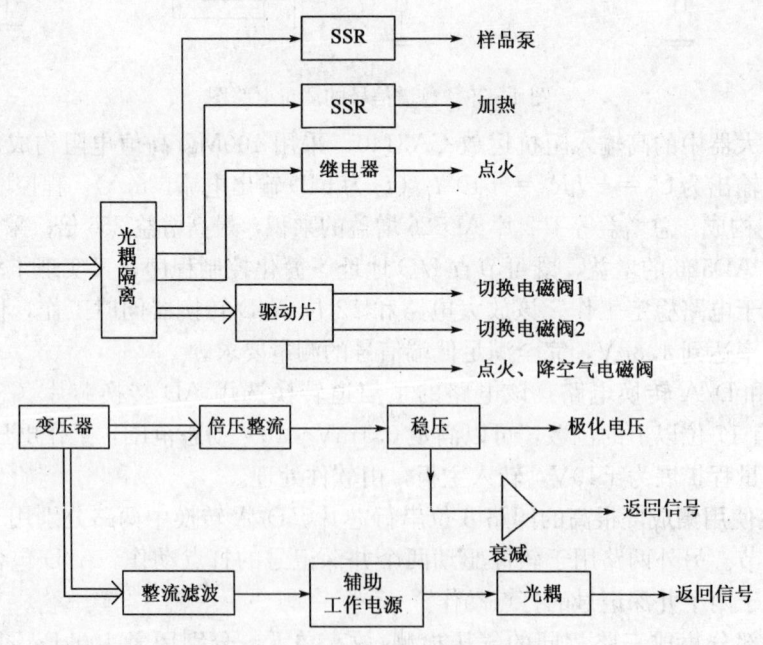

图 4-41 驱动电路原理框图

对该类测控系统从测控系统的性能指标（快速性、稳定性、准确性、综合性）要求来看，还不能很好地满足现场快速气体检测需求。如气体流量的调节是采用浮子式流量计人工调节的，无法保证调节精度。这种单片机控制系统在完成快速切换、快速分离、快速信息采集、快速处理和储存等方面很显然是不够的。

(2) 基于嵌入式 PC 控制系统的硬件设计

嵌入式系统（Embedded system）是以应用为中心，以计算机技术为基础，并且软硬件可定制，适用于各种应用场合，对功能、可靠性、成本、体积、功耗有严格要求的专用计算机系统。它一般由嵌入式微处理器、外围硬件设备、嵌入式操作系统以及用户的应用程序等四个部分组成，用于实现对其他设备的控制、监视或管理等功能。

目前大多使用的是嵌入式 PC104 微计算机系统。PC104 是一种专门为嵌入式控制而定义的工业控制总线，其信号定义和 PC/AT 基本一致，但电气和机械规范却完全不同，是一种优化的、小型、堆栈式结构的嵌入式控制系统。PC104 与普通 PC 总线控制系统的主要不同是：

1) 小尺寸结构，标准模块的机械尺寸是 3.8in×3.6in，即 96mm×90mm。

2) 堆栈式连接，去掉总线背板和插板滑道，总线以"针"和"孔"形式层叠连接，即 PC104 总线模块之间总线的连接是通过上层的针和下层的孔相互咬和相连。这种层叠封装有极好的抗震性。

3) 轻松总线驱动：减少元件数量和电源消耗，4mA 总线驱动即可使模块正常工作，每个模块 1~2W 能耗。

上海神开生产的 SK-3O04 氢焰色谱仪中的测控系统采用嵌入式 PC104 微计算机控制系统如图 4-43 所示。该系统包括电源系统、炉温控制、分析系统、信号控制、总烃及烃组分静电计、TFT 显示、触摸屏、色谱工作站等。开机后即进入自动控制程序，系统稳定后自动点燃 FID 火焰，并对采集的样品进行自动分析。

该测控系统由软件控制的高精度调理单元，可以在液晶面板上显示出组分分离波形，测量范围可以自动覆盖从最小检知浓度到满量程的所有出峰波形。通过面板可以直观看到测得的数据及出峰波形。测控系统示意图如图 4-42 所示。

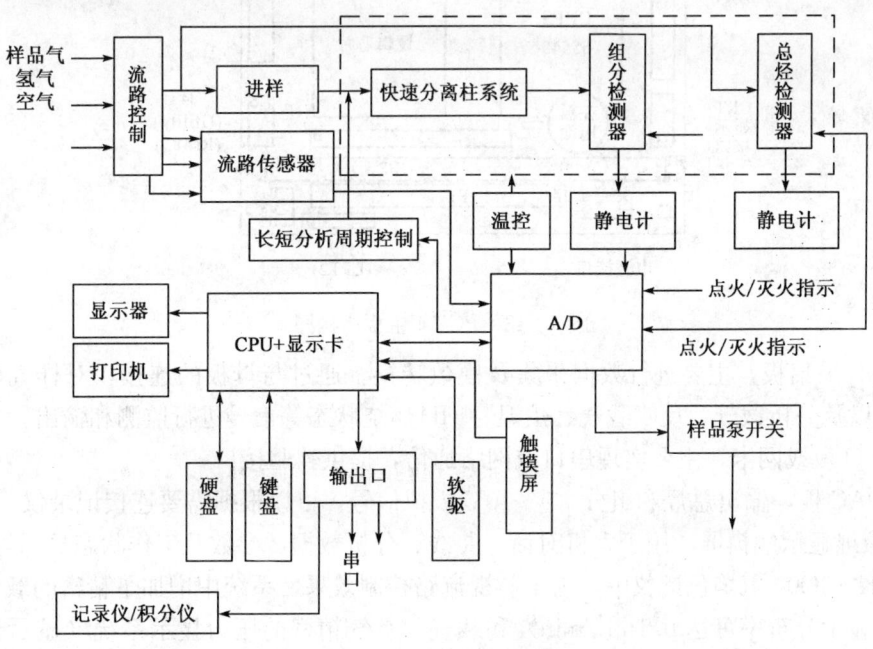

图 4-42 测控系统示意图

SK-3O04氢焰色谱仪嵌入式PC104微计算机测控系统结构与功能：

该测控系统负责色谱仪系统工作状态的监测控制以及数据的采集处理和保存输出，主要由五块插接式板片、静电计（放大板）及液晶显示触摸屏组成。板卡可根据需要选择插接，结构简单、更换方便。自上而下是：3Q04母板→FID微电流放大板（静电计）→PC104主板→AD采集板→I/O板或网卡→DAC板。各板片功能如下：

1）3Q04母板，提供所有电源输入输出接口，为整套仪器正常工作提供支持，提供所有模拟量及数字量的输入输出，色谱工作站通过母板控制色谱仪正常工作。

2）FID微电流放大板（静电计），采集总烃和组分信号，并通过母板传给工作站进行处理。

3）PC104主板，是嵌入式计算机的核心控制部件，驱动所有的外部设备并控制色谱仪的正常工作。通过安装的色谱工作站程序，采集色谱信号并进行处理。可以为用户监控提供实时的参数显示画面、实时曲线显示画面、历史曲线回放和时序曲线显示画面。自带并行口可外接打印机，实现对实时曲线、历史曲线、时序曲线和标定曲线的打印功能。与其连接的触摸屏可以对控制参数进行设置，也可以通过RS232串行口或网络输出将实时数据和数据库数据传输至后台计算机进行处理、显示、打印。内置电子盘自动保存分析数据，可以保存一个月的短分析周期（30s）连续工作生成的录井气测数据和图谱，长分析周期（90s）连续工作时可以保存6个月，以便查询历史数据和图谱。PC104主板结构图如图4-43所示。

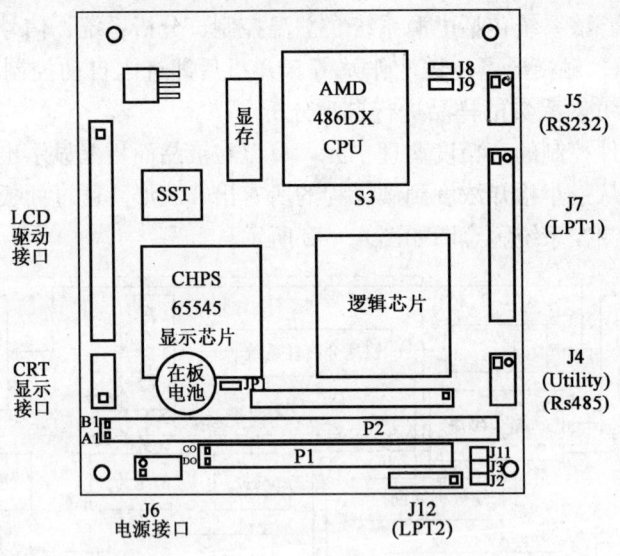

图4-43　PC104主板结构图

4）AD采集板，主要进行数据采集及模数转换。通过与母板的连接，对样气压力、流量、温度以及分析载气、反吹载气、炉温、FID燃烧状态等信号进行监测和输出。

5）I/O板或网卡，主要实现串口或网络通信，提供软驱接口。

6）DAC板，输出总烃和组分。0～10V模拟信号，可以根据需要连接记录仪。

7）液屏显示触摸屏，用于人机对话，曲线、分析数据、参数及工作状态显示等。

在SK-3O04氢焰色谱仪中，为了监视流路控制效果，系统中增加了精密的载气流量显示系统（显示分辨率可达0.1mL/min）和载气、空气精密的压力显示系统（显示分辨率可达0.1kPa）。高精度压力、流量控制系统保证了快速色谱仪高度的数据重现性。该系统能与装载综合录井软件的上位机系统相互配合工作（快速色谱工作站发送总烃、烃组分信号给上位机，上位机传递迟到井深信号给色谱工作站）。

在中原录井生产的 ZY-KQ 快速色谱气测录井系统中也配备了嵌入式 PC104-i613 微型计算机测控系统，具有功耗低、精度高、功能全面等特点。

该仪器中的采集控制电路的主要任务是对全烃和烃组分电信号进行 A/D 转换、处理，同时对 7 路流量信号（组分样品气、全烃样品气、全烃燃气、全烃助燃气、组分助燃气、A 载气和 B 载气流量）进行 A/D 转换、处理，并将处理后的数据发送 PC104 微型计算机。微型计算机通过采集控制板经控制电路对进样阀、分析阀和长短周期阀实施控制，从而实现色谱仪的全自动化控制。

1) 采集控制电路：采集控制板（图 4-44）全烃和烃组分通道采用 24b 芯片，数据采集频率为 20kHz，并具有滤波放大电路。流量指示通道采用 16b 芯片，数据采集频率为 100kHz。而开关量输入、输出由 80C52 单片机经驱动电路实现。

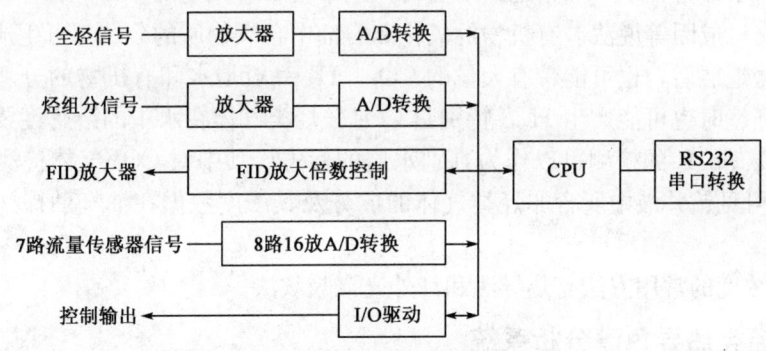

图 4-44 采集控制电路原理图

2) 双微电流放大电路：FID 检测器输出的信号经 AD549 放大器放大，再由 1/10 分压器将信号减小 10 倍后输出 0~1V 的电压信号到采集控制板。对 AD549 放大器的放大倍数，由采集控制板根据信号的大小送出 1 倍和 100 倍的控制信号，调整放大器的放大倍数。双微电流放大电路原理图如图 4-45 所示。

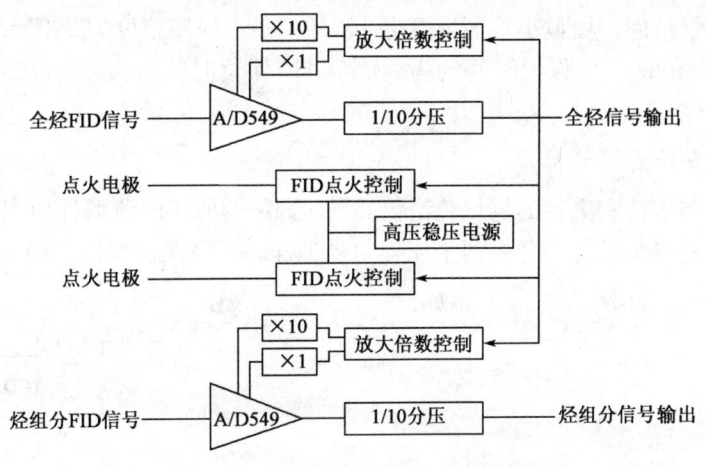

图 4-45 双微电流放大电路原理图

该系统采用多级程控放大器，程序根据采集到的信号自动选择合适的放大级别，使信号的高、中、低端都能得到良好的线性，最大限度地抑制了电路噪声。

(3) 谱峰识别技术

在该系统的色谱工作站中,程序设计采用了一种滑动窗口法来进行谱峰识别。该方法每次使用 n 个色谱数据单元进行色谱数据处理,将这 n 个色谱数据值记为 h_1, h_2, …, h_{n-1},窗口内最左边一点的位置记为 h_0,计算出相应采样数据点的斜率。每次处理结束时窗口内数据向后滑动一个,即把窗口内最左边的一个数据移出,再从最右边移进一个数据并计算各数据单元的斜率。这种方法是将信号斜率数据分成若干组,然后根据各组中数据信息判断该组采样值所处的状态。经过峰形检测和判定之后,找到各个谱峰的各个特征点,如起点、左拐点、顶点、右拐点、结束点等,就可以确定峰的保留时间,积分求出各谱峰与基线围成的面积,并用归一化法计算各组分含量。

三、现场非烃类气体录井

在现场气体录井过程中,当钻遇到水层时,经常会含有大量的 CO_2 和 H_2。CO_2 的成因有无机成因和有机成因等说法。有机物的氧化和石油中含氧物质的分解都可生成 CO_2。当地层水通过碳酸盐地层后,也可能带有大量的 CO_2。H_2 一般是水和有机物的分解,当地层水处于氧化还原环境时也可能产生 H_2,特别是 CO_2 较烃类气体在水中的溶解度要大得多。由此可见,对 CO_2 和 H_2 的检测可以作为判别水层的标志。其中对 CO_2 气体检测还可用来发现 CO_2 气藏。可见钻井液中所含非烃类气体的成分及其浓度数据在油气勘探开发过程中具有重要意义。

检测 CO_2 浓度的常用方法有热导法和红外光谱吸收法。

(一) 非烃类热导色谱分析系统

有关热导色谱分析原理和方法在前面的章节中已有论述。下面主要以上海神开生产的 SK-3R03 热导色谱仪为例,对非烃类热导色谱分析系统进行相关的论述。该仪器检测指标为:

氢气测量范围,由最小检测浓度至 2%,最小检知浓度为 $100mL/m^3$。

甲烷测量范围,由最小检测浓度至 10%,最小检知浓度为 $200mL/m^3$。

二氧化碳测量范围,由最小检测浓度至 100%,最小检知浓度为 $2000mL/m^3$。

分析周期为 3min;H_2 保留时间约为 50s;CH_4 保留时间约为 68~70s;CO_2 保留时间约为 84~110s。

1. 热导色谱分离过程

该分离过程与方法和上述的氢焰色谱仪类同。SK-3R03 的色谱柱由主柱和预切柱两部分组成。气路流程分为进样和分析两个流程。当进样时,气路流程图如图 4-46 所示。

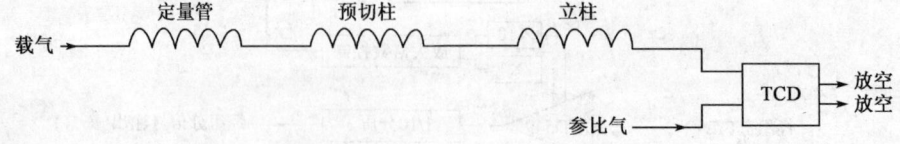

图 4-46 气路进样流程图

在现场运用中,我们只关心 H_2、CH_4、CO_2 三种气体。所以在进样 25s 后,通过微控制器的自动操作,由多孔阀将气路重新组合,分析流程如图 4-47 所示。

该状态将维持至 3min 分析周期结束。由于 CO_2 以后的成分已随着预切柱的分离而经反吹带走，所以实时得到的谱图中就只存在这三个成分。

由于主柱自始至终处于正向分析状态，所以气样成分得到充分的分离，而预切柱的清洗和反吹更延长了主柱的使用寿命。

图 4-47 样气分析流程图

2. 热导色谱的气路

SK-3R03 热导色谱仪的气路流程如图 4-48 所示。

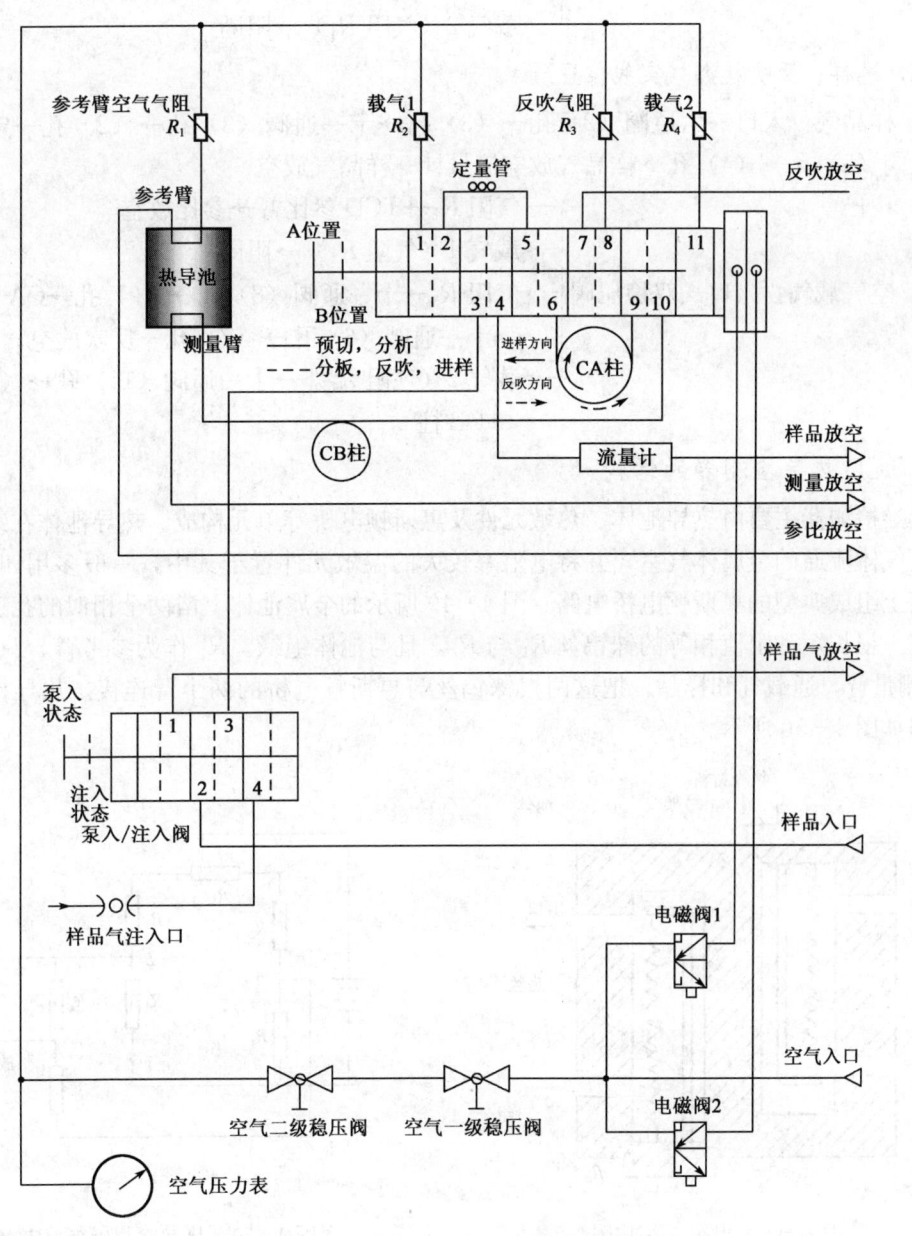

图 4-48 SK-3R03 气路流程图

(1) 分析状态（虚线位置）

1) 样品气：入口→六通阀（2）孔→（3）孔→十一通阀（3）孔→（4）孔→样品气放空流量计→样品气放空

2) 空气载气：入口—双稳压阀

- →气阻 R_1→TCD 参比臂→参比放空
- →载气1（气阻 R_2）→十一通阀（1）孔→（2）孔→定量管→十一通阀（5）孔→（6）孔→CA 柱→十一通阀（9）孔→（10）孔→CB 柱→TCD 测量臂→测量放空
- →气阻 R_3→十一通阀（8）孔→（7）孔→反吹放空
- →载气2（气阻 R_4）→阻断

(2) 进样、反吹状态（实线位置）

1) 样品气：入口→六通阀（2）孔→（3）孔→十一通阀（3）孔→（2）孔→定量管→十一通阀（5）孔→（4）孔→样品气放空流量计→样品气放空

2) 空气载气：入口—双稳压阀

- →气阻 R_1→TCD 参比臂→参比放空
- →载气1（气阻 R_2）→阻断
- →气阻 R_3→十一通阀（8）孔→（9）孔→CA 柱→十一通阀（6）孔→（7）孔→反吹放空
- →载气2（气阻 R_4）→十一通阀（11）孔→（10）孔→CB 柱

3. TCD 热导检测器的结构

热导检测器主要由热导池体、热敏元件及惠斯顿电桥等单元构成。热导池体在结构上是一个有气体流通的金属体气室，并将电阻率较大的温敏元件置于其中，一般多用四个元件，在电路上组成典型的惠斯顿电桥电路。图4-49所示的金属池体上凿两个相似的孔道，里面各固定一根长短和阻值相等的铼钨丝 R_1 与 R_2，且与池体绝缘。R_1 作为参考臂，只通载气；R_2 为测量臂，通载气和样品。把这两根铼钨丝与惠斯顿电桥的两个臂连接。热导检测器等效电路如图4-50所示。

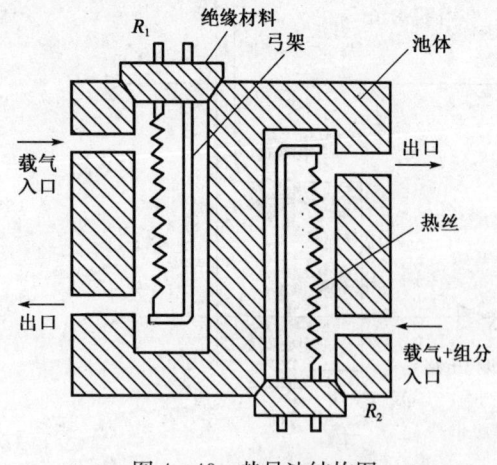

图4-49 热导池结构图

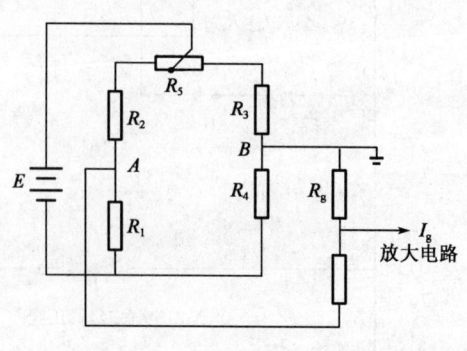

图4-50 热导检测器等效电路

由于不同的气体具有不同的热导系数,当载气同时通过两个臂时,对两臂的热传导有同样的影响,对热丝温度的影响也相同,因而使两根热丝的阻值变化也相同。当样品蒸气随载气进入测量臂时,由于样品气加载气二元体系的热导系数和纯载气的热导系数不同,因而使两根热丝的温降也不同,对两根热丝的阻值也产生不同影响,从而使电桥失去平衡,电桥AB之间产生不平衡电势,此电信号输入到放大电路。如果采用四臂铼钨丝热导池,则可使输出信号增大一倍,即灵敏度提高一倍。在图 4-51 中,R_1、R_4、R_2、R_3 为热丝,R_1、R_3 为测量臂,R_2、R_4 为参考臂,E 为外加电压,R_g 为衰减电阻。

4. 测控电路系统

(1) 电路的组成

1) 以 80C196KB 单片机为核心的 CPUSRC 测控系统,还包括存储扩展电路、显示、键盘接口电路、并行、串行接口电路、D/A 转换接口电路处理等。

2) 接口板 (3R03SP),它包括温度变送电路、恒流源电路、TCD 变送电路、功率驱动电路、气压检测电路等。主要功能为 V/F 的转换、桥流电源、高电压输出等。

3) 数码显示器板 (3R03D)。

4) 其他有 16 键小键盘、温度传感器 Pt100、热导检测器 TCD、三通电磁阀及开关电源等。

(2) 工作原理

1) 温度的检测和控制。

热导型色谱本身是基于温度的变化进行工作的,温度的稳定性对于热导型色谱至关重要的。温度的测量使用了标准的 Pt100 热电阻。

铂电阻温度传感器将 0~100℃ 温度转换成 0~10V 的电压,再经过 VFC 转换成 0~100kHz 的频率信号(电压转换成频率信号是为了增大控制精度),送入单片机进行 D/A 转换成数字量 t。

$$t = A_4 C_t f_t - A_5 \tag{4-49}$$

式中 C_t——内部常数;

f_t——频率;

A_4——温度软件倍率;

A_5——温度软件零位。

检测到的实际温度与需控制的温度(60℃)比较,经 PID 调节,自动控制加热器的加热功率,从而实现温度的恒温控制,如图 4-51 所示。

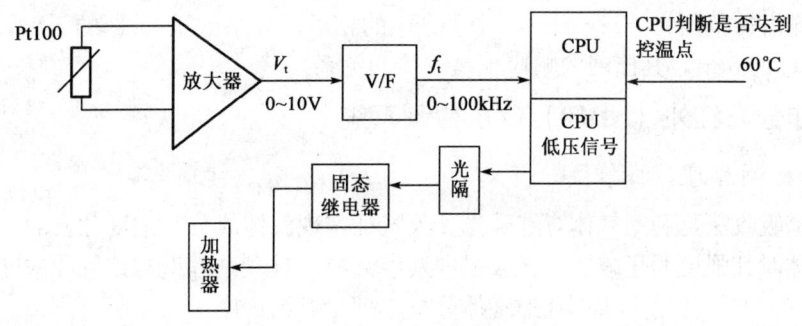

图 4-51 温度控制原理图

在单片机系统内设有 PID 温度控制软件系统。当 Pt100 热电阻采集的被测温度偏离所希望的给定值（该系统为 60℃）时，PID 控制可根据测量信号与给定值的偏差进行比例（P）、积分（I）、微分（D）运算，从而输出某个适当的控制信号给执行机构，促使测量值恢复到给定值，达到自动控制的效果。PID 控制算法的公式为：

$$u(t) = K_P \left[e(t) + \frac{1}{T_I} \int_0^t e(t) dt + T_D \frac{de(t)}{dt} \right] \quad (4-50)$$

在软件编程时一般采用增量式 PID 控制算法：

$$\Delta u(t) = K_P \{ e(t) - e(t-1) + K_I e(t) + K_d [e(t) - 2e(t-1) + e(t-2)] \} \quad (4-51)$$

PID 模块操作非常简捷，只要设定 4 个参数就可以进行温度精确控制，即温度设定值、K_P、K_I、K_D。

2）热导色谱检测和处理。

TCD 电桥和热导放大器将气体热导系数转换成 $-10 \sim 10V$ 的电压信号，再经 VFC 转换成 $0 \sim 100kHz$ 的频率信号，送入单片机转换成数字量 ch。

$$ch = F_2 C f_c - F_3 \quad (4-52)$$

式中　C——内部常数；
　　　f_c——频率；
　　　F_2——热导软件倍率可认键盘设定；
　　　F_3——热导软件的零位。

由单片机实时处理检测到的色谱数据，包括基线校正、色谱峰的识别和分解无效峰的切除、置切换峰标志等，通过 RS232 输出。不加处理的色谱数据通过并行口输出，处理后的色谱数据经 D/A 转换模拟量输出，如图 4-52 所示。

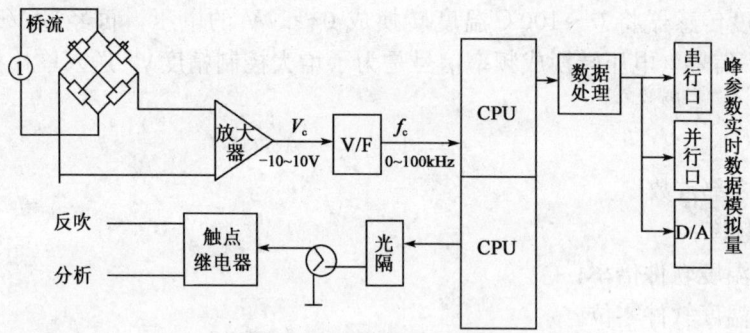

图 4-52　色谱信号处理电路原理图

由相关数据可知，H_2、CH_4、CO_2 的相对热导系数为 0.7（小于 1），它输出的是负峰，所以放大器输出的范围为 $-10 \sim +10V$。而 H_2 的相对热导系数是 CH_4 的 5 倍，所以 H_2 的灵敏度是 CH_4 的 5 倍，其出峰的响应也是 5 倍的关系。

（二）非分光红外（NDIR）CO_2 检测系统

1. 红外检测原理

红外光谱吸收法是利用气体对红外光吸收特征实现气体成分和浓度分析的。当某一光波通过被测气体时其强度明显减弱，光波强度发生衰减，且衰减程度与该气体浓度有关，两者间的关系遵守朗伯—比尔定律。红外气体分析原理示意图如图 4-53 所示。

大部分有机和无机多原子分子气体在红外区有特征吸收波长。当红外光通过时，这些气体分子对特定波长的透过光强由朗伯—比尔定律（Lambert‐Beer）表示为：

$$I = I_0 e^{-kCL} \quad (4-53)$$

式中　I_0——入射光强，lx；
　　　I——透过光强，lx；
　　　L——气体介质厚度，cm；
　　　C——气体浓度，mol/L；
　　　k——吸收系数，L/(mol·cm)。

式（4-53）表明，光强在气体介质中随气体浓度 c 及气体介质厚度 L 按指数规律衰减。吸收系数取决于气体特性，各种气体的吸收系数 k 互不相同。对同一气体，k 随入射波长而变。为了分析特定组分，应该在传感

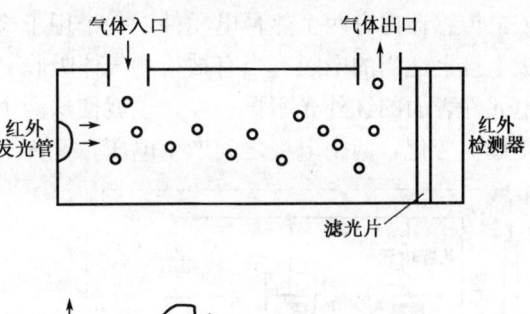
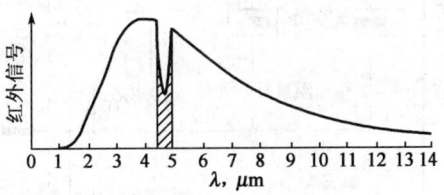

图 4-53　红外气体分析原理示意图

器或红外光源前安装一个适合分析气体吸收波长的窄带滤光片，使传感器的信号变化只反映被测气体浓度变化。

在图 4-53 中，红外光源发射出 1~20μm 的红外光，通过一定长度的气室吸收后，经过一个 4.26μm 波长的窄带滤光片后，由红外传感器监测透过 4.26μm 波长红外光的强度，以此表示 CO_2 气体的浓度。

2. 红外检测传感器

早期的红外 CO_2 气体检测仪大多为分光光度红外检测方法，所使用的是薄膜电容微音器传感器。我国非分光红外（NDIR）气体传感器技术研究在 2005 年才取得新进展，目前大多使用热释电传感器。

热释电效应：当一些晶体受热时，在晶体两端将会产生数量相等而极性相反的电荷，这种由于热变化而产生的电极化现象，称为热释电效应。通常，晶体自发极化所产生的束缚电荷被来自空气中附着在晶体表面的自由电子所中和，其自发极化电矩不能表现出来。当温度变化时，井体结构中的正负电荷重心相对移位，自发极化发生变化，导致晶体表面电荷耗尽，电荷耗尽的状况正比于极化程度。热释电效应形成原理如图 4-54 所示。

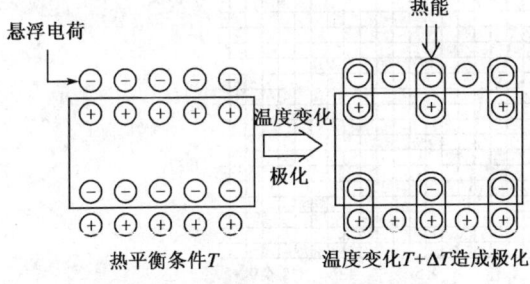

图 4-54　热释电效应形成原理图

能产生热释电效应的晶体称为热释电体或热释电元件，其常用的材料有压电晶体（如单晶 $LiTaO_3$）、压电陶瓷（如陶瓷氧化物 PZT）及高分子薄膜（如 PVFZ）等。

检测 CO_2 气体浓度的红外传感器就是由热释电元件制成的传感器，所以也称热释电传感器。热释电传感器是一种温度敏感传感器，由陶瓷氧化物或压电晶体元件制成，元件两个表面做成电极。当传感器监测范围内温度有 ΔT 的变化时，热释电效应在两个电极上产生电荷 ΔQ，即在两电极之间产生一微弱电压 ΔV。由于元件两个电极的输出阻抗极高，传感器中需用一个场效应管进行阻抗变换。当环境温度稳定不变时，$\Delta T=0$，传感器无输出。

传感器内有两个热释电元件，一个用于检测，另一个用于参考对比。在热释电元件的电极上接上适当的电阻，当有被检测气体吸收一部分红外光时，照到热释电传感器的两个热释电元件表面的红外光不再一样，也就使这两个元件吸收红外光能量不一样，导致元件表面发生温度变化，两个电极之间产生电压，元件上就有电流流过，在其两端得到电压信号。

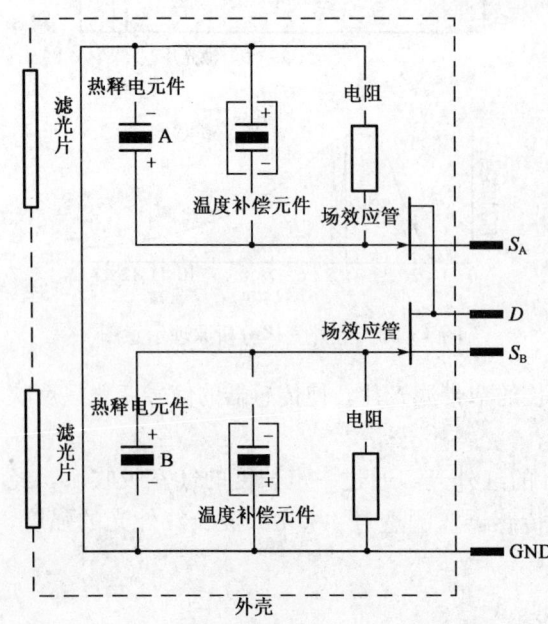

图 4-55 热释电红外传感器原理结构图

在胜利录井公司所生产的红外 CO_2 检测仪中，所使用的红外传感器和红外发光管选用 PerkinElmer 公司的 PYS3228TCG2/G20 和 IRL715。IRL715 发光管采用低频电调制，是一种白炽灯，波长从可见光到 $5\mu m$，适合轻烃（$3.0\sim3.5\mu m$）、CO_2（$4.15\sim4.4\mu m$），具有高可靠性、稳定的输出，时间常数小，使用寿命长，在 5V 电源工作时，使用寿命可达 40000h。PYS3228TCG2/G20 传感器主要由外壳、滤光片、热释电元件、场效应管等（因为一路用于测量，另一路用于参考，所以这些元件都是双套的）组成，原理结构如图 4-55 所示。

热释电红外传感器在结构上引入场效应管的目的在于完成阻抗变换。由于热电元件输出的是电荷信号，该阻抗高达 $10^4 M\Omega$，不能直接使用，因此需要将其转换为电压形式。故引入 N 沟道结型场效应管接成共漏极形式，即源极跟随器来完成阻抗变换。

传感器包括两个滤波窗（滤光片），中心波长分别是 $4.26\mu m$ 和 $4.0\mu m$，其中 $4.0\mu m$ 用于参考窗，$4.26\mu m$ 用于测量窗。滤光片设置在窗口处，组成红外线通过的窗口。传感器优点是本身不会产生任何类型的辐射，器件功耗很小，隐蔽性好，价格低廉；缺点是容易受各种热源、光源及射频辐射的干扰，受环境温度影响较大。传感器透光率如图 4-56 所示。

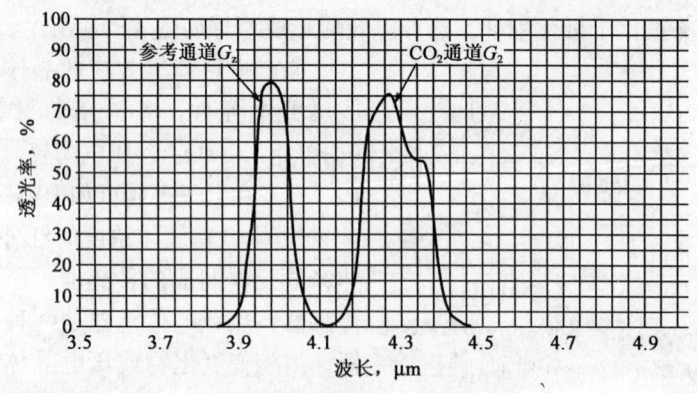

图 4-56 PYS3228 传感器透光率

红外探测器接收红外光产生的信号十分微弱，极易受外界的干扰，因此稳定可靠的前置放大电路是仪器的关键。一般采用高精密、低漂移的军品级模拟放大电路，并采用窄带滤波电路。前置放大电路具有精度高、漂移小、响应快的特点。为了减少红外传感器微弱信号的衰减以及外界信号干扰,将前置放大电路放在光学部件上,并采取一定的电磁屏蔽措施。

在胜利录井公司所生产的红外 CO_2 检测仪中,设计了两个对称的放大电路(图 4-57)。以一个通道为例,C_4、R_4、R_3 构成低通放大电路,C_8、R_7、R_8 构成零位提升,便于后续采集计算。放大器采用高输入阻抗、低噪声芯片 TLC2252。

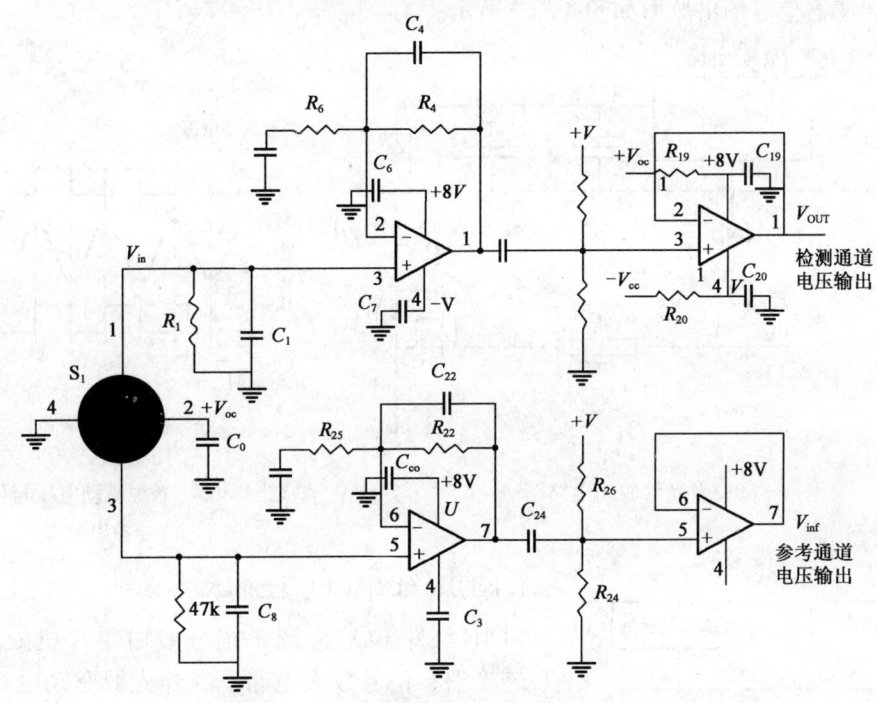

图 4-57 热释电传感器前置放大电路

3. 非分光红外测量光路系统

非分光(NDIR)红外测量是相对分光红外测量而言的。分光红外测量是采用棱镜或光栅进行分光,使由光源发出的红外线分成完全对称的两束光:参考光束与样品光束。通过调制器(一般是机械式)的调制,使传感器检测到两束光的强度差。非分光(NDIR)红外测量是采用单光束(无须分光)双波长实现,即通过选用两种窄带滤光片,它们的中心波长相近但一个允许待测气体对应的吸收波长通过,而另一片则完全阻止其通过,如图 4-58 所示,以此实现调制和提取浓度信号。

为了使气体红外吸收信号具有较好的分辨率,在进行结构设计时,红外光源、气室、红外探测器应设置在同一光轴上。此外,为了使信号足够大,可以使用椭圆型或抛物线型反射镜。

红外光源与调制:传统的红外气体分析仪采用连续红外热辐射型光源,机械式调制方式,目前所使用的是脉冲调制方式调制光源。红外光源为一个红外发光二极管,单片机系统中的定时器产生一定周期(如 250ms)的方波,控制红外光源驱动电路,进而控制发光二极管的点亮与熄火。发光管 IR715 的驱动电路如图 4-59 所示,

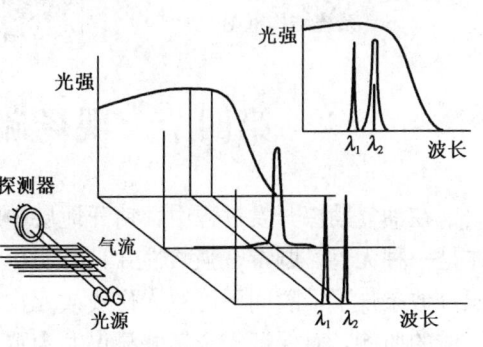

图 4-58 非分光红外测量光路系统原理图

系统控制单元从 IR_CTRL 端口发送发光时序。

红外发光源以一定的频率（2Hz 或 1Hz）发光和熄灭，红外传感器的两个信号通道（参考通道和测量通道）产生同频率的交流信号，经过放大滤波后分别检测一个周期内信号的最高值和最低值，然后根据两通道差值的比值，即可算出被检测气体的浓度。在脉冲调制光源作用下，传感器信号输出波形如图 4-60 所示。

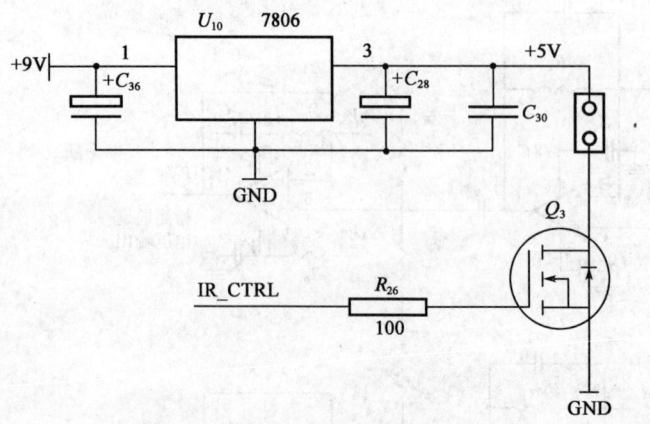

图 4-59 发光管驱动电路图

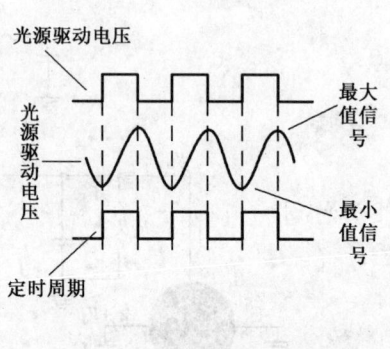

图 4-60 光源驱动电压与传感器信号输出波形

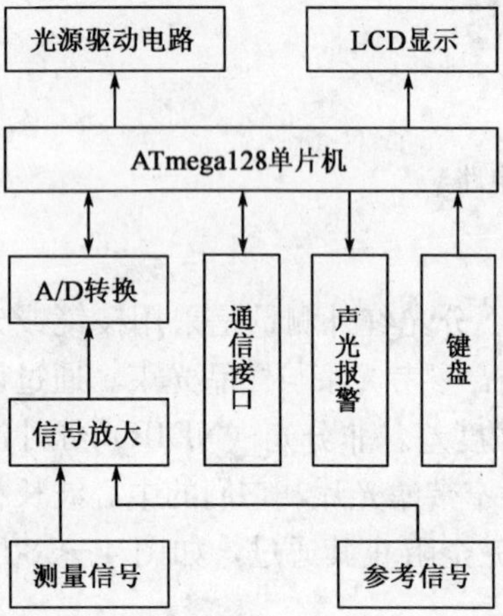

4. NDIR 红外 CO_2 检测系统

NDIR 红外 CO_2 检测系统一般由单片机处理系统、A/D 转换器、信号放大电路、红外光源驱动电路、声光报警控制电路、通信接口电路、键盘、LCD 显示等部分组成，系统结构框图如图 4-61 所示。

来自传感器的测量信号、参比信号和温度信号经放大电路送 A/D 转换器，转换成数字信号供微处理器进行数字滤波、线性插值及温度补偿等软件处理，给出气体浓度测量值，并将其浓度信号通过 RS232 串口输出。

该系统可以通过测量标准气体曲线，采用非线性校正算法直接得到测量气体的浓度，并通过系统的串口向上位机外部发送测量浓度数据。同时，也可以根据传感器的量程和实际测量数据，通过 D/A 控制输出与浓度成正比的 12 位精度的模拟信号。

图 4-61 NDIR 红外 CO_2 检测系统结构框图

第四节 现场硫化氢监测与报警系统

在油气勘探开发过程中，钻开地层中的硫化氢气体有可能由井筒上返到地面。硫化氢气体是一种无色、剧毒、强酸性并具有明显臭鸡蛋味的气体，其毒性仅次于氰化钾，在一定体积分数条件下，瞬间即可致人伤残或死亡，是油气钻井过程中的无形杀手。因此，对硫化氢气体的监测，对保证安全钻井显得尤为重要。

一、硫化氢的性质与分布

(一) 硫化氢的物理化学性质

硫化氢是一种无色、剧毒、强酸性气体。低体积分数硫化氢气体有一股臭鸡蛋味，其相对密度为1.19，较空气重，能溶于水，溶解度随水温的升高而降低。燃烧时带蓝色火焰，并产生对眼和肺非常有害的二氧化硫气体。硫化氢与空气混合，当其气体体积分数达到4.3%～45%的范围时，就形成一种爆炸混合物，遇火爆炸。硫化氢在空间易聚集，不易飘散，常聚集在钻台底部和井场低处，与许多金属发生化学反应，可严重腐蚀金属。当空气中硫化氢气体体积分数大于10×10^{-6}时，会引起人体不适，超过20×10^{-6}时能造成人中毒。

(二) 硫化氢气体的来源

硫化氢存在于碳酸岩与蒸发岩地层流体中，尤其在与碳酸岩伴生的硫酸岩沉积环境中更普遍。油气井中硫化氢的来源可归结于以下几个方面：

1) 地层中的硫酸岩高温还原作用而产生硫化氢。
2) 石油中的含硫化合物分解，产生硫化氢。
3) 地壳深部或幔源硫化氢通过裂缝向上部运移聚集。
4) 某些钻井液处理剂在高温热分解作用下产生硫化氢。

一般来讲，硫化氢浓（体积分数）随地层埋深增加而增大，如井深2600m，硫化氢浓度在1000×10^{-6}～5000×10^{-6}之间；而井深超过2600m或更深，地层温度超过200～250℃，热化学作用加剧而产生大量硫化氢，硫化氢浓度可能超过20000×10^{-6}～230000×10^{-6}。

硫化氢的存在形式有两种，一是以硫化氢气体形式单独存在或与油气藏共生；二是溶解于地层水和石油中。

二、硫化氢气体分析方法

硫化氢气体分析方法很多，如化学分析法、电化学分析法等。一般常用的分析方法有标准碘量法、快速测定管法、醋酸铅试纸法和激光法。

(一) 标准碘量法

现场检测钻井液中硫化氢体积分数常用的方法是标准碘量法。先用酸将钻井液预处理，目的是把钻井液中以硫化钠（Na_2S）形式存在的硫化氢转化出来。然后硫化氢与醋酸锌（$ZnAC_2$）反应生成白色沉淀硫化锌（ZnS），将此溶解于酸内，再与标准碘液作用。最后用硫代硫酸钠（$Na_2S_2O_3$）滴定过量的碘液，计算硫化氢的体积分数。此方法较准确，误差在5%以内。

(二) 快速测定管法

快速测定管法也是现场检测大气中硫化氢含量常用的方法。其原理是将吸附醋酸铅（$PbAC_2$）和氯化钡（$BaCl_2$）的硅胶装入细玻璃管内，抽100mL含硫化氢的气体，在60s内注入，形成褐色硫化铅（PbS）。根据硅胶柱变色的长度测定出硫化氢的体积分数。现场录井是在钻井液出口槽面上用注射器抽取100mL气样，通过测定管硅胶柱变色长度与标准尺比较，求得硫化氢的体积分数。此法具有简便、快捷和灵敏度高等优点。

（三）醋酸铅试纸法

醋酸铅试纸法的原理是醋酸铅试纸与硫化氢反应生成褐色硫化铅，与标准比色板对比，求得硫化氢的体积分数。此法适用于钻井液和大气硫化氢测量，是一种定性半定量方法。

（四）激光法

激光法原理是将光学检测探头直接安装在气体检测管两侧，半导体激光器射出的调制激光束穿过检测管中的被测气体，落到接收单元中的光电传感器上，激光束能量被所测气体分子吸收而发生衰减，接收单元探测到的光强度所发生的衰减与发射器和接收器之间的被测气体含量成正比。通过分析激光强度衰减，可以获得所测气体的浓度。该技术具有现场测量、快速响应（<5s）、适用范围大、精度高、可靠性高和维护量小等优点。

三、井场硫化氢检测与报警仪

硫化氢的测量是通过传感器将空气中的硫化氢气体含量转化为电信号，此信号经电子线路处理、放大和转换后，即实现了对硫化氢气体浓度的显示和报警。可见传感器是硫化氢气体检测仪的基础和核心部件，它的优劣决定了硫化氢气体检测仪的质量和性能指标。

硫化氢气体检测仪按结构分类，有固定式气体检测仪和便携（袖珍）式气体检测仪。固定式气体检测仪在现场使用，可根据现场存在的硫化氢气体的影响，做好相应的检测及防护工作。固定式气体检测仪分为一体式和分体式两种。一体式是传感器和信号变送、显示单元集成在一起的，直接安装在检测现场，通过对周围气体的扩散式采样，实现连续的自动检测和报警控制；分体式是将传感器和信号变送电路组装在一个防爆壳体（俗称探头）内，安装在现场（危险场所），将数据处理、二次显示、报警控制和电源部分组装成控制器（俗称二次仪表），安装在控制室（安全场所），便于监视。这类检测仪能连续自动检测硫化氢气体（若要测量其他有害气体，只需配置不同的传感器），根据设定的报警值实现超限自动报警。井场硫化氢检测与报警仪一般都使用这种固定式气体检测仪。

便携（袖珍）式气体检测仪可以连续、实时、准确地显示现场的硫化氢气体的浓度，它将传感器、测量电路、显示器、报警器、充电电池等组装在一个壳体内，成为一体式仪器，小巧轻便，操作方便；采用碱性干电池供电，能耗小。便携式气体检测仪使用时可以手持，袖珍式气体检测仪可以佩戴在腰带或口袋上，携带至不同的测量场所，随时随地进行检测。根据需要，还可配备数据存储卡（可存储报警记录、测量数据、标定数据等）。当测量值达到设定值时，会产生声光/振动报警。

目前固定式硫化氢气体检测仪的生产厂家和规格型号都较多。有德国德尔格生产的Polytron TX、Polytron 3000，法国奥德姆生产的OLC20和OLCT20型、OLCT50和OLCTS型，美国英思科生产的iTrans系列，深圳特安生产的ESD100、ESD200系列等。下面重点论述在现场录井中所使用的两类固定式硫化氢气体检测仪。

（一）硫化氢气敏电极检测仪

该类仪器在国外进口的综合录井仪（如DSL综合录井仪）中使用较广泛，国内无锡梅思安安全设备公司生产的SAC-TOX系列硫化氢检测仪也属于此类检测方法。硫化氢气敏电极检测仪采用的是一种电化学检测方法。利用物质的电学和电化学性质来进行分析的方法统称为电化学分析法。它通常是以待分析的试样溶液作电解质溶液，选择适当的电极，构成一个化学电池（电解池或原电池），然后据化学电池的某些电物理量（如电导、电位、电流、电量等）与被测组分之间的内在联系，以实现分析测试的目的。

H_2S 气敏电极的结构如图 4-62 所示。透气膜为聚四氟乙烯薄膜。内装溶液 pH 值为 5 的柠檬酸盐缓冲液。硫电极（工作电极）为 Ag_2S 压片式电极，与 Ag-AgCl 电极（参比电极）组成测量电池。

用硫电极作工作电极，用 Ag-AgCl 电极或 LaF3 电极作参比电极。内充电解液 pH 值为 5 的柠檬酸盐缓冲液。硫化氢通过透气薄膜进入电解液转变为 S^{2-} 离子，当离子强度和 pH 值一定时，电极电位为：

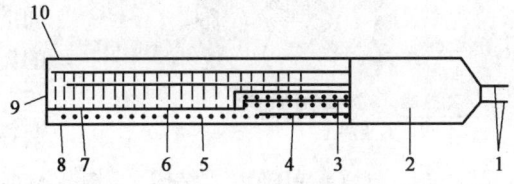

图 4-62 H_2S 气敏电极结构图

1—导线；2—电极帽；3—Ag-AgCl 丝；4—有机玻璃管；
5—电解质溶液；6—硫电极内溶液；7—垫圈；
8—硫电极敏感膜；9—聚氟乙烯膜；10—有机玻璃帽

$$E = E_0 - (2303RT/2F)\lg[H_2S] \quad (4-54)$$

式中　F——法拉第常数；
　　　T——温度；
　　　R——气体常数。

根据测得的硫电极电位 E，可得到 H_2S 的浓度。式（4-54）表明硫电极电位 E 与 H_2S 的浓度是呈对数关系的。

检测系统总体框图如图 4-63 所示。

从 H_2S 传感器输出的与 H_2S 浓度呈对数关系的电信号（mV 级）经变送器反对数放大、V/I 放大，最后输出 4~20mA 标准的电流信号。然后经取样、放大、滤波为 0~10V 的标准电压，再经 A/D 转换送 CPU 处理。CPU 处理后，显示 H_2S 的浓度和 H_2S 浓度高/低控制。

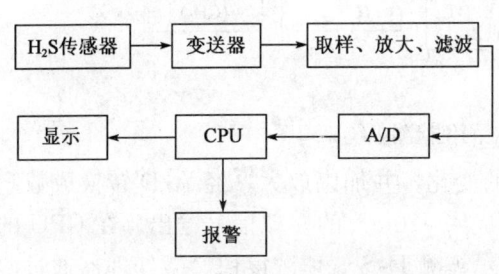

图 4-63　检测系统总体框图

（二）气敏半导体硫化氢检测仪

气敏半导体硫化氢传感器是利用半导体表面对气体分子的物理吸附和化学吸附原理设计的一种检测气体浓度的化学器件。这种检测仪由无锡格林通安全装备公司和美国通用检测器公司合作生产，装备在 SK-2000 和 SDL-9000 等综合录井仪上使用。

气敏半导体传感器是利用待测气体与半导体（主要是金属氧化物 MOS）表面接触时产生的电导率等物性的变化来检测气体。气敏半导体器件被加热到稳定状态下，当气体接触器件表面而被吸附时，吸附分子首先在表面自由地扩散（物理吸附），失去其运动能量，其间的一部分分子蒸发，残留分子产生热分解而固定在吸附处（化学吸附）。当氧化性气体吸附到 N 型半导体上，还原性气体吸附到 P 型半导体上时，将使载流子减少，而使电阻增大；相反，当还原性气体吸附到 N 型半导体上，氧化性气体吸附到 P 型半导体上时，将使载流子增多，使电阻下降。气敏半导体传感器的阻值将随气体浓度而变化，从浓度与阻值的变化关系即可得知被测气体的浓度。

气敏半导体传感器的结构示意图如图4-64所示。

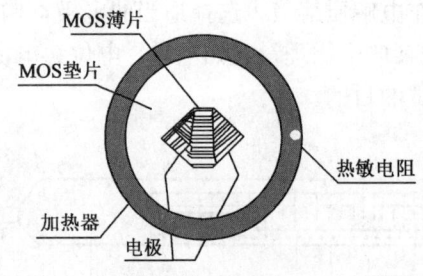

半导体（MOS）材料薄片被放置在两个电极之间的衬片上，在衬片的外圈有一个加热圈，加热圈的温度由热敏电阻测量，放置在传感器探头内部的控制电路使加热圈的温度始终保持恒定，保证传感器探头处于最佳工作状态。当 H_2S 气体没有吸附在 MOS 薄片上时，两电极之间的电阻非常大，一般

图 4-64　气敏半导体传感器结构示意图

为兆欧级；当 H_2S 气体被吸附在 MOS 薄片上时，两电极之间的电阻减小到千欧级。电阻的变化与 H_2S 气体浓度呈对数关系。

气敏半导体硫化氢检测仪检测系统原理图如图 4-65 所示。

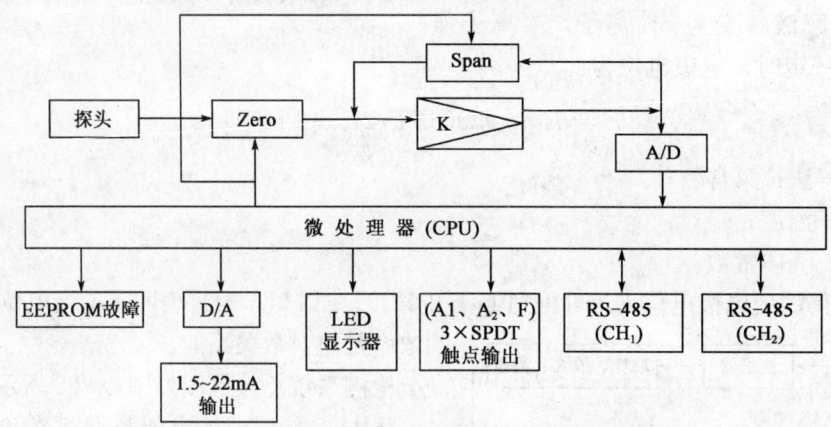

图 4-65　气敏半导体硫化氢检测仪检测系统原理图

传感器测量电路将电阻值的变化转换成电压的变化，并加以放大，经 A/D 转换成数字信号后由微处理器进行数据处理，再经 D/A 转换成 4～20mA 的模拟信号输出。在 CPU 的控制下仪表显示窗口的 3 位 LED 显示器将实时显示被测 H_2S 气体浓度值。微处理器通过两个 RS-485 通信接口随时响应主站查询的请求，按主站查询信息要求将有关的被测气体浓度信号和各种状态信息数据及时传到总线上。

硫化氢检测仪的主要作用是对 H_2S 气体浓度的超限报警。该系统的报警系统是由通用声报警板、打点卡、开关电源、连接电缆、防爆电笛等组成，如图 4-66 所示。

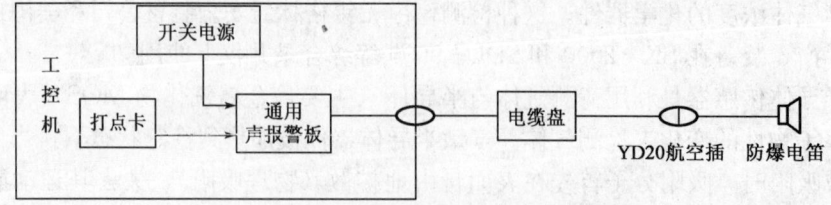

图 4-66　H_2S 室外报警装置系统结构图

当 H_2S 超限报警时，DSL2000 软件会驱动 7125 打点卡的 D6 继电器吸合，通用声报警板的隔离信号输入端会输入 4mA 电流，经 CPU 处理后以 10s（Close，关）/20s（Open，开）的状态驱动继电器，使防爆电笛报警。

一般的报警方式是由高/低限两级报警组成。低限报警 H_2S 气体浓度为 $5×10^{-6}$，高限报警H_2S气体浓度为20×10^{-6}。但这种报警方式比较单一，目前有文章提出将硫化氢气体报警扩大为分级报警。文章中指出，井场中出现硫化氢气体后其浓度会随着地层压力、侵入钻井液中硫化氢量及钻井采取的措施而变化。同时，不同浓度的含硫化氢气体对人体的危害程度是不同的。因此，硫化氢气体报警应依据其浓度及对人体的危害分级，分别向不同人员报警并提出建议。建议将报警分为5级，体积分数小于5×10^{-6}时录井仪自报警，由录井操作员和录井工程师严密注意硫化氢体积分数变化；当体积分数超过5×10^{-6}时，录井仪应该向钻台报警，并向钻井监督和安全主管反映情况，提醒"井口—振动筛—循环池—泵房"一带人员注意；当体积分数超过20×10^{-6}时，录井仪向钻台报警，再由司钻向井场的关键部位报警，"井口—振动筛—循环池—泵房"，一带人员撤离危险区；当体积分数超过50×10^{-6}时，录井仪向钻台报警，再由钻台向全井场报警，迅速组织井场人员撤离井场，录井仪操作人员继续监测硫化氢体积分数变化；当体积分数超过100×10^{-6}时，录井仪向全井场报警，关井，井场全体人员迅速撤离。不同体积分数硫化氢气侵的报警方式及对策见表4-8。

表4-8 不同体积分数硫化氢气侵时报警级别、方式及对策

硫化氢体积分数 10^{-6}	报警级别	报警方式	处理措施
<5	1	录井仪	录井严密监测硫化氢体积分数变化
5~20	2	录井仪→钻台	提醒"井口—振动筛—循环池—泵房"一带人员注意
20~50	3	录井仪→钻台→关键部位	"井口—振动筛—循环池—泵房"一带人员撤离
50~100	4	录井仪→钻台→全井场	迅速组织井场人员撤离，录井仪操作人员继续监测
>100	5	录井仪→全井场	关井，井场全体人员撤离，进行硫化氢的自动监测

此外，H_2S传感器的安放位置也是非常重要的，安放位置的正确选择是保证检测结果及时、准确的前提。因此，必须按硫化氢分布规律来安装硫化氢检测器，将传感器安装在能在第一时间检测到硫化氢出现的位置以及能测出硫化氢准确值的位置上，否则会导致检测结果滞后和失真。有关文章指出，钻井过程中硫化氢气体随钻井液循环返出，首先出现在井口，然后沿着脱气器、振动筛、循环池到泵房一线流动，并不断向周围扩散。因此，井场硫化氢气体的平面分布是不均匀的，如图4-67所示。井口、脱气器、振动筛、循环池、泵房一带为高含硫化氢区。其中脱气器、振动筛处含硫化氢最高，而循环罐的内拐角处由于通风条件差，容易造成硫化氢积聚。同时，由于硫化氢比空气重，硫化氢出现后会向地面方向流动，随着时间的推移，硫化氢逐渐在地面积集，因此硫化氢在垂直方向上也不是均匀分布的（图4-68），越靠近地面体积分数越大，向上体积分数逐渐降低。当然，以上规律只是针对空气不流动或流动缓慢的条件。

在充分认识井场硫化氢气侵时硫化氢气体分布规律后，可以确定"井口—缓冲罐—振动筛—循环池—泵房"一带是最危险的区域，而这一区域也正是现场施工人员活动最频繁的地方，因此应该重点进行监测。由此，平面上硫化氢传感器安装位置应选择在缓冲罐（振动筛）、井口、循环池内拐角处和泵房；而在垂直方向上，为保证监测的及时性和监测结果的准确性，应采用立体安装，在喇叭口和缓冲罐口附近及距地面较近的位置分别安装传感器。

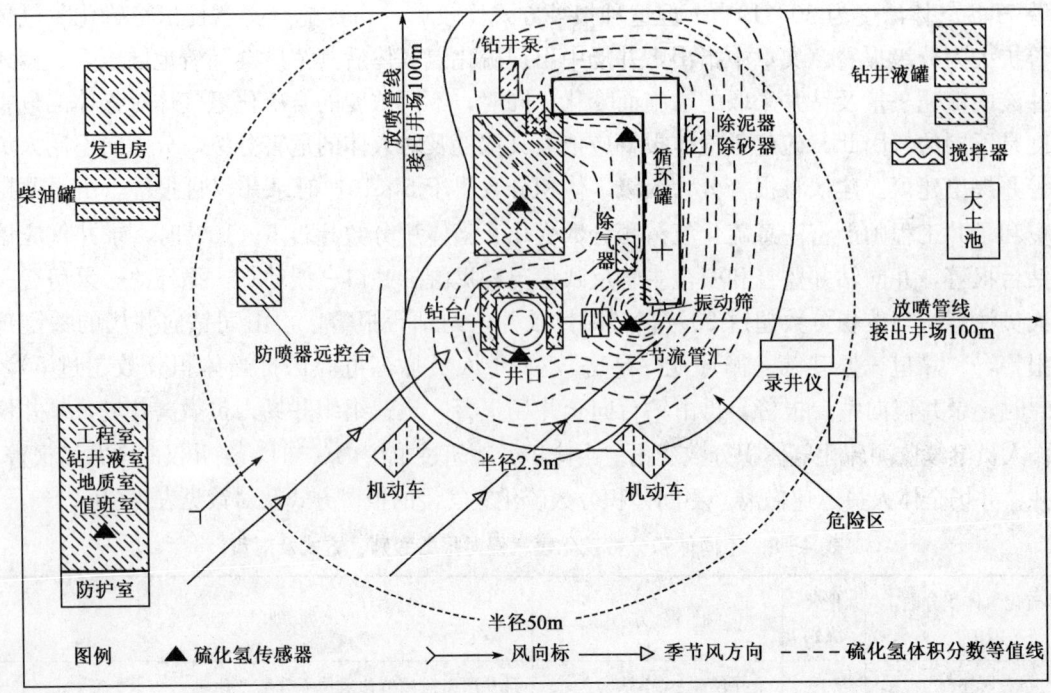

图 4-67 硫化氢气体体积分数平面分布图

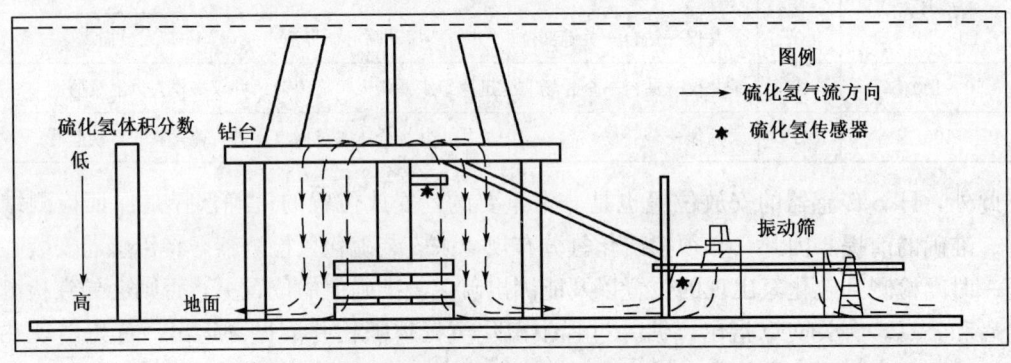

图 4-68 硫化氢气体体积分数垂直分布图

思考题与习题

1. 简述色谱法的分类。
2. 分别简述气相色谱仪的组成与分离过程。
3. 色谱柱一般分为哪几类？简述色谱柱的结构与组成。
4. 何为 FID 鉴定器？简述它的检测原理和用途。
5. 何为 TCD 鉴定器？简述它的检测原理和用途。
6. 简述气固色谱和气液色谱的分离原理。
7. 何为塔板理论？试说明运用该理论所能解决的问题。
8. 何为速率理论？试说明运用该理论所能解决的问题。
9. 气相色谱分离条件指标有哪些？并说明这些指标的作用。

10. 气相色谱是如何进行定性分析？
11. 气相色谱是如何进行定量分析？
12. 现场气体录井气相色谱分析系统分析的是哪些气体？检测这些气体作用是什么？
13. 电动脱气器和定量脱气器的作用及它们的结构有何不同？
14. 简述 VMS 的作用及操作方法。
15. 何为快速色谱？提高色谱快速分析的主要方法是哪些？
16. 简述现场气体录井 FID 气相色谱分析仪系统结构与组成。
17. 简述 SK-3Q 系列快速色谱仪气路流程。
18. 简述 FID 气相色谱分析仪的硬件系统结构与组成。
19. 现场非烃气体录井检测的是哪些气体？检测这些气体作用是什么？
20. 简述 SK-3R03 热导色谱仪的气路流程。
21. 试说明红外 CO_2 检测仪的原理和分析方法。
22. 简述现场硫化氢监测与报警的方法。
23. 硫化氢气侵时报警级别、方式及对策是怎样的？

第五章 现场光谱分析录井方法与技术

在近代分析化学中，凡是根据物质发射的辐射能或辐射能与物质相互作用而建立的一类分析化学方法，统称为光学分析法。光学分析法可以分为光谱法与非光谱法两类。当辐射能与物质作用时，物质内部能级之间发生量子化的跃迁，测量由此而产生的发射，吸收或散射辐射的波长和强度，这类方法就是光谱法。如果辐射能与物质相互作用时，不包含物质能级之间的跃迁，电磁辐射只改变了传播方向或某些物理性质，如折射、偏振等，这些方法属于非光谱法。随着光学、电子学、数学和计算机技术的发展，光谱分析法在现场录井领域中的应用越来越广泛。本章主要介绍现场定量荧光录井、现场核磁共振录井两种现场光谱分析录井方法与技术。

第一节 现场定量荧光录井方法与技术

目前，在油气钻探现场综合录井中已广泛使用荧光分析的方法，对钻探过程中的岩样和钻井液所含石油的性质和浓度进行定性和定量。这种方法和技术称为现场定量荧光录井，在储集层的原油性质评价和储集层评价方面越来越发挥着巨大的技术优势和作用。

一、分子荧光光谱分析

某些物质的分子吸收各种能量跃迁到较高的电子激发态后，在返回基态的过程中，伴随有光辐射，这种现象称为分子发光，以此建立起来的分析方法称为分子发光分析法。物质因吸收光能而激发发光的现象，称为光致发光。分子荧光（molecular flurescence）和分子磷光（molecular phosphorescence）属于光致发光，是由两种不同发光机理过程产生的。普通荧光在光照停止之后几乎立即停止，而磷光寿命较长，往往能延续一段易测出来的时间段后才停止。由于不同的发光物质有其不同的内部结构和固有的发光性质，所以可以根据荧光光谱鉴别荧光物质进行定性分析，或者根据特定波长下的发光强度进行定量分析。

（一）紫外及可见吸收光谱分析基本原理

紫外及可见吸收光谱是物质在紫外或可见光区吸收一定波长的光所获得的吸收光谱，它属于电子光谱，是指分子的外层电子或价电子（成键电子、非键电子和反键电子）跃迁得到的光谱。紫外光区是指波长为100～400nm的光波区，它又分为近紫外区（200～400nm）及远紫外区（又称真空紫外区10～200nm）两个区段，可见光区是波长为400～800nm的光波区。

1. 紫外及可见吸收光谱的电子跃迁

紫外及可见吸收光谱取决于分子中电子的结合情况：形成单键的σ电子；形成重键（双

键和三键)的 π 电子；未共用电子(或称非键)的 n 电子。当分子吸收一定能量的辐射时，就会发生相应的能级间的电子跃迁。有机物在紫外—可见光区域内电子跃迁的方式一般有 $\sigma \rightarrow \sigma^\star$、$n \rightarrow \sigma^\star$、$\pi \rightarrow \pi^\star$ 和 $n \rightarrow \pi^\star$ 四种类型。这些能级跃迁所需能量的大小是：

$$(\sigma \rightarrow \sigma^\star) > (n \rightarrow \sigma^\star) > (\pi \rightarrow \pi^\star) > (n \rightarrow \pi^\star)$$

图 5-1 表示出分子中电子的相对能级和跃迁。

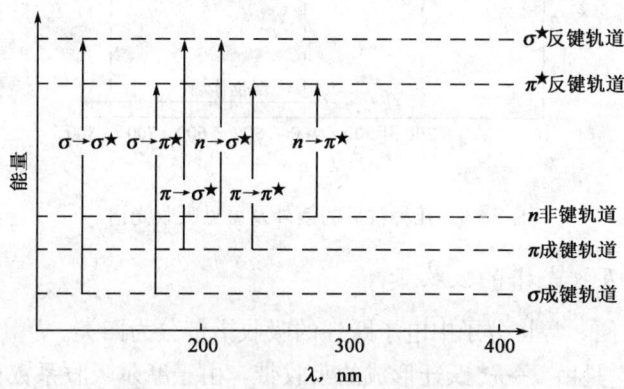

图 5-1　分子中电子的相对能级和跃迁

1) $\sigma \rightarrow \sigma^\star$ 跃迁：分子中成键轨道上的 σ 电子吸收辐射后，被激发到相应的反键 $\sigma^\star$ 轨道上。引起 $\sigma \rightarrow \sigma^\star$ 跃迁所需要的能量很大。这类跃迁轨道主要发生在远紫外区，它们的吸收波长小于 150nm。

2) $n \rightarrow \sigma^\star$ 跃迁：含有非键电子(即 n 电子)的杂原子的饱和烃衍生物都可发生 $n \rightarrow \sigma^\star$ 跃迁。这类跃迁所需能量通常要比 $\sigma \rightarrow \sigma^\star$ 跃迁小，可由在 150~250nm 区域内的辐射引起，并且大多数的吸收峰出现在波长低于 200nm 区域内。因此紫外区仍不易观察到这类跃迁。这类跃迁的摩尔吸收系数(ε)一般在 100~300 范围。

3) $\pi \rightarrow \pi^\star$ 跃迁：不饱和烃、共轭烯烃和芳香烃类可发生此类跃迁，所需能量较小，吸收波长大多在紫外区(其中孤立双键的最大吸收波长小于 200nm)，其摩尔吸收系数很高。

4) $n \rightarrow \pi^\star$ 跃迁：在分子中含有孤对电子的原子和 π 键同时存在时，会发生 $n \rightarrow \pi^\star$ 跃迁，所需能量小，吸收波长大于 200nm，摩尔吸收系数也很小，一般为 10~100。

5) 电荷转移跃迁：电荷转移吸收谱带指的是许多无机物(例如碱金属卤化物)和某些由两类有机化合物混合而得的分子配合物，它们在外来辐射激发下会强烈地吸收紫外光或可见光，从而获得紫外光及可见光吸收光谱。在这一吸收过程中，实际上发生了一个电子从电子给予体转移到电子接受体的过程，称为电荷转移吸收谱带。电荷转移可以是离子间、离子与分子间以及分子内的转移。电荷转移吸收谱带的强度大，摩尔吸收系数一般大于 10000。

6) $d \rightarrow d$ 跃迁：$d \rightarrow d$ 跃迁产生的吸收光谱称为配位体场吸收谱，是过渡金属的水合离子或与显色剂所形成的配合物在外来辐射作用下，吸收可见光及紫外光得到的吸收光谱。配位场理论认为，过渡金属离子(又称中心离子)的简并轨道在配位场作用下发生分裂，产生不同子能级的 d 轨道，因此有 $d \rightarrow d$ 跃迁，它们的吸收峰一般在可见光区。

综上所述，由于电子的跃迁或转移而引起的吸收光谱有六种，较常见的是 $\pi \rightarrow \pi^\star$ 跃迁、$n \rightarrow \pi^\star$ 跃迁、电荷转移跃迁、$d \rightarrow d$ 跃迁等引起的吸收光谱，图 5-2 表示了上述几种吸收光谱的吸收峰位置和强度。

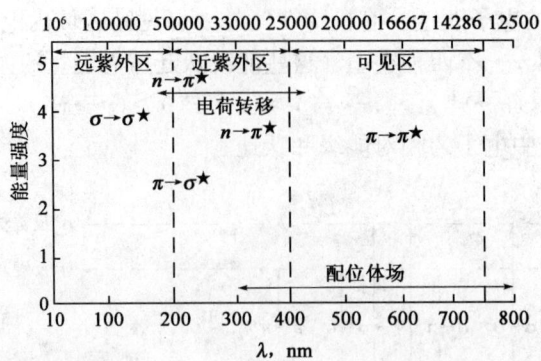

图 5-2 几种常见的紫外及可见吸收光谱

2. 紫外及可见吸收光谱的吸收带

为了解析谱图方便,常将分子中电子跃迁的吸收谱带分为四类。

1) R 吸收带:它是由 $n \rightarrow \pi^\star$ 跃迁形成的吸收带,由于摩尔吸收系数很小,吸收带较弱,易被强吸收带掩盖,并易受溶剂极性的影响而发生偏移。

2) K 吸收带:它是由 $\pi \rightarrow \pi^\star$ 跃迁形成的吸收带,摩尔吸收系数最大可达 10000,吸收谱带较强。共轭烯烃和芳香族化合物可产生这种谱带。

3) B 吸收带:它是芳香族化合物及杂芳香族化合物的特征谱带。B 吸收带容易反映出有机化合物的精细结构。但溶剂的极性、酸碱性等对精细吸收结构的影响较大。

4) E 吸收带:它是芳香族化合物的特征谱带之一,吸收强度大,摩尔吸收系数为2000~14000,吸收波长偏向紫外的低波长部分,有的则在远紫外区。

(二) 分子荧光光谱分析原理

分子荧光光谱分析(MFS分析)也称荧光分光光度法,是当前普遍使用并有发展前途的一种光谱分析技术。

由于物质分子结构不同,所吸收光的波长和发射的荧光波长也有所不同。利用这个特性,可以定性鉴别物质。对同一种分子结构的物质用同一波长的激发光照射,可发射相同波长的荧光。若该物质的浓度不同,则浓度大时所发射的荧光强度亦强,利用这个性质可以进行定量测定。用荧光进行定性、定量分析的方法称为荧光分析法,亦称荧光分光光度法。测荧光的仪器有荧光计和荧光分光光度计。

1. 分子荧光分析的基本原理

(1) 分子能级与电子能级的多重性

分子中除了电子不断运动之外,分子本身还有振动和转动。量子力学证明,这些运动的能级都是量子化的,故分子有电子能级、分子振动能级及分子转动能级,如图 5-3 所示。S_0 表示电子能级的基态,电子成对地填充在能量最低的各轨道中。根据不相容原理,一个给定的轨道中的两个电子必须具有相反方向的自旋,即自旋量子数 S 分别为 $+\frac{1}{2}$ 和 $-\frac{1}{2}$ 时,其总自旋量子数等于 0,即基态没有净自旋。基态的多重性为 $2S+1=1$ 时,这种态称为单线态。当分子中的电子被激发后，可以激发到高的单线态或三线态（多重性为$2S+1=3$），图5-3为单线态和三线态的电子分布图。A为基态电子分布（π^2）。B表示最高占有轨道有一个电子跃迁至空轨道，跃迁后自旋方向不变，两个电子的自旋方向仍然相反，总自旋$S_总$等于0，称为激发的单线态。C表示跃迁后的电子自旋方向改变，两个电子自旋方向平行（两个电子的自旋量子数都为$+\frac{1}{2}$），总自旋S等于1（$S_总=\frac{1}{2}+\frac{1}{2}=1$），多重性为$2S+1=3$，表现为三线态。这是因为在未被占满的两个轨道中的电子自旋不再受泡利不相容原理的限制，电子自旋方向可以相同。

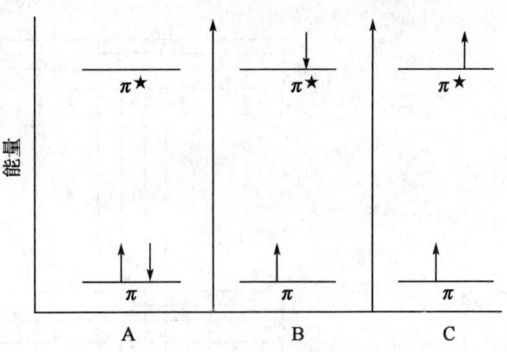

图5-3　单线态和三线态的电子分布图
A—基态（π^2）；B—激发单线态（$\pi\pi^\star$）；
C—激发三线态（$\pi\pi^\star$）

(2) 荧光的产生

根据玻尔兹曼分布，分子在室温时基本上处于电子的基态。吸收了紫外可见光后，基态分子只能跃迁到激发单线态的各振动能级，而不能直接跃迁到激发三线态的各振动能级。如图5-4（a）所示。跃迁以后较大的激发态分子在很短的时间里（10^{-15}s），由于分子间的碰撞或者分子与晶格间的相互作用，以热的形式失掉部分能量，从振动能级的较高能级向下降，这一过程称为振动弛豫，如图5-4（b）所示。由于这一部分能量以热的形式释放，而不是以光辐射形式发出，故振动弛豫属于无辐射跃迁。振动弛豫只能在同一电子能级内进行。分子经过振动弛豫到第一电子激发态的最低振动能级，然后发射光量子，分子跃迁到基态的各个不同振动能级，这时分子发射的光即为荧光，如图5-4（d）所示。由于振动弛豫损失了部分能量，荧光的能量小于原来吸收的紫外光的能量，故发射荧光的波长总比原来照射的紫外光波长要长。并非所有的物质都能通过发射荧光的途径回到分子的基态，相当多的分子通过另一个无辐射跃迁从激发态的最低振动能级转移到基态的高振动能级上，这个过程称为内部能量转移。从图5-4（c）可见激发态$S_1^\star$的最低振动能级与基态的较高振动能级的能量相差较小，使内部能量转移可能发生。

一种情况是内部能量转移之后，分子又可以通过一系列的振动弛豫回到基态的最低振动能级，这个过程称为内部猝灭。大多数物质的内部猝灭过程很快，所以无荧光发出。

另一种情况是激发态分子通过碰撞将能量转移给其他分子，直接回到基态，这种过程称为外部猝灭。例如溶剂中含有猝灭剂分子或温度较高时，很容易产生荧光外部猝灭。

图5-4中$S_1^\star$表示第一电子激发态的单线态，T_1表示第一电子激发态的三线态。三线态的电子能级产生分裂。

(3) 荧光与分子结构的关系

荧光与分子结构的关系是一个比较重要的问题，弄清二者的关系，可以预示分子能否发荧光，在什么条件下发荧光和发射荧光的特性。这对于研究分子荧光分析的应用是很有意义的。

(4) 物质产生荧光的条件

物质的分子必须具有吸收结构：物质的分子必须有强的紫外及可见光吸收，分子结构中

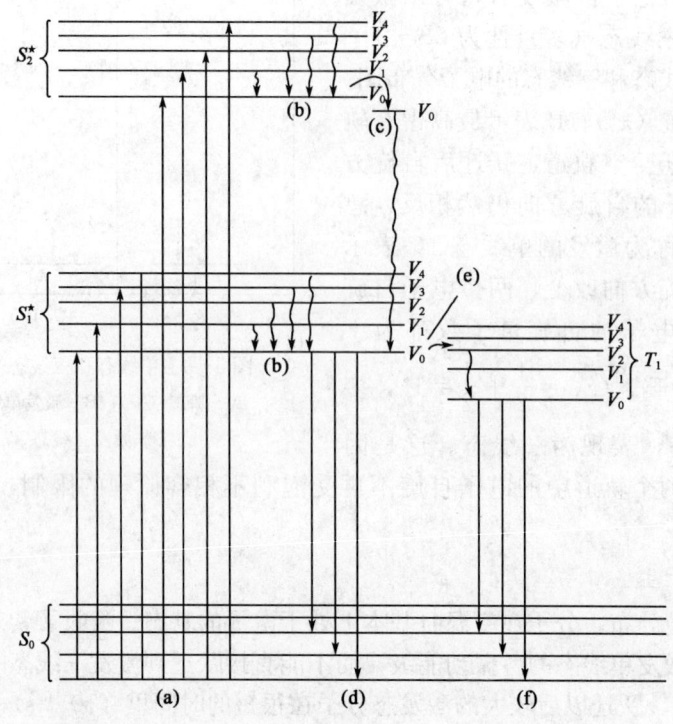

图 5-4 荧光与磷光产生示意图
(a) 吸收；(b) 振动弛豫；(c) 内部能量转换；(d) 荧光；
(e) 体系间跨越；(f) 磷光

有 π→π* 跃迁和 n→π* 跃迁的物质都有紫外可见光吸收。但 n→π* 跃迁引起的 R 吸收带是一个弱的吸收带，电子跃迁概率小，由此引起的荧光极弱。所以实际上只有分子结构中存在共轭 π→π* 跃迁，也就是 K 吸收带强吸收时，才有可能有荧光发生。把分子中能发射荧光的基团称为荧光团。荧光团一定是生色团，但生色团未必一定是荧光团。

物质分子必须有一定的量子产率，量子产率等于零的物质不能发射荧光。这是因为处于电子激发态的分子有许多方式把激发能释放出来，而荧光发射只是其中的一种。物质发射荧光量子数和吸收的激发光量子数的比值称为量子产率或称荧光效率，用 φ_f 表示。

$$荧光效率(\varphi_f) = \frac{发射荧光量子数}{吸收的激发光量子数} \tag{5-1}$$

很明显，φ_f 的极大值为 1，即每吸收一个量子就发射一个量子。但事实上大部分荧光物质 φ_f 都小于 1，可用量子产率（荧光效率）来表示各种不同物质产生荧光的情况。荧光效率低的物质虽然有很强的紫外吸收，但所吸收的能量都以非辐射跃迁的形式释放出来，所以没有荧光发射。

荧光量子产率表示物质发射荧光的本领，是一切荧光测定的基本参数之一，在大分子构象的研究中占着特殊重要的地位。

适宜的环境：因为一种物质吸收光的能力及量子产率都与物质所处的环境紧密相关，环境条件影响分子对能量的吸收和消耗，所以环境常常是决定物质量子产率高低甚至能否发射荧光的重要因素，如溶剂、溶液的 pH 值、温度等都能影响荧光的发射。

(5) 分子结构与荧光性质

荧光通常发生于具有共轭双键体系的分子中。能强烈发光的分子，几乎都是通过 π→π* 跃迁的 K 吸收带紫外吸收而到达电子激发态，所以能产生荧光的分子都具有共轭双键和大 π 键。

长共轭结构：绝大多数能产生荧光的物质含有芳香环或杂环。因为芳香环或杂环分子具有长共轭 π→π* 跃迁，π 电子共轭结构越长，激发波长（λ_{ex}）和发射波长（λ_{em}）都将红移，荧光强度（或荧光效率）也会增大。例如：

苯	萘	蒽
λ_{ex}=205nm	λ_{ex}=286nm	λ_{ex}=356nm
λ_{em}=278nm	λ_{em}=321nm	λ_{em}=404nm
φ_f=0.11	φ_f=0.29	φ_f=0.36

分子的刚性和共平面性：强荧光物质的分子多数具有刚性平面结构，这样可以减少分子自身的振动，并使分子与溶剂或其他溶质的相互作用减少，降低了碰撞去激的可能性或程度。例如，荧光素是强荧光物质，但与其结构相似的酚酞由于没有氧桥，不易保持平面构型，是非荧光物质。在同样的长共轭分子中，分子的刚性和共平面性越大，荧光效率 φ_f 越大，并且荧光波长发生红移。

荧光素发荧光　　　酚酞不发荧光

2. 分子荧光参数

分子荧光分析能提供较多的参数，这些参数能从不同的角度反映分子的发光特性。通过对这些参数的分析，不但可以做一般的定量测定，而且还可以推断分子在各种环境中的构象变化，从而了解大分子的结构与功能的关系。所以分别弄清这些参数的意义，并精确地加以测定是极其重要的。

(1) 分子荧光强度与总荧光量

1) 分子荧光强度。目前一般商品仪器都采用荧光强度来表示荧光的相对强弱，所用的单位常为任意单位，表示的强度是相对值。在仪器上测定一个物质的相对荧光强度与很多因素有关，可表示为：

$$I = K\varphi_f I_e (1 - e^{-\varepsilon bC}) \tag{5-2}$$

式中　I——荧光强度；

　　　K——仪器常数；

　　　φ_f——量子产率；

　　　I_e——激发光强尔吸收系数；

　　　ε——介电常数；

　　　b——样品的浓度样品池的厚度；

　　　C——样品的浓度。

从式（5-2）可以看出：荧光强度与仪器条件有关，同一物质用不同仪器或同一仪器在不同的测定条件下，得到的值常常是不同的；荧光强度与物质本身的量子产率和激发光强度成正比；荧光强度与摩尔吸收系数、样品光径及浓度三个因素有关。摩尔吸收系数是表示某一物质吸收光的特性，分子要发射荧光首先必须吸收能量，所以吸收特性与荧光发射密切相关。样品光径和浓度是互相有关系的两个因子，因为增大样品池的光径，在测定效果上就像增大样品浓度一样。当溶液浓度很小时，$e^{-\varepsilon bC} \approx 1-\varepsilon bC$，所以有：

$$I = KI_e\varphi_f\varepsilon bC \tag{5-3}$$

2）总荧光量：用物质的荧光发射光谱面积来表示荧光的量，称为总荧光量。使用总荧光量进行分子荧光定量分析，可以提高灵敏度。

（2）分子荧光激发光谱和发射光谱

任何发荧光的分子都具有激发和发射两个特征光谱，它们是利用荧光法进行定量和定性分析的基本参数和依据。

1）荧光激发光谱：激发光谱表示的是在某一发射波长下荧光强度随激发波长的变化曲线。要使某荧光物质在一定条件下产生荧光，就需要有一个激发光源提供能量。一定强度的激发光经第一单色器分光，选择最佳波长的光去激发液池内的荧光物质。该物质发出的荧光可射向四面八方，但通过液池后的激发余光是沿直线传播的。为了准确地进行荧光测定，检测器不能直接对准光源，通常在液池的一边，与激发光传播方向成直角关系。这样，强烈的激发余光不会显著干扰测定，也减小了损坏检测器的可能性。在图5-5所示的荧光分析基本装置示意图中，第一单色器的作用是给荧光物质选择具有特定波长的激发光；第二单色器的作用是滤除荧光液池的反射光、瑞利散射光、拉曼光以及溶液中干扰物质产生的荧光，只允许被测物质的特征性荧光照射到检测器上进行光电信号转换，从而消除杂光的干扰，提高测定的选择性。

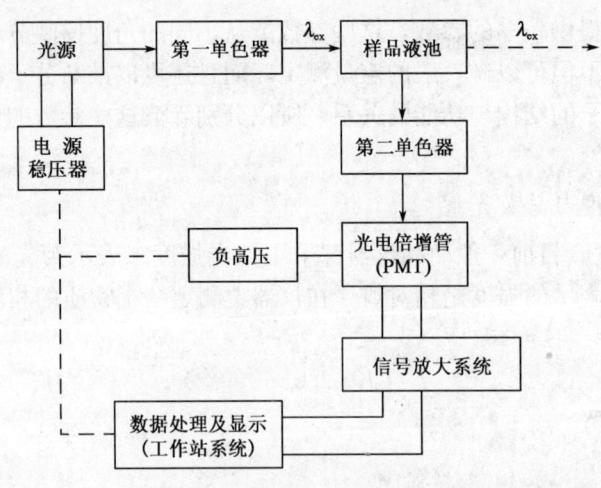

图5-5 荧光分析基本装置示意图

荧光激发光谱的测绘：激发光谱（excitation spectrum）是在激发光的波长连续变化时在某一固定荧光测定波长下测得的该物质荧光强度变化的图像。测定激发光谱时，先固定第二单色器的波长，使测定的荧光波长保持不变，后改变第一单色器的波长在200～

700nm 范围内扫描。以显示系统测出的相对荧光强度为纵坐标，以相应的激发光波长为横坐标作图，所绘出的曲线就是该荧光物质的激发光谱。它反映了激发光波长与荧光强度之间的关系，为荧光分析选择最佳激发光提供依据。为了获得较高灵敏度，理论上讲应选用最大激发波长作为激发光，但实际上常选用波长较长的高波峰所对应的波长作为激发光。这样，既可产生较大的荧光强度，又不至于引起荧光分子的预离解跃迁，灵敏度和准确度都比较理想。

激发光谱具有以下特征：

①第二单色器不论怎样改变固定波长，同一荧光物质激发光谱的性质在其他条件一定时并不改变，变化的只是曲线高低，即测定的灵敏度发生变化。这是由于第二单色器波长只要一固定，荧光的相对比较强度即固定。如果改变第二单色器至新的固定波长，荧光的相对比较强度又固定在一个新的水平，激发光谱在各波长处的强度将移动同样的距离，使谱线的形状保持不变。

②同一物质的最大激发波长与最大吸收波长一致。这是因为物质吸收具有特定能量的光而激发，吸收强度高的波长正是激发作用强的波长。因此，荧光的强弱与吸收光的强弱相对应，激发光谱与吸收光谱的形状应相同。但实际上并不完全一致，因为激发光包含着光源以及单色器的特性，荧光分光光度计并不能保证在各波长处以完全相同的强度激发。

2）荧光发射光谱（简称荧光光谱）：是在某一波长紫外光激发下，荧光强度随发射光波长的变化曲线。

荧光光谱的测绘：如果固定第一单色器波长，使激发光波长和强度保持不变，然后改变第二单色器波长，从 200～700nm 进行扫描，所获得的光谱就是荧光光谱（fluorescence spectrum）它表示在该物质所产生的荧光中各种不同波长组分的相对强度，为进行荧光分析选择最佳测定波长提供依据，也可用于荧光物质的鉴别。

荧光光谱的特性：荧光光谱形状与激发波长无关，这是由于分子无论被激发到高于 S_1 的哪一个激发态，都经过无辐射的振动弛豫和内转换等过程，最终回到动能级，然后产生分子荧光。因此，荧光光谱与荧光物质被激发到哪一个电子能级无关。

荧光光谱与吸收光谱有很好的镜像（mirror image）关系。S_0 态跃迁到 S_1 态各振动能级时产生的吸收光谱，其形状取决于该分子各振动能级能量间隔的分布情况（称该分子的第一吸收带），而分子由 S_1 态的最低振动能级至 S_0 态各振动能级所产生荧光光谱同样有多个峰，也就是说，荧光光谱的形状取决于 S_0 态中各振动能级的能量间隔分布。由于分子的 S_0 态和 S_1 态中各振动能级的分布情况相似，因此，荧光光谱和吸收光谱的形状相似。图 5-6 为蒽在环己烷质溶液中的激发光谱和发射光谱。从图 5-6 上可以看到，蒽的激发光谱同发射光谱大致成镜像对称关系。

在吸收光谱中，S_1 态的振动能级越高，与 S_0 态间的能量差越大，吸收峰的波长越短；相反，在荧光光谱中，S_0 态的振动能级越高，与 S_1 态间的能量差越小，产生荧光的波长越长。因此，荧光光谱和吸收光谱的形状虽相似，却呈镜像对称关系。

从图 5-6 也可以看到，蒽在激发光谱中 350nm 的激发峰处有几个小峰，这是由于蒽吸收能量后由基态跃迁至第一电子激发态中各个不同振动能级所引起的。在蒽的荧光发射光谱中也有许多小峰，这是由于蒽分子从激发态的最低振动能级跃迁至基态的不同振动能级时发射出的荧光量子的能量不同引起的。

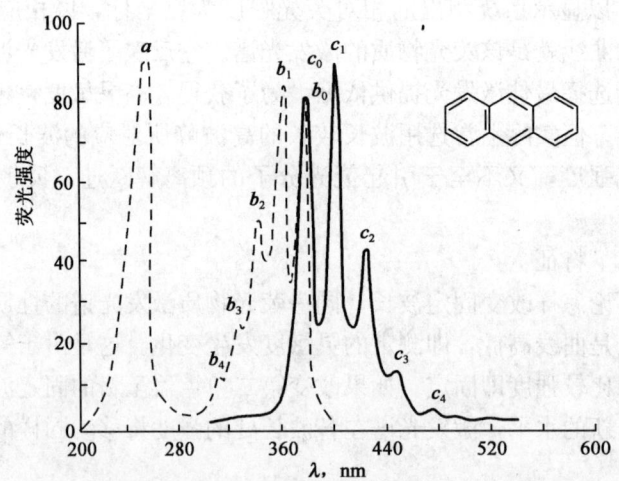

图 5-6 蒽的激发光谱（虚线）和发射光谱（实线）

荧光发射与荧光物质的分子被激发到哪一个能级无关，即与激发光能量无关。一般来说，荧光发射光谱的形状与激发光波长的选择无关。但是当激发光波长选在远离最大激发峰的位置时，发射强度小，会导致灵敏度低。因此，在实际工作中应尽量选用最大激发峰波长作为激发光。

（3）峰位及谱带宽度

1) 峰位：即指激发峰和发射峰的波长所在的位置，分别用 λ_{ex} 和 λ_{em} 表示，并用 λ_{max} 表示特征光谱峰位。峰位是荧光定性鉴别的重要依据。

2) 谱带宽度：通常用半波宽来表示，即峰的强度值为一半时其横坐标上的波长宽度。当然表示谱带宽度的方法还有很多种，如光谱的有效面积除以峰高等。

（4）分子荧光寿命

荧光寿命是指当去掉激发光以后，分子的荧光强度降到激发时最大荧光强度的 $\frac{1}{e}$ 所需要的时间，常用 τ 来表示。当荧光物质受到一个极其短的时间的光脉冲激发后，它从激发态跃迁到基态的变化可以用指数衰减定律来表示：

$$I_t = I_0 e^{-Kt} \quad (5-4)$$

式中 I_t、I_0——在 t 时间和激发初始时的荧光强度；
K——衰减比例常数。

（5）斯托克斯位移

激发峰位和发射峰位的波长差称为斯托克斯位移，它表示分子回到基态以前在激发态寿命期间能量的消耗。此位移常用式（5-5）表示，单位是 cm^{-1}。

$$斯托格斯位移 = 10^7 \times \left(\frac{1}{\lambda_{ex}} - \frac{1}{\lambda_{em}} \right) \quad (5-5)$$

式中 λ_{ex}、λ_{em}——校正后的最大激发波长和最大发射波长，nm。

（6）荧光猝灭

荧光分子与溶剂或其他物质分子作用使荧光强度减弱的现象称为荧光猝灭。能使荧光强度降低的物质称为荧光猝灭剂（quencher）。荧光猝灭分为静态猝灭和动态猝灭。静态猝灭的特征是基态荧光分子 M 和猝灭剂 Q 发生反应，生成非荧光性物质，使 M 失去荧光特性。反应如下：

$$M + Q \rightleftharpoons MQ$$

动态猝灭的特征是激发态 M* 和 Q 碰撞，发生能量或电子转移从而失去荧光性，或生成瞬时激发态复合物 MQ*，使荧光分子 M 的荧光猝灭。与静态猝灭不同，动态猝灭通常并不改变吸收光谱。产生荧光猝灭的原因很多，如荧光物质和猝灭剂分子碰撞而损失能量；荧光分子与猝灭剂分子作用生成不发光的化合物；在荧光物质的分子中引入卤素离子后易发生体系跨跃而转至三线态；溶解氧的存在使荧光物质氧化，或是由于氧分子的顺磁性促进了体系跨越，使激发态的荧光分子转成三线态。

荧光猝灭剂在荧光分析中会引起测定误差。但是如果一个荧光物质在加入某猝灭剂后，荧光强度的减少和荧光猝灭剂的浓度呈线性关系，则可以利用这一性质测定猝灭剂的含量，这种方法称为荧光猝灭法。

二、分子荧光分析仪器

（一）分子荧光分析仪器的结构及原理

用于测量荧光的仪器种类很多，从简单的滤光片荧光计到复杂的精密分光光度计。它们的结构都包括四个基本部分：激发光源、单色器、样品室、检测器系统（图 5-7）。荧光分析是从入射光的直角方向、黑背景下检测样品的发光信号，这与紫外分光光度法从入射光方向的亮背景下检测吸收信号相比，具有高的灵敏度。另外，荧光分析在检测器前面是发射单色器，样品信号经过分光后可以除去样品以外的辐射，从而为方法的专一性提供有利条件。

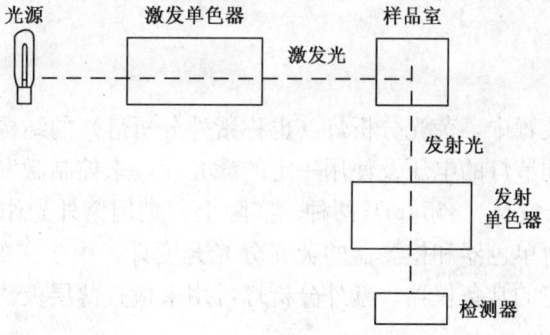

图 5-7 荧光分析仪器结构示意图

1. 激发光源

在分子荧光测量中常用光强较大的汞弧灯、氢弧灯及氙灯等作激发光源。汞灯所发射的光谱线是不连续的，多用作滤光片荧光光度计的光源；氙灯内装有氙气，通电后氙气电离，同时产生较强的连续光谱，分布在 250～700nm 之间，而在 300～400nm 波段内射线强度几乎相等，目前荧光分光光度计都用它作光源。

2. 单色器

荧光分析仪器具有两个单色器：一是激发单色器，用于选择激发光波长；二是发射单色器，用于选择投射到检测器上的荧光波长。单色器包括色散元件和狭缝，一般的荧光分光光度计都采用两个光栅作为色散元件。

光栅：在荧光分光光度计中，光栅是单色器的主要元件。它是在一个抛光的玻璃板上镀铝，然后在铝膜上刻大量平行线制成的。它的优点是：在所有波长都能色散且色散均匀，有相同的分辨率；入射光大约80%的能量在一级光谱中。

狭缝：狭缝关系到单色器分辨率的优劣，一般来说，狭缝越窄，单色性越好，但光强度也随着减小，从而使灵敏度降低。在实际工作中选择狭缝应兼顾二者，以获得较好的测定结果。每个单色器都有入射狭缝和出射狭缝，用以控制谱带宽度及照射到样品上的强度。根据检测的目的不同，可以选择不同的狭缝宽度。

3. 样品池

荧光测量用的液体样品池通常用石英制成，形状以正方形或长方形为宜，因为这种形状的液槽散射光干扰较少，也有用圆形液槽的。低温荧光的测定则在石英槽的外面套上一个盛放液氮的透明石英真空瓶，以便降低温度。固体样品可用样品架。

4. 检测器

检测器的作用是接收光信号，并将其转变成电信号。荧光的强度通常比较弱，因此要求检测器有较高的灵敏度，常用灵敏度高的光电倍增管作为检测器。

5. 记录显示系统

检测器出来的电信号经过放大器放大后，由记录仪把信号记录下来。此外，还可以数字显示或用打印机打印出结果，使分析更加直观、准确。目前均由计算机来处理光谱信号。

（二）分子荧光分析仪器类型

用于测量荧光的仪器类型很多，从最简单的荧光分析灯，到常用的各种荧光分光光度计和利用激光作光源的毫微秒荧光计。虽然原理大体相同，但为了各种不同的工作需要，设计上各有其特点。

1. 荧光分析灯

在各种荧光测定装置中，荧光分析灯（也称紫外分析灯）的结构最简单，包括一个汞灯和一块滤光片。通过调节灯的电压及使用一定的滤光片，来控制激发波长。紫外分析灯分为短波长（254nm）和长波长（365nm）两种。实际上它是用紫外光作激发光源，滤光片作激发单色器，眼睛作发射单色器和检测器的荧光分光光度计。由于它的结构简单、使用方便，已成为荧光检测实验室的常备仪器。紫外分析灯可用来检查薄层板荧光斑点和凝胶柱上的荧光带。

2. 荧光光度计

荧光光度计又称为滤光片光度计。简单的荧光光度计通常用汞灯作激发光源，光电管或光电倍增管作检测器，而第一、第二单色器用滤光片来实现。第一滤光片即激发滤光片，使样品所需的激发光能够通过。第二滤光片即发射滤光片，可采用截止滤光片，以截去所有激发光和散射光，即只让样品所发射的荧光通过。还有一种情况是第一单色器用滤光片，第二单色器用光栅，可测荧光的发射光谱，但不能得到激发光谱。荧光光度计具有结构简单、价廉和灵敏度高的特点。在对样品性质有足够了解时，用荧光光度计来做定量分析是很合适的。

3. 荧光分光光度计

荧光分光光度计是荧光测定中比较复杂、精密度较高的仪器。它采用氙灯作激发光源，通过狭缝，经光栅色散后照射到被测物质上，发射的荧光用光电倍增管检测，并经放大器放大后送入计算机进行处理。

利用荧光分光光度计既可得到激发光谱，又可得到发射光谱，所以可做很多工作。随着计算机技术的发展，已能利用计算机自动校正激发光谱和发射光谱并处理各种分析数据，如微分、积分、扣除本底等，使仪器在自动化水平方面大大提高了一步。

近十几年来，性能较好的仪器都已微机化，配有满足需要的工作站，如美国 PE 公司的 MPF-66 型、日立公司的 850 型以及国产 970CRT 型度计等。图 5-8 是微机化荧光分光光度计工作原理图，主机测得的荧光信号经放大器放大和经模/数转换后输入中央处理器 (CPU)，CPU 根据"只读存储器"(ROM) 所存入的程序进行运算。运算程序的执行指令由操作键下达，结果由模/数转换器转为光信号以数字显示或打印，也或由 CRT 屏幕显示。微机数据处理器有给出真实激发荧光光谱，一阶、二阶导数荧光光谱，平均光谱和同步光谱的功能，可方便地扣除荧光光谱的背景以及对任一波长范围区间内的光谱面积进行积分。

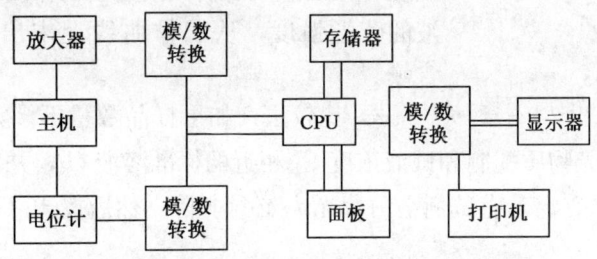

图 5-8　微机化荧光分光光度计工作原理图

荧光分光光度计主机的部件主要有光源、单色器、荧光液池、狭缝和光电倍增管等。如国产 970CRT 光源型，采用可发射 250~800nm 很强连续光谱的氙灯，两个单色器采用光栅，荧光液池通常是方形的石英池，四个面都透光。因此操作时要拿着棱，以防污染透光面。选用光电倍增管为检测器，灵敏的光电倍增管是保证分析顺利实施并具有较高分辨率和灵敏度的基础。

三、分子荧光分析方法

(一) 分子荧光分析法的种类

1. 直接测定法

利用物质自身发射的荧光来进行测定的方法称为直接测定法。物质能发射荧光在于分子中的共轭双键多，共轭面宽，有刚性平面结构。具有这样结构的芳香族化合物和稠环芳香族化合物都能发射荧光，可用直接测定法测定。

2. 定性分析法

分子荧光光谱法可测荧光物质的激发光谱和发射光谱两个特征光谱。因此，它对物质的定性鉴别可靠性更强。用荧光分光光度法进行定性时，也要有纯品作对照，不但要比较激发光谱的一致性，而且还要比较发射光谱的一致性。

3. 定量分析法

荧光是物质在吸收光能之后发射而出的，因此溶液的荧光强度与该溶液吸收光能的程度以及溶液中荧光物的荧光量子效率有关。溶液被入射光（I_e）激发后，可以在溶液的各个方向观测荧光强度。但由于激发光的一部分被透过，因此在透射光的方向观察荧光是不适宜的，一般是在与激发光束垂直的方向观测，如图 5-9 所示。溶液的荧光强度可用式（5-2）表示，当溶液浓度很小时，用式（5-3）表示。对一定的荧光物质，在一定的条件下，式（5-3）中的 K、φ_f、I_e、ε、b 都可以看成常数，用 K' 表示，这时荧光强度公式为：

$$I_f = K'C \tag{5-6}$$

由式（5-6）可以看出，溶液的荧光强度与溶液的浓度呈线性关系，这就是荧光分析法的定量分析的依据。荧光定量分析常用以下方法：

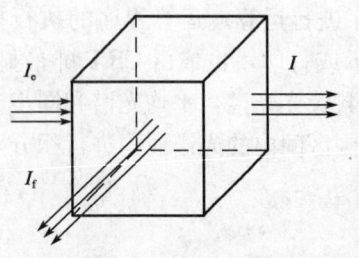

图 5-9 观测溶液荧光的示意图

1) 工作曲线法：荧光定量分析一般多采用工作曲线法，即将已知量的标准物质经过和试样相同的处理之后，配成一系列标准溶液，测定这些溶液的荧光强度，以荧光强度对标准溶液浓度做图绘制工作曲线，然后测定试样溶液的荧光强度，从工作曲线上求出试样中荧光物质的含量。

2) 比较法：如果样品数量不多，可用比较法进行测定。取已知量的纯荧光物质配制和试液浓度 C_x 相近的标准溶液 C_s，并在相同的条件下测得它们的荧光强度 I_{fx} 和 I_{fs}。若有试剂空白荧光 I_{f0} 必须扣除，然后按式（5-7）计算试液的浓度 C_x：

$$C_x = \frac{I_{fx} - I_{f0}}{I_{fs} - I_{f0}} \cdot C_s \tag{5-7}$$

3) 多组分混合物定量：荧光分析法也可以对混合物不经过分离而测得被测组分的含量。如果混合物中各组分荧光峰位相距较远，而且相互之间无显著干扰，则可分别在不同波长处测定各个组分的荧光强度，从而直接求出它们的浓度（与单一组分定量方法相同）。如果不同组分的荧光光谱相互重叠，则利用荧光强度的加和性质，在适宜的荧光波长处测定混合物的荧光强度。再根据被测物质各自在该波长下的最大荧光强度，列出联立方程式，也可求得各自的含量。对于较高浓度的荧光物质，还可用差示荧光法测定。

4) 同步扫描荧光分析：同步扫描荧光分析是在荧光物质的激发光谱和发射光谱中选择一适宜的波长差值 $\Delta\lambda$（通常选用 λ_{ex}^{max} 与 λ_{em}^{max} 之差），同时扫描荧光发射波长和激发波长，得到同步扫描荧光光谱。若 $\Delta\lambda$ 的波长相当或大于斯托克斯位移，能获得尖而窄的同步扫描荧光峰。荧光物质浓度 C 与同步扫描荧光峰高成线性关系，故可用于定量分析。

同步扫描荧光光谱的信号 $I_{sp}(\lambda_{em}, \lambda_{ex})$ 与激发光谱信号 I_{ex} 及发光光谱信号 I_{em} 的关系为：

$$I_{sp}(\lambda_{em}, \lambda_{ex}) = K' \cdot C \cdot I_{ex} \cdot I_{em} \tag{5-8}$$

由式（5-8）可知，当荧光物质的浓度 C 一定时，同步扫描荧光信号与 I_{ex} 和 I_{em} 乘积成正比，故此法灵敏度较高。

（二）分子荧光分析法的特点

1) 灵敏度高。荧光分析的最主要优点之一是测定灵敏度高。一般来说，荧光分析的灵敏度要比紫外—可见分光光度法的灵敏度高 2~4 个数量级。紫外—可见分光光度法的灵敏度为 10^{-7} g/mL，而荧光分光光度法的灵敏度为 10^{-10} g/mL，甚至可到 10^{-12} g/mL。

2) 选择性好。荧光光谱包括激发光谱和发射光谱，在鉴定物质时选择性更强，可用两个特征光谱同时对物质进行鉴别。

3) 用样量少。由于荧光分析法灵敏度高，因而为少量样品的测定提供了可靠性。测定的下限为 10^{-10}~10^{-12} g/mL。

4) 能提供较多的物理参数。荧光分析法能提供的物理参数有激发光谱、发射光谱、荧光强度、总荧光量、量子产率、荧光寿命、荧光偏振等。这些参数都能从不同的角度反映荧光物质的各种特性，并通过这些物理参数可以得到被研究物质分子更多的信息。

荧光分析法也有它的不足之处。主要是指它与其他方法相比较，适应性差，应用范围还不够广泛。因为有许多物质本身不发荧光，而要加入某种试剂，环境因素敏感，所以在测定时，干扰因素也比较多。例如，温度、溶剂、溶液的 pH 值、散射光等，都能影响荧光的测定。

四、现场定量荧光检测仪器及其应用

石油主要由烃类（C、H），次为非烃类（O、S、N）两部分组成。通常所说的石油族组成，是指饱和烃（烷烃：C_nH_{2n+2}，环烷烃：C_nH_{2n}）、不饱和烃（芳烃：C_nH_{2n-6}）、非烃类和沥青质四种族分。烃类在石油中占 80% 以上，是石油的主要组成部分。非烃类主要有含氧化合物（包括环烷酸、脂肪酸、酚等）、含硫化合物（硫醚、二硫化物等）及含氮化合物，多为杂环化合物。对以上的石油族组成，现场定量荧光录井是基于紫外吸收光谱与荧光光谱法的一种石油分析技术。

紫外吸收光谱法是基于共轭双键有机化合物，在紫外区域存在着特征吸收峰，随着共轭双键的增加，特征峰向长波方向移动。不同的芳香族化合物在一定的波长上存在一定的克分子吸收系数，通过特征峰波长位置及其相关性，可以判别某些组分的存在，如单环芳烃、双环芳烃等。

荧光光谱法的基本原理是许多芳香族化合物在紫外光的照射下，能够产生反映该物质性质的荧光。在一定条件下、一定浓度范围内物质的含量与荧光光强度成正比。在有机分子能够产生荧光的共轭双键体系中，π 电子的共轭度越大，荧光就越易产生。芳烃荧光最强，荧光强度与其浓度可以保持较好的线性关系；非烃荧光较芳烃弱；饱和烃中没有芳香环，没有共轭 π 键，所以不具荧光。沥青质是由带有各种烷基取代基的缩合的芳香环和烷环组成，是多成分组成物，所以它会发荧光，但其谱图特征表现为多峰组合。可见以上两种方法都可用来检测石油中的芳烃含量与性质，由此形成了多维的定量荧光录井分析方法。

荧光录井技术的应用已有 60 多年的历史，目前它仍作为钻井过程中检测石油的一种最方便易行的方法。它是通过荧光灯照射样品，用肉眼直接观察来描述荧光产状颜色和强度，而后确定样品是否含油及其级别。常规荧光检测仪的主要部件是装在铁皮暗箱中的紫外灯，该紫外灯发射的紫外光波长一般为 365 nm 左右，激发光能量较低。根据荧光红移原理，待测样品受到该波长的紫外光照射激发后，所发射的荧光波长至少大于激发波长（365nm），无法激发小于 365 nm 波长的荧光。另外，肉眼所能观察到的光线（即可见光）波长为410~800nm，而大部分原油荧光特征主峰在 300~400 nm 波长内，因此，通过紫外灯照射样品所观测到的荧光只是荧光光谱延续到可见光范围的少量（约 10%）荧光，其荧光强度远小于 400 nm 波长的荧光主峰强度。因此，紫外灯目测法存在原油荧光的激发、发射率低，发现率低（300~410nm 波长内的原油荧光肉眼观测不到），以及分辨率低、无法准确定量等缺点。对于轻质油，该问题更加突出，因为轻质油的整个荧光光谱波长低于 400nm，属于不可见荧光，这时必须借助高灵敏度分析仪器才能检测到，仅靠肉眼观测很难发现和辨别。其次利用常规荧光检测仪进行肉眼观测，在技术上很难准确分辨 7 级以下的荧光。同时，由于不同的地质技术员受自身现场经验、颜色敏感度等人为因素，以及环境温度、井场电压波动、紫外灯发光效率等不同因素的影响，对同一个样品目测定级的误差较大。因此，该种方法主观性强而且不可靠，具有很大的局限性。这种局限性主要表现在：难以发现凝析油、轻质油和部分中质油发出的荧光；现场录井人员对样品荧光的描述主观性强，且不能准确描述样品的含油量；难以识别样品发出的荧光是地层石油荧光还是矿物荧光；难以区分钻井液药品荧光对地层石油荧光的干扰。

近年来，荧光分析技术发展很快。通过对石油发射荧光机理的研究和实验，利用现代光电技术逐步研制和发展了能够弥补常规荧光检测仪器不足的定量荧光检测仪器。目前，国内外研制开发的定量荧光检测仪器大致可分为三类，即数字滤波荧光检测仪、二维荧光检测仪和三维荧光检测仪。

（一）数字滤波荧光检测仪（一维定量荧光检测仪）

数字滤波荧光检测仪为上节所提到的荧光光度计。它是一种固定激发波长和发射波长的定量荧光分析技术。在 20 世纪 90 年代，由德士古石油公司率先开发这一新技术，它的典型代表仪器为 QFT 定量荧光仪。

1. 仪器结构与原理

图 5-10 为数字滤波荧光检测仪结构原理图。该种仪器主要由紫外光源、初级滤波器、样品室、次级滤波器、检测器信号放大及处理电路和显示记录系统等组成。

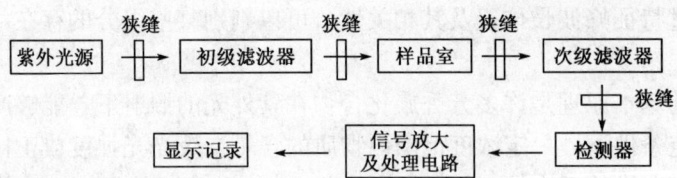

图 5-10 数字滤波荧光检测仪结构原理图

(1) 紫外光源

理想的光源是能提供连续辐射，也就是说它的辐射应包括所用光谱区内所有波长的光，光的强度必须足够大，并且在所用光谱区内其强度不应随波长有明显变化。实际上这种理想光源并不存在，所有光源的光强度都随波长而变化。

紫外光源是自发辐射光源。自发辐射是原子中处于高能级的电子不必经受外界的影响而会自发地向低能级跃迁而发光。自发辐射发出的光，其频率、振动方向和相位不尽相同。在QFT 仪器中使用的是水银灯（汞灯）。汞灯是一种气体放电灯，是利用水银蒸气放电发光的光源。它所发射的光谱与灯内的水银气压有关。低压汞灯发射的是一些分立的线光谱，能量集中于紫外光区，其中以253.7nm线最强，它在波长为200～400nm区间内有24条谱线可以利用。

(2) 光学系统

荧光光度计的光学系统比较简单，包括狭缝和初/次级滤波片。

1) 狭缝：狭缝是由两块经仔细加工为锐边缘金属片组成，狭缝的边缘保持彼此平行并处在同一平面上。定性分析的目的在于绘出波长准确、吸收峰分辨良好的吸收光谱，所以理论上定性分析需用最小的狭缝宽度，但在实际应用中，常取有效频带宽等于待鉴别样品吸收峰的间距（见图5-11中的Δλ）。在定量分析中，为了避免狭缝太小、出射光太弱而造成的困难，有效频带宽一般可稍大些，也就是说狭缝可开大一点，但也不能过大，否则将引起吸收峰值减小，使测定误差增大。在QFT仪器中的有效频带宽一般为10nm。其他部分的狭缝作用与此相同。

2) 初/次级滤光片：滤光片是用来从宽频带光源中分离出窄谱带光束的一种器件。常用的滤光片有两类，一类是吸收滤光片，另一类是干涉滤光片。在QFT仪器中使用的是干涉滤光片。干涉滤光片是利用光的干涉原理来产生窄谱带光束的器件。干涉滤光片可分为法布里—珀罗（Fabry—Perot）滤光片和多层干涉滤光片两种。

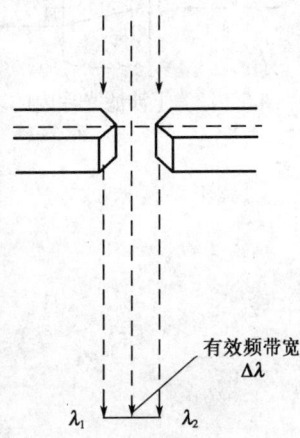

图5-11 狭缝宽度与频带宽

法布里—珀罗干涉滤光片：这种滤光片由下述方法构成，即在两块玻璃片上各镀上一层半透明的金属膜（如Ag），玻璃片中间填以透明的电介质，通常用氟化镁或氟化钙，仔细调节电介质的厚度为所需要的光波长的一半。入射光进入电介质后，就在两金属膜间的电介质中来回反射。由于反射面是平行的，所以干涉的结果使若干较窄的谱带光通过玻璃片，而其他的波长光被消除。干涉滤光片透过的带峰值的波长可由式（5-9）计算：

$$\lambda = \frac{2dn}{m} \tag{5-9}$$

式中　n——电介质的折射率；
　　　d——电介质层厚度；
　　　m——干涉级数。

图5-12说明光在干涉滤光片内多次反射的情况。如果光经干涉滤光片的多次反射后，透射出的第一级谱带峰值为λ，那么第二级为$\frac{\lambda}{2}$，第三级为$\frac{\lambda}{3}$。由于干涉滤光片所选用的玻璃片是仅让第一级谱带通过而其他级光谱被吸收的玻璃材料制成的，所以干涉滤光片的透射光通常都限制于第一级谱带。和玻璃滤光片相比较，干涉滤光片的光谱频带宽要窄得多，同时透射串也大得多（图5-13）。

多层干涉滤光片：这类干涉滤光片系由折射串高低不同的材料层交替组合而成。它大致需要5～25层，每层要有一定的厚度（厚度为$\frac{1}{4}\lambda$～λ）。多层干涉滤光片的光谱频带宽比法布里—珀罗干涉滤光片的还要窄，而且透射率也更大（为40%～70%）。但它的价格贵得多，且其他光的透射率也较大。多层干涉滤光片的透射性质如图5-14所示。

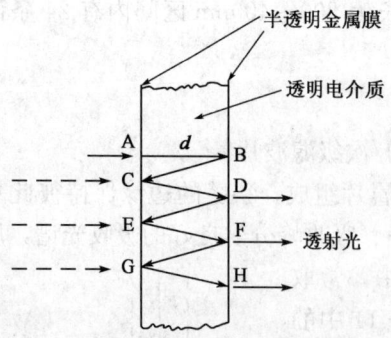
图 5-12 干涉滤光片内的多次反射

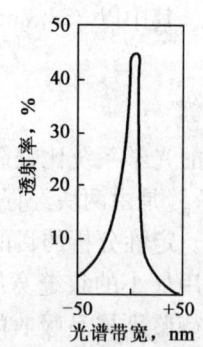
图 5-13 干涉滤光片的透射率和光谱带宽

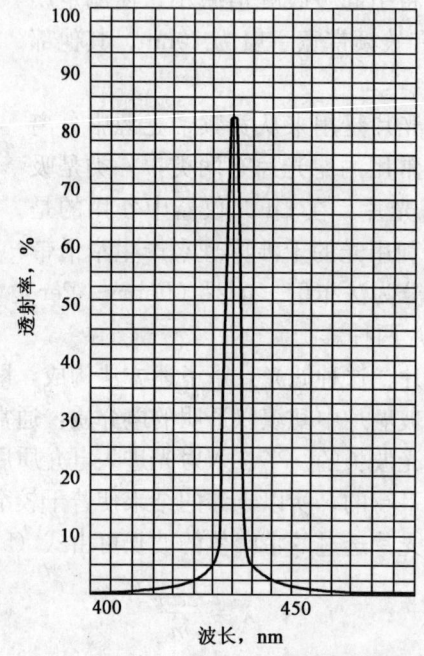
图 5-14 多层干涉滤光片的透射性质

QFT 仪器中的初级滤光片的透射波长（激发光波长）为 254nm，次级滤光片的透射波长（发射光波长）为 320nm（轻质油荧光主峰）。

(3) 样品室

样品室为用于盛放样品溶液的石英比色皿，分为内置式和开放式两种。内置式结构的样品室为全封闭，分析样品时需要用注射器注样；开放式结构的样品室可人工换样。样品池的形状以散射光较少的方形为宜，并且适用于 90° 测量，以消除入射光的背景干扰。

(4) 检测器

检测器是将光信号转换为电信号的装置，常用的检测器有光电池、光电管、光电倍增管三种。在数字滤波荧光检测仪中使用的是光电倍增管。光电倍增管是检测弱光最常用的光电元件，它的灵敏度比光电管高 200 多倍。光电倍增管由光阴极和多级的二次发射电极所组成。光照射于光阴极时会引起一次电子发射，这一点和真空光电管一样。但当这些光电子在真空管中被电场加速而射到第一个二次发射极（亦称打拿极）上时，每个光电子将引起四五个二次电子发射，这些电子又被加速到下一个电极上去，如此重复多次。当这个过程被重复9次（大部分光电倍增管具有九个打拿极）时，每个光电子将产生$10^6 \sim 10^7$个电子，最后这些电子被集中到阳极上去。图5-15为圆罩形光电倍增管的横截面和电路示意图。

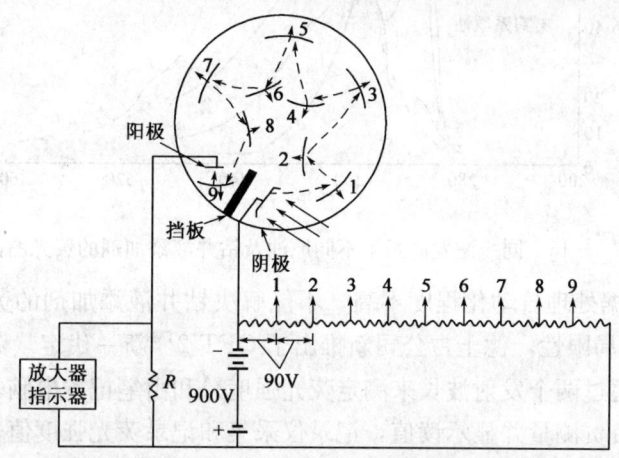

图5-15 圆罩形光电倍增管的横截面和电路示意图

光电倍增管的放大倍数主要取决于电极间的电压，电压越高，放大倍数越大。为了获得稳定的放大倍数，所用的直流高压电源就要很稳定。通常光电倍增管两极间的电压为75～100V，它的总放大倍数为$10^5 \sim 10^7$倍。光电倍增管响应时间极短，能检测$10^{-8} \sim 10^{-9}$s的脉冲光。光电倍增管的光电流和光强间的线性关系范围很宽，但光强过大时将呈现弯曲现象。因此，光电倍增管不能用来测量强光，否则光电流与光强度不呈线性关系。

(5) 信号放大及处理电路

通常检测器输出的电信号都很微弱，需要进行放大才能供显示及记录系统使用。

2. 仪器功能与特点

数字滤波荧光检测仪简单、适应性强，适合现场作业，能够实现样品荧光的数字定量分析，可发现凝析油、轻质油和部分中质油发出的肉眼不可见的荧光。用标准原油样品进行测量做出校正曲线后，可以确定提取液的含油量。由于荧光矿物不溶解，能消除矿物荧光对石油荧光的干扰。现场录井中常用的数字滤波荧光检测仪的功能与特点如下：

(1) QFT系列数字滤波荧光检测仪

QFT系列数字滤波荧光检测仪由美国德士古（Texaco）公司研制。激发光波长为254nm，发射接收波长为320 nm（轻质油荧光主峰）。利用QFT检测仪可确定油层的数量、寻找其他检测技术漏掉的油层、确定DST（中途测试）层位、识别生油层以及寻找裂缝性油层等。另外，也可将QFT荧光强度值绘制在综合录井图上，成为整口井的原油含量剖面，再经原油样品的校验，可以定量计算出岩屑孔隙中的原油量。

QFT的不足：由于它采用单点荧光测量法来测量荧光强度，而原油的荧光强度会随着特定波长的变化而变化，每一种类型的原油在相同的激发光波长下激发而产生的荧光图谱有很大差异（图5-16），因此在不知道该类型原油的荧光图谱的情况下，不能准确判断出其对应的含油量。

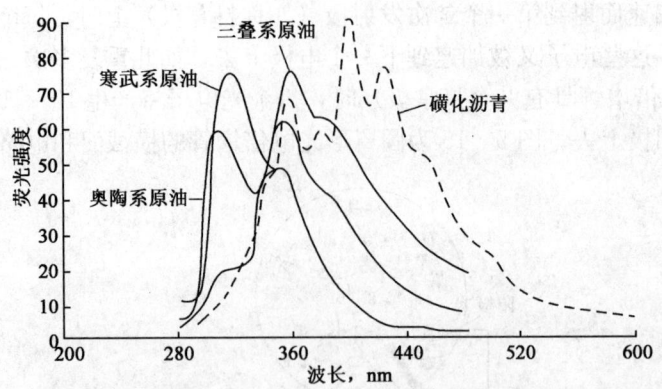

图 5-16 同一激发波长下不同原油及钻井液添加剂的荧光图谱

此外，QFT 数据处理自动化程度不高，不能解决钻井液添加剂的荧光干扰问题。为克服 QFT 在这方面的局限性，德士古公司新推出了 QFT 2^{TM} 新一代定量荧光检测仪。它包括双向过滤荧光仪（通过两个发射波长来测定荧光强度）和由笔记本电脑驱动的数据分析记录仪两部分。荧光仪负责测量并显示读值，记录仪采集和记录荧光强度值，通过程序计算和分析转换为地层含油饱和度和 API 重度（美国石油学会制定的用以表示石油及石油产品密度的一种量度。API 重度越大，相对密度越小），并将荧光强度值、地层含油饱和度和 API 重度等数据同时存入计算机数据库中。该仪器克服了单点荧光测量荧光强度的局限性，可给出测试液浓度过高的提示，避免了原油荧光的猝灭效应。对轻质油和凝析油的分析有了很大突破，并可直接求出地层含油饱和度，但仍然无法消除污染荧光。

（2）YZ-1 石油荧光分析仪

YZ-1 石油荧光分析仪是由中国石油天然气总公司石油勘探开发科学研究院钻井所研制，采用荧光差法来消除改性沥青造成的荧光干扰。

改性沥青是一种比较理想的钻井防塌处理剂，但它在紫外光照射下，能够发射出比较强的荧光，给地质岩屑荧光录井分辨带来困难。原油、改性沥青和柴油都含有 π-电子结构的芳香烃化合物及其衍生物，它们在紫外光的照射下能够发射荧光。研究表明，柴油的荧光发射区域为 300~360nm，其荧光特征峰在 329nm 和 347nm 左右，在 360nm 以后荧光发射很弱；原油的荧光发射区域为 300~500nm，荧光特征峰在 363nm、379nm 和 401nm 左右。通过选择代表性较强的 379nm 峰作为原油的特征峰进行测定，可以在很大程度上避开柴油的荧光干扰。但改性沥青荧光发射区域为 360~600nm，仍会对原油造成荧光干扰，需采用荧光差减除改性沥青造成的那部分荧光。利用原油、柴油和改性沥青的荧光特点，设立 3 个检测标准，即柴油 347 nm、原油 379 nm 和改性沥青 580 nm。在录井过程中，根据不同目的和要求，可对 3 个挡进行选择使用。在钻井液中混有柴油和改性沥青的情况下，为了消除其对岩屑荧光录井的影响，可在检测目的样的同时，检测目的样前几米的岩样荧光值（即背景值），在转换对比级之前扣除背景值，即可达到消除影响的目的。

（二）二维定量荧光检测仪

二维定量荧光检测仪采用单点激发、多点接收的方式、激发波长为 254nm，光栅接收的荧光发射波长为 200~600nm。

1. 仪器结构与原理

图 5-17 为二维定量荧光检测仪的结构原理图。该仪器主要由紫外光源、滤波器、样品室、分光系统（或滤波器组）、检测器、信号放大及处理电路和计算机（或单板机）、打印机等组成。从图中可以看出，二维定量荧光检测仪与数字滤波荧光检测仪的区别主要表现在对样品发射荧光的处理方式上。数字滤波荧光检测仪是采用滤波器对样品发射的荧光波长进行选择；而二维定量荧光检测仪是采用分光系统（主要由光栅和电机等组成）对样品发射的荧光进行分光。测量时，光栅在同步直流电机的驱动下缓慢转动，样品发出的荧光照射到光栅后按波长顺序依次分离并送往光电倍增管进行光电转换，信号经放大和转换后进入计算机。计算机的作用主要有三个：

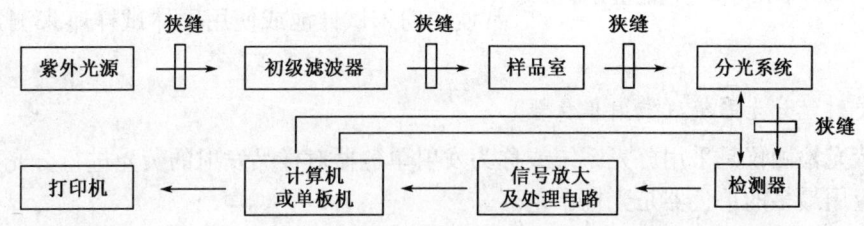

图 5-17 二维定量荧光检测仪结构原理图

1) 对驱动光栅的电机进行控制，以实现对样品荧光接收波长范围的选择（若仪器的狭缝可调，还应对狭缝电机进行控制）；
2) 对施加到光电倍增管的高压进行控制，以满足对仪器灵敏度的要求；
3) 对仪器输出的信号进行采集处理，给出分析结果和二维荧光谱图。

(1) 激发光源

由于汞灯发出的光线波长不连续，该系统的激发光源由汞灯改为氙灯。氙灯是利用加高压（超高压）于惰性气体氙而放电发光的一种光源，按电弧长短可分为长弧氙灯和短弧氙灯两种。分光光度计中常用的是高压短弧氙灯，它的结构如图 5-18 所示。高压短弧氙灯所用的电源是低压直流电。工作时，在相距约 8mm 的钨电极间形成强电弧，氙气压力为 1～3MPa。由于灯内有许多自由电子和高浓度的正离子，所以复合发光和电子减速发光大大加强，结果发射出很强的连续光谱，它的光谱能量分布图如图 5-19 所示。由图 5-19 可以看出，它的紫外部分基本上是连续光谱且较平滑，而且它的近紫外光区光强度大，是有希望的紫外光源。所以近代光谱仪、荧光分光光度计以及快速扫描分光光度计多采用它。

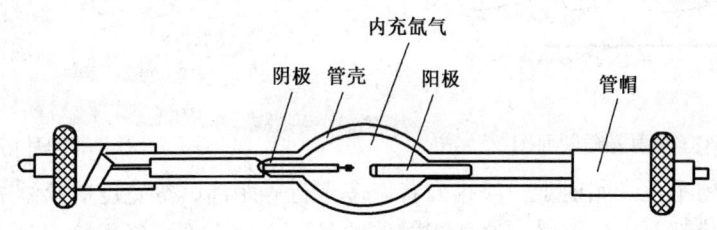

图 5-18 高压短弧氙灯结构示意图

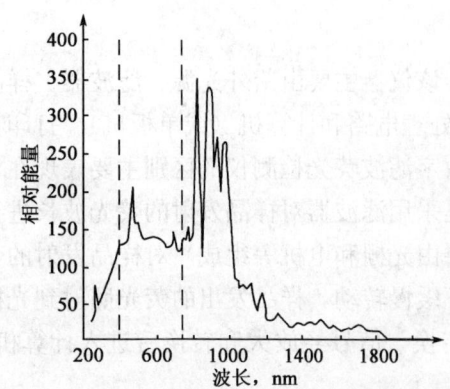

图 5-19 高压短弧氙灯光谱能量分布图

(2) 样品室

1) 液池。

测定溶液试样时一般可用四面透明的方形或圆形液池。为了提高灵敏度或对荧光光谱进行校正，使用带有球面反射镜的液槽架或三角池，灵敏度可提高 3 倍。

对荧光测定液池的要求是：液池本身无荧光性；激发光和荧光的透过性好；一般都用石英池。

2) 固体试样座。

分析固体试样、粉末试样或高浓度试样时，通常使用粉末试样池或使用固体试样座来测定试样表面的荧光。

(3) 发射光分光系统（发射单色器）

二维荧光检测仪是采用分光系统或称为发射单色器对样品发射的荧光进行分光。荧光分光系统中应用最多的单色器是光栅单色器。

1) 光栅。

由大量等宽等间距的平行狭缝构成的光学器件称为光栅。实用的光栅绝大部分是反射光栅（图 5-20）。从光栅的外形看，它可分为平面反射光栅（即通称的反射光栅或闪耀光栅）和凹面反射光栅（即通称凹面光栅）两类。平面反射光栅是紫外—可见光分光光度计最常采用的色散元件，一般每毫米刻有 600 条或 1200 条的三角线槽，其闪耀波长和闪耀角视用途而定。凹面反射光栅的线槽刻在凹球面镜上，它本身起着色散元件和准直镜两个作用，即不用聚光透镜就能产生锐线光波，它可用于真空紫外光区。

光的衍射现象：光在传播过程中遇到障碍物时，能够绕过障碍物的边缘前进，到达了按直线传播不能到达的地方，光这种偏离直线传播的现象称为光的衍射现象（或绕射现象）。

当光源或接收屏与衍射屏（孔或缝隙）的距离为有限远，此种衍射称为菲涅耳衍射或近场衍射，如图 5-21 所示。

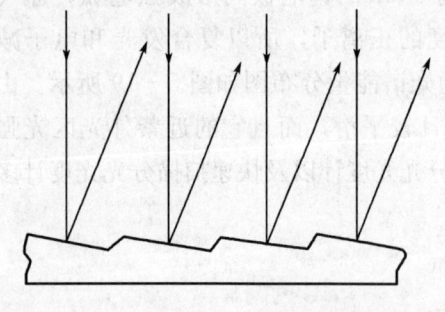

图 5-20 反射光栅断面图

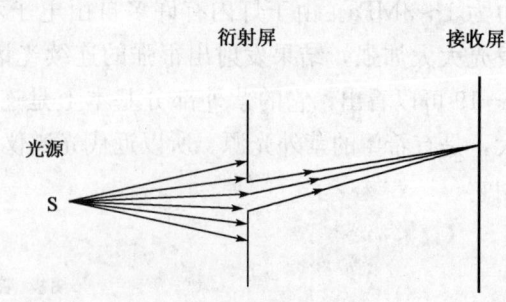

图 5-21 菲涅耳衍射

若一束平行的单色光照射于一块排列着许多平行等距离、等宽度的狭缝的平面透射光栅上时，每一条狭缝都要产生衍射，这些衍射彼此又要产生干涉，经透镜聚焦于光屏上。光栅的衍射实际上是每个狭缝的衍射和不同狭缝间干涉叠加的总效果，如图 5-22 所示。

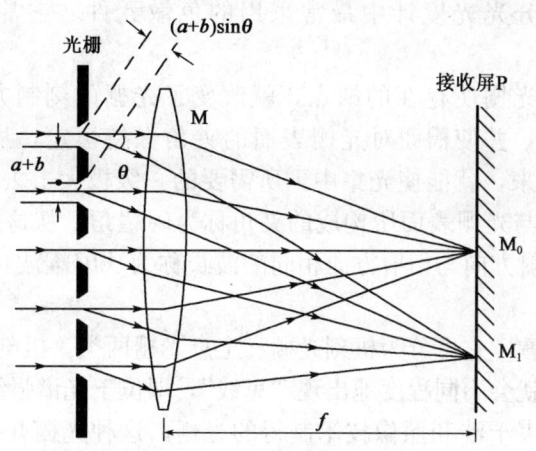

图 5-22 光栅衍射示意图

图 5-22 中 b 为狭缝宽，$d=a+b$ 为光栅常数（狭缝宽度加不透光部分），θ 为衍射角。当入射的平行单色光经狭缝保持原来的方向传播时，因它们在各狭缝上的子波相位相同，经透镜聚焦于光屏 M。此时的相位亦相同，结果光强度增大，因此在 M 处呈现一条明亮线（称中央极大）。若各狭缝的子波以衍射角 θ 的方向传播，则相邻两狭缝的子波到达 M_1 时就有一光程差，如果光程差分别是波长 λ、2λ、3λ 或为波长的其他整数倍，就会在相应的 M_1、M_2、$M_3\cdots$ 出现极大明亮线。出现极大明亮线的条件满足以下光栅方程：

$$m\lambda = d(\sin\theta + \sin i) \tag{5-10}$$

式中　i——入射角，当入射光垂直照射于光栅时，$i=0$；
　　　m——干涉级数。

在 M 处出现的明亮线称为零级极大，在 M_1、M_2、$M_3\cdots$ 出现的明亮线相应称为一级极大、二级极大和三级极大……在式（5-10）中可以清楚地看出：不同波长 λ 对应不同的 θ 角，也就是说不同波长的各种色光即使混合在一起以同样的入射角 i 射到光栅上，由于光栅衍射后产生亮条纹的方向（衍射角）是随波长不同而不同的，因此不同波长的亮条纹被光栅衍射到不同的方向上依次排列，形成光谱，这样就可将不同波长的色光彼此分开了。这就是衍射光栅的分光原理。在同一干涉级（M 相同）中，波长越长，衍射角越大。

光栅衍射的强度分布：光栅方程只表达各级极大的位置，而没有说明其强度分布。在实用中还需知道光栅各级极大线的强度分布。图 5-23 表示透射光栅和反射光栅光谱的强度分布。

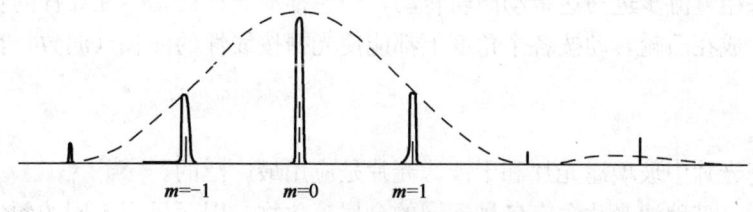

图 5-23 光栅衍射的强度分布

光栅光谱的中央亮线即是零级主极大（非色散的），在它的左右两侧各分布着第一级（$m=\pm 1$）、第二级（$m=\pm 2$）和第三级（$m=\pm 3$）等光谱。

闪耀光栅：是近代分光光度计中最常采用的色散元件。它常常被人们统称为反射光栅。

人们为了克服一般光栅所存在的缺点，就改变了光栅的刻制方法，把光栅的线槽刻制成具有三角形的槽线，并使槽面对光栅表面的夹角保持恒定，从而控制了每一槽面的光的反射方向。这样一来，就能使光集中到所需要的一级极大上去。这种光栅通称为闪耀光栅（图5-20）。槽面与光栅表面所构成的夹角称为闪耀角，从这个角度观察光栅，可以看到光栅特别明亮。反射方向与衍射方向相同的波长称为"闪耀波长"，闪耀波长的光强度最大。

从光栅的刻制方法看，它可分为机刻光栅和全息光栅两类。机刻光栅很难达到极完善的程度，线格稍有缺陷，就会不同程度地出现"鬼线"，即位于光谱强线两旁模糊不清的假线。全息光栅是采用双激光束干涉和照像技术制得的光栅，这种光栅几乎没有线槽间的周期误差，没有鬼线，杂散光很少。

2）发射光分光原理。

二维荧光检测仪是采用分光系统对样品发射的荧光进行分光。分光系统主要由反射镜、光栅和电机等组成（图5-24）。样品产生的荧光发射光经入射狭缝发出的光束经反射镜以一定的入射角射入光栅，经光栅色散后的各种波长的平行光按其波长的顺序成像在另一反射镜的焦平面上。出射狭缝就位于该焦平面上，不同波长的光线从出射狭缝中射出。测量时，光栅在同步直流电机的驱动下慢慢转动，样品发出的荧光照射到光栅后按波长顺序依次分离并送往光电倍增管进行光电转换，信号经放大和转换后进入计算机。

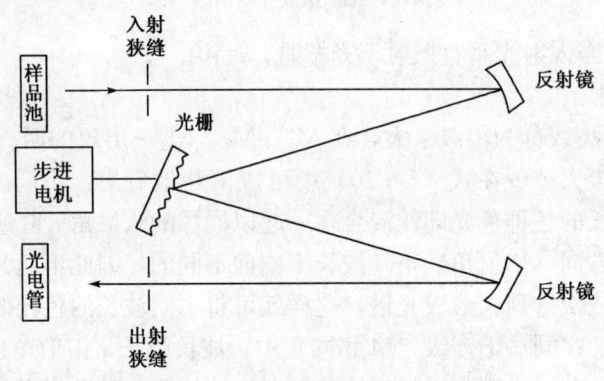

图5-24 发射光分光系统器结构图

为了使光栅分开的单色光能够依次通过出射狭缝并获得线性的波长（波数）扫描，波长扫描机构一般采用直流步进马达带动凸轮转动，凸轮推动导杆摆动，在导杆的转轴上装有光栅。凸轮被设计成在凸轮转动按各个角度上都能使光栅按线性的波长（波数）在出射狭缝上输出光谱。

3）滤光片。

在所有的滤光片中玻璃滤光片和干涉滤光片是应用最广泛的。

玻璃滤光片：玻璃滤光片含有各种不同的金属氧化物，因而呈现不同的颜色。它们透过的光线带宽较宽，且因受金属氧化物的限制，品种不多。但它具有稳定、经得起长期光照和便宜等优点。

干涉滤光片：干涉滤光片是在玻璃上沉积两层或多层金属薄膜，每两层金属薄膜之间隔着一层不吸光的物质，然后在这玻璃片上粘盖着另一玻璃片以保护这层薄膜。干涉滤光片所透过光的波长取决于两层金属薄膜之间的距离。干涉滤光片具有透射带宽较窄，透射率高，经得起强光源长期照射等优点。

(4) 测控系统

二维荧光检测仪的测控系统主要由单片机控制系统组成（图5-25）。

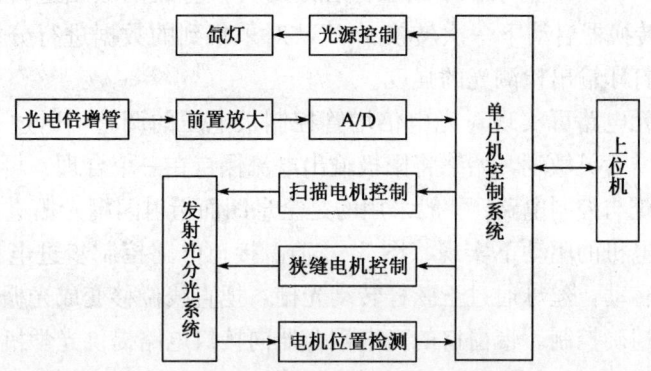

图5-25 二维荧光检测仪测控系统框图

光源控制：通过控制氙灯的供电电压，使其在一定的波长范围内发射出强度平稳的连续光谱。发射的连续光谱范围为220~990nm。一般选用150W的氙灯。

信号处理与采样电路：前置级放大器是测量系统的关键环节，其精度、稳定度、灵敏度直接决定了系统的性能指标。一般采用高性能场效应管作为输入级的低偏置、低漂移、高增益的精密运放，作为前置放大器使用。光电倍增管输出的电流信号可作为恒流源，将运算放大器作为负载电阻实现电流电压的转换，如图5-26所示电路的输出电压U_0为：

$$U_0 = -R_f \cdot I_p \tag{5-11}$$

式中 R_f——运算放大器的反馈电阻。

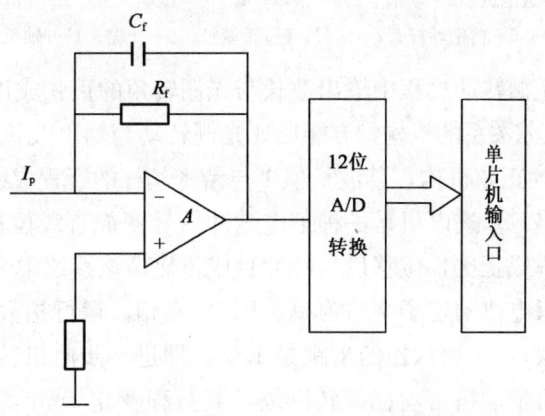

图5-26 信号处理电路

放大器的等效输入阻抗即为光电倍增管的等效负载R_0：

$$R_0 \approx R_f/A \tag{5-12}$$

式中 A——运算放大器的开环增益，一般为 $10^5 \sim 10^8$。

反馈电阻 R_f 的选择标准是使阳极的最大输出电流小于 $1\mu A$，设 A/D 采样输入满量程值为 4.5 V，则反馈电阻 R_f 为 4.5 MΩ，等效负载 R_0 减小到 100Ω，系统的高频频率特性才能得到保证。

A/D 转换可选用 12 位 MAX1422 按设定转换频率对信号进行采样转换。每完成 1 次转换就向单片机发出 1 次中断请求，中断服务程序对转换生成的数据进行读操作，送入内部 RAM，同时 A/D 转换器启动下一次转换。CPU 对采集到的数据进行分析计算、剔除伪值后，存储、显示和打印输出检测光的强度。

单片机控制单元电路可实现对光电倍增管控制极电压的调整，通过动态调整控制极电压，可调整光电倍增管灵敏度，始终将阳极输出电流保持在一个合理、可控的范围内。

光栅的转动系统与控制电路：一般采用的是全息凹面衍射闪耀光栅进行分光。光栅转动由正弦机构在步进电机的驱动下实现（图 5-27）。接口电路控制步进电机驱动器，使步进电机驱动精密丝杠转动，丝母通过正弦杆转动光栅，把直线位移变成光栅的转角位移，实现波长的自动扫描和精确控制。带窗口的光电耦合器向接口电路提供光学机械零点信号，微动开关 4 和微动开关 10 向接口电路发送限位保护信号。

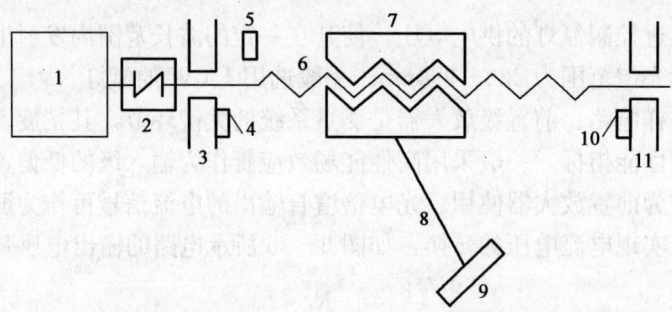

图 5-27 光栅的转动系统

1—步进电机；2—联轴节；3—轴承；4，10—微动开关；5—光电耦合器；
6—精密丝杠；7—丝母；8—正弦杆；9—光栅；11—轴承

由光栅方程可知光栅转动过程中输出波长与光栅转角的正弦成正比。因此，必须使用一个使光栅的转动具有正弦关系的机构，方能保证光栅转动与输出波长之间有线性关系。图 5-26 中的机械转动系统为正弦机构，其波长值 λ 与精密丝杠的行程成线性关系。

步进电机驱动电路：步进电机是一种把电脉冲信号变成直线位移或角位移的控制电机，其位移速度与脉冲频率成正比，位移量与脉冲数成正比。该系统中一般采用三相六拍供电方式步进电机（三相是指电机的定子绕组为 A、B、C 三相；运行拍数指步进电机运行时每转一个齿距所需的脉冲数），三相六拍的步距是 1.5°，即进一步电机转动 1.5°，也即 200 步才能转动 1 周。步进电机带动精密丝杠旋转一周，其行程变化 1mm，波长移动 3nm，则每步移动的波长数为 $\Delta\lambda = 3nm/200$ 步 $= 0.015nm$。随着电力电子技术的发展，可以实现细分驱动，即将一个步距角细分成若干小步来驱动，以提高扫描的精度。荧光发射光光栅扫描波长范围为 200～600 nm，扫描变化间隔一般为 2 nm，狭缝选择光束的带宽可由狭缝电机控制在 2～10nm 分挡切换。步进电机驱动电路框图如图 5-28 所示。

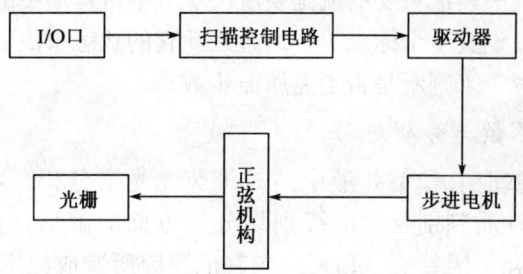

图 5-28 步进电机驱动电路框图

步进电机三相六拍的通电顺序为：

$$A \rightarrow AB \rightarrow B \rightarrow BC \rightarrow C \rightarrow CA$$

如果以上述通电次序通电，则电机正转；反之，电机则反转。

三相步进电机控制脉冲输出硬件原理图如图 5-29 所示。由单片机 P1.0、P1.1 和 P1.2 循环输出 A 相、B 相和 C 相步进电机控制脉冲。单片机输出的步进脉冲经 74LS04 反相器输出后，通过三路光电耦合器（4N25）输出的脉冲作为三相步进电机各相的控制信号。采用光电耦合器输出通道，有效提高了抗干扰能力。三相步进电机的功率输出级为了获得足够的驱动功率，光电耦合器输出的脉冲经达林顿管组成的三相前置功率放大，循环输出 A、B、C 三相控制脉冲。

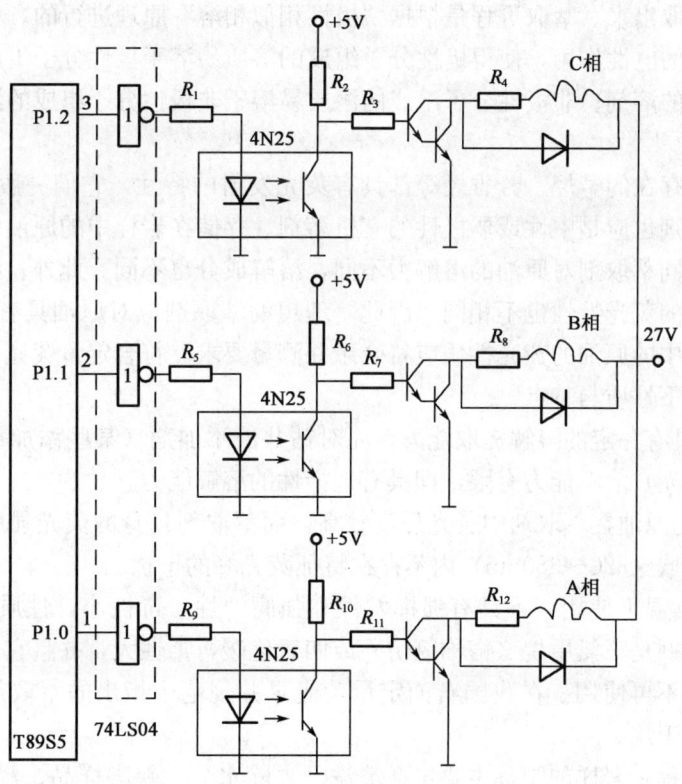

图 5-29 三相步进电机控制脉冲输出硬件原理图

在单片机的软件设计中,最重要的就是要解决步进电机运动中的转动方向和转动量(即步数)这两个参数。可以设置1个标志位,通过判断它的状态来决定转动方向,通过对转动量所在的存储单元按步减1来判断是否走完所需步数。

2. 二维荧光光谱参数与分析过程

对岩屑、岩心、井壁取心和钻井液中的二维荧光光谱分析,可用来对地层中的原油油性判别、含油储集层性质判别及含油级别划分等方面的解释评价工作。通过对钻井液进行定量荧光分析,弥补了因钻头(PDC)或其他原因所造成的选样难及定量荧光资料缺失问题,使定量荧光录井技术能够更加适应钻井的需要。定量荧光录井工艺流程图如图5-30所示。

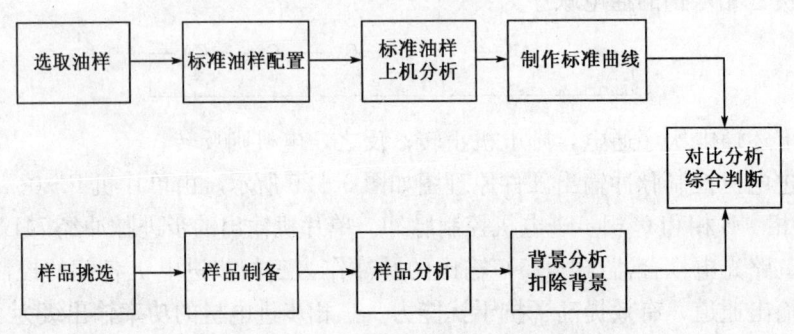

图5-30 定量荧光录井工艺流程图

样品制备方法:要进行定量荧光分析,首先要依靠原油萃取剂将待分析的岩样或钻井液中的荧光物质萃取出来。萃取过程是根据"极性相似相溶"原理进行的。相似相溶原理是指由于极性分子间的电性作用,使得极性分子组成的溶质易溶于极性分子组成的溶剂,难溶于非极性分子组成的溶剂;非极性分子组成的溶质易溶于非极性分子组成的溶剂,难溶于极性分子组成的溶剂。

原油中普遍存在的芳烃、芳香烃等都具有荧光发射的特性,它们一般呈中性或弱极性,所以选择的萃取剂也应是中性或弱极性的有机溶剂。存储在岩样中的原油是一种成分极其复杂的混合物。不同萃取剂对原油的溶解力不同,溶解成分也不同。此外,相同的荧光组分在不同的萃取剂中的荧光特性也不相同。因此,理想的萃取剂应对原油具有一定的溶解能力,且溶解在萃取剂中的原油的荧光性质应符合录井测量要求。符合定量荧光录井要求的理想的萃取剂应具有以下性质与特点:

1)对原油具有一定的溶解提取能力,而对钻井液添加剂(某些添加剂能够产生与原油相同范围内的荧光)溶解能力有限,即具有选择性的溶解能力。

2)溶解后的原油在萃取剂中荧光强度较高,而萃取剂自身的荧光强度较低,并且在原油的特征荧光区域(320~380nm)内不存在特征荧光峰的干扰。

3)适合在常温下使用,不具有强挥发性和强腐蚀性,毒性小,性质稳定、安全可靠。早期所用的萃取剂是三氯甲烷(俗称氯仿)或四氯化碳,毒性大,并且它会使原油的荧光发生猝灭,现在已不再使用。在我国石油定量荧光录井规范中指出的萃取剂有正己烷、异丙醇、环己烷和异丁烷。

样品制备过程:岩样的制备主要包括清洗、去除水分、碾磨样品、浸泡样品四个步骤。取有代表性岩屑(或岩心、壁心)样品夹在两张滤纸间放入研钵研磨成粉末状,称取0.5g

样品倒入容器内,注入 5mL 的正己烷(或异丙醇)充分混合以萃取样品中的原油。搅拌(摇匀)15~20min,将其萃取物慢慢倒入容器内,经过滤后将萃取液压入试管内,上机分析。

为了尽可能地降低钻井液添加剂的影响,岩样一定要多次清洗,认真挑取真岩屑,显示段应在常规荧光灯下选取有代表性岩屑。岩屑挑好后要去除水分,水分存在会产生"水包油"的现象,导致样品荧光强度变低。在进行这步操作时,用滤纸轻轻吸去岩屑表面的水分,并在阴凉处晾晒一会,不能放在阳光下曝晒,更不能烘烤,否则会导致原油轻烃组分损失,致使分析结果偏低。

石油中荧光物质浓度达到一定数值时,由于荧光物质的吸收作用开始增强,石油溶剂发光强度不增反降,称为荧光猝灭效应。对于含油浓度较高的样品,如果直接测定,会发生荧光猝灭效应而无荧光值,因此必须用萃取剂进行合适的稀释。

对钻井液中原油的萃取过程:取钻井液 $1cm^3$ 放入试管中,加入正己烷 $5cm^3$,用玻璃棒(或木棒)充分搅匀,静止 15min,利用石油中的有机物质易溶于正己烷,钻井液中的油气被正己烷充分溶解。根据钻井液与正己烷的密度差异以及正己烷与钻井液互不相溶的原理,正己烷会自动浮到混合液的表层。将萃取液倒出后放入定量荧光分析仪进行分析,就能测量出 $1cm^3$ 钻井液中所含的油气在 $5cm^3$ 正己烷中的发光强度。根据石油在不同浓度下的发光强度差异,利用单位体积的钻井液在一定体积的溶剂中的荧光发光强度,就能定量测定出钻井液中的含油浓度。

3. 二维定量荧光谱图及参数的意义

(1) 二维定量荧光谱图

二维定量荧光检测仪给出的是以波长为横轴,以荧光强度为纵轴的二维荧光谱图。定量荧光谱图是岩样中所含石油具有荧光性成分的综合反映,谱图形状取决于石油中所含的不同原油成分,谱图峰值高低与石油中不同原油成分含量的多少有关,如图 5-31 所示。

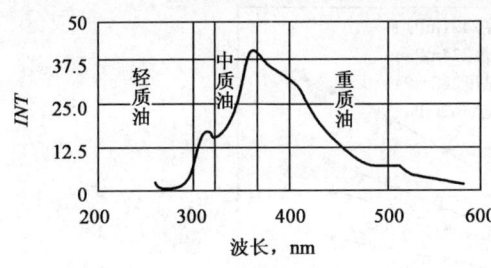
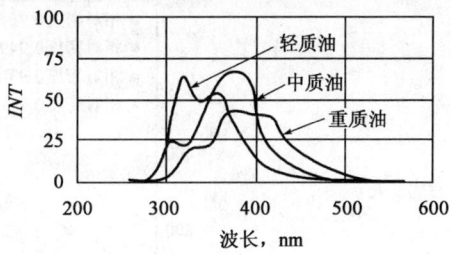

图 5-31 二维定量荧光谱图

荧光波长 λ (nm):反映不同性质原油的出峰位置。在 300~340nm 范围内出峰为轻质油成分(即轻质峰);340~370nm 范围内出峰为中质油成分(即中质峰);荧光波长大于 370nm 的为重质油成分。

主峰波长 $\lambda_{主}$ (nm):荧光谱图中荧光强度最大值对应的波长。

荧光强度 INT:原油中荧光物质所发射荧光的强弱,反映被测样品中含荧光物质的多少。

主峰荧光强度 $INT_{主}$:荧光谱图最高峰对应的荧光强度值。

(2) 油性指数 R

波长 350～380nm 处中质油主峰荧光强度与波长 310～330nm 处轻质油主峰荧光强度的比值称为油性指数 R。一般选用 $R=INT1(360nm)/INT2(320nm)$（具体可由各油田自行设定）。目前普遍采用的油质判别标准是：轻质油 R 小于 1.5；中质油 R 在 1.5～4.5 之间；重质油 R 大于 4.5。R 值越大，表示油质越重，原油的密度较大；反之，则表示油质越轻，原油的密度较小。

(3) 含油浓度 C（mg/L）

指 1g 岩石样品中被正己烷试剂萃取出的原油物质的含量称为含油浓度。通常用精度为 1/10000g 的电子天平称取 0.5g 碾碎的砂样加入 5mL 的正己烷浸泡，然后取一定量的溶剂倒入样品池（比色皿）中进行荧光分析。滤取浸泡后的岩样，待正己烷挥发完后称重得到 G 值，即可得出含油浓度 $C=(0.5-G)\times10^6/5$（mg/L）。

需要指出的是，定量荧光仪检测的荧光物质是以萘族为主的双环芳烃族化合物，因此所测的荧光强度与该物质的含量在一定范围内是呈线性或抛物线关系的，而不表示实际的含油量。不同产层中的原油，其所含的芳香族化合物的种类和含量是不同的，其中双环芳香族化合物的含量也是不尽相同的，在轻质油及凝析油中含量相对较高。但对同一种油源的原油来说，其中的双环芳香族化合物的含量是相对稳定的。因此不同区块不同层位的原油，其荧光强度与含油量之间都对应有相应的线性方程或抛物线方程。

当荧光物质的浓度较低时，荧光强度 INT 与荧光物质的浓度 C 成正比。两者之间关系可由线性方程 $INT=KC+b$ 表示。不同性质的原油，其线性方程中的 K、b 值是不同（图 5-32）的。在一定浓度范围之内，荧光强度与含油浓度之间呈抛物线关系：

$$INT = aC^2 + bC + d \qquad (5-13)$$

根据统计，把含油浓度与荧光强度之间的关系当做抛物线，可测浓度范围将扩大 3～5 倍；对 QFT 而言，可从不足 200mg/L 扩大到 600～1000mg/L。

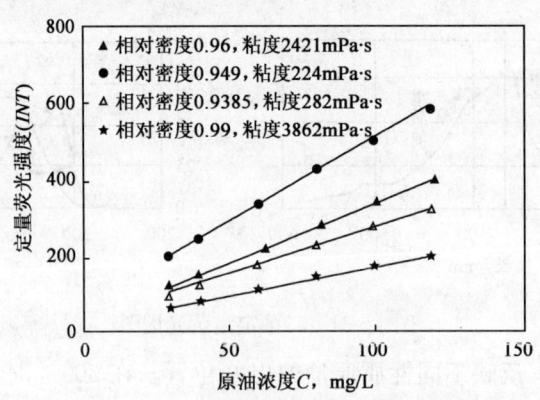

图 5-32 不同性质的原油线性方程

(4) 荧光系列对比级别 B

反映 1g 样品中含油荧光级别的高低指标就是荧光系列对比级别 B。定量荧光录井在检测前应首先收集邻井同层系、同油源的油样作标样，对仪器进行标定；检测钻井液添加剂（含油品）以确定背景值，录井中采用本底扣除法，以便获得岩样的真实含油情况。石油荧光分析仪给出样品荧光谱图、主次峰的荧光波长值和荧光强度值及 C_0 值，通过公式计算或查表，得到样品相应的荧光对比级别和相当油含量。

$$B = 15 - (4 - \lg C)/0.301 \qquad (5-14)$$

$$C = C_0 n \qquad (5-15)$$

式中　C——被测样品原油浓度（相当油含量），mg/L；

　　　n——稀释倍数；

　　　C_0——被测样品稀释后仪器检测浓度，mg/L；

　　　B——荧光对比级别。

对荧光对比级别也可由查表方式得到，见表 5-1。

表 5-1　原油浓度与荧光对比级别关系数据

原油浓度 C, mg/L	10000	5000	2500	1250	625	310	160	80
荧光对比级别	15	14	13	12	11	10	9	8
原油浓度 C, mg/L	40	20	10	5	2.5	1.2	0.6	—
荧光对比级别	7	6	5	4	3	2	1	—

（5）二次分析指数 I_C

二次分析指数是表示样品相对孔渗性的一个参数。其计算方法如下：

$$I_C = C_1/C \qquad (5-16)$$

$$C = C_1 + C_2 \qquad (5-17)$$

式中　C——样品的总含油浓度，mg/L；

　　　C_1——样品一次分析的含油浓度，mg/L；

　　　C_2——样品二次分析的含油浓度，mg/L。

一次分析方法是直接将颗粒样品粉碎后，用正己烷浸泡到规定时间后，求出可动油浓度 C，使用这种方法会使中质、重质油储集层中的部分残余油溶解于正己烷中而引起含油浓度过高，在评价时会将非产层误解释为产层。另外，直接粉碎颗粒样品过程中会造成轻质油、凝析油的油气损失，导致含油浓度偏低。为了解决这两个问题，采用二次分析法。二次分析方法是：首先挑选颗粒样品进行浸泡，浸泡到规定时间后将浸泡液倒出，求出可动油浓度 C_1，然后将颗粒样品晾干后粉碎，再重新浸泡，求出残余油浓度 C_2，两者相加即得总浓度 $C=C_1+C_2$，求出二次分析指数 I_C。二次分析的作用在于：第一，避免了直接粉碎样品所造成的油气损失，可以保证油气快速充分地溶解在正己烷中，特别是对易挥发的轻质油、凝析油储集层；第二，二次分析指数可以定量反映储集层中可动油的相对含量，这样就解决了在中浅层系由中质、重质油储集层"残余油"造成的含油浓度过高而引起的解释偏高的问题。

二次分析指数 I_C 既不是单纯的孔隙度，也不是单纯的渗透率，而是两者的综合体现，因此，I_C 也称为孔渗性指数，相当于储集层中可动油量与总含油量之比，是储集层评价的重要参数。在储集层含油丰度不变的情况下，储集层产油量主要受储集层可动油含量控制。定量荧光二次分析指数反映了油层可动油含量。表 5-2 是镇泾油田 4 口井地质录井、定量荧光录井与试油成果对比表。

表 5-2　镇泾油田定量荧光录井数据与地质录井数据、测试数据对比表

井名	井段 m	厚度 m	层位	地质录井			定量荧光录井				生产数据		备注
				荧光面积比,%	含油级别	G	C_1 mg/L	C_2 mg/L	C mg/L	I_C	产油 m³/d	产水 m³/d	
镇泾 1-2-5 井	1784.9～1787.0	2.1	延9	57	油浸	85.00	728.55	2583.04	3311.59	0.22	2.48	3.56	测试数据
镇泾 1-4-7 井	1837.2～1839.2	2.0	延9	30	油斑	41.09	139.28	272.93	412.21	0.34	1.03	6.36	测试数据
镇泾 1-5-6 井	1927.5～1930.5	3.0	延9	30	油斑	48.23	182.6	13.2	195.8	0.93	3.13	9.9256	初产数据
镇泾 1-3-6 井	1805.0～1807.0	2.0	延9	55	油斑	68.83	0	0	0		0.10	0.03	初产数据

由表 5-2 可知常规地质录井评价油气层由好至差为：镇泾 1-2-5 井＞镇泾 1-3-6 井＞镇泾 1-5-6 井＞镇泾 1-4-7 井，与生产数据明显不相符。由定量荧光录井可知，镇泾 1-3-6 井一次分析的含油质量浓度为 0，二次分析的含油质量浓度也为 0，说明油斑显示可能是油气运移过后残留的难溶于正己烷的高分子脂肪烃，评价为干层或水层。镇泾 1-2-5 井虽然含油丰度很高，但二次分析指数 I_C 很低，说明物性差，可动油量很少，产油量不会高。利用定量荧光录井含油质量浓度与二次分析指数综合评价油气层由好至差为：镇泾 1-5-6 井＞镇泾 1-2-5 井＞镇泾 1-4-7 井＞镇泾 1-3-6 井。

（三）三维定量荧光检测仪

1. 仪器结构与原理

三维定量荧光检测仪由紫外光源、激发光（E_x）分光系统、样品室、接收光分光系统、检测器、信号放大及处理电路和计算机、打印机等组成（图 5-33）。采用光栅对激发光进行分光，可对样品进行不同激发光（E_x）波长下的发射光谱（E_m）扫描测试，多个二维光谱叠加处理可以生成三维光谱，此即三维立体图或三维指纹图。

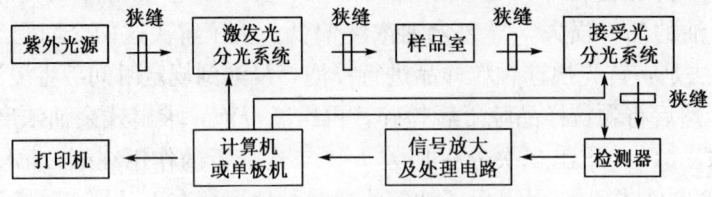

图 5-33　三维荧光检测仪结构原理图

三维定量荧光录井技术采用多点激发、多点接收的方式。可任选 200～800nm 范围内的激发光，激发步长为 10nm，并可接收 200～800nm 范围内的发射荧光，由此得到不同荧光物质的最佳激发波长和发射接收波长。当荧光强度最大时，即 $INT=INT_{max}$ 时，激发光波长最佳 $E_x=E_{xBest}$，此时发射光波长也最佳 $E_m=E_{mBest}$。采集的图谱为 E_x-E_m-INT 图谱，其图谱表现形式更加多样，信息更加丰富。

该种仪器涵盖了一维和二维荧光检测仪的所有功能，不仅能进行固定激发和发射波长的单点定量荧光测试，以及固定激发波长扫描二维发射光谱或固定接收波长扫描二维

激发光谱,而且可同时改变激发和发射波长进行同步荧光光谱和三维荧光光谱的扫描测试。利用三维荧光指纹图能定性确定油源、油质轻重和油品好坏,还可以进行油、气、水层的判别。

2. 三维荧光光谱图

(1) 三维谱图

三维谱图是一种直观的三维立体投影图,空间坐标 x、y、z 轴分别表示发射波长(E_m)、激发波长(E_x)和荧光强度(INT)。从图上容易观察到荧光峰的位置和高度以及荧光光谱的某些特征,如图 5-34 所示。

(2) 等值谱图(指纹图)

以平面坐标的横轴表示发射波长(E_m),纵轴表示激发波长(E_x),平面上的点即表示由两个波长所决定的荧光强度。将荧光强度相等的各个点连接起来,便在 E_m-E_x 构成的平面上显示了由一系列等强度线组成的等值谱图。它可作为一种有价值的光谱指纹技术,能获得较多的信息,容易体现出与普通的激发谱图、发射谱图的关系,如图 5-35 所示。

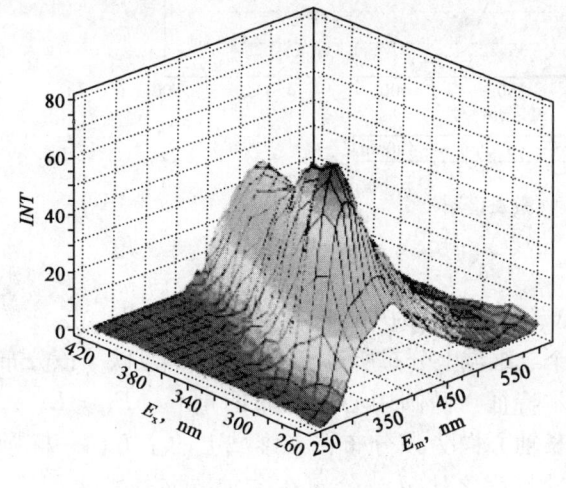

图 5-34 三维谱图

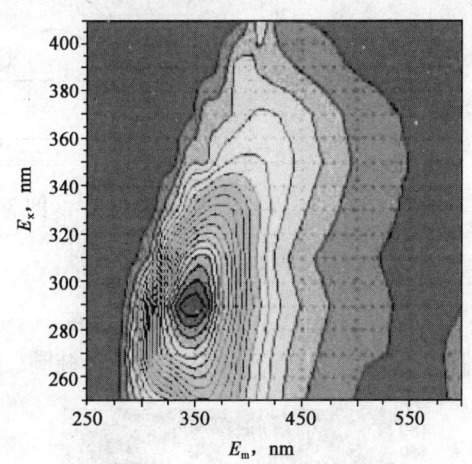

图 5-35 等值谱图(指纹图)

(3) 发射谱图

采用激发波长激发后检测一定范围发射波长段不同波长所对应的荧光强度,然后记录荧光强度对发射波长的关系曲线,所得到的谱图即为发射谱图。二维荧光录井就是采用固定激发波长 $E_x=254nm$ 测得的发射谱图,即 E_m-INT 谱图。图 5-36 是提取某样品在激发波长为 300nm、350nm 和 400nm 时产生的发射谱图。

(4) 激发图谱

荧光物质的激发图谱是指采用不同的激发波长激发而引起物质发射某一波长荧光的相对效率。也就是固定发射波长,改变激发波长,所得的荧光强度与激发波长的关系曲线即为激发谱图,即 E_x-INT 谱图。图 5-37 是提取某样品在发射波长为 320nm、370nm 和 420nm 时产生的激发谱图。

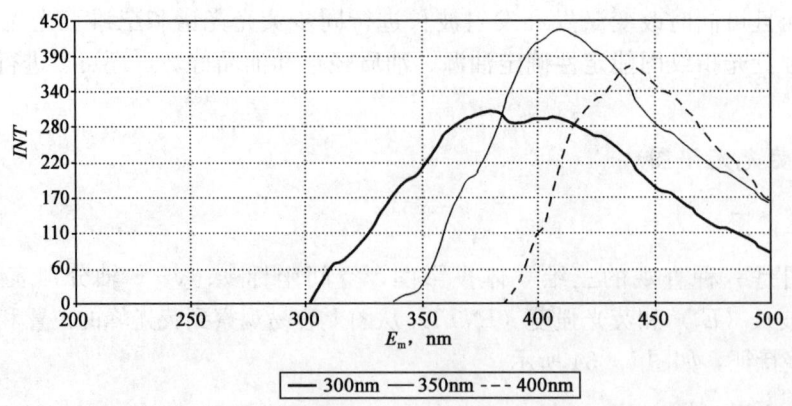

图 5-36 发射谱图

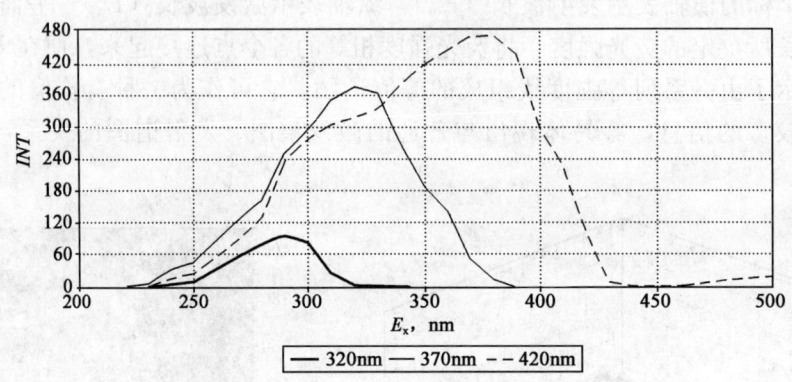

图 5-37 激发谱图

(5) 密集椭圆图

对于等值谱图（图 5-35）存在一个以 (E_{xl}, E_{ml}) 为中心的椭圆（图 5-38），这一椭圆称为对应于一个已知分布的密集椭圆。一个二维域上分布所对应的密集椭圆反映了该分布的基本特征：椭圆中心即分布的重心 (E_{xl}, E_{ml})；椭圆长轴方向为该分布在二维域上的主方向；椭圆长短轴长度之比反映分布在主轴方向的密集程度，比值越大，则密集程度越大；椭圆面积反映该分布在二维域上的密集性，若有二维域中的二个分布，它们有相同的重心，而且一个椭圆完全处于另一个椭圆中，那么前一分布将称为比后者具有较大的密集性。可见，一个三维荧光谱的密集椭圆可以比较全面地反映出其在 xy 平面上的分布特征。

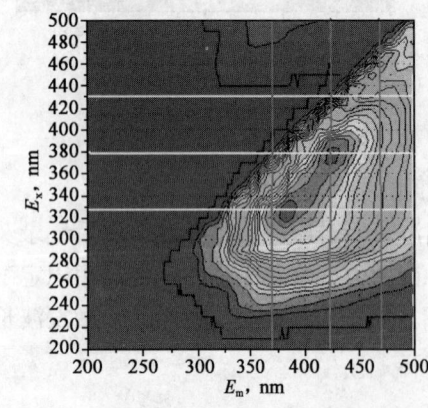

图 5-38 密集椭圆图

3. 三维定量荧光的参数

荧光强度、含油浓度、荧光系列对比级别等的含义与二维定量荧光相同，但由于三维荧光采用多激发波长，而发射波长总大于激发波长，且最佳激发波长一般均在 320nm 以后，因此原先二维荧光油性指数的定义不再适用。

三维定量荧光油性指数 R：是指发射波长为 350~500nm 最大荧光强度与发射波长为

200~350nm 最大荧光强度之比，即 $R=INT$（350~500nm）$/INT$（200~350nm）。

最佳激发波长、最佳发射波长：是指获得最大荧光强度 INT_{max} 所对应的激发波长和发射波长，最佳激发波长和最佳发射波长可以反映不同油种及不同添加剂的各自特性。

第二节　现场定量荧光录井的具体应用

利用定量荧光录井资料来评价油气层，首先必须建立本地区（区块）的定量荧光资料解释标准，并制作本地区（区块）的解释图版。在《石油定量荧光录井规范》（SY/T 6611—2005）中指出，利用定量荧光录井资料来评价油气层应按照以下三个方面来进行工作：

1）确定解释井段。根据定量荧光分析得到的各种参数及参数值的变化趋势，确定荧光解释井段。

2）原油性质的判别。以本地区解释标准为依据，根据荧光出峰位置及相关分析参数判断原油性质。

3）对不同性质原油的储集层含油气性的判别。根据不同地区、不同类型仪器建立的解释图版，依据荧光分析参数判别储集层含油气性。

一、荧光分析的影响因素

在进行评价油气层之前，首先要保证检测数据的准确性。影响荧光检测准确性的因素很多，主要应该注意溶剂（型号、纯度、有效期）、测量浓度（稀释至可响应范围之内）、温度、pH 值（岩样要清洗干净）、岩样的干燥方法及程度、共存物质的干扰等。了解和利用这些影响因素，就可以提高荧光分析的灵敏度和选择性。

（一）溶剂的影响

同一种荧光体在不同的溶剂中，其荧光图谱的位置和强度都可能会有显著的差别。许多荧光体，尤其是那些在芳环上含有极性取代基的荧光体，它们的荧光图谱易受溶剂的影响。溶剂的影响一般可分为一般的溶剂效应和特殊的溶剂效应，前者指的是溶剂的折射率和介电常数的影响，后者指的是荧光体和溶剂分子间的特殊化学作用，氢键的生成和配合作用。一般的溶剂效应是普遍存在的，而特殊的溶剂效应则取决于溶剂和荧光体的化学结构。特殊的溶剂效应所引起的荧光图谱的移动值往往大于一般溶剂效应所引起的。

（二）温度的影响

温度对于溶液的荧光强度有显著的影响。通常，随着温度的降低，荧光物质的荧光量子产率和荧光强度将增大。

当溶液中没有猝灭剂存在时，随着溶液温度的降低，介质粘度的增大，使荧光分子与溶剂分子的碰撞猝灭机会减小。溶液温度上升而使荧光强度下降的一个主要原因是分子的内部能量转化作用。当激发分子接受到额外热能，使激发能转换为基态的振动能量，随后又通过振动松弛而丧失振动能量。随着溶液温度的上升，荧光量子产率通常下降。

（三）光解作用和光互变异构现象

用能量较大的激发光照射荧光物质，有时会使荧光强度减弱，不能得到稳定值，这有可能是因为荧光化合物发生光解作用。不同荧光物质荧光强度的变化过程也不同，有的是开始荧光强度逐渐增强，达到一定值后稳定；有的增加到一定程度后逐渐减弱，这也可能是激发态时的互变异构现象，即光互变异构现象。在定量测定之前要考察荧光强度的稳定性。

（四）pH 值的影响

假如荧光物质是一种弱酸或弱碱，溶液的 pH 值改变将对荧光强度产生很大的影响。大多数含有酸性或碱性基团的芳族化合物的荧光谱图，对于溶剂的 pH 值和氢键能力是非常敏感的。由于激发态和基态两者的电荷分布情况不同，因而它们的化学性质也会有所差别，溶液的 pH 值改变将会影响到基态分子或激发态分子的酸碱性质。例如，假定分子处于激发态时其酸性或碱性基团的电子密度比处于基态时低，那么该分子被激发后其酸性将增强，或其碱性将减弱；假如激发时发生电荷转移到酸性基团或碱性基团，那么激发态分子与基态分子相比较将是更弱的酸或更强的碱。

对于荧光性质而言，弱酸或弱碱的分子和离子可视为不同的形体，各具有自己特殊的荧光谱图和荧光量子产率，因而实验时要比较严格地控制溶液的 pH 值，方能达到最好的灵敏度和准确度。

（五）共存物质的干扰

共存物质的干扰主要有共存物质的荧光猝灭作用；共存物质产生荧光；共存物质与荧光物质发生反应；共存物质吸收激发光或荧光使荧光强度减弱等。当有大量干扰物质共存时，应先予以分离。

（六）钻井液添加剂的影响

在钻井过程中，为改变钻井液的特性而需要加入有机添加剂（磺化沥青、防塌润滑剂、CXB-1等）。本身能够产生与原油同一波长范围内的荧光，会对样品的荧光强度和光谱特征造成影响，因此必须排除荧光干扰，才能为定量荧光录井提供真实可靠的荧光信息。

要消除干扰荧光，首先必须充分了解各种钻井液添加剂的荧光特性，在录井现场，随时监控样品荧光谱图。出现异常谱图时，要及时与钻井液添加剂谱图进行对比并结合地质资料判断样品荧光是否受到干扰污染。图 5-39 为不同钻井液添加剂的荧光谱图。表 5-3 给出常见钻井液添加剂定量荧光谱图特征。

表 5-3　常见钻井液添加剂定量荧光谱图特征

钻井液添加剂	主峰波长，nm	谱图形态特征
防塌滤失剂	359.0~361.0	山状单峰、322nm、384nm 处均有不明显次级峰出现
螺纹油	361.0	峰形较规则，两翼近似对称；313nm 处出峰不明显
磺化沥青	364.5	复合峰状，406nm 出峰，形成顶部双峰；317nm 有次级峰
解卡剂	335.0	复合峰状，主峰在中，前次级峰略高于后次级峰，整体峰前翼陡、后翼缓
柴油	315.0	单峰状，峰形前翼陡、后翼缓；360nm 处有次级峰

在图 5-40 中，污染样品的荧光谱图与正常样品相比较出现了少见的 342nm、440nm、460nm 3 个特征峰，且位置与钻井液本底部分特征吻合，由此可判断该样品受到干扰，扣除本底后得到的谱图才是样品的真实荧光显示。每次钻井液配好后，首先做钻井液定量荧光分析，获得钻井液背景谱图。定量荧光分析软件可以显示和输出样品荧光分析谱图、背景谱图，并利用其独特的差谱功能去除钻井液中荧光添加剂的干扰，还原一个真实的含油质量浓度和定量荧光谱图。

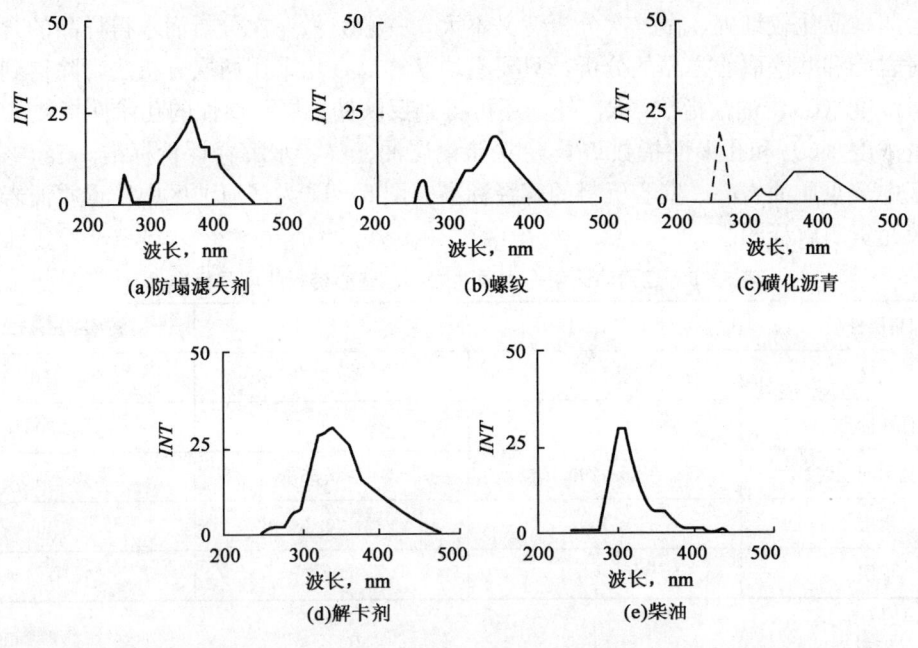

图 5-39 常见钻井液添加剂定量荧光谱图

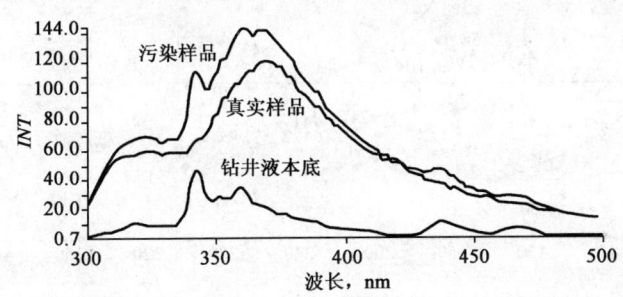

图 5-40 钻井液添加剂荧光干扰排除示意图

二、判断储集层性质并对油、气、水层进行划分

利用定量荧光录井资料来评价油、气、水层,常用方法是解释图版法。解释图版的标准要根据本地区、本区块的资料来建立,不同地区(区块)其标准是不相同的。解释图版中所用的参数为荧光强度 INT、含油浓度 C、荧光系列对比级别 B 和二次分析指数 I_c。这些参数的组合要根据本地区(区块)的实际资料对比研究来进行调整,使其达到最高的分辨力和最佳的评价效果。此外,还可以结合其他资料如储集层岩性、气测资料、地球化学分析、测井孔隙度等对油、气、水层进行综合评价。三维定量荧光分析方法涵盖了一维和二维定量荧光分析所有的方法。

表 5-4 为胜利油区利用荧光系列对比级别 B 评价油、气、水层的标准。

表 5-4 荧光对应级别与储集层性质对比

储集层性质	油 层	油水同层	含油水层	水层或干层
荧光系列对比级别 B	≥17	9~10	6~9	1~5

若岩屑样品比较细碎，做二次分析意义不大，一般只做一次分析而求得样品的含油质量浓度。对岩心和井壁取心样品的分析，只要有块状样品，均采用两次分析法，除得到样品的含油质量浓度（C）、油性指数（R）外，还可得到反映储集层孔渗性的孔渗性指数 I_C。利用含油质量浓度（C）和孔渗性指数 I_C，建立储集层油、气、水解释评价标准。表 5-5 给出辽河油区中—重质油岩心、壁心资料的解释标准。图 5-41 为辽河油区中—重质油岩心、壁心定量荧光资料解释图版。

表 5-5　辽河油区中—重质油岩心、壁心资料的解释标准

储集层性质	C，mg/L	I_C	G，mg/L
油层	≥160	≥0.55	≥160
低产油层	≥75	0.2～0.55	≥50
油水同层	40～260	≥0.55	40～160
水层	<140	≥0.3	<40
干层	—	<0.2	—

注：$G = C \cdot I_C$。

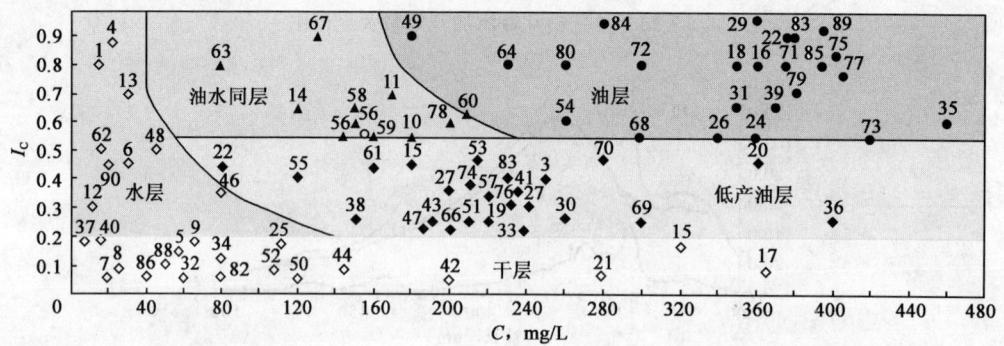

图 5-41　辽河油区中—重质油岩心、壁心定量荧光资料解释图版

为了使定量荧光录井能更好地用于划分油、气、水层，还可以组合其他录井参数来制作解释图版。图 5-42 为准噶尔盆地利用热解或 PK（核磁共振录井）孔隙度 ϕ 与荧光强度 INT 建立的划分油、气、水层的解释图版，表 5-6 给出划分油、气、水层的解释区间。

表 5-6　ϕ-INT 划分油、气、水层的解释区间

储集层性质	油层	低孔渗油层	油水同层	低孔渗油水同层	水层	干层
INT	>450	>450	130～450	130～450	<130	<120
ϕ，%	>6.5	0～6.5	>6.5	<6.5	>6.5	<6.5

图 5-43 为辽河油区利用钻时比与含油浓度 C 建立的划分油、气、水层的解释图版。所谓钻时比，就是上、下围岩钻时与储集层钻时之比，该参数基本可以反映出储集层的相对物性。该方法对正常压实地层、火山岩及变质岩的储集层应用效果较好。

以油性指数与相当油含量的相关关系、油性指数与储集层的有效孔隙度相关关系为基础，吐哈盆地建立了三维荧光录井划分油、气、水层初步标准（表 5-7）及解释图版（图 5-44）。

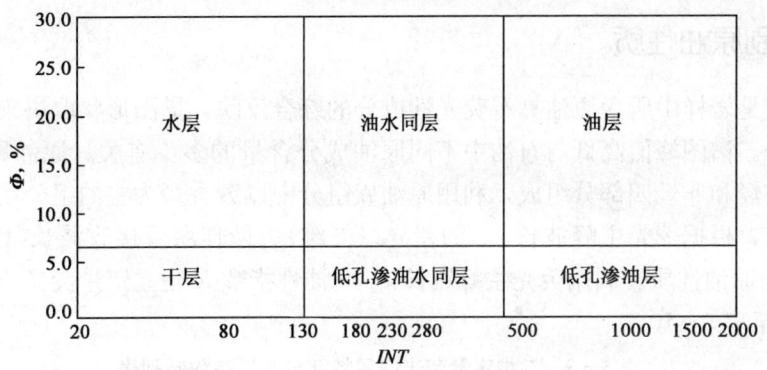

图 5-42 ϕ-INT 划分油、气、水层的解释图版

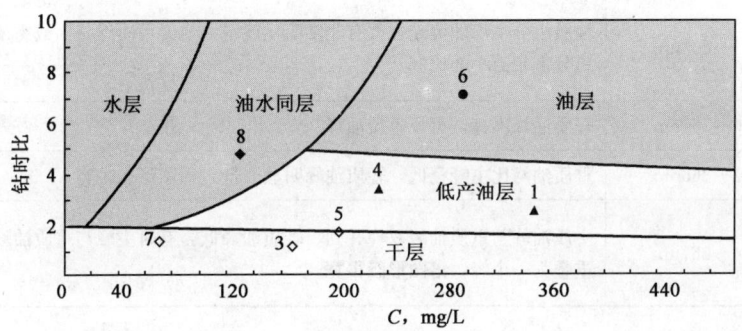

图 5-43 含油质量浓度—钻时比划分油、气、水层的解释图版

表 5-7 吐哈盆地三维荧光录井划分油、气、水层初步标准

储集层类型	TB 凹陷 ZXB 地区		HT-GDT 地区	
	相当油含量，mg/L	油性指数	相当油含量，mg/L	油性指数
气层	>100	<1.1	>30	<1
油层	200~3000	<1.3	>50	<1.3
油水层	70~200	<1.5	>50	<1.3
含油水层	<70	>1.2	<50	>1.2

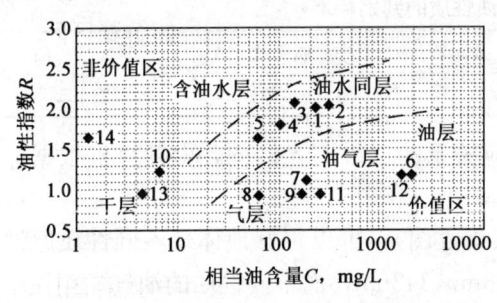 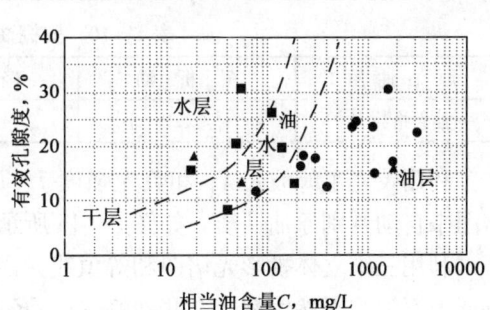

图 5-44 吐哈盆地三维荧光录井划分油、气、水层的解释图版

以上图版中 C 与 R 两参数相辅相成，油层须满足"较高的相当油含量、低油性指数"条件。在 C 值一定的情况下，R 增大，则表示可能有含水的迹象，油层、油水同层与水层界线明显。由于气层不完全满足荧光录井原理（轻烃气体易挥发），相当油含量不能准确指示含气饱和度，所以气层在图版上无较好的分布规律。

三、判别原油性质

荧光谱图是岩样中所含原油具有荧光性成分的综合反映，谱图形状取决于石油中所含的不同原油成分，谱图峰值高低与石油中不同原油成分含量的多少有关。原油族组分由烷烃、环烷烃、芳香烃和非烃四部分组成，利用原油族组分中以芳香烃为主的组分在紫外光下能发射荧光的特点，根据荧光主峰波长 $\lambda_\text{主}$ 的差异（二维）、最佳激发接收波长（三维）和油性指数 R 可判断原油性质。利用荧光主峰波长 $\lambda_\text{主}$ 和油性指数 R 建立定量荧光原油性质判别标准见表 5-8 至表 5-10。

表 5-8 二维定量荧光谱图特征与油性指数判别表

原油性质	主峰波长位置	谱图形态	油性指数
轻质油	358~360nm	轻质组分主峰的荧光强度有非常明显地增大，无重质组分，或重质组分占相当小的比例	<2.97
中质油	360~364nm	轻质油峰不高，可见重质油峰	2.97~3.74
重质油	362~365nm	重质油峰比主峰稍低，轻质油峰明显变低，谱图形态较宽	3.74~4.10
稠油	364~367nm	中质油峰与重质油峰双峰并列，轻质油峰低，有时主峰与重质油峰重叠为一个峰，谱图形态很宽	>4.10

表 5-9 三维定量荧光原油性质判别标准

原油性质	密度范围，g/cm^3	最佳激发波长，nm	最佳发射波长，nm	油性指数范围 R
轻质原油	<0.86	310~330	360~380	<1.6
中质原油	0.86~0.93	320~340	370~390	1.6~2.1
重质原油	0.93~1.00	330~350	380~400	2.1~2.6
特重（稠）原油	>1.00	350~370	390~420	>2.6

不同地区（区块）的原油性质判别标准是不相同的，其变化趋势与变化方向是一致的，表 5-10 为安棚油田原油性质的判别标准。

表 5-10 安棚油田原油性质的判别标准

原油性质	凝析油	轻质油	中质油	重质油
油性指数 R	≤1.2	1.2~1.7	1.7~4.0	>4.5

利用荧光主峰波长 $\lambda_\text{主}$ 和荧光强度 INT 对应关系的二维荧光谱图，由计算机根据标准谱图来自动判别原油性质，如图 5-45 所示。

利用三维立体投影光谱图和等值线光谱图（指纹图），可以很好地体现不同性质原油的特征。石油与天然气都存在共性峰（E_x/E_m）228nm/342nm，而不同性质的油气又存在不同的特征峰，随着由气到油、由轻质油到重质油的变化，其特征峰的发射波长由短波长向长波长方向移动。所以根据样品的三维荧光光谱特征，能够进行油气性质的判识。若结合指纹图中的三维荧光光谱的平均值、标准差、重心、激发发射波长相关系数、平均峰度和偏度，以及密集椭圆长轴、斜率等这些对油种较为敏感的统计特征参数进行提取和分析，可以从不同侧面多角度反映三维荧光谱图的宏观分布特征。

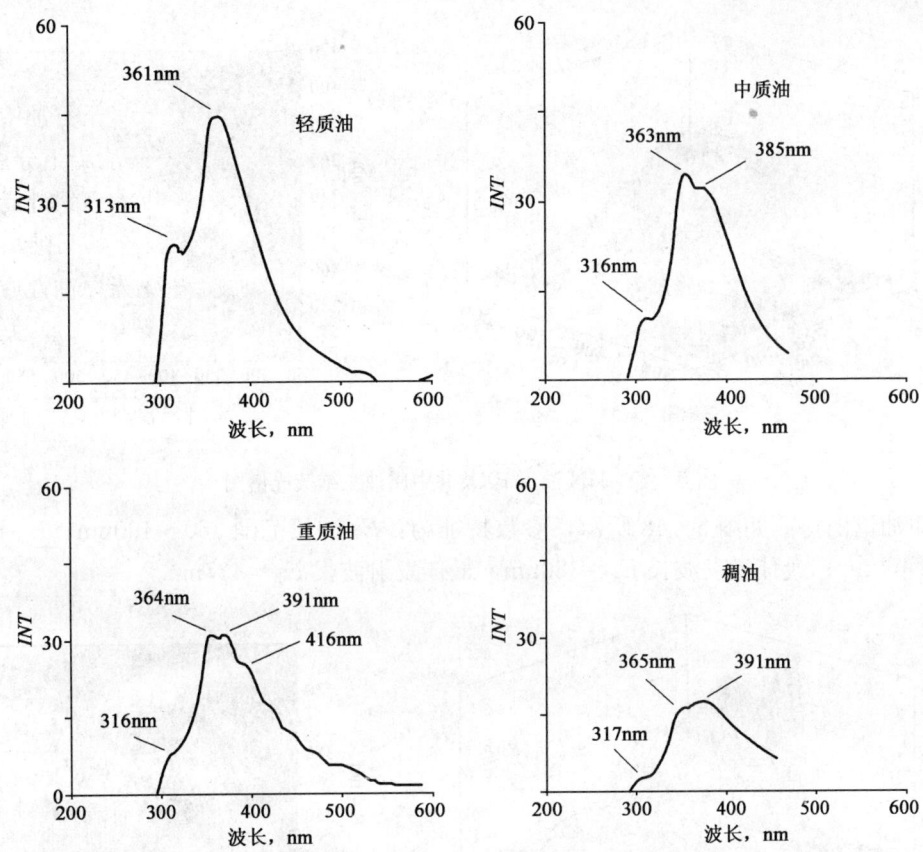

图 5-45 不同原油性质的二维谱图

图 5-46 至图 5-48 分别为 SL 油田、HN 油田、YD 油田的轻质油、中质油、重质油三维（E_x、E_m、INT）立体谱图和等值线（指纹图谱）谱图特征。

轻质油谱图特征如图 5-46 所示。参数特征为：E_x 范围 280~290nm，E_m 范围 310~350nm；最佳激发波长 $E_x=280$nm，最佳发射波长 $E_m=332$nm。

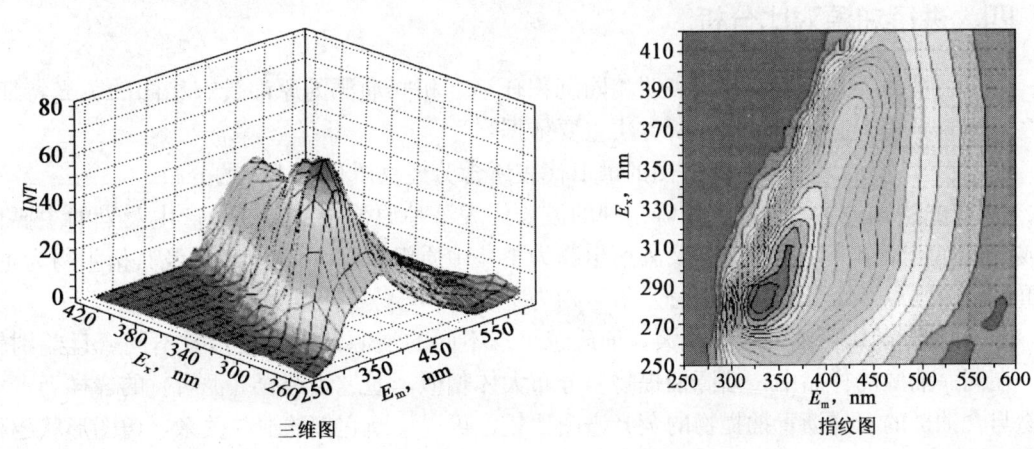

图 5-46 SL 油田 LeX-XX 井轻质油三维荧光谱图

中质油谱图特征如图 5-47 所示。参数特征为：E_x 波长范围 280~310nm，E_m 波长范围 330~380nm；最佳激发波长 $E_x=310$nm，最佳发射波长 $E_m=364$nm。

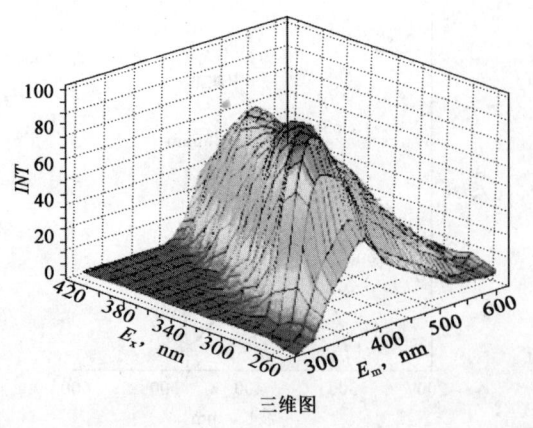
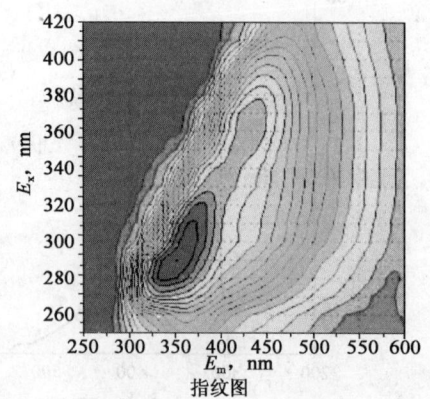

图 5-47　HN 油田 PXX 井中质油三维荧光谱图

重质油谱图特征如图 5-48 所示，参数特征为：E_x 波长范围 360～400nm，E_m 波长范围 420～460nm；最佳激发波长 $E_x=380$nm，最佳发射波长 $E_m=437$nm。

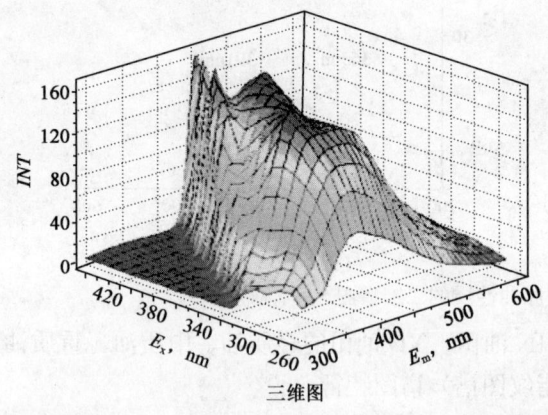
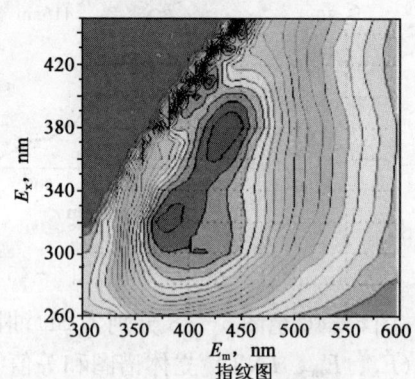

图 5-48　YD 油田 X 井重质油三维荧光谱图

四、进行油源对比分析

根据大量的荧光谱图资料，表明相同沉积环境、相同油源的原油具有相同的荧光特征；反之，则差异很大。油源对比分析方法主要依据：

1）荧光谱图的谱形：荧光谱图的谱形代表所含芳烃物质化学成分的分布。

2）荧光谱图的主峰位置：主峰出现的波长代表该种原油中所含油量产生荧光的主要化学成分，如轻质组分以 2 个苯环及其衍生物为主，中质组分以 2～3 个苯环及其衍生物为主，而重质组分则以 3 个苯环以上组分及衍生物为主。

3）油性指数 R：油性指数越大，油质越重；不同的油源，其油性指数不同，且差别较大。在同一油源的样品中，油源抽提物质分布大体相似，通过烃源岩（泥岩）的岩样沥青抽提物与含油样的岩样沥青抽提物的荧光谱图比较，可以推断它们的油源关系，谱图形状越相似，说明属于同一油源的可能性越大。对深色泥岩的定量荧光分析，为油气的生成、运移研究提供了一项新的评价依据。FSX1 井的阜四段、阜三段、阜二段黑色泥岩以及岩心荧光谱图分别如图 5-49、图 5-50、图 5-51 和图 5-52 所示。

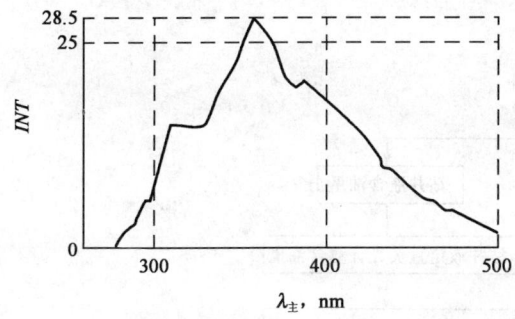

图 5-49　阜四段 3327m 泥岩（稀释 10 倍）荧光谱图　　图 5-50　阜三段 3563m 泥岩（未稀释）荧光谱图

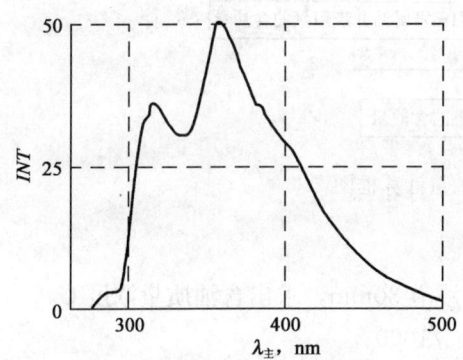
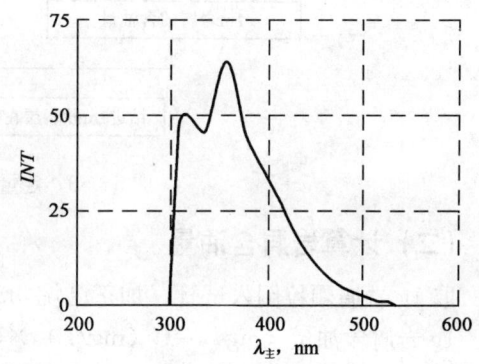

图 5-51　阜二段 3850m 泥岩（稀释 5 倍）荧光谱图　　图 5-52　FSX1 井阜三段 3558.42m 岩心荧光谱图

从同一口井不同层位的三个泥岩样品分析谱图对比可以看出：

1）阜四段、阜三段烃源岩荧光谱图形态相似，呈明显的三峰图形。

2）阜四段烃源岩荧光强度（$28.5\times10=285$）明显大于阜三段烃源岩荧光强度（56.3），这表明阜四段剩余有机质含量明显高于阜三段。因为阜四段烃源岩单层厚度远大于阜三段，阜三段生油层与储集层呈旋回式组合，砂、泥岩接触面积大，有利于石油的生成与聚集；而阜四段为厚层块状泥岩，排烃效率不及阜三段，因此阜三段剩余有机质含量低，荧光强度就低。

3）阜四段、阜三段烃源岩荧光谱图形态与阜二段烃源岩谱图明显不同，阜二段烃源岩谱图呈明显双峰形态，说明阜二段与阜四段、阜三段油源不同。且从图 5-51、图 5-52 对比可以看出，阜三段砂岩中所含烃类与阜二段泥岩中剩余烃类的荧光谱图形状基本一致，具有一定的亲缘关系，因此可以认为富民深层构造阜三段储集层的油来自于阜二段烃源岩。

五、利用定量荧光参数计算岩石含油量

（一）计算岩石含油量的意义

定量荧光含油质量浓度只是定量地测定了 1g 岩屑中的含油量，而地面岩屑中的含油量并不能完全代表地下储集层的含油量。因为在井底岩屑上返过程中，因温度、压力等因素的变化，势必造成部分原油扩散到钻井液中，并且越是物性好的储集层，其岩屑原油扩散量越大。因此在测定岩屑含油质量浓度的同时，也必须测定钻井液中的含油量。岩屑含油质量浓

度与钻井液含油质量浓度结合,经计算,就可获得单位体积岩石的含油量,如图 5-53 所示。

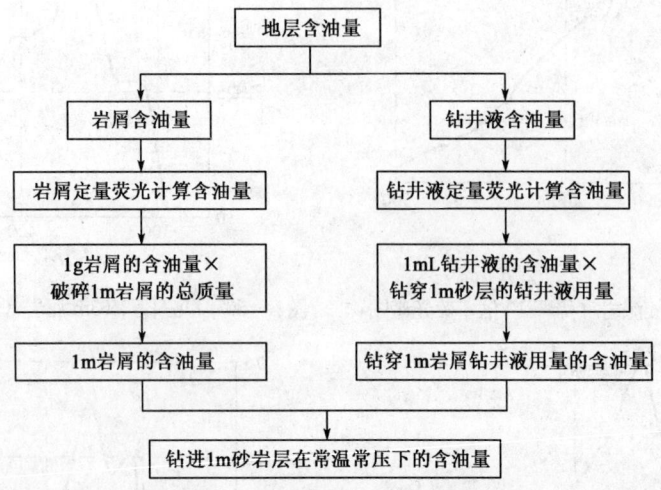

图 5-53 定量荧光含油量计算框图

(二) 计算岩屑含油量

取 1g 岩屑颗粒倒入试管,加正己烷 5mL 加塞浸泡 30min,求出含油质量浓度 C。

1g 岩屑含油量 (mg) = C (mg/L) ×5 (mL) /1000;

破碎 1m 岩屑的体积 (cm³) = (21.6/2)² ×3.14×100 (21.6cm 为钻头直径);

破碎 1m 岩屑的质量=破碎 1m 岩屑的体积 (cm³) ×储集层平均密度 g/cm³;

油层的储集层平均密度值一般为 2.48g/cm³;

破碎 1m 岩屑的含油量=破碎 1m 岩屑的质量 (g) ×1g 岩屑的含油量 (mg)。

由以上公式推导可知 1m 岩屑在常温常压下的含油量。某井岩屑含油量统计表见表 5-11。

表 5-11 某井岩屑含油量统计表

井深 m	含油质量浓度 mg/L	1g 岩屑含油量 mg	破碎 1m 岩屑的含油量 mg	破碎 1m 岩屑的含油量 kg
1838	234.8	1.174	106634.3026	0.106634303
1839	412.2	2.061	187200.4239	0.187200424
1840	217.6	1.088	98822.9312	0.098822931
1841	166.4	0.832	75570.4768	0.075570477
1842	245.7	1.2285	111584.5322	0.111584532
1843	36.8	0.184	16712.7016	0.016712702
1844	239.4	1.197	108723.3903	0.10872339
1845	100.5	0.5025	45642.02475	0.045642025
1846	16.23	0.08115	7370.846385	0.007370846
1847	8.73	0.04365	3964.725135	0.003964725
1848	9.69	0.04845	4400.708655	0.004400709

（三）计算钻井液含油量

取钻井液 $1cm^3$ 放入试管中，加入正己烷 $5cm^3$，用玻璃棒或木棒充分搅匀，静止 15min，利用石油中的有机物质易溶于正己烷，钻井液中的油气被正己烷充分吸收，测量出 $1cm^3$ 钻井液中所含有的油气在 $5cm^3$ 正己烷中的发光强度，求出 $1cm^3$ 钻井液中的含油量。

1mL 钻井液的含油量＝1mL 钻井液的含油质量浓度（mg/L）×5；

钻井液量（L）＝钻时（min）×排量（L/s）×60；

钻进 1m 钻井液量的含油量（kg）＝1mL 钻井液的含油量×钻井液量（L）/1000。

某井 1m 钻井液的含油量见表 5-12。

表 5-12　某井钻井液含油量统计表

井深，m	1mL 钻井液的含油质量浓度，mg/L	1mL 钻井液的含油量，mg	钻时，min	排量，L/s	钻井液量，L	钻进 1m 钻井液量的含油量，kg
1838	18.85	0.09425	14	27	22680	2.13759
1839	4.12	0.0206	13	27	21060	0.433836
1840	10.28	0.0514	12	27	19440	0.999216
1841	3.69	0.01845	14	27	22680	0.418446
1842	6.21	0.03105	13	27	21060	0.653913
1843	3.32	0.0166	10	27	16200	0.26892
1844	4.87	0.02435	15	27	24300	0.591705
1845	2.73	0.01365	18	27	29160	0.398034
1846	2.30	0.0115	18	27	29160	0.33534
1847	2.19	0.01095	26	27	42120	0.461214

（四）计算地层含油量

将破碎 1m 岩屑的含油量（kg）加上钻进 1m 钻井液量的含油量（kg），得出在常温常压条件下破碎 1m 岩石的含油量（kg）。

在常温常压条件下破碎 $1m^3$ 岩石的含油量（t）＝在常温常压条件下破碎 1m 岩石的含油量（kg）/破碎 1m 岩屑的体积（m^3）。某井在常温常压条件下破碎 $1m^3$ 岩石的含油量（t）计算结果见表 5-13（破碎 $1m^3$ 岩屑的体积所用钻头直径为 21.6cm）。

表 5-13　某井破碎 $1m^3$ 岩石在常温常压下的含油量

井深，m	破碎 1m 岩屑的含油量，kg	钻进 1m 钻井液量的含油量，kg	在常温常压下破碎 1m 岩石的含油量，kg	在常温常压下 $1m^3$ 岩石的含油量，t
1838	0.106634303	2.13759	2.244224303	0.061275816
1839	0.187200424	0.433836	0.621036424	0.016956644
1840	0.098822931	0.999216	1.098038931	0.029980618
1841	0.075570477	0.418446	0.494016477	0.013488519
1842	0.111584532	0.653913	0.765497532	0.020900979
1843	0.016712702	0.26892	0.285632702	0.007798854
1844	0.10872339	0.591705	0.70042839	0.019124346

续表

井深, m	破碎 1m 岩屑的含油量, kg	钻进 1m 钻井液量的含油量, kg	在常温常压下破碎 1m 岩石的含油量, kg	在常温常压下 1m³ 岩石的含油量, t
1845	0.045642025	0.398034	0.443676025	0.012114034
1846	0.007370846	0.33534	0.342710846	0.009357303
1847	0.003964725	0.461214	0.465178725	0.012701139

由表 5-13 可得，1838～1842m，5m 砂岩含油性好，为油层特征；1842m～1844m，2m 砂岩含油性较差，为含油水层特征；1844m～1847m，4m 砂岩含油性差，为水层特征。

从目前应用的效果看，现场定量荧光录井技术在发现及识别真假油气显示、判别储集层流体性质、判别储集层原油性质、求取含油饱和度、分析地层中单位含油丰度、进行油源对比及追踪、鉴定生油岩、一定程度评价水淹层等方面有着其他技术无法比拟的优势。作为一项录井新技术，现场定量荧光录井技术呈现出良好的发展前景。

第三节　现场核磁共振录井方法与技术

一、核磁共振波谱法的基本原理

核磁共振波谱法（nuclear magnetic resonance spectroscopy，NMR）属于吸收光谱分析法，与紫外、可见吸收光谱和红外吸收光谱等分析法的不同之处在于待测物必须置于强磁场中，研究其具有磁性的原子核对射频辐射（4～600MHz）的吸收。

某些磁性原子核在强外磁场的作用下，可以分裂成两个或两个以上量子化能级。如果此时外加一个能量，使其恰好等于裂化后相邻两能级之差，则该核就可能吸收能量（共振吸收），发生能级跃迁，同时产生核磁共振信号，得到核磁共振谱。所吸收的能量的数量级相当于射频频率范围的电磁波，因此核磁共振是研究磁性原子核对射频能的吸收。核磁共振波谱法是研究和测定分子结构的强有力工具。到目前为止，核磁共振与其他分析方法配合，已鉴定了十几万种化合物。

（一）原子核的特性

核磁共振现象是原子核特性的表现，通常用质量数、质子数、动量矩、磁矩和能级等概念描述原子核的特性。

宇宙间众多的元素皆由原子构成，原子有一个很小的核心，称为原子核。原子核由质子和中子组成，质子和中子统称为核子。各种不同的原子核具有不同数目的质子和中子。质子和中子都具有质量，其质量基本相等。质子带正电荷，中子基本上不带电荷，是中性的。

原子核的质量用质量数 A 表示，A 等于质子数 Z 和中子数 N 之和，即 $A=Z+N$。一般情况下，$N \geqslant Z$，Z 等于元素在周期表中的原子序数。

原子核的电荷取决于核中的质子数目。原子核的电荷用电荷数即质子数 Z 表示。

具有一定质量数 A 和质子数 Z 的原子核称为核素，某种元素 X 的核素用符号 $^A_Z X$ 表示。即在核素符号的左上角标明质量数 A，在左下角标明质子数 Z，这样就把原子核的质量和电荷两个特征都表示出来。例如：氢核（质子）$^1_1 H$。

不同的元素其原子核内的质子数是不同的，质子数相同而中子数不同的核组成的元素称为同位素。例如，氢的同位素 $^1H_1$、$^2H_1$、$^3H_1$ 分别称它们为氢核、氘核和氚核；元数符号的右下角表示原子序数，即核内的质子数均为1，左上角表示核的质量数即质子数与中子数之和，核内中子数分别为0、1、2，所以左上角分别为1、2、3。

（二）原子核的自旋

原子核具有一定的质量和体积，可以近似把它看成一个接近球形的固体。实验表明，大多数原子核同旋转陀螺一样绕着某一轴作自身旋转运动（图5-54）。

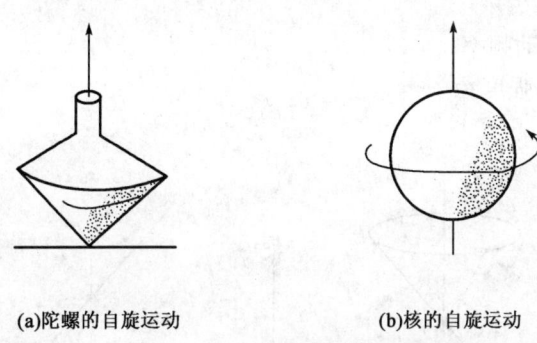

(a)陀螺的自旋运动　　　　　　(b)核的自旋运动

图 5-54　原子核的自旋

不同的原子核，其自旋的情况也不同，原子核自旋的情况可用自旋量子数 I 表征（表5-14）。

表 5-14　各种原子核的自旋量子数

质量数 A	质子数 Z	自旋量子数 I
偶数	偶数	0
偶数	奇数	1, 2, 3, …
奇数	奇数或偶数	$\frac{1}{2}, \frac{3}{2}, \frac{5}{2}$

I 为原子核的自旋量子数，它表示原子核的固有特性，不同的原子核有不同的 I 值。只能取零、半整数和整数，遵循一定规律，而不能取其他数值。它与原子核的质量数 A 和质子数 Z 的奇偶有关。

从表5-14中可以看出，$I=0$ 的原子核，其质量数和原子序数均为偶数，它们没有核自旋现象，因而没有核磁矩，不产生共振吸收谱，这种核不能用核磁共振法测定。$I \neq 0$ 的核称为磁性核，有核自旋现象，是核磁共振研究的对象。其中 $I=1/2$ 的原子核，核电荷呈球形均匀分布于核表面，其核磁共振的谱线窄，最宜于核磁共振检测。$I=1/2$ 的原子核有 ^1H、^{19}F、^{31}P、^{13}F 等，前3种原子在自然界中的丰度接近100%，核磁共振容易测定。尤其是氢核，不但易于测定，而且它又是组成有机化合物的主要元素之一，因此对于氢核核磁共振谱的测定在有机分析中就显得十分重要。

自旋的原子核（$I \neq 0$），由于其原子核是带正电粒子，所以原子核在自旋时会产生磁矩（μ）。磁矩与自旋角动量 P 表示的关系可用式（5-18）表示：

$$\mu = \gamma P \tag{5-18}$$

式中　γ——磁旋比（magnetogyric ratio）。

不同的核具有不同的磁旋比，它代表了每个原子核的自身特性。例如，$\gamma_{1H} = 26753$，单位是 rad/(Gs·s)。

(三) 核的进动和核磁能级分裂

自旋量子数 $I \neq 0$ 的核，置于恒定的外磁场 B_0 中，自旋核的行为就像一个陀螺绕磁场方向发生回旋运动，称为拉摩尔（Larmor）进动，如图 5-55 所示。核的自旋轴（与磁核矩矢量 μ 重合）与磁场强度 B_0 方向（回旋轴）不完全一致而是形成一定的角度，核的拉摩尔进动频率（ν_0）与外磁场强度 B_0 成正比：

$$\nu_0 = \frac{\gamma}{2\pi} B_0 \tag{5-19}$$

式中　ν_0——拉摩尔进动频率；

　　　B_0——外加磁场强度；

　　　γ——磁旋比。

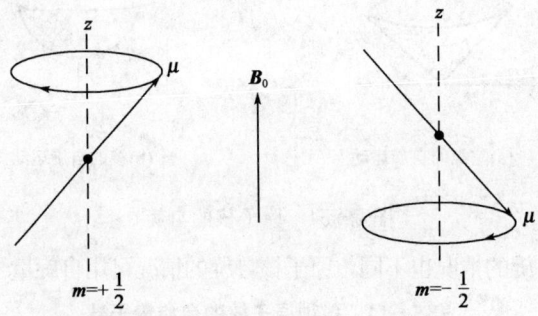

图 5-55　$I = 1/2$ 的核的拉摩尔进动

根据量子力学规律，具有自旋量子数 I 的核置于静磁场 B_0 中，产生拉摩尔进动，并使核磁矩 μ 出现 $2I+1$ 取向，每一个取向由一个磁量子数 m 表示。每一种自旋取向代表了原子核的某一特定的自旋能量状态，可用磁量子数 m 来表示，$m = I$，$I-1, I-2, \cdots, (-I+1), -I$。如，^{1}H 核的 $I = 1/2$ 有 2 个取向，$m = +\frac{1}{2}$ 和 $m = -\frac{1}{2}$，这说明在外磁场的作用下，^{1}H 核的自旋能级一分为二，如图 5-56 所示。核磁矩在磁场 B_0 中出现的不同进动取向现象称为核磁能级分裂，在没有外磁场时，这些自旋的核虽然有不同的磁量子数，但其能量是相同的。

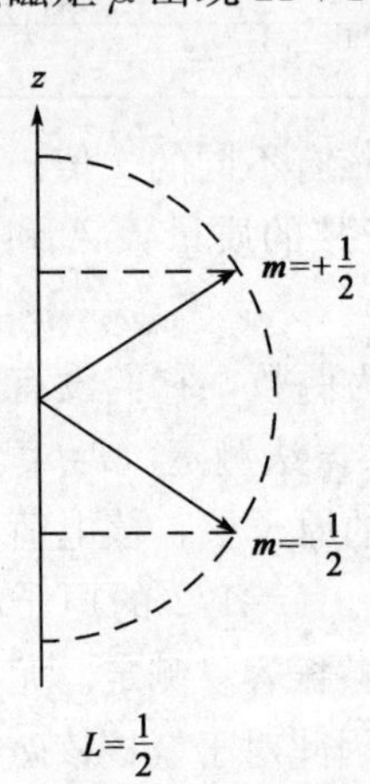

图 5-56　^{1}H 核在外磁场中的自旋取向

以质子 ^{1}H 为例，$I = 1/2$，在外磁场 B_0 作用下核磁矩分裂成两个能级，低能级为核的自旋取向与 B_0 方向一致，用符号 $m = +\frac{1}{2}$ 表示；高能级为核的自旋取向与 B_0 方向相反，用符号 $m = -\frac{1}{2}$ 表示，如图 5-57（a）所示。由量子理论知识可知，两能级间的能量差为 ΔE：

$$\Delta E = h\nu_0 = \frac{\gamma}{2\pi} h B_0 \tag{5-20}$$

由式（5-20）可知，ΔE 的大小与外磁场成正比，外磁场越强，则 ΔE 越大，如图 5-57（b）所示。若使低能级的 $m = +\frac{1}{2}$ 自旋取向变为高能级的 $m = -\frac{1}{2}$ 自旋取向，则必须吸

收 ΔE 能量。对于不同的核,磁旋比 γ 不同,即使在相同的磁场 B_0 中,γ 值大的,ΔE 也大。

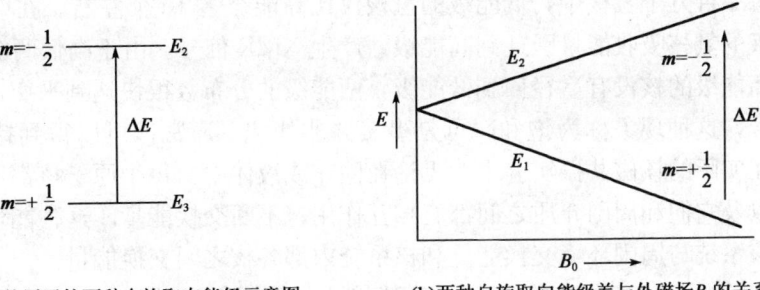

(a) $I=1/2$ 的原子核两种自旋取向能级示意图 　　(b) 两种自旋取向能级差与外磁场 B_0 的关系

图 5-57　两种自旋取向能级关系图

(四) 核磁共振原理

在外磁场中,具有磁矩的原子核存在着不同的能级。如果在外磁场 B_0 存在的同时,再加上一个方向与之垂直,强度远小于 B_0 的射频交变磁场 B_1 (电磁场) 照射样品。当射频交变磁场的频率 ν 正好与原子核的拉摩尔进动频率 ν_0 一致时,核就会从射频交变磁场中吸收能量,由低能态向高能态跃迁,产生核磁共振吸收,如图 5-58 所示。图中自旋状态 $m=+\frac{1}{2}$ 的 ^1H 核在磁场 B_0 的作用下,其拉摩尔进动频率 ν_0 为 45MHz。当射频交变磁场的频率 ν 正好也为 45MHz 时,这种自旋状态 ($m=+\frac{1}{2}$) 的 ^1H 核从射频交变磁场中吸收 $h\nu$ 的能量变成另一自旋状态 $m=-\frac{1}{2}$,产生的吸收信号被 NMR 谱仪记录下来成为核磁共振信号。由此可以看出,核磁共振实验中所测得的共振频率 ν 等于核的拉摩尔进动频率 ν_0。

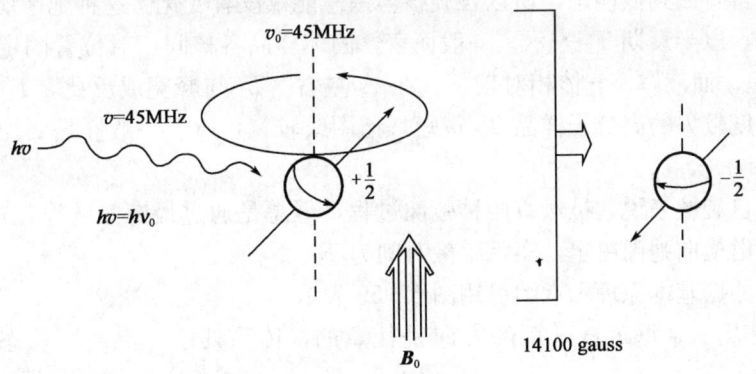

图 5-58　核磁能量吸收和跃迁过程

(五) 弛豫和弛豫机制

自旋核在磁场 B_0 中平衡时,处于不同能级的核数目服从玻尔兹曼分布,见式 (5-21):

$$\frac{N^+}{N^-} = e^{\frac{\Delta E}{KT}} \tag{5-21}$$

式中 N^+，N^-——相对于 B_0 的两个不同取向的自旋核总数，室温下 N^+/N^- 近似为1。

对于 ^{1}H 核来说，当外加磁场为 600MHz，温度为 300°K 时，$N^+/N^- = 1.0000099$。也就是说，每一百万个氢核中，低能级的氢核仅比高能级多 10 个左右。在射频交变磁场作用下，低能级的氢核吸收能量跃迁到高能级，产生 NMR 信号。由于高低两能级的分布数相差不大，若高能级的核没有途径回到低能级，两能级的分布数很快达到平衡，此时不会再有核磁共振信号，这种现象称为饱和。可是事实并非如此，通常都可以得到持续的核磁共振信号。因为在实际的核磁共振实验中，无论在固体或液体中，每个原子核都不是孤立的，它们彼此之间以及它们和周围介质之间都有相互作用，不断交换能量。这种能量的交换方式主要有两种：核系统与周围环境交换能量和核系统内部各核之间交换能量。

在正常情况下，高能级的核可以不用辐射的方式回到低能级的过程称为弛豫。弛豫存在两种过程，即纵向弛豫和横向弛豫。

纵向弛豫又称自旋—晶格弛豫，是指高能级的核将能量通过非辐射方式转移给周围分子变为热运动，而自旋核则回到低能态，使高能级核数目减少。晶格是泛指包含有自旋核的整个分子体系，周围分子若是固体，则指固体晶格；若是液体，则指同类分子或溶剂分子。在这种弛豫过程中，自旋核的总能量降低了，其机制是自旋核周围的分子由于运动产生瞬息万变的波动磁场。当某一时刻的波动磁场频率与自旋核共振频率相等时，就发生了共振，自旋核与这种波动磁场交换能量，完成纵向弛豫过程。

一个自旋体系通过纵向弛豫回到平衡态所需的时间称为纵向弛豫时间，以半衰期 T_1 表示，T_1 越小，表示自旋—晶格弛豫过程越快。T_1 由核本性、化学环境和样品物理性质决定，并受温度影响。一般而言，固体样品 T_1 很长，有时达几小时，而液体、气体样品 T_1 较短，在 1s 左右。T_1 与核磁共振峰的强度成反比，T_1 越短，峰信号越强；反之，峰信号越弱。

横向弛豫又称自旋—自旋弛豫，是指一自旋核与另一自旋核交换能量的过程。其机制是一定距离内，当两个自旋核回旋频率相同、自旋态相反时，两核相互作用，高能核把能量传给低能核后，自身回到低能态，所以自旋核体系总能量没有变化。这种弛豫所需的时间称为横向弛豫时间，以半衰期 T_2 表示。一般而言，固体样品各核间相对位置固定，易于交换能量，T_2 特别短；而液体、气体相对较长，在 1s 左右。T_2 与峰宽成反比，T_2 越短，谱线越宽。固体及粘度较大的高分子样品 T_2 很短，谱图线较宽，所以一般样品要配成溶液后再进行核磁共振测试。

对于一个自旋核来说，虽然有两种弛豫过程，但总是通过最有效的途径达到弛豫目的。如固体样品，由横向弛豫决定，实际弛豫时间为 T_2。

归纳核磁共振基本原理示意图可用图 5-59 表示。

1) 无外磁场时，每个核磁矩的方向是任意的，体系处于"混乱"状态，如图 5-59 (a) 所示。

2) 当有外磁场时，磁矩的方向分成两个取向，并围绕外磁场方向作进动。与磁场方向同向的磁矩处于低能级，反向的磁矩处于高能级，前者的数量略多于后者，如图 5-59 (b) 所示。

3) 由于矢量具有加和性，两种取向的磁矩矢量总和称为宏观磁化矢量，以 M 表示。体系处于平衡时为 M_0，不难理解 M_0 与磁场 B_0 同向。核磁共振测量的就是样品的宏观磁化矢量的行为，如图 5-59 (c) 所示。

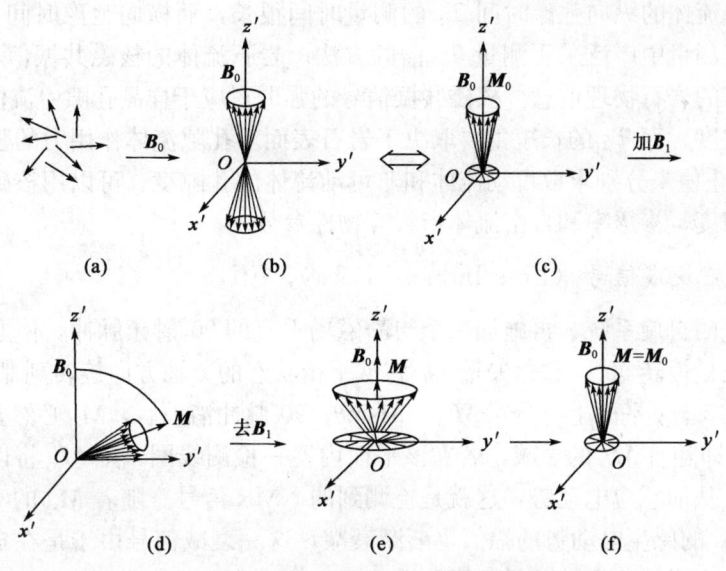

图 5-59 核磁共振基本原理示意图

4）如果在垂直于 B_0 的方向施加一个交变射频磁场 B_1，两磁场的共同作用使宏观磁化矢量不再与 B_0 的方向一致，而是偏离某个角度，导致磁化矢量在 x' 和 y' 两轴所组成的平面上横向分量不再为零，反映在同一进动圆锥上的各磁矩进动相位不再均匀分布。同时，处于低能级的核吸收 B_1 的能量跃迁到高能级，如图 5-59（d）所示。

5）射频磁场作用结束，弛豫过程开始。通过横向弛豫使核磁矩在 x'、y' 平面上趋于均匀分布，即使得横向磁化矢量为零；通过纵向弛豫，磁化矢量在 z' 轴方向不断增长，如图 5-59（e）所示。

6）体系通过纵向弛豫和横向弛豫回到平衡状态，如图 5-59（f）所示。

二、现场核磁共振录井原理

现场核磁共振录井技术是在核磁共振测井和实验室岩样核磁共振检测基础上发展和创新的一项技术。它实现了在钻井现场对岩心、岩屑及井壁取心的快速、无损检测，形成了极具特色的核磁共振岩石物性录井技术。

20 世纪 90 年代初期，美国、法国等国家首先涉及核磁领域，研发了较为先进的超导式核磁共振成像仪、永磁核磁共振岩心分析仪等，并在油气田勘探开发中得到应用，效果较好。1997 年，中国石油勘探开发研究院廊坊分院研制出第一台具有国际领先水平的国产核磁共振分析仪，并于 2003 年开始核磁录井仪的推广使用。核磁共振录井仪也称低磁场核磁仪，是利用岩石流体中氢原子核的共振特性，来检测样品孔隙内的流体性质、流体量以及孔隙特征的测量仪器。获取的核磁录井参数主要有孔隙度、渗透率、可动流体饱和度及含油饱和度等。

（一）核磁共振岩石分析技术基础

在现场录井过程中所获得的岩屑、岩心和井壁取心的岩石孔隙流体（油、水）富含氢核（^1H），由此可以通过核磁共振的方法而得到氢核的核磁共振信号。如前所述，在核磁共振状况下，会产生两种弛豫过程：自旋—晶格弛豫（纵向弛豫）和自旋—自旋弛豫（横向弛豫）。

岩石孔隙中流体的纵向弛豫时间 T_1 的测量时间很长，而横向弛豫时间 T_2 很短，因此在岩石核磁共振测量中广泛采用测量 T_2 谱的方法。岩石流体的核磁共振信号强弱及 T_2 的长短包含着丰富的岩石物理信息。核磁共振信号的强弱对应于样品孔隙中流体的总量，也就是样品的总孔隙度，而 T_2 的长短主要取决于岩石表面对孔隙流体作用力的强弱，因此可以通过求取 T_2 截止值来分别求取可动流体和非可动流体的孔隙度。可以用核磁共振录井技术来测量岩石孔隙度、渗透率和自由流体指数等物性参数。

1. 自由感应衰减信号（Free Induced Decay，FID）

对于被磁化的自旋系统，再施加一个与静磁场垂直的 90°射频脉冲，使原来沿静磁场方向取向的磁化矢量扳转 90°，磁化矢量 M_0 将从平衡状态的 z 轴方向旋转到非平衡状态的 xy 平面上。此时在 $x-y$ 平面上有分量 $M_{xy}=M\sin\theta$，90°脉冲消失后，M_0 必然要向平衡状态的 z 轴方向恢复。即随着 M_{xy} 的衰减，若在该平面内置一检测线圈，则 M_{xy} 将以每秒 $\omega_0/2\pi$ 的频率切割线圈，从而感应电动势，这就是检测到的 NMR 信号。随着 M_{xy} 的衰减，在接收线圈中角频率为 ω_0 的感生电动势的幅值也渐渐衰减，这一衰减信号由于是在自由进动过程中感生的，故称为自由感应衰减信号（FID），如图 5-60 所示。

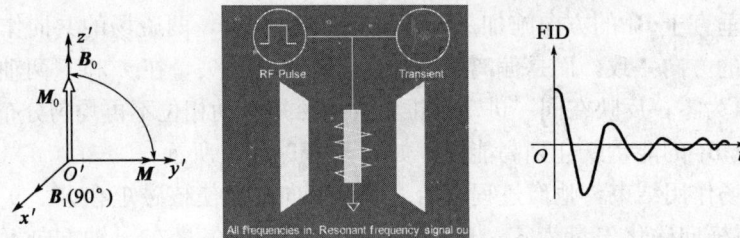

图 5-60　自由感应衰减信号的产生

自旋—自旋弛豫又称横向弛豫。如前所述，弛豫期间磁化强度矢量的横向分量 M_{xy} 逐渐衰减最终达到零值。这种衰减是由于各核磁矩的相位由一致而趋于随机分布所造成的。核磁矩在上下进动圆锥上的数目不变，它们的总能量不变。这是因为自旋核子自身的能量交换，而非自旋核子与晶格（环境）之间的能量交换，整个自旋系统的总能量是不变的。

脉冲作用结束后，磁化强度矢量 M 的横向分量 M_{xy} 的布洛赫（Block）方程的形式为：

$$\frac{\mathrm{d}M_x}{\mathrm{d}t}=\gamma B_0 M_y-\frac{M_x}{T_2}$$

$$\frac{\mathrm{d}M_y}{\mathrm{d}t}=\gamma B_0 M_x-\frac{M_y}{T_2} \qquad (5-22)$$

结合初始条件 $M_x(0)=M_0\sin\theta_0\cos\varphi$，$M_y(0)=M_0\sin\theta_0\sin\varphi$，求解得到：

$$M_x=M_x(0)\sin\omega_0 t\exp\left(-\frac{t}{T_2}\right)$$

$$M_y=M_y(0)\sin\omega_0 t\exp\left(-\frac{t}{T_2}\right) \qquad (5-23)$$

可以看出，弛豫过程是磁化矢量在坐标系 $x-y$ 平面上的进动。M_x 与 M_y 以 $1/T_2$ 的速率按指数规律衰减（时间常数 T_2 称为横向弛豫时间）。

2. 自旋回波（ECHO）法测量 T_2 时间

横向弛豫过程是由于样品中各磁矩所受局部磁场不同，它们的相位由一致渐趋不一致而造成的。在此过程中磁化强度矢量 $\boldsymbol{M}$ 的横向分量 $\boldsymbol{M}_{xy}$ 按指数规律衰减到零，其时间常数 T_2 定义为横向弛豫时间。在实际测量中，由于主磁场不均匀，$\boldsymbol{M}_{xy}$ 的衰减极大地加快，相应的时间常数变成 T_2^*，$T_2^* \ll T_2$，有：

$$\frac{1}{T_2^*} = \frac{1}{T_2} + \frac{1}{T_{2m}} \tag{5-24}$$

其中，T_{2m} 是由于主磁场不均匀而引入的量，它与样品特性无关。因此 T_2 测量的主要任务是去除主磁场不均匀的影响，一般采用自旋回波法来实现。

横向弛豫过程的测量通常用所谓的 CPMG 方法来完成。它以自旋回波脉冲序列为基础，通过测到的自旋回波串的衰减过程来确定横向弛豫。CPMG 脉冲序列为 $\{[(90°)_x-(\tau-(180°)_y-\tau-echo]_m-TR\}_n$，这里 m 指回波个数，n 指平均（或重复）次数，TR 为恢复时间。即在 $(90°)_x$ 脉冲之后，连续地施加一系列间隔相同的 $(180°)_y$ 脉冲，从而采集到一串回波。

自旋回波法的原理可用图 5-61 来说明。在 x' 方向施以 90°脉冲后，$\boldsymbol{M}_{xy}=\boldsymbol{M}_0$，$\boldsymbol{M}_z=0$ [图 5-61 (a)]。由于外磁场的不均匀，FID 以时间常数 T_2^* 很快衰减。在 $t=\tau$ 时，FID 衰减到几乎近于零，这是由于构成磁化矢量 $\boldsymbol{M}$ 的各核磁矩 $\boldsymbol{\mu}$ 的进动速度快慢不一，很快在进动圆锥上分散开来的缘故。图 5-61 (b) 表示 5 个核磁矩矢量 $\boldsymbol{\mu}_1$, $\boldsymbol{\mu}_2$, …, $\boldsymbol{\mu}_5$，它们是许多散开的核磁矩的代表。由于外磁场的不均匀，这些核磁矩的进动频率各不相同，设按序递减，且设 $\boldsymbol{\mu}_3$ 的进动频率等于共振的拉莫频率 $\omega_0=\gamma B_0$，于是 $\boldsymbol{\mu}_1$、$\boldsymbol{\mu}_2$ 的进动角频率 ω_1，$\omega_2 > \omega_0$，$\boldsymbol{\mu}_4$、$\boldsymbol{\mu}_5$ 的进动角频率 ω_4，$\omega_5 < \omega_0$。

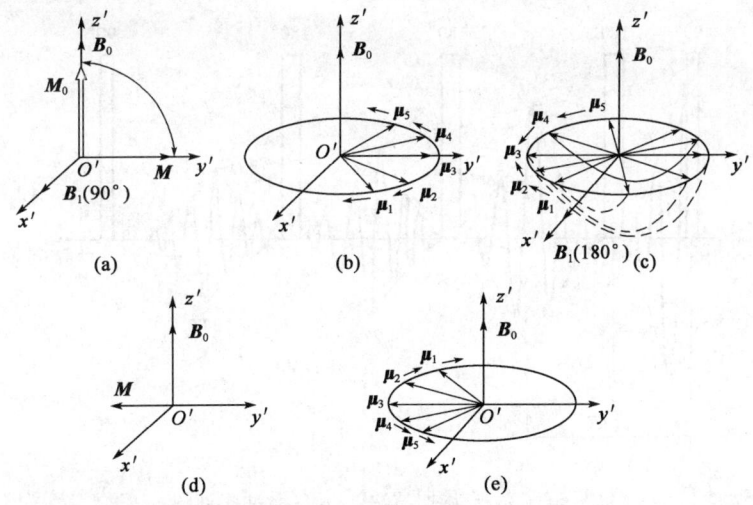

图 5-61 自旋回波法原理图

在旋转坐标系中 $\boldsymbol{\mu}_3$ 相对静止。$\boldsymbol{\mu}_1$、$\boldsymbol{\mu}_2$ 相对于 $\boldsymbol{\mu}_3$ 的速度为正，即沿顺时针方向转动；$\boldsymbol{\mu}_4$、$\boldsymbol{\mu}_5$ 相对于 $\boldsymbol{\mu}_3$ 的速度为负，即朝反时针方向转动。图 5-61 (c) 说明在 x' 方向施以 180°脉冲后，$\boldsymbol{\mu}_1$，$\boldsymbol{\mu}_2$，…，$\boldsymbol{\mu}_5$ 绕 x' 轴转动 180°，即 $\boldsymbol{\mu}_3$ 从 $+y'$ 转到 $-y'$，其他核磁矩也都转到与

x'轴对称的位置。180°脉冲结束后,这些磁矩仍按原来的转动方向进动,即 μ_1、μ_2 在旋转坐标系中仍沿顺时针方向转动,μ_4、μ_5 仍沿逆时针方向转动,于是它们在 $-y'$ 方向上渐渐聚集 [图5-61 (d)],接收线圈中 FID 渐渐增强。由于各核磁矩的进动频率在整个序列作用期间是不变的,故核磁矩分散所花的时间 τ 等于它们重新聚集所花的时间($TE-\tau$,TE 为回波时间),因此有 $\tau=TE/2$。此后核磁矩继续以不同速度进动使聚集的核磁矩重新散开,信号重又衰减 [图5-61 (e)]。可见,在 $t=n\cdot TE$($n=1,2,3,\cdots$)时外部磁场的不均匀性影响被全部抵消,且在 $t=n\cdot TE$ 处记录信号的幅值是 T_2 的函数,T_2 的作用真正显露了出来,这些回波最大幅值之间的变化过程代表了样品横向磁化强度 T_2 衰减的变化。

按自旋回波法加以 CPMG 序列脉冲,在 90°脉冲以后经过时间 τ 再给样品加上一个 180°脉冲,再经过时间 τ 就会出现第二个核感应信号,这就是自旋回波信号(图5-62)。

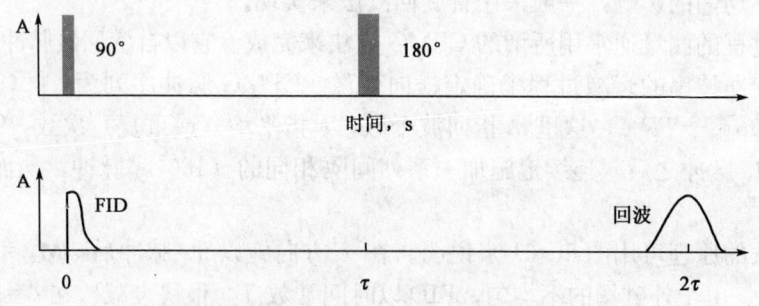

图5-62 自旋回波信号的获得

如在 90°脉冲之后,再发射一连串 180°脉冲,在每一个 180°脉冲后面都可以采集到一个回波信号,从而得到一个回波串。即改变 180°脉冲个数,就可以得到不同时间间隔下的自旋回波。由回波信号的包络线就可求得横向弛豫时间 T_2(图5-63)。

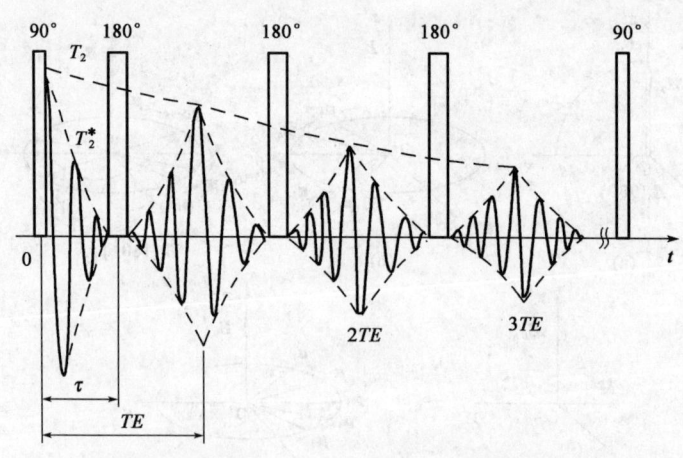

图5-63 自旋回波法 CPMG 脉冲序列图

(二)岩石中流体的核磁弛豫机理

岩石由矿物骨架和孔隙流体组成。实验观测表明,流体饱和在岩石孔隙中时,其核磁共振弛豫比自由状态要快得多。原因在于孔隙流体除了自由弛豫和扩散弛豫外,还受到一种新的弛豫机制（即表面弛豫）的作用，使弛豫速率大大加快。孔隙流体的纵向弛豫过程受自由弛豫和表面弛豫两种机制控制，横向弛豫过程则受到自由弛豫、表面弛豫、扩散弛豫三种机制的作用。分子扩散使各种弛豫机制相结合，弛豫速率加快。在满足快扩散的条件下，总的弛豫速率是单个弛豫机制引起的弛豫速率的和，单个孔隙仍然表现出单指数弛豫规律。在岩石中流体的 T_1 和 T_2 弛豫时间可用下式表示：

$$\left(\frac{1}{T_2}\right)_{\text{total}} = \left(\frac{1}{T_2}\right)_{\text{S}} + \left(\frac{1}{T_2}\right)_{\text{D}} + \left(\frac{1}{T_2}\right)_{\text{B}} \tag{5-25}$$

$$\left(\frac{1}{T_1}\right)_{\text{total}} = \left(\frac{1}{T_1}\right)_{\text{S}} + \left(\frac{1}{T_1}\right)_{\text{B}} \tag{5-26}$$

式中 $\left(\frac{1}{T_1}\right)_{\text{S}}$，$\left(\frac{1}{T_2}\right)_{\text{S}}$——来自岩石颗粒表面的弛豫贡献；

$\left(\frac{1}{T_1}\right)_{\text{B}}$，$\left(\frac{1}{T_2}\right)_{\text{B}}$——来自流体本身的弛豫贡献；

$\left(\frac{1}{T_2}\right)_{\text{D}}$——来自分子扩散的弛豫贡献。

这三类弛豫与岩石物性及流体性质关系很大。

1. 岩石表面弛豫

在核磁测量过程中，分子扩散运动使得分子多次与岩石表面发生碰撞，在每次碰撞中，可能会发生两种弛豫过程：一是质子将能量传给岩石颗粒表面，从而产生纵向弛豫 T_1；二是自旋相位发生不可恢复的相散，从而产生横向弛豫 T_2。这种流体分子与岩石颗粒表面的相互作用是岩石弛豫的主要机制，也称为快扩散模型。

岩石的矿物组成对表面弛豫有较大影响，顺磁物质如铁、锰、镍和铬等有很强的弛豫作用，而纯石英则对弛豫影响很小。在常规砂岩中铁、锰等顺磁物质的含量约为 1%，因而岩石中流体的弛豫一般都很快。而在灰岩中，由于不同岩石矿物组分变化很大，因而其弛豫时间分布很广。岩石的弛豫作用强弱常用岩石表面的弛豫速率来表征，ρ_1 代表岩石纵向弛豫速率，ρ_2 代表岩石横向弛豫速率。

岩石表面弛豫的另一个重要特征是与岩石表面面积有关，岩石比表面（指岩石中孔隙表面积 S 与孔隙体积 V 之比）越大，则弛豫越强，反之亦然。因此岩石表面弛豫可表示为：

$$\left(\frac{1}{T_1}\right)_{\text{S}} = \rho_1 \left(\frac{S}{V}\right)_{\text{pore}} \tag{5-27}$$

$$\left(\frac{1}{T_2}\right)_{\text{S}} = \rho_2 \left(\frac{S}{V}\right)_{\text{pore}} \tag{5-28}$$

综上所述，流体分子扩散到岩石孔隙表面，分子中的核自旋在岩石表面发生弛豫，流体分子（如水）扩散速度足够快，使得单个孔道内的弛豫是孔道内所有核自旋弛豫的平均，因而单个孔道内流体弛豫为单指数弛豫，如 T_2 弛豫的 NMR 信号强度为：

$$M_t = M_0 \exp\left[-\rho_2 \left(\frac{S}{V}\right)_{\text{pore}} t\right] \tag{5-29}$$

在石油核磁共振研究中，大多数情况下认为单个孔隙具有单指数弛豫的特征。

2. 岩石的分子自扩散弛豫

以上已提到,当静磁场不均匀时,分子扩散会造成 T_2 弛豫(即相位分散),而纵向弛豫 T_1 不受影响。

在石油核磁共振研究中,静磁场梯度有两个来源:一是磁体造成的静磁场梯度,一般核磁共振仪的这个梯度均很小(25Gs/cm);二是由岩石多孔介质磁导率分布不均匀造成的所谓内磁场梯度。如果静磁场为500Gs,则在一般砂岩中的静磁场变化为0.005Gs/cm。

实际上大量的分子在无规则地运动,各自都产生不同的相位分散,这种相位分散不能用180°脉冲来重聚焦,从而产生扩散弛豫。

可见,扩散弛豫与回波时间 TE 和静磁场梯度大小有关,但在回波时间很短,静磁场比较低的情况下,此时扩散弛豫可以忽略不计。在现代石油核磁研究和应用中,静磁场强度一般小于1000Gs,回波时间小于1.2ms,因此扩散弛豫可以不予考虑。

3. 流体弛豫

流体本身的弛豫与岩石表面弛豫相比要弱得多,在石油核磁研究和应用中一般可以忽略。但是如果岩石中存在比较大的洞或者裂缝(如在灰岩中)时,流体分子很难与岩石表面发生碰撞,此时流体弛豫不能忽略。当岩石中流体的粘度非常大(如稠油)时,流体自扩散运动比较弱,流体弛豫也不可忽略。

4. 岩石中的多指数弛豫

岩石中单个孔道内弛豫可以看做是单指数弛豫[式(5-29)],当固体表面性质和流体性质相同或相似但岩石孔隙是由不同大小的孔组成时,弛豫时间 T_2 的差异主要反映岩样内孔隙大小的差异。孔隙越大,氢核越多,核磁共振信号衰减越慢,对应弛豫时间 T_2 也越长(图5-64)。每种尺寸的孔隙有其自己的特征弛豫时间 T_{2i},因此在岩石中存在多种指数衰减过程。总的弛豫为这些弛豫的叠加,见式(5-30):

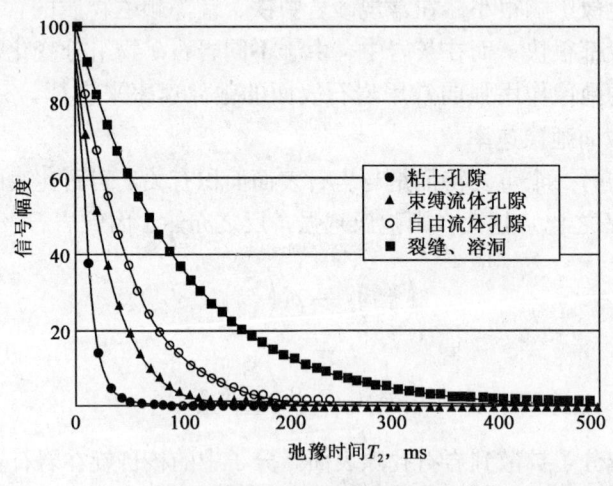

图5-64 岩石的多指数弛豫

$$S(t) = \sum A_i \exp(-t/T_{2i}) \tag{5-30}$$

式中 A_i——第 i 组分所占的比例;

T_{2i}——第 i 组分的弛豫时间,与岩石内在的比表面 S/V 或孔径有关。

在实际测量过程中，获取的是 T_2 衰减曲线，由式（5-30）可知，这个衰减信号是由许多不同孔隙中流体衰减信号叠加而成的。采用数学反演技术［对核磁共振弛豫信号的多指数反演算法，目前应用较多的有奇异值分解算法（SVD）、非负最小二乘法（NNLS）等］，可以计算不同大小孔隙中的流体所占的份额，即所谓的 T_2 弛豫时间谱。其横坐标表示弛豫时间，纵坐标表示相应的 T_2 幅度值（图 5-65）。

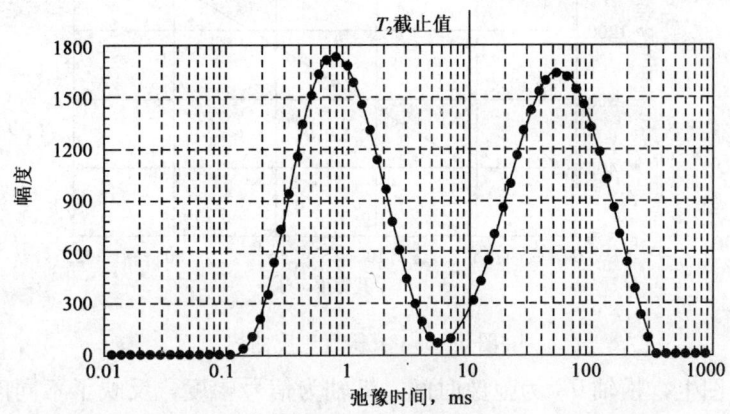

图 5-65　T_2 弛豫时间谱

实测数据表明，岩石孔隙的 T_2 谱分布多为双峰结构。T_2 弛豫谱反映了岩石孔隙分布状况，当孔隙小到某一程度后，孔隙中的流体将被毛细管力所束缚而无法流动，与此相应在弛豫谱上存在一个界限。当孔隙流体的弛豫时间大于某一弛豫时间时，流体为可动流体，反之为束缚流体。两峰之间有一待定的分界点，依此将束缚水和可动水分开，称为 T_2 截止值（$T_{2cutoff}$）。截止值随岩性、表面特性、孔隙类型和流体特性而改变，故应由实验统计确定，一般在两峰之间的谷底。

三、现场核磁共振录井岩石物性参数的测量方法

由于 T_2 弛豫时间的大小隐含着孔隙大小、固体表面性质、流体性质等信息，因此，反过来，测到弛豫时间后，就可以对岩样内的孔隙大小、固体表面性质及流体类型、流体性质等进行分析。

T_2 谱下的积分面积对应于流体量（总液量、油量、水量），T_2 谱的横坐标即 T_2 弛豫时间的大小反映流体受到固体表面的作用力强弱，隐含着孔隙大小、固体表面性质、流体性质以及流体赋存状态（可动、束缚）等信息。如当固体表面性质和流体性质相同或相似时，弛豫时间的差异主要反映岩样内孔隙大小的差异。同理，当孔隙大小和固体表面性质相同或相似时，弛豫时间的差异主要反映岩样内流体性质的差异；当孔隙大小和流体性质相同或相似时，弛豫时间的差异主要反映岩样内固体表面性质的差异。只要对弛豫时间谱进行适当的刻度，就可获得岩石的孔隙度。

（一）孔隙度的测量方法

岩石孔隙度是指岩样孔隙体积与总体积的比值，单位用百分数表示。在核磁共振分析中，弛豫时间谱积分面积的大小与岩石中所含流体的多少成正比，只要对弛豫时间谱进行适当的刻度，便可获得岩石的孔隙度。首先测量标准样（一般用 3%～27% 孔隙度的标样）进

行标定,建立刻度关系式。然后测量实际岩样,将其信号幅度代入刻度关系式,即可计算得到岩样孔隙度(图5-66)。

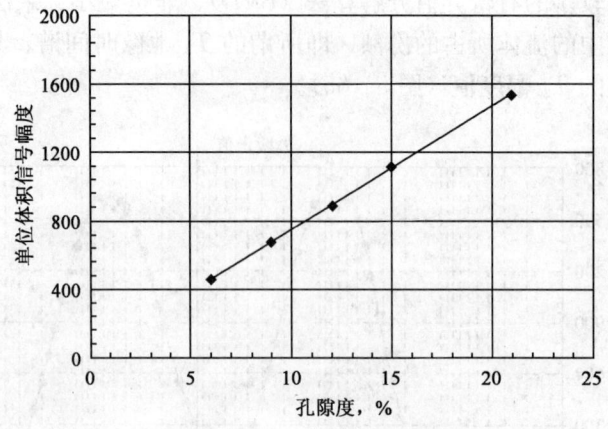

图5-66 孔隙度刻度曲线

在T_2分布图上,横轴T_2为弛豫时间,纵轴为信号幅度,反映了不同区间孔隙度的变化,即不同T_2分量对测量孔隙度的贡献。一般在回波时间为0.4ms下测量得到的孔隙度为总孔隙度,其中包括粘土孔隙度和有效孔隙度;在回波时间为1.2ms下测量得到的孔隙度为不包括粘土孔隙度的有效孔隙度(图5-67)。孔隙度计算公式如下:

$$\phi = aS/V + b \qquad (5-31)$$

式中 S——T_2谱的面积;

V——样品体积;

a、b——常数,由样品标定得到。

做孔隙度分析时,应使用2%盐水对岩样进行真空饱和(岩屑样品饱和时间不少于0.5h,岩心和井壁取心样品饱和时间不少于2h),测体积后用滤纸洗去表面水分后进行分析。

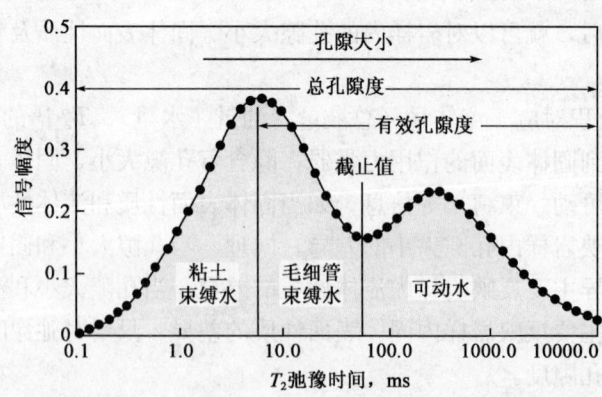

图5-67 T_2谱中的孔隙信息

(二)渗透率的测量方法

渗透率是指岩样孔隙的表面积与其体积的比值,单位为$10^{-3}\mu m^2$。核磁渗透率与孔隙度和可动流体（可流动孔隙空间大小）有关，其计算一般采用经验公式计算：

$$K_{\mathrm{nmr}} = \left[\left(\frac{\phi_{\mathrm{nmr}}}{C}\right)^2 \left(\frac{S_{\mathrm{m}}}{S_{\mathrm{wrt}}}\right)\right]^2 \tag{5-32}$$

式中　K_{nmr}——核磁共振绝对渗透率；

　　　C——待定系数，地区经验常数，与地层的形成过程有关，随不同层位或地区而变化，可通过对不同层位的岩心校准来确定；

　　　ϕ_{nmr}——核磁共振总孔隙度，%；

　　　S_{m}——可动流体饱和度，%；

　　　S_{wrt}——束缚流体饱和度，%。

对于低孔低渗储集层，可采用以下公式计算渗透率：

$$K_{\mathrm{nmr}} = C\phi_{\mathrm{nmr}}^4 T_{2\mathrm{g}}^2 \tag{5-33}$$

式中　$T_{2\mathrm{g}}$——T_2几何平均值。

（三）含油饱和度的测量方法

对于含油水的岩石样品，由于油和水中都含有氢原子，油相弛豫时间与大孔隙内水相弛豫时间很接近，所以从T_2弛豫时间谱难以分辨油、水信号。根据核磁共振理论，样品中的顺磁离子（如Mn^{2+}，Fe^{3+}等）与流体的核自旋发生很强的相互作用，使得核自旋弛豫得到极大增强，信号衰减加快。由此采用能溶解于水的顺磁离子添加剂使岩石孔隙中的水相弛豫加强，而Mn^{2+}不能扩散到油中，油的弛豫时间保持不变，进而实现了油、水信号的分辨。核磁共振录井一般求取含油饱和度的方法为二次测量法。第一次测量所得到的信号为岩样内油和水总的T_2谱信号；第二次测量是将岩样浸泡在Mn^{2+}质量浓度为15000mg/L的Mn^{2+}水溶液中后，Mn^{2+}会通过扩散作用进入岩样孔隙内的水相中，使得水相的核磁信号被消除。对该状态下的岩样进行核磁共振测量，可定量测量岩样内油相的T_2谱信号。在T_2谱中表现为两个明显分离的峰，左峰为水相，右峰为油相。用T_2谱上油峰各点的幅度和除以T_2谱上所有各点的幅度和即可求得样品的含油饱和度（图5-68）。

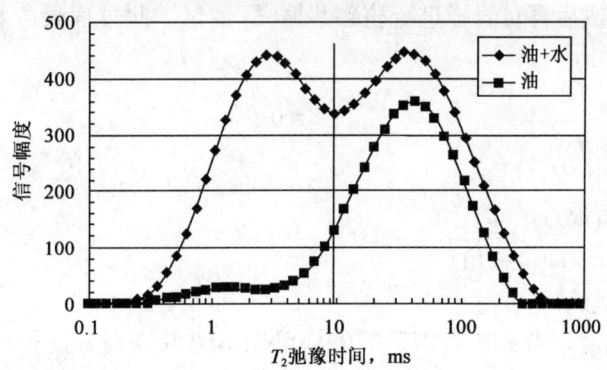

图5-68　含油饱和度的测量

图5-68中的外层曲线是第一次核磁测量获得岩样内油和水的总T_2谱信号，内层曲线是第二次核磁测量获得岩样内油相的T_2谱信号，则含油饱和度计算公式为：

$$S_{\mathrm{oi}} = \frac{\int_0^{T_{2\mathrm{max}}} A_{\mathrm{o}}(t)\mathrm{d}t}{\int_0^{T_{2\mathrm{max}}} A_{\mathrm{ow}}(t)\mathrm{d}t} \times 100\% \tag{5-34}$$

$$S_{oiA} = \frac{S_{oi} \times \phi_t}{\phi_{tA}} = \frac{V_{Ro}}{V_{Pt}} \times \frac{V_{Pt}}{V_{PA}} \times \frac{V_R}{V_{PA}} = \frac{V_{Ro}}{V_{PA}} \qquad (5-35)$$

式中 $A_{ow}(t)$ ——弛豫时间为 t 时第一次测量的油水信号幅度，s；
$A_o(t)$ ——弛豫时间为 t 时第二次测量的油信号幅度，s；
S_{oiA} ——有效含油饱和度，%；
S_{oi} ——含油饱和度，%；
ϕ_t ——总孔隙度，%；
ϕ_{tA} ——有效孔隙度，%；
V_{Ro} ——石油占据的孔隙体积，mL；
V_{Pt} ——总孔隙体积，mL；
V_R ——岩样体积，mL；
V_{PA} ——有效孔隙体积，mL；
T_{2max} —— T_2 截止值。

（四）可动流体饱和度与束缚流体饱和度的测量方法

可动流体饱和度是指孔隙中可动流体的体积占样品总体积的百分数。在核磁共振分析中，当孔径小到某一程度后，孔隙中的流体将被毛管力所束缚而无法流动，弛豫谱中大孔隙对应的 T_2 弛豫时间较长，小孔隙对应的 T_2 弛豫时间较短，即可动流体截止值的大小与储集层孔隙大小有关。因此对应在弛豫谱上存在一个界限，当孔隙流体的弛豫时间大于某一弛豫时间时，流体为可动流体，反之为束缚流体。这个弛豫时间界限常被称为可动流体截止值，简称 T_2 截止值。不同地区，不同岩性，其 T_2 截止值不同。

可动流体 T_2 截止值的确定方法如下：

1）离心标定法。

实验方法是先对饱含水的岩样进行核磁共振 T_2 测试，然后将岩样置于离心机中进行气水高速离心，离心完成后再对岩样进行核磁共振 T_2 测试。此过程最主要的是对离心力大小的控制，根据公式：

$$p_C = 2\sigma\cos\theta/r \qquad (5-36)$$

式中 p_C ——毛细管压力，kPa；
σ ——油水界面张力，mN/m；
θ ——水与岩石表面接触角；
r ——毛细管半径，μm。

对于气水系统而言，当 σ 取 7.275×10^{-3} mN/m，θ 取 0°时，此条件下的毛细管压力即离心力（p_C）为 1.03 MPa，对应的孔隙半径 r 约为 $0.14\mu m$，近似于储集层允许流体流动的孔道半径界限。因此，在离心过程中应将离心力控制在 1.03 MPa 左右。

图 5-69 是一砂岩岩样离心前后的 T_2 弛豫谱和 T_2 累积曲线。T_2 累积曲线是将各点 T_2 幅值逐步累加所绘的曲线。可动流体 T_2 截止值标定方法是：对离心前后的 T_2 谱分别作 T_2 累积曲线，从离心后的 T_2 累积曲线最大值处作与 x 轴平行的直线，与离心前 T_2 累积曲线相交，由交点引 x 轴的垂线与 x 轴相交，该交点对应的弛豫时间值为可动流体 T_2 截止值。

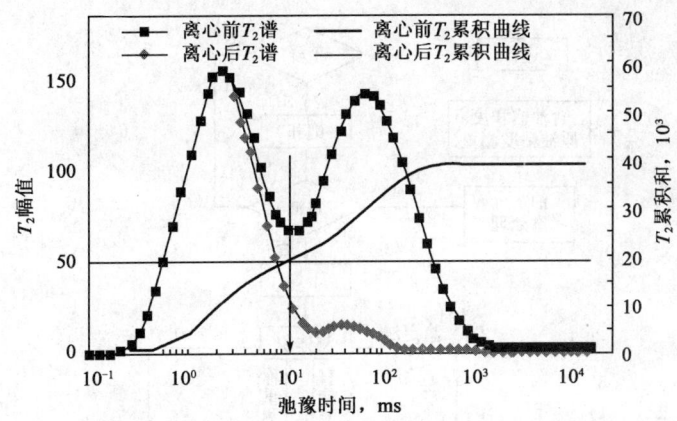

图 5-69　离心前后 T_2 弛豫谱和 T_2 累积曲线

2) 岩性经验判断法。

不同类型的砂岩，其孔喉半径大小不同，T_2 弛豫谱也不同。相同的岩性，其孔喉半径相近，T_2 弛豫谱也相似，具有相同或相近的可动流体 T_2 截止值。泥质含量较高的或致密的砂岩，孔隙中的流体以泥质束缚和毛细管束缚为主，T_2 弛豫谱呈单峰型或是以单峰为主且主峰弛豫时间小于 10ms 的图谱，可动流体 T_2 截止值主要集中在 13.89~16.68ms；分选较好的砂岩，粒度相对均匀、泥质含量较低，孔隙中的流体以可动流体为主，T_2 弛豫谱呈单峰型或是以单峰为主且主峰弛豫时间大于 10 ms 的图谱，可动流体 T_2 截止值主要集中在 16.68~24.04ms；分选较差的砂岩，T_2 弛豫谱呈双峰型，可动流体 T_2 截止值分布在双峰交会处的凹点或其附近。

在现场快速测量过程中，确定可动流体 T_2 截止值通常有两种方法：一是平均法，首先对一个地区有代表性的一定数目岩样进行室内离心标定，然后取其平均值作为该地区的可动流体 T_2 截止值；二是经验判断法，对未经过离心标定的区块，通常利用 T_2 弛豫谱图形态经验判断和岩性经验判断方法，这两种经验判断方法均是在离心标定的基础上进行的。

可动流体饱和度与束缚流体饱和度的计算：单位孔隙体积中可动流体所占据的体积百分数，称为可动流体饱和度（S_m）；束缚流体所占据的体积分数，称为束缚流体饱和度（S_{wrt}）。对于核磁共振录井而言：

$$S_m = \frac{\int_{T_{2cutoff}}^{T_{2max}} A(t) dt}{\int_0^{T_{2max}} A(t) dt} \times 100\% \tag{5-37}$$

$$S_{wrt} = \frac{\int_0^{T_{2cutoff}} A(t) dt}{\int_0^{T_{2max}} A(t) dt} \times 100\% \tag{5-38}$$

式中　$A(t)$——横向弛豫时间为 t 时的信号幅度。

（五）现场样品处理与测量过程

现场样品处理及其分析流程如图 5-70 所示。由于 T_2 谱能反映岩样的孔喉分布情况，那么过于细小的岩屑颗粒之间的孔隙就会与真实孔隙的弛豫信号发生叠加，从而影响核磁共振测量。实验证明，只有颗粒直径大于 3mm 的岩屑，才能获得满意的测量精度，因此需对岩屑进行挑选或筛分。

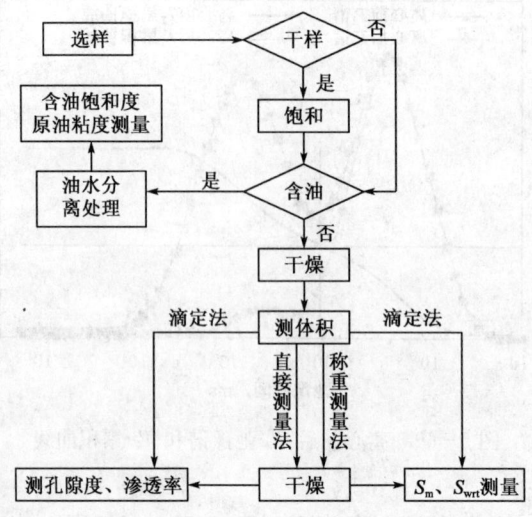

图 5-70 现场样品分析流程图

NMR 测量反映的是岩样孔隙流体中的氢核信息，在测量孔隙度时，岩样孔隙需 100%为流体所饱和。对于干样，需抽真空并用 2%的盐水进行饱和。在进一步操作前，湿样或干样饱和后，均须在 2%的盐水中保存。

饱和后的岩样需去除表面水。对于岩心柱，可在微湿滤纸上进行滚吸；对于岩屑，则可采用虹吸原理或空压机吹拂的方法进行表面干燥。NMR 的信号强度与岩样的多少成正比。所以需测出岩样的体积，才能正确计算其物理参数。常用的体积测量方法有直接测量法、称重测量法及自动滴定法。测完体积上机分析前仍需进行样品表面干燥处理。

含油岩样需先进行油、水信号的分离处理，然后才能进行含油饱和度的测量。在仪器准确定标以后，即可分析处理后的岩样，也可在仪器分析后再测其体积，然后重新计算，获得正确的物性参数。该方法常用于原始自由流体饱和度的测量。

四、现场核磁共振录井仪的系统组成

核磁共振录井仪电路系统原理框图如图 5-71 所示。系统分为发射/接受部分、磁体和探头等部分构成。核磁共振录井仪的主要功能就是通过产生各种激励射频脉冲序列，对回波信号进行滤波、放大、解调、A/D 转换等处理，以获得岩心/岩屑的核磁共振信号，并对数据进行处理。其中射频脉冲序列的产生、功率放大、回波信号的放大、滤波、解调、A/D 转换等由硬件完成，而后续的数据处理以及硬件电路的控制等则由 PC 机来完成。由 PC 机反演得到岩心/岩屑的渗透率、孔隙度、饱和度和可动流体性质等参数。

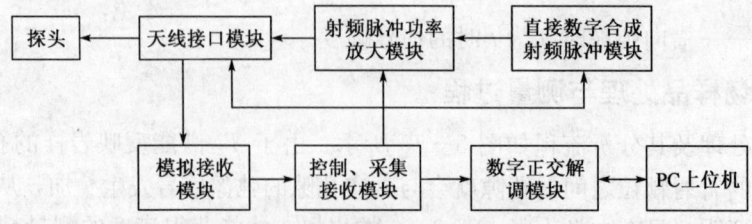

图 5-71 核磁共振录井仪电路系统原理框图

(一) 电路系统中各模块功能

1. 天线接口模块

在低场核磁共振电路系统中，为了避免耦合干扰，一般采用发射和接收用同一线圈的方案（这个线圈也被称为"天线"），即在同一个线圈上首先加一个高电压和大电流的射频脉冲，用来产生射频磁场 B_1，然后迅速将线圈中的残余能量泄放掉，最后通过天线接口电路将接收到的 FID 信号供给有源放大电路进行放大处理。应用数字化技术实现快速切换前后落差巨大不同信号，保证天线三个状态都能够准确完成且互不干扰。

射频发射与信号接收电路以及磁体天线系统的接口电路实现天线的三态切换，主要实现以下功能：完成射频能量传递；在发射脉冲期间防止射频能量流入接收电路中；发射脉冲完成之后，迅速泄放天线中的残余能量；把天线回波信号传送给接收电路的前置放大部分。

2. 直接数字合成射频脉冲模块

直接数字合成射频脉冲模块以 NCO 与 DSP 为核心，实现直接数字化调整共振频率和相位，与传统的混频调制方法相比，控制精度大幅提高，实现精确的频率与相位控制。

3. 射频脉冲功率放大模块

射频脉冲经过电平转换、功率放大器放大，传送给天线接口模块。

4. 前置放大模块

前置放大模块是一个具有低噪声、增益稳定、带宽相对较大（允许磁共振频率在一定范围内变化而不需要重新调节）的放大器模块，用以实现接收磁共振回波信号和校准信号。

5. 射频接收模块

射频接收模块接收来自前置放大器的输出信号，通过内部的多路选择器及开关选择所需信号，送给后续的接收滤波模块，保证工作期间只有被放大过的信号被处理。

6. 控制、采集、接收模块

采集、接收模块是整个电路系统的控制模块，主要完成与上位机的通信，产生射频磁场控制信号，对接收来的回波信号经过 A/D 转换采样后进行数字处理，并将处理过的数据传递给上位机，同时产生各种控制信号，控制其他各个模块协调统一的工作。

7. 数字正交解调模块

由于模拟器件的温漂、易受干扰等特性，很难获得两个精确的正交参考信号以及两个幅度和相位完全一致的相敏检波器。数字正交解调模块基于数字电路的稳定性，并采用数字信号处理技术，使输出的数字正交分量的不平衡误差达到足够低，克服模拟通道中的两个幅度和相位不完全一致的问题。

8. PC 上位机

PC 上位机与 DSP 模块进行通信，输出以控制参数值；将 DSP 模块预处理过的数据进行最终分析解释，以数据、表格、图形、图像等形式直观地表达出来，作为对被测对象评价的最终依据。

(二) 磁体

磁体（图 5-72）是核磁共振录井仪的核心部件。磁体可以分为超导型、常导型和永磁型。前两种磁体能产生高场强,按照磁场强度的高低不同可分为低场系统(磁场强度0.5T)、中场系统(磁场强度0.5~1.0T)和高场系统(磁场强度>0.5T)三大类。核磁共振录井仪一般采用0.1T(1000Gs)左右场强的磁体,因此又称为永磁低场核磁共振录井仪。

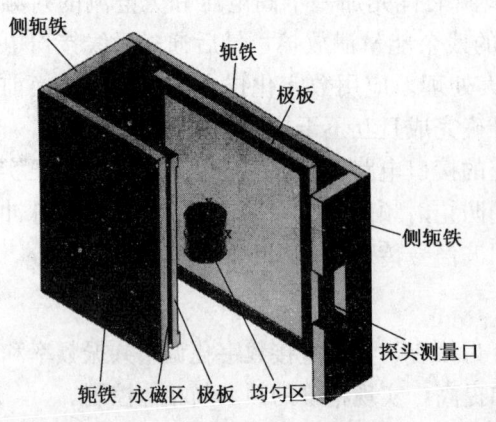
图5-72 磁体结构示意图

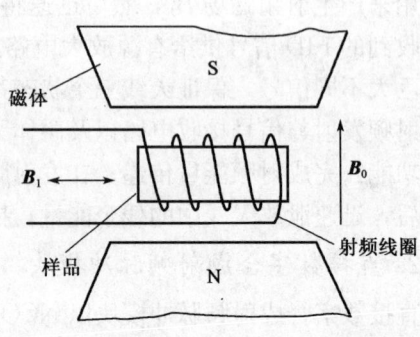
图5-73 磁体与探头结构示意图

如图5-73所示,磁体产生一个幅值一致、方向一致的集中连片的均匀静磁场B_0;射频线圈产生Larmor频率的射频磁场B_1,B_1和B保持正交,使样品中的氢原子发生核磁共振。

另外,核磁共振信号是一个毫伏级的弱信号,极易被淹没在各种噪声中。核磁共振信号的信噪比主要与静磁场强度和样品的大小以及观测信号的反复累加次数等因素有关,其中静磁场强度和样品的大小是主要因素。分析表明,信噪比满足:

$$S/N \propto B_0^{5/2} a^2 \tag{5-39}$$

式中 a——样品的特征直径;
B_0——静磁场的磁通密度。

在很多情况下,地层岩石所具有的较高磁极化率和岩石中磁极化率的差异会使磁场的核磁共振信号变形,测量效果下降。对于核磁共振岩石分析,静磁场的强度又要求选取得较低。由于静磁场强度受到了这样的限制,样品的体积,或者说核磁共振区域的大小就成为决定核磁共振信号信噪比的主要因素。所以在满足核磁共振的三个物理条件的前提下,应提供尽可能大的共振区域。

根据岩心、岩屑分析的特点,磁体设计如下:工作气隙宽度$L_g=55mm$,工作气隙中的磁通密度$B_g=905Gs$,匀场区为$R=15mm$和$L=30mm$的圆柱体。磁路结构形式选用通道式,因为这种形式容易加工,漏磁和受外界影响都比较小。

(三)天线接口电路

1. 天线接口电路功能

(1)天线线圈的三种工作状态

在低场磁共振电路系统中,为了避免耦合干扰,一般采用发射和接收用同一线圈的方案,这样天线线圈就会有三种工作状态:射频发射、残余能量泄放和磁共振信号接收。天线线圈的具体工作过程如图5-74所示。

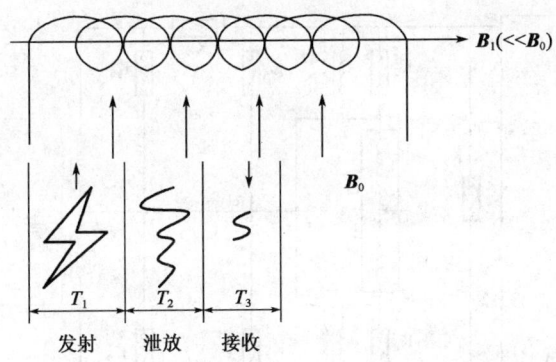

图 5-74 天线线圈发射、泄放、接收示意图

1) 射频发射。

首先在天线线圈上加一个高电压和大电流的射频脉冲，用来产生射频磁场 B_1，并持续一段时间，使线圈内样品的宏观磁化矢量 M 翻转到与 B_0 垂直的位置。

2) 残余能量泄放。

由于天线线圈是一个电感元件，在切断射频发射信号后内部会留有一定的残余能量，为了正常接收信号，必须在接收信号前把线圈储有的能量快速泄放掉。

3) 磁共振信号接收。

最后通过天线接口电路将接收到的磁共振回波信号经无源谐振放大后传递给后面的前置放大电路放大处理。

(2) 具体功能

从以上分析可以看出，天线接口电路主要完成以下两个功能：

1) 天线三种状态之间的切换。

由于以上每一个过程时间都很短，为几十微秒到几百微秒，所以要求接口电路能够快速切换天线的三种状态。另外，后续的前置放大电路是个高增益的微弱信号放大器，所以要确保在射频发射和能量泄放时较大的电流不会漏入前放电路中，对信号接收电路造成破坏。这就要求在除信号接收的时刻外，天线接口电路能够可靠关断信号接收通路，保护后续放大电路。

2) 磁共振信号的放大传递。

射频发射和能量泄放后，天线接口应快速切断发射部分，将天线连通前置放大电路，接收由样品发出的自由感应衰减信号。所以在天线接收信号时，接口电路应该是一个具有谐振放大性能的无源信号传递网络。另外，它还应该具有一定的滤波作用，即要求其工作带宽应符合信号的带宽。在低场情况下能接收到的回波信号十分微弱，需传递的信号幅值为 $10\mu V$，频率 $f=1.3MHz$，带宽 $B_w \approx 80kHz$。

2. 天线接口电路结构

天线接口电路结构框图如图 5-75 所示。

图中的开关 K 可由 MOS 管来实现，通过控制它们的通断来实现天线三态切换，信号的传递主要由耦合线圈来完成。具体控制过程如下：

1) 射频发射时，发射通路 K_2、K_3 导通，发射能量直接进入天线线圈。同时，接收回路中要确保发射能量不会泄漏到前置放大器中。

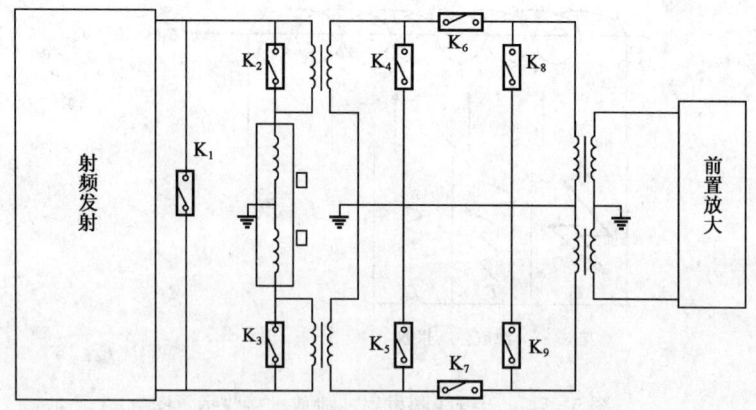

图 5-75 天线接口电路结构框图

2) 残余能量泄放时,接收回路仍然在阻断状态,而泄放回路 K_1 导通,保证可靠泄放,使天线中无残余能量。

3) 磁共振信号接收时,发射通路 K_2、K_3 断开,泄放回路 K_1 断开,接收回路中的 K_4、K_5、K_8、K_9 断开,K_6、K_7 导通,使磁共振信号能够通过两级线圈耦合,传递到前置放大器中。

三态转换天线接口电路如图 5-76 所示。它是采用二极管作为一种高频开关,具有在正偏置(导通)下的电阻性质和在负偏置(截止)下的电容性质。其中 L_3 为采样线圈,左端与信号发射端连接,右端与信号接收端连接。为了实现 DC 绝缘,在直流电压控制端都添加了射频线圈 L_1、L_2、L_4、L_5,它们在 DC 下短路但是在高频下开路。同样,隔直电容 C_1、C_3、C_4、C_5,保证在 DC 下开路而在高频下短路。

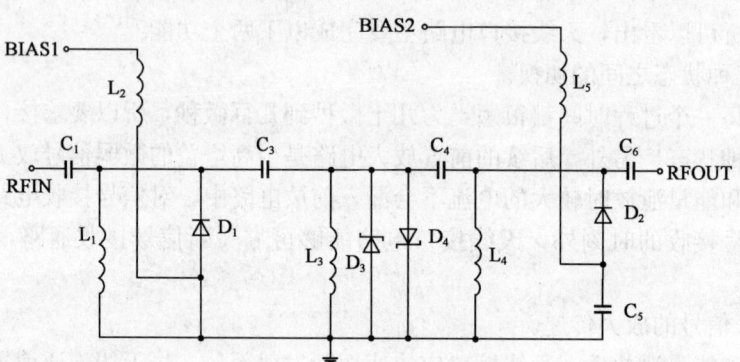

图 5-76 三态转换天线接口电路

三种工作状态下电路的具体工作状态如下:

1) 发射状态:BIAS1 负偏置,BIAS2 正偏置,简化电路图如图 5-77 所示。

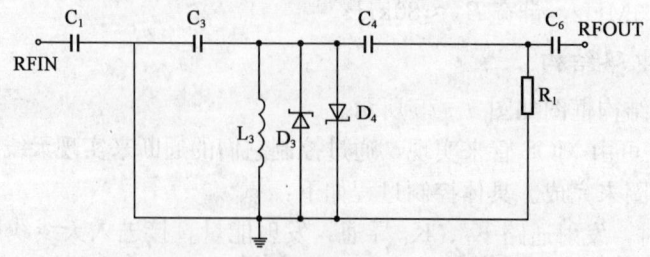

图 5-77 发射状态简化电路图

在这个状态下,二极管 D_2 截止,作为高并联阻抗的并联二极管,对 RF 信号基本没有任何明显的影响;而 D_1 导通,相当于将接收端对地短路,完全满足在信号发射阶段接收端几乎没有信号的设计要求。

同时 D_3 和 D_4 两个二极管的存在也保证限制了接收端信号通过的幅值。一般二极管的截止电压为 0.7V,因此当大于 0.7V 的信号通过时,它们表现为短路,在接收 FID 信号(满足小于 0.7V)时,它们相当于开路。

2)泄放状态:BIAS1 负偏置,BIAS2 负偏置,简化电路图如图 5-78 所示。

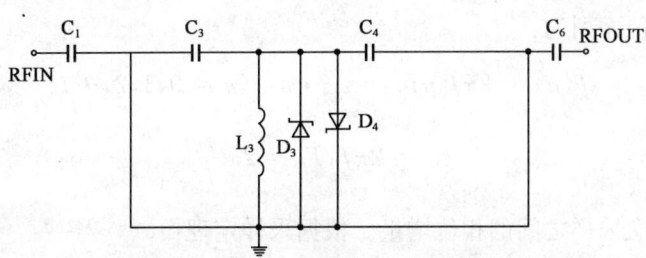

图 5-78 泄放状态简化电路图

此时 D_1、D_2 均导通。直接给收/发电路创建了两个泄放回路,这样既能保证发射端的残余信号以及噪声信号此时不能再进入到感应线圈里,同时也保证输出端在这个阶段也不会接收到任何信号,从而尽量提高接收信号的纯度,降低噪声对感应线圈的影响。

3)接收状态:BIAS1 正偏置,BAIS2 正偏置,简化电路图如图 5-79 所示。

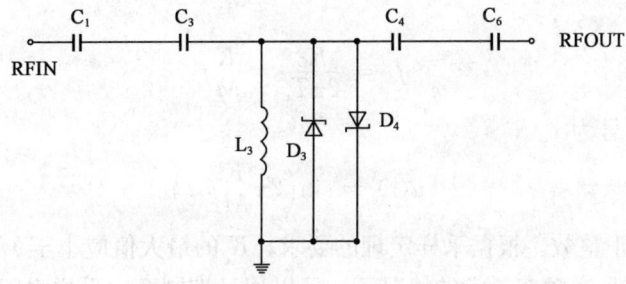

图 5-79 接收状态简化电路图

经过泄放阶段后,发射端的噪声干扰将会大大降低,此时在接收端可以获得 L_3 线圈上感应的 FID 信号。由于 D_2、D_1 都处在正偏置截止状态,使它们在接收信号阶段对电路不产生影响。

(四)直接数字合成射频脉冲模块

对于核磁共振而言,射频磁场的频率等于自旋核的 Larmor 进动频率是实现共振必不可少的一个条件。因此,用于产生所需射频信号的频率合成器是核磁共振仪器的重要组成部分。

直接数字合成(DDS)技术采用全数字结构,从相位的概念出发进行频率合成,具有频率分辨率高、频率转换时间快和相位噪声小等优点,特别适合低频下应用。因此,用它来产生低场核磁共振录井仪中的射频信号无疑是非常合适的。DDS 的工作原理如下。

一个纯净的单频信号可表示为:
$$u(t) = U\sin(2\pi f_0 t + \theta_0) \tag{5-40}$$

只要它的幅度 U 和初始相位 θ_0 不变，它的频谱就是位于 f_0 的一条谱线。为了分析简化起见，可令 $U=1$，$\theta_0=0$，这将不会影响对频率的研究，即

$$u(t) = \sin(2\pi f_0 t) = \sin\theta(t) \tag{5-41}$$

如果对（5-40）的信号进行采样，采样周期为 T_c（即采样频率为 f_c），则可得到离散的波形序列：

$$u(n) = \sin(2\pi f_0 n T_c) \quad (n = 0,1,2,\cdots) \tag{5-42}$$

相应的离散相位序列为：

$$\theta(n) = 2\pi f_0 n T_c = \Delta\theta \cdot n \quad (n = 0,1,2,\cdots) \tag{5-43}$$

$$\Delta\theta = 2\pi f_0 T_c = 2\pi \frac{f_0}{f_c} \tag{5-44}$$

它表示连续两次采样之间的相位增量。根据采样定理：

$$f_0 < \frac{1}{2} f_c \tag{5-45}$$

只要从式（5-41）出来的离散序列，即可唯一地恢复出式（5-40）表示的模拟信号。从式（5-44）可知，只要控制这个相位增量 $\Delta\theta$，就可以控制合成信号的频率。将整个周期的相位 2π 分成 M 份，每一份为 $\delta = \dfrac{2\pi}{M}$，若每次的相位增量选择为 δ 的 K 倍，即可得到信号的频率：

$$f_0 = \frac{K\delta}{2\pi T_c} = \frac{K}{M} f_c \tag{5-46}$$

相应的模拟信号为：

$$u(t) = \sin\left(2\pi \frac{K}{M} f_c t\right) \tag{5-47}$$

式中 K 和 M 都是正整数，根据采样定理的要求，K 的最大值应小于 M 的 1/2。

综上所述，在采样频率一定的情况下，可以通过控制两次采样之间的相位增量（不得大于 π）来控制所得离散序列的频率，经保持、滤波之后可唯一地恢复出此频率的模拟信号。

DDS 工作原理框图如图 5-80 所示。频率控制字 M 和相位控制字分别控制 DDS 输出正（余）弦波的频率和相位。DDS 系统的核心是相位累加器，它由一个累加器和一个 N 位相位寄存器组成。每来一个时钟脉冲，相位寄存器以步长 M 增加。相位寄存器的输出与相位控制字相加，其结果作为正（余）弦查找表的地址。

图 5-80 中正（余）弦查找表由 ROM 构成，内部存有一个完整周期正弦波的数字幅度信息，每个查找表的地址对应正弦波中 0°～360°范围的一个相位点。查找表把输入的地址信息映射成正（余）弦波幅度信号，同时输出到数模转换器（DAC）的输入端，DAC 输出的模拟信号经过低通滤波器（LPF），可得到一个频谱纯净的正（余）弦波。

由上面分析可知，当 DDS 的相位累加器字长和相位加法器字长固定时，可以通过频率控制字、相位控制字和幅度控制字有效地控制 DDS 输出模拟信号的频率、相位和幅度。DDS 的频率/相位/幅度的转换时间主要由低通滤波器的附加延时决定，一般在毫微秒量级。核磁共振电路中 DDS 模块的电路框图如图 5-81 所示。

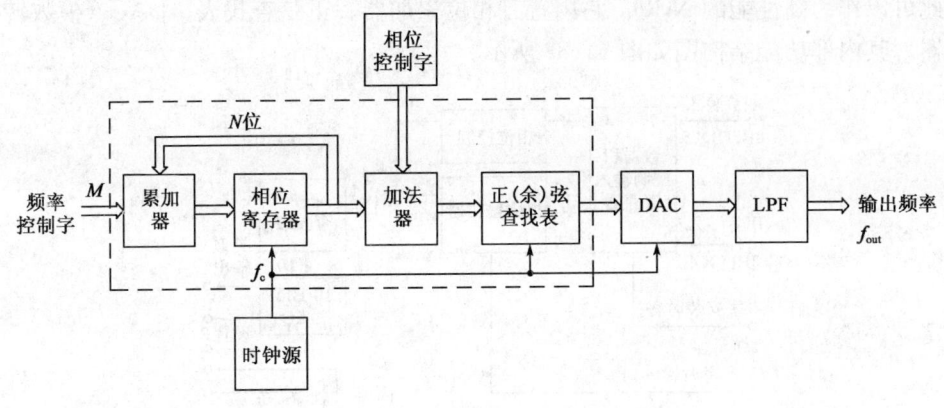

图 5-80 DDS 工作原理框图

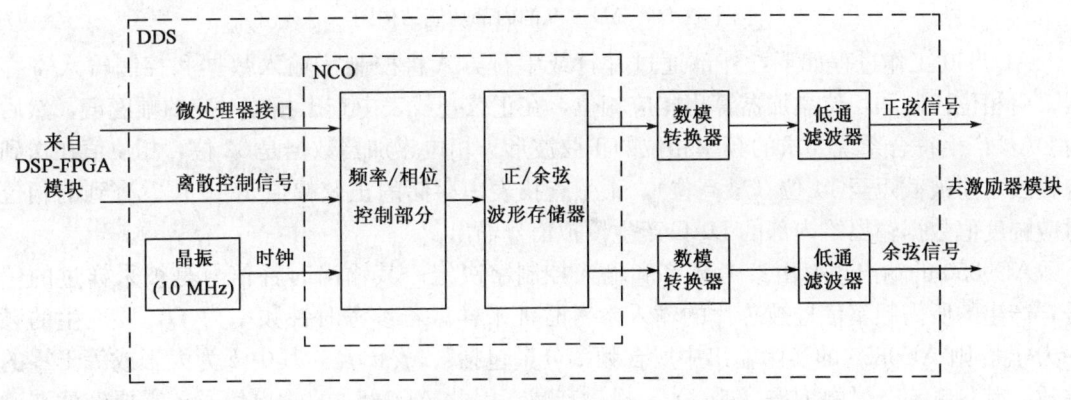

图 5-81 核磁共振电路中 DDS 模块的电路框图

DDS 模块主要包括：1 个晶体振荡器（OSC），1 个数控振荡器（NCO），2 个数模转换器和 2 个低通滤波器。晶体振荡器（OSC）振荡频率为 10MHz，以产生 NCO 所需的时钟信号。NCO 由相位/频率控制部分（PFCS）和 16 位正弦/余弦波形存储器构成。相位/频率控制部分主要包含一个输入单元，一个 32 位的相位累加器和一个 16 位的相位加法器。输入单元有一个微处理器接口，DSP 通过它把频率和相位数据写入输入寄存器。离散控制信号主要来自 FPGA（现场可编程门阵列），以便输入寄存器中的数据载入相位/频率控制器中的相应寄存器。NCO 的片选信号由 FPGA 将 DSP 的地址线和控制线译码得到。DAC 是 12 位的高速 D/A 转换器。低通滤波器为一 RC 滤波器。最终输出两路信号，一路为射频正弦波形，另一路为与之正交的射频余弦波形。产生的这两路波形送往激励器进行处理，以便为两路发射器产生合适的输入驱动信号。由于 NCO 能够输出两道正交信号，使得在后续电路中可以方便地调节射频线圈上的射频电压。

在核磁共振岩心录井仪中，DDS 产生的两路波形不仅可以充当射频信号，而且由于它们相互正交且频率和相位精度很高，因此进行适当处理后，还可以在数字正交检波电路中应用。随着微电子技术的飞速发展，性能优良的 DDS 单片电路不断推出。AD（ANALOG DIVICES）公司的 DDS 系列有 AD9850、AD9851 和可实现线性调频的 AD9852 以及两路正交输出的 AD9854。Qualcomm 公司 DDS 系列有 Q2220、Q2230、Q2334、Q2240 和 Q2368。

AD9850 是 AD 公司生产的 125MHz 完全的 DDS 系统，采用 DDS 技术完成完全数字可编程频率合成功能。它依据输入的控制字产生时钟，并能高精度高分辨率地调整频率和相位,因此可以作为高性能的 NCO。它内置有相位累加器、正弦查找表、DAC(模数转换器)和比较器。其内部功能结构图如图 5-82 所示。

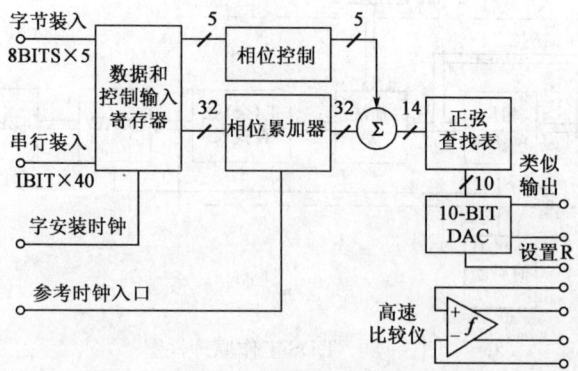

图 5-82 AD9850 的内部功能结构图

AD9850 工作过程如下:外部通过并行或串行方式将控制字输入数据和控制输入寄存器,由相位控制和相位累加器算出相应相位,在正弦查找表中查出相位对应的幅度值,然后由 DAC 产生符合系统要求的频率相位的正弦波形。相位累加器数据是 32 位,相位值在送到查找表之前被截短至 14 位(最高位)。正弦查找表中存储的正弦幅值是 10 位。查到的相位对应幅度值数据输出给内部的 DAC 产生模拟信号输出。

AD9850 的输出频率由参考频率和输入控制字决定。其输出时钟信号是被采样过的信号,产生的所需频率信号被芯片的输入参考时钟采样。若参考时钟频率为 f_c,要产生的频率为 f_0,则 AD9850 的实际输出中所含频率分量包括:$kf_c \pm f_0$,其中 k 为大于或等于零的整数。其各频率分量幅度按 $(\sin x)/x$ 规律衰减,因此 AD9850 的输出信号还需要经滤波滤出所需频率后才能使用。AD9850 可以通过一个辅助寄存器以及一个位于相位累加寄存器的输出和查找表的输入之间的加法器来完成对输出相位进行调制。它使用一个 5 位控制字来控制相位,允许相位的变化量为 180°、90°、45°、22.5°、11.25°以及它们的各种组合。

(五) 射频脉冲功率放大模块

功率放大电路的主要功能是对从射频数字合成脉冲模块产生的激励信号进行功率放大,使放大后的信号传输到天线线圈。作为低场核磁共振系统的重要部分之一——脉冲功率激励源,在核磁共振实验技术中起着关键作用,它的发射功率波形质量、发射效率及发射间歇电路噪声等指标都直接影响核磁共振回波信号的质量。

采用开关功率放大的互补输出电路可以满足低场核磁共振系统中功率激励源的特殊要求。A 类或 AB 类线性功率放大电路由于静态电流的存在,系统工作效率低,需要大型散热片将功耗所产生的高热驱散,系统体积大,一般不适于大功率输出的场合。开关功率放大电路却完全不同,特别是采用互补输出的推挽功率放大电路方式,电路输出级双电源供电,输出电压正、负向动态范围相等。同时,它的开关工作方式极易满足低场核磁共振系统对脉冲功率激励源的特殊要求:

1) 功率激励源是间歇工作的,所以理想的脉冲包络形状是矩形;
2) 在功率源停止发射间隙,接收模块接收核磁共振回波信号,这时功率源可靠关断,不给系统带来噪声;
3) 在核磁共振分析时,由于测试样品时常变化,引起电路负载变化,匹配电路必须调谐简便。开关功率放大的互补输出电路图如图 5-83 所示。

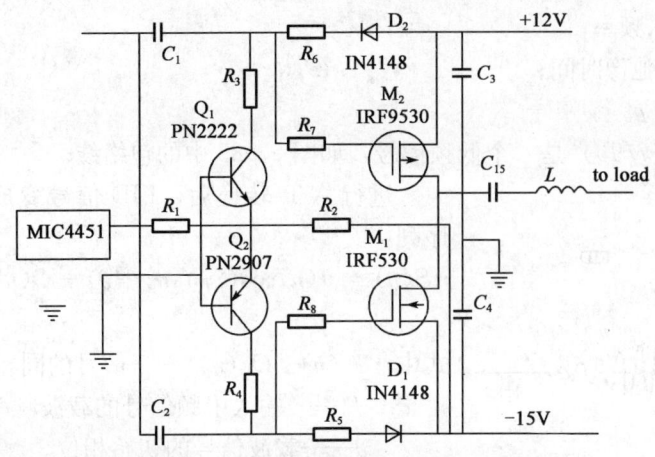

图 5-83 开关功率放大的互补输出电路图

这里采用了互补晶体管 PN2222 和 PN2907 的共发射极接法，使用一片功率 MOSFET 驱动芯片 MIC4451 实现对两个 MOSFE 的控制。当 MIC4451 的输出电压为 0 时，晶体管 Q_1 工作于放大状态，电路中产生由 D_2、R_6 经 Q_1、R_2 的约 1mA 电流，使 M_2 的栅极电平为 +5.7V。这时 M_2 的 V 栅源电压为 $-9.3V$，所以 M_2 导通，漏极输出 +15V 电压。此时 Q_2 关断，M_1 可靠截止。同理，当 MIC4451 输出电压为 15V 时，Q_2 工作于放大状态，M_1 导通，Q_1 关断，M_2 可靠截止。这样由 MIC4451 输出的连续脉冲可以控制 M_1 和 M_2 交替导通和关断。同时 MIC4451 为 M_1 和 M_2 的开断提供驱动电流和快速放电回路。

核磁共振分析要求必须在发射/接收线圈上通以标准的正弦波激励电流，才能最终接收到核磁共振回波信号。所以在共漏极输出端要加一级调谐滤波电路，滤除方波的高次谐波部分。这样在谐振线圈上就可以得到方波的基波成分、峰值为 1A 的激励电流。开关方式的功率源设计很好地满足了脉冲激励源矩形包络的特性。

(六) 数值正交检波 (解调) 模块

核磁共振录井仪信号接收系统框图如图 5-84 所示。

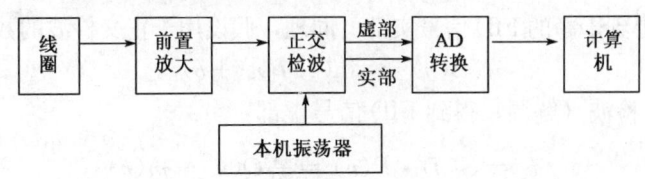

图 5-84 核磁共振录井仪信号接收系统框图

线圈检测到的 FID 信号经前置放大、正交检波、A/D 转换后输入计算机处理。目前，存在着两种接收机设计的方法，一种是传统的模拟接收机，另一种则是数字接收机。对于模拟接收机，由于模拟正交混频器的相移很难做到严格的 90°，即完全正交，这样会在磁共振谱图中引入镜像峰干扰。为了保证接收机能够不失真地接收放大微弱的磁共振信号，一般采用数字接收方案，即数值正交检波 (解调) 方法。

1. 数值正交检波 (解调) 原理

在射频脉冲激发后，核自旋产生的自由感应衰减信号 (FID) 如下式所示：

$$S(t) = A\cos(\omega t + \varphi_0)\exp(-t/T_2) \tag{5-48}$$

式中 ω——拉摩尔频率；

T_2——横向弛豫时间；

φ_0——初相位。

其中 $A\exp(-t/T_2)$ 是一个低频信号，如图 5-85 中的包络线。

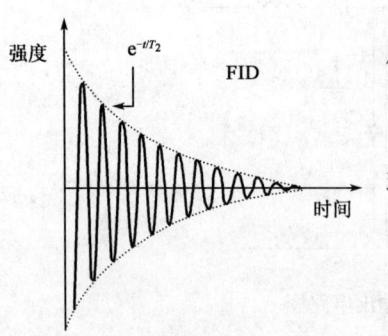

图 5-85 自由感应衰减信号（FID）

进行 A/D 转换后，FID 信号变成了一个数字信号序列：

$$S(n) = I(n)\cos(2\pi f_0 n + \theta) - Q(n)\sin(2\pi f_0 n + \theta) \tag{5-49}$$

式中 $I(n)$、$Q(n)$——信号的同相分量和正交分量；

f_0——输入中频信号的载波频率（拉莫尔频率）；

θ——载波信号的初始相位。

数字正交检波（解调）就是要从 $S(n)$ 中恢复出 $I(n)$ 和 $Q(n)$，基本方法是将 $S(n)$ 与数字振荡器中的数字正弦和余弦信号相乘便可实现正交检波（解调）。

假设用于正交检波（解调）的数字余弦信号为：

$$C(n) = \cos(2\pi f_0 n + \theta) \tag{5-50}$$

对 $S(n)$ 进行解调得到：

$$\begin{aligned}
f_c(n) &= s(n)C(n) \\
&= [I(n)\cos(2\pi f_0 n + \theta) - Q(n)\sin(2\pi f_0 n + \theta)]\cos(2\pi f_0 n + \theta) \\
&= I(n)\cos^2(2\pi f_0 n + \theta) - Q(n)\sin(2\pi f_0 n + \theta)\cos(2\pi f_0 n + \theta) \\
&= \frac{1}{2}I(n) - \frac{1}{2}I(n)\cos[2\times(2\pi f_0 n + \theta)] - \frac{1}{2}Q(n)\sin[2\times(2\pi f_0 n + \theta)] \\
&= \frac{1}{2}I(n) + m(n)
\end{aligned} \tag{5-51}$$

FID 信号与余弦信号 $C(n)$ 相乘得到实部信号 $I\frac{(n)}{2}$ 和 $m(n)$，而 $m(n)$ 是高频信号，可通过滤波来去除，得到干净的 FID 信号实部。同理，假设用于正交检波的数字正弦信号为：

$$B(n) = \sin(2\pi f_0 n + \theta) \tag{5-52}$$

对 $S(n)$ 进行检波（解调）得到 FID 信号虚部：

$$f_c = S(n) \cdot B(n) = \frac{1}{2}Q(n) + m(n) \tag{5-53}$$

上述的 f_c 信号经过数字低通滤波器滤除二次谐波分量后，即可得到期待的两路零中频信号（基带信号），因此又称为数字下变频器（DDC）。数字正交检波（解调）原理框图如图 5-86 所示。

射频线圈接收到的 FID 信号为调制的中频信号，首先经过 A/D 变换，实现数字采样，其数据流分两路通过数字乘法器分别与本地数字振荡器（NCO）产生的 cos 分量和 sin 分量相乘，实现输入信号在频域的搬移，即载波频率为零。随后进入数字低通滤波器滤去高频分量，并根据信号带宽进行滤波抽取处理，得到同相分量 I 和正交分量 Q 两路基带信号。得到两路的 I、Q 信号后，即可得到信号的幅值和相位，其直流分量可由式（5-54）表示：

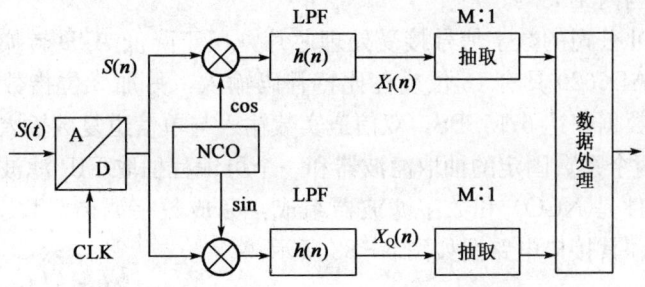

图 5-86　数字正交检波（解调）原理框图

$$y_I = \frac{U_e U_r \cos\phi}{2} \quad (5-54)$$

$$y_Q = \frac{U_e U_r \sin\phi}{2} \quad (5-55)$$

式中　U_r——参考信号（正弦/余弦信号）的幅值。

回波信号的幅度与相位可由以下两式得到：

$$U_e = \frac{2\sqrt{y_I^2 + y_Q^2}}{U_r} \quad (5-56)$$

$$\phi = \arctan\frac{y_Q}{y_I} \quad (5-57)$$

解调滤波后的 FID 信号如图 5-87 所示。

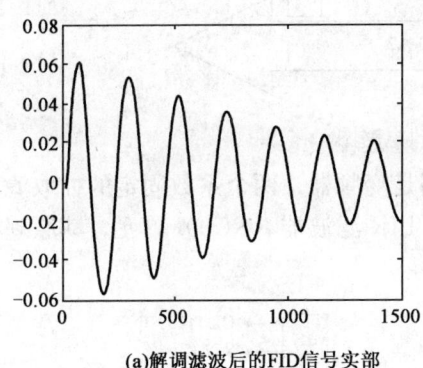
(a)解调滤波后的FID信号实部

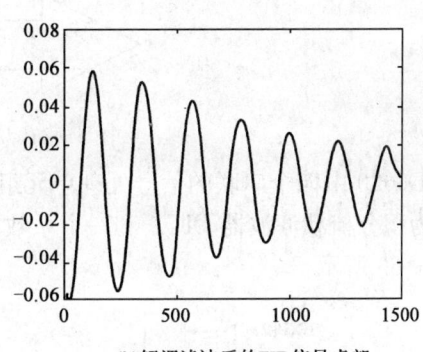
(b)解调滤波后的FID信号虚部

图 5-87　解调滤波后的 FID 信号

2. 数值正交检波（解调）电路

发生核磁共振时，FID 信号的频率一般都是兆赫兹级，最高频率可以达到 10MHz。根据奈奎斯特采样定律，采样频率必须大于 20MHz。此外，采用数字变频技术（DDC）和正交检波使数据流变成 DSP 可实时处理的中低速数据流。AD6620 便是完成这一功能的专用芯片。

系统中采用的 A/D 转换器 AD9225 是一款单芯片、12 位、25MSPS 模数转换器（ADC），采用单电源供电，内置一个片内高性能采样保持放大器和基准电压源。它采用多级差分流水线架构，内置输出纠错逻辑，在 25MSPS 数据速率时可提供 12 位精度，并保证在整个工作温度范围内无失码。

AD6620 是 ADI 公司的数字信号接受处理芯片,用于降低 A/D 转换器 AD9225 输出的过高数据比特流。AD6620 具有 16 位线性比特补码输入,另加 3 位指数输入;单信道实数输入模式最大输入数据率达 67MSPS,双信道实数输入与单信道复数输入模式最大数据率达 33.5MSPS;具有两个系数固定的抽取滤波器和一个可编程抽取 FIR 滤波器与增控制;内部由变频器(主要部件是 NCO)和数字滤波器组成,完成数字调谐、数字滤波和数据抽取,减少后续的运算量。其接口电路图如图 5-88 所示。

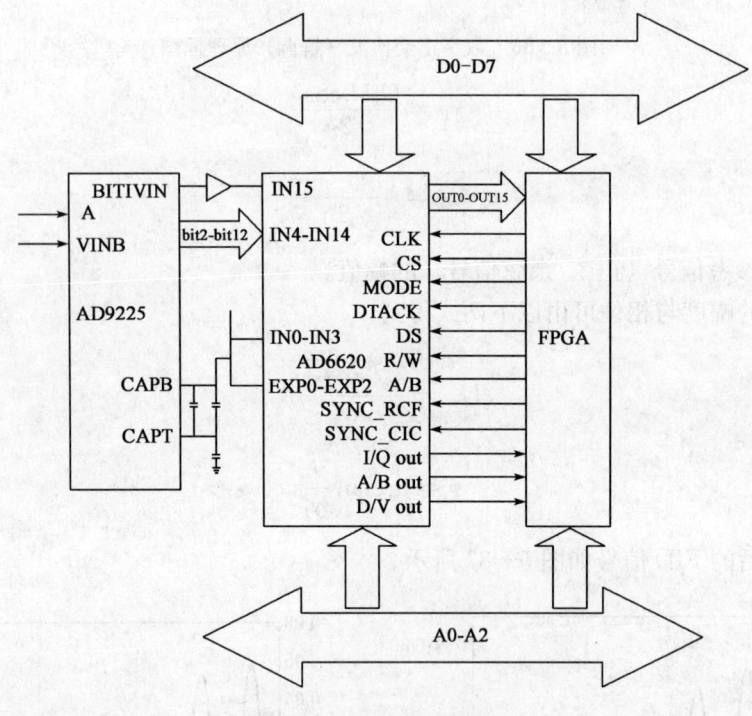

图 5-88 AD6620 接口电路图

AD6620 由四个串联的信号处理单元组成,分别是变频器、两个系数固定的抽取滤波器(又称为积分梳状滤波器 CIC)和一个系数可编程的 FIR 滤波器(RCF)单元。其原理框图如图 5-89 所示。

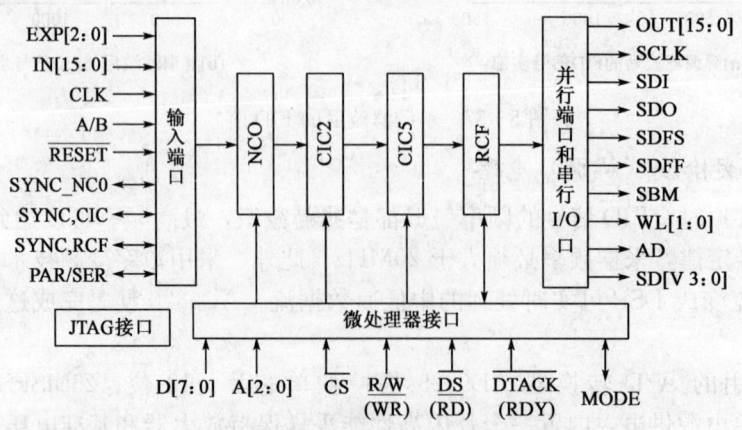

图 5-89 AD6620 结构框图

AD6620中频率变换器的作用是实现数字频率合成（DDC）。该频率变换器由两个16Bit乘法器和32Bit数控振荡器（NCO）组成。这种频率变换器和一般的DDS器件构造相似，也是由频率控制字寄存器、相位控制字寄存器、相位累加器和正弦查找表组成，可以灵活地控制本振信号的振荡频率和初始相位。该单元是由一个32位的复数数控振荡器实现将信号频谱由中频段搬到"零中频"（基带）上，同时将信号分为同相分量（I）和正交分量（Q）两路，送入CIC2滤波器。

AD 6620中的CIC2滤波器是一个抽取滤波器，其最高输入数据速率为67MHz。输出速率可以用式（5-58）计算：

$$f_{\text{SAMP2}} = \frac{f_{\text{samp}}}{M_{\text{CIC2}}} \tag{5-58}$$

式中 f_{samp}——AD 6620输入数据速率；

M_{CIC2}——抽取率，其取值范围为1～16的整数。

当系统时钟 f_{CLK} 是输入数据速率的两倍或更多倍时，可以通过设置 $M_{\text{CIC2}}=1$ 屏蔽这个工作模块；否则，M_{CIC2} 最小只能设置为2。因为CIC2滤波器对I、Q信号进行并行处理后，将以时分复用的形式输出，同时将其作为CIC5滤波器的输入数据。

CIC5是一个五阶固定参数的抽取滤波器，它的特性曲线比CIC2的更为陡峭。CIC5的输入数据速率为 f_{SAMP2}，输入数据速率的范围可以由式（5-59）得出：

$$f_{\text{SAMP2}} \leqslant \frac{f_{\text{CLK}}}{2N_{\text{CH}}} \tag{5-59}$$

式中 f_{CLK}——系统时钟；

N_{CH}——收取率，对于多通道系统，N_{CH} 等于2，否则为1。

CIC5抽取滤波器的抽取率 M_{CIC5} 可以取1～32中的任何整数值。当 M_{CIC5} 为1时，CIC5被屏蔽。CIC5抽取滤波器的输出速率 f_{SAMP5} 的范围为：

$$f_{\text{SAMP5}} \leqslant \frac{f_{\text{SAMP2}}}{M_{\text{CIC2}}} \tag{5-60}$$

系数可编程的FIR滤波器（RCF）单元是AD6620中最后一个信号处理功能模块，它是一个积和形式的系数可编程滤波器，图5-90是其简化框图。

数据存储器I-RAM、Q-RAM可存储256个有CIC5滤波器输出的最新复数位采样值，其数据位宽度为20Bit。在同一个时钟周期，I路和Q路使用相同的系数作为滤波器抽取值进行计算。I、Q路累加器在数据位首部预留有3Bit空间，因此允许的输出数据位宽度可达到23Bit，其滤波阶数最高可达256阶。最后，RCF单元输出的数据被以串行或并行方式传送出去。

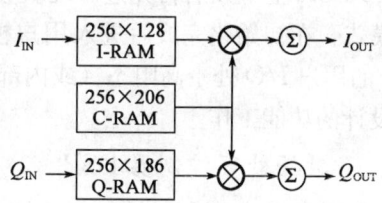

图5-90 RAM系数滤波器简化框图

3. 现场可编程门阵列FPGA

FPGA负责整个系统的逻辑控制，DSP、AD9852、AD6620时钟频率的产生，数据接收缓冲器和互锁保护电路的实现。FPGA采用类似门阵列的内部结构，基本都为SRAM类型，可以在系统带电运行时对FPGA进行在线重构造。

系统中 FPGA 选用 Altera 公司的 Stratix Ⅱ 系列的 EP2S60F484C4 器件，如图 5-91 所示。

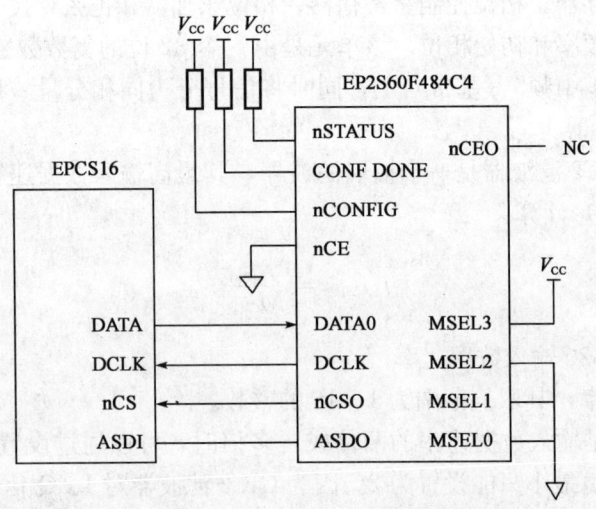

图 5-91　FPGA 的 AS 方式配置结构图

FPGA 的配置主要有快速被动并行（FPP）、主动串行（AS）、被动串行（PS）、异步被动并行（PPA）、JTAG 配置等方式。系统中采用的是主动串行（AS）配置方式，配置器件为 EPCS16 专供 AS 模式，可以通过它将 EP2S60F484 芯片的 MSEL3、MSEL2、MSEL1 和 MSEL0 引脚驱动为高电平或低电平来选择配置的方式。该款 FPGA 资源上具有 24176 个自适应逻辑模块、60440 个逻辑单元、8 个快速 PLL、4 个增强型 PLL、36 个 DSP 模块以及 144 个 18bit 乘 18bit 的乘法器等资源，基本上可以实现一般要求下的数字信号的预处理功能。

FPGA 配置过程：在 FPGA 正常工作时，配置数据存储在 SRAM 中，这个 SRAM 单元也被称为配置存储器（configure RAM）。由于 SRAM 是易失性存储器，因此在 FPGA 上电之后，外部电路需要将配置数据重新载入芯片内的配置 RAM 中。在芯片配置完成之后，内部的寄存器以及 I/O 管脚必须进行初始化，等到初始化完成以后，芯片才会按照用户设计的功能正常工作，即进入用户模式。

FPGA 上电以后首先进入配置模式，在最后一个配置数据载入 FPGA 以后，进入初始化模式，在初始化完成后进入用户模式（user-mode）。在配置模式和初始化模式下，FPGA 的用户 I/O 处于高阻态（或内部弱上拉状态），当进入用户模式下，用户 I/O 就按照用户设计的功能工作。

4. 数据处理控制器 DSP

DSP 模块主要包括 DSP、外扩 FLASH 存储器、外扩 SDRAM 存储器、串口控制芯片以及电源电路、时钟电路、JTAG 仿真接口等几大部分。除了独立组成一个子系统外，DSP 模块还必须与 FPGA 等器件的接口完成与外界信息的交换，图 5-92 为数据处理控制器 DSP 结构框图。

DSP 是整个系统的控制核心，它能实现系统及外围所有芯片的初始化、工作参数的变更、数据的接收等工作。DSP 将采集到的 FID 数据保存在存储器里，待数据采集完毕后，通过 RE232 接口上传到计算机，由计算机进行数据的 FFT 频谱分析。

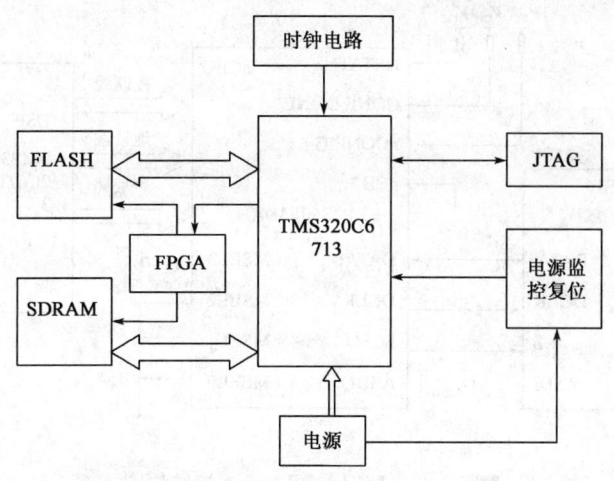

图 5-92 数据处理控制器 DSP 结构框图

系统中选用 TI 公司的数字信号处理器 TMS320C6713。TMS320C6713 是一种支持浮点运算的 DSP 芯片,是 TI 公司设计的用于高端处理的长指令、多功能的 DSP 芯片。TMS320C6713 最高工作频率可以达到 225MHz,每秒钟能处理 1800M 条浮点运算指令或 2400M 条定点运算指令。由于内部的可定点或浮点服用的处理器,使得该器件可每秒处理 600M 条乘法运算。该芯片应用了双层的 Cache 结构,对外具有强有力的驱动能力,第一层为 4K 的程序缓冲区和可双向寻址的数据缓冲区;第二层有 256K 的程序和数据缓冲区,其中 64K 的为存储区,剩下的为 SRAM 区。

TMS320C6713 具有丰富的外围设备:如两路全双工的音频通信口和两路全双工的串行缓冲口以及两路 I2C 通信口,1 个专用的输入、输出口,2 个通用的 32 位定时器以及 1 个 HPI 和 EMIF 接口等。其他资源:内部具有 32 位或 64 位的数据处理宽度;丰富的外围和最优的串口、最优的 C 及 C++ 语言编译器以及高级的长指令执行结构;外部有 8 位、16 位、32 位寻址;具有 8 位的溢出保护寄存器;器件支持 8 位、16 位及 32 位的引导程序;32 位的外部寄存器接口电路可同 SRAM、EPRAM、FLASH 以及 SDRAM 的存储器寻址;具有 512M 的寄存器寻址空间,16 位的 DMA 通道;2 个通用缓冲串口,2 个双向多通道缓冲串口,2 个多路复用的音频串口,2 个 I2C 通信口;2 个 32 位的通用定时器;1 个 16 位的 GPIO 口。

DSP 模块还必须与 FPGA 等器件的接口完成与外界信息的交换,图 5-93 为 DSP 与 FPGA 连接结构图。

(七)核磁共振录井仪的软件设计

系统软件主要包括 DSP 编程和 FPGA 编程。这些软件的编程必须在相应的软件开发平台上完成。如 DSP 软件设计可采用模块化设计方法,在 T1 公司的 Code Composer Studio 的开发平台上完成。核磁共振数据处理软件应能跨平台运行,用户既可以在专用的平台上来处理数据,也可以在自己工作的 Windows 系统上来处理数据。

首先,初始化程序对 DSP 及系统的其余硬件进行初始化,设置用于存储核磁共振数据的缓存区,再根据不同的要求调用控制、采集模块。

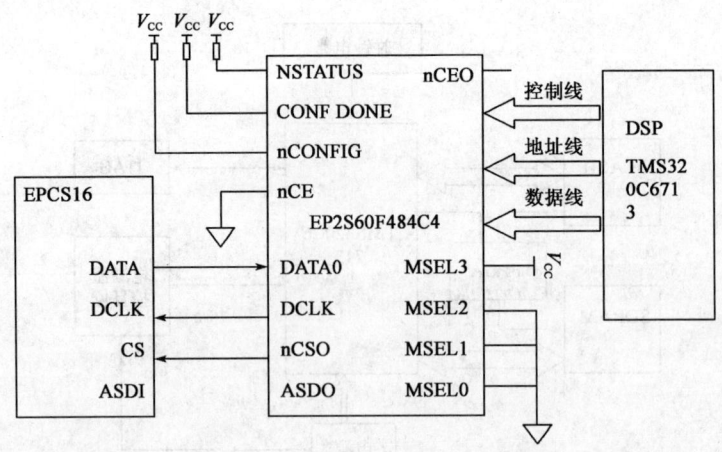

图 5-93 DSP 与 FPGA 连接结构图

1. 控制部分程序设计

控制部分程序由中断服务程序、发射监控模块等组成，主要完成写入中心频率、相位与偏移量的功能，实现脉冲宽度的控制。程序流程框图如图 5-94 所示。

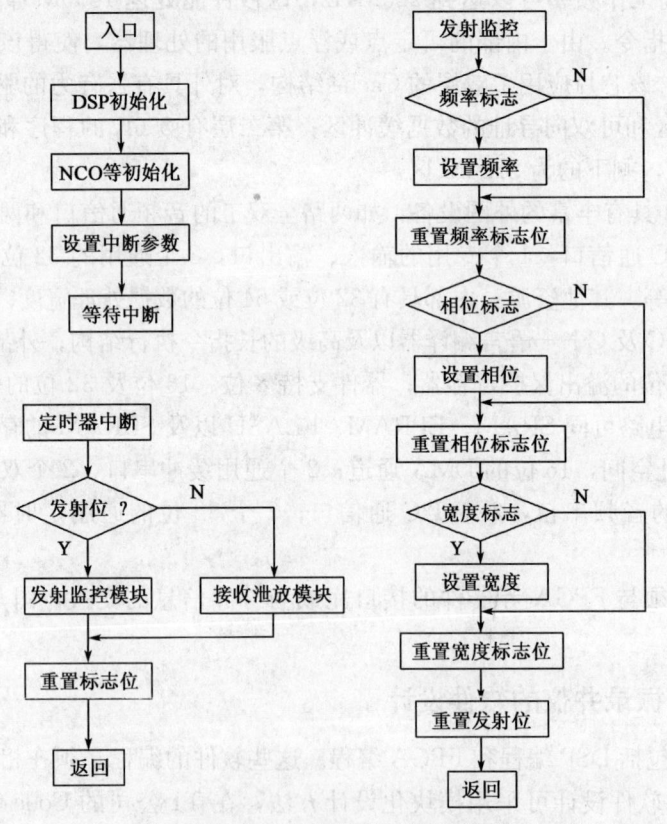

图 5-94 控制部分程序流程框图

定时器中断程序用于产生测量脉冲序列，通过加载不同的时间常数，产生出符合要求的测量脉冲序列的脉冲宽度和周期，按顺序在三个状态之间切换。发射监控程序针对不同的要求设置射频磁场频率与相位，将数控振荡器设置为合适的振荡频率，从而产生不同的脉冲序列用于射频磁场发射和数据的同步接收,实现高精度频率与相位的脉冲序列。所产生的脉冲序列具有稳定性好、信号建立快以及起始相位可控等优点,很好地满足了低场脉冲核磁共振试验中高灵活度及高精度脉冲序列的要求。

2. 采集与预处理程序设计

由于电路的发射、接收控制及信号的采集控制是由同一个 CPU 集中管理,这样可以在探头接收的控制命令后直接进行信号的采集控制,这样避免了用查询或中断的方式进行采集,更有效地利用 CPU 资源,提高运行效率。因为查询的方式需要占用 CPU 全部时间,中断的方式似乎合理地利用了时间资源,但实际上每次响应中断和返回主程序都需要额外的时间开销。采集与预处理程序流程框图如图 5-95 所示。

3. DDS 程序设计

初始化程序首先对 DSP 及系统的其余硬件进行初始化,设置用于存储核磁共振数据的缓存区。定时器中断程序用于产生测量脉冲序列,通过加载不同的时间常数,产生出符合要求的测量脉冲序列的脉冲宽度和周期,按顺序在三个状态之间切换。发射监控程序针对不同的要求设置射频磁场频率与相位,为 DDS 设置合适的振荡频率,从而产生不同的脉冲序列,用于射频磁场发射和数据的同步。DDS 程序流程框图如图 5-96 所示。

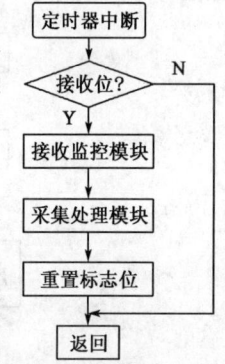

图 5-95 采集与预处理程序流程框图

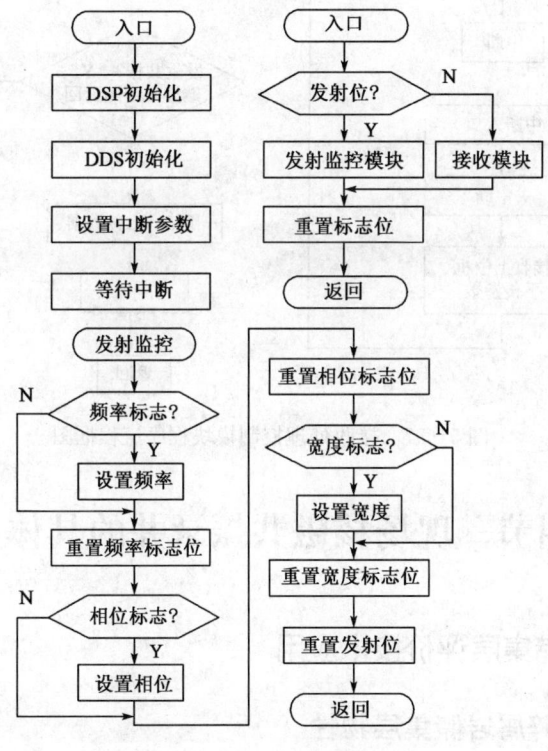

图 5-96 DDS 程序流程框图

4. 接收处理控制模块程序设计

主程序初始化工作主要包括对 TMS320C6713 的中断标志、主频、I/O 脚及 AD9850、

AD6620的工作参数等进行设置,完成后进入循环,等待上位机发送命令开始频率扫描中断的发生。

当上位机下传数据时,中断服务程序接收并对AD9850的中心频率、相位、扫描范围、步长、时间,AD6620内部NCO的频率控制字、滤波器抽取系数等进行设置,并对样品进行Lamor频率照射,互锁保护电路关。射频脉冲发射电路延时一段时间后,能使数据接收电路开始采集FID信号,数据上传到上位机进行FFT分析。接收处理控制模块程序流程框图如图5-97所示。

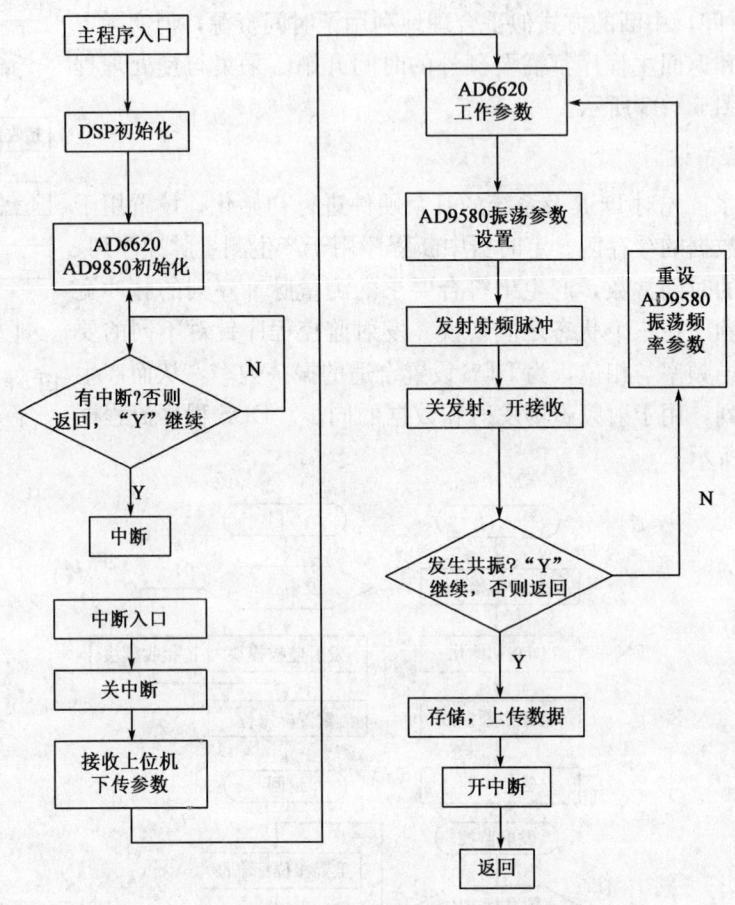

图5-97 接收处理控制模块程序流程框图

第四节 现场核磁共振录井的具体应用

一、核磁共振储集层评价技术应用

(一)有效评价碎屑岩储集层物性

核磁弛豫谱是岩石内部孔隙大小分布情况的直接反映,可以根据核磁图谱的形态定性判别储集层好坏。物性好的储集层弛豫时间相对较长,可动流体比较发育;差储集层的弛豫时间相对较短,束缚流体相对发育。可利用测量数据进行定量准确评价。通过不断总结并与常规物性资料对比,建立了各个应用区块碎屑岩物性评价标准,在录井过程中实现快速评价实时录井资料,指导现场录井解释。

录井通常是通过岩心、岩屑实物判别储集层类型,而核磁共振录井通过有效孔隙度、渗透率、可动流体饱和度等参数的大小和匹配情况来判别储集层品质。不同储集层类型在 T_2 谱上存在明显差异。非储集层表现为没有或仅有很小的可动流体孔隙度,或虽有孔隙度,也基本上为毛细管束缚流体,峰值多位于 T_2 谱截止值左侧,呈单峰状态;对于孔隙较发育的储集层,T_2 谱分布面积较大,可动流体孔隙度较大,在 T_2 谱截止值右侧存在较大的峰值。随着储集层品质由差变好,T_2 谱幅度较大的峰值逐渐右移,T_2 谱图面积自左向右由小变大(图 5-98)。

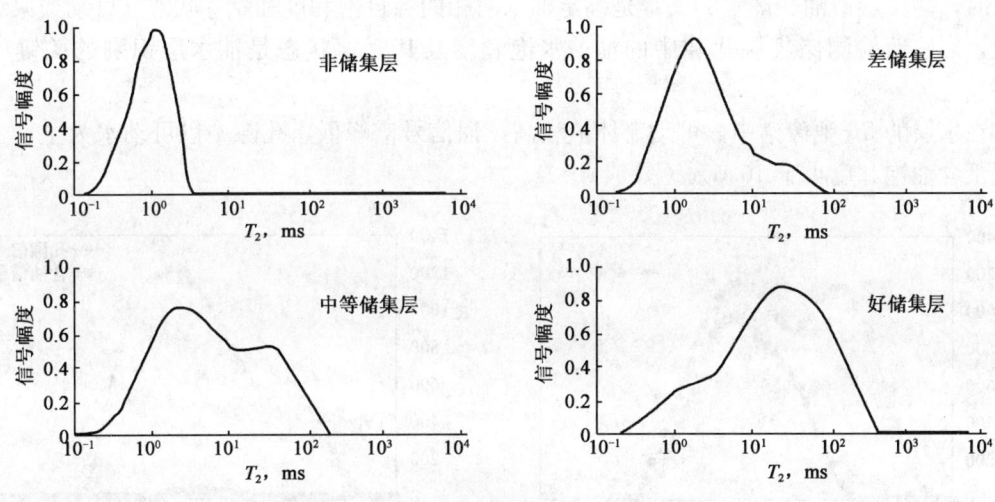

图 5-98 不同类型储集层的 T_2 特征谱图

(二) 识别储集层流体性质,准确解释油、气、水层

油、气、水等流体在核磁弛豫谱上响应位置不同,根据这一特性可以直观判断油、气、水层,再利用核磁可动流体饱和度及含油饱和度等参数建立不同地区、不同油品、不同储集层的油、气、水层解释初步标准,并结合区块物性特征及油气试采资料,建立各区块解释评价标准并绘制解释图版进行解释评价。

结合该项技术的特点和探井试油资料,利用孔隙度、渗透率、可动流体、含油饱和度等参数建立油水层解释的初步标准(表 5-15)。在此基础上,首先利用核磁孔隙度、渗透率、可动流体对储集层的物性进行评价;其次利用含油饱和度对储集层的流体性质进行定量评价;最后对于可以进行新鲜样测量的含油岩心样品,通过对 T_2 谱的分析来定性判断产液性质(即判别产油、产水、油水同产)。

表 5-15 核磁共振录井解释标准

孔隙度 %	渗透率 $10^{-3}\mu m^2$	可动流体 %	含油饱和度 %	储集层评价
>10	>0.5	>40	>15	油层
>10	>0.5	>40	7~15	油水同层
>10	>0.5	>40	<7	水层
<10	<0.5	<20	<7	干层

用 T_2 弛豫谱评价油、气、水层的具体方法如下。

1. 油层的 T_2 弛豫谱特征

油层表现为四高特点：高孔隙度、高渗透率、高可动流体、高含油饱和度。在油层的 T_2 弛豫谱中，弛豫时间较长，弛豫谱右半部分发育，可动流体值高，表明储集层物性较好；油信号谱峰高，且大部分处于可动状态，表明储集层含油饱和度高，绝大部分为可动油（图 5-99）。

2. 含水层的 T_2 弛豫谱特征

从油层物理学和渗流力学角度分析，在孔隙结构特征一定的情况下，当孔隙被油水两相饱和时，储集层产油、产水的关键是确定油水两相的各自饱和度和赋存状态（可动或束缚）。因此，准确地检测储集层孔隙中的油、水饱和度及其赋存状态是油水层识别的关键问题之一。

在水层的 T_2 弛豫谱中，可动流体值较高，油信号谱峰低，孔隙中以可动水为主，一般情况下含油饱和度小于 10.0%（图 5-100）。

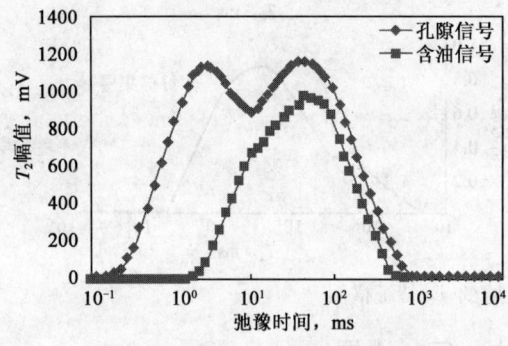

图 5-99 油层 T_2 弛豫谱特征

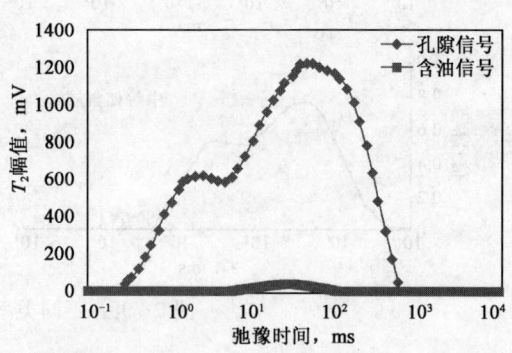

图 5-100 水层 T_2 弛豫谱特征

在油水同层的 T_2 弛豫谱中，油信号谱峰与水层相比较高，但大部分孔隙空间被可动水充填，含油饱和度一般为 10.0%～40.0%（图 5-101）。

3. 干层的 T_2 弛豫谱特征

干层表现为四低特点：低孔隙度、低渗透率、低可动流体、低含油饱和度。在干层的 T_2 弛豫谱中，弛豫时间短，弛豫谱右半部分不发育，可动流体值低，一般小于 20.0%，流体绝大部分处于束缚状态；油信号谱峰低或无，表明储集层含油饱和度低（图 5-102）。

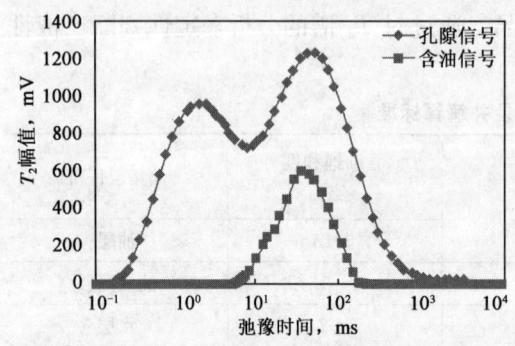

图 5-101 油水同层 T_2 弛豫谱特征

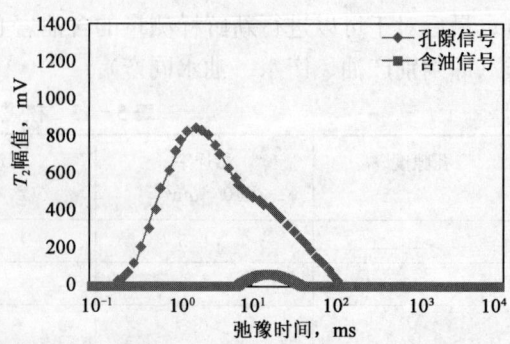

图 5-102 干层 T_2 弛豫谱特征

4. 气层的 T_2 弛豫谱特征

在对气田解释评价时，需要对岩心进行 3 次分析。取心方式最好是密闭取心。出心后，立即取样蜡封，及时进行第一次测量，测量结果为油水所占的孔隙大小，测不到气体所占孔隙的信号；然后浸入饱和盐水中，进行第二次测量，浸入的盐水占据了气体所占的孔隙，浸入盐水孔隙大小即为含气孔隙大小；最后将样品用 Mn^{2+} 溶液浸泡，进行第三次测量，测量的孔隙为含油孔隙。通过三次核磁共振测量，可计算出油、气、水各自的饱和度（图 5 - 103）。

5. 解释图版法

解释图版法就是应用可动流体与含油饱和度两参数制作交汇图版用以分析判断储层中流体。可动流体反映了储集层中可动资源的多少，其中包括油和水的核磁共振信号；含油饱和度反映了储集层中油的充填程度，对于稀油，油的核磁共振信号包含在可动流体中。通过这两项参数可以判断储集层中可动流体部分所含油和水的相对关系，从而识别出油水层。例如，根据辽河油田 N74 区块的储集层物性和含油性特点，结合试采资料，建立可动流体与含油饱和度交汇图版，如图 5 - 104 所示。

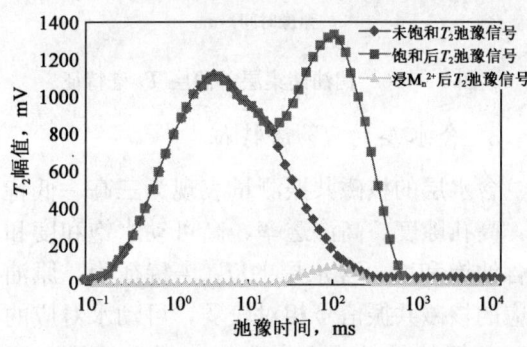

图 5 - 103 测量含气饱和度的 T_2 弛豫谱

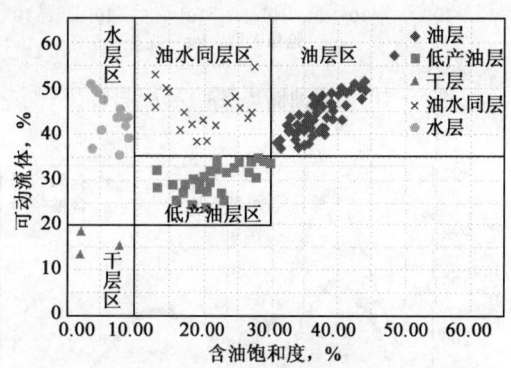

图 5 - 104 辽河油田 N74 区块可动流体与含油饱和度交汇图版

（三）进行稠油储集层评价

稠油由于高密度、高粘度、低流动性等特征，对核磁信号造成了不同程度的影响。影响的程度受密度、粘度及温度等控制。与稀油相比，稠油的弛豫时间短、核磁信号弱，受其影响，T_2 弛豫谱形态也有显著变化，稠油的核磁信号与束缚流体的信号重叠在一起，这对核磁的解释评价产生了一定影响。因此，要对稠油信号进行系数恢复，从而使稠油测量数据准确。

虽然稠油与稀油的 T_2 谱特征不同，但其储集层的孔隙度、流体性质等信息均可在 T_2 谱上反映出来。通过将岩样在锰离子水溶液中浸泡后进行二次分析，可以区分稠油、束缚水和可动水的核磁共振信号。因此，可根据 T_2 谱中油、水核磁共振信号的分布来区分油水层，要求 T_2 谱中油、水核磁共振信号为修正后的信号值。

1. 油层的 T_2 谱特征

油层的核磁共振测量表现为三高一低特点：高孔隙度、高渗透率、高含油饱和度和低可动水饱和度。油层的 T_2 谱特征为：原油对应的核磁共振信号高，可动水对应的核磁共振信号弱或无，表明储集层含油饱和度高，一般大于55.0%，可动水饱和度低，一般小于10%（图5-105）。

2. 差油层的 T_2 谱特征

差油层的核磁共振测量表现为四低特点：低孔隙度、低渗透率、低含油饱和度和低可动水饱和度。差油层的 T_2 谱特征为：原油对应的核磁共振信号相对较弱，可动水对应的核磁共振信号弱或无，表明储集层含油饱和度低，一般小于55.0%，可动水饱和度低，一般小于10%（图5-106）。

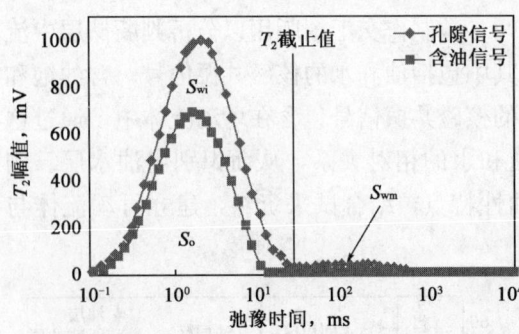

图5-105 稠油储集层油层 T_2 谱特征

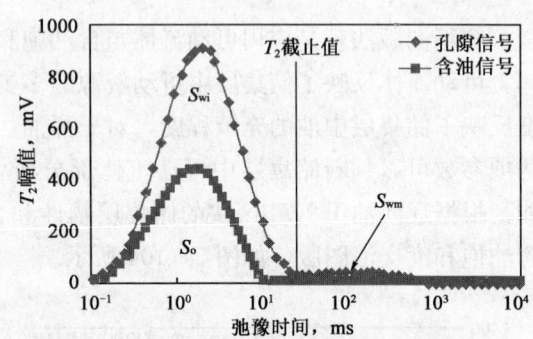

图5-106 稠油储集层差油层 T_2 谱特征

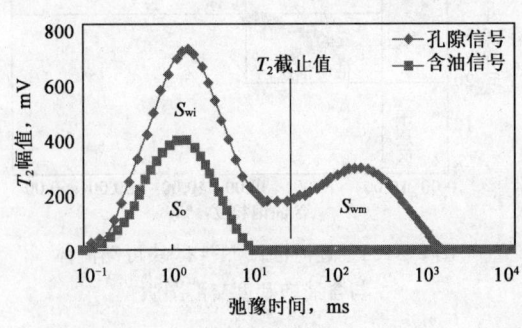

图5-107 稠油储集层含水层 T_2 谱特征

3. 含水层的 T_2 谱特征

含水层的核磁共振测量表现为三高一低特点：高孔隙度、高渗透率、高可动水饱和度和低含油饱和度。含水层的 T_2 谱特征为：原油对应的核磁共振信号相对较弱，可动水对应的核磁共振信号较强，表明储集层含油饱和度低、可动水饱和度高，一般情况下可动水饱和度大于10%。对于水淹层，可动水饱和度越高，则水淹程度越强（图5-107）。

（四）进行煤系地层评价

煤层 T_2 谱以双峰型为主，两谱峰间连续性差，一般以弛豫时间10ms左右为两峰的分割点。前峰表征的流体处于束缚状态，主要反映煤层的微孔隙特征；后峰表征的流体处于可动状态，主要反映煤层的裂缝（割理）特征。两峰不连续反映了孔径和裂缝（割理）相差较大，大小分布不连续。

煤层中的裂缝（割理）不仅能够提供储集空间，更主要的是起到沟通孔隙的作用，增大渗流通道、改善储集层物性。通常情况下，煤层裂缝（割理）越发育，储集层物性越好，在 T_2 谱上表现为后峰发育，可动流体含量高、渗透性好。以小 M_1 井为例，该井在1516.0m处 T_2 谱后峰低（图5-108），表明储集层束缚流体含量高、可动流体含量低，物性差，从测量结果看，虽然总孔隙度为22.17%，但可动流体孔隙度为1.88%，渗透率为$0.51 \times 10^{-3} \mu m^2$。欧 M_1 井2071.07m处 T_2 谱后峰较高（图5-109），表明可动流体含量相对较高、物性相对好,从测量结果看,虽然总孔隙度为 11.87%,但后峰相对发育,可动流体孔隙度为 4.26%,渗透率为 $1.52 \times 10^{-3} \mu m^2$。

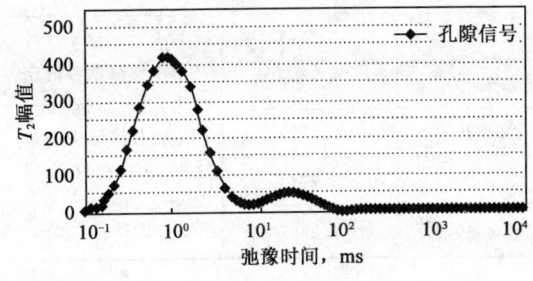
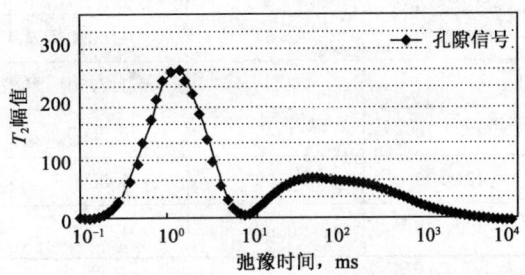

图 5-108　小 M_1 井 1516.00m 深度煤层 T_2 谱特征　　图 5-109　欧 M_1 井 2071.07m 深度煤层 T_2 谱特征

(五) 进行非碎屑岩评价

常见的非碎屑岩主要为变质岩、碳酸盐岩。这些岩层具有丰富的次生孔隙,如孔、洞、缝等。裂缝不仅可作为储集空间,而且可连通孤立的气孔或连通性差的其他孔隙,拉高储集层的渗透性,也为火山岩后期的溶蚀作用提供了良好的通道。因此,裂缝是评价火成岩储集层性能的关键参数。

核磁共振测量可以识别缝、洞的存在,并可定量计算其空间大小。由于裂缝孔隙、溶洞孔隙比岩样内的其他孔隙要大得多,弛豫时间值较长,一般为 100ms 左右;与岩样内其他孔隙之间的孔径分布连续性较差,因此其孔隙峰与其他峰之间的连续性也较差。

裂缝性岩样的 T_2 谱呈三峰态,裂缝孔隙与其他孔隙之间孔径大小连续性较差,裂缝孔隙内流体的 T_2 谱弛豫时间为 100ms 左右;溶洞性岩样的 T_2 谱亦呈三峰态,溶洞孔隙与其他孔隙之间孔径大小没有连续性,溶洞孔隙内流体的 T_2 谱弛豫时间与自由状态下流体的 T_2 谱弛豫时间接近。

二、核磁共振地层压力预测的应用

欠平衡压实和构造挤压是异常高压最主要的两种成因机制,其作用机理都在于引起岩石孔隙体积及孔隙度的变化,只不过前者是造成孔隙度增大,而后者则是造成孔隙度的减小。基于核磁共振录井能在钻井现场快速、准确地分析岩样的孔隙度,所以可用于地层压力的随钻评价。知道了地层的孔隙压力,就可计算出地层破裂压力。地层破裂压力的准确计算对于钻井液密度、井身结构确定及套管下深与固井设计和酸化压裂设计,达到安全、优质钻井、保护油气层及合理增产等均有重要意义。所以,在核磁共振录井测定孔隙度的基础上,可实现破裂压力的快速、准确计算。

表 5-16 是济阳坳陷 C660 井破裂压力梯度计算数据表。在 4180~4300m 井段,斯伦贝谢测井井壁稳定性分析产生压裂钻井液密度为 1.9~2.2g/cm³,产生钻井液漏失的最小钻井液密度窗口为 2.0~2.2g/cm³。在综合录井仪地层压力检测的基础上,计算的破裂压力梯度为 2.22~2.25g/cm³,与上覆岩层压力梯度非常接近。由此可见,核磁共振录井技术可进行地层压力预测。

表 5-16　济阳坳陷 C660 井破裂压力梯度计算数据表

井深 m	NMR 孔隙度 %	孔隙压力梯度 g/cm³	静岩压力梯度 g/cm³	NMR 破裂压力梯度 g/cm³	斯伦贝谢测井井壁稳定性
4193.00	2.64	1.0890	2.2500	2.2194	产生压裂缝钻井液密度为1.9～2.2g/cm³，产生钻井液漏失的最小钻井液密度窗口2.0～2.2g/cm³
4196.00	3.84	1.7770	2.2500	2.2318	
4238.70	1.45	0.9600	2.2520	2.2332	
4244.00	3.03	1.5800	2.2520	2.2317	
4299.70	0.95	1.3720	2.2540	2.2457	

利用核磁共振录井，在单井物性评价基础上，可进行区域多井物性资料对比分析，从而落实区块的物性情况，为勘探及开发提供评价依据。

除了以上的应用外，核磁共振录井在水平井导眼中目的层的储集层评价，水淹层、疑难层评价，完井汇报，试油讨论等方面都有很好的应用。

三、应用实例

（一）在高束缚水低阻油层评价中的应用

Bao1 井在深度 2471～2541 m 共进行了 24 个岩屑、22 个岩心样的核磁共振分析，图 5-110 是 Bao1 井核磁共振测录井剖面图。从常规测井曲线看，顶部（2500m 以上）岩性较细，中—砂层厚度薄，一般小于 2 m，自然伽马值大于 50 API；底部岩性较粗，中—砂层厚度较厚，自然伽马值小于 50 API。感应电阻率的径向分布关系特征从 2482～2488 m 和 2506～2520 m 井段由基本重叠到 2532～2546 m 井段较大增阻侵入，这可能反映了储集层孔隙流体性质的变化。以上 3 个井段孔隙度曲线数值基本一致，2482～2488 m 井段电阻率为 4 Ω·m 左右，比底部 2532～2546 m 井段电阻率高，但比 2506～2520 m 井段低（该井段电阻率为 10Ω·m 左右，钻井取心为明显油层段）。从电阻率曲线分析来看，2482～2488 m 井段最多为油水同层。

分析图 5-110 岩屑 T_2 谱形态，2482～2488 m 井段为双峰分布，2506～2520 m 井段为单峰分布，反映了 2482～2488 m 井段微细孔喉发育，孔喉分布较为复杂。从油谱信号的强弱来看，2482～2520 m 井段油谱信号明显，2532～2546 m 井段油谱信号较微弱，反映了储集层流体性质变化的一个界面。从核磁共振处理的孔、渗结果来看，2482～2520 m 井段砂层的孔隙度大于 15%，渗透率大于 $10\times10^{-3}\mu m^{-2}$，均为有效储集层。从饱和度与电阻率数据来看，2506～2520 m 井段平均含油饱和度为 50.1%，含水饱和度为 49.9%，束缚水饱和度为 24.7%，含油孔隙度为 8.4%，深感应电阻率为 8Ω·m，电阻率较 2532～2546m 井段增大了 4 倍，油层特征明显；2482～2488 m 井段核磁共振分析平均含油饱和度为 50.0%，含水饱和度为 49.9%，束缚水饱和度为 47.5%，含油孔隙度为 5.5%，位于油层解释标准油层区域内，解释为油层；2532～2546 m 井段平均含油饱和度为 27.7%（主要为残余稠油），含水饱和度为 72.2%，束缚水饱和度为 37.9%，含油孔隙度为 4.6%，解释为水层。2482～2488 m 井段与 2532～2546 m 井段相比，电阻率增大了 2 倍左右，为明显的低阻油层，但由于其较高的束缚水饱和度，可以将其与正常油气层、水层区分开。表 5-17 是 Bao1 井核磁共振录井解释结果。

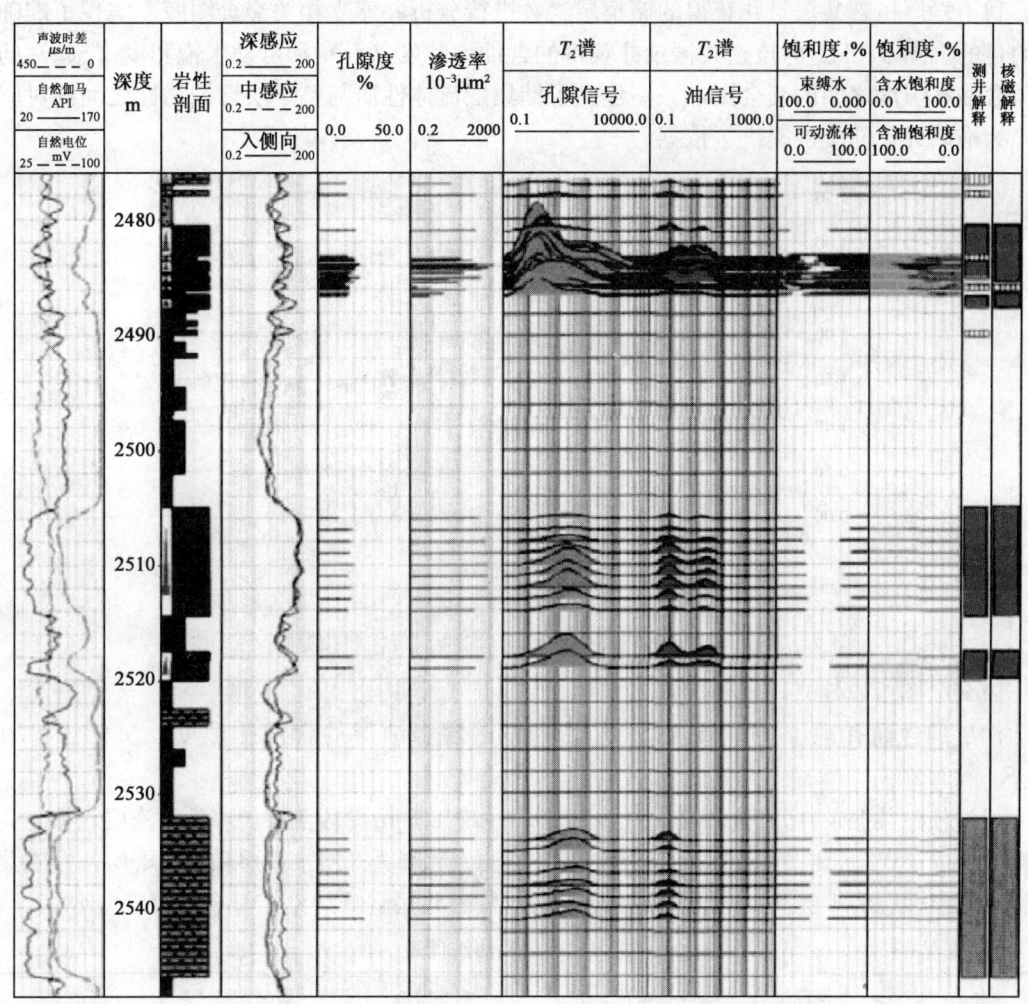

图 5-110 Baol 井核磁共振与测录井剖面图

表 5-17 Baol 井核磁共振分析解释成果

井段 m	自然伽马 API	声波时差 μs/m	深感应电阻率 Ω·m	分析孔隙度 %	渗透率 $10^{-3}\mu m^2$	束缚水饱和度 %	含油饱和度 %	解释结论
2482～2488	55	280	4	19	30	47.5	50.0	油层
2506～2520	45	270	8	17	90	24.7	50.1	油层
2532～2546	48	270	2	16	30	37.9	27.7	水层

(二) 水淹层评价

W2 区块为江苏油田老区块，W2-60 井和 W2-61 井位于该区块中高部位，周围同层位注水井开采时间长，注水有污水、淡水、淡污混水，情况复杂。电阻率测井数值较高，达 20Ω·m 以上，接近原状地层电阻率，但是双感应电阻率差异明显（深感应电阻率大于中感应电阻率），自然电位曲线具有较低的异常幅度，测井解释为水淹层。

利用岩屑核磁共振录井对 W2 区块的 W2-60 井与 W2-61 井显示层段进行了分析解

释。利用岩屑核磁共振录井获得的储集层参数进行分析并建立相关交会图版,实现了准确解释的目的。图 5-111 为核磁共振录井获得的含油饱和度(S_o)和可动水饱和度(S_{wm})的比值与含油孔隙度之间的交会图,该图建立了储集层流体性质与储集层含油物性之间的对应关系,为准确评价储集层提供了依据。

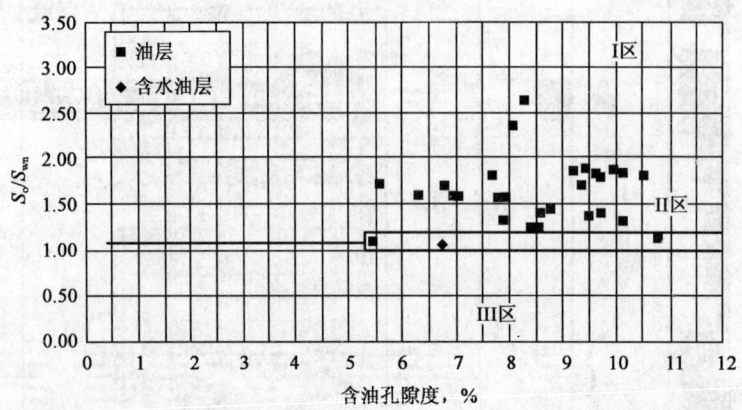

图 5-111 W2-60 井、W2-61 井 S_o/S_{wm} 与含油孔隙度交会图版

由交会图可以建立以下标准:

油层的含油孔隙度>5.6%,S_o/S_{wm}>1.2;含水油层的含油孔隙度>5.6%,1.0<S_o/S_{wm}<1.20。

通过核磁共振录井分析,W2-60 井 1540.9~1548.1 m 井段测井解释为水淹层,核磁共振解释为油层;W2-61 井 1546.3~1567.4 m 井段测井解释为 3 层水淹层和 1 层干层,核磁共振解释为 3 层油层和 1 层含水油层。试油结果均与核磁共振解释结论相符合(表 5-18)。

表 5-18 试油统计表

井名	解释层号	井段,m	测井解释	核磁解释	试油结论
W2-60	10	1540.9~1548.1	水淹层	油层	油层
W2-61	15	1546.3~1552.2	水淹层	油层	油层
W2-61	16	1553.1~1556.9	水淹层	油层	油层
W2-61	17	1558.9~1561.0	干层	含水油层	含水油层
W2-61	18	1562.9~1567.4	水淹层	油层	油层

根据核磁数据分析,W2-60 井测井解释 10 号层油层特征明显,核磁分析含油饱和度为 41.92%~46.52%,可动水为 19.69%~26.58%,可动流体为 30.94%~39.05%,含油饱和度和可动水饱和度的比值与含油孔隙度的交会点均落在解释交会图版中 I 区内,为纯油层特征。经投产证实产油 7.4t/d,含水 1.3%。

W2-61 井测井解释 15 号和 16 号层显示油层特征,含油饱和度和可动水饱和度的比值与含油孔隙度的交会点均落在解释交会图版中的 I 区内;测井解释 17 号层为干层,18 号层为水淹层,核磁分析含油饱和度为 37.33%~38.09%,可动水为 34.1%~34.78%,可动流体为 46.54%~47.23%,含油饱和度和可动水饱和度的比值与含油孔隙度的交会点均落在解释交会图版中的 II 区内,表现为含水油层。18 号层经投产证实产油 7.0t/d,含水

0.3%。分析认为，17号和18号层显示为油层弱水淹特征，15号和16号层显示为油层或水淹程度很低。

(三) 在疑难层解释评价中的应用

YX33井的3314.8～3321.2m井段测井解释时，因地层电阻率达60Ω·m，物性为中等偏下，孔隙度为12%左右，且埋藏较深，录井、气测油层特征明显，常规测井解释为油层。同样在3438.7～3442.5m井段，地层电阻率达114Ω·m，孔隙度为10%左右，录井、气测油层特征明显，常规测井解释也为油层。

核磁共振录井分析上述两井段岩性、物性较差，可动水含量较高，对含油饱和度进行校正后仍偏低，核磁共振录井图版解释均落在水层含油和水层区，所以核磁共振录井解释为水层含油和水层，仅个别点可解释为油水同层（图5-112）。

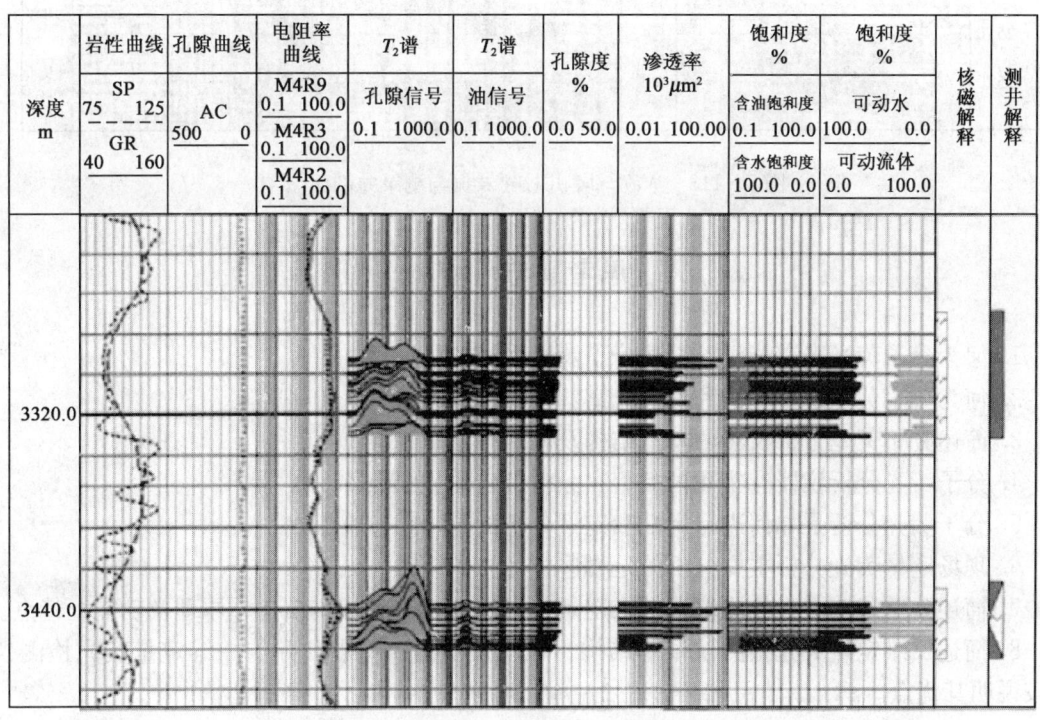

图5-112 YX33井核磁共振与测录井剖面图

对3314.8～3321.2m井段试油求产，出水8.35 t/d，未见油。可见，结合常规测井资料与核磁共振录井分析资料，在疑难层评价过程中充分发挥资料互补的优势，可以取得较好的效果。

(四) 在确定油水界面中的应用

Wa7-14井在2454～2522m井段，核磁共振分析了8块岩屑，岩性均为粉砂岩。图5-113是Wa7-14井核磁共振测录井剖面图，从图中可以看出，该层段储集层以薄互层为主，储集层有效厚度小于2m。在2504m处存在一个明显的油水界面，油谱从信号明显到无信号，含油孔隙度从20%下降到2%左右，含油饱和度从40%～50%下降到5%以下，2504m以上油气指示非常明显。经过试油证实，2504m为该地区的油水界面。

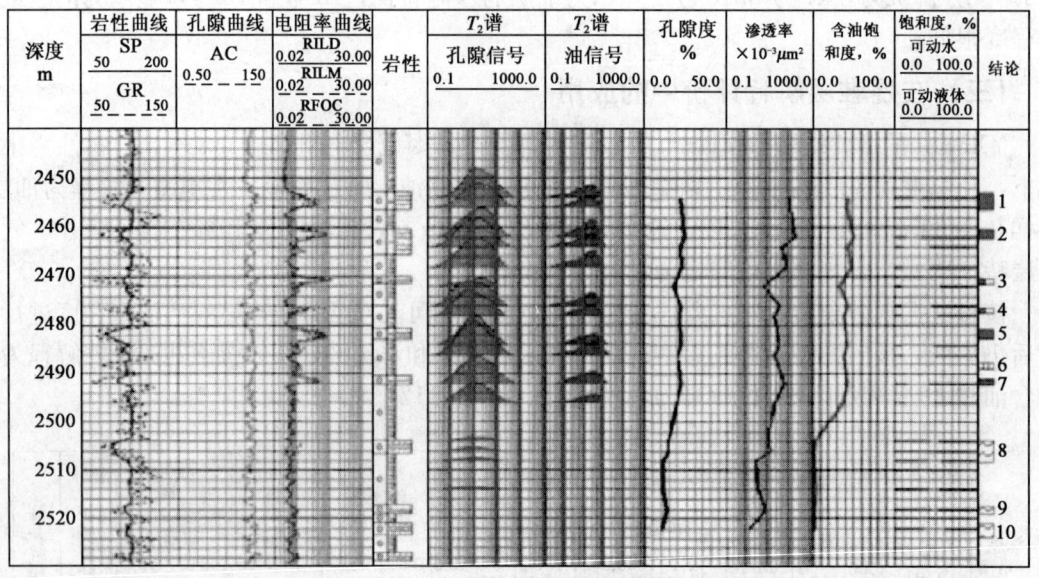

图 5-113 Wa7-14 井核磁共振与测录井剖面图

思考题与习题

1. 何为分子荧光光谱分析？简述分子荧光光谱分析原理。
2. 何为分子荧光激发光谱和发射光谱？
3. 简述分子荧光分析仪器的基本结构及原理。
4. 分子荧光分析仪器有哪几种类型？分析各自的优缺点。
5. 分子荧光分析是如何进行定性和定量分析的？
6. 现场定量荧光分析主要分析的是哪些样品？
7. 简述数字滤波荧光检测仪（一维定量荧光检测仪）的基本结构、原理及功能、特点。
8. 简述二维定量荧光检测仪基本结构、原理及功能、特点，并与一维定量荧光检测仪比较说明其优点。
9. 简述二维定量荧光谱图及参数的意义。
10. 简述三维定量荧光检测仪的基本结构、原理及功能、特点。
11. 简述三维定量荧光谱图及参数的意义。
12. 常见钻井液添加剂定量荧光谱图特征是怎样的？如何消除这些影响？
13. 如何利用定量荧光录井来判断储集层性质，划分油、气、水层？
14. 如何利用定量荧光录井来判断原油性质？
15. 如何利用定量荧光录井进行油源对比？
16. 简述利用定量荧光参数计算岩石含油量的方法。
17. 简述核磁共振的基本原理。
18. 何为纵向弛豫和横向弛豫？
19. 核磁共振岩石分析中的核磁共振信号是如何检测的？
20. 什么是自由感应衰减信号？它是怎样产生的？

21. 什么是 T_2 弛豫时间？简述测量该参数的作用。
22. 简述核磁共振分析中孔隙度、渗透率、含油饱和度的检测方法。
23. 简述核磁共振录井仪电路系统原理。它是由哪几部分组成的？
24. 何为直接数字合成（DDS）技术？简述它的基本原理。
25. 何为数值正交检波？简述它的基本原理。
26. 如何利用核磁共振录井评价碎屑岩储集层物性？
27. 如何利用核磁共振录井识别储集层流体性质，解释油、气、水层？
28. 如何利用核磁共振录井评价非碎屑岩？

第六章 录井资料综合解释方法与技术

油、气、水层解释评价是油田勘探开发系统工程中的一个重要环节,是油气勘探测试选层设计、储量计算的重要依据,也是油田开发调整井投产射孔方案设计的重要依据。

综合录井技术是油气勘探开发过程中最基本的技术,是发现油气藏、评价油气藏最及时、最直接的手段,具有获取地下信息及时、多样、分析解释快捷的特点。录井资料是第一性的、最直观的也是最重要的资料。充分利用各种录井资料,能够及时、准确地提供油气层评价结论,从而提高勘探成功率和勘探效益。

第一节 录井解释技术基础

一、录井解释概述

(一) 录井解释概念

录井解释是指由录井公司及专业的录井技术人员,依据录井、岩心分析、测试等资料作出的综合解释。录井解释是以录井资料为基础,测井等其他资料为辅助,这是不同于测井解释以及其他综合解释的主要特色之处。

(二) 录井解释内容

广义的录井解释内容包括:
1) 地层岩性剖面的建立;
2) 油、气、水层的解释;
3) 异常地层压力的解释;
4) 钻井工程施工中的异常事件的解释。

录井队以及井场地质家依据现场录井采集资料可以提供初步的解释结论,其中,岩性剖面建立和钻井工程异常事件预报是以现场解释判断为主,油、气、水层解释是由录井公司专业解释部门承担。因此,狭义的录井解释专指油、气、水层解释。

(三) 油、气、水层解释的目的

油、气、水层解释就是要回答以下四个方面的问题:

"是什么"——储集层的油气显示落实,油?气?水?

"有多少"——解释参数的获取,油气水饱和度?孔隙度?有效厚度?

"产液性"——油、气、水的相对渗流性,产油?产气?产水?

"产出量"——产能预测,产油量?产气量?产水量?

二、储集层及其评价要点

(一) 储集层及其特性

石油和天然气是存在于地下岩石中的,但不是所有的岩石都能储存油气。岩石的种类很多,油层物理学研究表明,能够储存油气的岩石必须具备两个条件:

一是岩石中要具有孔隙、孔洞、裂缝(隙)等储存油气的空间场所;

二是这些孔隙、孔洞、裂缝(隙)之间必须相互连通,在一定压差下能够形成油气流动的通道。

将具备上述两个条件的岩层称为储集层。储集层是油、气、水层解释的基本研究对象。孔隙性和渗透性是储集层必须同时具备的两个基本性质,也合称为储集层的储油物性。

(二) 储集层的分类

地质上按成因和岩性把储集层划分为三类:碎屑岩储集层、碳酸盐岩储集层和其他岩类储集层。

碎屑岩储集层为陆源碎屑岩,主要包括砂岩和砾岩。储集空间以碎屑颗粒之间的粒间孔隙为主,有时伴有裂隙(缝)及次生孔隙。碎屑岩主要由各种矿物碎屑、岩石碎屑、胶结物及孔隙空间组成。碎屑物的主要矿物成分为石英、长石,次要成分为云母、粘土和重矿物等。岩石碎屑(岩屑)是母岩经机械破碎形成的岩石碎块,一般由两种以上的矿物集合体组成。胶结物是把松散的砂、砾胶结成整体的物质,常见的胶结物有泥质、钙质(灰质)、硅质、铁质。碎屑岩储集层储油物性好坏是由碎屑成分、颗粒大小、分选程度、胶结物及其含量等因素决定的。

其他岩类储集层泛指岩浆岩、变质岩等构成的复杂储集岩层。其储集层岩性复杂多样,储集空间类型也复杂多样,按照孔隙空间形态,可分为缝、孔、洞三类。构造缝、层间缝、溶蚀缝、孔、洞等都可能成为储集油气的良好场所。

(三) 储集层的基本参数

储集层的基本参数包括评价储集层物性的孔隙度、渗透率;评价储集层含油气性的含油气饱和度、含水饱和度以及束缚水饱和度等;储集层的厚度、含油气厚度和有效厚度。除此之外,还应考虑地层压力和流体物性。

1. 孔隙度

储集层的孔隙度是指孔隙体积占岩石体积的百分数,是反映储集能力相对大小的基本参数。常用的孔隙概念有总孔隙度、有效孔隙度、缝洞孔隙度(次生孔隙度)。上述孔隙度的表达式分别为:

$$\phi_t = V_t/V \times 100\% \quad (6-1)$$
$$\phi_e = V_e/V \times 100\% \quad (6-2)$$
$$\phi_c = V_c/V \times 100\% \quad (6-3)$$

式中 ϕ_t、ϕ_e、ϕ_c——总孔隙度、有效孔隙度和缝洞孔隙度;

V——岩石体积;

V_t——孔隙体积;

V_e——连通体积;

V_c——缝洞体积。

2. 渗透率

储集层的渗透率是指在一定压力差下孔隙中的流体通过岩石的能力。根据达西定律，渗透率可由式（6-4）表示：

$$k = \frac{Q\mu L}{A \Delta p} \tag{6-4}$$

达西定律只适用于层流以及流体与岩石无相互作用的情况。实践证明，当只有一种流体通过岩样时，所测得的渗透率与流体性质无关，只与岩石本身结构有关；而当多相流体同时通过岩样时，不同流体则有不同的渗透率。为了区别这些情况，常用绝对（空气）渗透率、有效渗透率和相对渗透率表示。

绝对渗透率（K）：因常用空气来测量，也称为空气渗透率，通常所说渗透率都是指绝对渗透率。

有效渗透率（K_o、K_g、K_w）：当两种以上流体同时通过岩样时，对其中某一流体测得的渗透率，称为该流体的有效渗透率或相渗透率。相渗透率及其总和总是低于绝对渗透率。有效渗透率除与岩石孔隙结构有关外，还与流体性质、相对含量、流体间以及流体与岩石间相互作用有关。

相对渗透率（K_{ro}、K_{rg}、K_{rw}）：流体的有效渗透率与其在岩石中的相对含量有关，当流体的相对含量变化时，其相应的有效渗透率随之改变，将岩石中某相流体的有效渗透率与绝对渗透率的比值称为相对渗透率，其值在 0～1 之间。

在储集层孔隙中充满不同含量的油、气、水时，某一流体的相对渗透率随该流体的饱和度增大而增大。油水两相流动时，相对渗透率与含水饱和度的关系如图 6-1 所示。

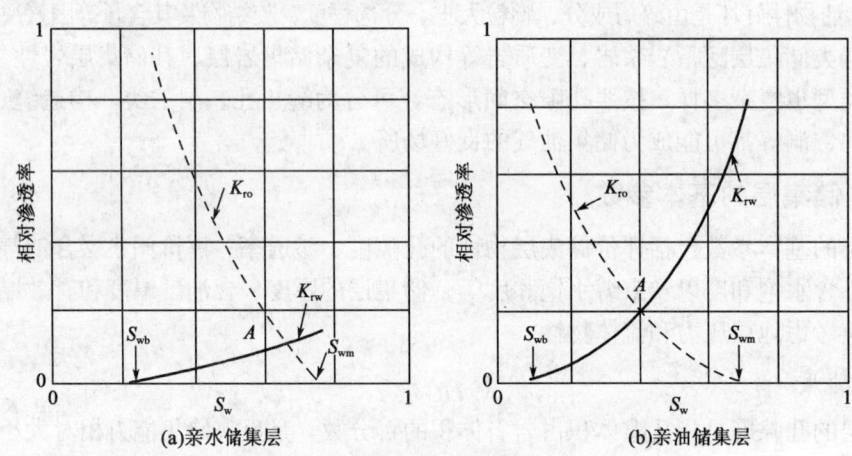

图 6-1 相对渗透率与含水饱和度的关系

3. 饱和度

饱和度是用来表示岩石孔隙空间所占流体含量，定义为某种流体（油气或水）所充填的孔隙体积占全部孔隙体积的百分数。

含水饱和度分为总含水饱和度（S_w）、束缚水饱和度（S_{wb}）和可动水饱和度（S_{wm}）。

地层条件下的石油一般含有溶解气，故常用含油气饱和度（S_h）表示，也可简称为含油饱和度（S_o）；当地层只含气时，用 S_g 表示含气饱和度。当地层的含水饱和度很高，含油饱和度很低时，油的相对渗透率（K_{ro}）接近于 0，这部分油称为残余油，用 S_{or} 表示残余油饱和度。

4. 厚度

根据岩性变化以及孔隙性与渗透性，确定储集层及其厚度；根据含油气显示，确定储集层含油气厚度；根据目前经济技术条件下实际产出油气的能力，扣除不符合标准的夹层，可确定储集层的有效厚度，用于油气储量计算。

三、油气层综合解释的宏观原则

油气层综合解释的方法很多，所谓综合解释，就是要应用不同的方法系统地进行地质综合分析。在注重方法的同时，综合性、针对性、相对性以及从成藏角度进行综合分析是综合解释工作中应该把握的宏观原则。

（一）综合性原则

含油气的岩石被钻头破碎后，所含油气分散到井筒中，井壁附近地层中的油气也有一部分向井筒扩散。按照携带油气的载体和油气赋存状态的不同，井口油气显示可以分为六个部分：实物（岩心、岩屑、井壁取心）中携带的油、气以及钻井液中的游离气、溶解气、吸附气和油。每一部分油、气都有相对应的录井检测技术（图6-2）。

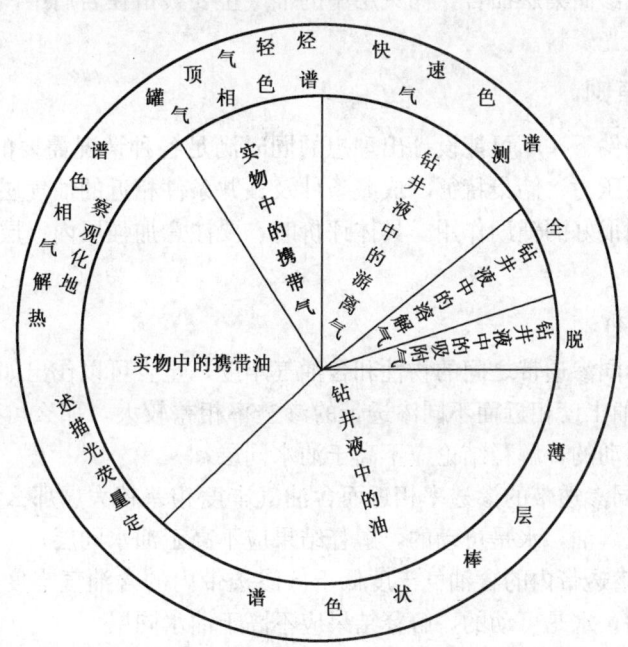

图6-2 井口油气的分布状态和相应的录井检测技术
图中"实物"指岩心、岩屑、井壁取心

如果将每一项录井技术都对其相对应的检测对象进行测量，则定量荧光、热解气相色谱、罐顶气轻烃、气测（快速色谱）、全脱、薄层棒状色谱等测得的油气信息从不同侧面反映了地下油气的含量。各种测井、录井资料由于技术条件、适用条件的限制，有时出现表征矛盾，必须坚持综合性评价原则，这样可全面地认识储集层物性、原油性质、含油丰度、纵向分布、产能和成藏特征。

从原理上讲，气测、罐顶气、岩石热解分析三种录井方法具有一定的互补性，因此评价时不但要重视三者分析结果的一致性，更要注意其差异性，有时通过差异性的分析更能真实反映储集层及其含油气特征。

总之，综合解释必须坚持综合性原则，以岩屑、岩心、井壁取心、钻时、气测、地化、罐装样、荧光分析、槽面显示等第一性资料为基础，同时参考测井、分析化验、钻井液性能等项资料，经认真研究、分析后作出合理的解释。

(二) 针对性原则

各种录井资料均有其技术优势和不足，在解释过程中应针对不同储集层物性、不同原油性质，合理利用各种单项资料，优化解释参数。不同的储集层类型和不同的钻进状态对油气显示的影响有着较大差别。不同储集层类型的油气层被钻头破碎后，分散到岩屑和钻井液中的油气含量和组分相差很大，在气测、地化、定量荧光、罐顶气等录井资料上产生的响应特征也随之相差很大。例如，根据测井资料容易判别储集空间为孔隙型油气层的物性和含油气性，而对于储集空间为非孔隙型的油气层，则只能判别其物性。又如，取心钻进时储集层中的烃类损失较少，油、气、水信息主要赋存于岩心实物中，因此应主要侧重岩石热解色谱录井、岩石热解录井和棒状色谱录井资料。对于正常钻进时的高渗储集层而言，储集层中的油气容易进入钻井液，故应侧重的资料为气测资料、钻井液棒状色谱资料和定量荧光资料；而对于正常钻进时的低渗储集层而言，储集层中的油气主要残留在岩屑中，应侧重的资料为罐顶气、地化和定量荧光资料。

(三) 相对性原则

在现有的技术条件下，不可能设计出理想的同时满足各种情况需要的油气层评价模板，而通过对埋深、地层压力、储集特征、成藏条件及钻井条件相近的油气层进行比较，则可以对目标层的评价起到很好的辅助作用。具体评价时，要注意加强层内、层间和井间三个层次的对比工作。

1. 层内对比分析

通过对比层内不同渗透带之间的物性和含油气丰度，至少可以作出如下判断：

1) 如果层内含油丰度相近而不同渗透带的渗透率相差较大，那么可以确定高渗透带内没有充满油，水是可动的，解释结论应不高于油水同层；

2) 如果层内不同渗透带的渗透率相近而含油气丰度相差较大，那么可以确定含油丰度低的渗透带内没有充满油，水是可动的，解释结果应不高于油水同层；

3) 如果层内高渗透带内的含油气丰度低于低渗透带内的含油气丰度，那么可以确定高渗透带内没有充满油，水是可动的，解释结果应不高于油水同层。

2. 层间对比分析

层间是指单井中与解释层相邻而且储集类型和物性相似的邻层之间。每一个参与对比的层均要划分成不同的渗透带，以渗透带为基本单元进行对比。

3. 井间对比分析

井间对比分析指相距不远的邻井埋深相近、层位相当、储集类型和物性相似、油气水物理化学性质接近的储集层之间的对比。邻井往往已经进行了试油，要尽可能充分地研究邻井的试油、录井和测井资料之间的关系，力争建立小区块的录井、测井资料和油、气、水层的响应关系。对多井多层的各个渗透带的物性和含油气特征进行对比，在可能的情况下，研究该区块的油藏特征，判断解释井和解释层在油藏中的位置，可为准确评价油气层提供依据。

(四) 成藏角度的宏观分析原则

就本质而言，油气层综合解释应该是地质综合分析的过程，决不应理解为从数据推导出解释结论的简单过程。油气层的形成和保存状态受到生、储、盖、运、圈、保等多种因素的控制和影响，可谓缺一不可。这就要求综合解释人员不但要重视油气层在录井、测井等资料上的显示特征，而且要将油气层放到特定的地质历史时间和空间中，在对构造、地层、沉积相等区域地质特征进行充分分析的基础上，从生、储、盖、运、圈、保各方面逐一分析，该目标层有无成藏可能，形成的是哪一类型的油气藏，对于新探区此项工作更应加强。当然，油气地质理论也在不断发展，这也要求综合解释人员充分吸收、利用石油地质的新理论、新技术，如深盆气理论、低熟油理论、煤成烃理论、复式油气聚集理论、隐蔽油气藏勘探理论及多样性潜山成藏理论等，只有如此，才能做到理论和实际的紧密结合，提高综合解释符合率。

四、综合录井资料的组成与分类

(一) 综合录井资料的组成

综合录井资料为随钻测量和观察所得，具有及时、直观性强的特点，是发现、识别油、气、水层的重要手段。主要由工程录井参数、钻井液参数、气测参数以及衍生参数组成。

(二) 综合录井资料的分类

钻井工程参数，包括转速、扭矩、泵冲、钻时、钻压、套压、悬重、泵压、出口流量及钻头参数、钻柱震动、迟到时间等参数。

钻井液参数，包括：出口、入口温度；出口、入口密度；出口、入口电导率；钻井液体积等参数。

气测参数，包括：全烃（全量、总烃）；甲烷、乙烷、丙烷、异丁烷、正丁烷、异戊烷、正戊烷，一般现场录井烷烃参数只录取这七种。日常录取的其他气体参数有硫化氢、二氧化碳、氢气等非烃气体，此外还可根据不同的研究需要检测其他种类的气体参数。

衍生参数：d_c 指数、Sigama 指数、钻井液当量密度、地层压力梯度、地层破裂压力梯度等由钻井实时参数经经验公式及验证公式计算所得的参数。较先进的综合录井仪已经可以录取几百种衍生参数供地层及油气层的判断评价使用，部分录井仪具有数据编辑器功能，可以根据用户需求录取所需的录井衍生参数。

衍生参数在参数中起着重要的作用。各录井仪器生产厂家出产的各型录井仪器存在着各种差异，录井衍生参数也存在着各种差异，能够合理利用衍生参数，才能真正实现综合录井仪器的功能。

随着录井技术的发展，LWD、MWD 等有线及无线随钻技术也逐渐在各录井现场开始使用，因而部分录井仪可测量一些地层岩层的电阻率、自然电位、自然伽马等参数。

五、综合录井资料解释过程

通过综合录井获取的各种资料组成了一个综合的地质信息平台，它包括钻井液信息、岩屑信息、气体信息、工程信息、地化分析信息、定量荧光分析信息、核磁共振分析信息等多种综合性的信息。由此，要建立一个综合解释的信息平台。其解释平台的结构与基本框架如图6-3所示。

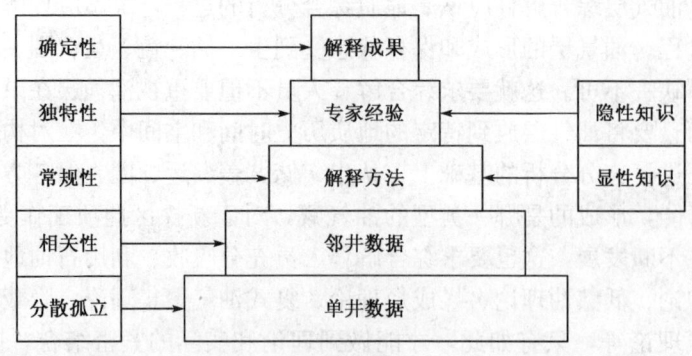

图6-3 录井解释平台的结构与基本框架

录井解释的过程，首先是对录井采集资料进行资料处理，求取储集层评价参数，对录井单项资料进行定性解释，然后结合测井资料、岩心分析、试油等资料，进行图版解释和综合分析判断，确定油、气、水层解释结论，预测油气层产能。从研究对象上，又可细分为油水层解释、气水层解释和水淹层解释。

油、气、水层解释流程可分为：采集资料处理—应用技术及有效参数优选—单项资料解释—解释图版建立—综合分析判断—油层产能预测。

（一）主要应用技术

1）岩心等实物观察判断技术；
2）气测资料解释技术；
3）地化分析评价技术；
4）荧光显微图像分析评价技术；
5）井喷、井涌、井漏、油气水侵及钻井液油气显示解释技术；
6）测井解释技术。

（二）有效参数优选

1）反映有效厚度的参数：岩心含油产状及厚度，测井解释井段及对应的曲线特征，井壁取心含油砂岩井深位置，岩屑含油显示井段，气测异常显示井段。

2）反映孔隙性的参数：岩心分析孔隙度及孔隙类型，测井解释孔隙度、声波时差、岩性密度、中子密度曲线特征，地化热失重分析孔隙度，核磁共振分析孔隙度，岩心、岩屑、井壁取心岩性、粒度、分选性、磨圆度等，荧光图像分析面孔率。

3）反映渗透性的参数：岩心分析渗透率，岩心、岩屑、井壁取心岩性、粒度、分选性、磨圆度、胶结物、充填物、裂缝及层理构造发育程度等，荧光图像分析孔隙清晰度、连通性，测井自然电位、自然伽马、声波时差、微电极幅度差、井径等。

4）反映含油性的参数：岩心、岩屑、井壁取心一次观察含油特征，地化分析岩石含烃量，气测分析全烃含量及异常显示曲线形态，井喷、井涌等异常现象及钻井液槽池面显示特征，测井电阻率及其曲线特征。

5）反映原油物性（渗流性）的参数：岩心、岩屑、井壁取心二次观察含油特征，地化分析岩石烃类组分含量、相对含量及其谱图形态特征，荧光图像孔隙含油颜色及分布特征，气测分析组分相对含量，井喷、井涌等异常现象及钻井液槽池面显示特征。

6）反映含水性的参数：岩心、井壁取心含水特征，地化分析烃类组分相对含量及其谱图形态特征，气测分析 H_2、CO_2、CH_4 含量，气测异常显示曲线形态及组分相对含量，荧光图像含水特征，测井解释含水饱和度。

7）反映地层压力的参数：钻井液密度与井喷、井涌等异常现象，综合录井 d_c 指数、Sigma 指数及钻井液体积等参数。

由于地下地质现象的复杂性，真实的地层很难直接得到，测井、录井井筒采集资料中的感官现象、曲线特征、图形特征、图像特征、宏观的井口异常现象等都可以作为获得储集层参数的重要信息。

第二节　气测录井油气层评价方法与技术

一、烃气的基本性质

石油和天然气的性质是多方面的，由于气测录井主要是分析测定石油和天然气中的气体，所以下面重点分析对气测录井有意义的几种天然气特性。

（一）可燃性

天然气中的烷烃极易燃烧，燃烧后的产物是二氧化碳和水，同时放出大量的热量。例如甲烷燃烧生成二氧化碳和水，同时放出热量，即

$$CH_4 + 2O_2 \longrightarrow CO_2 \uparrow + 2H_2O + 21.8 \text{kcal}$$

（二）导热性

气体的导热性是指气体传播热量的能力。不同的气体具有不同的导热能力，其导热能力一般用热导率或导热系数表示，热导系数是指，设在物体内部垂直于导热方向上取两个相距 1cm、面积为 $1cm^2$ 的平行平面，而这两个平面的温度相差 1℃，则在 1s 内从一个平面传导到另一平面的热量即为导热系数，它的单位是 $kcal/(cm \cdot s \cdot ℃)$。

天然气的可燃性、导热性是气体分析中采用电化学鉴定器的基础。天然气的物理常数可见表 6-1。从表 6-1 中可以看出，天然气中烷烃的比例随相对分子质量的增大而增大，导热系数随着相对分子质量的增大而逐渐减小。沸点与溶点也相应地发生变化。

表 6-1　天然气物理常数

气体	分子式	相对分子质量	密度 g/L	相对密度	沸点 ℃	溶点 ℃	导热系数 $kcal/(cm \cdot s \cdot ℃) \times 10^6$
甲烷	CH_4	16	0.7168	0.5545	−161.13	−184	7.15
乙烷	C_2H_6	30	1.3562	1.049	−89.0	−182.8	4.28
丙烷	C_3H_8	44	2.02	1.552	−41.11	−189	3.58
正丁烷	C_4H_{10}	58	2.673	2.067	+0.6	−135	3.22
二氧化碳	CO_2	44	1.0767	1.529	—	—	3.37
氮	N_2	28	1.2505	0.9574	—	—	5.66
硫化氢	H_2S	34	1.5392	1.1906	—	—	3.05
氢	H_2	2	0.08987	0.0695	—	—	39.70

(三) 吸附性

某种物质吸附性是指固体表面分子和气体分子之间存在着引力，当气体分子碰撞到固体表面时，气体分子暂时停留在固体表面上，这种现象称为吸附。这里所说的固体表面也包括固体内部孔隙的表面。

天然气具有被某种物质吸附的特性，吸附量除与温度和压力有关外，主要和吸附剂的吸附能力以及烷烃相对分子质量有关。相对分子质量越大的烷烃，越容易被物质吸附但不易解吸（摆脱吸附称为解吸）；反之，相对分子质量小的烷烃不易被吸附，容易解吸。这种特性是气相色谱分离烃气混合气的基础。

地层中的岩石对天然气同样具有吸附性，其吸附量与岩石的性质以及温度和压力有关，吸附的特征常以毛细管凝结现象出现，如烃的蒸气压接近饱和时，将发生毛细管凝结液态烃的现象。不同的岩石，其吸附烃气的量是不同的。表6-2给出砂岩、粘土在真空中加热105℃对烃气吸附量的实验结果。从表中可以看出，在同样的条件下，粘土比砂岩吸附量要多，重组分比轻组分吸附量要多。这种吸附现象表明，岩石对天然气的吸附能力主要由烃气性质和岩石性质所决定，同时也与地层的温度和压力有关。

表6-2 岩石对天然气的吸附

气 体	岩 石	压力, mmHg	吸附量, cm³/kg
甲烷	砂岩	686	29.6
丙烷	砂岩	733	600.6
丁烷	砂岩	791	1162.3
氮	砂岩	839	10.6
甲烷	粘土	762	71.8
丙烷	粘土	725	1013
丁烷	粘土	690	1644

(四) 溶解性

天然气具有溶解于原油也溶解于水的特性。天然气的溶解近似地遵守亨利定律，即在常压下，某液体中单一溶解气的量正比于液体上方的该气体的压力及该气体相应的溶解系数，用下述方程式表示为：

$$Q = Kap \tag{6-5}$$

式中 Q——平衡状态下的溶解气量；

a——溶解系数（或称溶解度）；

p——气体的压力；

K——与单位有关的比例系数。

该定律适应于常温常压下，随着压力的增大，该线性比例将发生变化，随着温度的升高，溶解度通常减小。

天然气的溶解能力通常用溶解度来表示。在一定的温度和压力下，单位体积溶剂所能饱和溶解的某种气体的体积，称为该气体的溶解度。表6-3列出了各种温度下天然气在水中的溶解度。

表 6-3 天然气在水中的溶解度（$p=0.1$MPa）

气体	分子式	温度,℃				
		0	20	40	60	80
甲烷	CH_4	0.0558	0.0331	0.0237	0.0195	0.0177
乙烷	C_2H_6	0.0987	0.0472	0.0292	0.0218	0.0183
丙烷	C_3H_8	—	0.0360	—	—	—
正丁烷	C_4H_{10}	0.0315	0.0206			
二氧化碳	CO_2	1.7130	0.8780	0.5300	0.3590	
氮	N_2	0.0235	0.0154	0.0118	0.0102	0.0096
硫化氢	H_2S	2.6700	2.58	1.66	1.19	0.92
氢	H_2	0.0215	0.0182	0.0164	0.0160	0.0160

表中数字表明，各种气体在水中的溶解度相互差别很大，烃气在水中的溶解度不大，属于最不易溶解的气体之列。碳酸气和硫化氢在水中的溶解度比烃气要大得多。因此，在地下水中，溶解气的组成与同水接触的游离气的组成会有很大区别。

烃气在原油中的溶解度比在水中要大得多。以甲烷为例，在原油中的溶解度约为水中溶解度的10倍；在标准压力下，甲烷在某些原油中的溶解系数约为0.3；乙烷在某些原油中的溶解系数为1～1.5；丙烷在原油中的溶解度还要大，溶解系数为25～30。至于丁烷和更重的烃类，它们可按任何比例与原油相混合。

碳酸气和硫化氢比较容易地溶解在原油中，氢气和氮气不易溶解在石油中。烃气和液态烃极易溶解在原油中，这是化学亲和力的结果。而其他气体组分却不易溶解在原油中，而易于溶解在水中。

烃气在原油中的溶解与在凝析油中的溶解不同，在原油中的溶解属液相，即呈液态，在凝析油中的溶解属气—汽相，即呈蒸气溶液态。它们溶解的细分浓度与蒸气压的大小有密切关系。

（五）相态转化性

烃气随着深度的变化即温度和压力的变化，将会发生相态的转化。如游离甲烷在不溶解于水或原油中，它在任何地段都将以气态存在。而乙烷的临界温度为+32.2℃，如地层中温度低于+32.2℃，则乙烷在相应的压力下能转化为液态。因此，烃气的相态转化主要取决于它的临界温度和临界压力。烃气和其他气体的临界常数见表6-4。

表 6-4 烃气和其他气体的临界常数

组分	临界温度 ℃	临界压力 atm[①]	组分	临界温度 ℃	临界压力 atm[①]
甲烷	−82.5	46.75	正庚烷	267	27.5
乙烷	32.2	49.2	正辛烷	259.8	25.7
丙烷	96.8	42.8	氢	−267.8	2.26
异丁烷	134	37.6	氮	−147.1	33.5
正丁烷	153.1	36.7	碳酸气	31.1	73
异戊烷	187.7	33.5	硫化氢	100.4	88.9
正戊烷	197.2	33.6	水	374	217.7
正己烷	234.7	30.1	—	—	—

① 1atm=101.325kPa。

二、油气进入钻井液的机理

(一) 油气进入钻井液的气体浓度

当钻开油气层时,气态和液态的烃类进入钻井液中。钻井液中的油气来源有两种,一种是破碎的岩屑中来的油气,另一种是从已钻开的油气层中采集到的油气。

岩屑中的油气除与储油气层的含油气饱和度有关外,还与钻井条件有关。单位时间钻碎的油气层岩屑体积越大,则进入钻井液的油气就越多,用公式表示为:

$$G_{Dg} = \frac{\pi d^2 v}{4} \cdot \frac{C_{Dg}}{Q} \tag{6-6}$$

式中 G_{Dg}——钻井液含气饱和度,%;

v——钻井速度,m/min;

d——井的直径,m;

Q——钻井液排量,m³/min;

C_{Dg}——地层含气量,%。

从式(6-6)中可以看出,$\pi d^2 v/4$ 为每分钟钻碎的岩石柱状体积。$\pi d^2 v C_{Dg}/4Q$ 为单位钻井液排量的钻井液中所含有每分钟钻碎岩石体积中的含油气量。钻碎岩石中的油气进入钻井液方式是随钻气测方法的理论基础。油气层中的油气进入钻井液方式有两种,一种是渗透,另一种是扩散,它是循环气测的理论基础。

渗透能力与压力差有关。当油气层的压力大于油气层所承受的钻井液液柱压力时,会发生油气层中的油气在压力差的作用下向压力较低的钻井液中移动的现象。当油气层压力大于钻井液液柱压力时,渗透速度很快,甚至会发生喷射。这时,钻井液中会发生严重的油侵或气侵,这是井喷的预兆。

在渗透作用下进入钻井液中的含气饱和度用方程式表示为:

$$G_{Qg} = \frac{C_{Qg}}{Q_g} \tag{6-7}$$

$$Q_g = K \cdot \frac{p_n^2 - p_c^2}{2p_c} \tag{6-8}$$

式中 G_{Qg}——钻井液含气饱和度,%;

C_{Qg}——地层含气量,%;

Q_g——渗透速度,cm³/s;

K——渗透率,D;

p_n——地层压力,atm;

p_c——钻井液液柱压力,atm。

当油气层压力与其所承受的钻井液液柱压力基本平衡时,由于钻进过程中钻头的旋转,造成了钻头周围的压力降低,油气层中的油气仍然可以向钻井液渗透。

扩散比渗透进入钻井液的油气数量要少得多,相对于渗透来说,以渗透方式进入钻井液的油气是主要的,以扩散方式进入钻井液的油气是次要的,可以忽略不计。

这样,由渗透、扩散和钻碎的岩石进入钻井液中的油气随着钻井液的上返和钻井的继续进行，就会形成钻井液中的含油气段。这就是通过测定钻井液中的油气能够发现油气层的基础。

（二）油气从井底返至地面过程中的状态

当钻开油气层后，油气与钻井液混合，混合状态可能是多种多样的，又可能是相互重叠着。同时，油气和钻井液混合后随着钻井液循环返至地面的过程中也会发生各种各样的变化。下面分析几种变化情况：

1）呈凝析油状态与钻井液混合。当凝析油从地层中进入钻井液后，随着钻井液的上返，压力逐渐降低，凝析油就开始蒸发，逐渐转化为气态。首先是溶解在凝析油中的 C_1、C_2 和 CO_2、H_2S 等气化，然后是 C_3 和 C_4 等气化。一般说来，随压力降低，凝析油大量或全部转化为气态。

2）含有溶解气的原油与钻井液混合。含有溶解气的原油在随钻井液上返的过程中，会发生与凝析油相似的过程，其差别是凝析油全部或大部分转化为气态，而含有溶解气的油一般是不会大部分或全部转化为气态的。如果油藏的气油比高，C_1~C_4 的含量大，随着钻井液的上返，压力降低，原油将会释放出大量的天然气；如果气油比低，就没有大量的天然气释放。

3）天然气呈游离状态和钻井液混合。呈游离状态的天然气和钻井液混合时，将有两种情况出现：一种是在钻井液中油气量不大时，游离状态的天然气有可能全部转化为溶解状态；另一种是气量较大时，钻井液将不能全部溶解天然气，仍有一部分呈游离状态的气随钻井液上返，到井口后最先逸入大气。溶解在钻井液中的天然气随着钻井液上返，压力逐渐降低，气泡逐渐膨胀，在到达井口和钻井液槽的过程中，比较多的气泡逸入大气，其余的则以微小气泡形式继续留在钻井液中，钻井液粘度越高，气泡越小；钻井液到井口和钻井液槽的时间越短，则余留在钻井液中的天然气量就越多。

4）含有溶解气的水与钻井液混合。溶解在地层水中的天然气进入钻井液和钻井液相混合，一般地层水的量比钻井液中的水量要少得多，将会被钻井液冲淡。地层水的天然气以溶解状态存在于钻井液中，而且钻井液中的天然气浓度是不大的。在这种情况下，随着钻井液的上返，压力降低，天然气也不会游离出来变成气泡。如果地层水量较大，而且被钻井液冲淡程度不大，当地层水中溶解的气量较大时，随着钻井液上返，会发生天然气游离成气泡状态的情况。

5）油气被岩屑吸附与钻井液混合。当油气被钻碎的岩屑所吸附和钻井液混合后，随着钻井液上返，压力降低，岩屑孔隙所含的游离气或吸附气将因膨胀而脱离岩屑进入钻井液。当岩屑上返到地面后，其中所吸附的主要是重馏分烷烃。

三、影响气显示的因素

影响气显示的因素较多，主要有地质因素、钻井条件、脱气器类型以及气测仪的型号和工作状态等。

（一）地质因素的影响

1. 天然气性质及成分

石油天然气的密度越小，轻烃成分越多，气测显示越好；反之越差。

对于热导池鉴定器,天然气中若含有二氧化碳、氮气、硫化氢、一氧化碳等气体,由于它们的热导率低于空气,仪器读数为负值,会使气体全量减小;若有大量氢气存在,由于氢气的热导率约是甲烷的五倍,会引起全量曲线大幅度提升。

对于氢火焰离子化鉴定器,当地层气成分与标定仪器时的气体组成相差太大时,会产生较大的显示误差。

2. 储集层性质

储集层厚度、孔隙度、渗透率、含气饱和度越大,钻穿单位体积岩层进入钻井液的油气越多,油气显示越好,反之,油气显示越差。

渗透性好的地层,当地层压力低于钻井液柱的压力时,有大量钻井液侵入地层,从而使显示偏低;而当地层压力高于钻井液柱的压力时,地层中油气进入钻井液的量较多,从而使显示绝对含量升高,甚至造成后效假异常。而对渗透性差的地层,其显示受地层影响较小,能较真实地反映岩屑中的油气量。正因为如此,生油岩层和油页岩在气测录井资料上有时也有较高显示。

3. 地层压力

若井底为正压差,即钻井液柱压力大于地层压力时,进入钻井液的油气仅是破碎岩层而产生的,因此显示较低。对于高渗透地层,当储集层被钻开时,发生钻井液超前渗滤,钻头前方岩层中的一部分油气被挤入地层,因此气显示较低。正压差越大,地层渗透性越好,气显示越低,甚至无显示。

若井底为负压差,即钻井液柱压力小于地层压力,进入钻井液的油气除破碎岩层而产生的外,井筒周围地层中的油气在地层压力的推动下,侵入钻井液而形成高的油气显示,且接单根气、起下钻气等后效气显示明显。钻过油气层后,气测曲线不能恢复到原基值,而是保持一定的显示,从而使气测曲线基值升高。负压差越大,地层渗透性越好,气显示越高,严重时会导致发生井涌、井喷。

4. 油层的气油比

油层的气油比越高,含气浓度就会越大,气测异常也就明显,全烃显示高,轻烃(C_1)的相对组成高,有时还会发生超前显示。而对气油比低的储集层,气测异常不够明显。通常全烃显示较低,轻烃(C_1)的相对组成也较低,如某些残余油层、甲烷的相对组成均低于60%,在50%～60%之间。

气油比的大小取决于原油的成分、地层压力、油藏的形成及保存条件,在一般情况下,油、气储集层特性及油气性质,是决定气测烃类组分变化的主要因素。

(二) 钻井条件的影响

1. 钻头直径

当其他钻井条件不变时,钻头直径越大,单位时间内破碎的岩石体积越大,钻井液与地层接触面积越大,气显示越高。

2. 机械钻速

当其他钻井条件不变时,机械钻速越大,单位时间内破碎的岩石体积越大,钻井液与地层接触面积越大,气显示越高;反之,气显示越低。钻井取心时,由于机械钻速小,破碎岩石少,故气测显示低。

（三）钻井液的影响

1. 钻井液性能的影响

在钻井过程中，只有当井内钻井液柱压力与地层压力处于一种近似动平衡时，才是较理想的钻进状态，因而钻井液对正常钻井是重要的，同样它的性能也影响气测录井资料显示。

1）钻井液密度：钻井液密度越大，液柱压力越大，井底压差越大；反之，井底压差越小。钻井液柱产生的液柱压力高于地层压力时，施加给地层的压力较大，地层油气侵入钻井液的量很小，因而录取的各项资料显示绝对含量较低；相反，钻井液柱产生的压力略低于地层压力时，地层中大量的油气不断渗入钻井液，使气测录井显示相对较高。

2）钻井液粘度：粘度大的钻井液对天然气的吸附和溶解作用加强，故脱气困难，气显示低；粘度越大，气显示越低。

3）钻井液排量：钻井液排量增加，单位体积钻井液中的含气量减少，但单位时间通过脱气器的钻井液体积增加，因此对气显示的影响不大。

2. 钻井液混入物的影响

1）化学处理剂的影响：钻井液中加入化学处理剂，在一定条件下可能生成烃类气体而溶解于钻井液中，从而使气测基值提高，有时会产生假异常，如钻井液中加入铁铬盐、磺化沥青，通常会产生类似于水中溶解气的假异常，会使钻井液中油气含量急剧增大。

2）混油影响：混入原油后，色谱分析组分齐全且各组分显示依次升高，全烃绝对含量显示较高；混入柴油后，全烃显示绝对含量较低或无显示，组分分析无 C_1，有时也无 C_2，但都有 C_3、C_4，且逐渐升高。

（四）后效气及单根气的影响

当打开油气层后，地层中的油气向钻井液内渗滤和扩散，钻井液静止时间越长，进入的油气越多；油气层的压力越高，渗进钻井液的量越多；浓度越大，进入钻井液的井段越长，造成的后效越大。利用此原理做循环钻井液气测录井，与随钻气测录井配合判断油气性质。

在随钻录井过程中，后效不但会使全烃显示基值（即背景气）升高，还会有显示拖尾现象，储集层过后仍有大段的油气显示。但只要钻井液性能良好，循环一段时间后，这种影响自然消失。

在钻井过程中，工程接单根时，由于钻具的上下活动，在井底产生抽吸作用造成负压，使钻头周围地层内的烃类进入钻井液，造成气测资料的接单根假异常。这是一种很常见的现象，在泥岩段也可能产生，打开油气显示层后其影响更甚。单根峰有时也貌似正常显示。

单根气及后效气都会增加钻井液的含气量。不利的方面，一是加大了气测真假显示的识别难度，二是影响了气测显示的真实值；有利的方面，可以作为判断油气层以及含油气程度的辅助手段，同时也是实时检测漏失气显示时的重要参考资料。

（五）脱气器类型、安装条件及脱气效率的影响

不同类型的脱气器，其脱气原理和效率不同，因此气显示高低也不同。在相同显示条件下，脱气效率越高，气显示越高。脱气器的安装位置及安装条件也直接影响气显示的高低。电动脱气器可直接搅拌破碎循环管路深部的钻井液，但安装高度过高或过低都会降低脱气效率，甚至出现漏失油气显示。

(六) 气测仪性能和工作状况的影响

气测仪的灵敏度、管路密封性好坏及标定是否准确都将对气测显示产生重大影响，因此必须保证仪器性能良好，工作正常。

(七) 脱气系统和分析气路温度以及钻井液温度的影响

现场录井通常仅对表6-5中的7类烷烃进行色谱分析，因各烷烃的沸点不同，受温度影响也各不相同，沸点越高，受温度影响越大。在正常录井条件下，甲烷、乙烷、丙烷基本不受脱气系统和分析气路温度的影响，而丙烷与戊烷则受影响较大。因此，在温度较低的环境中录井施工时，应对脱气系统和分析气路采取适当保温措施，以降低对油气显示录取的影响。

表6-5 录井烷烃常压下的沸点

烷烃	甲烷	乙烷	丙烷	正丁烷	异丁烷	正戊烷	异戊烷
沸点,℃	−161.49	−88.63	−42.07	−0.50	−11.73	30.074	27.852

烃类气体在不同温度的钻井液中溶解度不同，钻井液温度越高，烃类气体溶解度越小。若钻井液温度低于烷烃沸点，则相应烷烃为液体状态，更不易从钻井液中分离出来。

四、气测录井解释方法

钻井液录井中烷烃色谱分析对确定储集层流体性质和生产能力起了重要作用。但直接应用从仪器中分析出来的天然气组分对储集层流体性质和产能进行评价是困难的。首先应对参数标准化或以比值的方式消除环境因素的影响，然后利用多参数综合分析评价油气层。

(一) 气显示 (异常) 的基本概念

一般而言，气测曲线的值超过2倍的基线波动称为气显示。为了利用气测资料进行地层解释，就必须理解和分辨不同的气显示。这些气显示的形态和特征如图6-4所示。

1. 气体零线 (Zero Gas)

气体零线是一条人为确定的气测曲线的基线，是读取气体含量的基准。

1) 真零值 (True Zero)：是指气体检测仪鉴定器中通入的气体不是来自钻井液中的天然气，而是纯空气时的记录曲线。

2) 系统零值 (System Zero)：是钻头在井下转动，但未接触井底，钻井液正常循环时气测仪器所测的天然气值。

2. 背景气 (Background Gas)

1) 泥浆池背景气 (Ditch Background)：指停泵时泥浆池中钻井液所含气体的初始值。一般情况下，它与气体真零值相符。

2) 地层背景气 (Background Gas)：当在压力平衡条件下钻入粘土岩井段时，由于粘土岩中的气体和上覆地层中一些气体侵入钻井液，使全烃曲线表现为变化很小、相对稳定的曲线，称这段曲线的平均值为背景气，又称基值。

3. 起下钻气 (Tripping Gas)

起下钻时，由于钻井液长时间静止，已钻穿地层中的油气侵入钻井液。当下钻到底开泵循环时，在气测曲线上出现的气体峰值称为起下钻气。

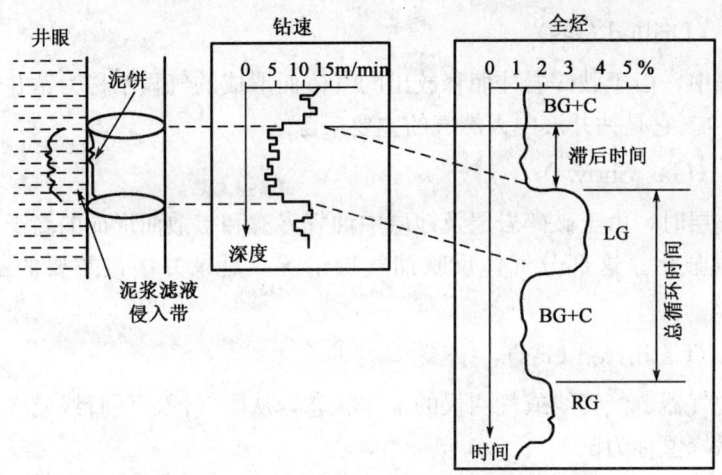

(a)当井底循环压力>地层压力时在地面分离测量出的气体

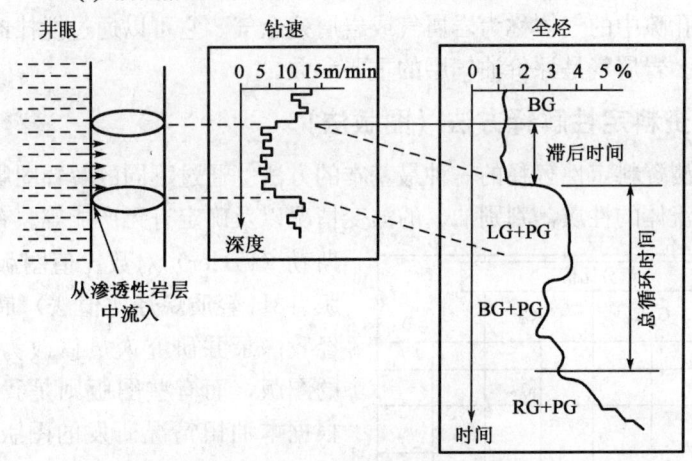

(b)当井底压力≤地层压力时从地表分离测量出的气体

图 6-4 不同气显示的形态与特征

BG—背景气；LG—释放气；RG—重循环气；C—污染气；PG—生产气

4. 接单根气（Connetion Gas）

1）接单根时，由于停泵，钻井液静止，井底压力相对减小。另外，由于钻具上提产生的抽汲效应，导致已钻穿的地层中的油气侵入钻井液。当再次开泵循环恢复钻进时，在对应迟到时间的气测曲线上出现的气体峰值称为接单根气。

2）接单根后，在新接的单根和钻具中夹有一段空气。这段空气通过钻柱下到井底，再由环形空间上返到井口而出现气体显示峰值，该峰值也称为接单根气，又称"空气垫"。该接单根气的显示时间相当于钻井液循环一周的时间。

5. 钻后气（Porst-Drilling Gas）

已被钻穿的油气层中的流体向井眼中渗滤和扩散而产生的气显示，称钻后气，亦称生产气（Producted Gas）。

6. 重循环气（Recyled Gas）

进入钻井液中的天然气如果在地表除气不完全，再次注入井内会产生的持续时间较长的气显示。它往往使背景气逐渐升高。

7. 钻井气（Drilled Gas）

在钻进过程中，由于破碎岩柱而释放出的气体而形成的气显示称为钻井气，又称释放气（Liberated Gas）。它是钻井液中天然气的主要来源之一。

8. 气显示（Gas Show）

在钻遇油气层时，由于破碎岩层及地层中油气渗滤和扩散而形成的高于背景气的显示即为这里所说的气显示。这部分气体反映油气层情况，是录井中最重要的部分，又称气测异常。

9. 试验气（Calibrted Gas）

为了检查脱气器、气管线或气测仪的工作状态，从脱气器、气管线或气测仪前面板注样而形成的气显示峰值称为试验气。

10. 岩屑气（Cutting Gas）

储藏在岩屑孔隙中的气体称为岩屑气或岩屑残余气。它可以通过搅拌器搅拌或热真空蒸馏的方法而取得。岩屑气是评价油气层的重要参数。

（二）气测资料定性解释方法（图版法）

图版法是气测资料定性解释的一种最基本的方法。通过不同的解释图版可以判别储集层和油、气、水层流体的性质，判别油气的演变情况以及确定有无产能等。有些图版（如皮克斯勒（Pixler）对数比值图版、三角形比值图版、3H轻质烷烃比值法）最早来自国外，后经我国录井研究人员修改为适合于我国油田的图版，而有些图版则是我国录井研究人员根据本油田情况研发的图版。常用的气测资料解释图版有以下几种：

1. 皮克斯勒（Pixler）对数比值图版解释法

该方法是利用已减去背景值的 $C_1 \sim C_5$ 值，计算出 C_1/C_2、C_1/C_3、C_1/C_4、C_1/C_5 四个比值，然后将它们点在烃比值解释图版上，由此来判断油气层的性质。

（1）标准图版的制作

制作适合一个地区的标准图版，是气测比值图版解释的基础。根据已知性质储集层的流体样品的资料，以 C_1/C_2、C_1/C_3、C_1/C_4、C_1/C_5 为横轴制作一个单对数坐标图版，并在图版上划分判别区域（图6-5）。

标准图版一般分为三个区，其上部、下部为无产能区，中部为油区或气区。判断标准见表6-6。

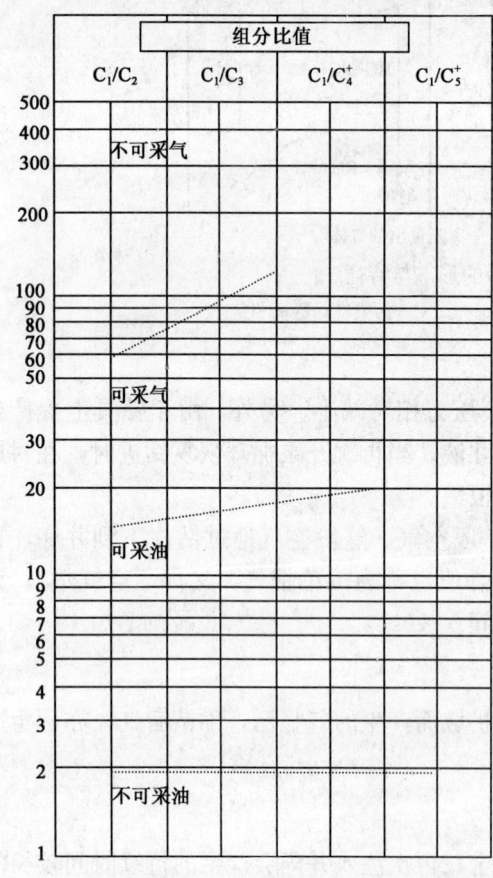

图6-5 气体比值图版

表 6-6　产层判断标准

气体比	油层	天然气层	非生产层
C_1/C_2	2～10	10～35	<2 和>35
C_1/C_3	2～14	14～82	<2 和>82
C_1/C_4	2～21	21～200	<2 和>200

(2) 基本解释规则

1) 被解释地层的烃比值点落在哪一个区带内，该层即为那种流体储集层。C_1/C_2 值越高，说明流体含气越多或油的比重越低，若 C_1/C_2 值低于 2，则该层为干层。

2) 只有单一组分 C_1 显示的层段是干气的显示特征，但过高的 C_1 单一组分往往预示盐水层。

3) 若 C_1/C_2 值点落在油区底部，而 C_1/C_4 值点落在气区顶部，则该层可能为非生产层。

4) 如果任一比值（使用混油钻井液时 C_1/C_5 值除外）低于前一个值，则该层可能为非生产层。

5) 各烃比值点连线的倾斜方向能指出储集层是产烃还是产水。正倾斜（左低右高）线表示是产烃层，负倾斜（左高右低）线表示为含水层。

6) 陡的比值点连线表明该层为致密层。

该图版的优点是计算简单，评价快速，能反映多个参数，缺点是各个参数的变化要求有一致性；层多时相互重叠，不易区分。

2. 三角形比值图版解释法

(1) 三角形比值图版的制作

三角形比值图版是一个三角形坐标系（图 6-6）。三角形的三个顶点为三个坐标轴的零点，各轴上顺时针有刻度对应 $\dfrac{C_2}{\sum C}$、$\dfrac{C_3}{\sum C}$、$\dfrac{nC_4}{\sum C}$ 的值（$\sum C = C_1 + C_2 + C_3 + nC_4$），三角形的边长所代表的数值由统计规律确定。三角形图版中的椭圆区域是根据大量的统计资料而圈定的，它是有产能的划分界限，根据它可以对储集层的产能进行评价。

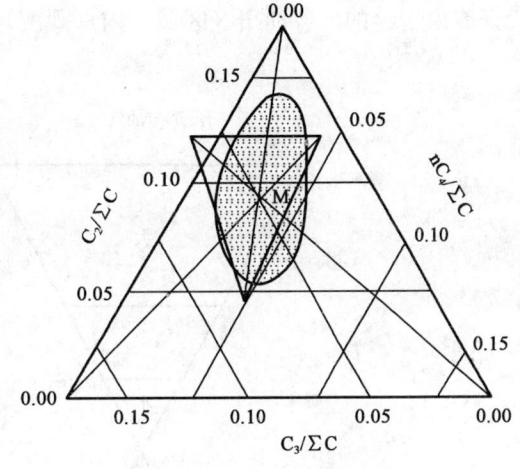

图 6-6　三角形比值图版

三角形图版中的椭圆区域在不同的油田存在着差异，可以根据各油田实际情况规定不同的椭圆区域，形成适合当地油田使用的标准图版。

该图的绘制方法如下：

首先计算烃组分含量之和，求出各组分占全烃的百分数，然后根据计算结果找出上述参数在图中的位置再做图。

1) 根据 $\dfrac{C_2}{\sum C}$ 数值做 $\dfrac{C_3}{\sum C}$ 的平行线；根据 $\dfrac{C_3}{\sum C}$ 数值做 $\dfrac{nC_4}{\sum C}$ 的平行线；根据 $\dfrac{nC_4}{\sum C}$ 数值做 $\dfrac{C_2}{\sum C}$ 的

平行线,即组成一个图内三角形,或称为观测三角形。根据观测三角形的大小和形状判断油气性质。

2) 将坐标三角形与观测三角形的顶点相连,三条线必交与一点(M点)。根据M点在椭圆区的位置判断有无生产价值。M点落在图版中的价值区内认为油层有生产能力,否则认为该层无生产能力。

(2) 内(观测)三角形的大小和形状与油气的关系

内三角形有正、倒和大、小之分,顶点朝上为正三角形,顶点朝下为倒三角形。大与小是以观测三角形边长占坐标三角形的边长比例为界划分的。边长与图版三角形比值小于25%为小三角形,大于75%为大三角形,否则为中三角形,大于100%为极大三角形。其解释规则见表6-7。

表6-7 三角形图版解释规则

形 状	边 长 比	油气分类
大倒	>75%	油层
中倒	25%~75%	油层
小倒	<25%	油水层
小正	<25%	油水层
中正	25%	气水层
大正	>75%	气层

内(观测)三角形的大小和形状与油气的关系如图6-7所示。图6-7是根据已知试油验证成果编绘的,各油田(区域)内(观测)三角形的大小和形状与油气的关系是不同的。

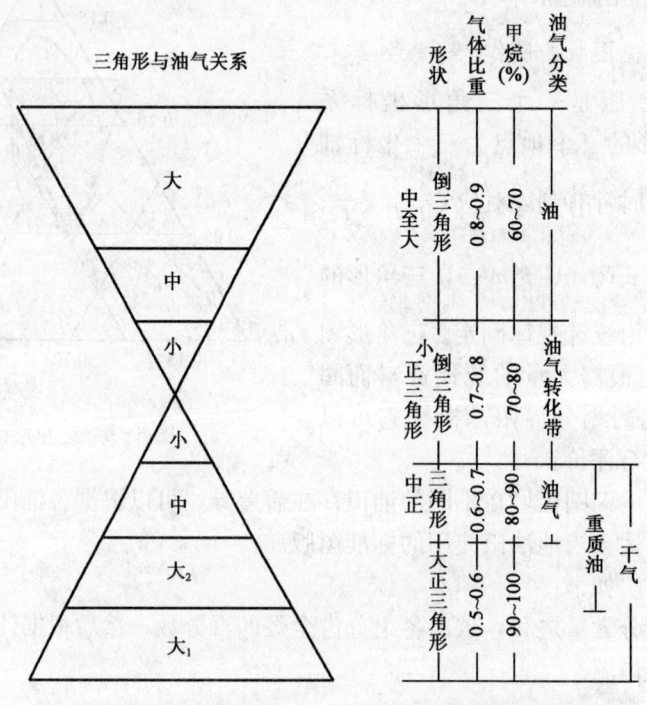

图6-7 三角形的大小和形状与油气性质之间关系

以上为三角形比值图版解释法的图解法。也可以通过 M 点坐标建立相应的数学解析式，通过演算得式（6-11）：

$$Q = 1 - (C_2 + C_3 + nC_4)/(0.2\sum C) \qquad (6-9)$$

只要将相关数据代入式（6-9），即可求出 Q 值。Q 为正，就是正三角形；Q 为负，就是倒三角形；Q 为零，是点三角形。Q 值就是观察三角形与图版三角形边长之比值。

$0.75 < Q < 1$ 时，为大正三角形；

$0.25 < Q < 0.75$ 时，为中正三角形；

$0 < Q < 0.25$ 时，为小正三角形；

$-0.25 < Q < 0$ 时，为小倒三角形；

$-0.75 < Q < -0.25$ 时，为中倒三角形；

$-1 < Q < -0.75$ 时，为大倒三角形；

$Q < -1$ 时，为极大倒三角形。

由 Q 值得到与油气的解释规则见表 6-8。

表 6-8　Q 值与油气关系表

Q	油气分类	Q	油气分类
<-0.25	油层	$0.25 \sim 0.75$	气水层
$-0.25 \sim 0.25$	油水层	>0.75	气层

这种计算法不仅提高了工作效率，同时也提高了解释的精度。上述两种方法均可通过软件编程实现。

3. 烃类比值统计图版解释法

烃类比值统计图版解释法同前面不一样，它处理的数据来自联机录井数据库，一次可处理多个井段的色谱资料，它使用 C_3/C_1、C_2/C_1 对有意义的储集层性质和油气演变情况进行分析。

（1）图版的制作

统计图版的横轴为 $1000 \times (C_3/C_1)$，纵轴为 $1000 \times (C_2/C_1)$，图 6-8 中用长线标出了储集层油气组成的划分区域。横轴的下面为各划分区域对应的油气组成，图上分别划出 4 个区带，储集层流体的性质自左至右依次为：A 区，溶解于水中的干气（干气区）；

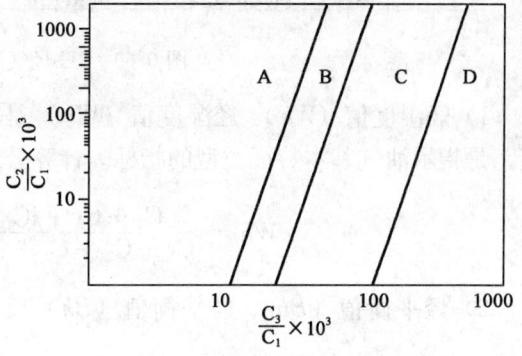

图 6-8　烃类比值统计图版

B 区，天然气—凝析油（凝析油区）；C 区，伴生气—油（油、气、水混合物区）；D 区，向氧化油过渡或沥青区。划分区域是根据大量已证实的油气资料而定的。

（2）解释方法

若某井段的点大多数落在某一区域，则说明该井段的油气主要成分为对应的成分。

4. 3H 烃气湿度比值法

这种方法引用了烃湿度值 Wh、烃平衡值（对称值）Bh 和烃特性值 Ch 三个参数，如图 6-9 所示。

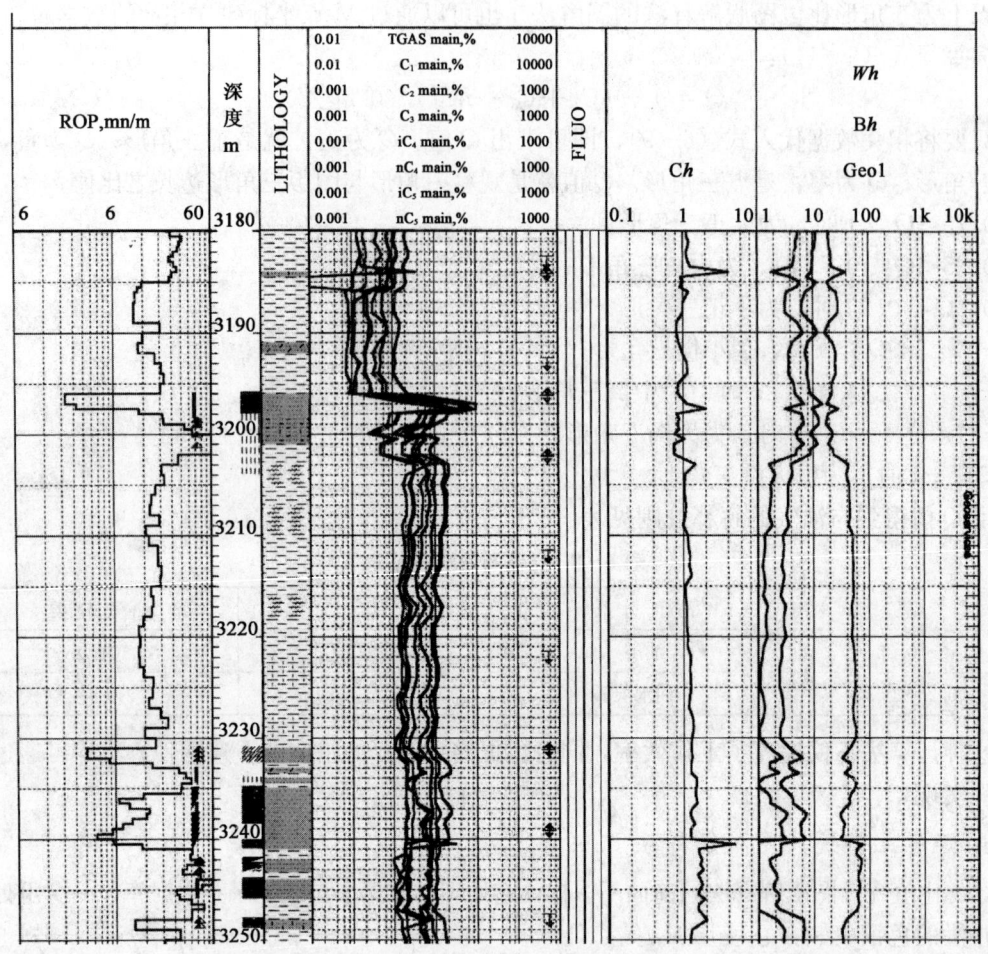

图6-9 3H烃气湿度比值法录井图

1) 烃湿度值（Wh）：烃湿度值（Wh）是重烃与全烃之比，它的大小是烃密度的近似值，是指示油气基本特征类型的指标。计算公式如下：

$$Wh = \frac{C_2 + C_3 + iC_4 + nC_4 + C_5}{C_1 + C_2 + C_3 + iC_4 + nC_4 + C_5} \times 100\% \tag{6-10}$$

2) 烃平衡值（Bh）：烃平衡值（Bh）反映气体组分的平衡特征，可以帮助识别煤层效应。

$$Bh = \frac{C_1 + C_2}{C_3 + C_4 + C_5} \tag{6-11}$$

3) 烃特性值（Ch）：烃特性值（Ch）是对以上两种比值的补充，解决使用以上两种比值时出现的模糊显示。

三种比值参数要组合使用。

$$Ch = \frac{C_4 + C_5}{C_3} \tag{6-12}$$

其中，$C_4 \sim C_5$ 系各烷烃所测含量，C_4 与 C_5 包括所有的同分异构体。这种方法的解释规则见表6-9。由表6-9中的解释规则，可得图6-10。

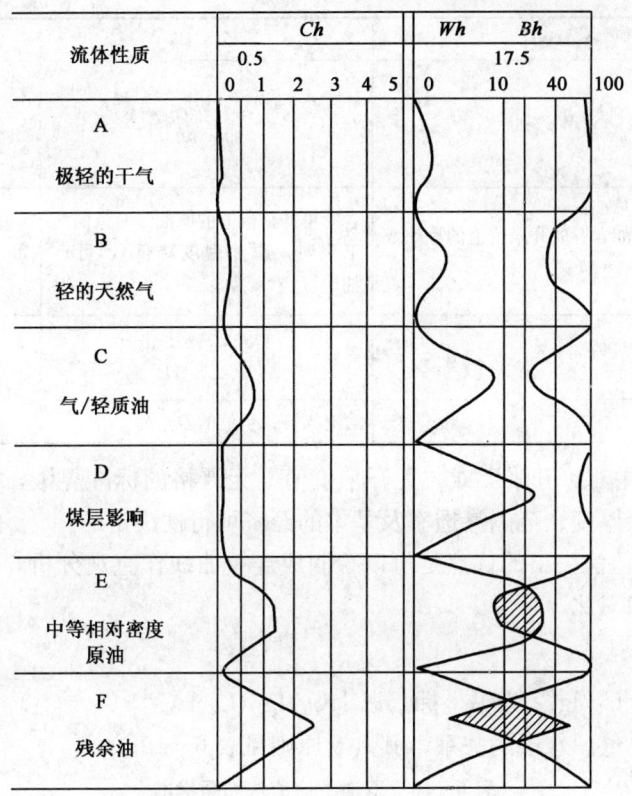

图 6-10 3H 烃气湿度比值法分区示意图

表 6-9 3H 法烃类比值评价标准

序号	项目参数	Wh	Wh、Bh	Wh、Bh 和 Ch
1	分区值	$Wh<0.5$	$Wh<0.5$ $Bh>100$	—
1	解释	该区含有极轻的非伴生的天然气，但开采价值低	该层仅含有极轻的没有开采价值的干气	—
2	分区值	$0.5<Wh<17.5$	$0.5<Wh<17.5$ $Wh<Bh<100$	—
2	解释	该区为有开采价值的天然气且天然气的湿度随 Wh 值增大	该层含有可采的天然气，同时 Wh 值与 Bh 值二者越接近（即 Wh 越大，Bh 越小），则表明所含天然气的湿度和密度越大，为可产气层	—
3	分区值	$17.5<Wh<40$	$0.5<Wh<17.5$ $Bh<Wh$	$0.5<Wh<17.5$ $Bh<Wh$ $Ch<0.5$
3	解释	该区为有开采价值的油层且油的比重随 Wh 的减小而降低	该层含有可开采的凝析气或者该层为低密度、高油气比油层	该层含有可采湿气或凝析气

续表

序号	项目参数	Wh	Wh、Bh	Wh、Bh 和 Ch
4	分区值	$Wh>40$	$17.5<Wh<40$ $Bh\leqslant Wh$	$0.5<Wh<17.5$ $Bh<Wh$ $Ch>0.5$
	解释	该区可能含有低开采价值的重油或残余油	含有可开采价值的原油（两条曲线汇聚时，原油密度降低），可产油层	可产低密度或高气油比油
5	分区值		$17.5<Wh<40$ $Bh<<Wh$	
	解释		含有无开采价值的残余油	

另外，表6-9中"可开采"或"无开采价值"无严格的标准界限，因为某一油气区的生产能力是由储集层厚度、范围渗透率及基本的经济可行性决定的。

3H烃气湿度比值法突出的优点是可以绘制成连续曲线作直观分析，便于同钻时、全量以及电测资料作横向对比。

5. 双对数比值法

这种方法是以 $\lg C_1/\lg C_2$ 为纵坐标，以 $\lg C_1/\lg(C_2+C_3+C_4+C_5)$ 为横坐标建立起来的轻重烃比值与油、气、水层的关系，其判断原则见表6-10。

表6-10 双对数比值法判断标准

$\lg C_1/\lg C_2$	$\lg C_1/\lg(C_2+C_3+C_4+C_5)$	流体性质
1.2076~1.9379	0.9743~13.7599	油气层
1.1078~1.2760		含油水层
1.9739~3.1334	0.9743~2.3310	多为水层
其他		非产层

如图6-11所示，根据给定的参数作出判断油水层的图版。从图6-11中可以清楚地看出某个点所处的位置，从而可以判断其流体性质。该方法的优点是对较为离散的气测数据用对数的方式使其更集中，较好地反映了轻组分与重组分之间的关系，能较好地识别水层，特别是含气水层及残余氧化油水层。缺点是未建立气层解释区，无法判别气层；对于浅层油层，该方法也缺乏有效的判断手段。

6. 气体比率法

对于实时气体评价，气体比率分析已经证明是有效的解释判断手段。这些比率一般比较重组分和轻组分的相对数量，这些不同的比率范围对应着不同的流体类型。

LH（轻—重比率）：
$$LH=100\times\frac{C_1+C_2}{(C_4+C_5)^3} \tag{6-13}$$

LM（轻—中比率）：
$$LM=10\times\frac{C_1}{(C_2+C_3)^2} \tag{6-14}$$

HM（重—中比率）：
$$HM=\frac{(C_4+C_5)^2}{C_3} \tag{6-15}$$

LH 和 LM 曲线在分子上有轻组分，因此随着烃类密度的增大，曲线就向左倾斜（LH

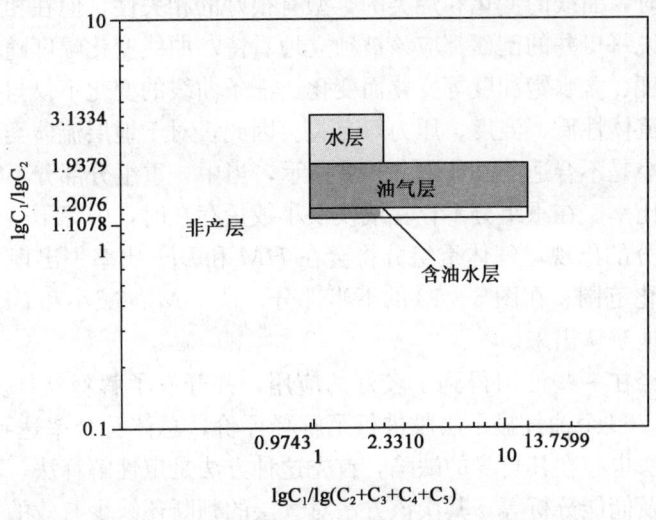

图6-11 双对数比值图

和 LM 减小)。在 HM 曲线中重组分放在分子上,因此随着烃类密度的增大,曲线就向右倾斜(HM 增大)。

上述方程表达式表明:储集层烃类组分不同,脱出的气体成分也不一样。干气中如果有重烃组分,例如 C_4 或 C_5,也会显示出非常低的重烃含量。而油层不仅重烃组分全,而且含量也较高。烃类密度的增大将导致重组分的比例增大,在储集层中烃类气体的密度会反映在地面上捕获的气体成分中,因而从干气到重原油重烃的比例应该是增大的。图6-12是理想条件下三条气体比率曲线的储集层响应特征。

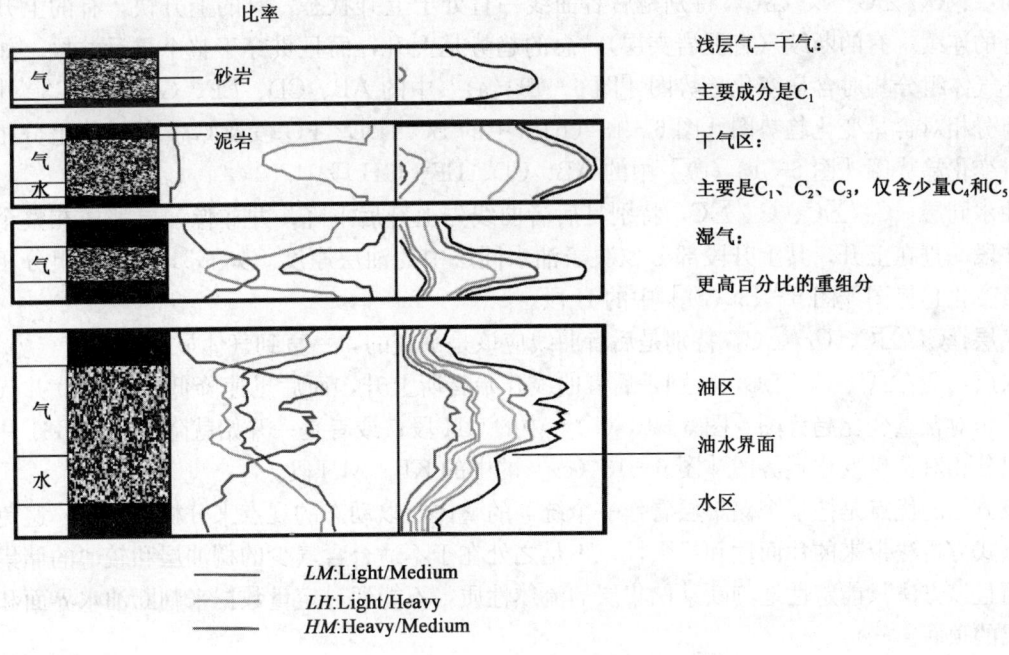

图6-12 气体比率图

使用这组曲线时，曲线的变化和烃类的类型有很好的相关性，但在相邻井区并不一定具有代表性，也就是说每口井的剖面都应该被独立地看待。曲线变化幅度随着钻井液类型、原油物理性质如孔隙度、含水饱和度等变化而变化。三条曲线的变化不仅与井眼状况和油藏属性有关，而且还与流体性质、温度、压力等有关。因此，对于地层流体类型来说，直接对比变化数量或幅度大小是不合适的。如图6-12所示，当中—重组分部分不存在时，浅层干气区将不会显示任何比率。在重组分不存在或仅仅小数量存在时，中等干气区显示LM比率减小。随着大量重组分的出现，气体重组分将会在HM和LH比率中出现，油层或凝析层将会显示出较大的变化范围。在图6-12的下半部分，从HM的减小和LH/LM的增大，油水界面可以很容易地辨认出来。

气体比率法已经在一些油田得到了较好的应用，并开发了解释软件。利用这套软件对××-1南油田的共260个油气显示层段进行了解释评价，总体符合率达到了80%以上，效果较好。但是该方法也存在其自身的缺陷，首先这种方法是定性解释法，不能对油、气、水层进行定量评价以及储能分析等；其次该方法对气层的判断还缺少有效的技术手段，因为绝大部分天然气层的曲线变化特征与油层十分相似，难以严格区分。

7. 趋势图法

某深度气体组分数据为C_1、C_2、C_3、iC_4、nC_4，气体组分之和$\Sigma C=(C_1+C_2+C_3+iC_4+nC_4)$。

某气体组分相对含量＝某组分含量/$\Sigma C\times 100\%$

如丁烷的相对含量＝$(iC_4+nC_4)/\Sigma C\times 100\%$。

以迟到深度为横坐标，以气体组分相对含量为纵坐标，就可作出显示井段的气体组分相对含量变化趋势图。油、气、水层的趋势图特征如下：

油层：$C_3/\Sigma C$、$C_4/\Sigma C$，特别是后者曲线一直处于上升状态，有的上升快，有的上升慢，有的连续，有的断续（有泥岩夹层），总的趋势是上升，而且贯穿于整个显示井段。如G25井气体组分相对含量变化趋势图［图6-13（a）］中的AB、CD、EF、GH段；G30井气体组分相对含量变化趋势图［图6-13（b）］中的BC、DE、FG段及G31井气体组分相对含量变化趋势图［图6-13（c）］中的AB、CD、EF、GH段。

油水同层：$C_3/\Sigma C$、$C_4/\Sigma C$，特别是后者曲线先上升后下降，并非像油层那样在整个显示井段一直在上升，其上升段部分取决于油水同层中的油层厚度。如G31井气体组分相对含量变化趋势图［图6-13（c）］中的IJ段。

气层：$C_3/\Sigma C$、$C_4/\Sigma C$，特别是后者曲线应该是平直的，一直到气体显示结束。

水层：$C_3/\Sigma C$、$C_4/\Sigma C$，特别是后者曲线开始有所上升，而后迅速降低，如G30井气体组分相对含量变化趋势图［图6-13（b）］中的GH段；或者是一开始就降低，如G31井气体组分相对含量变化趋势图［图6-13（c）］的中的KL、MN段。

该方法的优点是把某个储集层看作一个统一的整体，以动态的观点来分析油气层，避免了单点式分析法带来的片面性和局限性。不足之处在于不适合含气少的稠油层和较薄的储集层，而且该方法只能定性地判断某储集层的流体性质，不能通过定量数据来判断油水界面和油气层的顶底。

8. 同源系数法

这种方法是由iC_4/nC_4和iC_5/nC_5的两个比值来确定油气层，这两个比值称为同源系数

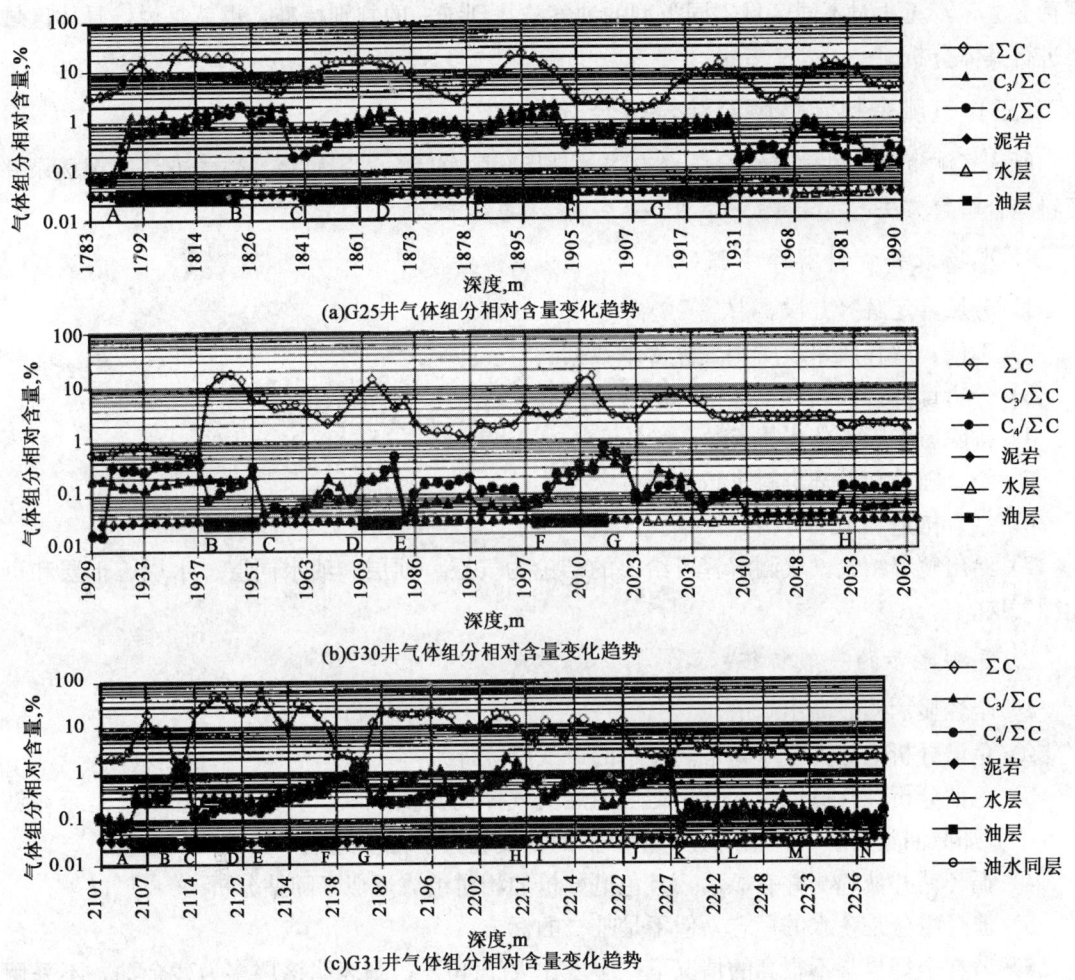

图 6-13 气体组分相对含量变化趋势

(1. 趋势图的类型为折线图,并非 x、y 折线散点图,深度间隔不均匀;2. 图中深度为迟到深度)

比值,也称异构比值。其定性解释指标见表 6-11。

表 6-11 同源系数法解释标准

同源系数比	油 层	凝析气层	气 层
iC_4/nC_4	<1.54	1.54~1.82	>1.82

在实际录井过程中,油气层,特别是气层组分出全较少,而且重组分含量较低甚至没有,在实时录井过程中又受工程、采集、记录等因素的影响,因此误差较大。在这种情况下,用该方法来寻找两比值与油、气、水层的关系变得十分困难。统计表明,用该方法来判断储集层流体性质,绝大部分都是油层,达不到区分地层流体的目的。

除以上几种方法外,还有乙烷/丙烷比值法等及各油田根据本油田的具体情况制作的气测录井解释图版。

根据以上气体解释方法分析可知,气测解释方法虽然很多,但其本质是一样的,都是通过组分之间的比值建立与油、气、水层的关系。上述所有方法来源于对某一特定区块气测数据的分析和反推,所选择的判断参数虽然来自于实践,但必然有其片面性和地域性。不管用哪种方法,都无法对不同区域不同类型的油气藏找到统一的判别标准,也就是说,具体区域要进行具体分析。

(三)气测资料定性解释综合解释方法

所谓气测资料定性解释综合解释方法,是指图版解释、人工解释、数学方法等现场录井资料综合解释方法。

1. 现场录井资料解释步骤

1) 分层:定解释井段。

2) 选值:解释成果表所用气体含量数据。

3) 分析计算:烃组成、烃的二次含量(VMS)、各图版的数值区间等。

4) 排除影响因素的干扰。

5) 结合随钻和循环资料进行分析。

6) 结合构造和地层分析。

7) 给出解释结论。气测解释可给出的结论为气层、油层、油水同层、水层、干层和可能油气层。

2. 气测显示的一般特征

1) 全烃显示明显高出基值。

2) 色谱分析组分齐全(异常高显示的干气层除外)。

3) 色谱分析烃含量依次降低是地层内烃类气体的真实反映,否则应注意收集是否在钻井液中添加原油类物质;色谱组分含量降低的幅度越大,油质越轻,反之油质越重。

4) 循环钻井液气测井有显示,且色谱分析的相对组成近似于随钻分析。

5) 非烃组分是含水的标志,但不是唯一的标志。

6) 若在全烃异常不很高的情况下,湿度比大于 40%,则表明该层多为残余油,不采用特殊处理方法难于出油。

7) 油页岩通常有较高的显示,且随钻过程中有后效,但重烃 C_3 以上组分较高。

8) 异常大的正或倒三角形或中心交点接近标准三角形的三条极边的层通常无价值。

9) 钻井液粘度略升高,密度略降低,是油层的一个参考标志。若密度降低较大,则要考虑为气层或含气,对此可通过烃组成的纵向变化判断是气顶还是纯气层。

10) 纯水层在气测录井资料上无烃类显示,但是含溶解气的水层有全烃及色谱显示,且色谱分析组分不全,甲烷相对组成在 90% 以上。

3. 油、气、水层一般特征比较

(1) 纯气层(即所谓干气)

1) 全烃显示异常明显,可高达 60% 以上,在储集层几米内持续。

2) 色谱分析组分不全,主要成分是甲烷,相对组成达 95% 以上,其次是含有乙烷、丙烷,乙烷系数(C_2/C_3)较高,一般大于 5。其余重组分无。特殊情况下可能含非烃。

3) 色谱分析绝对含量一次高于二次,一次分析测到乙烷,二次分析有时测到丙烷。

4) 三角形图版为大正。

5) 后效不一定明显。

(2) 油层

由于油密度值和气油比的不同,油层又分为油气层、凝析油气层、轻质油层和重质油层。

1) 它们的共同特征是:全烃有明显异常且持续;色谱分析组分齐全;三角形图版为中正到大倒,油质越重,越倾向于大倒的方向;非烃的存在与否视地区不同而不同。

2) 一般情况下,油层将产生较明显的后效异常。

3) 三角形图版的价值点位置越靠上,说明油质越轻。

4) 与气层比较,油层的组分齐全,烃类湿度比为10%~20%,乙烷系数(C_2/C_3)低于纯气层,三角形图版为中正,且层内数据有趋势性变化;色谱分析绝对含量一次分析略高于或接近于二次分析(VMS)。中质油的湿度比为20%~30%,乙烷系数(C_2/C_3)一般在2左右,三角形图版为小正或小倒。

重质油的组分性质偏向两个极端,一种极端是多数重组分组成为30%~45%,三角形图版为中到大倒,这种情况测量的是地层中的溶解气;另一极端是类似于纯气层的组分组成,绝对含量较低,但全烃显示较高,此种情况是由于全烃测量的是全部烃类气体,而色谱分析测量到的是重质油层中的游离气,且游离气的量较小。

中、轻质油的色谱分析绝对含量通常一次分析低于二次分析。

(3) 水层

纯水层没有气测异常,但是地层水中溶解了烃类后能产生异常。其特征如下:

1) 一般全烃和色谱分析绝对含量均较低,色谱分析相对组成类似于气层的相对组成和三角形图版大小。含有大量溶解气的水层也可能产生异常高的显示。

2) 一次色谱分析组分不全,二次色谱分析有的全,有的不全,全的说明水中含油。

3) 无后效和接单根假异常。

4. 全烃曲线特征法

对于有些地层录井含油级别偏低、气测绝对值偏低(如低孔低渗地层)、气测组分不全(如气层、气水层等),使用图版法往往无法进行解释。在这样的情况下可以使用全烃曲线形态和特征来识别储集层流体的性质。全烃曲线特征包括全烃曲线形态特征和相态特征。

(1) "箱状"相

全烃曲线的异常显示厚度基本上与储集层厚度相等,全烃曲线的异常显示为幅度高烃组分齐全,钻时快,储集层物性较好,这种相态的储集层可为油层。

进入储集层后,全烃曲线呈上升速度快,上升幅度较大,到达最大值后出现一段较平直段,后下降到某一值上,峰形跨度较大,形如一箱体(如图6-14所示)。"箱状"相在曲线的形态上又称为饱满形,即全烃显示厚度比储集层厚度大或基本相等,说明气充满了整个储集层。

全烃曲线形态呈箱形反映储集层物性好,含油饱满,为典型的油层(或气层)特征。例如,B293井1241.0~1245.0 m井段气测全烃由0.03%升至0.12%,C_1由0.005%升至0.074%,虽然气测绝对值低,但全烃相对异常幅度达到4.00,烃类灌满系数(气测全烃异常厚度与储集层厚度之比)高达1.29,全烃曲线具有油层呈箱形的形态特征(图6-15),反映地层物性好、可钻性强,含烃较为丰富。该层在测井曲线上虽然显示不具有渗透层特征,但现场仍解释为油层,依据录井解释结论试油,产油3.052t/d。

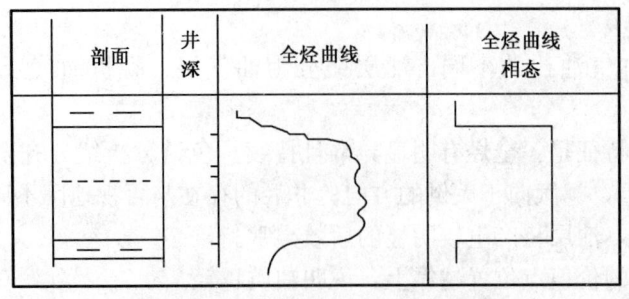

图 6-14 "箱状"相示意图

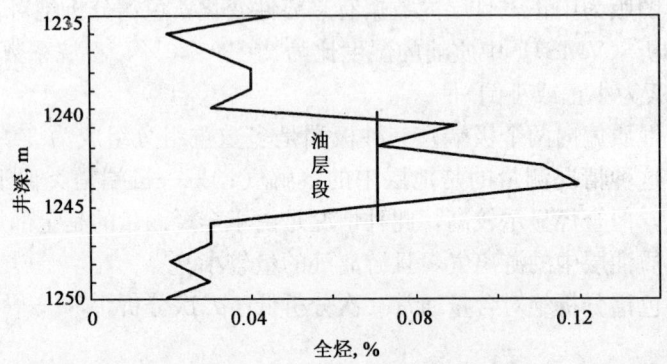

图 6-15 B293 井油层段气测全烃曲线

(2) "指状"相

全烃曲线异常幅度大,曲线形如"指状",钻时快,轻烃组分含量高,储集层岩性不均。该相态指示的储集层多和泥岩裂缝、砾岩体气藏等有关。进入储集层后,全烃曲线呈忽高忽低的趋势,但低的部位未能低过原基值,同一层段内出现若干尖峰形,形成一组指尖状峰形(图 6-16)。"指状"相在曲线的形态上又称为尖峰形,即曲线快起快落,前后沿较陡,多出现在碳酸岩、致密砂岩、砾岩等非均质储集层,为裂缝显示特征。

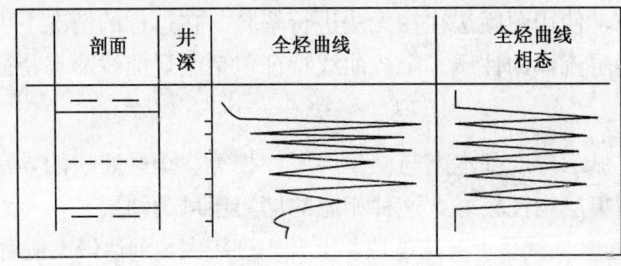

图 6-16 "指状"相示意图

全烃曲线形态峰值低,总体平直,呈峰状、指状、齿状分布,反映该层段储集层物性、可钻性相对较差,含油气不均匀且贫油气,一般解释为干层、差油层。例如,YQ 1 井 944.0~953.0 m 井段地层可钻性、物性等均较差,含油分布不均匀且含量低,地层能量不足,综合解释为干层(图 6-17)。试油结果产水 0.02 m³/d,无油,结论为干层。

(3) "正三角形状"相

进入储集层后,全烃曲线上升的趋势较为缓慢,接近到储集层的中、底部时达到最大值,后急速下降到某一值上,形如一个直角三角形(图 6-18)。

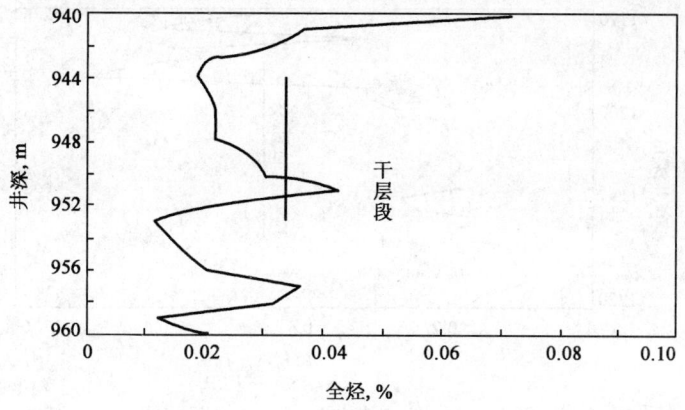

图 6-17 YQ1 井干层气测全烃曲线

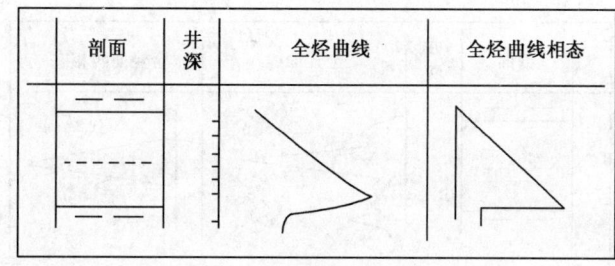

图 6-18 "正三角形状"相示意图

(4) "倒三角形状"相

进入储集层后,全烃曲线上升速度较快,在较短的时间内达到最大值,后缓慢下降到某一值上,曲线形如一倒三角(图 6-19)。

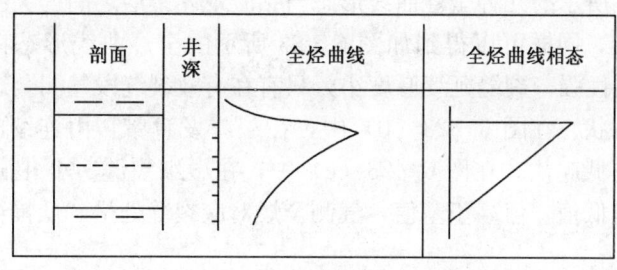

图 6-19 "倒三角形状"相示意图

全烃曲线无论是"正三角形"或"倒三角形"相态,钻时快,物性好,烃组分主要以 C_1 为主。在全烃曲线低值区,重组分含量低或没有;全烃曲线高值区出现一些小的"指状"尖峰,则与"含气水层"、"气水同层"有关。

气测全烃曲线不饱满,全烃值高低与钻时配置相反或者呈三角形,是地层含水的信号。例如,YQ1 井 1196.0~1214.0 m 井段全烃相对异常幅度低,围岩全烃值高于储集层,全烃曲线呈三角形,表现为贫烃形态,而且该层钻时低、可钻性强、物性好,具有典型的含油水层特征(图 6-20)。试油结果产水 7.8 m³/d(该井区油质为稠油),无油。

(5) "单尖峰"相

全烃曲线是在进入储集层一段时间后,才急速上升到最大值,后又急剧下降到某一幅值

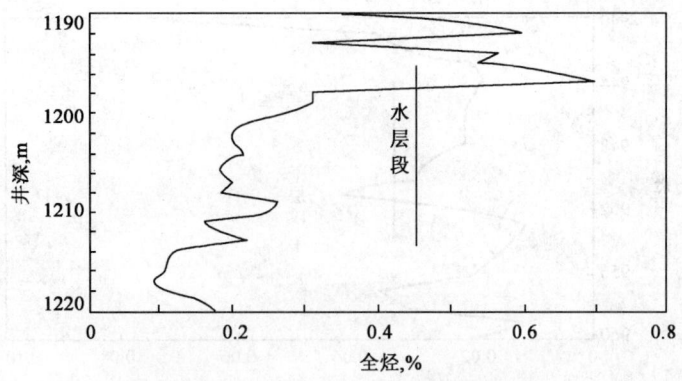

图 6-20　YQ1 井水层段气测全烃曲线

上（或回到基值），其形态呈单尖峰状（图 6-21）。

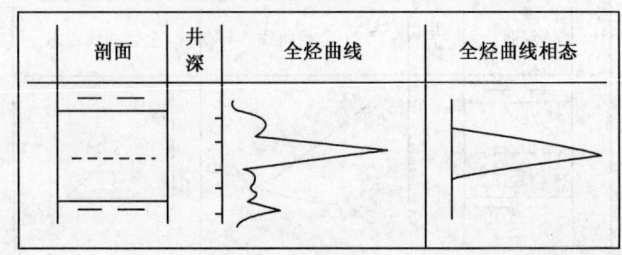

图 6-21　全烃曲线呈"单尖峰状"相态示意图

呈现该种相态的地层一般较薄，钻时较快，全烃曲线峰形窄或重组分含量较高。该相态指示的储集层与"差气层"或"干层"，烃组分以 C_1 为主有关。

通过以上分析，根据油、气、水密度差异以及油、气、水自然分异原理，对于孔隙型地层可得到如图 6-22 所示的几种全烃曲线形态与钻时及储集层之间的关系。

对于裂缝型地层，同样可以得到如图 6-23 所示的全烃曲线形态特征图。在图 6-23 (a) 中，地层非均质性强，裂缝延续厚度小，只有在有效裂缝段气测全烃才会升高，全烃对应裂缝处呈"尖峰"状。在图 6-23 (b) 中，在裂缝发育带，由连续的气测全烃"尖峰"组成形似"梳"齿高低起伏。在图 6-23 (c) 中，在微细裂缝、小孔洞发育段，由于导流能力差，气测全烃呈低值，但高于基值，气测全烃对应裂缝处呈"低幅箱形"状。

5. 数学分析法

目前常用的数学分析法有 BP 人工神经网络误差反传播算法、统计和模糊模式识别、灰色系统及人工智能和专家系统等数学方法。这些数学方法均可利用气测录井的数据（不仅仅是气测录井数据）来对储集层流体进行判别和解释。但这些方法目前仅处于研究和探索阶段，在这里就不做详细的介绍。

（四）气测资料定量解释方法

1. 地面含气量的定量计算

假设钻井液中所含的气体只来自钻井气（除去气体背景气和钻井液中的气体）；在近似平衡钻井的情况下，钻头前面无冲洗作用，并且所有破碎岩石中含有的气体全部进入钻井液。在地面条件下，单位时间从钻井液中释放出的气体体积与单位时间钻碎的岩石体积之比

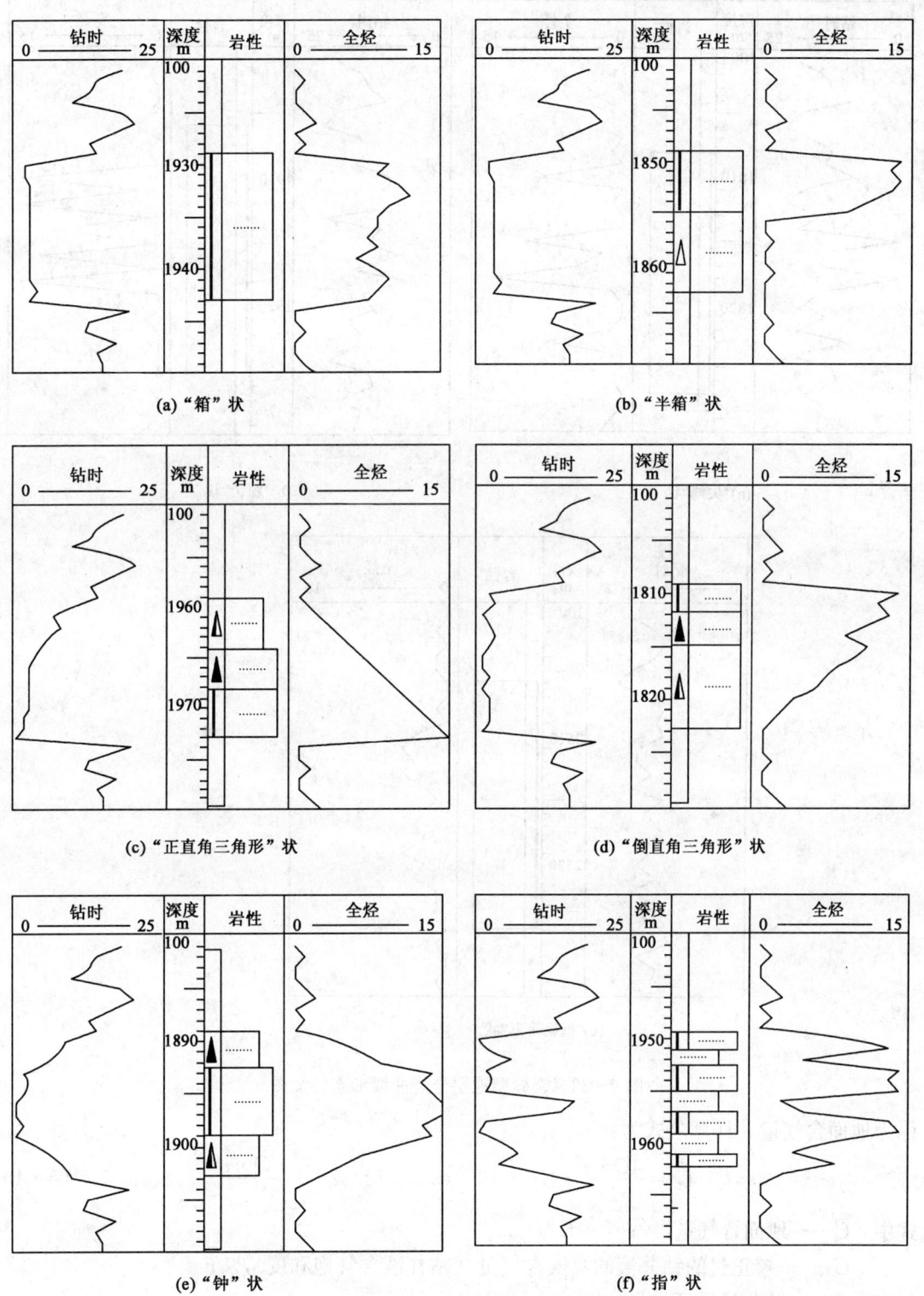

图 6-22　孔隙型地层全烃曲线形态特征图

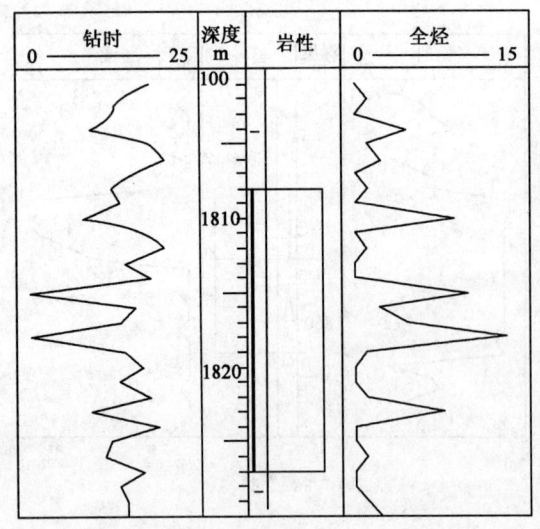
(a)"尖峰"状

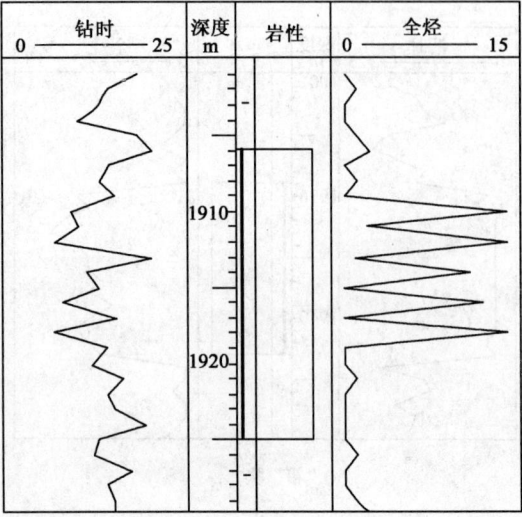
(b)"梳齿"状

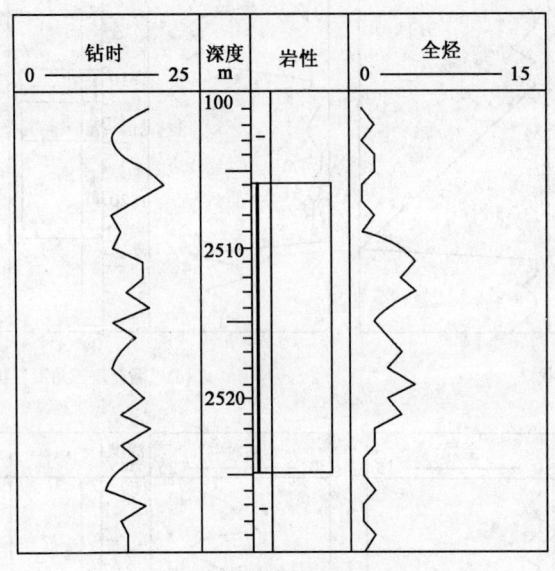
(c)"低幅箱形"状

图 6-23 裂缝型地层全烃曲线形态特征图

称为地面含气量，计算公式为：

$$\bar{C} = \frac{4Q \cdot \tau}{\pi D^2} \cdot G_T \times 10^{-2} \approx 0.012732 \frac{G_T \cdot Q \cdot \tau}{D^2} \tag{6-16}$$

式中 $\bar{C}$——地面含气量，%；

G_T——校正过的钻井液的真实含气量（钻井液含气饱和度），%；

Q——钻井液循环排量，L/min；

τ——钻时，min/m；

D——井径（钻头直径），m。

G_T 可由全脱（热真空蒸馏器）求得：

$$G_T = \frac{aX}{b} \tag{6-17}$$

式中　　a——钻井液蒸馏后收集的气体量，L；

　　　　b——蒸馏钻井液量，L；

　　　　X——蒸馏气体的烃气浓度（全烃），%。

2. 地层含气量的定量计算

当烃从地层返到地表时，经受了温度和压力的变化，可能会引起物相的变化。在图6-24中，储集层1中轻烃在地层中以液相存在，但在上返过程中由于温度和压力的变化变成气态，可被地面气测仪检测到。在图6-25中，储集层2中的重烃原在地层中以气态存在，但在上返过程中由于温度和压力的变化冷凝为液体，气测仪检测不到，不能正确地反映地层的含油气情况。

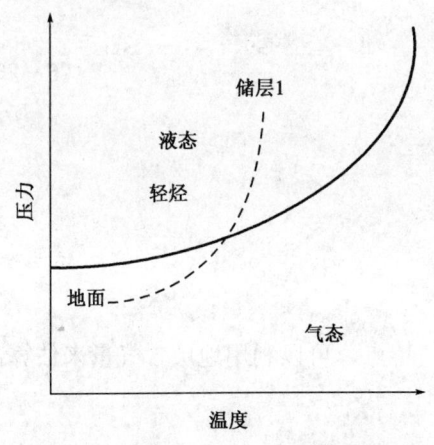
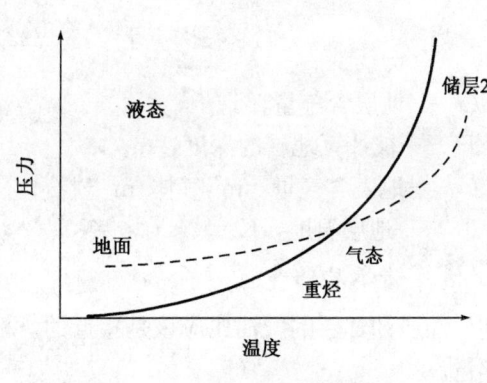

图6-24　轻烃（C_1）的物相随温度和压力的变化曲线图　　　图6-25　重烃（$C_2 \sim C_4$）的物相随温度和压力的变化曲线图

地层含气量是指在井底条件下，每钻进单位体积的岩石所得到的钻井气体积（又称计算含气饱和度指数 CGS）。它是通过井底压力和温度换算为地表体积，求出在地层内的气体浓度。

设深度 H（m）的地表含气量为 $\bar{C}$（m³气体/m³岩石），每立方米岩石中气体的质量为 M，气体摩尔质量为 u（g/mol），地表压力为 p_f（MPa），地表温度 T_f（K），地层压力为 p_s（MPa），地层温度 T_s（K），上覆地层压力梯度 G（MPa/m），那么地面状态下的气态方程为：

$$p_f \cdot V_f = \frac{M}{u} \cdot RT_f \tag{6-18}$$

式中　　V_f——M气体地表状态下的体积；

　　　　R——普氏气体恒量。

地层状态下的气态方程为：

$$p_s \cdot V_s = \frac{M}{u} \cdot RT_s \tag{6-19}$$

式中　　V_s——M气体地表状态下的体积。

深度为 H 的地层压力为：

$$p_s = GH \tag{6-20}$$

由式（6-18）、式（6-19）可得：

$$\frac{p_f V_f}{P_s V_s} = \frac{T_s}{T_f} \tag{6-21}$$

$$V_s = \frac{p_f V_f T_s}{p_s T_f} = \frac{p_f V_f T_s}{GHT_f} \tag{6-22}$$

在地表标准状况下，压力 $p_f=0.1013$ MPa，地表热力学温度 $T_f=25+273=298$ （K），地层温度 T_s（K），一般按 3℃/100m 的地温梯度来计算（需换算成热力学温度，K），那么地层每立方米岩石中含有的气体体积 V_s 为：

$$V_s = \frac{0.1013 \times V_f \cdot T_s}{298GH} = \frac{0.1013 \times \overline{C} \cdot T_s}{298GH} \tag{6-23}$$

则地层含气量为：

$$C = 100V_s = \frac{10.13 \times \overline{C} \cdot T_s}{298GH} \tag{6-24}$$

当上覆地层压力梯度 $G=1$MPa/100m 时，有：

$$C = \frac{0.034 \times \overline{C} \cdot T_s}{H} \tag{6-25}$$

式中　C——地层含气量，%；

　　　H——被计算地层的深度，m；

　　　$\overline{C}$——地表含气量，m^3 气体/m^3 岩石；

　　　T_s——地层温度，K。

3. 估算储集层储量

同样性质油气层的气油比应该是相近的。根据这一特点，可以利用地层含气量来估算油层的储量。

(1) 气层储量的估算

设某一地区某一气层的有效区域面积为 S（m^2），有效厚度为 h（m），地层含气量为 C，储集层的储量为 W（m^3），则有：

$$W = S \cdot h \cdot C \tag{6-26}$$

(2) 油层储量的估算

设某一地区某一油层的有效区域面积为 S（m^2），有效厚度为 h（m），地表含气量为 $\overline{C}$，组分的地表含气量分别为 $\overline{C}_1$，$\overline{C}_2$，…，油层的气油比为 n（m^3/t），储集层的储量为 W（m^3），其计算公式为：

$$W = S \cdot H \cdot \frac{\overline{C}}{n} + S \cdot h \left(\frac{16\overline{C}_1}{22.4} + \frac{30\overline{C}_2}{22.4} + \cdots \right) \times 10^{-3} \tag{6-27}$$

其中，16，30，…，分别为甲烷、乙烷……的相对分子质量，22.4 为标准状态下的气体摩尔体积。

(3) 储集层生产能力的估算

设某一地区的某一已知油层的生产能力为 Q_o，其渗透率为 K_o，孔隙度为 ϕ_o，厚度为 h_o，地层含气量为 C_o，生产能力的比例系数为 A，则有：

$$Q_o = A \cdot K_o \cdot \phi_o \cdot h_o \cdot C_o \tag{6-28}$$

设这一地区某一未知油层的生产能力为 Q_p,其渗透率为 K_p,孔隙度为 ϕ_p,厚度为 h_p,地层含气量为 C_p,那么有:

$$Q_p = A \cdot K_p \cdot \phi_p \cdot h_p \cdot C_p \qquad (6-29)$$

由式(6-28)和式(6-29)可得:

$$\frac{Q_o}{Q_p} = \frac{A \cdot K_o \cdot \phi_o \cdot h_o \cdot C_o}{A \cdot K_p \cdot \phi_p \cdot h_p \cdot C_p} \qquad (6-30)$$

$$Q_p = \frac{K_p \cdot \phi_p \cdot h_p \cdot C_p \cdot Q_o}{K_o \cdot \phi_o \cdot h_o \cdot C_o} \qquad (6-31)$$

由于上面两个储集层属于同一油区,式中生产能力的比例系数 A 是相同的。

定量解释评价油气层的方法除要考虑地层压力的影响外,还需要对钻头直径、钻时、循环钻井液排量、脱气效率、样品泵抽气量等影响气测的参数进行修正,方能获得好的效果。而综合录井资料中含有气测参数、工程参数、钻井液参数等多种参数,为定量解释评价油气层提供了有利条件,因此是一种比较理想的解释评价油气层的方法。

第三节 地球化学录井油气层评价方法与技术

地球化学录井技术是油藏有机地球化学的应用技术,简称为地化录井。20 世纪 90 年代初我国成功地将地化录井由实验室分析应用于钻井现场随钻分析,能够快速、准确、及时地分析现场样品,直接获得油气信息,达到对油气层(藏)进行早期评价。地化录井方法采取直接分析钻井过程中得到的岩屑、岩心(或井壁取心),检测出烃源(生油)岩和储集岩中烃信息,对生油岩和储集岩进行评价。

一、岩石热解分析技术

岩石热解分析是在裂解炉中对定量的生油岩和储油岩样品进行程序升温烘烤,使岩石样品中的烃类和干酪根(生油母质)在不同温度范围内挥发和裂解,通过载气(H_2 或 He)的吹洗使其与岩石样品实现物理分离,由载气携带直接进入氢焰离子化检测器(FID)进行定量检测。检测结果经气电转换将烃类浓度的不同转变成相应的电信号的变化,经放大进入计算机进行运算处理,得到烃类各组分含量和热解烃峰顶温度。岩石热解录井流程如图 6-26 所示。

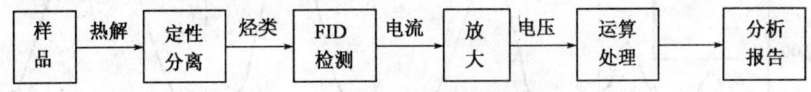

图 6-26 岩石热解录井流程

岩石热解分析技术包括热解分析及氧化分析两部分。目前岩石热解分析仪器主要有两种:一是国产的 YQ 系列油气显示评价仪与 TOC 型残余碳分析仪配套使用;二是法国制造的 RocK-EVAL6 型热解仪,是集热解、氧化于一体的综合型仪器。热解分析部分是定量测定岩样中可热蒸发和热解的烃类,在不同的温度区间,分别测定原油的不同馏分;氧化分析部分是测定由于烃类热解而产生的残余碳部分。

岩石热解分析的原理是在程控升温的热解炉中对生储油岩样品进行加热,使岩石中的烃类热蒸发成气体,并使高聚合的有机质(干酪根、沥青质、胶质)热裂解成挥发性的烃类产物。这些经过热蒸发或热裂解的气态烃类在载气的携带下,直接由氢火焰离子化检测器

(FID)进行检测。将其浓度的变化转换成相应的电流信号,经微机处理,将得到各组分的含量及最高热解温度。

将热解分析后的残余样品送入氧化炉中氧化,样品中残余的有机碳转化为 CO_2 及少量的 CO;CO 经 CuO 催化后转化为 CO_2,在 60℃状态下收集 CO_2;在 250℃高温状态下全部释放已吸附的 CO_2,由红外检测器(或 TCD 检测器)检测 CO_2 的含量,将得到残余碳的含量。

国产的 YQ 系列热解仪的分析周期为固定式,分为两个分析周期。而法国 RocK-EVAL 6 型热解仪的初温、终温及升温速率可自行设定。

国产的 YQ 系列热解仪分析周期的设定:

第一分析周期(五峰测量法):为评价储集层原油性质而设置,它将整个分析过程分为五个阶段(图 6-27),对应每个阶段,通过对样品进行升温并恒温,蒸发点在这个温度段上的烃类被蒸发,并被载气携带至 FID 检测器,从而对烃类含量进行检测。

初温 90℃　　　　　　恒温时间 2min
一阶温度 200℃　　　　恒温时间 1min　　　升温速率 50℃/min
二阶温度 350℃　　　　恒温时间 1min　　　升温速率 50℃/min
三阶温度 450℃　　　　恒温时间 1min　　　升温速率 50℃/min
四阶温度 600℃　　　　恒温时间 1min

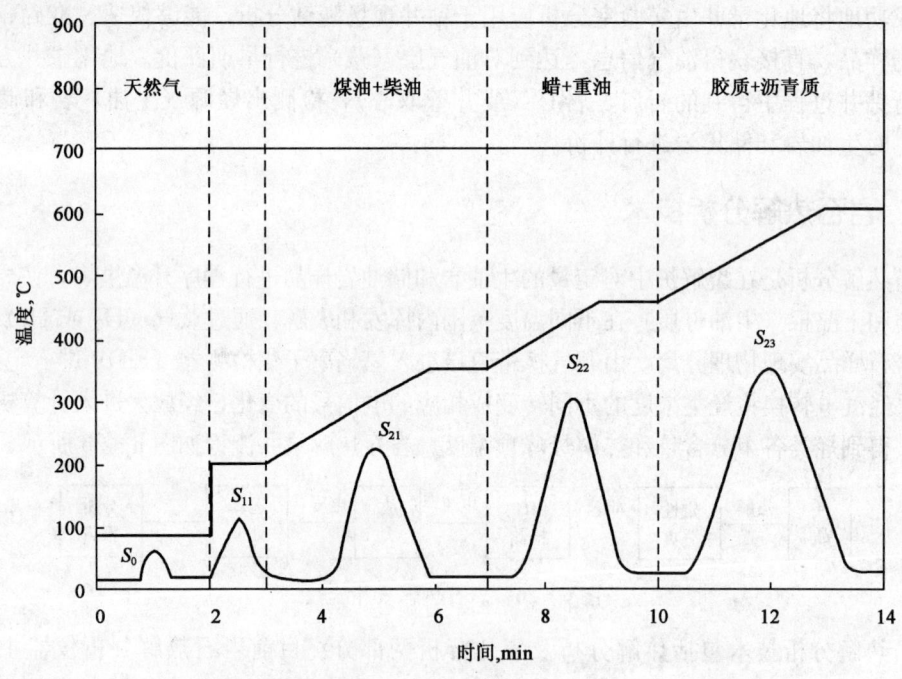

图 6-27　第一分析周期(五峰测量法)分析程序示意图

第二分析周期(三峰测量法):既可用于生油岩评价,也可用于储油岩评价,整个分析过程分为二个阶段(图 6-28),分别检测岩样中的气态烃、液态烃及裂解烃的含量。

初温 90℃　　　　　　恒温时间 2min
一阶温度 300℃　　　　恒温时间 3min　　　升温速率 50℃/min
二阶温度 600℃　　　　恒温时间 1 min

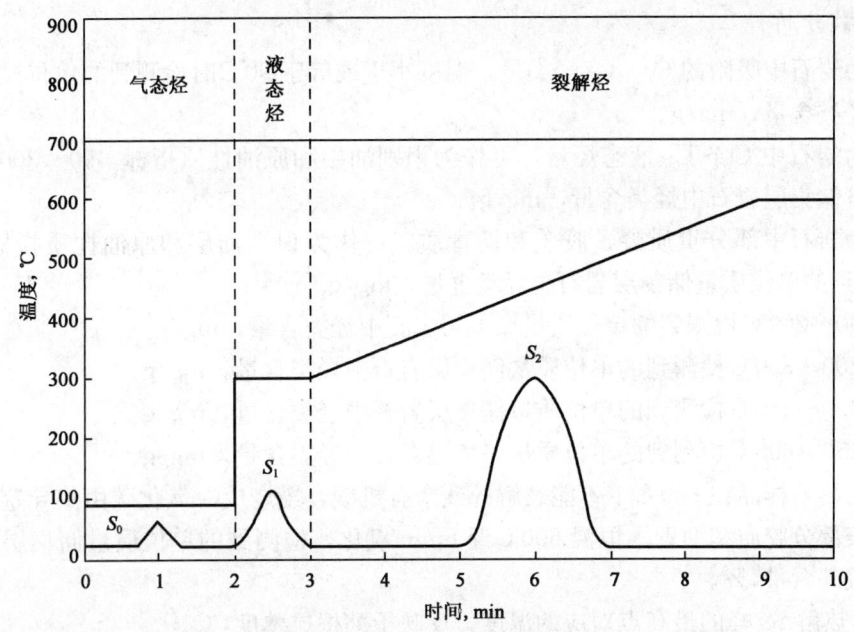

图 6-28　第二分析周期（三峰测量法）分析程序示意图

（一）岩石热解分析过程

岩石热解分析程序是把岩样在温度为 90℃ 的气流（氦气或氢气）中吹扫 3min，吹出的 $C_1 \sim C_7$ 气态烃经氢火焰离子化检测器，出天然气峰（S_0 峰）。然后岩样被顶进热解炉，在温度 300℃ 恒温 3min，岩样中的 $C_7 \sim C_{32}$ 烃热蒸发成气态，出油峰（S_1 峰）。从 300℃ 它开始以 50℃/min 或 25℃/min 程序升温至 600℃ 恒温 1min，大于 C_{32} 重烃热蒸发成气态，石油中的胶质、沥青质热裂解，干酪根热解生成烃类，出热解烃峰（S_2 峰）。

对储油岩，由于岩样中的原油性质差异，各峰的大小比例也不同。一般是储气岩只有 S_0 峰，凝析油只有 S_0 和 S_1 峰，轻质油 S_1 峰大而 S_2 峰小，中质油 S_1 峰和 S_2 峰面积相似，重质油 S_2 峰大而 S_1 峰小。

对生油岩，S_0 峰和 S_1 峰随成熟度增加而变大，而 S_2 峰随成熟度增加而变小。S_2 峰面积还与干酪根丰度、类型有关。

残余有机碳量 R_C 的分析：在现场随钻地化录井过程中，视其评价生储油层的需要，部分样品要同时进行热解和残余有机碳的分析。将热解分析过的样品坩埚放入残余有机碳分析仪进行分析，在 600℃ 温度环境下，样品中残余有机碳氧化燃烧 7 min，所产生的 CO_2 经 TCD 检测器并运算后给出残余有机碳量 R_C 值。

（二）岩石热解地化录井参数及意义

1. 储集层热解地化参数的含义及计算

储油岩油气组分定量分析方法是模拟石油蒸馏，储油岩中的原油在热解炉内按汽油、煤油、柴油、蜡、重油的馏分温度范围热蒸发出这些馏分，通过载气把这些蒸气携带进氢火焰检测器进行测定，从而测得其含量（mg 烃/g 岩石）。非烃化合物、胶质和沥青质在温度高于 400℃ 后受热裂解生成一部分烃类，岩石热解后尚有部分残余油，通过加热氧化测定其残余有机碳含量（mg 碳/g 岩石），残余有机碳除以 0.9 换算为残余油量（mg 油/g 岩石）。

2. 参数分析

S_0：为岩石中吸附的 $C_1 \sim C_7$ 烃类量，温度小于或等于 90℃时检测到的单位质量储集层岩石中该烃类含量，mg/g。

S_1：为岩石中 $C_8 \sim C_{32}$ 液态烃量，可作为识别油层和原油性质指标。90~300℃检测到的单位质量储集层岩石中烃类含量，mg/g。

S_2：为岩石中部分重质烃、胶质和沥青质，可作为识别油层和原油性质指标。300~600℃检测到的单位质量储集层岩石中烃类含量，mg/g。

S_{11}：90~200℃检测到的单位质量储集层岩石中烃类含量，mg/g。

S_{21}：200~350℃检测到的单位质量储集层岩石中烃类含量，mg/g。

S_{22}：350~450℃检测到的单位质量储集层岩石中烃类含量，mg/g。

S_{23}：450~600℃检测到的单位质量储集层岩石中烃类含量，mg/g。

S_4：为岩石样品在 600℃下不能裂解的残余有机碳，燃烧成二氧化碳由热导鉴定器测出的值，代表部分胶质和沥青。恒温 600℃经 6min 氧化，检测到的单位质量储集层岩石热解后残余有机碳含量，%。

T_{max}：热解 S2 峰的最高点对应的温度，反映干酪根成熟度，℃。

3. 参数计算

1) P_g 含油气总量 (mg/g)：

$$P_g = S_0 + S_1 + S_2 + \frac{10S_4}{0.9} (三峰计算) \tag{6-32}$$

$$P_g = S_0 + S_{11} + S_{22} + S_{23} + \frac{10S_4}{0.9} (五峰计算) \tag{6-33}$$

2) GPI 气产率指数：

$$GPI = \frac{S_0}{S_0 + S_1 + S_2} \tag{6-34}$$

3) OPI 油产率指数：

$$OPI = \frac{S_1}{S_0 + S_1 + S_2} \tag{6-35}$$

4) TPI 油气总产率指数：

$$TPI = \frac{S_0 + S_1}{S_0 + S_1 + S_2} \tag{6-36}$$

5) P_s 原油轻重组分指数：

$$P_s = \frac{S_1}{S_2} (三峰计算) \tag{6-37}$$

$$P_s = \frac{S_{11} + S_{21}}{S_{22} + S_{23}} (五峰计算) \tag{6-38}$$

6) P_1 凝析原油指数：

$$P_1 = \frac{S_0 + S_{11}}{S_0 + S_{11} + S_{21} + S_{22}} \tag{6-39}$$

7) P_2 轻质原油指数：

$$P_2 = \frac{S_0 + S_{11} + S_{21}}{S_0 + S_{11} + S_{21} + S_{22}} \tag{6-40}$$

8) P_3 中质原油指数：

$$P_3 = \frac{S_{21} + S_{22}}{S_0 + S_{11} + S_{21} + S_{22}} \qquad (6-41)$$

9) P_4 重质原油指数：

$$P_4 = \frac{S_{22} + S_{23}}{S_0 + S_{11} + S_{21} + S_{22} + S_{23}} \qquad (6-42)$$

（三）烃源岩热解地化参数的含义

1. 参数分析

S_0：表示生成的气态烃的残余量。小于或等于 90℃时检测到的单位质量岩石中有机质烃含量，mg/g。

S_1：90～300℃检测到的单位质量岩石中有机质烃含量，mg/g。

S_2：300～600℃检测到的单位质量岩石中有机质烃含量，mg/g。

S_4：恒温 600℃经 6min 氧化，检测到的单位质量岩石热解后残余有机碳含量，%。

$T_{\max}$：热解 S_2 峰的最高点对应的温度，℃。

2. 参数计算

1) P_g 为生油岩中产油气潜量（mg/g）：

$$P_g = S_0 + S_1 + S_2 \qquad (6-43)$$

2) C_{OT} 指岩石中总有机碳，是生油岩有机质丰度指标之一。单位质量岩石中有机碳占岩石质量的百分数（%）：

$$C_{OT} = 0.083 \times (S_0 + S_1 + S_2) + S_4 \qquad (6-44)$$

其中 0.083 为转换常数。

3) C_P 为能生成油气的有机碳（%）：

$$C_P = 0.083 \times (S_0 + S_1 + S_2) \qquad (6-45)$$

4) I_H 为氢指数，为每克有机碳裂解产生的毫克热解烃量，用于判别有机质类型。单位总有机碳热解所产生的热解烃量（mgHC/g 总有机碳）：

$$I_H = \frac{S_2 \times 100}{TOC} \qquad (6-46)$$

5) I_{HC} 为烃指数（mgHC/g 总有机碳）：

$$I_{HC} = \frac{S_1 \times 100}{TOC} \qquad (6-47)$$

6) D 表示有机碳中能生成油气的百分数，有效碳占总有机碳的百分比（%）：

$$D = \frac{C_P}{C_{OT}} \qquad (6-48)$$

（四）岩石热解分析参数的应用方法

地化录井评价储集层一般包括：划分油、气、水层；判别原油性质；判别含油级别；估算油气储量；估算产能产状等几方面的工作。

1. 储集层油、气、水层的评价

地化录井对储集层评价方法可分为原始数据法、含油饱和度比值法、含油级别计算法和区域图版法等。这些方法的基础是首先要建立本地区、本区块的储集层含油性热解评价标准。总的来说,岩石热解分析输出参数 S_0、S_1、S_2 分别反映了储集层中气态烃、液态烃、重质烃含量,S_1/S_2 反映了储集层中可流动烃与不可动烃含量的相对变化,S_1/S_2 比值高,反映了储集层内单位流体中可流动烃的含量高,不可流动或流动性差的石蜡、沥青质等含量低,储集层产油气的可能性增大。含烃量指标 P_g($P_g=S_0+S_1+S_2$)在一定程度上反映了储集层中含烃类物质的多少,P_g 值高,说明储集层中含烃类物质多,产油气的可能性就大,产能高;反之,储集层含烃类物质少,P_g 值就低,产油气的可能性就小,产能低。

储集层评价的最终依据是试油结论。目前应用储集层性质划分标准见表 6-12。

表 6-12 储集层性质划分标准表

储集层性质	油,%	水,%
油层	>90	<10
油水同层	10~90	10~90
含油水层	<10	>90
水层	可能有油花	100
干层	小于工业油流	

(1) 原始数据法

原始数据法是根据储集层原始数据直接判别、划分储集层性质,分析数据的大小可以定量反映储集层含油量的多少。对同一储集层来讲,岩石含油烃量的多少反映了储集层的性质。依此理论建立原始数据划分储集层性质表(表 6-13)。

表 6-13 原始数据划分储集层性质表

参数	油层	油水同层	水层	干层
S_0,mg/g	>0.02	0~0.02	0	0
S_1,mg/g	>0.16	0.05~0.16	±0.05	0
S_2,mg/g	>1.85	0.80~1.85	0.10~0.80	<0.10
OPI	>0.30	0.08~0.30	0.03~0.08	<0.03

(2) 含油饱和度比值法

含油饱和度是指单位质量岩石中原油的体积与孔隙度体积之比:

$$S_{oi} = \frac{V_{oi}}{\phi \cdot V_{岩石}} \times 100\% \tag{6-49}$$

式中 S_{oi}——含油饱和度;

V_{oi}——岩石中原油体积;

$V_{岩石}$——岩石体积;

ϕ——岩石孔隙度。

在计算含油饱和度过程中,必须将分析参数恢复到地层原始状态。在录井过程中唯有密闭取心地层烃类损失极小,岩心、井壁取心、岩屑录井烃类损失量依次增大。同时烃类损失量与原油性质、含油级别、岩石胶结程度、岩样放置时间密切有关。这样恢复系数就是将地化热解分析的岩心、井壁取心、岩屑恢复到对应的密闭取心状态。

确定恢复系数需要大量的实验工作、丰富全面的录井资料。新疆油田的烃类恢复系数见表 6-14。

表6-14 新疆油田的烃类恢复系数表

恢复系数	含油砂岩						油浸砂岩				油斑砂岩						油迹砂岩			
	致密			疏松			致密		疏松		致密			疏松			致密		疏松	
	岩心	井壁取心	岩屑	井壁取心	岩屑	岩心	井壁取心	岩屑	井壁取心	岩屑	岩心	井壁取心	岩屑	井壁取心	岩屑	岩心	井壁取心	岩屑	井壁取心	岩屑
K	2.95	3.15	3.55	3.50	3.90	2.95	3.15	3.55	3.5	3.90	2.8	3.0	3.25	3.40	3.60	2.80	3.0	3.20	3.20	3.40

岩样放置时间是控制烃类恢复系数的主要因素之一，恢复系数与岩样放置时间关系图如图6-29所示。

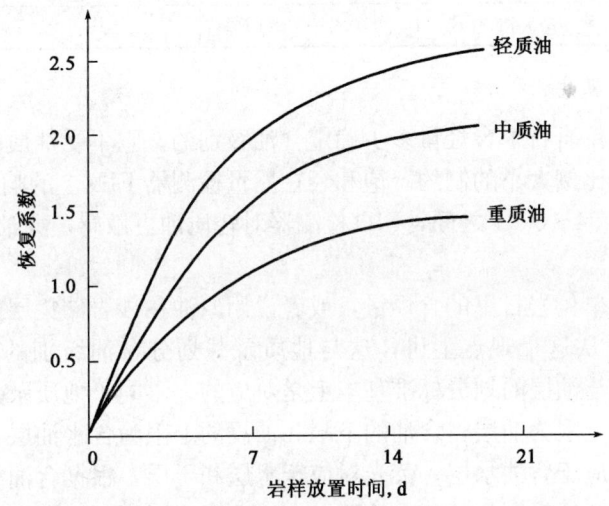

图6-29 烃类恢复系数与岩样放置时间关系图

通过上述两种方法，用恢复系数补偿原始地层含烃量基本上消除了含油级别、录井方式、胶结程度、原油性质、岩样放置时间对地化热解分析参数的影响。

含油饱和度比值法评价储集层：在式（6-49）中单位质量岩石中原油体积为：

$$V_{oi} = \frac{K \cdot P_g}{d_0 \cdot 1000} \quad (6-50)$$

单位质量岩石体积为：

$$V_{岩石} = \frac{1}{d_{岩石}} \quad (6-51)$$

所以含油饱和度为：

$$S_{oi} = \frac{d_{岩石} \cdot K \cdot P_g}{\phi \cdot d_0 \cdot 1000} \cdot 100\% \quad (6-52)$$

式中 S_{oi}——含油饱和度；

$d_{岩石}$——岩石密度，一般取 $2.3 g/cm^3$；

d_0——原油密度，取中间值 $0.82 g/cm^3$；

K——烃类恢复系数；

P_g——单位质量岩石中热解烃量（$S_0 + S_1 + S_2$）；

ϕ——储集层有效孔隙度（由PK录井数据获得），取小数。

含油饱和度判别储集层性质见表 6-15。

表 6-15 含油饱和度判别储集层性质表

含油饱和度,%	>20	7~20	3~7	<3
储集层性质	油层	油水同层	水层	干层

若将计算含油饱和度公式中原油密度 d_0、岩石密度 $d_{岩石}$ 取常数，就可以得到比值 $\Delta \dfrac{K \cdot P_g}{\phi}$（式中 ϕ 取百分数），用以判别储集层性质，见表 6-16。

表 6-16 用比值判别储集层性质表

储层性质	油 层	油水层	水 层	干 层
比值	>0.71	0.31~0.71	0.10~0.31	<0.10

(3) 含油级别计算法

地化录井是以单位岩石中含烃量多少确定含油级别的。它不受油质的轻重、原油的组成以及饱和烃和芳香烃比例大小的制约。饱和烃在质量检测器 FID 上的响应值为 0.98~1.02，芳香烃的响应值在 0.94~0.99 之间，FID 检测器对轻质油更敏感。原油越重，芳香烃越多，测定值相应要小一点。

地化录井是根据单位岩石里的含烃量，或者说用原油在砂岩储集层的充满程度来确定含油级别（表 6-18）。从这个观点上讲，这与地质录井划分含油级别的理论基础是一致的。地化录井的含油级别与油层的划分标准基本上是对应的，不同于地质录井的对应范围。

饱含油和含油的上限为油层，含油的下限和油浸的上限为含水油层，油浸的下限和油斑为油水同层。油迹对应于含油水层，荧光对应于水层和干层，根据含油级别与储集层性质的对应关系确定储集层含油级别的数值，就可以直接采用油层划分界限和方法。例如采用含油饱和度法确定储集层含油级别，含油饱和度小于 10% 为荧光，10%~20% 为池边，20%~30% 为油斑，30%~40% 为油浸，40%~50% 为含油，大于 55% 为饱含油。

通过对完钻井不同含油级别岩心地化含油饱和度的计算、统计得出表 6-17 所示结果。

表 6-17 含油级别岩心地化含油饱和度统计表

指 标	计算、统计结果					
含油饱和度,%	>90	90~70	70~45	45~13	13~7	<7
含油级别	饱含油	富含油	油浸	油斑	油迹	荧光
储层性质	油层		油水层		水层	干层

(4) 区域图版法

区域图版法是储集层油、气、水层评价中常用的方法。必须根据各油田、各区域（区块）的具体情况来确定所使用的标准和图版参数。下面就目前所常用几种解释图版进行介绍。

1) 地化亮点法判别图版。

亮点找油就是把复杂的问题简单化，抓住油气层的主要特征，直接做出结论，方法简单精炼，因而在油气勘探中应用广泛。例如，地震剖面中的强反射层，测井曲线中低电阻背景下的高电阻层，录井曲线中高钻时背景下的低钻时层等都是反映油层特征的"亮点"响应。

油气层的地化参数 S_0、S_1、S_2 显示特征已经比较清楚，一般来说重质油层 S_1、S_2 值较高，而轻质油层 S_1、S_2 值较小，中质油层介于两者之间。单凭 S_1、S_2 评价、发现轻（重）

质油层没什么问题，但可能会丢掉中质油层。由于缺乏统一的评判标准，因而就单个参数 S_0、S_1、S_2 来说，其评价结果局限性大，符合率较低，由此就从派生参数方面进行研究。

以南阳油田三个典型油层的地化分析数据（表6-18）为例，从表6-18中数据看，由于油层原油性质不同，其 S_0、S_1、S_2 数值大小差别较大，从地化数据直接分析参数无法找出油层的共同特征。

表6-18 南阳油田典型油层的地化分析数据

序号	井号	井段 m	S_0 mg/g	S_1 mg/g	S_2 mg/g	P mg/g	B	试油 油 t/d	试油 水	原油 性质	M mg/g
1	东9井	2298.0~2302.0	0.01	13.31	9.66	22.96	1.38	12.00	0	中重质	31.68
2	南49井	2421.0~2425.0	0.01	7.85	5.44	13.30	1.44	22.40	0	中质	19.15
3	泌230井	2245.0~2247.0	0.56	5.04	1.82	7.42	3.08	38.75	0	中轻质	22.80

P 是反映储集层含油气丰度的一个派生参数，$P=S_0+S_1+S_2$。从表6-18中可以看出中重质油层 P 值较大，中质油层 P 值次之，中轻质油层 P 值较小。

B 是反映原油油质轻重的一个派生参数，$B=(S_0+S_1)/S_2$。从表6-18中可以看出轻质油层 B 值较大，中重质油层 B 值较小。

从三个油层的 P、B 值可以看出一点规律，即中重质油层 P 值大而 B 值小，中轻质油层 P 值小而 B 值大，都是一大一小。如果把油层的 P 值与 B 值结合在一起考虑，让其大小互补，那么不管是轻质油层还是重质油层，它们应该具有一个相当的值，这样就可以把不同油质的油层放在一起考虑，这个值称为储集层的综合值，用 M 表示。

油层的 P、B 值互补是将 P、B 值相乘，即 $M=(S_0+S_1+S_2)\cdot(S_0+S_1)/S_2$。从表6-18中可以看出，不同油质的油层经过 P、B 值互补后，其综合值 M 呈现高值，油层特征得到较好的体现。表现最突出的是轻质油层，从而很好地解决了轻质油层呈低异常显示的判别评价问题。油层的高 M 值称为地化亮点。依照河南油田资料，储集层判别的标准为：油层，$M\geq 16$；油水同层，$8\leq M<16$；水层，$M<8$。

常用的地化亮点法判别图版如图6-30所示。

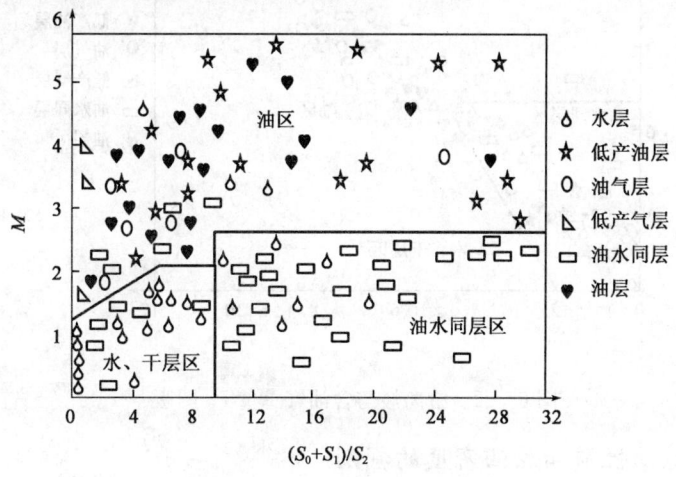

图6-30 地化亮点法判别图版

2) 轻重比解释图版。

如图 6-31 所示图版中纵坐标 S_1/S_t 反映的是不同油质下岩样中产油量的大小，横坐标 S_1/S_2 反映原油油质轻重。在图版上，油层分界明显，但含油水层和干层、水层和干层有一定交叉。

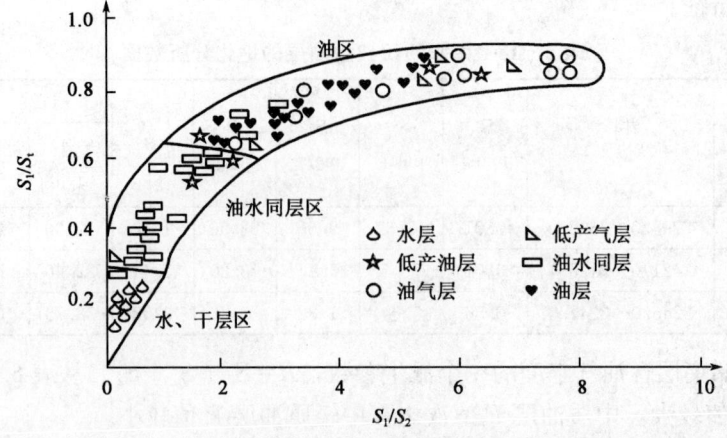

图 6-31 轻重比解释图版

3) 游离烃与含油气总量图版。

如图 6-32 所示图版中横坐标为 S_1，反映油显示特征，纵坐标 P_g 反映不同油显示情况下的含油气总量值。从图中表现出的油气水分布情况来看，油层与含油水层区分明显；含油水层与干层在同一区。在图版上含油水层和干层主要表现出两种特征，一是重质油特征下的高含油气量，这种情况试油多为水层或干层，基本无油气显示；二是低含油气量，这种情况并非是岩样中本身的油质较重，而是由于含油气量较少而引起 S_1、P_g 值都较小，还有就是含油水层与油水同层不易区分。这种规律与热解理论及勘探实际是相符合的。

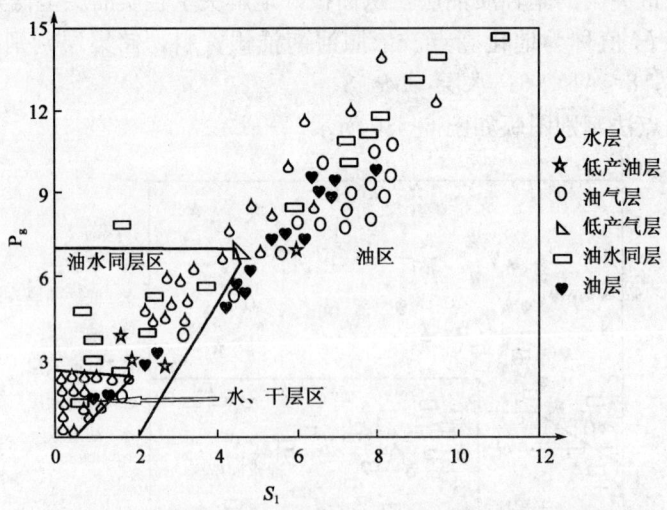

图 6-32 游离烃与含油气总量 P_g 图版

2. 储油岩中原油性质和原油密度的判别

原油性质对油层产能和采收率有重要影响。原油性质主要是指原油的油质轻重，通常根据原油密度划分为四大类,即凝析油、轻质油、中质油和重质油。其中凝析油原油密度值通常小于 0.74g/cm³;轻质油原油密度值为 0.74~0.82 g/cm³;中质油原油密度值为 0.82~0.90 g/cm³;重质油原油密度值通常大于 0.9g/cm³。在地化录井过程中,可以采用五峰热解分析各烃类含量参数,随钻识别钻遇含油储集层原油性质。

为了表达方便,引人三个比值参数 O_1、O_2 和 O_{3+4},其中:

$O_1 = (S_1 + S_{11})/S_t$,表示原油组成中轻质组分的含量;

$O_2 = S_{21}/S_t$,表示原油组成中中质组分的含量;

$O_{3+4} = (S_{22} + S_{23})/S_t$,表示原油组成中重质组分的含量;

$S_t = S_0 + S_{11} + S_{21} + S_{22} + S_{23}$,热裂解产烃总量。

用 O_1、O_2 和 O_{34} 分别乘以 100% 并作为等三角的三个端点,可以作出原油性质等三角判别图版(图 6-33)。

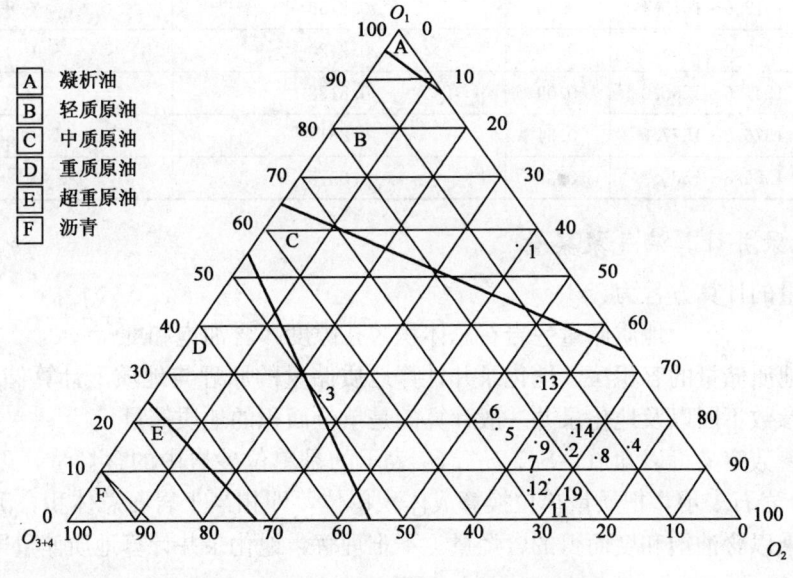

图 6-33 原油性质等三角判别图版

在该图版中可以划分为 4 个区,即 A、B、C、D 区,分别代表凝析油、轻质原油、中质原油和重质原油分布区。在地化录井过程中,可以很容易地根据五峰热解分析参数对钻遇含油储集层原油性质进行判别。

原油密度与重质原油指数 P_4 ($P_4 = \dfrac{S_{22}+S_{23}}{S_0+S_{11}+S_{21}+S_{22}+S_{23}}$) 具有较好的对应关系。由此制作成关系图版(图 6-34)来判别原油密度。

据松辽盆地 14 口井的含油砂岩热解 P_4 指数,按以上图版求出它们的原油密度,求得的密度值与试油时实测的原油密度全部吻合,见表 6-19。

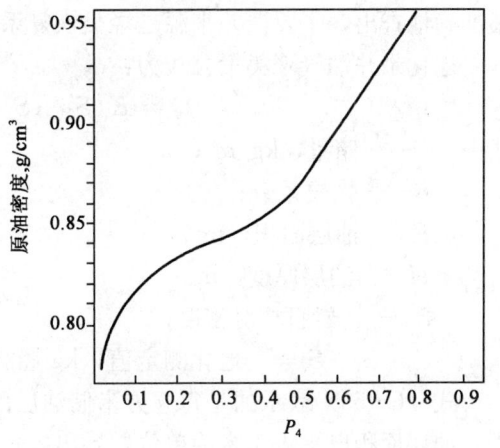

图 6-34 原油密度与重质原油指数 P_4 关系图版

表 6-19 热解法估算原油密度与实测原油密度对比

井 号	井段，m	P_4 值	试油原油密度分析值，g/cm³	热解原油密度估计值，g/cm³
大 404	1183.6～1184.8	0.11	0.8212	0.827
大 407	1504.0～1518.2	0.10	0.8128	0.823
大 409	1504.0～1518.2	0.40	0.8450	0.856
大 407	1525.0～1537.0	0.42	0.8546	0.860
大 420	2378.0～2385.0	0.13	0.8200	0.830
源 142	1878.8～1881.8	0.41	0.8546	0.859
源 156	1183.6～1184.8	0.32	0.8698	0.850
源 241	1685.0～1690.0	0.49	0.8720	0.878
葡 47	1717.0～1720.0	0.40	0.8656	0.856
葡 48	1512.0～1515.4	0.40	0.8759	0.856
葡 431	1629.0～1663.5	0.69	0.9120	0.932
古 65	1241.6～1260.0	0.09	0.8188	0.820
芳 162	1576.2～1577.2	0.34	0.8617	0.857
州 54	1566.8～1569.2	0.32	0.8575	0.851

3. 地化录井计算油气聚集量

地质储量的计算方程为：

$$地质储量＝岩石总体积×孔隙度×含油饱和度$$

这就是计算地质储量的容积法。地化录井计算地质储量的原理与地质上计算储量是一致的，仅是采用的参数不同以及地化录井一般计算的是单位面积的地质储量。

从地化参数定义可以知道，S_0、S_1、S_2 表示的是单位砂岩中的含烃量，以 mg 烃/g 岩石或 kg 烃/t 岩石表示，把质量单位换算成体积单位，即相当于岩石总体积，测定的结果相当于孔隙度乘以含油饱和度而得的含烃量。不难理解，地化录井计算地质储量即油气聚集量是比较准确的。

地化录井油气聚集量公式主要有以下三个参数，即烃类恢复系数 K，S_0、S_1、S_2 测定之和及储油气层厚度。S_0、S_1、S_2 的测定值是非常准确的，油层厚度在电测曲线上也可以很准确地查出，主要误差来源是烃类恢复系数和储集层的样品分析密度。

地化录井油气聚集量公式为：

$$Q = K(S_0 + S_1 + S_2) \times 2.3 \times H \cdot F \tag{6-53}$$

式中　Q——储量，kg/m³；

　　　K——恢复系数；

　　　F——油层面积，m²；

　　　H——油层厚度，m；

　　　2.3——岩石相对密度；

　　　S_0、S_1、S_2——地化测定值，kg 烃/t 岩石。

式（6-53）表示的是每立方米储油层的油气聚集量有多少千克，此数值太小，不便应用，油层面积以平方千米为单位，导出公式为：

$$Q = K(S_0 + S_1 + S_2) \times 2.3 \times H \cdot F/10 \tag{6-54}$$

式（6-54）表示每平方千米的地质储量有多少万吨。若某井的油层有若干层，把分层储量相加即为总储量。

$$Q_{总} = \sum Q = Q_1 + Q_2 + \cdots + Q_n \tag{6-55}$$

地化录井有时需要算出具有工业产能油层的地质储量，对没有工业价值的储集层储量剔除。计算方法是从总地质储量中扣除没有工业产能的油气显示层的储量即可。

4. 地化录井的产能估算

液体在地层的流动分为两种状态，一种是液体质点作互不干扰的运动，质点的运动轨迹和液体的流动方向相平行，这种液体流动方式称为层流；另一种状态是液体的质点作不规则的相互混杂的运动，称为紊流。大量的油田实际资料表明，一般的油层渗流均属于层流范围，其渗流规律符合达西定律。影响油气层产能的因素主要有以下三个方面：

1）油层的物质基础，即油层厚度和含油气饱和度；
2）能量的供给，主要指地层压力、液体流动压差（它们与油层的赋存状态有关，但同时也受人为选择试油压差的影响）；
3）能量的消耗和原油的流动性，如原油的粘度、油层的渗透率等。

在一定压差下的储集层，其油气的产能是产层厚度和渗透率的乘积，但渗透率又和原油粘度、岩石孔隙度及结构等有千丝万缕的联系，哪一个参数都不是独立存在的，因而估算油层产能是地化录井储集层评价中最困难、误差最大，也是影响因素最多的一项工作。既然储集层产能受那么多条件制约，而每个条件又不是独立存在的，就有可能找出这些制约因素的主要矛盾及相互间的关系，舍去次要矛盾，最终得到一个估算产能的经验公式。

产能估算经验公式如下：

$$Q = h \cdot \phi^2 \cdot K \cdot G \cdot (OPI) \cdot S/1400 \tag{6-56}$$

式中　Q——油层单层日产量，m^3/d；

　　　h——油层单层厚度，m；

　　　K——烃类恢复系数；

　　　G——$(S_0 + S_1 + S_2)$ 取绝对值；

　　　OPI——油产率指数；

　　　S——原油粘度校正系数。

式（6-56）是根据经验建立的，仅应用于碎屑岩储集层的产能估算。建立产能估算经验方程，也可以采用先根据试油结果，选取地化分析参数建立经验公式，然后再对新的油层进行产能估算，经试油反过来验证，以达到所建立的产能估算公式接近于试油结果的目的。

（五）热解地化录井生油岩评价

能生成石油和天然气的地层称为生油层。生油层是有机质堆积、保存并转化为油气的场所。生油岩主要有两种：暗色泥岩和碳酸盐岩。在特殊环境下，煤岩也是油气源岩。

泥岩类生油层包括暗色泥岩、页岩、砂质泥岩、灰质泥岩等；常含有较多的有机质（干酪根）和丰富的生物化石；多为灰黑、深灰、灰或灰绿色；有时可见油苗或沥青。粘土矿物能吸附各种有机质，而且吸附的数量很大，还有很强的吸附腐殖物质的能力。这就是主要为粘土矿物组成的泥质岩能富集大量有机质成为生油岩的原因。粘土矿物形成的复合体不仅可以富集大量的干酪根，而且也能加以保存。

碳酸盐岩类生油层主要由方解石和白云石等碳酸盐矿物组成，石灰岩、白云岩、泥灰岩为其主要岩石类型。碳酸盐岩是多种成因的综合产物，既有化学沉积成因，也有生物、生物化学和机械成因，主要由颗粒、泥、胶结物、晶粒以及生物格架组成。碳酸盐岩的有机质含量比泥岩低几倍到十几倍，但烃含量却基本与泥岩相当。在原始沉积状态时，碳酸盐岩与粘土沉积物中有机质的含量无明显的差别，主要是在沉积以后才发生差异性变化。碳酸盐岩中有机质的散失是在烃类形成以后，因而在适当的条件下碳酸盐岩是能生成大量油气的。出于碳酸盐岩上缺乏作为催化剂的粘土矿物，所以油气的形成需要较长的时间。碳酸盐岩生油层多生成高硫原油，相反，粘土岩生油层多生成低硫原油。

生油岩生成原油的数量和质量不仅取决于生油岩埋藏时间的长短和受热温度的高低，也取决于生油岩的有机质类型和有机质丰度。对生油岩的评价就是围绕着成熟度、有机质类型和有机质丰度这三个因素进行的。热解法可通过一次分析取得的多项分析参数对生油岩进行评价。

生油岩产油气量的多少与生油岩中所含干酪根的类型、成熟度和干酪根在生油岩中的丰度有关。干酪根生油可分为三个阶段：

1）未成熟阶段，生油气量几乎为零，但在此阶段干酪根除脱掉一部分含氧官能团外，还生成一定量的胶质、沥青质等重质组分；

2）成熟阶段，是干酪根生油气的主要阶段，在此阶段干酪根大量热降解生成油气，生成的油气量随埋藏深度的增加而越来越多；

3）变质阶段，干酪根热降解达到最高峰，但此时产油气量已很少。

干酪根在生油岩中的丰度一般以总有机碳来表示。但有机碳含量并不能绝对反映生油岩产油潜力，因为总有机碳包括可生成油气的有机碳（有效碳）和不能生成油气的有机碳（无效碳或死碳），只有有效碳的多少才能反映生油岩的产油潜力，也只有热解分析才能取得生油岩产油潜力的定量参数。

1. 产油潜量（或称生油势）

产油潜量是生油岩中的有机质在全部热解完毕后所产生的油气量，即岩石中已生成未运移走的烃（游离烃）S_1 和岩石中有机质热解烃 S_2 的和，以 mg 烃/g 岩石表示。

$$P_g = S_1 + S_2 \tag{6-57}$$

还可以用有效碳（C_P）来定量评价生油岩，有效碳由式（6-58）计算：

$$C_P = 0.083(S_1 + S_2) \tag{6-58}$$

其中，0.083 为从含烃量单位 mg 烃/g 岩石换算为含碳百分数的换算系数。

按产油潜量和有效碳把生油岩分为四个等级来定量评价生油岩（表 6-20）。

表 6-20　生油岩定量评价等级

生油岩等级	P_g（S_1+S_2），kg 烃/t 岩石	C_P，%
极好生油岩	>20	>1.7
好生油岩	5~20	0.4~1.7
中等生油岩	2~5	0.17~0.4
差生油岩	<2	<0.17

2. 原始产油潜量的恢复

热解分析是以高温热解定量检测出生油岩热解产生的油气量，根据产生油气量的多少来定量评价生油岩。生油岩埋藏进入生油门限后即趋于成熟并开始生成油气，随着埋藏深度的增加、地温的升高,生油岩的成熟度也越来越高,生成的油气也越来越多,而剩余的产油潜量和残余有效碳含量也越来越少。因而热解法对未经热演化生油的未成熟生油岩是能反映出其原始产油潜量的,仅对已经过热演化生油的成熟生油岩,尤其是高成熟生油岩只能分析得到比原始产油潜量少得多的残余潜量。所以要客观定量评价成熟生油岩,就要恢复其原始产油潜量,但对于成熟生油岩的原始产油潜量,由于生油岩在漫长的地质年代所生成的油气已运移散失,现在分析得到的已生烃(S_1)只是残余部分,因而原始产油潜量已不能直接求得。但若能求出各类生油岩在不同成熟度(T_{max}值)下的已生烃和残余热解烃的比值,就可以简单地根据残余热解烃的量来直接计算原始产油潜量。

(1) 成熟烃源岩原始产油潜量的恢复

用热模拟的方法求得不同 T_{max} 值下的已生烃和残余热解烃的比值 K,再计算各 T_{max} 值的原始产油潜量恢复系数 $R=1+K$(图 6-35),把各类型生油岩的 R 值与 T_{max} 值变化关系制成图版,便可查找出各成熟度(T_{max}值)下各类生油岩的原始产油潜量恢复系数 R 值。根据 R 值与残余热解烃量 S_2 的乘积,便可获得原始产油潜量 S_t。

$$S_t = S_2 R \text{（kg/t 岩石）} \tag{6-59}$$

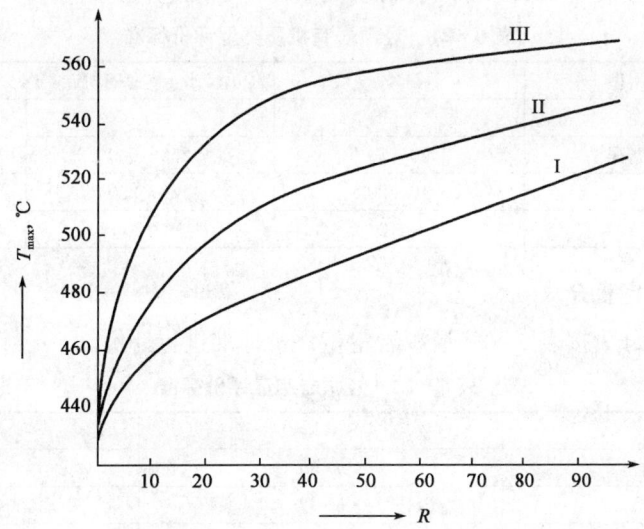

图 6-35　各类生油岩原始产油潜量恢复系数 R 与 T_{max} 值关系图版

(2) 原始有机碳和原始有效碳的恢复

原始有机碳的恢复:

$$C_{OT原} = C_{OT} + C_Q - C_S \tag{6-60}$$

式中　$C_{OT原}$——成熟烃源岩的原始有机碳,%;
　　　C_{OT}——成熟烃源岩的残余有机碳,%;
　　　C_Q——已生烃碳,$C_Q=0.083 S_2 \cdot K$,%;
　　　C_S——已存在烃碳,$C_S=0.083 S_1$,%。

原始有效碳的恢复:

$$C_{P原} = 0.083 \times S_t \tag{6-61}$$

式中　$C_{P原}$——成熟烃源岩的原始有效碳,%;
　　　S_t——成熟烃源岩的原始产油潜量,mg/g。

(3) 原始氢指数和原始降解潜率的恢复

原始氢指数的恢复：

$$I_{H原} + S_t \times 100/C_{OT原} \tag{6-62}$$

式中 $I_{H原}$——成熟烃源岩的原始氢指数；

$C_{OT原}$——成熟烃源岩的原始有机碳，%；

S_t——成熟烃源岩的原始产油潜量，mg/g。

原始降解潜率的恢复：

$$D_{原} = C_{P原}/C_{OT原} \tag{6-63}$$

式中 $D_{原}$——成熟烃源岩的原始降解潜率，%；

$C_{P原}$——成熟烃源岩的原始有效碳，%；

$C_{OT原}$——成熟烃源岩的原始有机碳，%。

3. 烃源岩类型、丰度和成熟度评价

(1) 烃源岩的类型

烃源岩的类型按表6-21烃源岩有机质类型评价标准进行评价。

表6-21 烃源岩有机质类型评价标准

类别	类型	D,%	I_H, mg/g总有机碳	S_t, mg/g
Ⅰ	腐泥	>50	>600	>20
Ⅱ₁	腐殖腐泥	20~50	250~600	5~20
Ⅱ₂	腐泥腐殖	10~20	120~250	2~5
Ⅲ	腐殖	<10	<120	<2

(2) 烃源岩的定量分级

烃源岩的定量分级按表6-22烃源岩定量评价标准进行评价。

表6-22 烃源岩定量评价标准

烃源岩	S_t, kg/t	C_0, %
极好烃源岩	>20	>1.66
好烃源岩	6~20	0.5~1.66
中等烃源岩	2~6	0.17~0.5
差烃源岩	<2	<0.17

(3) 烃源岩的成熟度

烃源岩的成熟度按表6-23我国烃源岩成熟度的T_{max}范围进行评价。

表6-23 我国烃源岩成熟度的T_{max}范围

T_{max},℃ 成熟度 有机质类型	未成熟	生油	凝析油	湿气	干气
Ⅰ	<437	437~460	450~465	460~490	>490
Ⅱ₁	<435	435~455	447~460	455~490	>490
Ⅱ₂	<435	435~455	447~460	455~490	>490
Ⅲ	<432	432~460	445~470	460~505	>505

(4) 烃源岩生油量、排烃量的计算

成熟烃源岩的生油量计算是在原始产油潜量恢复的基础上进行的。

$$Q_{生} = \frac{KS_2 hAd}{10} \tag{6-64}$$

式中 $Q_{生}$——成熟烃源岩已生油量，$10^4 t/km^2$；

S_2——300～600℃时，单位质量岩石中有机质热解烃含量，kg/t；

h——成熟烃源岩厚度，m；

K——烃源岩热演化系数；

A——成熟烃源岩分布面积，km^2；

d——烃源岩密度，g/cm^3。

烃源岩产生的烃类物质在地层压力作用下沿孔隙通道运移到储集层中，运移出去的油气量为排烃量，即

$$Q_{排} = \frac{(KS_2 - S_0 - S_1)hAd}{10} \tag{6-65}$$

式中 $Q_{排}$——成熟烃源岩的排烃量，$10^4 t/km^2$。

利用排烃量数据可在纵向上方便地找出主力生油层系。

上述生油量和排烃量的计算是针对某层而言，某井的总生油量和总排烃量为各层生油量和排烃量之和。

二、岩石热解气相色谱分析技术

岩石热解气相色谱分析技术是先将样品中的烃类热蒸发出来，再利用毛细管柱程序升温方法，将原油中的各个组分分开鉴定，分析岩石中的饱和烃类 C_{10}～C_{40} 范围的正构烷烃组分，从而实现了在分子水平上系统评价原油特征，更全面地反映原油特性。图6-36是岩石热解分析和岩石热解气相色谱分析的对比图。

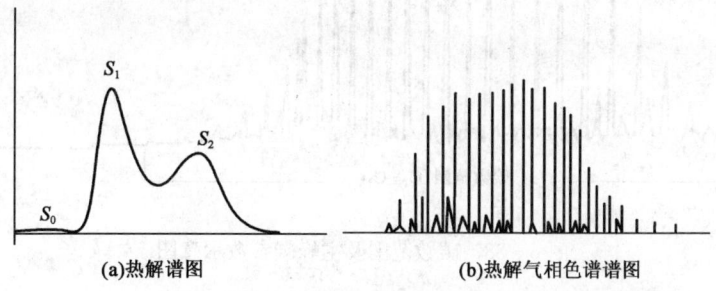

(a)热解谱图　　　　　　(b)热解气相色谱谱图

图6-36　岩石热解分析与岩石热解气相色谱分析对比图

从图6-36（a）中可以看出，岩石热解分析能够给出样品中是否含油气及含量多少，但不能给出具体的油气组成成分参数，而图6-36（b）岩石热解气相色谱分析则对热解参数（S_0+S_1）进行细分，给出具体的油气组成成分参数。这两种方法具有互补的功能，配套使用效果明显。

（一）分析原理及工作流程

热蒸发烃色谱技术是根据干酪根的温度和时间为主要降解成油的成因机制而实现的一种实验室模拟方法。具体流程是把待分析的样品装入坩埚，经加热炉加热后，将被测样品中的

烃类蒸发出来,由载气携带进入色谱柱,经毛细色谱柱分离后至 FID 检测,放大器放大后由数据处理系统进行接收、判断和处理,最后获得单体烃色谱流出曲线(图 6-37),即主要检测的是 C_{37} 以内单体烃主要组成组分,如天然气 $C_1 \sim C_7$,凝析油 $C_1 \sim C_{23}$,中质油 $C_1 \sim C_{35}$。但由于某些客观因素的影响,如样品自然挥发或散发,通常能够检测到的碳数范围在 $nC_{13} \sim nC_{37}$ 之间。

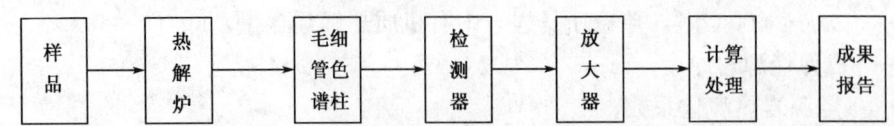

图 6-37 热蒸发烃色谱工作流程示意图

(二) 岩石热解气相色谱分析参数的应用方法

1. 岩石热解气相色谱分析参数

(1) 碳数范围

碳数范围指一组色谱峰的最低至最高碳数的容量峰,是所测样品中所含最低碳数与最高碳数之间的正构烷烃范围,反映了烷烃组成(图 6-38)。通过这个指标可以了解岩石有机质或油样中烃类的全貌,代表了有机质丰度、母质类型和演化程度。烃类丰富、低碳烃含量高、无明显奇偶优势者一般多为海相生油母质且演化程度高;反之,则为陆相生油母质且演化程度低。若色谱峰分布曲线基本上是条直线,则说明无油气显示。

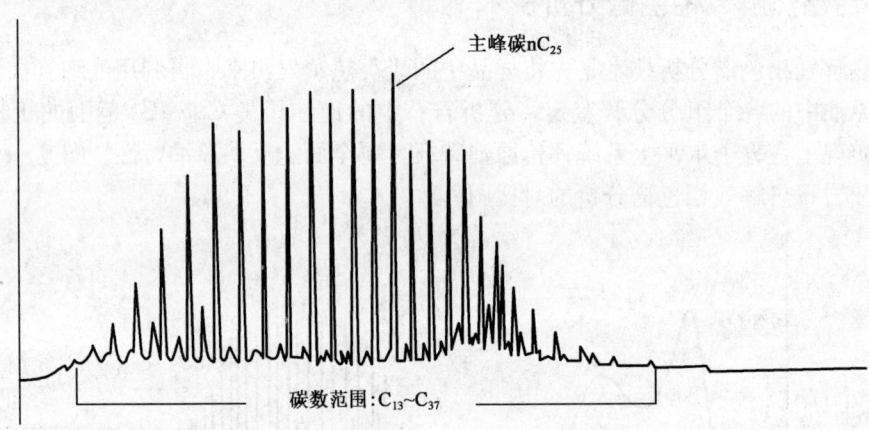

图 6-38 碳数范围及主峰碳参数示意图

(2) 主峰碳数

主峰碳数即一组色谱峰中的质量分数最大的正构烷烃的碳数(图 6-38)。此值的大小表示岩样中有机质或油样中烃类的轻重、成熟度和演化程度的高低。主峰碳数小的样品说明其烃类轻,成熟度和演化程度高。主峰碳数与原始母质性质有关,一般以藻类为主的有机质,其主峰碳数位于 $C_{15} \sim C_{23}$;而以陆源高等植物为主的有机质,其主峰碳数则为 $C_{25} \sim C_{29}$。另外,主峰碳数也是一个较好的成熟度指标,随着有机质成熟过程中,温度、压力的增大,促使高分子烃裂解为低分子烃,相应的主峰碳位置就朝低碳方向偏移,因而随有机质成熟度的增加,主峰碳数不断降低。

(3) Pr/Ph

Pr/Ph 即姥鲛烷与植烷之比。二者皆是无环的类异戊二烯烃类，姥鲛烷即 iC_{19}，植烷即 iC_{20}。由于姥鲛烷和植烷结构上比较稳定且具有较高的含量，因此是最常用的标志性化合物。其比值在成岩和运移过程中比较稳定，所以是一个追踪运移的指标。Pr/Ph 也是一个有机质类型参数，可以判别有机质的海陆相成因，陆相成因的有机质其 Pr/Ph>1，而海相成因的有机质其 Pr/Ph<1。另外，Pr/Ph 也是沉积环境指标，Pr/Ph>1 反映氧化环境，Pr/Ph<1 反映还原环境。

(4) Pr/nC_{17}、Ph/nC_{18}

这是两个运移参数，因为埋藏在地层中的有机质在运移过程中这些组分均按比例丢失，但其比值保持不变。类异戊二烯烃的热演化也遵循化学热力学规律，即随着有机质热成熟度增加，其 Pr/Ph 值增大，异构烷烃与相应的正构烷烃含量比值下降，Pr/nC_{17}、Ph/nC_{18} 也明显降低。因此，它们也是两个很好的成熟度指标，随着演化程度的加深，这两个比值均逐渐变小。

(5) $\sum nC_{21}^{-}/\sum nC_{22}^{+}$

这个指标即指一组色谱峰中，C_{21} 以前烃的质量分数总和与 C_{22} 以后烃的质量分数总和之比，是碳数范围和分布曲线的具体描述，是一个反映有机质丰度、母质类型、演化程度及油样原油性质的综合参数。通常情况下，$\sum nC_{21}^{-}/\sum nC_{22}^{+}$ 值随成熟度增加而增大；在相同的成熟度情况下，$\sum nC_{21}^{-}/\sum nC_{22}^{+}$ 值也可以反映母质类型，一般在富含陆源类脂化合物的生油岩中其值较低。另外，通过 $\sum nC_{21}^{-}/\sum nC_{22}^{+}$ 值也可以判别原油的轻重。

(6) $(nC_{21}+nC_{22})/(nC_{28}+nC_{29})$

这个指标是指一组色谱峰中 $C_{21}+C_{22}$ 烃的质量分数之和与 $C_{28}+C_{29}$ 烃的质量分数之和的比。此值是一个有机质类型指标，通常作为鉴别海相和陆源生油岩的指标。海生生物有机质中的正烷烃以 $C_{21}+C_{22}$ 烃为主，而陆源植物有机质中的正烷烃则以 $C_{28}+C_{29}$ 居多。所以，该比值高说明是海相沉积环境，而比值低多表示为陆相沉积环境。通常对陆源有机质的生油岩及原油该比值为 0.6~1.2，以海洋有机质为主的生油岩及原油该比值为 1.5~5.0。但该值的大小同时也受成熟度的影响。

(7) 奇偶优势 OEP 和碳优势指数 CPI

这两个参数意义相同，均为有机质成熟度指标。

$$OEP 值 = \frac{C_{23}+6C_{25}+C_{27}}{4C_{24}+4C_{26}} \tag{6-66}$$

$$CPI 值 = \frac{\frac{\sum(C_{23}\sim C_{31})}{\sum(C_{22}\sim C_{30})}+\frac{\sum(C_{23}\sim C_{31})}{\sum(C_{24}\sim C_{32})}}{2} \tag{6-67}$$

奇偶优势是指正构烷烃中奇数碳烃的相对丰度；碳优势指数 CPI 一般指 $C_{24}\sim C_{34}$ 范围内，分别取两次奇数碳数的浓度与偶数碳数的浓度总和之比的平均值。

这两个参数都是说明，在一组色谱峰中正烷烃奇数碳的质量分数与偶数碳的质量分数之比。因为生物体内的正烷烃中奇数碳高于偶数碳，存在着明显的奇偶优势，通常在未成熟阶段，正构烷烃的分布呈锯齿形，其 OEP、CPI 值远大于或远小于 1。而有机质在演化过程中是大分子变成小分子，结构复杂的分子变成结构简单的分子，正烷烃奇数优势消失。当有机质演化至成熟以后，其正构烷烃的分布由锯齿型向平滑型转化，OEP、CPI 值趋近于 1。

2. 分析参数的具体应用方法

利用碳数范围、主峰碳数、Pr/Ph、Pr/nC$_{17}$ 和 Ph/nC$_{18}$、$\sum nC_{21}^-/\sum nC_{22}^+$、$(nC_{21}+nC_{22})/(nC_{28}+nC_{29})$、奇偶优势 OEP 等参数，可以对储集层原油性质、产液性质进行判别，并能有效地识别真假油气显示，是对地化录井有益的拓展和补充。

(1) 评价储集层流体性质的理论基础

储集岩在沉积及成岩过程中，孔隙体积中充满了水，后期运移到储集岩中的原油与地层水紧密接触，在漫长的地质历史进程中，原油在储集岩中会发生一系列的变化。

首先，原油在重力分异作用影响下，会产生一系列的组成变化，在储集层上形成气、油、水分层的分布状态。纵向上，在色谱流出曲线上表现为原油组分峰轻质组分逐渐减少、重质组分逐渐增多、油质从轻到重的变化趋势。

其次，水中细菌和溶解氧也会与部分原油中的烃类发生氧化和生物降解作用。这些作用的强弱与地层水状况有关，含水饱和度越高的地方、具备可动水的地方以及油水界面附近，其改造作用就越强。氧化、生物降解作用的结果，造成正构烷烃、少量支链烷烃、低环烷烃及芳香烃组分部分或全部消失。在色谱流出曲线上表现为不可分辨物增多，色谱流出基线抬升。

另外，由于原油组分中的各成分在水中的溶解程度各不相同，在漫长的地质历史进程中，水的溶解作用也会对原油性质变化产生不可低估的影响。水溶作用与氧化生物降解作用一样，随储集层水动能力的增强而加剧。在色谱流出曲线上表现为不可分辨物增多，基线隆起，重质成分增加。

一般而言，对储集层原油的改造，重力分异、氧化、生物降解及水溶这几种因素中除了生物降解有一定的深度限制外，其他是共同起作用的。利用这些因素对原油改造后的气相色谱谱图变化特征进行识别，就可以对储集层流体性质进行判别。

(2) 储集层油、气、水层的评价

储集层流体性质主要指其产液性质，分油层、油水同层和含油水层几种情况。在用热蒸发烃气相色谱识别油水层时，主要利用谱图形态、包络线与基线封闭区域的面积、基线特征、烃物质组成、主峰碳等信息。

油层的特征：对于试油，测试只产纯油或含有少量水的储集层，其样品色谱分析特征明显 [图 6-39 (a)]。主要表现为：

1) 正构烷烃组分齐全，碳数分布范围宽，一般为 C_{13}~C_{33}；

2) 由于水含量相对较低，氧化和生物降解作用较弱，水溶作用也相对较弱，形成的不可分辨物含量较低，正构烷烃含量高，异构烷烃含量低，色谱流出曲线基线平直；

3) 整个储集层上下样品分析谱图差异不大。

油水同层特征：对于油水同层，其样品热解色谱分析特征与油层判别较大。由于水中含有大量的 O、S 等活性元素，在条件适合时，这些元素会置换烃物质的某些元素，使原油的组成发生变化，如苯（C_6H_6）中的 H 被 OH 替代就形成了苯酚（C_6H_5OH），产生了杂原子化合物。另外，水中可能含有某些细菌（如食蜡菌），这些细菌菌解了原油原来的组分，吞食了正构烷烃，形成了异构烃。因而油水同层的主要特征 [图 6-39 (b)] 是：

1) 正构烷烃组分较齐全，碳数分布范围较宽；

2) 在重力分异作用下，层中呈现上油下水的特征，由于与水接触的程度不同，氧化和

生物降解作用逐渐加强,水溶作用也逐渐加强,形成的不可分辨物含量呈升高趋势,色谱流出曲线基线逐渐隆起;

3) 整个储集层上下样品分析差异较大。

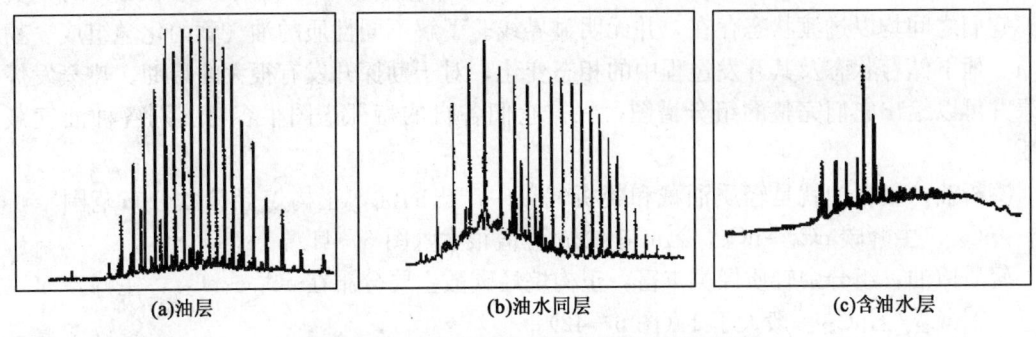

图6-39 不同含油级别典型热蒸发烃色谱图

含油水层特征:由于与水接触的程度较高,氧化和菌解作用强,水溶作用也强,形成的不可分辨物含量呈升高趋势,其样品色谱分析特征与油层、油水同层有较大差异[图6-39(c)]。主要表现为:

1) 正构烷烃组分不全,碳数分布范围窄;

2) 不可分辨物含量呈升高趋势,色谱曲线基线隆起明显。对于部分生物降解十分强烈的浅层样品,色谱分析甚至看不到饱和烃组分。

结合试油资料,油层、油水同层、水层的典型谱图特征如图6-40所示。

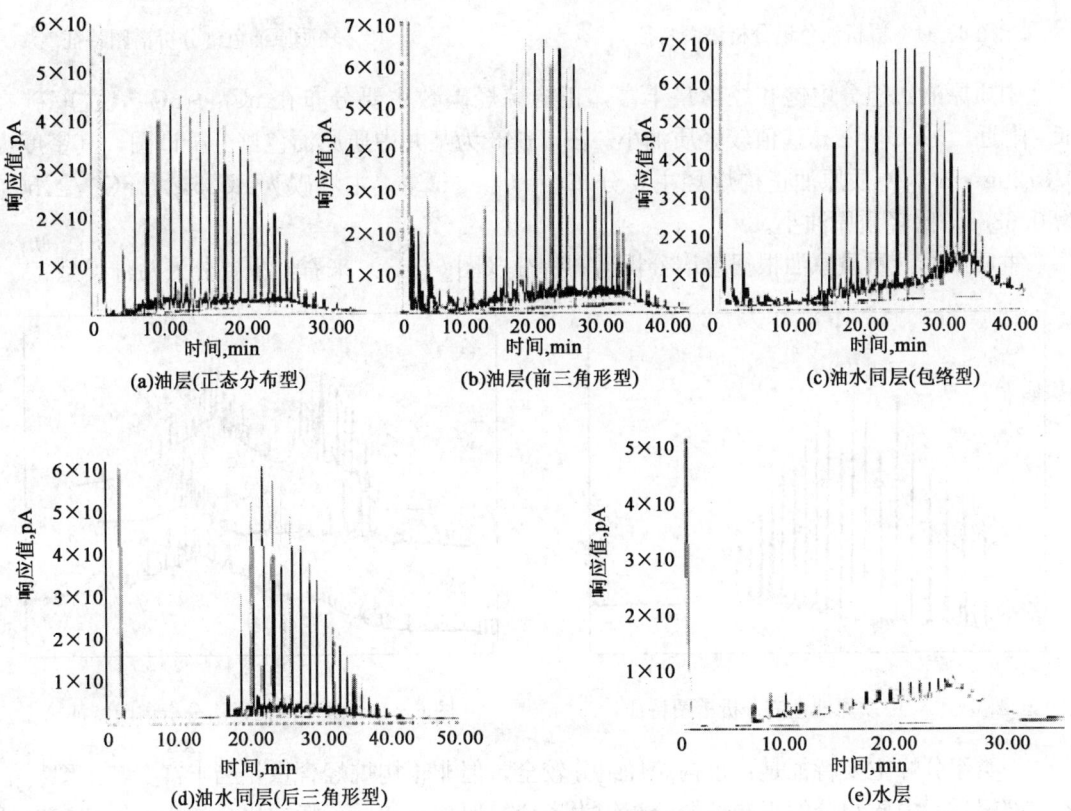

图6-40 储集层油、气、水层谱图特征

（3）储集层原油性质的评价

不同性质的油气藏其原油性质也存在差异，如天然气、凝析油、轻质原油、中质原油、重质原油、稠油油气藏，这些油气藏是以烃类成分在储集层中存在的状况来划分的，实际上，它们之间均以过渡状态存在，并无明显界线。了解不同性质的油气藏的化学组成、物理性质、地下储存状态及其开发过程中的相态变化，对于勘探开发有很大的帮助。热蒸发烃色谱录井可以给出它们完整的组分谱图，根据它们各自的特征谱图很容易鉴别各种油气藏的性质。

凝析油：凝析油就是轻质油藏和凝析气藏中产出的油，正构烷烃碳数分布范围窄，为 $nC_1 \sim nC_{20}$，主峰碳 $nC_6 \sim nC_8$，$\sum nC_{21}^-/\sum nC_{22}^+$ 值很大（图 6-41）。

轻质原油：组分中轻质烃类丰富，正构烷烃碳数主要分布在 $nC_{11} \sim nC_{30}$，主峰碳 nC_{20} 在附近，$\sum nC_{21}^-/\sum nC_{22}^+$ 一般大于 1（图 6-42）。

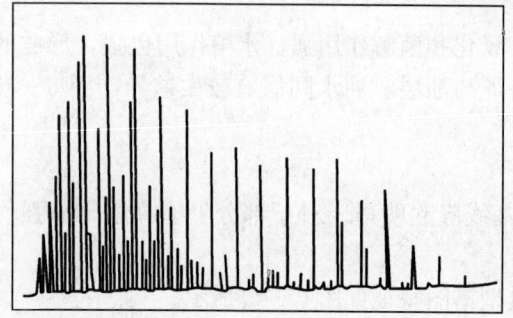 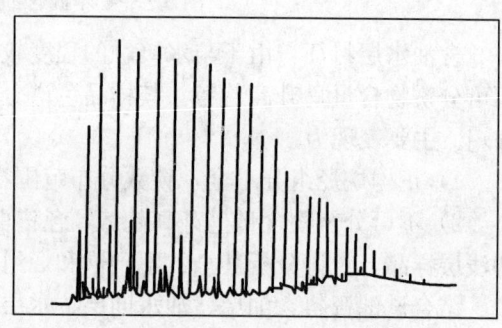

图 6-41 凝析油色谱分析谱图特征　　　　图 6-42 轻质原油色谱分析谱图特征

中质原油：组分中饱和烃含量丰富，正构烷烃碳数主要分布在 $nC_{11} \sim nC_{35}$，主峰碳在 nC_{25} 附近，$\sum nC_{21}^-/\sum nC_{22}^+$ 值较轻质油小。图 6-43 为某井中质原油色谱分析谱图，其密度为 $0.8720 g/cm^3$。中质原油正构烷烃主要分布在 $nC_{12} \sim nC_{35}$，主峰碳为 $nC25$，$\sum nC_{21}^-/\sum nC_{22}^+$ 为 0.6335，比轻质原油小。

重质原油：重质原油根据色谱分析谱图特征（图 6-44）来看，主要分为两种类型：

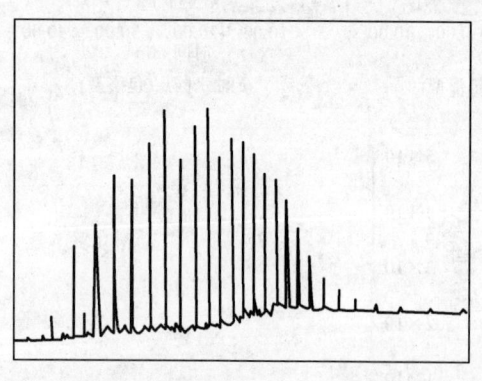 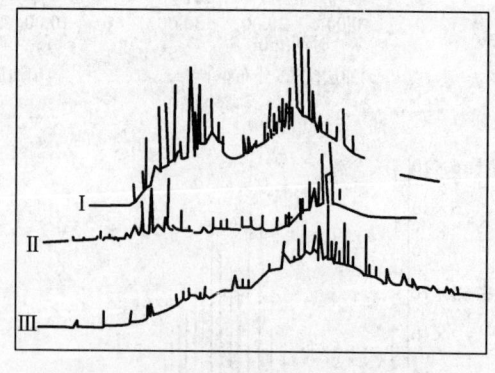

图 6-43 中质原油色谱分析谱图特征　　　　图 6-44 重质原油色谱分析谱图特征

一类组分峰主要特征是：正构烷烃组分较全，但非正构烷烃含量相当丰富。其谱图特征为前部轻质、中质组分的正构烷烃分布较为齐全，但含量较低，特征化合物姥鲛烷和植烷可清晰分辨;后部重质组分凸起呈弯隆状,且不可分辨化合物含量相当丰富(如图6-44所示中的Ⅰ、Ⅱ)。另一类组分峰主要特征是:正构烷烃不存在或含量很低,特征化合物不可分辨,异构烷烃和环烷烃含量较多。其谱图特征表现为正构烷烃含量基本不存在,特征化合物姥鲛烷和植烷不可分辨,未分辨化合物含量丰富且呈不规则的杂乱峰,后部重质组分凸起呈弯隆状(如图6-44所示的Ⅲ)。

稠油:组分中胶质、沥青质含量特别高,正构烷烃含量特别少。图6-45为某井井深1663m灰色油斑含砾砂岩稠油的分析谱图,峰形特征表现为正构烷烃几乎不存在,而后部重质组分胶质和沥青质含量极高。

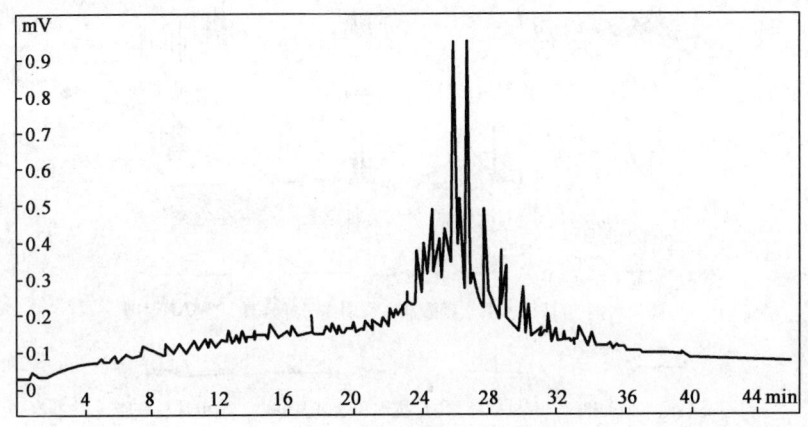

图6-45 稠油色谱分析谱图特征

储集层原油性质的判别通常用正构烷烃碳数分布范围、主峰碳分布区间、$\sum nC_{21}^-/\sum nC_{22}^+$比值来确定,其判别标准见表6-24。

表6-24 热蒸发烃色谱原油性质判别表

原油性质	主要特征		
	正构烷烃碳数分布范围	主峰碳	$\sum nC_{21}^-/\sum nC_{22}^+$
轻质原油	$nC_{12} \sim nC_{28}$	$nC_{15} \sim nC_{19}$	1.10~5
中质原油	$nC_{12} \sim nC_{35}$	$nC_{19} \sim nC_{27}$	0.4~1.10
重质原油	$nC_{15} \sim nC_{38}$	$nC_{25} \sim nC_{32}$	≤0.4

(三) 真假油气显示的识别

钻井现场假油气显示一般来自钻井液烃类污染,钻井液烃类污染来自油基钻井液和各种添加剂。任何有机质都可以用氢火焰离子化检测器检测,有机质不同,组分出峰也不同,就像人的指纹一样。钻井液中加入不同有机物添加剂,可分析出不同的色谱图,可以作出各种类型添加剂的色谱分析谱图,作为比较的标准谱图(图6-46)。假如某种有机添加剂与一种油气显示混合在一起,分析出来的色谱团就有两者重叠峰的特点,将此重叠峰与各自的标准谱图比较,就很容易识别真假油气显示。

有关定量荧光录井和核磁共振录井单项评价技术和方法,请参见前面有关章节。

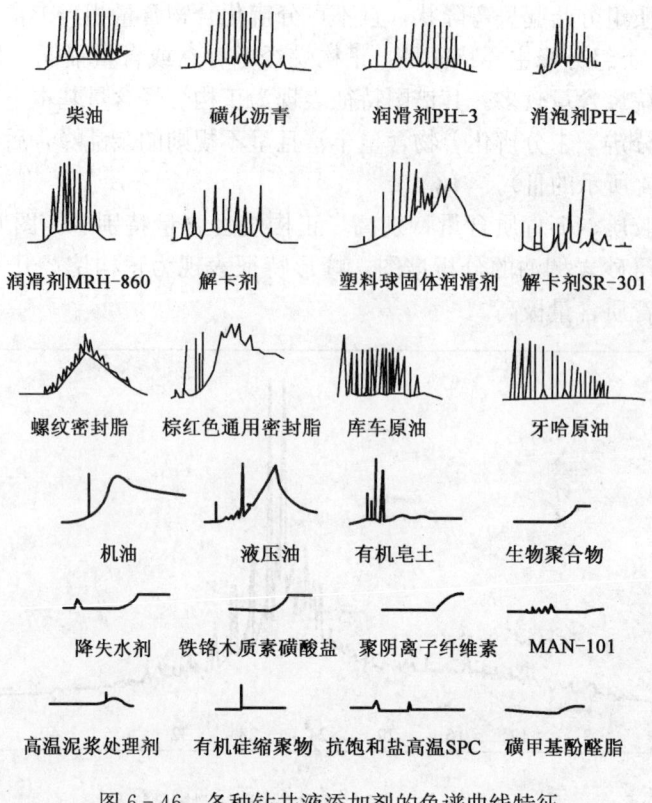

图 6-46 各种钻井液添加剂的色谱曲线特征

第四节 油气层综合解释与评价技术

油、气、水层的综合解释是录井工程的重要内容之一。通过分析岩心、岩屑等各种录井资料，地化录井、核磁共振录井、定量荧光录井等录井信息、测井信息与储集层岩性、物性、含油性之间的相关关系，结合试油成果对地下地层的油、气、水层进行判断，是综合解释的最终目的。油气层解释合理，能够反映地下实际情况，就能彻底解放油气层，为油气资源科学合理开采做好基础工作；反之，如果解释不合理，就可能丢掉油气层，甚至丢掉油气藏、油气田，以致影响整个油气田的勘探开发。可见做好油气层的综合解释，是一项十分重要的基础工作。目前，在复杂油气藏、隐蔽油气藏的勘探中更显示油气层综合解释与评价工作的重要性。

一、录井资料油气层解释与评价基础

（一）可动水分析法评价油、气、水层的理论

在地层条件下，油、气、水层的动态规律一般服从于混相流体的渗流理论。因此一个储集层到底是产油气、产水还是油水同出，归根结底取决于储集层油、气、水相渗透率的大小。而决定储集层中油、气、水相渗透率的主要因素是岩石的绝对渗透率以及储集层中油、气、水的饱和度大小。对于某一储集层，由于岩石的绝对渗透率已定，因而决定流体相渗透率的因素为储集层中各流体的饱和度。如果储集层只存在两种流体，假设为油和水，根据储

集层中油、水饱和度的变化情况相应有三种不同的情况（图6-47）。

1) 当储集层的含水饱和度 S_w 约等于束缚水饱和度 S_{wi} 时，储集层中无可动水，即储集层中可动水饱和度 S_{wm} 趋于0，储集层的孔隙空间为油和束缚水饱和。在这种情况下，油的相对渗透率 K_{ro} 趋于1，而水的相对渗透率 K_{rw} 趋于0，储集层只产油，储集层为油层。

2) 当储集层的含水饱和度 S_w 大于束缚水饱和度 S_{wi} 时，储集层中除存在油和束缚水外，还存在一部分可动水。因此，$0 < K_{ro} < 1$，$0 < K_{rw} < 1$，储集层为油水层（油水同层与含油水层）。

3) 当储集层的含水饱和度 S_w 趋于1时，含油饱和度 S_o 趋于0或仅存少量残余油，水的相对渗透率 K_{rw} 趋于1，而油的相对渗透率 K_{ro} 趋于0，储集层将只产水，储集层为水层。

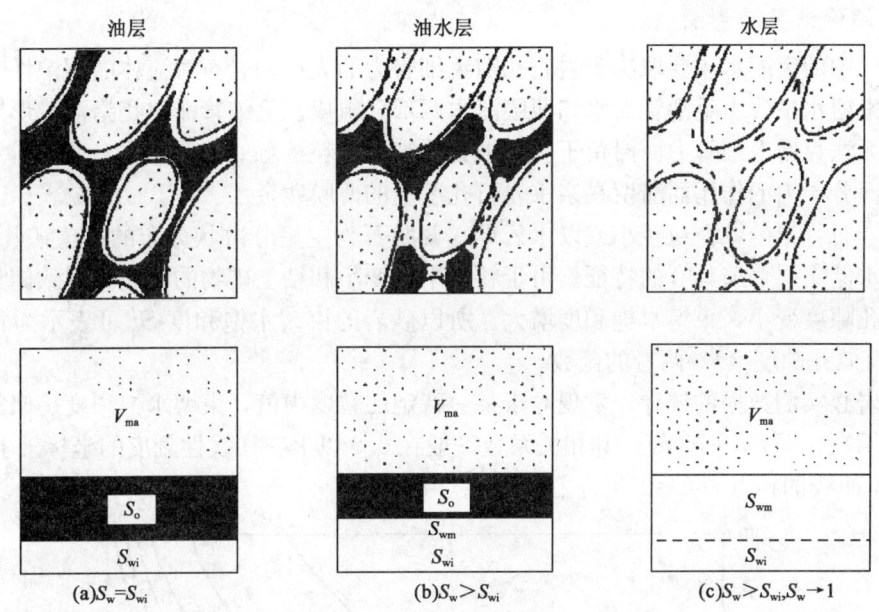

图6-47 储集层中流体饱和度与储集层性质的关系
V_{ma}—岩石颗粒体积

(二) 影响油气层评价的主要因素

从大量的油气田勘探开发实践经验中，我们已知影响储集层评价的主要因素有岩石含油饱和度（S_o）、含气饱和度（S_g）、束缚水饱和度（S_{wi}）、可动水饱和度（S_{wm}）、岩石有效孔隙度（ϕ）、原油粘度（μ）以及岩石粒度中值（M_d）等。

要准确地进行油、气、水层评价，必须首先搞清楚以上各因素之间的相互关系以及它们与油、气、水层评价结果之间的关系。

1. S_o、S_{wi}、S_{wm} 之间的关系及其对储集层评价结果的影响

在油气聚集过程中，油气排驱原存在于储集层孔隙中的水越彻底，束缚水饱和度越低，其含油气饱和度越高。地层中原存的水被油气排驱的程度取决于储集层的孔隙结构、表面性质、油气水的理化程度及排驱能力等因素。储集层的孔隙结构是控制含油饱和度的主要因素。储集层的孔隙越大，孔隙结构越简单，油排驱水时所受阻力越小，含油气饱和度越高；相反，储集层的孔隙越小，孔隙结构越复杂，油排驱水时所受阻力越大，往往只能把毛细管孔隙中的水部分排出，使束缚水饱和度变大，含油气饱和度变低。

储集层的颗粒越细，它的比表面积就越大，吸附在颗粒表面的水越多，含水饱和度越高，导致含油饱和度变低。从可动水分析理论已知：

$$S_o + S_{wi} + S_{wm} = 1 \tag{6-68}$$

对于某一储集层，M_d、ϕ、μ 恒定，储集层含油气的差异取决于储集层中是否存在可动水以及可动水饱和度的大小。

$$S_{wm} = 1 - S_o - S_{wi} \tag{6-69}$$

含油饱和度已有分析数据计算得出，S_{wi} 对某储集层来讲是定值，因此可方便地得到该储集层的可动水饱和度，进而确定储集层的含油气性。

2. 岩石有效孔隙度（ϕ）、粒度中值（M_d）与岩石束缚水饱和度（S_{wi}）的关系及其对储集层评价结果的影响

储集层中的束缚水主要取决于岩石孔隙毛细管力的大小和岩石对流体的润湿性。根据这一概念，束缚水主要由毛细管滞水和薄膜滞水两部分组成。毛细管滞水是指油藏形成过程中驱动压力无法克服毛细管力而滞留于微毛细管孔隙和颗粒接触处的残存水。薄膜滞水是指由于颗粒表面分子力的作用而滞留在亲水岩石孔壁上的薄膜残余水。

组成岩石骨架的颗粒粒径小或以水云母、蒙脱石为主呈分散状分布的粘土矿物含量大，是高束缚水储集层普遍具有的特征。由于粒度中值变小和粘土矿物的填充，导致储集层渗透率和有效孔隙度变小，束缚水饱和度增大。所以砂岩的束缚水饱和度 S_{wi} 可表示为粒度中值（M_d）和有效孔隙度（ϕ）两者的函数。

根据岩心实测数据的统计，发现对于某一特定的粒度中值，束缚水饱和度是储集层有效孔隙度的函数，即 $S_{wi} = F(\phi)$，其相关系数一般在 0.9 以上。在线性刻度的坐标轴上，S_{wi} 和 ϕ 之间关系曲线的拐点为 $\phi = 20\%$ 左右（图 6-48）。

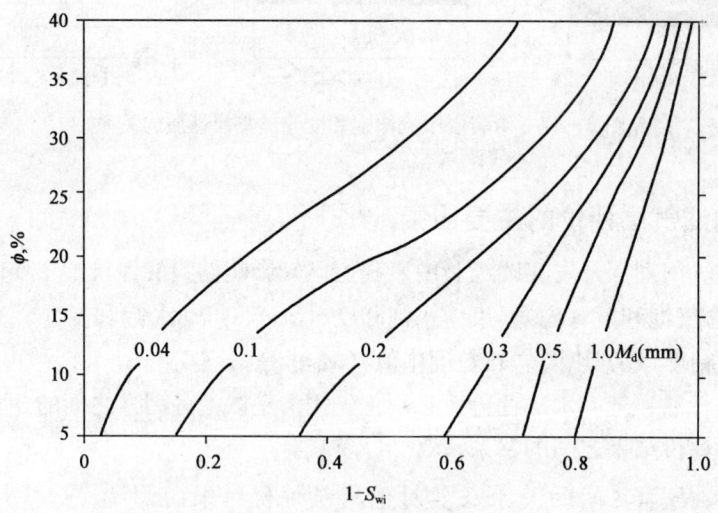

图 6-48 岩石粒度中值 M_d、有效孔隙度 ϕ 与储集层 $(1-S_{wi})$ 的关系

实际上，图 6-48 中某一粒度中值的关系曲线可视为该岩石的油层界线，换言之，即某孔隙度的岩石含油饱和度 S_o 等于该点 $1-S_{wi}$ 值，储集层应为油层（干层例外）。

从图 6-48 可以明显看出，粒度中值不同，所对应的储集层油层界线相差很大，这是由于粒度中值不同所引起的束缚水饱和度变化所致。可以断言，使用固定的评价标准或图版对具有同样含油饱和度而粒度中值不同的储集层进行评价，会产生完全错误的评价结论。

若将 ϕ、$1-S_{wi}$、M_d 三量做成三维模型，储集层的 $1-S_{wi}$ 值在空间上可表示为 A、B、C、D 四条曲线所形成的曲面，如图 6-49 所示。

3. 岩石有效孔隙度（ϕ）、渗速率（K）、原油粘度（μ）与油水层划分界线的关系

由多孔介质中混相流体理论可知，岩石中油水流量之比为：

$$\frac{Q_o}{Q_w} = \frac{K_{ro} \cdot \mu_w}{K_{rw} \cdot \mu_o} \tag{6-70}$$

式中　Q_o——油的流量，m^3/s；

　　　Q_w——水的流量，m^3/s；

　　　μ_o——油的粘度，$mPa \cdot s$；

　　　μ_w——水的粘度，$mPa \cdot s$；

　　　K_{ro}——油的相对渗透率；

　　　K_{rw}——水的相对渗透率。

油水相对渗透率是含油、含水饱和度的函数，随着某一相流体饱和度的增加，流网扩大，导致该相流体有效渗透率增大。图 6-50 是根据储集层岩心分析结果所做出的油水相对渗透率与含油、含水饱和度的关系曲线。从图 6-50 中可以看出，当储集层的含水饱和度在 A 点以下时，油的相对渗透率 K_{ro} 较高，而水的相对渗透率 K_{rw} 为零，储集层只产油，A 点所对应的含水饱和度为临界含水饱和度。随着含油饱和度的减小和含水饱和度的增大，K_{rw} 升高而 K_{ro} 降低。当达到 B 点时 K_{ro} 为零，储集层只产水而不产油，B 点所对应的含油饱和度为临界含油饱和度。而当含油、含水饱和度处于 A、B 两点之间时，油水混合流动，储集层油水同出。当岩石的含油、含水饱和度恒定时，原油粘度成为影响储集层评价的关键因素。

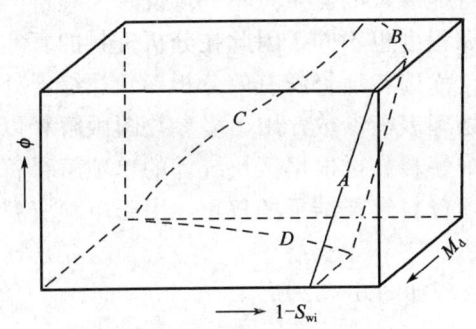

图 6-49　岩石粒度中值 M_d、有效孔隙度 ϕ
与储集层 $1-S_{wi}$ 的空间关系

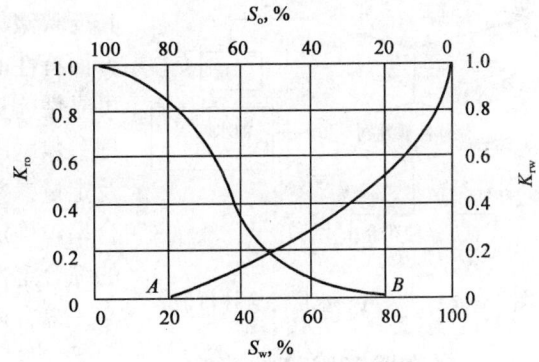

图 6-50　某储集层油水相对渗透率
与油、水饱和度的关系

在油气层求产及开采过程中，由于压力降低，导致地层中游离气的膨胀和溶解气的析出，一定程度上缓解了原油粘度对产液中油水比例的影响。因此，在考虑消除原油粘度对储集层评价结果的影响时，须考虑消除原油体积系数所造成的影响。

对于某粒度中值、岩石有效孔隙度一定的储集层，其储集层油、水层划分界线 S 与原油粘度、原油体积系数 B_0 之间存在一定的函数关系：

$$S = f[B_0 \cdot f(\mu)] \tag{6-71}$$

具体到某含油气区，可根据勘探开发经验数据确定其具体的数学关系。

以储集层油水层划分界线与原油粘度的函数关系可做出两者之间的关系图,如图6-51所示。

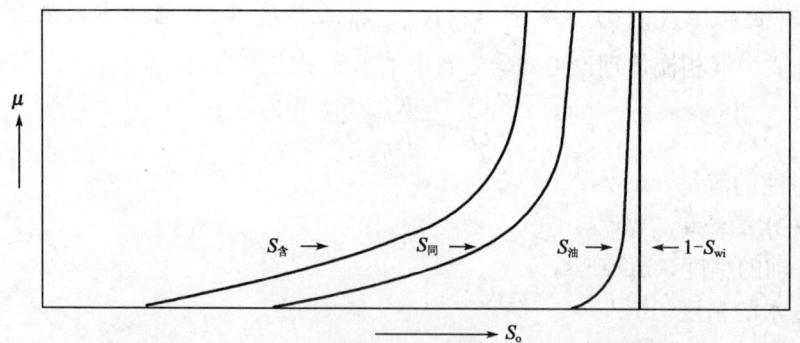

图6-51 原油粘度对储集层评价界限的影响

二、油、气、水层综合评价方法

为了进行油、气、水层综合评价,首先要进行对各项原始数据采集资料的环境影响因素校正研究等基础工作。由于录井资料受当时的录井环境影响,测量值可能存在一定的偏差。例如,不同的钻井液性能对气测分析参数有较大的影响,地化分析受分析时间、取样位置等因素影响较大等。资料的影响因素分析是正确应用单项资料提供的参数和结论的前提。应针对矛盾现象,首先分析其他的客观或人为因素的影响,确定资料的真实可靠程度。此外,对单项资料应进行有效参数优选和权重确定。各项资料分析方法不同,其反映储集层特征现象的侧重点不同,反映储集层某方面特性的可靠程度也不同,因此在分析资料的真实可靠性前提下,优选各项资料有效分析参数、综合处理参数、图形处理表征参数,用于多参数图版解释以及定量参数标准解释。再根据区块统计的单项解释符合率,确定单项资料解释结果的权重,用于单项资料的综合定性判断。

综合评价流程如图6-52所示。

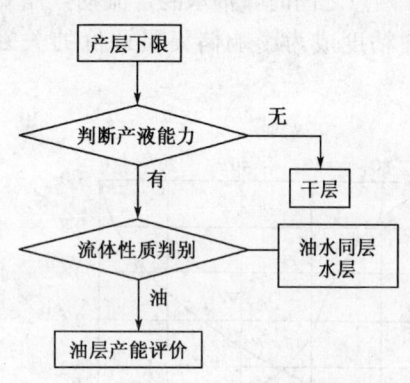

图6-52 油、气、水层综合评价流程

(一) 产层下限值的确定

首先利用地化、核磁共振录井结合测井资料确定孔隙度、含油饱和度、束缚水饱和度、有效厚度等定量参数,然后进行产层下限值的确定。

产层下限值是指在目前的试油、压裂工艺技术条件下无流体产出的确定储集层的参数值(如 ϕ_e、Q 等)。确定储集层能否有流体产出的参数主要有有效孔隙度、产能指数 Q 和电阻率 R_t。

应用电阻率与孔隙度交会图及产能指数 Q 与孔隙度交会图,可确定产层下限值,如图6-53所示。

从图6-53中可看出,该油层压裂后是否有流体产出的储集层必须满足 $Q \leqslant 0.35$、$\phi_e \geqslant 6\%$,也就是说该油层的产层下限值是 $Q=0.35$、$\phi_e=6\%$。当 $Q \leqslant 0.35$、$\phi_e \geqslant 6\%$ 时,为产层;当

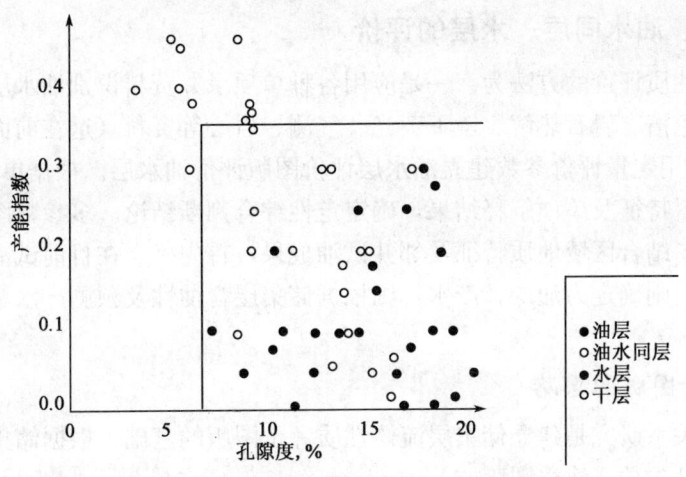

图 6-53 某区块油层产能下限值图版

$Q>0.35$、$\phi_e<6\%$时,为非产层。

例如,通过应用该方法,求得某油田分区块、分油层组产层下限值,见表 6-25。

表 6-25 某油田分区块、分油田层组产层下限值统计表

地　区	电阻率,$\Omega \cdot m$	孔隙率,%	产能指数
葡西地区葡萄花油层	—	≥6	<0.35
西部地区扶扬油层	≥17	≥7	<0.4
卫星—太东地区葡萄花油层	—	≥11	<0.35
卫星—太东地区扶扬油层	≥18	≥8	<0.4
大安地区葡萄花油层	—	≥8	<0.35

(二) 干层的评价

干层是指在目前的试油、压裂工艺技术条件下无流体产出的储集层。它分为含油干层和含水干层。根据产层下限可确定含油干层和含水干层的解释标准。某油田分区块、分油层组的干层解释标准见表 6-26。

表 6-26 某油田分区块、分油层组的干层解释标准

地区	解释结果	电阻率,$\Omega \cdot m$	孔隙度,%	产能指数
葡西地区葡萄花油层	含油干层	—	5~6	0.35~0.45
	含水干层	—	<5	>0.45
西部地区扶扬油层	含油干层	15~17	5~7	0.4~0.45
	含水干层	<15	<5	>0.45
卫星—太东地区葡萄花油层	含油干层	—	11~13	0.35
	含水干层	—	<11	>0.35
卫星—太东地区扶扬油层	含油干层	16~18	6~8	0.35~0.4
	含水干层	<16	<6	>0.4
大安地区葡萄花油层	含油干层	—	5~7	0.35~0.42
	含水干层	—	<5	>0.42

(三) 油层、油水同层、水层的评价

储集层流体性质评价的方法为：一是应用各种单项录井资料识别油水层，应用的资料有核磁共振、气相色谱、岩石热解、镜下荧光、气测、岩心等资料（这在前面的章节中已进行了论述）；二是应用定量评价参数建立油水层评价图版评价油水层。根据单项资料可信程度，综合分析单项资料特征及单项解释结果，确定定性综合判断结论。多参数图版解释，确定图版综合判断结论。结合区域地质特征及邻井试油成果，首先确定在目前试油条件下储集层是否产水，不产水，则确定为油层；产水，则根据储集层含油性及预测产水量，区分油水同层或水层。

1. 建立评价图版的思路

储集层四性关系研究是建立储集层流体性质评价图版的基础，根据储集层特点，优选反映储集层的敏感性参数是建立图版的关键。

每个研究区块都可能同时存在均质、较高孔渗、厚层及非均质、较致密、薄下层两种储集层类型。可以分厚层、均质储集层及非均质、薄差层两种储集层类型，同时结合原油的性质，优选参数，建立解释图版。

对于轻质油层，原油的流动性、储集层的渗透性是判别产液性质的关键参数。而对于高渗透油层和残余油水层，由于储集层具有较好的孔渗性，测试必产流体，产油产水的区分关键是含油饱和度和含水饱和度之间的相对关系。针对每个区块不同的特征，优选与孔隙度、渗透率、饱和度直接相关的测井、录井参数，建立解释图版。

2. 参数的优选及其物理意义

1) 反映渗透性（K）的参数：泥质含量（V_{sh}），束缚水饱和度（S_{wi}），岩石体积密度（DEN）、声波时差（AC），岩心分析渗透率，岩心、岩屑、井壁取心岩性、粒度、分选性、磨圆度、胶结物、充填物、裂缝及层理构造发育程度等，荧光图像分析孔隙清晰度。

在高含泥储集层中，在孔隙度相差不大的情况下，泥质含量的高低反映了储集层的渗透性。渗透率与自由水饱和度正相关，与束缚水饱和度负相关。岩石体积密度和声波时差均能反映储集层致密程度。

2) 反映含油饱和度（S_o）的参数：热解含油气总量（S_T），深侧向、深感应电阻率（LLD、ILD），岩心、岩屑、井壁取心一次观察含油特征，地化分析岩石含烃量，气测分析全烃含量及异常显示曲线形态，井喷、井涌等异常现象及钻井液槽池面显示特征。

3) 反映孔隙性的参数：岩心分析孔隙度及孔隙类型，测井解释孔隙度、声波时差、岩性密度、中子密度曲线特征，核磁共振分析孔隙度，岩心、岩屑、井壁取心岩性、粒度、分选性、磨圆度等，荧光图像分析面孔率。

4) 反映原油性质参数：热解轻重组分比参数 HPI、PS。

热解轻质组分指数 PS 与原油密度相关，轻质组分指数 HPI 与原油粘度相关。

3. 油水层解释图版的建立

图版解释是综合判断的一种基本方法。图版是建立在统计学基础上，是对区块油、气、水层地质规律认识和经验总结的抽象化的直观表达。图版模型一般都是在相对渗透率—油水饱和度关系图版基础上的演变和间接反映。

(1) 厚层较纯砂岩储集层流体性质评价图版

1) 感应电阻率 ILD—热解分析原油轻重组分比 S_1/S_2 解释图版（图 6-54）。

当有效厚度 $H_0 \geqslant 2.0 \text{m}$ 时，选用该解释图版。在储集层物性、岩性相差不大的情况下，电阻率可较好地反映储集层含油性。原油轻重组分比 S_1/S_2 反映原油的流动性，随着 S_1/S_2 比值增大，原油流动性增强，产油能力强；反之，随着 S_1/S_2 比值减小，原油流动性变差，产水可能性增加。

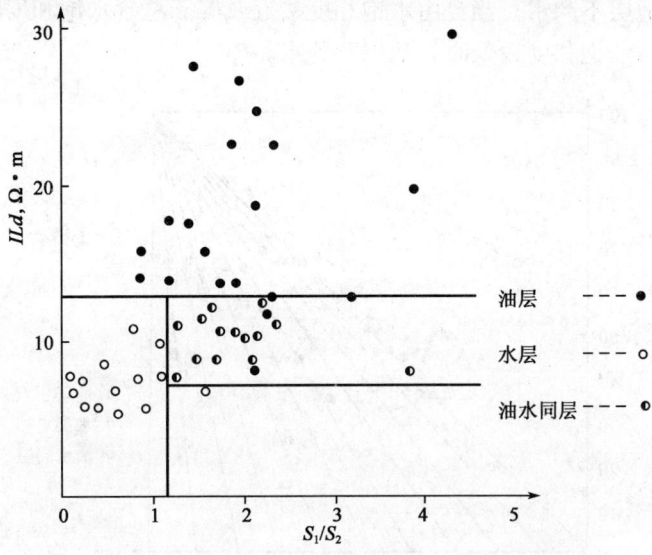

图 6-54　感应电阻率与原油轻重组分比解释图版

2) 感应电阻率 ILD—热解总烃含量 S_T 解释图版。

电阻率、热解总烃含量从不同角度均反映储集层的含油性。热解分析受岩性及含有物的影响小，可排除含泥含钙的影响。由于深感应探测深度较深，受钻井液侵入影响小，且不受轻质油易挥发的影响。也就是说，这两项参数在判断含油性上是互补的（图 6-55）。

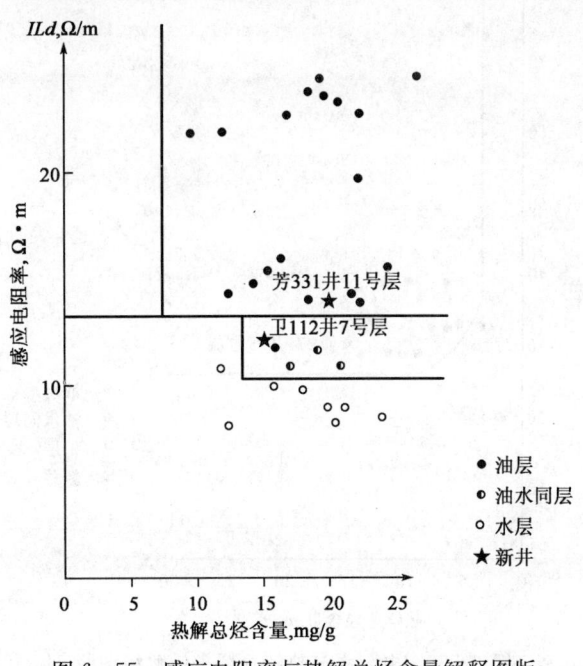

图 6-55　感应电阻率与热解总烃含量解释图版

(2) 薄层砂岩储集层流体性质评价图版

1) 双饱和度（束缚水饱和度 S_{wi}—总含水饱和度 S_w）图版。

当有效厚度 $H_0<2.0$m 时，选用该解释图版（图6-56）。渗透率与自由水饱和度正相关，与束缚水饱和度负相关。总含水饱和度等于自由水饱和度与束缚水饱和度之和。在含油饱和度相差不大的情况下，束缚水饱和度增大，产水能力减弱；当束缚水饱和度接近或等于总含水饱和度时，地层不产水；当自由水饱和度接近或等于总含水饱和度时，地层产水；当含水饱和度较高、含油饱和度较低时，地层产纯水。

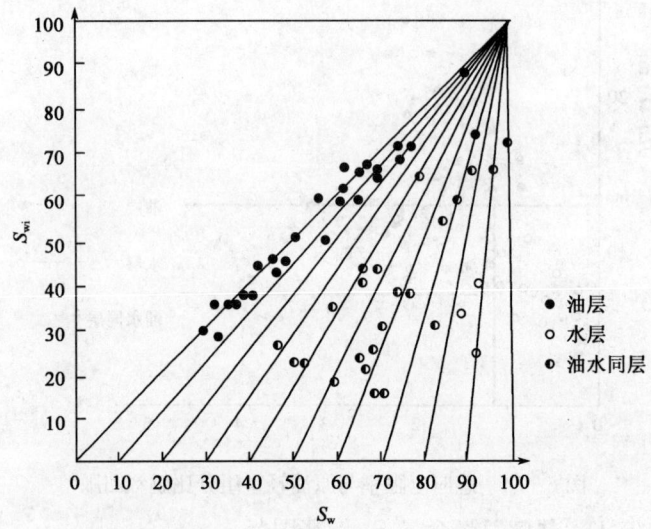

图6-56 总含水饱和度与束缚水饱和度解释图版

2) 电阻率 R_t—热解总烃含量 S_T 解释图版（图6-57）。

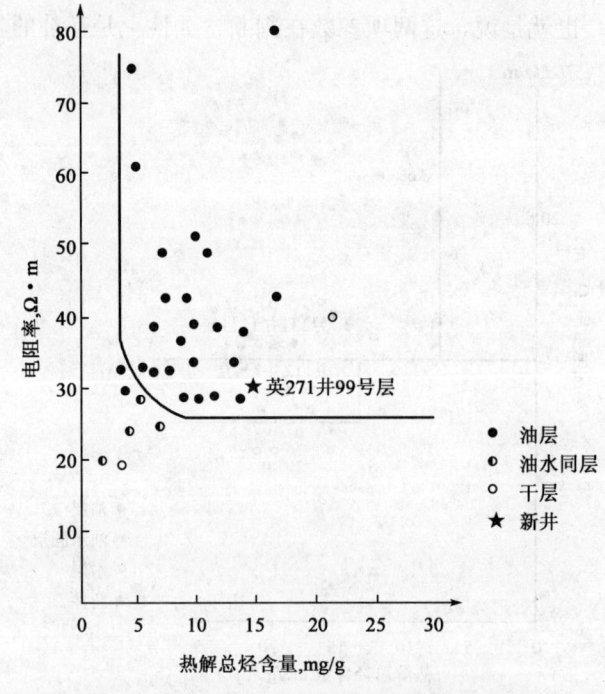

图6-57 电阻率与热解总烃含量解释图版

(3) 高含泥储集层流体性质评价图版

1) 泥质含量（V_{sh}）与热解总烃含量 S_T 解释图版（图 6-58）。

当泥质含量 $V_{sh} \geqslant 10\%$，选用该解释图版。

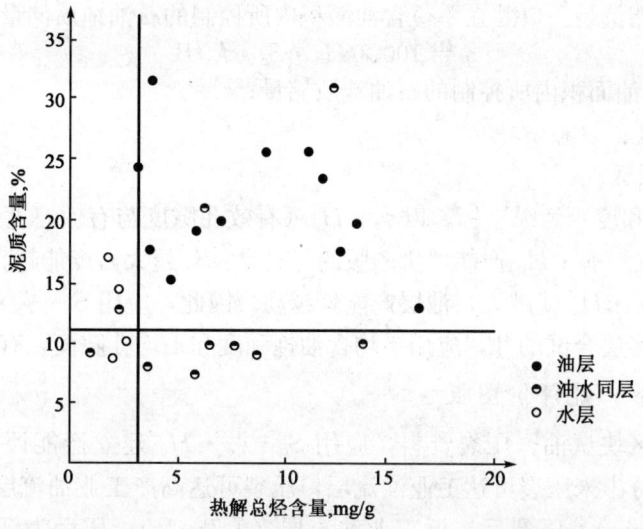

图 6-58　泥质含量与热解总烃含量解释图版

2) 泥质含量（V_{sh}）与原油轻重组分比 S_1/S_2 解释图版（图 6-59）。

该图版主要是针对高含泥储集层。对于高含泥储集层，储集层中各项流体的相对渗流能力决定着储集层的产液关系。

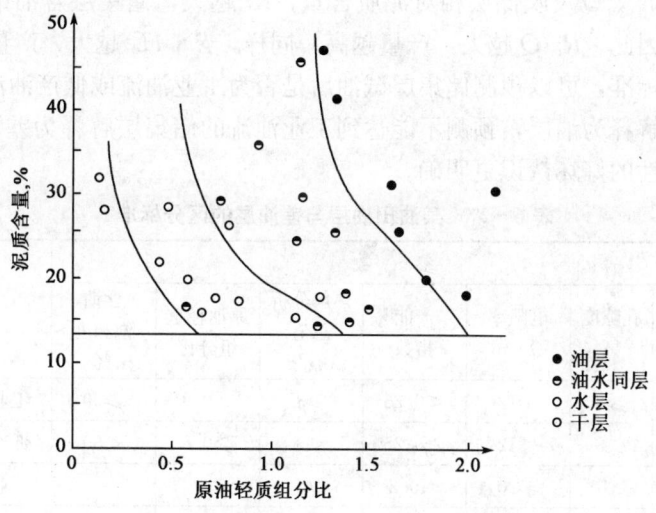

图 6-59　泥质含量与原油轻重组分比解释图版

除了上述介绍的图版法以外，目前录井工程研究人员利用人工神经网络、模糊模式识别、灰色聚类识别、统计模式识别等数学方法进行建模，研发出计算机多参数油、气、水解释评价平台，也相应地取得了一些好的效果。

三、油层产能预测方法

油层产能预测是指对综合判断为油层的储集层进一步区分油层产能级别并预测产油量。

（一）油层静态产能评价

根据录井、测井资料的特点，从静态石油地质储量的角度对储集层进行产能评价，基本思路是以单井单位面积石油地质储量为基础建立评价方法。

单井石油地质储量是一口井在单位含油面积内所控制的石油地质储量。

$$q = 100 \times H_0 \cdot S_o \cdot \phi_e / B \quad (6-72)$$

式中 q——单位含油面积内所控制的石油地质储量；
　　　ϕ_e——孔隙度；
　　　B——面积系数。

以 S_o（含油饱和度）为纵坐标，以 $\phi_e \cdot H_0$（有效孔隙度与有效厚度乘积）为横坐标建立产能评价图版。S_o—$\phi_e \cdot H_0$ 产能评价图版的意义是：S_o 越大，产能越高；有效厚度越大，有效孔隙度越大，$\phi_e \cdot H_0$ 就越大，油层产能就越高。因此，应用 S_o—$\phi_e \cdot H_0$ 图版可以很好地区分油层产能。多层合试的井，应用平均含油饱和度和平均孔隙度，有效厚度累计求和。

1. S_o-$\phi_e \cdot H_0$ 产能评价图版

分油层组统计区块试油、压裂资料，应用 S_o-$\phi_e \cdot H_0$ 建立产能评价图版［图 6-60(a)］。从图中可区分出未压裂可达工业油流层，压裂可达高产工业油流层（大于5t），压后达工业油流层（1～5t），压裂后接近工业油流层（0.7～1t），压后为低产油流层（0.2～0.7t），压后为特低产油流层（小于或等于 0.2t）。

2. R_t/Q（电阻率比产能指数）—$\phi_e \cdot H_0$ 产能评价图版

在无法计算含油饱和度或计算不准时，可用 R_t/Q—$\phi_e \cdot H_0$ 产能图版［(图 6-60 (b)］。R_t 反映含油丰度，Q 反映储层相对泥质含量，R_t 越大，储集层含油饱和度越高，产量越高，反之越低。因此，R_t/Q 越大，产量越高；同样，$\phi_e \cdot H_0$ 越大，产量越高。

应用产能评价标准，可以预测储集层试油后是否为工业油流或低产油流，预测达到工业油流的储集层可以解释为油层，预测不能达到工业油流的储集层解释为差油层（表 6-27）。这样对储集层含油性的好坏认识更明确。

表 6-27 某油田油层与差油层的区分标准

地区	参数							图版	解释结果
	有效厚度 m	孔隙度 %	电阻率 Ω·m	产能指数	热解分析总值 mg/g	原油轻重组分比	含油饱和度 %		
葡西地区葡萄花油层	≥1	≥8	≥12	<0.25	≥3	>0.8	≥30	工业油层区	油层
	<1	<8	<12	≥0.25	<3	<0.8	<30	低产油层区	差油层
西部地区扶扬油层	≥1	≥10	≥20	<0.2	≥5	≥12	—	工业油层区	油层
	<1	<10	<20	≥0.2	<5	<12		低产油层区	差油层
卫星地区扶扬油层	≥1	≥10	≥20	<0.15	≥3	≥0.8		工业油层区	油层
	<1	<10	<20	≥0.15	<3	<0.8		低产油层区	差油层
西部地区高台子油层	≥3	≥10	≥25	<0.15	≥4	≥12		工业油层区	油层
	<3	<10	<25	≥0.15	<4	<12		低产油层区	差油层
大安地区葡萄花油层	≥1	≥8	≥14	<0.22	≥4	>0.8		工业油层区	油层
	<1	<8	<14	≥0.22	<4	<0.8		低产油层区	差油层

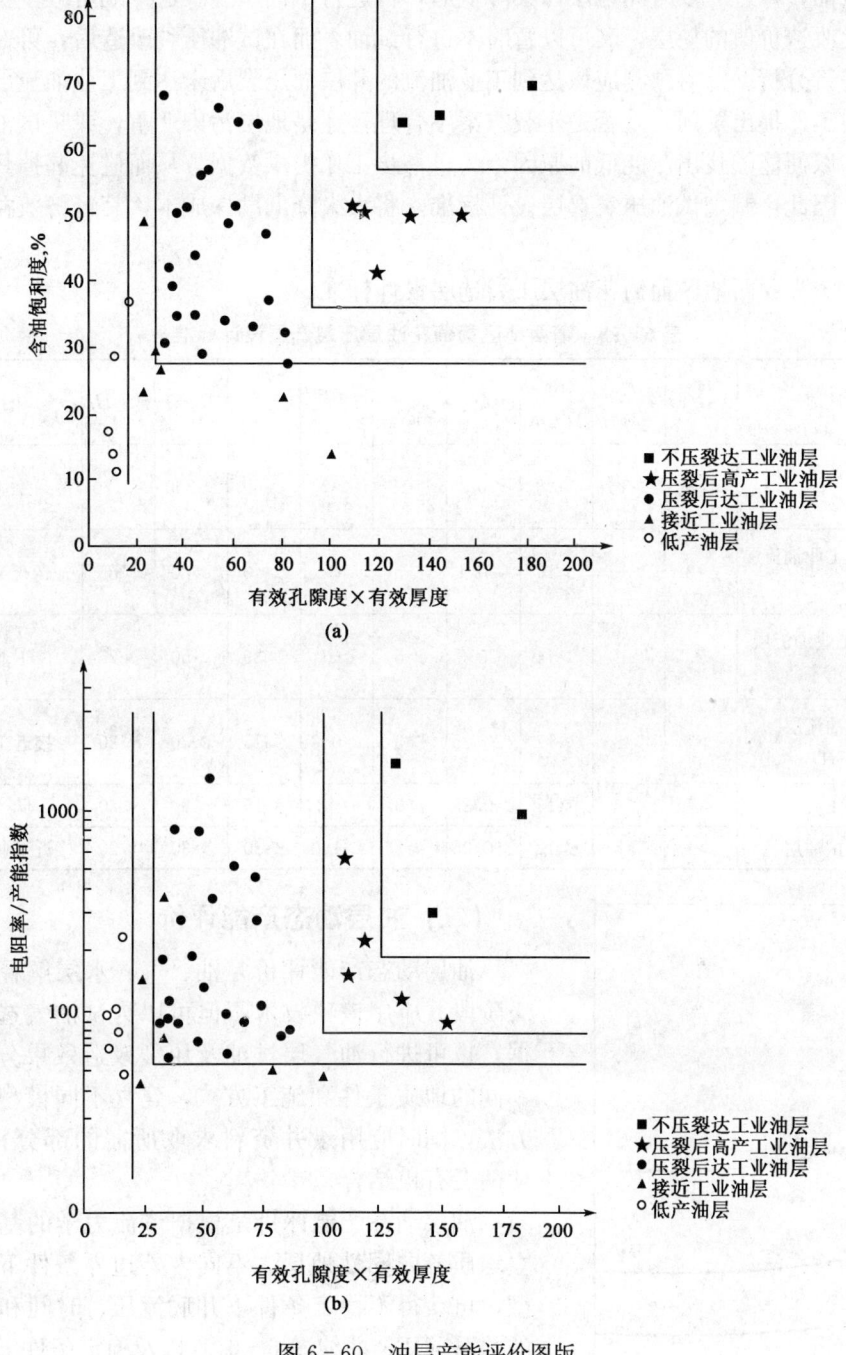

图 6-60 油层产能评价图版

应用静态产能评价方法建立试油压裂选层设计标准：对于低孔渗储集层，大部分井都需要进行压裂改造。因此，需要制定较准确的试油压裂选层设计标准，判断哪些井层需要压裂改造，哪些井层不需要进行压裂改造即可达到工业油流，哪些井层需要两阶段试油才能达到工业油流，哪些井层无改造价值。这对制定合理的试油、压裂设计方案，优化试油压裂工作制度，判断压裂效果都具有十分重要的意义。同时，对于那些不需要压裂即可达到工业油流的油层可采用测试试油工作制度，可减少压裂经费投资；对于需要两阶段试油压裂的，可暂时不进行试油，等过一段时间地层污染降低后，再进行试油压裂。这样既可减少不必要的投入，对于无改造价值的储层，又可以暂时不进行试油。而在试油压裂改造后，可对试油压裂改造效果进行分析。针对预测应该达到工业油流的井层而压裂后未达到工业油流层，就应该对试油压裂工作提出疑问，是否是压裂方案不合理，还是地层污染严重，或是试油压裂技术存在问题，以便能够找出产能低的原因，为进一步工作提供依据，从而避免漏掉具有工业价值的油层。因此，制定试油压裂选层设计标准，将大大降低勘探成本，其经济效益也是十分可观的。

表 6-28 为葡西地区葡萄花油层压裂选层设计标准。

表 6-28　葡西地区葡萄花油层压裂选层设计标准

压裂设计层	H_0 m	ϕ_e %	R_t $\Omega\cdot m$	Q	S_T mg/g	S_1/S_2	S_o %	R_t/Q	$\phi_e \cdot H_0$	图版
无须压裂可达工业层（>1t）	>8	>16	>28	<0.1	>12	>2	>60	>200	<120	工业油流区
压后达到高产工业油流层（>5t）	>3	>13	>16	<0.1	>5	>12	>40	>80	>85	高产工业油流区
压后可达到工业油流层（1~5t）	>2.5	>10	>14	<0.5	>5	>10	>30	>50	>25	工业油流区
接近工业油流层（0.2~1t）	>1	>8	>12	<0.25	>3	>0.8	>15	>30	<20	接近工业油流区
低产油流层（<0.2t）	<1	<8	<12	>0.25	<3	<10	<15	<30	<20	低产油流区
需两阶段试油层	>1	>8	>12	>0.25	>3	>1.0	>30	>30	>20	接近工业油流区边缘

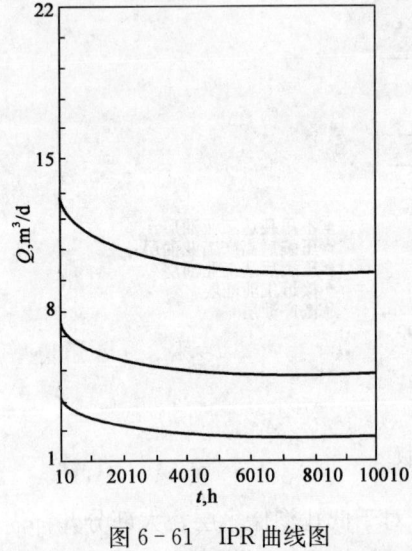

图 6-61　IPR 曲线图

（二）油层动态产能评价

油层动态产能评价是油、气、水层解释评价的高级阶段。应用该项技术不但可以为试油气选层提供依据，也可进行油气层试油及压裂改造效果分析。根据不同的地质条件和施工方式，建立不同模型下的求解方法，同时应用录井资料求取所需的部分评价参数，使两者有机结合。

油层动态产能评价是根据渗流力学的基本方程建立均质各向同性地层、不同内外边界条件下的计算模型，可获得不稳定条件下井底流压、时间和产量之间的关系（IPR 曲线图 6-61）以及稳定条件下井底流压和产量之间的关系。有关油层动态产能评价理论和计算方法可参阅石油渗流力学和试油方面的相关知识。

四、录井单井评价方法与技术

单井评价是以单井录井资料为基础，结合区域地质资料、测井资料、物探资料等，由点到面而进行的钻探成果综合评价。单井评价贯穿于整个建井周期，通常分为钻前评价（早期评价)、随钻评价、完井评价(综合评价)三个阶段。三个阶段的任务各有侧重点,但又互相关联。

(一) 单井评价的基本任务

钻前评价主要是根据已有的资料对井区地下地质情况进行预测,评价钻探目标,为录井工作做好资料准备,为工程施工提供地质依据。随钻评价目的是在钻探过程中收集第一性资料进行动态分析,验证实际钻探情况与早期评价、地质设计的符合程度,并根据新情况的出现,提出下步钻探意见。完井评价是对本井所钻的地层、油气水层进行评价,对井区的石油地质特征、油气藏进行研究评价以及对本井的钻探效益进行综合评价,指出下一步的勘探方向。勘探实践证明,单井评价是勘探系统工程的重要环节,贯穿于整个钻探过程,该项工作的开展既可以促进录井技术的全面发展,又能大大地提高勘探效益。其主要任务是:

1) 划分地层,确定地层时代。
2) 确定岩石类型和沉积相。
3) 确定生油层、储油层和盖层以及可能的生储盖组合。
4) 确定油气水层的位置、产能、压力、温度和流体性质。
5) 确定储集层的厚度、孔隙度、渗透率及饱和度。
6) 确定储集层的地质特征(岩石矿物成分、储集空间结构和类型)及在钻井、完井和试油气过程中保护油气层的可能途径。
7) 确定或预测油气藏的相态和可能的驱动类型。
8) 计算油气藏的地质储量和可采储量。
9) 根据井在油气藏中的位置及井身质量确定本井的可利用性。
10) 通过投入和可能产出的分析,预测本井的经济效益。
11) 指出下一步的勘探方向。

(二) 单井评价工作流程

单井评价包括钻前评价(早期评价)、随钻评价、完井评价(综合评价)三个阶段。每个阶段的工作流程如图 6-62 所示。

1. 钻前评价

在钻前评价阶段,根据钻探任务书的目的和要求,收集和研究井区的录井、钻井、测井、物探、测试等资料,对该井作出综合地质评价。具体做法是:

1) 掌握井位部署图。重点对地理位置、构造位置及地震、地质剖面上的位置进行分析,了解三者是否相对应;井位和目的层的位置是否处于最佳部位,对有疑问的井及时提出纠正或缓钻的意见。
2) 分析完钻井位、完钻井深、完钻原则是否满足地质任务的要求。
3) 了解井区含油气的情况。包括井区的含油层位、烃源岩、储集岩发育情况,有利圈闭幅度和容积及本井所在圈闭的有利部位。
4) 预测钻遇地层。根据区域地层发育情况,预测本井钻井过程中可能出现的特殊岩性、特殊标志层。
5) 预测钻探目的层的具体位置。在地层预测的基础上,进一步预测本井可能性最大、最有工业油流希望的储集层作为钻探的目的层,并预测含油井段的井深位置。

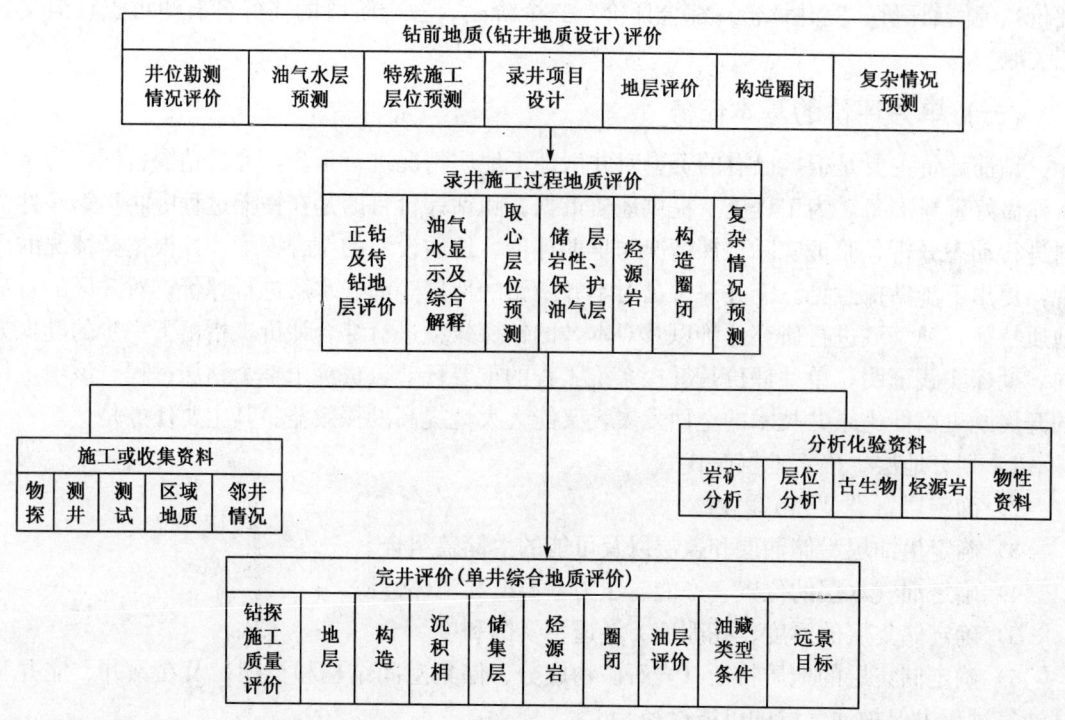

图 6-62 单井评价工作流程图

6）根据井区资料的分析结果及预测可能钻遇的地层和油气水情况，针对某些特殊情况，对岩心、岩屑、气测、测井、地震、中途测试、原钻机试油以及各种分析化验等录井工作提出特殊要求。

7）评价地层压力和钻探风险。根据地震和邻井钻探资料，对本井地层压力、破裂压力进行评价，为安全钻井和保护油气层提出依据。

8）对钻探任务书提出的数据和地质情况进行精细的分析，把自己的新观点、新认识作为施工时的重点注意目标。

2. 随钻评价

在随钻评价阶段，主要是基地科研人员与技术管理人员、现场录井人员密切联系有机配合的过程，做到及时掌握分析钻探动态情况，进行地质交底，把最新的研究成果和认识及时反馈到现场地质人员；及时了解钻井工程进展和地质录井情况，全面掌握各种信息；落实正钻层位、岩性及含油气显示情况。

1）评价人员与生产技术管理人员、录井小队负责人相结合，开展不同层次的评价，把早期评价的认识和设想传授到技术管理人员和小队人员，使现场地质工作人员更深入地了解地质情况和钻探要求。

2）落实正钻层位、岩性及含油气显示情况。一口井开钻后，评价人员就应时刻关注该井，指导现场人员搞好岩心、岩屑等录井工作，定准岩石名称，及时发现油气显示。对疑难岩性和难以辨别的油气显示取样做特殊分析。特别是对层位不清的井，评价人员在区域分析的基础上，应结合邻井的录井、测井、地震等资料来确定，或者系统做介形虫、孢粉等分析，指导钻探。如在 Z118 井未钻以前，人们认为只要钻穿相当邻井 Z85 井 3200m 处的一套含油红层即钻入了中生界。因此，认为桩西油田东部是沙三段直接超覆于中生界之上。

Z118随钻评价时，评价人员对这套红层产生怀疑，及时取样分析，找到了沙四段孢粉化石，同时在邻井Z119井相当井段的岩心中也找到了沙四段孢粉化石，证实这段地层应属沙四段。最后由于落实了层位，改变了完钻方案。

3) 掌握钻探动态，及时了解钻井工程进展情况和地质录井情况，全面掌握各种信息。与早期评价所预测的地层、含油气情况进行随钻对比，发现特殊情况及时研究，给出施工方案调整建议和措施。

4) 及时分析本井的实钻资料，准确预测油气层深度、取心位置、潜山界面，卡准取心层位、潜山界面及完钻井深，根据显示情况，及时提出中途测试建议。

5) 利用录井资料，及时预报井下复杂地质工程情况，指导钻探。

6) 做好随钻录井资料研究分析，及时把已形成的观点和看法绘制成评价单图或写成文字。

3. 完井评价（综合评价）

完井评价（综合评价）阶段：该阶段的工作是在钻前评价、随钻评价的基础上对钻井工作做更深一步的总结和评价，重点对油层、综合地质、钻探效果及施工质量进行评价。

(1) 油层评价

利用岩心、岩屑、综合录井（包括气测）、岩石热解、罐装样分析等录井资料，结合测井资料，对显示层进行综合评价，提供试油意见。

(2) 综合地质评价

主要是利用录井、测井、地震等资料，从地层、构造、沉积相、储集层、烃源岩、圈闭、油藏等多方面的内容来说明本井钻遇的地层、油气层情况，落实构造，进而论证本井区的石油地质特征、油气成藏规律、勘探远景，提出下一步的勘探方向和钻探目标。

五、现场综合录井资料地层评价方法

（一）储集层的划分

以钻时、瞬间钻时、d_c指数、岩性及分析化验资料为主划分储集层。

1. 应用钻速法评价储集层物性

钻时参数反映岩石的可钻性，钻遇不同的岩层，其钻时是不同的。在钻压、转速稳定的情况下，钻时越低，反映岩石的可钻性越好，即岩石物性越好，岩石裂缝、孔隙越发育；钻时越高，反映岩石的可钻性越差，即岩石物性越差，岩石裂缝、孔隙越不发育。钻时与转盘转数、钻压成反比。由于不同的井工程上实施的转盘转数、钻压系统各不相同，同一口井在不同井段，其转盘转数、钻压等参数也有所变化，所以在不同情况下钻遇相同岩石时所需的钻时是有所差异的。为准确判断岩石物性，应尽量消除这些参数给钻时所带来的影响，便于遵照统一的基准进行对比分析。为此，需要将综合录井原始钻时数据校正到同一基准面上，同时，为方便对比分析，对校正后的钻时要进行处理，可得到钻速参数。

2. 应用d_c指数法评价储集层物性

d_c指数是反映岩石可钻性好坏的一个综合评价参数，它是根据钻时参数，并对钻头直径、钻压、钻盘转速、钻井液密度校正处理后计算得来的。

3. 应用功指数比值法识别裂缝发育段

在钻井参数相同的条件下，利用钻时相对大小可以识别裂缝发育段。然而在实际钻井中，钻井参数随时在变化，钻时受地层岩性、岩石强度、钻头类型、钻压、转数等诸多因素影响，很多情况下并不能真实反映地层的可钻性。为探索识别裂缝的有效参数，建立了功指数模型。

4. 应用岩石可钻性评价参数评价储集层物性

按照优化钻井设计，某一地区某一层位的岩性应有一个优化的钻井条件，在此条件下，将获得安全且最佳的钻速，即标准钻时。在岩性相同的情况下，假设钻井条件不变，钻时的大小就可以反映储集层物性。实际钻时大于标准钻时，表明钻遇的岩石孔渗性差；实际钻时小于标准钻时，表明钻遇的岩石孔渗性好。

目前，通过实验手段获得不同岩性的标准钻时还难以实现，因此通过数理统计拟合回归的方法是实际可行的。首先对样品进行筛选，选择有代表性的样本数据进行钻时属性分析，确定泥页岩、砂岩、砾岩、安山岩、角砾岩、流纹岩等八大岩类为研究对象，然后根据钻时与工程参数、地质因素相关性分析，提取反映岩石不可钻性的特征参数——"工程因素"。根据地质因素与工程参数相关性分析，提取反映岩石可钻性及其物性的特征参数——"地质因素"。方法的实现要考虑到钻压、转速、扭矩、立压参数量纲不同的影响，以及工程参数、地质因素对岩性、钻头类型的依赖关系。首先对这些工程参数进行标准化处理，消除由于量纲的不同带来的各参数在统计模型中贡献权的差异。

（二）显示层的划分

根据气体全量（烃）、岩屑及岩心含油显示等资料划分油气显示井段，并根据地层压力变化、钻井液性能变化及地层含气量等资料综合评价油气显示井段。

（三）流体性质的确定

应用气体烃组分比值、岩心（屑）含油气显示级别及含水性，结合非烃气录井资料、钻井液参数（密度、温度、电阻率、体积、粘度）的变化和钻井液槽面油气显示，应用计算机软件综合评价划分流体性质。

（四）断层、潜山界面的卡取

根据钻遇断层以及潜山界面时的地层变化特征，应用钻时、扭矩、转速及钻井液体积的变化来判断是否钻遇断层及潜山界面。

思考题与习题

1. 何为录井解释？录井解释的内容是哪些？
2. 储集层具备哪些特性？描述储集层的参数有哪些？简述这些参数的用途。
3. 油气层综合解释的宏观原则是什么？
4. 录井资料包含了哪些方面的信息？
5. 简述录井解释的基本过程。
6. 何为有效参数的优选？如何进行优选？
7. 影响气显示的因素有哪些？地质因素的影响包含哪几方面？

8. 油、气、水层气测显示的一般特征是怎样的？
9. 简述皮克斯勒（Pixler）对数比值图版的解释方法和适用范围。
10. 简述三角形比值图版的解释方法和适用范围。
11. 简述3H轻质烷烃比值法的解释方法和适用范围。
12. 简述气体比率法的解释方法和适用范围。
13. 如何进行气测资料定量解释？气测资料定量解释可以得到哪些地层参数？
14. 何为岩石热解分析技术？简述岩石热解分析的原理。
15. 简述岩石热解地化录井参数及意义。
16. 如何利用岩石热解地化录井参数对储集层油、气、水评价？可以得到哪些评价参数？
17. 如何利用岩石热解地化录井参数对生油岩评价？可以得到哪些评价参数？
18. 何为岩石热解气相色谱分析技术？简述岩石热解气相色谱分析的原理。
19. 岩石热解气相色谱分析参数有哪些？试说明这些参数的作用。
20. 试说明利用岩石热解气相色谱分析技术评价储集层流体性质的机理。
21. 试说明不同含油级别热蒸发烃色谱图的特征。
22. 如何利用热蒸发烃色谱判别原油性质？
23. 如何利用热蒸发烃色谱识别真假油气显示？
24. 简述可动水分析法评价油、气、水层的机理。
25. 影响油气层评价的主要因素有哪些？
26. 如何进行油、气、水层综合评价？
27. 简述评价图版参数的优选及其物理意义。
28. 油水层解释图版有哪些？试说明各自的适用范围。
29. 如何进行油层产能预测？油层产能预测包含哪几方面？
30. 单井评价的基本任务是哪些？其基本流程是怎样的？
31. 如何进行现场综合录井资料地层评价？

第七章　现场录井随钻地层压力检测与评价

地层压力评价是录井过程中对钻井实时监控的一项重要工作。地层压力预测与监测是目标勘探中非常重要的一项技术，它不仅能够为钻探过程提供施工安全，而且还可以为后期作业和开采提供地层压力数据的参考，为及时准确发现油气层、优化钻井参数、指导施工安全和降低钻井成本提供帮助。

第一节　地层压力的概念

一、静水压力与静水压力梯度

（一）静水压力

静水压力是由液柱的单位重量和垂直高度形成的。液柱的粗细和形状都不影响这个压力。静水压力的计算公式如下：

$$p_H = \rho g H \approx \frac{\rho H}{100} \tag{7-1}$$

式中　p_H——静水压力，MPa；
　　　ρ——水的密度，kg/m³；
　　　H——静水柱高度，m；
　　　g——重力加速度，9.8m/s²。

（二）静水压力梯度

帕斯卡定律：静止流体中任何一点上各个方向的静水压力大小相等。通过流体可以传递任何施加的压力，而不随距离的变化而变化。

根据帕斯卡定律，静水压力在液柱中给定的深度上作用于任何方向。

静水压力梯度是指单位深度上静水压力的变化量。这个值描述了液体中压力的变化，表示为单位深度上所受到的压力。

$$G_H = \frac{p_H}{H} \approx \frac{\rho}{100} \tag{7-2}$$

式中　G_H——静水压力梯度，MPa/m。

录井人员常用体积密度来描述静水压力梯度，以便同钻井液密度相对比，这样很容易对各种压力进行对比。静水压力梯度常用密度单位表示如下：

$$\frac{p_H \times 100}{H} = \rho \tag{7-3}$$

例如：钻井液密度 $\rho=1.3\text{g/cm}^3$，求 2000m 处的静水压力（梯度）。

$$p_H = \frac{1.3 \times 2000}{100} = 26(\text{MPa})$$

$$G_H = \frac{p_H}{H} = \frac{26}{2000} = 0.013(\text{MPa/m})$$

也可以采用查图法或查表法直接读出。

二、上覆岩层压力与上覆岩层压力梯度

（一）上覆岩层压力

上覆岩层压力是指上覆岩石骨架和孔隙空间流体总重量所引起的压力。

$$p_o = H\rho_b g = H[\phi\rho_f + (1-\phi)\rho_{ma}]g \tag{7-4}$$

式中　p_o——上覆岩层压力，Pa；
　　　H——上覆岩层的垂直高度，m；
　　　ρ_b——上覆沉积物总平均密度，g/cm³；
　　　g——重力加速度，9.8m/s²；
　　　ϕ——岩层平均孔隙度；
　　　ρ_f——孔隙中流体平均密度，g/cm³；
　　　ρ_{ma}——岩层骨架平均密度，g/cm³。

岩石的体积密度与岩石骨架密度、岩石孔隙流体的密度以及岩石孔隙度有关。表 7-1 给出了有代表性的各种岩石、矿物和流体的体积密度。

表 7-1 常见岩石及液体平均密度

物质	砂岩	灰岩	白云岩	硬石膏	岩盐
平均密度，g/cm³	2.65	2.71	2.87	2.98	2.03
物质	石膏	粘土	淡水	咸水	石油
平均密度，g/cm³	2.35	2.7~2.8	1.00	1.03~1.2	0.8（平均）

（二）上覆岩层压力梯度

上覆岩层压力梯度是指单位高度上的上覆岩层应力。其计算公式为：

$$G_o = \frac{p_o}{H} \tag{7-5}$$

式中　G_o——上覆岩层压力梯度，MPa/m；
　　　p_o——上覆岩石压力，MPa；
　　　H——垂直高度，m。

三、正常地层压力与异常地层压力

（一）地层压力

地层压力是由所在地层以上的所有流体（地层水、油、气）所施加给该地层的压力。上

覆岩层压力全部由岩石骨架所承担，地层流体仅承载上覆孔隙液体的压力，所以地层压力也称为孔隙流体压力或地层孔隙压力。

$$p_f = 0.01\rho_f H \qquad (7-6)$$

式中　p_f——地层压力，MPa；
　　　ρ_f——地层流体密度，g/cm³；
　　　H——指定深度以上的静液柱垂直高度，m。

(二) 压力系数

压力系数指实测的地层压力与同一地层深度静水压力之比值。

$$\alpha_p = \frac{p_f}{p_H} \qquad (7-7)$$

式中　α_p——压力系数。

例如：井深1000m，地层水密度为1g/cm³，实测地层压力为11.768MPa，压力系数为：

$$\alpha_p = \frac{11.768}{1 \times 1000 \times 0.01} \approx 1.2$$

(三) 正常地层压力 (Normal Formation Pressure)

当地层压力等于该地层的静水压力，即压力系数等于1，就称该地层压力为正常地层压力。一个给定深度的正常地层压力是地层水密度的函数。地层水密度主要与地层水矿化度有关。

(四) 异常地层压力 (Abnormal Formation Pressure)

凡偏离正常静水压力的都称为异常地层压力。而低于静水压力的称为异常低压，反之称为异常高压（或为超压）。在陆地和海洋上油气资源的环球性勘探已经表明，异常地层压力的发生是世界性的，而高压比低压更为多见。

用压力梯度表示，则认为大于1.08g/cm³的是超压，小于1g/cm³的是低压（本章中所涉及的内容为超压地层的检测）。

在勘探和开发中，把油层中流体所承受的所有压力统称为油层压力。一般情况下，油层压力与静水压力关系不大。

原始油层压力：油层在未被打开之前所具有的压力。通常将第一口探井或第一批探井得到的油层压力近似代表原始油层压力。

例如原始油层压力分布示意图如图7-1所示。油层在海拔+100m露出，具有供水区。

油藏的测压面：以供水露头海拔（+100m）为基准的水平面。

1号井井底原始地层压力（静水压力）=0.01×588=5.88（MPa）

油水界面原始地层压力=1号井原始地层压力+1号井井底至油水界面水柱压力
=5.88+0.01×1×200=7.88（MPa）

油气界面原始地层压力=油水界面压力−300m油柱压力（原油密度0.85g/cm³，下同）
=7.88−0.01×0.85×300=5.33（MPa）

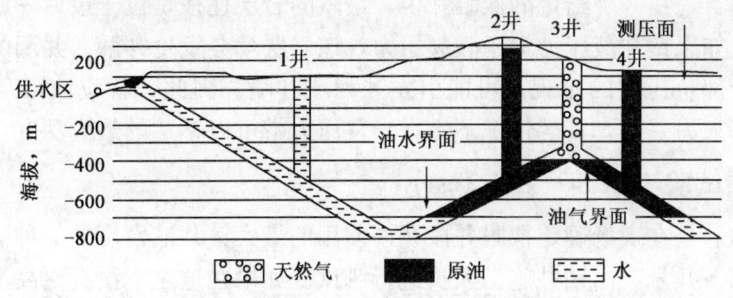

图 7-1 原始油层压力分布示意图

2 号井（4 号井）原始油层压力＝油水界面压力值－油水界面至井底油柱重量产生的压力值

$$=7.88-0.01\times0.85\times200=6.18\text{（MPa）}$$

2 号井液面海拔 240.7m 低于井口海拔（+350m），原油不能自喷。

4 号井液面海拔 240.7m 高于井口海拔（+100m），为自喷井。

3 号井原始压力值：该井钻开油气藏的气顶部分，因天然气密度受温度和压力影响，该井原始压力值不能直接由油气界面上的压力导出，可由近似公式求出：

$$p_\mathrm{f} = p_\mathrm{max} \mathrm{e}^{1.293\times10^{-4}D_\mathrm{g}H} \tag{7-8}$$

式中　p_max——气井井口最大关井压力；

　　　D_g——天然气对空气的相对密度（0.8）；

　　　H——井深或气柱高度。

在本例中 3 号井原始地层压力 $p_\mathrm{f}=5.3\text{MPa}$。

四、地层破裂压力与地层破裂压力梯度

（一）地层破裂压力

地层破裂压力是将地层压裂所需要的液柱压力，即井下某一层段的地层所能承受的最低液柱压力。钻井过程中发生的地层岩石被压裂破碎可能引发严重问题，甚至可以使油井报废。

当钻穿异常高压带时，钻井人员必须提高钻井液的密度以平衡地层流体压力，但钻井液的循环压力不能大于井眼中最弱岩层的破裂压力。

（二）地层破裂压力梯度

地层破裂压力梯度指每单位深度增加的破裂压力值，即

$$G_\mathrm{ff} = \frac{p_\mathrm{ff}}{H} \tag{7-9}$$

式中　G_ff——地层破裂压力梯度，MPa/m；

　　　p_ff——地层破裂压力，MPa；

　　　H——垂直高度，m。

大多数情况下，在一个给定的裸眼井中，最软的岩层往往是位于最后一层套管鞋下面的第一个渗透层。如果钻井液压力大于破裂压力，该岩层就会发生井漏。井漏的发生又可能导致在漏失层的下部负压差的出现，可能引发井涌或井喷。因此，就应该限定有一个极限深度，即在没有下入另一层套管的情况下，在异常压力带可以钻达的最大深度。

（三）泄漏试验（Leak-Off Test）

地层泄漏试验是在现场确定裸眼井段允许使用的最大钻井液密度的一种试验方法。在新下入套管位置以下几米，由钻井施工人员进行测试。如果在这之下没有更高渗透率的岩层存在，这个部位就是最软的部位。测试的结果转换成相应的钻井液密度，从而确定该层位在不发生井漏的情况下允许使用的最大钻井液密度。

作业公司通常仅在一个新区最先打的几口井做泄漏试验。这项测试应当在下入套管的坚硬地层以下的第一个孔隙地层里进行。测试包括在地面关井，然后加压，直到钻井液开始注入地层。

泄漏试验包括如下步骤：

1）下套管固井后，下钻循环，试压、再钻穿套管鞋，钻入套管鞋下面新的地层最少 3m。

2）起钻到套管鞋。

3）使钻头位于套管鞋深度，停泵，使钻井液静止，关闭方钻杆旋塞及防喷器（环空及钻杆防喷器芯子）。

4）使用固井设备从节流管线缓慢地向井眼环空注入钻井液。注钻井液过程中注意压力的变化以及注入钻井液的体积。

5）在钻井液开始挤入地层之前，压力的增加基本上是呈线性的，而开始脱离线性变化那一点的压力就是漏失压力（图7-2）。

6）继续注入钻井液后压力曲线变得平缓，直到压力不再增加。在压力不变的那个点上，就开始向地层孔隙和裂缝中注入钻井液。该点的压力就是注入压力。

7）到达注入压力点，立即停泵，关闭节流管线，注视压力的变化。正常情况下，关闭节流管线后压力将下降，到达一个略高于漏失压力的平衡点。该平衡点上的压力称为放压压力。应监控测试过程中注入的钻井液的量以及放压以后回收的钻井液量；损失部分或全部钻井液意味着地层的漏失或固井失效。

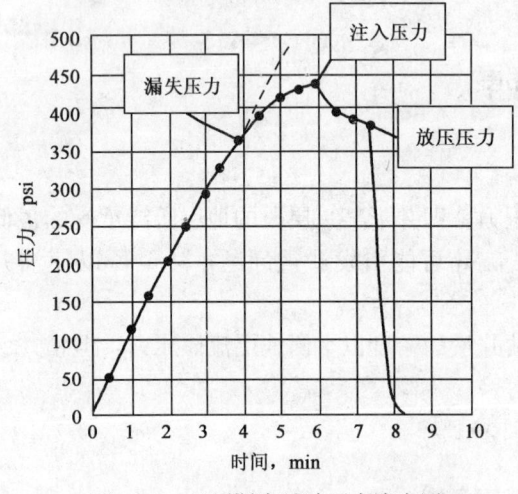

图7-2 地层漏失试验压力演变图

8）维持放压压力几分钟，以确保没有岩层破裂发生。

9）如果放压压力保持不变，打开节流阀泄放剩余压力，钻井可继续进行，测试结果可能很难解释。偶尔钻井液会在软地层中完全漏失，操作者必须进行处理才能继续钻进。注意，井漏发生处是整个垂直井深中最弱的点（常常位于套管鞋下），不一定是井底。漏失压力确定了漏失点的井底压力，据此可以确定所允许使用的最大钻井液密度（ECD）。

漏失井底压力为：

$$p_{bh} = \frac{\rho_m}{H} + p_{lot} \qquad (7-10)$$

式中　p_{bh}——井底压力，MPa；
　　　H——垂直深度，m；
　　　ρ_m——钻井液密度，g/cm^3；
　　　p_{lot}——漏失压力，MPa。

综合录井应用软件中一般均配备有泄漏试验程序，它可以实时监控和记录测试压力。测试数据可以根据体积和时间进行回放。测试结果可以被打印出来，作为生产报告的一部分。

五、当量钻井液循环密度（ECD—Equivalent Circulation Density）

当量钻井液循环密度（ECD）＝钻井液密度＋总环空压力损耗

为了在压力评价工作中充分使用所求得的地层压力，有必要完全了解钻井液系统中存在和产生的各种压力。由于钻井液密度在其循环周期内不会总保持不变，例如，环空中悬浮岩屑的重量常使钻井液有效密度增大，作为静压加到井底。循环期间有效地加在井底的总压力称为井底循环压力（BHCP），其等效钻井液密度亦称为当量钻井液循环密度（ECD）。

六、压差（Differential Pressure）

压差（Δp）：是井底计算压力和地层压力之间的差值。

$$\Delta p = p_{bhc} - p_f \qquad (7-11)$$

式中　Δp——压差，MPa；
　　　p_{bhc}——计算井底压力，MPa；
　　　p_f——地层压力，MPa。

Δp 是在现场钻井活动中与其他许多活动有关的重要参数之一。

$\Delta p < 0$ 欠平衡钻井，可能会产生如下结果：
1）来自地层的油气侵入井眼；
2）钻速（ROP）加快；
3）非渗透岩层坍塌；
4）渗透性岩层发生井涌；
5）软岩层出现井眼垮塌。

$\Delta p = 0$ 平衡钻井，可能会产生如下结果：
1）岩屑中有较好的气体显示；
2）由于循环暂停和钻杆的运动，钻井液液柱压力下降，出现起下钻气体显示。

$\Delta p > 0$ 过平衡钻井，可能会产生如下结果：
1）钻速（ROP）降低；
2）由于钻井液对地层的冲洗，渗透层的气体显示较差；
3）由于钻井液对地层的冲洗，电测响应差；
4）使钻井中的固体物质注入地层孔隙中，储集层被破坏；

5) 可能从地层已有的裂缝中发生井漏。

在大多数钻井条件下，Δp 必须略大于零。这样做虽然会导致钻速小于最优钻速，但可以使钻进过程中井涌发生的可能性变得最小。更为重要的是，有一个较小的正压力差，可以补偿起下钻时的抽汲压力降。

第二节 地层压力分析

一、异常地层压力形成机理

地层压力预测方法一般都是基于压实理论、均衡理论及有效应力理论。对地层压力的成因及控制因素的研究主要集中在异常压力的研究上。异常压力的成因条件多种多样，一种异常压力现象可能是由多种互相叠置的因素所致，其中包括地质的、物理的、地球化学和动力学的因素。但就一个特定的异常压力体而言，其成因可能以某一种因素为主，其他因素为辅。对于异常压力的成因目前还没有一个完全统一的结论，本章不做进一步的讨论，只对目前被普遍公认的成因做一些描述。

（一）压实作用 (Compaction Effects)

正常的流体压力体系可以看做是一个水力学的"开启"系统，即可渗透的、可以流通的地层，它允许建立或重新建立静水压力条件。与此相反，异常高压地层的压力系统基本上是"封闭"的。异常高压和正常压力之间有一个封闭层，它阻止了或至少大大地限制了流体的流通。因此，在某一环境里，要把一个异常压力圈闭起来，就必须有一个密封结构。同时，在地层埋藏和压实过程中，孔隙中的过剩流体在机械力的作用下从沉积物中排出。而在快速沉积过程中，岩石颗粒没有足够的时间去正常紧密排列，压实作用引起孔隙度和渗透率的降低，孔隙内流体的排出受到限制。当埋藏继续时，上覆地层载荷增加，基岩无法增加它对上覆岩层的支撑能力，孔隙中流体必然开始部分地支撑本来应由岩石颗粒所支撑的那部分上覆岩层压力，从而导致了异常高压。在碎屑岩地层中，超压会引起孔隙体积的增加，表现为欠压实的特征。

（二）成岩作用

成岩作用是使岩石矿物在地质过程中发生化学变化的过程。粘土胶结的沉积物和一些蒸发岩沉积物经过成岩作用形成正常压实地层。石油和天然气的生成也是一个成岩作用过程，从固体有机质转变成液体或气体的碳氢化合物使其密度减小、体积增大，在封闭或半封闭环境中可以形成超高压。

1. 蒙脱石的脱水作用

在沉积过程中，蒙脱石（微晶高岭土）可能含有 50%～80% 的自由水和层间水，可以有多达 10 个夹层的层间水。根据贝斯特脱水模型（Burst，1969），随着埋藏深度的增加，蒙脱石经过三个阶段的脱水，最终形成伊利石。如果这些脱出水的运移受到限制，随着释放出来的水的体积增加，有可能产生异常压力。

2. 硫酸盐岩的成岩作用

石膏（$CaSO_4 \cdot 2H_2O$）在被埋藏以后，很快脱水转变成硬石膏（$CaSO_4$），转化时析出大量的水。转变过程使固体物质的体积减小了38%，但是总的体积却增加了，在硬石膏层与束缚水的结合带可能形成异常高压。

（三）构造断裂作用

强烈的构造活动不仅破坏了地层的完整性，同时也破坏了地层的压力系统。对于地层流体压力，断层可能有几个不同的效应，这与断层的位置和类型有关。在图7-3中：

图7-3（a）表示油层和供水区是连通的，储集层压力为正常压力。

图7-3（b）表示由于断裂作用切断了储集层与供水区的连通，而且使储集层的埋藏深度变小（$H_1<H$），储集层保持原来的压力值而形成异常高压。

图7-3（c）表示由于断裂作用切断了储集层与供水区的连通，而且使储集层的埋藏深度变大（$H_2>H$），储集层保持原来的压力值而形成异常低压。

图7-3 压力异常示意图

此外，由于断裂作用把深部的高压气层与浅部的油层沟通，形成一个同一的压力系统，油层压力将显著地高于按深度H计算出来的静水压力（图7-4）。

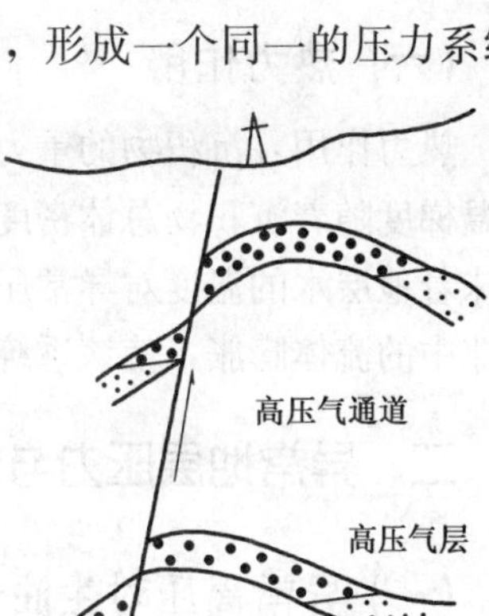

（四）刺穿作用

盐丘对上覆岩层的侵入（刺穿）可以导致盐丘的顶面和侧面形成异常地层压力（图7-5）。这种刺穿作用给盐丘周围的围岩施加应力，非渗透性的天然盐限制了流体的运移，使其中地层流体压力增大而形成异常高压。

（五）应力场的变化

构造活动导致了区域应力场中力的大小和方向发生变化。构造应力和上覆应力影响着沉积物沉积的速度和岩石固化的速度。在特定的沉积物中，构造应力的聚集比流体

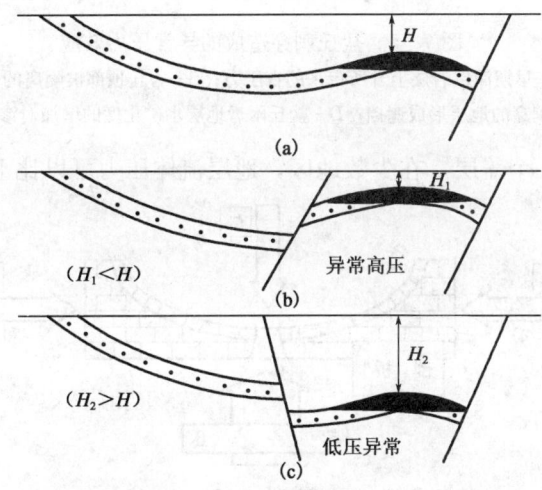

图7-4 断裂沟通深部高压气藏所形成的浅部油层压异常示意图

的排替速度快，就出现流体超压。构造应力有利于维持超压。流体压力比上覆压力高时，可能引起流体压裂地层和上覆岩层的抬升。但是如果上覆岩层（如白云岩）是致密的，构造应力就可以帮助建立一个压力"桥"，使上覆岩层固定在一个适当的位置上（图7-6）。局部

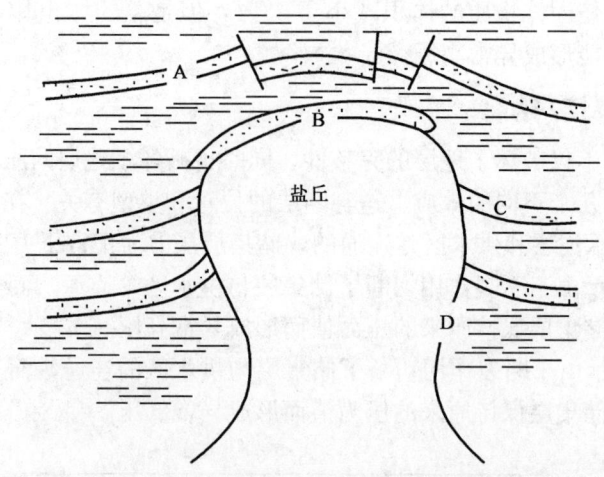

图 7-5 盐丘刺穿造成的异常压力效应
A—早期深层岩层上升所带来的古压力；B—岩丘顶部被隔离的盖层；
C—对被刺穿的地层形成遮挡；D—盐丘附近地层水矿化度的增加对渗透性的影响

来讲，压力"桥"是一个盖层。在少数地区，地层流体压力可以比上覆岩层压力高出 40%。

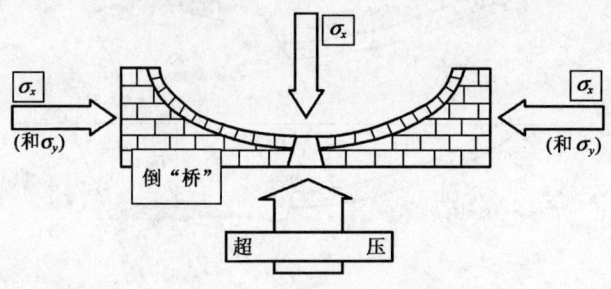

图 7-6 压力"桥"的概念

(六) 热力作用

热力作用：沉积物的重力载荷往往会使沉积物内部的温度升高。另外，在埋藏时形成的地温梯度随着沉积物总体密度的不同而有所变化。在温度升高时，水的体积略有增大，这就意味着地层水的温度对异常压力也有影响。在一个封闭系统中，温度升高会引起岩石和岩石孔隙中的流体膨胀，使该系统压力增大。

二、异常地层压力与生、储、盖等成藏要素的关系

(一) 异常高压对生油岩的影响

异常高压可降低烃源岩的成熟度，延缓烃源岩热演化的进程，当地层压力超过一定门限时，压力对成烃有明显的抑制甚至是阻止作用。目前最为人们广泛接受的观点是超压对有机质的演化起抑制作用。

(二) 异常高压对储集层物性的影响

异常高压是控制含油气盆地中孔隙流体活动、成岩作用和烃类运移的重要因素。它会快速改变高压储集层内外孔隙介质流体的物理—化学、压力条件，改变正常的成岩过程，从而

对异常高压盆地中储集层的成岩作用产生重要影响。异常高压对储集层物性的影响表现在对储集层孔隙度和渗透率的保存和改善两个方面。

1. 异常高压对储集物性保存的影响

随着孔隙压力的增大，作用在岩石上的有效应力反而减小了，即作用在岩石颗粒上的压实作用减弱了，压溶作用也得到抑制，从而使较高的原生孔隙得以被保存下来。同时，超压的形成还可以阻止超压体系内流体的运动和离子、能量的交换，减缓或抑制成岩作用和胶结作用，使深部储集层保持较高的孔隙度和渗透率。

2. 异常高压对储集物性改善的影响

异常高压对储集物性改善的影响主要表现在物理作用和生物化学两种作用机理上。

(1) 物理作用

异常高压可促进更多微裂缝的形成，增大超压体系内的储集空间，改善储集层的连通性，增强储集层的渗透性能。对岩石的形变起作用的是有效应力，而异常压力改变了岩石发生破裂时的有效应力场。此外，异常高的孔隙流体压力降低了泥岩颗粒之间的摩擦系数，使岩石强度明显降低。这种裂隙性泥岩油气藏在世界各地均有发现，如美国、前苏联已发现并开发了多个泥质岩油气藏，在我国的江汉、松辽、四川以及柴达木等盆地的第三系也发现了多个以泥质岩裂缝为主的油气藏，并且随着各盆地勘探程度的提高，这类储集层所占的比重还会逐年增大。

(2) 生物化学作用

有机酸通过氧化作用、细菌对硫酸盐等矿物的还原作用、生物的发酵作用及热脱羧基作用产生较多的 CO_2，形成酸性水。随后酸性水进入砂岩形成酸性物质、烃类和硫酸盐之间发生反应，主要产物为有机酸、碳酸氢根离子及固体沥青，并放出能量。由于超压对有机质演化和油气生成的抑制，扩大了超压盆地中有机酸的释放空间和它对砂岩成岩作用的影响范围，促进了化学反应向有机酸生成方向进行。有机酸成为使砂岩胶结物和碎屑颗粒溶解并形成次生孔隙的主要因素。

(三) 异常高压对盖层的影响

许多盆地的油气藏分布与盖层异常高流体压力有关，这种依靠超压封闭油气的机理，称为超压封闭。超压盖层实际上是一种流体高势层，它能阻止包括油、气、水在内的任何流体的流动。它不仅能阻止游离相的油气运动，也能阻止溶有油气的水流动，从这个角度讲，超压盖层是一种更有效的盖层。超压盖层的封盖能力取决于超压的大小，超压越高，其封盖能力就越高。天然气与石油相比，无论在物理或化学特性上均存在明显差异。天然气能以水溶、油溶、游离扩散等多种方式运移，活动性强。由于天然气的分子直径小、密度小、扩散能力强，对盖层封闭的要求也就更高。盖层封闭天然气一般具有三种形式，即物性封闭、超压封闭和浓度封闭。超压层往往具有物性封闭和超压封闭的作用。在欠压实泥岩顶、底靠近储集层处，在压实过程中，孔隙水已充分排出，形成上、下压实段，而中间，由于孔隙水不能充分排完，形成欠压实带。上下压实段的毛细管压力大于中间欠压实带的毛细管压力，起着物性封闭的作用；中间压实段，毛细管压力虽比上、下压实段低，但其内部存在异常高的孔隙压力，使毛细管压力与孔隙流体压力之和明显大于上、下压实段的毛细管压力，其封闭能力更强。可见，超压带本身就是一个重要的封闭盖层。

目前超压流体幕式释放已成为超压环境下排烃和烃类运移的重要理论，通过微裂隙的幕式排烃已被很多学者认为是超压烃源岩中油气初次运移的主要机制。在高温高压地层中，随着深度的增加，成熟的烃类由源岩向储集层运移，烃类以溶解状态存在于孔隙水中。当储集层孔隙流体压力大于盖层破裂压力时，即超压体系内的孔隙压力大约达到上覆地层静压力的70%～90%（与盖层的岩性有关），超压体系开始产生裂缝，且裂缝带可达数千英尺形成优势运移通道。随着裂缝的产生，烃类和其他孔隙流体沿优势通道排出地层，压力逐渐降低。当孔隙压力下降到上覆地层压力的大约60%时，裂缝合拢而形成新的封闭系统。然后再开启裂缝—释放压力和排出烃类—再闭合裂缝。周而复始，循环往复，排出烃类，在合适的地质条件中聚集成藏，这就是被称为幕式排烃的现象。

由此可见，超压对生、储、盖产生了重要的影响，它对油气的运移、聚集和保存具有建设或破坏的双重作用。

三、异常地层压力在地质和地球物理方面的响应

（一）岩石的致密程度

异常地层压力会导致孔隙体积的改变，从而改变岩石的致密程度。一般情况下，在碎屑岩地层中，超压会引起孔隙体积的增加，表现为欠压实的特征。在钻井过程中，对岩石的致密程度可以根据地层的可钻性来判断。

（二）储集层的发育程度

储集层不仅是地层流体的储集场所和疏导通道，同时也是地层压力的传导体，储集层越发育，异常压力越难保持。因此，异常压力多发育于储集层相对缺乏的区段。在以岩性控制占优势的碎屑地层中，一般都保持有普遍的异常高压。

（三）孔渗性

与岩石的致密程度相对应，超压地层中由于含有异常高的流体含量，保持了其孔隙度，因而具有异常高的孔隙度和渗透率。这就是根据层速度预测地层压力的重要依据。

（四）成岩性

由于压力的封闭作用，孔隙流体承担了部分上覆地层重量，这就减轻了岩石骨架的承受力，因而也就阻碍了成岩作用的产生，造成超压地层一般机械压实作用较弱。从成岩阶段的划分上看，超压地层多位于晚成岩阶段，正好与油气的晚期生成相对应，为油气的初次运移提供了基本动力条件。

（五）形成环境

在层位上，从前寒武系到更新世皆有分布，且在一般情况下，时代较老的地层中异常压力较低，甚至为负压，而年代较新的地层中多具异常高压。在构造环境方面，被动大陆边缘盆地、活动大陆边缘盆地、克拉通盆地、前陆盆地、裂谷盆地中都有分布，总体上，以前陆盆地中的居多，油气聚集类型也以构造为主。

（六）构造特征

强烈的构造活动不仅破坏了地层的完整性，同时也破坏了地层的压力系统。在构造活动

区，往往是断裂发育区，异常压力不易保存，并且异常压力的分布规律也变得不易掌握。这与一个具体的油藏保存条件密切相关。

（七）速度特征

由于异常高压地层具有异常高的孔隙度，其速度表现为低速特征，表现为在正常的速度变化趋势下出现速度的异常降低。这就是由声波测井和地震速度资料预测异常压力的依据。

（八）密度特征

与孔渗性及地层速度相对应，异常高压地层由于其压实程度低，孔隙度高，其地层密度也异常降低。

（九）电阻率

由于异常高压地层含有异常高的流体，而油田地层水多含有大量的盐分，其导电性好，异常高压地层较正常压力地层表现为低阻特征。

（十）盐度特征

地层水含盐量（假设砂岩与泥岩之间盐度是平衡的）与邻近泥岩的孔隙度成反比。在正常压实情况下，随埋深增加，泥岩孔隙度减小，地层水含盐量增加。而在异常地层压力环境下则偏离这一趋势，在超压层中，泥岩孔隙度异常增大，而地层水中的含盐量异常减小。

第三节 随钻地层压力检测与评价方法

综合录井仪提供了钻井工程、钻井液、地质三大类数十项随钻测量参数。大量的实践经验表明，只有综合多项参数的分析，才有可能取得一个比较准确的地层压力评价。由于各种数据来源的方式不同，与地层压力存在的联系也是不同的，有的甚至没有关系，这就要求对这些数据进行系统的分析研究，找出各种参数对压力识别和测量的影响程度。

一、d_c 指数法

（一）d_c 指数法的检测原理

d_c 指数法是利用泥页岩压实规律和压差理论以及压实与压差对机械钻速的影响规律来检测地层压力的一种方法。

机械钻速是钻压、转速、钻头类型及尺寸、水力参数、钻井液性能、地层岩性等因数的函数。当其他因数一定时，只考虑钻井液液柱产生的压力与地层压力压差对钻速的影响，则机械钻速随压差的减小而增大。在正常地层压力情况下，如岩性和钻井条件不变，机械钻速随井深的增加而下降。当钻入异常压力过渡带之后，由于压差减小，岩石孔隙度增大，机械钻速反而加快。对相邻地层而言，钻速变化不仅意味着岩性变化，也与地层孔隙压力有明显的关系。因此，钻速记录常用来帮助同已知地层压力的邻井作岩性对比。在正常情况下，正常压力趋势线随井深的增加按一定的斜率逐渐增加。但进入异常压力过渡带，正常压力趋势线的斜率要发生变化。在地层孔隙压力高的过渡带的上部，地层正常压实，一般是低渗透的地层，易形成异常压力的封闭。这些封闭层的厚度可能一二百米以上。在此异常压力盖层的上、下压力趋势线发生较明显的变化，d 指数则正是利用这种差异预报异常高压的，如图7-7所示。

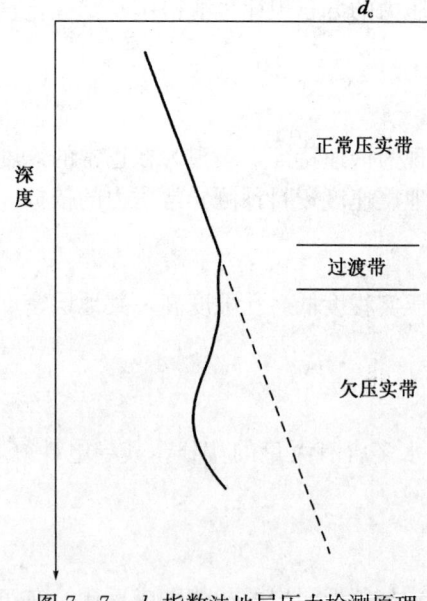

图 7-7 d_c 指数法地层压力检测原理

d 指数是基于宾汉方程建立的。1965 年美国宾汉通过室内模拟试验建立了钻速模式，在不考虑水力因数的影响下，钻时 R 与转盘转速 N、钻压 W、钻头直径 D 的关系式为：

$$R = N \cdot a \cdot \left(\frac{W}{D}\right)^d \qquad (7-12)$$

式中　R——钻时，h/m；
　　　N——转速，r/min；
　　　a——岩性常数；
　　　W——钻压，kN；
　　　D——钻头直径，mm；
　　　d——压实指数，无因次。

根据室内试验及油田钻井经验，发现岩性常数 a 接近在 0.3~0.4。假设钻井条件（水力因数和钻头类型）和岩性（同层位均质泥页岩）不变，对方程式 (7-12) 两边取对数，改成法定计量单位，整理后得：

$$d = \frac{\lg\left(\dfrac{0.0547R}{N}\right)}{\lg\left(\dfrac{0.0684W}{D}\right)} \qquad (7-13)$$

保持钻井液密度不变，d 指数可以用来预测从正常到异常的压力过渡带。首先绘制给定的正常压实地层的 d 指数与深度的函数关系线，通常是选择正常压实的泥页岩数据。在正常压实地层，d 指数随深度增加而增大。但钻遇到异常压力过渡带后，很多情况下会发生完全相反的结果，趋势线开始偏离正常压力趋势线，此时 d 指数随深度增加而减小。

在钻井过程中改变钻井液密度，造成钻井液液柱产生的压力与地层压力之间压差的变化，进而会影响 d 指数的正常变化规律。例如，钻井液密度升高造成压差减小，d 指数会由于钻井液密度因素而增大，这样可能会错误地估算孔隙压力。为了消除钻井液密度变化影响，Rehm 和 Meclendon 在 1971 年提出了修正的 d 指数法，即 d_c 指数法：

$$d_c = d \cdot \frac{d_1}{d_2} \qquad (7-14)$$

式中　d_c——修正后的 d 指数；
　　　d_1——正常地层压力梯度，g/cm³；
　　　d_2——当量钻井液密度，g/cm³。

故 d_c 指数方程为：

$$d_c = \frac{\lg\left(\dfrac{0.0547R}{N}\right)}{\lg\left(\dfrac{0.0684W}{D}\right)} \cdot \frac{d_1}{d_2} \qquad (7-15)$$

在正常压实作用下，岩石强度随井深增加而增大。当钻井参数不变，机械钻速降低的，泥岩段 d_c 指数随井深增加而增大，呈指数关系；在异常压力段，由于泥岩中孔隙压力的影响，不再遵循正常压实的规律，钻速随孔隙压力的增大而增大，压力过渡段 d_c 指数则相应减小，偏离原来的正常趋势线。d_c 指数监测地层压力，就是在这一基本原理上建立起来的。

(二) d_{cs}指数的计算

上述的 d_c 指数忽略了钻头磨损程度及钻头类型对钻井速度的影响,存在一定的局限性。因此在对 d_c 指数修正的基础上,还需要对钻头磨损程度及钻头类型进行修正。经此修正后称为 d_{cs} 指数。计算 d_{cs} 的公式如下:

$$d_{cs} = \frac{\lg\left[\dfrac{0.0547Rf(Z)^p}{N}\right]}{\lg\left(\dfrac{0.0684W}{D}\right)} \cdot \frac{d_1}{d_2} \quad (7-16)$$

式中 $f(Z)$ ——钻头磨损因子;

p ——钻头类型指数。

如果应用的不是 PDC 钻头,钻头磨损校正 $f(Z)$ 和钻头类型 p 指数的选择可消除一部分钻头原因造成的地层压实异常变化假象。如果 $f(Z)=0$,则 $f(Z)^p=1$,这时 d_{cs} 与 d_c 相同。

如果在计算机上运行 d_{cs} 指数法地层压力监测程序,操作员应在每只钻头入井前确定 p 指数,并输入计算机。p 指数与钻头 IADC 码的第一位数对应(表 7-2)。

由于 PDC 钻头磨损机理与牙轮钻头不同,用上面的 p 指数不能修正钻头对计算 d_{cs} 的影响,所以,对 PDC 钻头 p 指数取 0。

经验性的钻头磨损因子公式来源于 Galle 与 Woods (1963) 的研究成果。钻头磨损公式如下:

$$Z = T \cdot \frac{L}{\sum L} \quad (7-17)$$

式中 Z ——钻头磨损;

T ——钻头最终磨损(0 至 1 级);

L ——钻头当前进尺;

$\sum L$ ——钻头总进尺。

Z 是钻头进尺和磨损的函数。

表 7-2 钻头 p 指数与钻头 IADC 码的对应关系表

IADC 码	1	2	3	4	5	6	7
p 指数	0.6	0.5	0.4	0.3	0.2	0.1	0

钻头磨损因子 $f(Z)$ 的计算公式:

$$f(Z) = \sqrt{0.93Z^2 + 6Z + 1} \quad (7-18)$$

Vidrine 和 Benit 简化计算钻头磨损因子 $f(Z)$ 的公式为:

$$f(Z) = 1 + 2.5Z \quad (7-19)$$

当计算一只还正在井下钻进钻头的 d_{cs} 指数时,必须人为地估算钻头的进尺和最终磨损,即估算钻头的 $\sum L$ 和 T。在钻头起出井后,要重新按实际值进行计算。只需把钻头的进尺和最终磨损输入计算机就可以。

另外,在进行钻头磨损校正时,也可使用根据钻头磨损修正的钻时 R_z。计算 R_z 的公式如下:

$$R_z = R_o \cdot f(Z)^p \quad (7-20)$$

把 R_z 代入式 (7-16) 替换其中的 $Rf(Z)^p$。也可应用钻头转数进行钻头磨损的修正，其公式为：

$$Z = T \cdot \frac{r}{\sum r} \quad (7-21)$$

式中　r——代表钻头已经实现的转数；
　　　$\sum r$——代表一只钻头在井下总转数。

(三) d_{cn} 指数

在正常压实泥岩段，把 d_{cs} 数值画在深度按线性刻度而 d_{cs} 数值按对数刻度变化的半对数坐标图上，在正常压实泥岩段回归出的直线为 d_{cn} 趋势线，线上各点深度对应的数值就是 d_{cn} 值。虽然在某一熟知的地区应用标准的趋势线是可行的，但一般情况下还是根据经验建立单井的趋势线。确定趋势线的方法如下。

方法1：利用回归处理确定趋势线的斜率 (a) 和截距 (b)。

这种做法适用于计算机处理。把正常压实井段内可信的点作回归处理，求出这个正常压力趋势线。按照前面的讨论，d_{cn} 与深度呈如下关系：

$$\lg d_{cn} = a \cdot H + b \quad (7-22)$$

式中　H——深度；
　　　a、b——常数。

令 $Y = \lg d_{cn}$，$X = H$，则式 (7-22) 相当于 $Y = a \cdot X + b$ 形式，可以进行一元线性回归。选正常压实井段数据 n 对，分别计算斜率 (a) 和截距 (b)：

$$\sum X = \sum_{i=1}^{n} X_i$$

$$\sum Y = \sum_{i=1}^{n} Y_i$$

$$\bar{Y} = \frac{1}{n}\sum_{i=1}^{n} Y_i$$

$$\bar{X} = \frac{1}{n}\sum_{i=1}^{n} X_i$$

$$\sum XY = \sum_{i=1}^{n} X_i Y_i$$

$$\sum X^2 = \sum_{i=1}^{n} X_i^2$$

$$\sum Y^2 = \sum_{i=1}^{n} Y_i^2$$

$$L_{XX} = \sum X^2 - \frac{1}{n}(\sum X)^2$$

$$L_{YY} = \sum Y^2 - \frac{1}{n}(\sum Y)^2$$

$$L_{XY} = \sum XY - \frac{1}{n}(\sum X)(\sum Y)$$

$$a = \frac{L_{XY}}{L_{XX}}$$

$$b = \bar{Y} - a\bar{X}$$

从而得到正常压力趋势线方程：

$$\lg d_{cn} = a \cdot H + b \quad (7-23)$$

方法2：选取具有代表性泥岩段的d_{cs}值（纯泥岩或与其他岩性互层的泥岩）。通常具有代表性d_{cs}值的开始点与结束点的深度间隔大于500m。由开始点的d_{cs}值与结束点的d_{cs}值可确定d_{cn}趋势线值。

趋势线斜率a：

$$a = \frac{\lg\left(\dfrac{d_{cn2}}{d_{cn1}}\right)}{depth2 - depth1} \tag{7-24}$$

式中　$depth1$——上面点d_{cn}对应的深度；

　　　$depth2$——下面点d_{cn}对应的深度；

　　　d_{cn1}——上面点d_{cn}值；

　　　d_{cn2}——下面点d_{cn}值。

趋势线截距b：

$$b = \lg d_{cn1} - a \cdot depth1 \tag{7-25}$$

如果地层有一个连续的沉积历史，确定的趋势线可以向上下延伸。延伸趋势线上各点的数据存在如下的关系：

$$\lg d_{cn} = a \cdot depth + b \tag{7-26}$$

一般来讲，对趋势线的斜率，一口井是不变的，而截距在严格的界限内是可以改变的。在泥岩段，d_{cs}值向d_{cn}左侧偏移，指示地层欠压实或井底压差为负值；d_{cs}值在d_{cn}线上或向d_{cn}右侧偏移，指示地层为过压实或井底压差为正压差。趋势线确定错误会导致d_{cs}与d_{cn}曲线逐渐地分开。如果这样的情况出现，则在重新确定趋势线时，要扩大具有代表性d_{cs}值之间的间隔或多选择有代表性的点进行回归。d_{cs}指数曲线与趋势线的情况如图7-8所示。

砂岩比泥岩具有较好的孔隙性，因此，当在砂岩地层钻进时，d_{cs}向左漂移，与压实程度无关（图7-9）。应用d_{cs}指数计算地层压力，在砂岩井段会产生错误的结果。为了消除这种错误，采用砂岩线剔除这些错误的结果。一般砂岩线的斜率与d_{cn}趋势线斜率相同，相同深度的截距比趋势线小0.3~0.6个刻度，其截距的选择取决于经验。

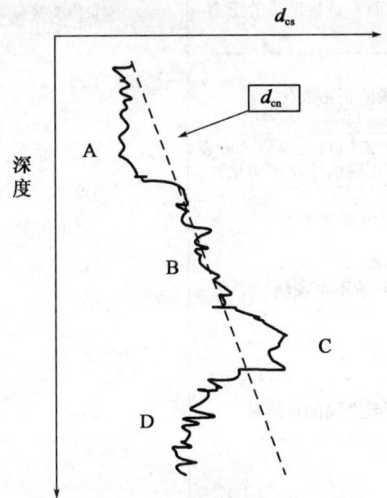

图7-8　d_{cs}指数曲线与趋势线
A—未压实地层；B—正常压实地层；
C—过压实地层；D—欠压实地层

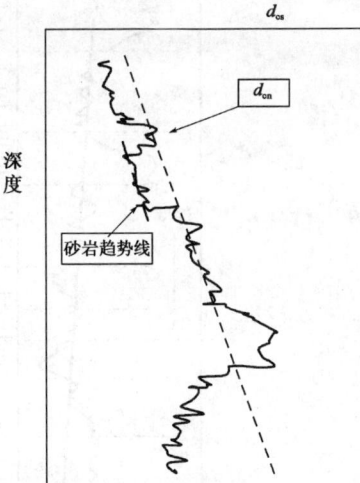

图7-9　砂岩趋势线的确立

d_{cs}与d_{cn}的计算在大斜度的井上应采用垂直井深。钻头类型、地层因素会引起d_{cs}、d_{cn}偏移。由于钻头和钻具组合的改变，也会引起d_{cs}值的变化。

由于地层原因d_{cs}也会发生变化。粘土岩和粉砂质泥岩d_{cs}计算提供的是一个不可靠的结果，因为这样的地层孔隙性是不确定的。砂岩井段钻速比泥岩段快，产生d_{cs}向左偏移。灰岩地层的d_{cs}值分散而不确定，有时必须手动调整d_{cs}与d_{cn}之间合适的关系。在调整时必须清楚需要调整的原因，不要调整由于地层原因引起的d_{cs}趋势偏移。

在泥岩段加上一些人为的分析判断，对d_{cs}的计算会有一个准确的结果。例如，要人为地剔除浅井眼成岩性差引起的d_{cs}值大的波动，也要掌握d_{cs}值在常见岩性上的变化规律；钻井过程中钻遇不整合面会产生d_{cs}的偏移；由于不整合面下部地层压实程度高于上部地层，往往会产生d_{cs}向右的偏移；一般d_{cs}趋势线的斜率不变，只是截距变化。

在实际应用中，应及时剔除不合理的d_{cs}数据。如在盐膏层井段，井底不干净，纠斜吊打，磨进，取心，钻头磨合期和磨损后期，钻遇裂缝性地层、断层、不整合面，水力参数变化大等情况下应剔除不合理的检测数据。

d_c指数检测法是建立在纯泥岩地层基础上的。实际工作中纯泥岩地层很少，多数泥岩地层含有砂质、灰质、硅质等，使检测工作变得复杂起来。但只要选择正常压实条件下较为均匀、岩性较为单一的其中一段或几段泥岩地层做参考，就可以得到能较为准确地反映地层正常压实趋势的d_{cs}指数趋势值d_{cn}。获取准确的正常趋势线及其方程是d_{cn}指数法检测地层压力的重要环节，它直接影响着地层压力系数计算的准确程度。条件许可的话，可在压力过渡带上方参考大段正常压实井段的检测数据，建立正常趋势线，如图7-10所示。当钻达异常超压层上面的压力过渡带时，钻速加快，d_{cs}值明显减小，偏离正常趋势线，预示着已进入欠压实地层，下伏地层可能存在异常超压，此时就须发出异常预报。实践证明，d_c指数法是一种有效的地层压力预测方法。

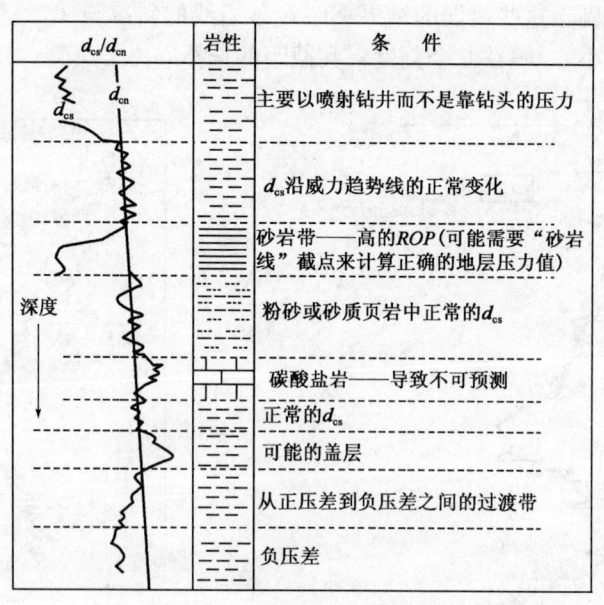

图7-10 由地层条件变化引起的d_{cs}变化曲线图

(四) 运用 d_c 指数法求地层压力的方法

1. A.M 诺玛纳法

$$PF = H \cdot \frac{d_{cn}}{d_{cs}} \tag{7-27}$$

式中 PF——所求井深地层压力梯度，g/cm^3；
H——所求井深正常地层压力梯度，g/cm^3；
d_{cn}——所求井深正常趋势线上的 d_{cn} 指数值；
d_{cs}——所求井深实际 d_{cs} 指数值。

此式计算简便，计算准确度较好，应用也很广泛。

2. EATON 公式

$$PF = S - (S - H)\left(\frac{d_{cs}}{d_{cn}}\right)^{1.2} \tag{7-28}$$

式中 S——上覆岩层压力梯度，g/cm^3。

3. 应用 d_c 指数法时的注意事项

1) 在钻头类型变化时，对 d_{cs} 应做修正。例如，当钻头直径变化时，d_{cs} 正常趋势线 d_{cn} 应作平移修正。

2) 使用宾汉钻速方程是要求井底清洁，如不充分清洁，则 d_{cs} 会有误差。

3) 在极软地层、水力可破岩井段，求出的 d_{cs} 不反映实际情况。例如，一般500～1000m 以上的地层 d_{cs} 指数计算不准。

4) 钻进中，所用钻井液密度 ρ_m 总比地层压力当量钻井液密度大，压差（Δp）越大，d_{cs} 误差越大。因为太大的过平衡，使钻速对地层压力的变化反应减弱，这时增大了钻井液密度，d_c 减小，引起孔隙压力读数增大，将会使人们错误地认为钻井液密度不够。所以，压差（Δp）应控制在 0.24～0.36g/cm³ 范围内。

5) d_{cs} 指数在泥岩井段预测地层压力是很有用的，但它不能确保指示出所有的异常压力情况。在实际过程中，要经常用 d_c 指数计算出的地层压力与测井、试井等检测到的实际压力值比较，不断丰富修正应用 d_c 指数法检测地层压力的经验。

二、d_{cp} 指数法

(一) PDC 钻头预测地层孔隙压力的可行性

通过理论研究和实践表明，目前普遍使用的 d_c 指数法预测地层压力是以牙轮钻头为标准建立的预测压力程序，而应用 d_c 指数法预测 PDC 钻头所钻井段的地层孔隙压力误差较大。为此，有人在室内进行了 PDC 钻头的试验研究。在钻井模拟试验装置（ZM-35）上模拟井下实际压力条件，对 PDC 钻头进行了室内模拟试验研究。全部试验用直径为 98mm 的 S-1 型 PDC 钻头 3 只，用水基钻井液完成。

通过试验得出：虽然 PDC 钻头的破岩机理与牙轮钻头不同，相同钻井参数下的机械钻速也不同，但是 PDC 钻头也具有和牙轮钻头相同的钻速模式，PDC 钻头的钻速与岩石强度、钻井参数等因数有关。由于 PDC 钻头主要以剪切形式破岩，压差对钻速的影响极小；钻头耐磨性好，可忽略磨损对钻速的影响。在限定钻压、转速和钻头水功率等钻井参数不变的情况下，PDC钻头的钻速主要受岩石强度的影响，这样PDC钻头的钻速只与地层可钻性有关。对页岩和泥岩一般规律是随深度增加而压实程度增强，岩石的强度也随之增大。这样就可以用PDC钻头的钻速与岩石强度建立起一定的关系，以此判定页岩和泥岩的压实情况。大多数的异常压力是由于页岩和泥岩的欠压实作用所形成的，所以可以用PDC钻头资料进行地层孔隙压力预测。

PDC钻头是以切削作用为主要方式来破碎岩石的，与牙轮钻头破岩机理是不同的。在泥页岩中用PDC钻头钻进时，在限定其他钻井参数基本不变的情况下，随着井深的增加，PDC钻头钻速下降；在压力过渡带和异常高压过渡带，PDC钻头钻速明显变快。这说明PDC钻头所钻的地层压力也是可以监测的。如果套用d_c指数法来检测地层压力存在一定的误差，在此利用国内外对PDC钻头钻进钻速研究的一些成果，提出用d_{cp}指数法监测地层压力。

d_{cp}指数法实质是一种标准化的钻速法。由于PDC钻头的钻速符合连续沉积规律，那么其d_{cp}指数也有类似钻速的变化规律，这说明PDC钻头的d_{cp}指数可以反映出地层压力的变化，从而建立PDC钻头钻进时的地层孔隙压力随钻检测的方法。

（二）d_{cp}指数的计算

目前应用较多的主要有3种PDC钻头钻速模式。

1) 斯伦贝谢的钻速模式：

$$v = KWN \tag{7-29}$$

2) A. K. Wojtanowict等人提出的钻速模式：

$$v = KG_1[W - W_0(W)]T(W)N^\lambda \tag{7-30}$$

3) 中国石油大学郭学增等人提出的钻速模式：

$$v = K(W - M_0 + C_e E_H)N^{\frac{1}{\lambda}+C_2 H_J} \tag{7-31}$$

式中　C_e——钻头水功率系数；

E_H——钻头水功率，kW；

v——钻速，m/h；

K——地层可钻性系数；

W——钻压，kN；

N——转速，r/min；

λ——转速指数；

C_2——磨损系数；

H_J——钻头磨损量，mm；

G_1——单位换算系数；

$T(W)$——钻头磨损方程；

M_0、$W_0(W)$——零比水马力下的门限钻压，kN。

从上述3个PDC钻头钻进模式中可推导出d_{cp}指数的计算公式。但是由于每个模式中考虑的影响因素不同，单一影响因素又难以确定，故把每个模式加以简化，就可变成一个类似标准的钻速方程模式：

$$R = KG_2\left(\frac{W}{D_b}\right)^d N^\lambda \tag{7-32}$$

式中 G_2——单位换算系数；
R——钻速，m/min；
d——钻压指数；
K——地层可钻性指数；
W——钻压，kN；
D_b——钻头直径，mm；
λ——转速指数。

经过上述变化后，并用钻井液密度加以修正，就得出修正的 PDC 钻头 d_{cp} 指数计算公式：

$$d_{cp} = \frac{\lg(\frac{3.282R}{N})}{\lg(\frac{0.00685W}{D_b})} \cdot \frac{\rho_{mN}}{\rho_{mR}} \qquad (7-33)$$

式中 d_{cp}——修正了的 PDC 钻头钻压指数；
ρ_{mN}——正常地层压力当量密度，g/cm³；
ρ_{mR}——实际使用的钻井液当量密度，g/cm³。

有了 PDC 钻头的 d_{cp} 指数，应用 d_{cp} 指数替代 d_c 指数法中的 d_{cs} 进行地层压力的预测与 d_c 指数法相同。

三、Sigma（σ）指数法

d_c 指数法是无法检测砂质、粉砂质或泥灰质含页岩和碳酸盐岩等地层压力的。20 世纪 70 年代中期 AGP 公司开发了 Sigma 指数法。$\sqrt{\sigma_0}$ 值实际上是一种岩石强度参数。地层在正常压实情况下，岩石强度随深度增加而增大。若遇异常压力地层，岩石强度随孔隙压力增加而减小。经改进的公式，采用合理的解释步骤，克服了因井径、钻井参数、钻头类型、钻井液密度、岩性、地质构造变化以及水力效率差和井眼清洁性的影响。这个方法是随钻处理钻井参数、检测异常压力带并即时算出地层孔隙压力梯度的一种实用技术。

（一）原始 Sigma（σ_t）

基本的 Sigmalog 计算包括两部分。第一部分考虑岩石的可钻性，第二部分考虑压差的影响。原始 Sigmalog（σ_t）公式：

$$\sqrt{\sigma_t} = \frac{WOB^{0.5} \cdot RPM^{0.25}}{Dh \cdot ROP^{0.25}} \qquad (7-34)$$

式中 WOB——钻压，t；
RPM——转盘转速，r/min；
Dh——钻头直径，in；
ROP——钻时，h/m。

在公式（7-34）中对参数的修整靠的是经验。在理论上，用两只型号相同的钻头，在不同的 WOB、RPM、Dh 和 ROP 下钻遇相同的地层相同的深度时，σ_t 值应该是相等的。但在实际情况下，参数的修正并不是完美无缺的，往往 σ_t 值在一定的范围内波动，有时甚至还很大。同时也应注意公式（7-34）没有考虑钻头磨损的影响。

(二) 修正的 Sigma (σ_{t1})

当绘制 σ_t 沿深度变化的曲线时，由于 σ_t 变化范围很大，特别是在浅地层，为此，引进了经过修整的 σ_{t1}，具体公式为：

$$\sqrt{\sigma_{t1}} = \sqrt{\sigma_t} + 0.028\left(7 - \frac{L}{1000}\right) \tag{7-35}$$

式中 L——深度，m。

一般情况下，$\sigma_{t1} \leqslant 1$ 指示砂岩地层，$\sigma_{t1} > 1$ 指示泥岩地层。

1. 井眼清洁系数 (n)

井眼清洁系数 (n) 描述了钻头处岩屑的积累状况，它是地层孔隙性、渗透性及井底压差的函数。n 值的计算有两个公式：

$$\sigma_{t1} \leqslant 1 \qquad n = \frac{3.2}{640 \times \sqrt{\sigma_{t1}}} \tag{7-36}$$

$$\sigma_{t1} > 1 \qquad n = \frac{1}{640} \times \left(4 - \frac{0.75}{\sqrt{\sigma_{t1}}}\right) \tag{7-37}$$

式 (7-36) 及式 (7-37) 预示着泥岩段的 n 值大于砂岩段的 n 值，也就是说钻井液清洁泥岩的效率低于砂岩。这个结论在大多数情况下是正确的。

2. 井底压差 (Δp) 修正系数 (F^*)

参数 F^* 阐述了井底压差 (Δp) 对可钻性的影响。这需要知道或精确地估算有意义深度处的压差 (Δp)。实际的压差 (Δp) 由下面的公式计算：

$$\Delta p = (MW - PFG) \times 10L \tag{7-38}$$

式中 Δp——压差，kgf/cm²；
MW——钻井液密度，kg/L；
PFG——正常地层流体压力梯度，kg/L；
L——井深，m。

PFG 值由某一区块地层孔隙流体平均密度确定，在缺少区块地质资料的情况下，必须估计出 PFG 值。一般情况下，增大 Δp，机械钻速降低，减小 Δp 会提高机械钻速。但机械钻速与 Δp 并不成线性关系。

为了计算 Sigma 值，压差的影响被描述为一个系数 F^*。对于每个预计深度，F^* 满足方程：

$$F^* = 1 + \frac{1 - \sqrt{1 + n^2 \cdot \Delta p^2}}{n \cdot \Delta p} \tag{7-39}$$

式中 n——井眼清洁系数；
Δp——压差，kgf/cm²。

(三) 真实的 Sigma (σ_0)

真实 Sigma (σ_0) 值，也称为岩石强度参数，计算公式如下：

$$\sqrt{\sigma_0} = F^* \cdot \sqrt{\sigma_{t1}} \tag{7-40}$$

（四）参考的 Sigma （σ_r）

岩石强度参数（σ_0）以深度为竖轴被连续标在图上（图 7-11），不像 d_c 指数那样按对数刻度绘制，而是按线性比例绘制。σ_0 值一般变化范围是 0.2~1。

机械钻速快，引起 σ_0 值向左偏移；机械钻速慢，引起 σ_0 值向右偏移。这种偏移是由岩石的可钻性、钻井参数的改变或者是两个因素的综合影响。在岩性、钻井参数变化不大的情况下，随着深度的增加，σ_0 逐渐增大，这时对应参考（也是正常压实）的 Sigma（σ_r）值随深度变化的趋势线很容易绘制。σ_0 的值会因岩性的改变、钻井参数及其他条件较大的改变而偏离 σ_r 趋势线。因此，为了应用 Sigma（σ_0）很好地计算、分析及判断地层压力，每次在岩性、钻井参数及其他条件有较大改变时，都应及时地调整 σ_r 趋势线，来保证 σ_r 与 σ_0 合适的比例关系。如果井深小于

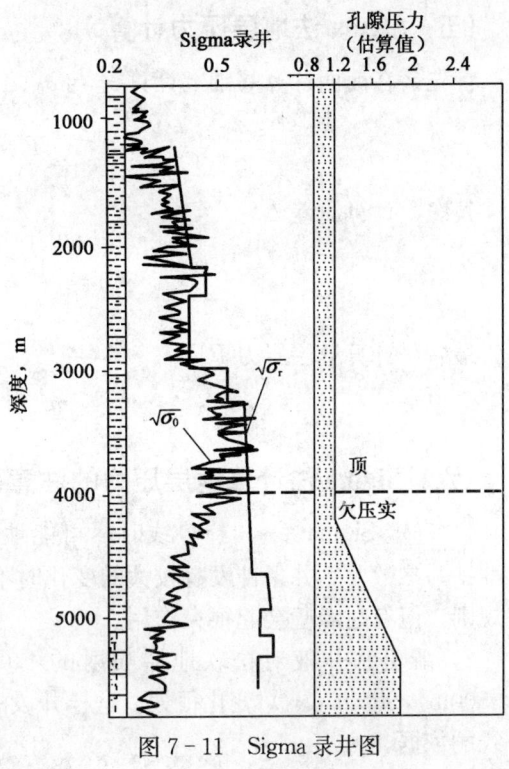

图 7-11 Sigma 录井图

500m，σ_0 值非常分散，很难确定可靠的趋势线。下面的公式描述了如何获得趋势线上任意点的 σ_r 值。

$$\sqrt{\sigma_r} = 0.088 \times \frac{L}{1000} + \beta \tag{7-41}$$

式中　L——井深，m；
　　　β——纵轴截距，即 $L=0$ 时的 σ_r 值。

当平均 σ_0 发生偏移时，对 σ_r 要进行相应的调整，但不能没有根据地进行调整。在理论上，σ_r 趋势线的斜率应随着深度和岩层性质的变化而变化。而在实践中发现，0.088/1000m 这样一个固定的斜率能很好地满足计算要求。下面的公式描述了何时开始调整 σ_r 趋势线。

$$\sqrt{\sigma_{r2}} = \sqrt{\sigma_{r1}} \cdot \frac{\sqrt{\sigma_{02}}}{\sqrt{\sigma_{01}}} \tag{7-42}$$

式中　σ_{r2}——开始新趋势线时的值；
　　　σ_{r1}——老趋势线最后一点的值；
　　　σ_{01}——移动趋势线前最后一点的 σ_0 值；
　　　σ_{02}——移动趋势线后第一点的 σ_0 值。

通过展开，新趋势线的截距（β_2）可由下面的公式求得：

$$\beta_2 = \sqrt{\sigma_{r2}} - 0.088 \times \frac{L}{1000} \tag{7-43}$$

简化的公式为：

$$\beta_2 = \beta_1 - \frac{\sqrt{\sigma_{02}}}{\sqrt{\sigma_{01}}} \tag{7-44}$$

(五) Sigma 法地层压力计算

首先，在前面计算基础上计算 σ_r 与 σ_0 之间的比值 F：

$$F = \frac{\sqrt{\sigma_r}}{\sqrt{\sigma_0}} \tag{7-45}$$

其次，计算压差 Δp：

$$\Delta p = \frac{1}{n} \cdot \frac{2(1-F)}{1-(1-F)^2} \tag{7-46}$$

最后，计算地层压力 PF：

$$PF = \frac{10 \times \Delta p}{L}$$

(六) Sigma 法计算地层压力的注意事项

1) 确定 Sigma (σ_r) 趋势线时尽可能地保持趋势线的连续，调整趋势线时要有根据。岩性钻井参数及钻井条件没有较大的变化时不要调整趋势线。虽然确定、调整趋势线时有一些规则，但有时经验会起很大作用。

2) 由于钻井液对松软地层喷射的不可预见性，当钻遇软地层或成岩性差的地层（<500m），Sigma (σ_0) 变化很大。这样井段的 Sigma (σ_0) 值不能作为确定 Sigma (σ_r) 趋势线的依据。

3) σ_0 没有考虑钻头磨损的影响。由于钻头磨损原因可能造成 σ_0 值向右偏移，遮掩了异常压力过渡带的存在。在牙轮钻头上这种现象表现得较为突出，在镶齿和 PDC 钻头上这种现象很弱。

4) Sigma 法检测地层压力是在传统的牙轮和钻井条件下总结出来的经验公式，对目前普遍使用的 PDC 钻头来说有一定的影响，但并不很严重。在 PDC 钻头上各种 Sigma 值产生的总体偏移对各参数之间的比值影响不大。在应用过程中只要知道这种差异，并根据实际情况确定合适的 σ_r 趋势线就可以满足要求。

5) 注意井径变化后 σ_0 会有明显的偏移。

Sigma 程序能够自动调整 σ_r 趋势值，这一点优于 d_c 指数。但这并不意味着 Sigma 法检测地层压力准确无误，因为 Sigma 法检测地层压力也是一种间接方法，存在很多人为因素和不确定的原因。

四、综合录井中的其他异常压力定性评价方法

(一) 钻速 (ROP) 录井

钻速 (ROP) 作为相对孔隙度的指示标志。由于欠压实地层的孔隙度比该深度预计孔隙度要高，所以钻速 (ROP) 可能是检测异常地层压力的一个重要参数。

钻速随着深度增加而减小。钻速减小的主要原因是由于被钻岩石的体积密度增加。页岩和粘土显示出明显的压实效应。在正常压实条件下，随着深度的增加，压实作用增强，钻进速度或多或少会按照指数规律减小。

压差对钻速的影响较大。很难测量页岩等非渗透性岩层中的孔隙压力。然而通过不同的测试已经显示，当出现负压差时，钻速能达到最大。钻速变化可作为过渡带的指示标志。在

异常压力的页岩段,位于该深度的岩石是欠压实的,在欠压实段钻速增大可能是由于负压差造成的结果(图 7-12)。

但是有许多因素可能使钻进速度发生变化,如钻头类型与磨损、钻压、人为因素和设备条件等。有些影响因素在 d_c 指数法中已作过校正。因此钻速可作为与 d_c 指数相对应的地层压力评价参数。

(二) 气测录井

1. 钻井液中气体的来源

钻井液中气体的来源如图 7-13 所示。

从钻井液中脱出的气体主要来源于以下的一个方面或几个方面的综合效应。

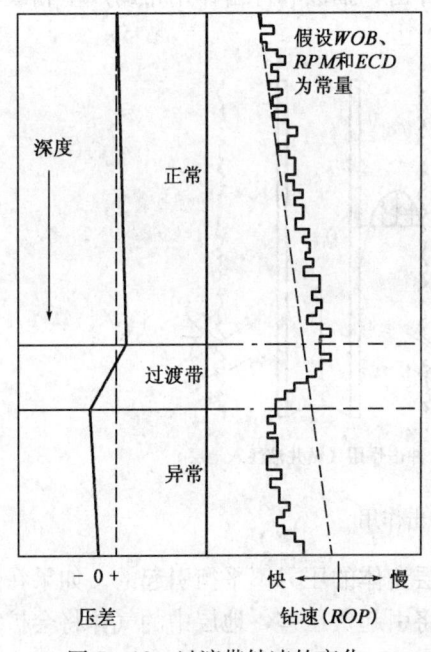

图 7-12 过渡带钻速的变化

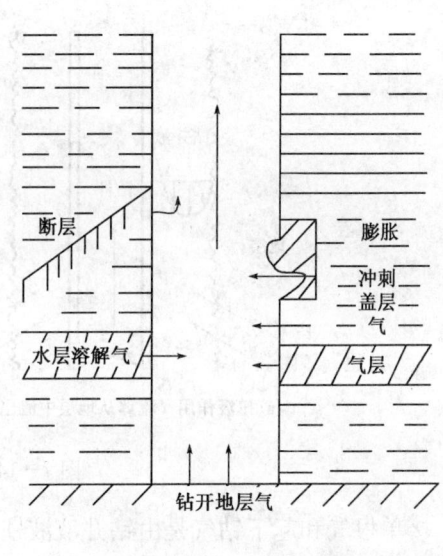

图 7-13 钻井液中气体的来源

1) 破碎岩石气:在钻进过程中,钻头机械地破碎岩石而释放到钻井液中的气体称为破碎岩石气。

2) 扩散气:地层气可以以扩散方式进入井筒钻井液中,扩散气不受压力平衡状态影响,只与浓度有关。但扩散气的扩散过程较长,故在气显示上具有漫布性。

3) 循环气:循环钻井液运载的天然气不可能一次性地在出口脱气器及泥浆池中全部释放出来。当将其再次泵入井中时,可形成再循环气。循环气的出现使背景气值高,与钻速无关。在一个气测值高峰后,循环气出现在整个循环过程中。

4) 钻井液添加剂经井下高温高压裂解产生的烃类气体。

5) 压差气,分别接单根气和起下钻气。

①接单根气:接单根时的抽汲作用使钻井液对井底的压力降低,易形成压差气进入井筒,经过一个迟到时间就可在录井仪上检测到。

②起下钻气:在起钻过程中,由于停泵、上提钻柱,必然会有钻井液静止或抽汲效应,这两个效应都会使环空中钻井液压力下降,有利于压差气的产生。

2. 异常压力地层气体指示

在正常钻井过程中检测到钻井液中气体的含量是相对稳定的。背景值可能随着钻时、钻井液排量和地层中的烃类气体含量有所变化,正常情况下背景值可能出现±50%的变化。在地面检测设备正常的情况下,气测背景值完全消失是钻遇低渗透层或井底高压差指示的结果。钻遇欠压实地层,背景值升高的原因主要有以下几方面:

1)高孔隙导致地层气体含量的增加;
2)快速钻进增加了单位时间破碎岩石的体积;
3)井底压差的减小增加了井底渗透层气体的扩散。

其中井底压差是主要原因。钻进过程中更应注意接单根峰和起下钻气。单根峰和起下钻气主要是由于钻柱的运动抽汲作用产生的。有抽汲就有冲击,抽汲和冲击作用帮助产生和破坏井下的负压差(图7-14)

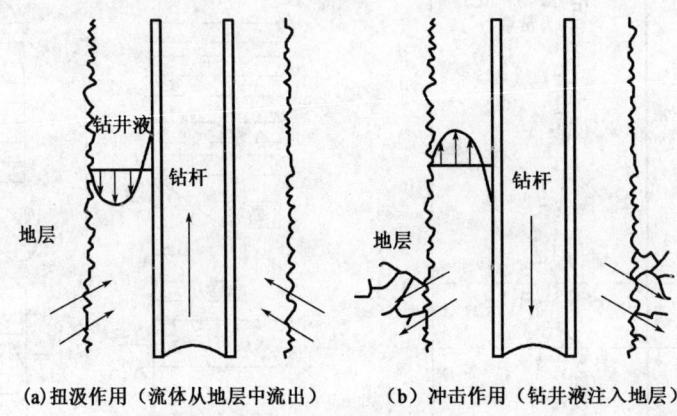

(a)扭汲作用(流体从地层中流出)　　(b)冲击作用(钻井液注入地层)

图 7-14 抽汲与冲击作用

接单根气和起下钻气是由钻井液液柱压力和地层流体的压力不平衡引起的。如果在钻井液流动(循环)状态下,压差为零或接近零,停泵将引起负压差,地层中的气体将会扩散到井眼中。

如果接单根气随时间变化而增加,表明可能进入压力过渡带,并且现用钻井液密度已不能平衡地层压力(图7-15)。如果单根气和背景气同时增大,则很可能存在负压差。

快速钻进和过度地抽汲可能把许多气体带进井眼,从而减小了静液面而使压差减小。钻井液携带气体而减小的压差又能让更多的气体进入井眼,重循环气也会带来同样的问题。

单根峰和起下钻气也产生于钻井液压力与地层压力的平衡关系。如果在钻进过程中这种压差等于0或接近于0,关泵后会产生瞬间的负压差,地层气体就会扩散到井眼。

如果单根峰出现一个比一个高的现象,说明异常压力过渡带的存在和钻井液密度不适合地层压力。如果单根峰和起下钻气都在升高,很可能有井底负压差的存在。

3. 异常压力地层在气体组分上的变化

在一些地区新的组分出现或比甲烷重的烃类组分增加,意味着异常压力过渡带的存在。

不同组分的烃类气体,由于其相对分子质量的不同,从地层岩屑中扩散出的速率也不同。在欠压实地层这种关系发生改变,结果导致重组分含量的增加。在欠压实泥岩、页岩地层中常见到C_1/C_2、C_2/C_3比值减小,其中尤以C_2/C_3最为明显。当$C_2/C_3<1$时,常常是

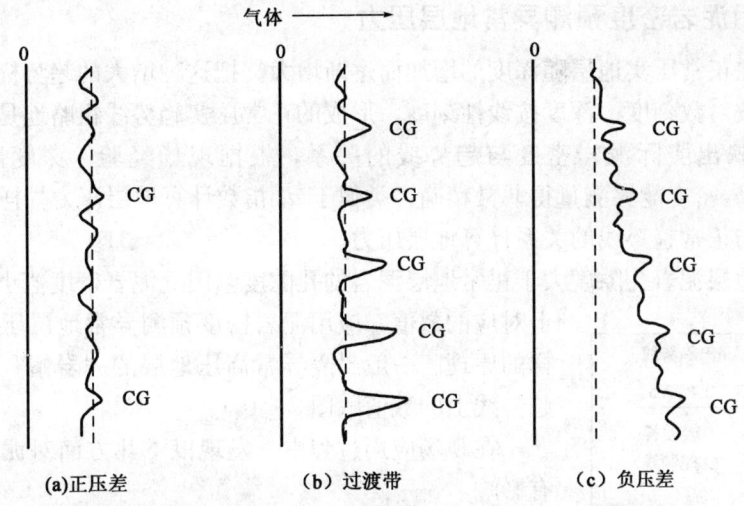

图 7-15 压差和接单根气
CG—接单根气

钻井出现复杂情况,甚至发生重大事故的先兆。气体含量比值减小的可能起因有:

1) 井眼与地层之间的压差减小,导致扩散作用增大。
2) 由于在正常压力层和超压层之间存在压差,使地层中的气体选择性地扩散到不完全渗透的压力隔层中。
3) 由于厚的粘土岩层中孔隙压力(异常压力)的增大,使有机质成熟期加快。

(三) 利用扭矩变化和过拉、过压预测异常地层压力

扭矩变化和过拉、过压可能由下面的原因引起:

1) 在泥岩和粘土岩段井底负压差的存在;
2) 泥岩和粘土砂岩的水化作用;
3) 过大的上覆应力和构造应力;
4) 综合作用:泥岩和粘土岩段在井底存在负压差时,往往容易产生掉块。掉块堆积速度大于钻井液循环携带出地面的速度,在井内堆积的掉块影响井下钻头和钻铤的旋转,故旋转扭矩变大。起钻时掉块的存在阻止了钻头和扶正器的移动,使悬重增加,称为过拉;下钻时,掉块的存在使悬重偶尔地降低,然后又突然地放空使悬重增加,称为过压。掉块过多,会造成下钻到底开泵困难,钻头下不到真实的深度。

用扭矩增大作为井下异常压力存在的标志,我们要区分扭矩的增大是否由于井下存在掉块引起的。因为扭矩的增大也可能是钻头磨损、地层变化、钻遇断层或不整合面等因素引起的。

在直井或近乎直井应用过拉判断是否存在异常地层压力时,一般遵循下列原则:

1) 0~5t:正常钻具应力范围内;
2) 5~10t:过拉但井眼是清洁的;
3) 10~20t:指示井内存在掉块、泥岩膨胀或高的地层应力;
4) >20t:钻具遇卡的临界值。

过拉的大小与井眼尺寸、深度和井斜角有关。在大斜度井,钻具大面积接触井壁,扭矩和过拉都会增大,在异常压力井段也有同样的现象。这样在大斜度井段有时掩盖了异常压力地层的存在。

（四）利用泥岩密度预测异常地层压力

泥岩密度在正常压实地层随深度的增加而逐渐增大。把这种增大的趋势标在半对数坐标上，泥岩密度按对数刻度，深度按线性刻度，形成的正常压实趋势线粗略地是一条斜线。为了能很好地反映出实际泥岩密度与趋势线的关系，根据现场经验，深度比例最好大于1/2500。如果泥岩密度能够测量得非常精确，类似于 d_c 指数计算地层压力一样，可以根据实际泥岩密度值与正常趋势线的关系计算地层压力。

异常高压地层泥岩孔隙度大于正常地层泥岩的孔隙度，因此泥岩密度值小于正常趋势线上对应的数值，应用泥岩密度预测异常地层压力正是基于这样的原理。一般封隔异常高压地层的"岩帽"密度高于对应趋势线上的数值（图7-16）。

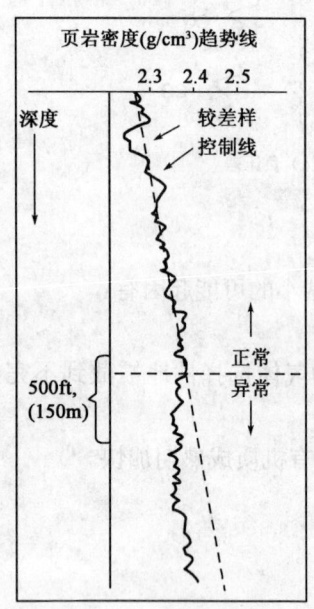

图7-16 欠压实地层泥岩密度反映曲线

在现场应用过程中，发现以下几方面对泥岩密度的测量有影响：

1）粘土岩和泥岩的固结程度。如果泥岩和粘土岩已散布在钻井液中，将无法获得准确的泥岩和粘土岩密度，一般1000m以上的泥岩和粘土岩存在这种情况。

2）泥岩造浆。在水基钻井液中由于水的吸附作用，使得测量的密度比实际值低。用钾基钻井液会减小这种影响，用油基钻井液会完全消除这种影响。

3）泥岩、粘土岩的成分。重矿物的存在（如黄铁矿）、灰质含量和硅质含量的增加，会得到不可靠的泥岩、粘土岩密度值。

在应用泥岩密度进行地层压力预测时，要注意上面的影响因素。

除了可用计算机计算外，还可用做图法，并借助于密度—压力图版求解地层压力。

在钻进泥岩井段，可按一定间距选取泥岩岩样进行泥岩密度测定，通过不同的井深中泥岩密度资料做出井深—泥岩密度录井图。

泥岩密度测定岩样取样按5～20m间距取一个，用水轻轻洗净，然后用滤纸将水吸干。通过泥岩密度测定仪测得每个样品的密度，将这些数值按其井深标注在井深—密度录井图的坐标格上，即可发现在正常情况下，泥岩密度随井深增加而增大。泥岩密度正常趋势线如图7-17所示，若偏离正常趋势线方向密度减小，则反映为异常高压，它的开始端即为压力过渡带顶部（点）。

同样，将这些来自不同井深的泥岩密度值标在"密度—压力图表"的密度—深度坐标上，构成 A、B、C、D 的泥岩密度大致连线。

例如：计算 C 点井底压力（密度—压力图表）。

AB 线段是正常泥岩密度趋势线，在 B 点遇到压力异常，泥岩密度开始下降，趋势线向左偏移弯曲。

1）由 C 点作垂线，交于 AB 线段于 D 点，其井深为1920m，相应的静水压力为 $192×10^5$ Pa，在压力标尺找到该点值，该点为 E，并连接 DE 线。

2) 通过 C 点一直线平行 DE 与压力标尺交于 F 点,读井底压力为 $637×10^5 Pa$。

3) 计算压力梯度,即平衡井下压力所需要钻井液密度理论值,C 点的井深为 3840m,其静水压力为 $384×10^5 Pa$。钻井液密度平衡井下压力理论值可由图 7-17 密度—压力图版给出,即 $\frac{637}{384}=1.65$。

(五) 利用钻井液出口温度预测异常地层压力

在压力过渡带,地层孔隙压力随深度增加的速度高于正常速度,地层温度的增加也是如此。

异常压力过渡带具有较低渗透率,有效阻止了下伏异常压力向上传递;同时,它也起到了"隔热板"的作用,阻止了下部热流的传导,使得异常压力过渡带的温度明显升高。在随钻过程中,可通过监测钻井液的入、出口温度来识别异常高压的存在。

任何两个不同深度之间的温度变化与这两个深度之间的岩石及流体的热导率(传导热能的能力)有关。具有相对较低热导率的岩层为隔热层。在隔热层下面,热量将会聚集起来,引起温度升高。

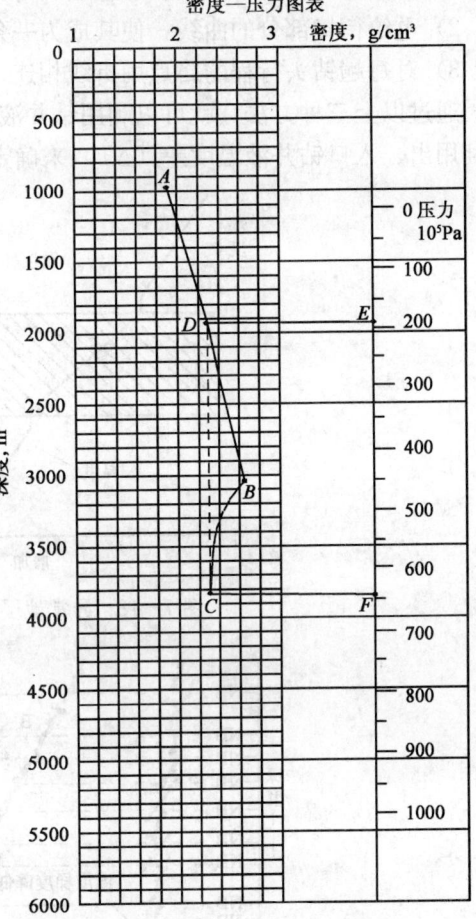

图 7-17 密度—压力图版

地温梯度是地层温度随深度变化而增加的速度,表示深度每增加 100 m 地层温度升高的摄氏度数值。可通过式 (7-47) 计算地温梯度:

$$G_t = \frac{T_2 - T_1}{H_2 - H_1} \tag{7-47}$$

式中 G_t——地温梯度,℃/100m;

H_1——点 1 深度,m;

H_2——点 2 深度,m;

T_1——深度为 H_1 时的地层温度,℃;

T_2——深度为 H_2 时的地层温度,℃。

不同地区,其平均地温梯度值一般在 1.8~4.5℃/100m。由于地层岩性和流体的导热效率不同,即使同一地区,不同深度的地温梯度也是不相同的。水、油、气的热导率比岩石的热导率都要小。异常压力地层比同样深度的正常压力地层含更多的孔隙流体,超压层的热导率比正常压力层的热导率要低。超压层区间的温度梯度比相应的正常压力层区间的温度梯度要高(图 7-18)。温度梯度的降低带可能出现在异常压力带之上。

对于出口钻井液温度曲线有如下三种处理方法:

1) 每一个钻头为一条曲线,并绘出每段曲线的趋势线(图 7-19 曲线 A);
2) 重绘衔接部分的曲线,使其成为一条连续的曲线(图 7-19 曲线 B);
3) 对每趟钻头行程的终点用折线相连(图 7-19 曲线 C)。

通过以上三种方法,就可以利用钻井液出口温度的变化找到异常压力层段的顶部。也可以利用出、入口钻井液温度差(ΔT)来确定异常压力层段的顶部。

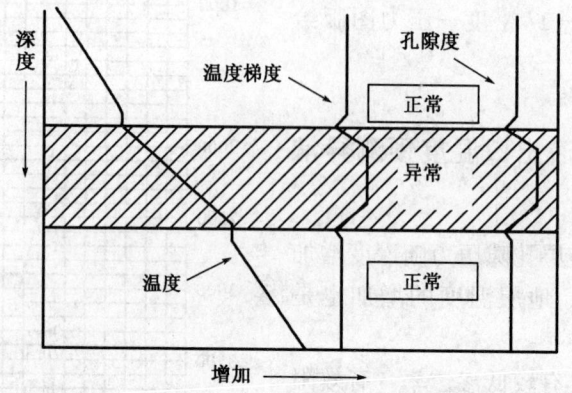

图 7-18 异常地层压力带地温(梯度)变化

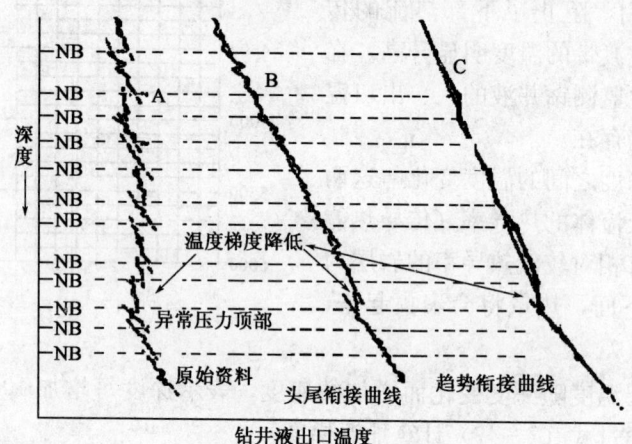

图 7-19 钻井液出口温度曲线处理方法

(六) 异常高压的其他录井特征

1. 钻井过程中泥浆池液面上涨/流量增加

地层流体的侵入将排挤井眼内的钻井液。这种排挤必然导致钻井液系统的泥浆池液面的升高或者入口流量的增大。流量增大到一定时,可能会发生井涌。

2. 泥页岩垮塌

粘土质岩层的垮塌物是一个重要的压力异常识别标志。垮塌物也可能引起钻井事故,过多的充填物会堵塞井眼环空,降低井眼的清洁效率,可以引起粘附卡钻。

随着深度的增加,泥岩和页岩会变得更为坚硬。在钻井过程中,如果有欠压实的信号出现,就表明随着深度的增加,有一个从固结(坚硬、固化)到未固结(疏松、粘性)的泥岩之间的过渡带。

还有一个重要因素是岩屑的大小和形状。带有尖锐和平坦形状及断面凹凸不平的页岩垮塌物是由于超压或者是蒙脱石脱水形成的，断面平坦的页岩垮塌物大多数是由机械因素造成的。

3. 钻井液出口密度

油气侵会导致钻井液密度的降低，因此钻井液出口密度可作为检测超压是否存在的辅助标志。

4. 基于核磁共振录井技术的应用

目前，录井、地震、测井等地层压力预监测方法大都是基于欠压实理论的。其基本原理是在正常压实地层中，随着深度的增加，地层逐渐被压实，岩石孔隙度逐渐减小。而在异常高压地层中，表现为与正常压实趋势相反的变化，孔隙度比正常压实的孔隙度大，岩石密度比正常压实的密度值低。绝大多数地层压力检测技术都是基于"岩石孔隙体积变化"这一压力异常的证据，即通过直接或间接地检测岩石孔隙度的变化来达到异常压力预测、监测及评价的目的。核磁共振录井是最直接的、可用于钻井现场的岩石物性快速测量技术，孔隙度是其中最成熟、最可靠的一个参数。借助于核磁录井孔隙度可以实现地层压力的随钻检测和破裂压力的快速计算。根据垂直剖面上泥页岩及砂岩孔隙度的变化情况，可以实现异常压力的随钻检测与评价（图7－20）。

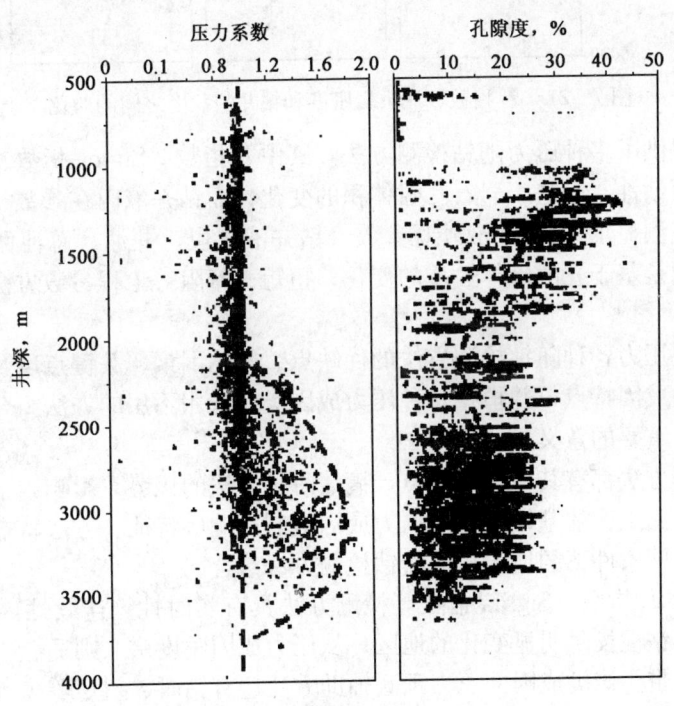

图7－20 压力系数与孔隙度的对应关系

5. 离子色谱录井技术的应用

根据ELSEVIER等国外一些重要文献，地层水的盐度与地层压力之间有一定的相关性。在以粘矿物脱水为主要成因的超压区，地层压力系数与地层水的盐度呈负相关；而在以盐丘底辟、盐类渗透为主要成因的超压区，地层压力系数则与地层水的盐度之间呈正相关。重碳酸盐与超压之间也有一定的关系。若这种关系存在，就可以通过离子色谱录井技术随时检测钻井液滤液中的相关离子浓度，实现特殊条件下的压力预测问题。

离子色谱（IC）技术能够在钻井现场检测钻井液滤液中的离子浓度，因此可依据盐度的变化进行地层压力随钻评价，具有快速，不受钻头类型、岩屑大小等条件影响的优势。如图7-21所示，d_c指数、泥页岩密度和钻井液盐度三者之间具有非常好的相关性。

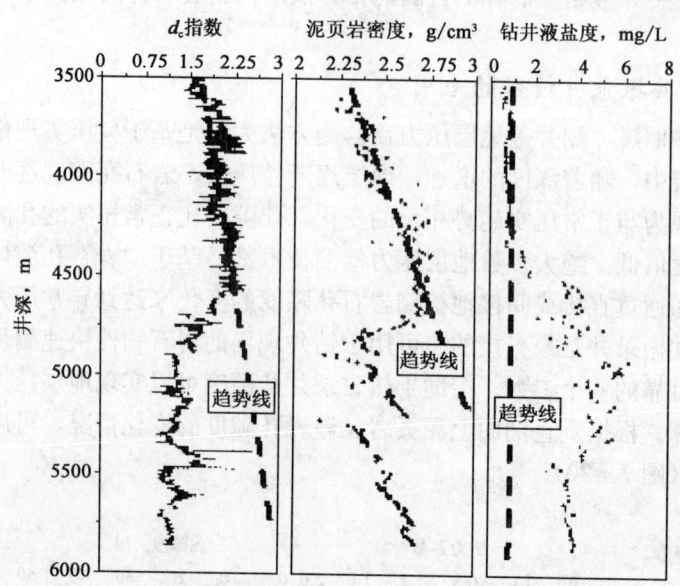

图7-21 d_c指数、泥页岩密度和钻井液盐度之间的对比

综合录井仪提供了多种压力随钻检测方法，其中d指数、Sigma指数、钻速等方法使用的前提是岩石的可钻性，即基于岩石孔隙体积的变化；而钻井液内在参数（温度、密度、电导率、电阻率、气测显示）、钻井液外观参数（钻井液气侵、井涌、总池体积增加、槽面液位上涨）等方法则是基于孔隙流体性质的变化；扭矩、摩阻等工程参数方法则是基于超压对钻井的影响。

认真分析地层压力各种随钻检测方法的优缺点、影响因素、关键点以及负面因素，对于把握住异常压力的成因特点，并根据每种压力成因类型选用不用的方法组合，搞好异常压力检测工作具有十分重要的意义。

各种压力检测方法都有其自身的特点，搞清每种方法的优势、影响因素及关键点，是搞好异常压力随钻检测工作的基础。在对压力成因机制、响应特征、方法特点进行综合分析的基础上，可实现不同条件下的地层压力随钻检测方法组合。

综合录井仪的d_c指数、Sigma指数等检测方法具有实时性、连续性，适合于因异常压力而引起的地层可钻性发生明显变化的地区；从压力成因角度讲，则适合于因岩石孔隙体积发生明显变化的区带。该类成因的压力预测辅助方法还有钻时、扭矩等工程参数法及泥页岩密度、砂泥岩孔隙度（核磁共振录井技术）、岩屑大小及形状等地质方法。

烃类生成或裂解引起的超压可通过气测手段加以识别，但烃类生成或裂解能引起超压，有油气存在的层位却不一定就存在异常高压，所以需综合单根气、后效、油气上窜速度等特征及参数综合判识与评价。

五、随钻地层压力检测应用实例

KX007井在钻井施工过程中，使用综合录井仪进行施工参数的实时监测，其中包括随钻地层压力评价。随钻地层压力检测资料如图 7-22 所示。d_c 指数随钻连续计算，以反映地层可钻性的变化，指示异常地层压力的存在；岩屑形状、泥岩密度、气体背景值、起下钻气、单根气等定性方法也被用于随钻压力分析，同时也监测记录了钻井液进出口温度。图 7-22 绘出了钻时、全烃、出口钻井液温度、d_c 指数以及计算的地层压力梯度和地层破裂压力梯度。另外，左边第 1 栏中的长断线是根据出口钻井液温度升温阶段和温度平稳阶段的记录数据绘出的升温速率线段，自浅至深以首尾衔接的方式绘出，可用于定性判断升温速率变化。

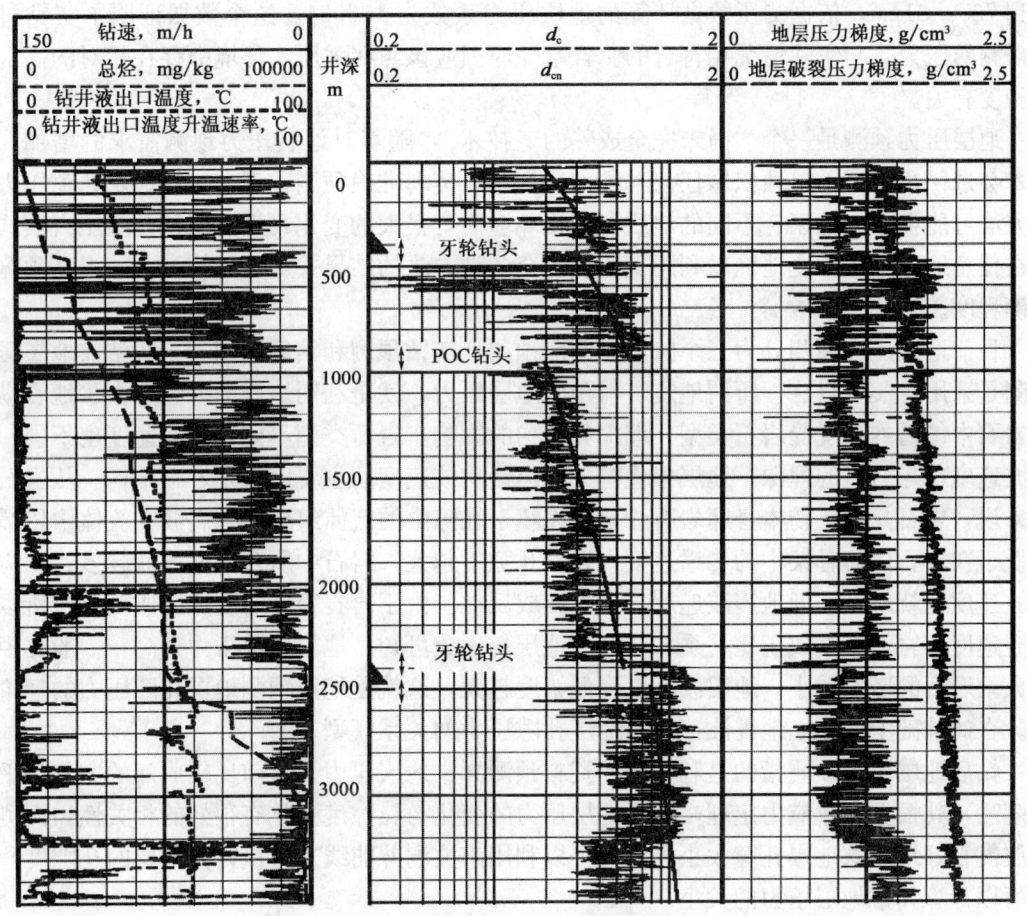

图 7-22 KX007 井地层压力检测图

2400m 处起下钻换钻头，下钻到底后，在钻井过程中，出口钻井液温度的升温速率明显较前面的井段增大，这是异常压力过渡带的指示信号。2487m 起钻下入技术套管，是很合理的工程措施。2487～3000m 井段，是出口钻井液温度升温速率在全井最引人注目的井段，同时，泥页岩密度降，d_c 指数开始偏离正常压实趋势线，全烃基值较前有所升高。这些定性及定量参数的变化表明，下伏地层很可能存在欠压实成因的异常高压地层。

实钻表明，从 3050m 至井底是典型的欠压实成因异常高压地层。在井深 3215m，该井钻遇砂岩油气储集层，见到良好的油气显示。全烃 TG 从 0.4% 升高到 90%，同时伴有井涌发生，钻井液总体积增大了 20m³。为了平衡井筒压力，钻井液密度从 1.45g/cm³ 提高到 1.61g/cm³，此时 TG 从 90% 降到 45%；钻进至 3240m，再提高到 1.66g/cm³，井筒压力处于平衡状态，全烃 TG 被控制在 5%～7%。

KX007井3215～3499m井段理论计算的地层压力系数为1.41～1.65，上限值与压井作业过程中使用的1.66很接近。由此看来，只要在随钻过程中精心操作，就可以较准确地随钻获取地层压力系数。

对测井解释的异常高压带中部分储集层的参数分析，3217.0～3227.0m井段以其良好的录井显示和测井响应被评价为本井的良好油气储集层之一。

完井后，选择该井3217.5～3227m井段试油。作业中压力测量点位于3217.0m，压力达到7350.31psi，依据测压数据计算的地层压力系数为1.6064。这个数据证明了实钻过程中预测的压力是与实际情况相符合的。含水的原因应该与在欠压实环境中存在相对的高含水饱和度有关。

地层压力预测是一个"尚未完全成熟的老技术"，随着对地层压力预测需求的增加，此技术会进一步发展。单独依靠任何一种方法都难以实现准确预测，现有计算地层孔隙压力模型方法可能在不同地区、不同的地质和沉积环境而有很大的变化，没有哪种孔隙压力模式能够在任意地区一成不变地加以利用。应该综合各种方法的结果并加以比较，才能提高预测的准确程度。

目前地层压力预测分为三个阶段：钻前预测、随钻预测和钻后预测。一般钻前地层压力预测是采用地震资料法。所谓地震资料预测地层压力，就是利用地震的纵波数据。地震纵波在岩石中传播的速度受岩石类型、埋深和结构的影响，岩石类型不同，其波速度也不同。地震波速度也与岩石的埋深、地层年代有关，但影响波速度的主要因素是岩石结构。从岩石结构来说，岩石是由矿物本身即岩石骨架和充填于孔隙中的流体组成，地震波在流体中传播速度低于在岩石固体骨架中的传播速度，岩石孔隙度越大，岩石中所含的液体就越多，相应地震波速度也就越低，即地震波速度与孔隙度成反比。由于岩石密度与孔隙度成反比，所以地震波速度与岩石密度成正比关系。从高压地层的形成可知，地层孔隙压力升高，一般孔隙度增大，岩石的密度越小，地震波速度降低幅度越大，这就是地震预测地层孔隙压力的理论基础。在此基础上可建立地震波速度与地层孔隙压力的关系模型。

钻后地层压力预测指的是利用测井资料预测异常地层压力。目前比较成熟的方法是平衡深度法，其根据有效应力定理，认为地层压力的变化与孔隙度演化有很好的相关性。而测井声波能很好地反映地层孔隙大小，因此可以利用声波测井曲线来定量计算地层的孔隙度，从而可以计算异常地层压力的大小。

本章主要讨论的是利用录井资料进行随钻地层压力预测的方法。地层压力随钻评价一般都是直接与地层接触的方法，相对于钻前（后）评价，更为可靠、及时。异常压力随钻评价的对象一是岩石物性，二是孔隙流体。随钻过程中的综合录井仪、常规地质录井、新技术录井等方法可以通过这两种对象进行地层压力评价。地层压力随钻评价方法组合见表7-3。

表7-3 地层压力随钻评价方法组合

	压实成因类型	评价方法
岩石孔隙体积的变化	垂向载荷（欠压实）、侧向构造载荷、次生胶结	d_c指数法（砂泥岩地层）、Sigma指数法（碳酸盐岩地层）、泥页岩密度法、孔隙度录井（核磁共振录井技术）
孔隙流体性质的变化	温度变化（水热膨胀）、矿物转化（粘土矿物脱水）、盐类渗透烃类生成或裂解气体运移	钻井液出口温度盐度分析（离子色谱录井技术）、气测录井（包括快速色谱分析等）

某个地区的超压现象常常是多种成因机制综合作用的结果,超压的响应也具有多解性。因而需要在深入分析区域压力分布规律的基础上,采用多种压力检测手段,进行综合评价。d_C 指数法和地质统计分析法是定量的评价方法。前者的精度取决于正常压实趋势线的正确选取,后者的精度取决于数据点的密集程度。核磁共振、离子色谱等新技术录井法属于定性的方法,可结合钻井液使用及槽面显示情况加以估算。地质统计分析法及新技术录井法给地层压力的随钻评价增添了活力。借助核磁共振录井,还可实现破裂压力梯度快速、准确计算。通过实践证明,随钻录井地层压力评价在优化井身结构、合理调整钻井液密度、保障快速安全钻井方面起到了重要作用。

思考题与习题

1. 为什么要进行地层压力评价?
2. 简述地层孔隙压力梯度、破裂地层压力梯度、上覆岩层压力梯度概念与计算公式。
3. 何为地层压力、异常地层压力?
4. 异常地层压力的成因主要有哪些?
5. 简述地层压实作用形成地层压力异常的原理。
6. 异常地层压力与生、储、盖等成藏要素有何关系?
7. 什么是压力过渡带?
8. d_c 指数地层压力检测法的原理及基本计算公式是什么?
9. Sigma 指数地层压力检测法的原理及基本计算公式是什么?
10. 综合录井中常用的随钻地层压力检测方法有哪些?

第八章 特殊钻井条件下的录井方法与技术

特殊钻井条件是指运用现代钻井技术，应用先进的钻井设备、工具、工艺、技术等进行钻井的条件，如欠平衡钻井、定向井（水平井）、PDC钻头钻井等。现代钻井技术大幅度提高了钻进速度，降低了非钻井时效，保证了钻井安全，提高了勘探效益。其主要特点是：钻进速度快，时效高；提高了安全性，井身质量好；保护油气层效果好，经济效益高。现代钻井技术对录井作业产生了直接或间接的不同程度的影响。这些影响可通过调整录井方法、改变录取位置、改变解释方法而得以消除，部分影响还需要进一步寻求合适的途径来消除。因此，研究和探索特殊钻井条件下的录井方法和技术是现代录井工作者长期努力的方向。

第一节 欠平衡钻井条件下的录井方法与技术

目前，大多数油气井采用旋转钻井技术完成。循环介质从钻柱进入井筒，并携带着钻头在井底破碎的岩屑沿钻杆与井壁之间的环形空间返出地面。由于其自身的重量以及流动时所受到的摩擦阻力，循环介质会在井内产生一定的压力。如果井内循环介质作用于井底的液柱压力等于地层孔隙压力，则井内处于平衡状态；如果井内循环介质作用于井底的液柱压力略大于地层孔隙压力，则井内处于近乎衡状态；如果井内循环介质作用于井底的液柱压力略低于地层孔隙压力，则井内处于欠平衡状态。

在常规过平衡钻井作业中，一般以钻井液作为循环介质。钻进中，钻井液不仅仅起携带岩屑、清洁井底的作用，还能够稳定井壁、冷却钻头。在钻井过程中，为了防止井喷等事故的发生，通常要调节钻井液的组分及性能，使井内流体的液柱压力高于地层孔隙压力，因此，钻井液还有控制井底压力的作用。在这种过平衡或近平衡情况下，地层流体不会侵入井筒，但钻井液会进入地层，对地层造成伤害。

在欠平衡钻井过程中，则是有意识地让井内循环液柱压力低于地层孔隙压力。当钻遇有供给能力的地层时，地层流体会源源不断地进入井筒，参与井内流动。因此，欠平衡钻井（underbalanced drilling，UBD）可以这样定义：利用自然条件或采取人工方法，在可以控制的条件下，使井筒内钻井流体液柱压力低于地层孔隙压力，从而在井底形成负压差的钻井技术。

一、欠平衡钻井技术概述

欠平衡钻井技术适用于地层压力系数、储集层性质比较确定，地层稳定性好且不易垮塌、过压实等勘探层系，适用于钻探低渗透砂岩油气藏、低渗透微裂缝油气藏、裂缝及溶洞油气藏。具体应用中，根据勘探区域特点选用不同的欠平衡钻井技术，可以实现发现、保护油气层的目的。

(一) 欠平衡钻井技术的分类

按照不同的标准,欠平衡钻井技术有不同的分类方式。

1. 按实现欠平衡的方法来为划分

欠平衡钻井的目的是使井底有效压力(包括静液柱压力和循环动压)低于储集层压力。实现的主要手段有:

1) 降低钻井液密度法。对于中高压储集层(压力梯度大于 1.2MP/100m)的情况,只需适当降低钻井液的密度,使其当量钻井液密度低于储集层压力梯度即可。

2) 注气减轻法。对于异常低压的储集层(压力梯度小于 0.9MPa/100m)的情况,采用向钻井液内注入气体的方法,使其当量密度小于储集层压力梯度。根据注入气体与注入液体的体积比例,调整钻井液密度减轻的程度。

3) 减轻材料混入法。对于轻度欠压的低压储集层(压力梯度在 0.9~1.2MP/100m 范围内),为了避免采用复杂、昂贵的地面注气系统,出现了在水基钻井液中混入减轻材料来减轻钻井液密度的方法。减轻材料有固相和液相两大类。液相主要有清水、原油(或油包水、水包油)、柴油,固相主要有中空固体材料和低密度固体材料。

2. 按所用循环介质的种类来划分

显然,要进行欠平衡钻井,关键是要控制井内流体的压力,使其低于地层孔隙压力(以下简称地层压力),因此,需要根据地层压力选择循环介质。如果所钻地层压力较高,利用低密度的普通水基钻井液就能在井底产生欠平衡状态;如果地层压力较低,就需要使用降密度剂来调整循环介质的密度,以产生欠平衡状态。这类降密度剂通常是非冷凝气体,如氮气、天然气、空气或烟道气,通过钻柱或寄生管与钻井液同时注入井内。这些方法通过不同的工艺改变循环钻井液的密度,让钻井液柱压力梯度小于地层压力梯度。因此,欠平衡钻井时的钻井流体可以是气、液单相,也可以是气、液两相混合物,采用什么样的欠平衡钻井方式主要取决于地层的压力以及施工条件。根据钻井所用的循环介质种类,欠平衡钻井可按图 8-1 进行分类。由于不同的欠平衡钻井方式所采用的循环介质密度不同,因此对应的当量密度也有所不同,其范围大致如表 8-1 所示。实际应用中还需要根据地层以及施工的要求对其密度进行调整。

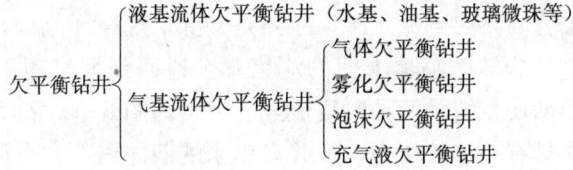

图 8-1 欠平衡钻井分类法

表 8-1 欠平衡钻井流体的当量密度

分 类	当量密度, g/cm³	分 类	当量密度, g/cm³
干气	0.001~0.01	充气液	0.60~0.90
雾化	0.01~0.03	玻璃微珠,塑料微珠	>0.70
泡沫	0.03~0.46,有回压时更高	液体	0.96 以上

对于气、液两相流体，尤其是液相比例稍大的两相流体（如充气液、泡沫），其当量密度的大小与井深有很大的关系。例如，对于充气液，1500m 井深的最低当量密度可达到 0.6g/cm³，而 3000m 井深的最低当量密度不会小于 0.9g/cm³。

（二）欠平衡钻井的设备组成

与常规钻井不同，欠平衡井钻井必须要有一套专门的特殊井控设备，除常规井控设备外，还包括旋转防喷器、节流管汇、液气分离器、油水分离器（或撇油罐）以及点火装置等。这些设备使流体在控制下有序流出，出来的流体可能含有油或气，通过液气分离器先将气体排出烧掉，油和钻井液进入油水分离器，再将油撇掉，钻井液循环到常规的固控系统。节流管汇不但可以实现软关井，更主要的是按照一定的预定压力有目的地控制井内压力，使井底保持一定的负压值，安全可靠地钻井。

欠平衡钻井地面配套的专用设备包括：旋转防喷器及其控制系统、节流管汇及控制系统、液气分离器、油水分离系统、点火燃烧装置、安全报警控制系统。

整套欠平衡钻井专用设备主要包括以下几大部分：

1）旋转防喷器及其控制系统，包括旋转防喷器（或旋转控制头）、液压泵站（或冷却润滑系统）、司钻控制盘。

2）节流管汇及控制系统，包括节流管汇、泵冲传感器及其液压管线和传感器信号线。

3）液气分离器。

4）油水分离系统，包括撇油罐、储油罐、振动筛、砂泵。

5）点火燃烧装置，包括燃烧管线、防回火阀、点火装置。

6）安全报警控制系统，包括可燃气体报警仪、二氧化碳报警仪、硫化氢报观测器、风机、防毒面具。

7）井下三阀，包括箭形回压阀、投入式止回阀、旁通阀。

（三）欠平衡钻井施工流程

图 8-2 为欠平衡钻井设备现场布置的示意图。

欠平衡钻井井口设备从上到下配备如下：旋转防喷器（或旋转控制头）、万能防喷器、双闸板防喷器、四通、单闸板防喷器、套管头。

钻井液从井口出来分两路回到泥浆罐，一路是井队常规循环流程，在井口从旋转防喷器的旁通回到泥浆罐，或从旋转防喷器上面的泥浆伞旁通回到泥浆罐；另一路是经过节流管汇、气液分离器的辅助循环系统。两种路线流经的节点如图 8-3 所示。

欠平衡钻井井筒内具有一定的压力，从井口出来的液体内部含有油或气，经四通进入节流管汇，通过对节流管汇的节流阀实时调控，可以控制井筒压力和井底欠压值，然后进入气液分离器，将气体与液体分离。气体进入燃烧管线烧掉，液体进入油水分离器进行油水分离。分离后的钻井液通向振动筛和泥浆罐，分离出来的又进入储油罐。气井一般没有油，一般可以节省油水分离系统；油井一般没有气，一般可以节省气液分离器，这样都可以减少工作量和设备成本。

对于有一些井，尤其是气井，在设计时虽然是按照欠平衡钻井设计的，但是在钻井过程中并没有气体显示。在这种情况下，也可以不走欠平衡钻井循环路线，而走常规钻井循环路线，并且旋转防喷器可以处于敞开状态，防止磨损胶芯。

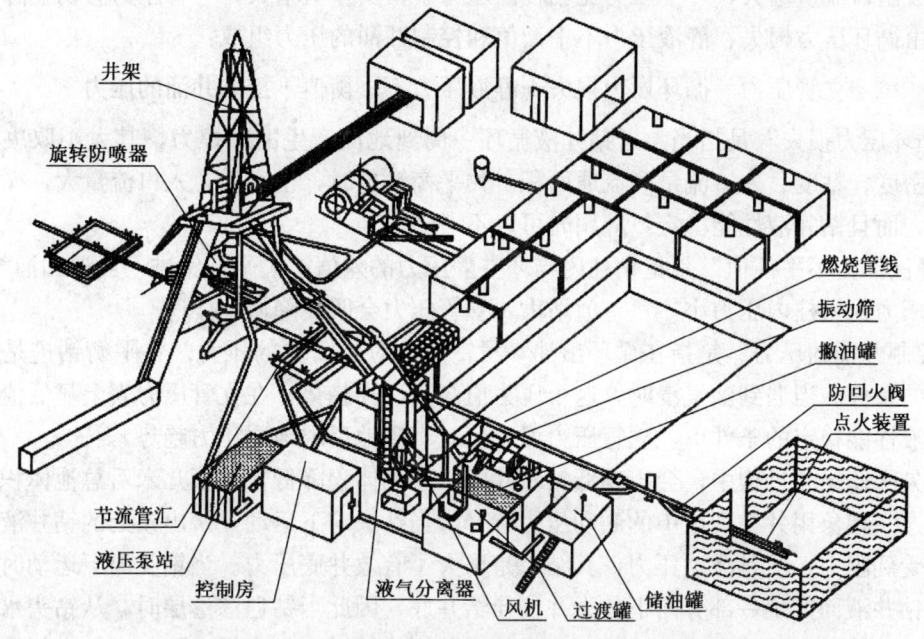

图 8-2 欠平衡钻井设备现场布置示意图

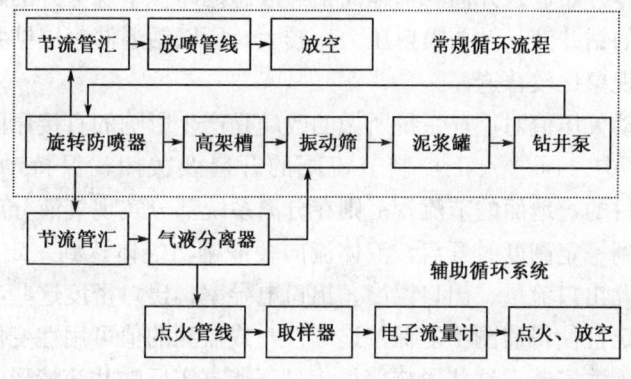

图 8-3 欠平衡钻井设备及钻井液循环流程图

二、欠平衡钻井对录井作业的影响

从欠平衡钻井工艺原理及施工流程可看出,其对录井作业部分项目将产生不同程度的影响,或部分信息被弱化或被叠加上干扰信息,或被混淆而不能准确归位,或有的信息根本无法采集。具体可分为三类影响,一是对钻井液出口参数的影响,二是对常规地质录井作业的影响,三是对气测录井的影响。

(一) 对钻井液录井的影响

采用气体、雾化、泡沫等介质钻井,原有综合录井所采用的钻井液录井技术失去效用,从而减少了发现及评价油气层的相关参数。

对立管压力的影响:在欠平衡钻井过程中,当遇到油气侵时,地层中流体会大量涌入井筒，造成出口流量增大，环空压力比钻柱内压力小，负差值增大，立管压力会明显降低。立管压力由循环压力损失、静液压力不平衡值和控制井涌的压力组成：

$$立管压力 = 循环压力损失 + 静液压力不平衡值 + 控制井涌的压力$$

"循环压力损失"是指当泵送钻井液循环一周到地面产生的摩擦力，其大小取决于入口钻井液密度、粘度、入口流量和流通面积。欠平衡钻进时，密度低，入口流量大，循环压力损失小，而且钻井液性能稳定，应用时可以不考虑。

"静液压力不平衡值"是指钻柱内与环空静压力的差值。欠平衡钻进，当遇到油气浸时，环空静压力比钻柱内压力小，负差值增大，立管压力会明显降低。

"控制井涌的压力"是指在循环出油气浸钻井液时所需要的压力。欠平衡钻进是人为造成这样的条件。当遇到油气浸时，这个压力值会呈下降趋势，在立管压力表上显低值。在入口钻井液性能稳定的条件下，立管压力可以比较直观地反映地层压力趋势。

在欠平衡录井过程中，会出现低钻时井段，总池体积降低，向下几米后总池体积才出现升高。这一现象用井控理论中的激动压力解释为当钻头向下运动，挤出该处的钻井液，钻井液流动受到阻力，便是激动压力，其结果是增大了有效井底压力。当钻头向下运动时挤压钻头以下钻井液而产生一部分向下的力并传导给井底，因此当钻遇渗透层时，从钻头水眼喷射出来的钻井液压力骤然大于地层的压力，使钻井液能够进入具有发遇孔隙度和良好渗透性的储集层，而出现钻井液总池体积减少；钻穿储集层后，随着钻井液压力逐渐平缓并低于储集层压力时，地层流体开始进入井筒内，地面钻井液总池体积呈现上升的趋势。欠平衡钻井使用的是固相含量低的钻井液，钻头喷射压力比较大，所以钻遇储集层钻井液总池体积在渗透层出现先减后增的现象比较普遍。

为了维持井底动欠压值对循环系统所做的改动是产生影响的直接原因。以液相作为钻井介质的欠平衡钻井中，通过人工控制节流阀的开启及关闭，保持动欠压值（一般 1～3MPa），达到井控目的，地面的节流管汇则在分离系统部分实现气液分离。为防止回火，液动平板阀在液体达到一定高度时开启，液体流向缓冲罐，气体达到一定压力推开回火装置，流向点火管线，因此出口流量、出口温度、出口电导率、出口密度这些参数因钻井液返出的间歇性、流速不稳定性使得监测不能保持连续性，或监测的值可用性变低，甚至如靶式流量计一类流量计根本无法安装。这些影响使得信息不能真实反映井筒情形，基于这些参数来作判断的井漏、井涌、产水等异常因参数的可靠性降低、不能连续监测而增加了难度，当然，因欠平衡钻井降低钻井液液柱对地层的压力，井漏、井涌可明显地表现在立压及套压的变化上，对这些异常的预报只需转移信息权重即可，对于地层产水，利用出口电导率变化结合液位、氯离子变化、非烃监测变化、钻时变化可作综合分析，对钻具异常主要依靠进口泵冲、进口流量、立压变化参考出口流量变化作分析。

以气相作钻井介质的欠平衡钻井中，因出口参数多数无法测量或测量无意义，因此对工程异常主要依靠监测进口参数的变化，出口参数可参考套压变化及放喷管线流量的变化作判断，对油气水发现则主要依靠立、套压变化、钻时变化（若可能可参考 d_c 指数或 Sigma 指数），以及出口气流量及火焰颜色和高度变化来作判断（如果产水出口直接可以观察到）。

总体来看，钻井液参数受影响主要集中于出口参数，而对所表征的对象的判断可以依据其他参数作为参考。

(二) 对常规地质录井的影响

1. 对岩屑录井的影响

首先，是岩屑采集的问题。由于欠平衡钻井采用密闭循环体系，无法采用常规的振动筛实现分离液固相的方式来收集岩屑。其次，是岩屑的识别问题。由于钻井液密度较低，携砂能力差，返出的岩屑样品数量少，岩屑细小、混杂，代表性差；在使用油基钻井液、泡沫钻井液等体系的条件下，对岩屑的评价与分析比较困难。再次，是岩屑归位问题。传统的岩屑录井是在取得了对应于某一深度之处的岩屑后进行岩性的识别与油气层的监测，由于欠平衡钻井工艺流程的变化，岩屑经过液固或气固分离器后才能排出循环系统，是某一层位的混合物，根本无法归位。

以液相作为钻井介质的欠平衡钻井主要针对地层压力较低的地层，当钻遇孔缝发育段，往往产生井漏，致使岩屑返出减少或无返出，弱化了岩屑录井信息；另外，为实现欠平衡钻井而降低钻井液密度，往往加入带有机质的处理剂，对岩屑的含油性分析带来难度；因为确定与捞取岩屑有关的迟到时间是用喷出量代替排量结合环空容积来计算，欠平衡钻井使得喷出量极为不稳定，直接影响所捞取岩屑的代表性。

以气相作为钻井介质的欠平衡钻井主要针对地层压力低于静水压力的地层。由于气体（如空气、天然气、氮气、柴油机尾气等）的排量一般都较大，气体切割地层的力量也大，岩屑被研磨较细（图8-4），呈粉末状（如地层出水、出油则呈糊状），影响了岩屑的真实性，造成岩屑辨别困难，给岩性定名及分层卡层带来一定困难。

图8-4 空气钻井（1、2号）与正常钻井（3号）岩屑对比

(1) 粉末状岩屑形成原因

1) 穴蚀效应。在空气钻井条件下，由于注入气体的排量和压力很大，被压缩的高压气体由钻头水眼以极高的速率喷射进有微裂隙的井底岩石中，此时井筒处于负压状态，会在井底岩石中产生相对井筒局部的、极大的负压作用，造成穴蚀效应。当岩石被钻头切削时，其内部所承受的瞬间压缩载荷远远超过岩石的极限破碎应力，导致岩石快速破碎，或在压力负荷作用下发生急速爆裂分解。这样破碎的岩屑的粒径一般很细小。

2) 粉碎作用。钻井时，由于上返载体只有空气，没有其他介质为上举的岩屑提供缓冲，较大的岩屑在旋转的钻柱与井壁间被不断碾磨粉碎；同时，极高的上返速度使岩屑与钻具、套管及井壁直接发生强烈碰撞，岩屑的直径被进一步减小，返至地面时多数成为粉末。岩屑粒径质量分数随井深变化见表8-2。由表8-2可知，该区块随着井眼不断加深，返出岩屑的粒径逐渐变细。

表8-2 岩屑粒径质量分数随井深变化统计结果

井深，m	岩屑粒径质量分数，%				
	$d>10mm$	$1mm \leqslant d<10mm$	$0.1mm \leqslant d<1mm$	$0.01mm \leqslant d<0.1mm$	$d<0.01mm$
150	33.5	26.5	11.5	9.5	19.0
300	12.0	9.5	21.5	27.5	29.5
450		3.0	11.5	21.5	64.0
600				8.5	91.5
750					100

(2) 无法正常获取岩样原因

1) 井口装置空气携带性差，只有达到25.4m/s的上返流速，才能正常携带岩屑运动。因此，井内返出的流体在井口必须具有相当高的动能，才能使返出物被顺利带离井口排放掉。由此，增加特制的密封旋转防喷器和井口回压阀，使返出流体在井口处于较高的压力和流速状态。

2) 高压密封返出系统。由于井口返出物为高压、高速流体，岩屑排放导管处于高压密封状态，岩屑在井口一般以100m/s的高速喷射出去，落入远离井口的排砂坑，因此，应用常规的岩屑录井手段无法正常取到岩屑样品。

(3) 无法常规鉴别岩性原因

井深超过450m，绝大多数上返岩屑的粒径小于0.01mm，岩石的内部结构被严重破坏，其成分、内部结构、含有物、物理性质等，即使在高倍显微镜下，也观察不到，不能对岩屑进行描述，进而影响建立正确的地层岩性剖面。因此，空气钻井时无法应用常规手段鉴别岩屑。

2. 钻井介质对录井的影响

如上所述，以液相作为钻井介质欠平衡钻井时，钻井液密度、粘度、氯离子监测变得不连续，或变化不真实，或资料不能准确归位而使运用变得复杂；以气相作为钻井介质欠平衡钻井时，出口参数采集主要针对出口是否见水。

3. 对荧光录井的影响

对荧光录井的影响主要表现在因工艺需要而向钻井液中加入有机处理剂，引起对真实岩屑荧光的干扰，或因采用气相钻进，根本无法进行荧光录井（岩屑已呈粉末）。

(三) 对气测录井的影响

首先是以钻井液脱气为主的气体采集系统没有了基础，也就是说从井口上来的就是气体，直接进机分析、以脱气为主的常规工艺要改变为如何在高压力下采集到有代表性的气体。

1. 对气测连续性的影响

因维持动欠压值，被监测对象变得不连续，使得反溯较困难。另外，迟到时间的求取与液态钻井液的求取方法不同。

2. 对信息强度的影响

以气体为循环介质时,由于油气层中的油气扩散到井筒内被大量的流动气体稀释,使色谱检测到的烃组分参数信息被弱化。此外,因目前常规安装脱气器的位置选在防溢斗,钻井液经过分离器对气液分离之后,脱气器能分离的气源已非常稀少,直接反映是在监测量上的明显弱化不利分析异常。

3. 对信息真实性的影响

在以液相作为钻井介质的欠平衡钻井中,流体呈间断返出,并因分离器中的气体不能充分排净形成滞留气的影响,使得信息被混淆或被干扰、叠加;同时,因欠平衡钻井,上部地层流体源源不断地进入井筒,对新钻遇油气层的发现造成困难。而以气相为钻井介质时,地面有机气体(四川地区部分井采用天然气钻进)将直接影响气测监测,而其中的无机气体则将影响 CO_2、H_2 的监测。

4. 间歇性充氮气欠平衡钻井对气测录井的影响

接单根、停钻和重新充氮气以及氮气在钻井液中的滑脱现象等,打破了录井条件的一致性,造成气测录井数据的失真,给油气显示识别和油气层评价带来一定难度。另外,点火管线出口火焰大小也受充氮气影响,气液分离器分离出的烃类气体量稍小,火焰就可能熄灭或者点不着火,造成点火材料的应用有一定局限性。

图 8-5 为某井充氮气欠平衡钻进综合录井图,图中点火管线气体瞬时流量曲线的 A 点停止充氮气,B 点重新开始充氮气,C 点、D 点为立压曲线的拐点,EF、GH 段为充氮气时的气测曲线,FG 段为停止充氮气时的气测曲线。AB 段停止充氮气,钻井液密度上升,立压升高(图中 CD 段),此时气测曲线 FG 段明显升高,分析其原因是:充氮气欠平衡钻井时,综合录井的脱气器安装在气液分离器之后的缓冲罐内,所脱出来的气体为井口钻井液所含气体经气液分离器分离后剩余气体中的一部分,这部分混合气体包含有烃类气、氮气、空气、水蒸气等,与常规钻井相比多出氮气;气测录井色谱分析获得的全烃、甲烷等烃类气体的含量是进入色谱分析仪内混合气体中的相对百分含量,混合气体中氮气含量高,烃类气体的含量自然就低了,反之亦然。

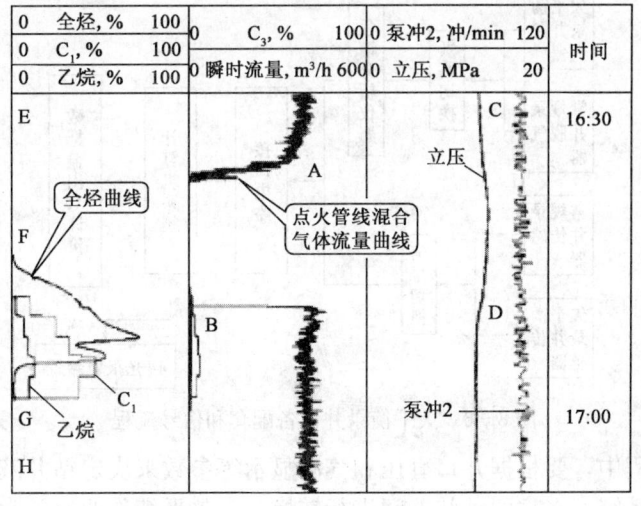

图 8-5 某井综合录井曲线图

图 8-5 中 EF、FG、GH 段反映了充氮气和不充氮气时气测曲线的变化,由图可以看出间歇性充氮气对气测录井的严重影响。因此,在充氮气欠平衡钻进过程中,应将点火管线气体流量变化与气测全烃、组分变化结合起来判定随钻油气显示情况。

(四)对地层压力录井的影响

由于钻井介质发生变化,岩石破损机理跟常规钻井也有所不同,传统 d_c 指数、sigma 指数地层压力监测法已缺少相应的理论支持,需要重新认识与研究。

(五)对工程事故预报的影响

由于欠平衡钻井工艺发生了变化,常规钻井条件下的部分工程事故预报的机理发生了变化,需要重新认识与研究。

综上所述,欠平衡钻井对钻井液录井参数特别是出口参数有不同程度影响,但对基于这些参数来作的分析影响不大,对常规地质录井及气测录井影响较明显。此外,在常规钻井过程中,循环系统采用钻井液泵入的方式;在欠平衡钻井条件下,由于钻井工艺的变化,循环系统也发生了变化,迟到时间的计算具有不确定性,缺少理论支持,具体表现在岩屑采集和气体监测不能真实反映相应井深的地层信息。

三、欠平衡钻井条件下的录井配套技术

通过对欠平衡钻井工艺技术条件的分析及对录井施工作业的影响,需要对录井设备和技术加以改进和完善。

(一)欠平衡钻井条件下的录井设备的配套

针对欠平衡钻井条件,综合录井现场服务必须进行相应的调整,以适应其要求。在一口井的钻井过程中,通常首先进行常规钻井,当钻达设计层位时采用负压钻井技术进行钻进。在实际钻井过程中,根据地层压力和油气显示情况,可能需要在设计井段一直进行密闭钻井,也可能需要进行常规钻井和密闭钻井的切换。因此,为了满足现场录井工作要求,需要改进、完善或增加录井装置和设备,保证钻井施工的安全、正常进行(图 8-6)。

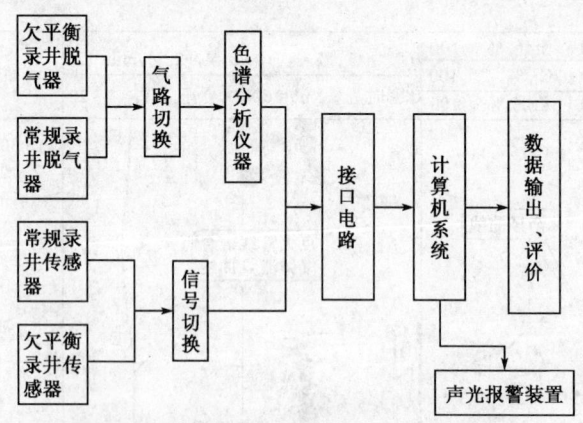

图 8-6 欠平衡录井设备配套和信号流程

在钻井施工过程中,要根据井口套压和气测显示等参数来决定钻井液是通过欠平衡流程还是通过正常循环系统,在这两种状态间进行转换。在欠平衡作业时常常伴随压井作业,此时要启动常规钻井液循环系统,因此,应采用安装双套出口钻井液传感器、脱气器的方法来

实现连续监测。一套传感器安装在常规循环系统的出口槽上，同时在气液分离器之后的缓冲罐上安装钻井液脱气器、温度传感器、密度传感器、电阻率传感器、H₂S 传感器。为了使欠平衡状态与正常状态转换时均能及时测量到相应的出口参数，应设计相应的转换检测装置（图 8-7）。

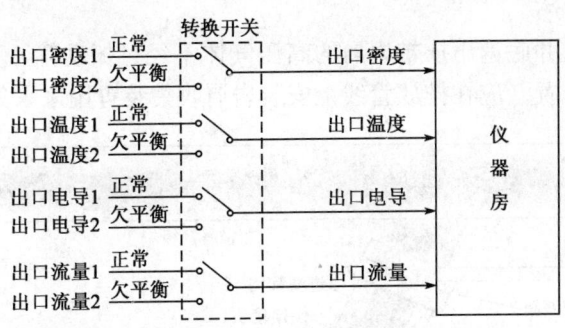

图 8-7 欠平衡状态与正常状态转换电路图

1. 录井传感器的配套

除常规录井需要配置的传感器外，还应在附加的欠平衡泥浆罐上增加一套出口钻井液性能传感器。由于常规的钻井液出口流量计无法正常安装，可采用电磁流量计，以提高测量精度。对于气相介质钻井，为了监测密闭钻井过程中经气液分离器脱出的钻井液气体流量变化，还应安装气体流量计，一般使用进口或国产的智能式气体流量计，其输出信号为标准 4~20mA 的电流信号，流量量程 0~3600m³/h，供电电压为 24V DC。气体流量计安装在气液分离器之后的燃烧管线上。套管压力传感器的测量范围要求在 70MPa 以上。根据设计的钻井液性能，对低密度的钻井液体系选择使用适合量程的传感器，或对传感器性能进行改进。

此外，在出口管线上加装氧气、一氧化碳、二氧化碳等传感器，对井下燃爆情况进行实时监测。天然气与空气的混合气体容易发生"井下燃爆"。一旦发生"井下燃爆"，轻则造成井下钻柱断裂，重则导致井塌甚至使所钻井报废，危害程度极大。也许没有绝对的方法能阻止井下燃爆，但是可以采取措施以减小井下爆燃发生的概率。当监测的氧气值降低或二氧化碳、一氧化碳值升高时，即有可能发生了井下燃爆。在出口管线上加装"湿度"传感器，录井根据监测的湿度值变化，对地层出水情况进行定性而快速的检测。

气体钻井中，一旦地层出水，会导致裸眼井段的泥页岩水化膨胀，造成井壁坍塌或在井壁上形成"泥饼环"。当地层出水危及井下安全时，应停止钻进，并分析井下情况确定下步措施，所以地层出水的及时监测、及时预警就显得十分重要。值得注意的是，气体钻进刚开始时，检测到的湿度值可能是高值，这与井壁的干燥程度有关。如果湿度值随钻进时间的增加而逐渐下降，说明原来的井壁逐步吹干；如果湿度值一直居高不下或在某一时段突然升高，加之出口返出岩屑量的减少，则要引起高度重视，及时预警。

2. 气体检测装置的配套

配置双套脱气器，一套用于常规录井的气体检测（安装于常规振动筛），一套用于欠平衡钻井的气体检测（安装于欠平衡振动筛）。以清水或微泡沫等液相钻井液作为钻井介质的欠平衡钻井，可改用 QGM 等类似定量、半定量脱气器以提高脱气效率。采用双套脱气器，在钻井状态进行体内循环和体外循环的转换时，可以保证地层气体连续、实时监测。

在进行欠平衡钻井时,还应在气液分离器之后的排气管线上安装一套气体取样装置,对气液分离器从钻井液中分离出的气体定期取样、分析,供地层气体解释时使用和参考。

(二) 欠平衡钻井条件下岩屑取样和气体采集方法

1. 岩屑的取样方法

在气体钻井中,从井底返出挟带岩屑的高压气体不经过振动筛,直接从排放管线喷出,没有直接采集岩屑的位置。应在排放管线上安装岩屑收集装置用来采集岩屑(图8-8)。

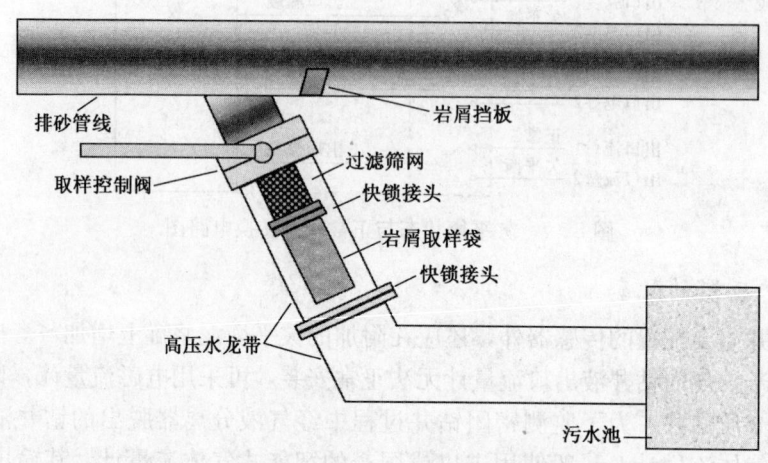

图8-8 岩屑样品采集示意图

(1) 取样设备

空气钻井出口处于高压密封状态,设计一套采样装置,在排放导管上旁通一个缓压管(直径为100mm,与排砂管线呈20°最利于流体的分流),其上安装一个可控阀门,用来控制旁通排放流量,同时缓解一定程度压力。按照排放导管距地面的高度,为缓压管连接适宜长度的软管线,其下放置一个缓压取样器。半封闭圆筒形容器高为1000mm,直径为600mm,底部带有排放出口。流体以较高的速度进入该容器后,在较大的圆形筒内激荡流动,得到缓冲,再从底部圆形出口流进下面接样盆内,从而完成高压、高速流体下岩屑采样。

(2) 取样位置

在空气钻井时,通常需用水降尘,在排砂导管近井口的位置安装降尘水管线,取样系统一般放置在降尘水管线之后。降尘水与粉末状岩屑混合成糊状,随降尘水流失掉,致使现场无法收集岩屑样品。为此,重新改装降尘水管线位置,将降尘水管线移至缓压取样系统之后,这样可取到粉末状干样品。

空气、氮气、柴油机尾气钻井时,由于这些气体无可燃性,在捞砂管线阀门下的管线上固定一长条状布袋,要求布袋大小适中、透气性好。岩屑捞取前,开启取样阀门,并调整出砂流量以保证岩屑的连续性。捞取岩屑时,关闭取样阀门,打开布袋捞取砂样,取样后将布袋口扎紧,并重新开启取样阀门。这样可保证岩屑的连续捞取并达到地质设计量的要求,同时减少粉尘对人的伤害。空气钻井所使用的循环介质为空气,接单根时,未返出的岩屑将迅速落至井底而混杂在一起,因此每钻完一根单根应循环3~5min,以保证井内的岩屑全部返出。天然气钻进时,由于天然气有毒易燃,就不能采用此方法,只能用闸门控制,但现在的取样管普遍较小且短,所取的岩屑少,每米岩屑的前部分岩屑代表性差。

2. 气体采集方法

空气钻井时气体循环过程都是在密封条件下进行的,造成常规电动脱气器无法安装。此时,应在排放管线上安装气体取样口,通过取样口将井底返上来的气体进行过滤和降压,然后再通过干燥后进入录井仪器房中进行检测分析(图8-9)。

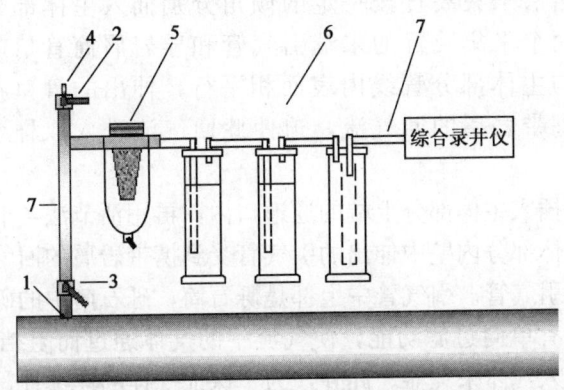

图 8-9 样品气采集示意图
1—气体取样口;2—上取样控制阀;3—下取样控制阀;4—注气口;5—粉尘过滤装置;
6—三级过滤器;7—气体取样管路

用充气、空气或天然气、氮气、柴油机尾气等介质钻进时,返出气体中岩屑粉较多,如用原采集气体方法,则易堵塞管线和气测设备。因此在气体钻进采集气样时必须采用多重滤沉淀瓶(可装水1~2级)—过滤瓶(脱脂棉)—干燥瓶—分析仪器(图8-10)。

3. 气样岩屑采集装置

目前,有关录井公司已研发出适用于空气、雾化、泡沫钻井的气样岩屑采集装置。该装置由主体、气样采集装置和岩屑采集装置等3部分组成(图8-10)。

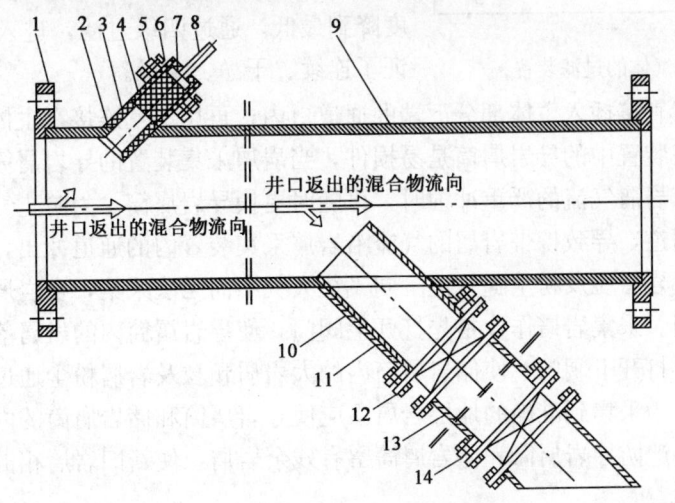

图 8-10 气样岩屑采集装置
1—连接法兰;2—气样采集装置通道管;3—引气管;4—砾石层;5—活节法兰;6—通气薄圆板;7—气腔室;
8—气嘴;9—主体管;10—岩屑采集装置通道管;11—导岩屑筒;12—上阀门;13—储岩屑筒;14—下阀门

主体部分由连接法兰、气样采集装置通道管、主体管、岩屑采集装置通道管等组成。气样采集装置由引气管、砾石层、活节法兰、通气薄圆板、气腔室、气嘴等组成。岩屑采集装置由导岩屑筒、上阀门、储岩屑筒、下阀门等组成。

(1) 工作原理

气样岩屑采集装置的主体部分两端采用法兰连接在距出口25m左右处的排放管线上，气样采集装置和岩屑采集装置按一定的倾角分别插入主体部分并固定到主体部分的顶部和底部，这样两个采集装置的末端引气管和导岩屑筒管口就从主体部分内壁中伸出。该管口的根部与主体部分管线内表面相平行，伸出的管口在排放管线内阻挡并吸纳一部分来自井底携带岩屑的回气流，迫使此回气流进入取样装置内来采集气样和岩屑。

气样采集装置直接插入主体部分上端的通道口内，再用活节法兰卡接在主体部分上端通道口的法兰上。当从主体部分内壁中伸出的引气管受到携带岩屑的回气流严重冲蚀时，可随时更换气样采集装置的引气管。引气管中上部是砾石筒，砾石筒中的砾石层外面是带有许多小孔的薄圆板。砾石筒有单向过滤功能，使气流中的气体通过而阻挡住气流中的岩屑及粉尘，防止岩屑及粉尘进入气体采集器。此外，为了保证气样的连续性，采集出来的混合气样通过三通将大部分气样直接导出到污水池或放喷口，少部分气样进入集砂干燥筒。第一次过滤用干燥筒内加脱脂棉，第二次过滤再用干燥筒内加脱脂棉（确保气样无粉尘），第三次过滤用干燥筒内加氯化钙（除湿），第四次再用空气过滤芯过滤一次（图8-11）。

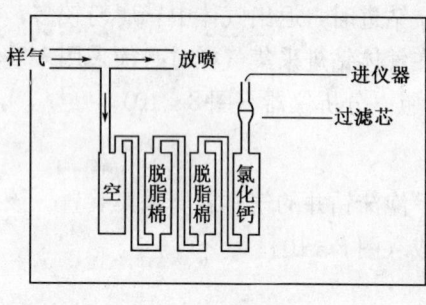

图8-11 气体的过滤装置

在此种方法中，与三通连接的放喷管线用9mm的气管线，三通与集砂干燥筒用6mm的气管线。9mm的气管线能将大部分粉尘带到污水池，使得6mm的气管线到集砂干燥筒的粉尘降到最低。集砂干燥筒是空的，保证粉尘的下落与聚集。脱脂棉透气性强、吸附粉尘效果好，2级除尘达到了非常好的效果。四个干燥筒的容积小，使得油气的稀释程度降到最低。通过四级过滤，进入分析仪的气样保证了连续、干净、干燥。

岩屑采集装置直接插入主体部分下端的通道口内，再用法兰连接在主体部分下通道口的法兰上。岩屑采集装置中的导岩屑筒是易损件，当岩屑采集装置的导岩屑筒在主体部分内伸出的部分受到携带岩屑气流的严重冲蚀时，可随时更换导岩屑筒。为防止气流在打开阀门时形成另一条气流通道，导致携带岩屑的气流沿岩屑采集装置内的通道冲出，造成大岩屑颗粒进入岩屑筒，微小岩屑粒及粉尘随气流一同飞往大气中而无法采集，在岩屑采集装置中配置了上、下两个阀门。采集岩屑作业是先打开上阀门，使导岩屑筒内的岩屑落入储岩屑筒，关闭上阀门，然后再打开下阀门，使储岩屑筒内的大岩屑颗粒及岩屑粉尘通过下岩屑筒全部进入岩屑采集器内。为采集到准确的地层岩屑，应使导岩屑筒和储岩屑筒的内径小于或等于球阀开启时的内径，严防导岩屑筒和储岩屑筒留有残余岩屑，使新旧岩屑相混，无法判断该岩屑所在的地层层位。

(2) 结构设计

气样采集装置通道管与岩屑采集装置通道管分别焊接在主体管的上下面。前者与主体管的夹角为 30°～60°较合适，后者与主体管的夹角为 45°～60°时较合适。主体管为通径 180～250mm 的钢管。岩屑采集装置通道管为直径 76.2～101.6mm 的钢管。引气管在主体管内伸出管头末端的圆形开口与主体管内表面相切。上、下通气薄圆板上有若干个 $\phi1\sim 2mm$ 小圆孔，小圆孔面积之和应为气嘴过流面积的 2～4 倍。砾石的最小直径应大于通气薄圆板直径 0.5～1mm，砾石层厚度 50～60mm。引气管与气室腔螺纹连接后，以 0.5mm 间隙镶进气样采集装置通道管内，用活节法兰卡住气腔室的凸台后与气样采集装置通道管的法兰相连。气嘴用倒刺插接软管连接到气样采集器中，气嘴内径 6～10mm。

导岩屑筒在主体管内伸出管头末端的圆形开口与主体管内表面相切，以 0.5mm 间隙镶进采集岩屑装置通道管内，由上球阀的法兰卡住导岩屑筒的凸台后与岩屑采集装置通道管的法兰相连。导岩屑筒和储岩屑筒的内径应等于或小于上、下球阀开启的通径，储岩屑筒的长度应等于或大于导岩屑筒的长度。

该装置适合于在空气、雾化、泡沫欠平衡钻井时采集所钻地层的气样及岩屑，采集收获率高，集气样及岩屑采集功能于一体，可利用排放管线内流动的回气流来捕捉岩屑及气样，并将易损件导岩屑筒和引气管设计成活节的，可随时更换，有利于延长装置的使用寿命和满足钻井过程中地质录井的要求，具有很好的推广价值及广阔的应用前景。

另一种岩屑采集装置为"岩屑自动取样装置"（图 8-12）。该装置由岩屑收集、岩屑存储和自动控制 3 部分组成。在气体出口管线的上方或侧面安装取样管。取样管的插入端为"斜口"，其作用是有助于岩屑进入取样管。岩屑经上阀门到岩屑收集筒，岩屑收集筒下端连接下阀门，下阀门之下为岩屑存储筒。上阀门和下阀门的开启与关闭由阀门控制器和电脑根据迟到井深信号进行自动控制。

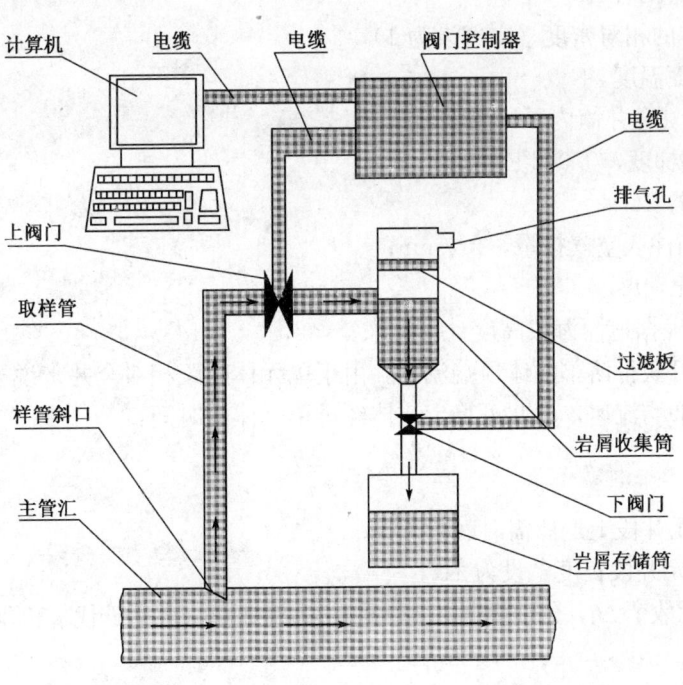

图 8-12 岩屑自动取样装置原理图

四、欠平衡钻井条件下的录井解释与工程监测

(一) 迟到时间的确定

在气体钻井条件下,由于流体的密度和流速随深度变化而变化,造成井筒内各点的流动速率各不相同,不能应用常规的方法来计算迟到时间,影响了录井资料的质量。

欠平衡钻井条件下迟到时间的确定常用理论计算和实测两种方法获取。

1. 理论计算迟到时间

(1) 气体钻井条件下理论计算岩屑迟到时间

1) 利用 Angel 公式理论计算迟到时间。

空气钻井的计算公式和理论主要根据 R. R. Angel 所推导出的成果。由于循环载体是密度和粘度极小的空气,必须以相当的流速为所携带的岩屑提供动能,使其克服地球引力,由井底垂直升至井口后还具有一定的速度离开井口,使岩屑不会掉回井内。因此,空气钻井所有的计算均由循环出口作为起始点,以井口回压(出口压力)作为计算基础,由井口经环空至井底,逆循环方向进行。

将全井分为无数个以 1ft 为单位的单元体,由井口开始计算,根据 R. R. Angel 所推出的空气钻井参数公式得出:

$$v^2 = \frac{C_1 \cdot S(T_s + ah)Q^2}{(D_h^2 - D_p^2)^2 \cdot [(p_s^2 + b \cdot T_{av}^2)e^{2ah/T_{av}} - bT_{av}^2]^{0.5}} \quad (8-1)$$

式中　v——单元井段上返速度,ft/min;

　　　D_h——井眼直径,ft;

　　　D_p——钻杆的外径,ft;

　　　S——气体的相对密度(空气设为1);

　　　T_s——地面温度,℉;

　　　T_{av}——空气在井筒内平均温度,℉;

　　　a——地热梯度,0.002℉/ft;

　　　h——井深,ft;

　　　Q——地面注入空气排量,ft³/min;

　　　p_s——回压,psi。

b 项和 C_1 项根据地面海拔高度计算得来。

由以上计算可获得该单元体顶端流速。由于单元体间距相对全井来说极小,可将其近似看作单元体内的平均流速,由此可算出流体经过单元体的时间:

$$\Delta t = \frac{\Delta h}{v} \quad (8-2)$$

式中　Δt——单元井段上返所需时间,min;

　　　Δh——单元井段长度,设为1ft。

把全井分为无数个 Δh,分别算出每个单元上返所需时间,然后迭代求和即可获得迟到时间:

$$t_{迟} = \Delta t_1 + \Delta t_2 + \cdots + \Delta t_n \quad (8-3)$$

2) 利用 Stokes 公式理论计算迟到时间。

气体钻井过程中岩屑的运移属于气固多相流中颗粒和颗粒群运动;气体钻井的流体属于

气固两相流。在垂直井筒中，岩屑上升的力主要是上升气流对岩屑的冲击力、气体粘性对岩屑的拖曳力以及岩屑被加速时的上升惯性力，而岩屑下沉的力主要是重力。此外，岩屑还因受水平方向的分力作用而产生水平运动（Manus 力、Saffman 力、Besset 力等）。因此，真实垂直井筒内的岩屑在上升气流中是螺旋式向上或呈 Z 形向上或翻滚向上的复杂轨迹。气体钻井的工程计算中，最终得到的是气流冲击升力与岩屑浮重相平衡的匀速直线运动的模型（Stokes 公式）：

$$\frac{1}{2}\rho_g C_D \frac{\pi}{4}d^2 v^2 = \frac{\pi}{6}d^3(\rho_c - \rho_g)g \tag{8-4}$$

式中　d——岩屑直径，m；
　　　ρ_c——岩屑密度，kg/m³；
　　　ρ_g——气体密度，kg/m³；
　　　g——重力加速度；m²/s；
　　　C_D——形状阻力因子（一般页岩为 1.40，砂岩为 0.85）；
　　　v——岩屑匀速直线运动的平衡速度，m/s。

由此得出岩屑上返速度：

$$v = \sqrt{\frac{4}{3}\frac{d}{C_D}\frac{\rho_c - \rho_g}{\rho_g}g} \tag{8-5}$$

由式（8-5）可得迟到时间：

$$t_{迟} = \frac{H}{v} \tag{8-6}$$

3）利用沉降末速度理论计算迟到时间。

岩屑在环空是在绕流阻力和浮力及重力的作用下上升的，在此过程中会产生一个沉降末速度。所谓沉降末速度，是指岩屑在上升气流中运动，最终达到稳定状态时，岩屑相对于气流的速度。假设上升气流平均速度为 v，岩屑在上升气流中的绝对速度为 v，达到稳定状态时岩屑相对于气流的速度为 v_1（即沉降末速度），则在上升气流中只要保证 $v > v_1$，即上升气流平均速度大于沉降末速度，则可使岩屑在上升气流中始终上升。根据牛顿第二定律，列出受力平衡方程可求解沉降末速度。对于理想岩屑（外部特征是球形岩屑），可据下式求取 v_1：

$$v_1 = \sqrt{\frac{4gd_{max}(\gamma_c - \gamma_a)}{3C\gamma_a}} \tag{8-7}$$

式中　d_{max}——最大岩屑特征尺寸；
　　　γ_c——井底岩屑密度；
　　　γ_a——气体密度；
　　　C——绕流阻力系数；
　　　g——重力加速度。

岩屑外观形状特征不同，则具有不同的沉降末速度。球形岩屑是理想化岩屑特征模型，其沉降末速度最小。岩屑沉降末速度越小，其迟到时间越短。即使是位于同一深度的岩屑，因外观形状特征不同返出时间也不同。在球形岩屑沉降末速度公式中，绕流阻力系数 C 值可根据流体力学求取雷诺数 Re 的范围来定。根据奥森公式，在雷诺数 $Re > 300$ 时，绕流阻力系数 C 值为常数 0.44。因为实际上空气在井内环空中的流态为紊流，流体的惯性作用远大于粘性作用，求取出的雷诺数 Re 远大于 300，所以在求取沉降末速度公式中的绕流阻力系数 C 值确定为 0.44。

由气体状态方程求出上升气流平均流速（单位为 m/s），计算上升气流平均流速公式为：

$$v = (R \cdot W_g \cdot T)/(p \cdot S) \quad (8-8)$$

式中　W_g——气体质量流量；
　　　T——全井平均温度；
　　　p——井底压力；
　　　S——钻柱内截面积；
　　　R——气体常数。

根据美国空气钻井手册以上参数取值如下：

$$W_g = 0.431 \text{kg/s}, R = 287 \text{J/(kg} \cdot \text{K)}, T = 322\text{K}$$
$$S = 0.00742 \text{m}^2, p = 1500000 \text{Pa}$$

应用上述公式可求出岩屑沉降末速度 v_1 和上升气流平均流速 v，通过推导求取出岩屑在上升气流中的绝对速度 v。这样井深除以岩屑在上升气流中的绝对速度即可求取出岩屑返出地面的迟到时间：

$$t_{迟} = \frac{H}{v - v_1}$$

通过上述公式不难发现，迟到时间的求取公式中没有与环空体积有关的参数，因此以空气为携带岩屑循环介质的迟到时间求取不同于以往的液态钻井液体系，迟到时间与环空体积没有直接关系。在现场可根据使用的空气压缩机组正常工作提供的性能参数值、根据录井中泥（页）岩密度测定选择合适的岩石密度值，在该井钻井设计中井温梯度选取合适的值作为井底温度，并根据实际钻得岩屑选择合适的特征尺寸计算出沉降末速度。

结合气体状态方程求出上升气流平均流速，理论上建立以岩屑外部特征为球形的迟到时间为准的随井深变化对应数据表，方便现场录井人员的使用。当以上参数实际值与理论值相差较大时，可根据实际值进行必要的修正。如某井根据使用的空气压缩机性能参数值和上述适用参数值建立的理论迟到时间随井深变化的对应数据表见表 8-3。

表 8-3　迟到时间随井深变化数据表

井深 m	岩屑平均上返速度 m/s	井深 m	岩屑平均上返速度 m/s	井深 m	岩屑平均上返速度 m/s	井深 m	岩屑平均上返速度 m/s	井深 m	岩屑平均上返速度 m/s
20	36.751	240	17.105	460	12.802	680	10.665	900	9.330
40	31.887	260	16.526	80	12.553	700	10.520	920	9.232
60	28.552	280	16.002	500	12.318	720	10.380	940	9.137
80	26.083	300	15.525	520	12.096	740	10.246	960	9.045
100	24.160	320	15.088	540	11.886	760	10.117	980	8.955
120	22.608	340	14.685	560	11.685	780	9.992	1000	8.868
140	21.320	360	14.314	580	11.495	800	9.872	1020	8.784
160	20.230	380	13.969	600	11.314	820	9.741	1040	8.702
180	19.292	400	13.648	620	11.141	840	9.644	1060	8.622
200	18.473	420	13.348	640	10.975	860	9.536	1080	8.544
220	17.750	440	13.066	660	10.817	880	9.431	1100	8.469

续表

井深 m	岩屑平均上返速度 m/s	井深 m	岩屑平均上返速度 m/s	井深 m	岩屑平均上返速度 m/s	井深 m	岩屑平均上返速度 m/s	井深 m	岩屑平均上返速度 m/s
1120	8.395	1480	7.328	1840	6.583	2200	6.026	2560	5.589
1140	8.323	1500	7.280	1860	6.548	2220	5.999	2580	5.567
1160	8.253	1520	7.232	1880	6.513	2240	5.972	2600	5.546
1180	8.185	1540	7.186	1900	6.479	2260	5.946	2620	5.525
1200	8.118	1560	7.141	1920	6.446	2280	5.920	2640	5.504
1220	8.053	1580	7.096	1940	6.413	2300	5.895	2660	5.483
1240	7.890	1600	7.053	1960	6.381	2320	5.869	2680	5.463
1260	7.928	1620	7.009	1980	6.349	2340	5.844	2700	5.442
1280	7.867	1640	6.968	2000	6.318	2360	5.820	2720	5.422
1300	7.808	1660	6.926	2020	6.286	2380	5.795	2740	5.403
1320	7.749	1680	6.885	2040	6.256	2400	5.771	2760	5.383
1340	7.693	1700	6.845	2060	6.226	2420	5.747	2780	5.364
1360	7.637	1720	6.806	2080	6.196	2440	5.724	2800	5.344
1380	7.583	1740	6.768	2100	6.167	2460	5.701	2820	5.325
1400	7.530	1760	6.729	2120	6.138	2480	5.678	2840	5.307
1420	7.478	1780	6.692	2140	6.109	2500	5.655	2860	5.288
1440	7.427	1800	6.655	2160	6.0811	2520	5.633	2880	5.269
1460	7.377	1820	6.619	2180	6.053	2540	5.611		

(2) 泡沫钻井条件下理论计算岩屑迟到时间

泡沫是比较复杂的流体，在环空上行时，为气、液和固（岩屑）三相流体。井筒内压力由入口至出口是逐渐减小的，其中的气体体积随压力变化而变化。气体体积的不断变化又影响到单位时间通过井筒截面积的气量，这就造成井筒中任何一点流体的速度、压力都不相同。而循环系统中的液体体积是不变化的，因此流体循环时间的计算非常复杂，要考虑诸多因素。可将泡沫流体看作非牛顿体，采用广义流变模型下的 Ostwald de Waele 幂律假塑性模型和 Sanghani 的实验经验方程计算。该计算以流体入口压力为基础，流体由入口经钻具至井底，再由井底经环空返至地面。

1) 流体单元体环空上返摩擦系数。

①泡沫流体摩擦系数 f_F。

若 $Re \leqslant Re_L$，则 $f_F = 24/Re$；若 $Re > Re_L$，则：

$$\sqrt{\frac{1}{f_F}} = \frac{4}{n^{0.75}} \lg(Re f_F^{1-n/2}) - \frac{0.4}{n^{1.2}} \tag{8-9}$$

式中　Re——泡沫雷诺数；

Re_L——临界雷诺数；

n——泡沫流性指数。

②岩屑摩擦系数 f_s。

$$f_s = \frac{1.279}{Re^{0.5697}} \left(\frac{D_s}{102v_F^2}\right)^{0.313326} \left(\frac{\rho_s}{\rho_F}\right)^{0.313326} \left(\frac{Q_s}{Q_T}\right)^{0.20657} \quad (8-10)$$

式中 　D_s——岩屑直径；

　　　ρ_s——岩屑密度；

　　　ρ_F——泡沫钻井液密度；

　　　Q_s——岩屑体积排量；

　　　Q_T——三相流体总排量；

　　　v_F——泡沫液上返速度。

$$Q_s = \frac{1}{4}\pi ROP \cdot D_h^2 \quad (8-11)$$

式中　ROP——钻时，m/min；

　　　D_h——井眼直径，m。

$$Q_T = Q_{气环底} + Q_{液} + Q_s \quad (8-12)$$

式中　$Q_{液}$——液体排量；

　　　$Q_{气环底}$——环空底部气体排量。

2) 环空流体单元体内压力降计算。

环空单元体总压力降 Δp（单位为 MPa）应为压力损耗加上泡沫液柱压力：

$$\Delta p = (f_s + f_F)\frac{2\Delta h \cdot \rho_F \cdot v_F^2}{D_h - D_p} + \frac{9.8\rho_m \cdot \Delta h}{1000}$$

$$\rho_m = \rho_F + (1 - H_L - \Gamma) \cdot \rho_s \quad (8-13)$$

式中　ρ_m——混合岩屑的钻井液密度；

　　　Γ——泡沫质量，$\Gamma = Q_{气环底}/Q_T$；

　　　H_L——流体滞留量，$H_L = Q_{液}/Q_T$；

　　　D_p——钻杆外径。

$\bar{v}_F$ 为流体在单元体内流动的近似平均速度。该单元体顶部速度近似看作平均速度，初始值为流体注入流速：

$$\bar{v}_F = \frac{Q_0}{A_p} \quad (8-14)$$

式中　Q_0——地面泡沫注入排量；

　　　A_p——钻具截面积。

3) 流体迟到时间计算。

获得每个单元体上的泡沫综合摩阻和压力损耗，即可推算出每个单元体顶底压力，进而求得流体速度，最终算出各单元体的迟到时间。

①第一个单元体上返时间：

$$\Delta t_1 = \Delta h / v_F$$

②迭代求和计算循环迟到时间。将第一个单元体顶部压力 $p_2 = p_1 + \Delta p$，做第一个单元体底部压力，求出空气排量 $Q_{气2}$：

$$Q_{气2} = Q_{气环底} \cdot \frac{p_1}{p_2 \cdot Z} \quad (8-15)$$

式中 Z——气体偏差系数。

将上个单元体参数作为下一个单元体计算的初始值,重复上述计算步骤,可计算出各单元体迟到时间,叠加求和,算出总迟到时间 $t_{迟} = \Delta t_1 + \Delta t_2 + \cdots + \Delta t_n$。

2. 实测迟到时间

实测迟到时间通常使用的方法有:1) 岩屑观察法,通常接单根后记录钻头接触地层钻进的时间,在出口观察岩屑粉末返出的时间来计算迟到时间;2) 气体染色法,对注入的气体中加入一定量的染色剂,记录染色气体返出井日时间;3) 气体流量计算法,将标准状况下入口天然气流量折算为钻井液流量,从而计算出迟到时间。在以上方法中,第一种岩屑观察法计算迟到时间比较准确,且简单、实用。

例如,某井气泵最大排量为 $130m^3/min$,现场录井工作中采用记录钻头在井底开始钻进至岩屑返出时间的方法,测出迟到时间(表 8-4),建立了迟到时间图版。鉴于理论计算和实测的迟到时间相差不大,在现场多应用实测法。

表 8-4 某井空气钻井条件下实测迟到时间

序 号	井段,m	迟到时间,min
1	762~1000	1.4
2	1000~1500	1.4~1.9
3	1500~2000	1.96~2.7
4	2000~2500	2.7~3.5
5	2500~3000	3.5~4.1
6	3000~3300	4.1~4.7

(二) 欠平衡钻井条件下录井解释评价方法

1. 欠平衡钻井条件下地质录井方法

如前所述,欠平衡钻井条件下对地质录井的影响主要是由于岩屑颗粒直径变小(一般呈粉末状),不利于岩性识别和岩屑归位。

(1) 岩屑鉴别方法

在岩性识别上遵循"大段摊开,颜色分段,逐包手感,浸水滴酸,体视显微镜观察"的原则。判断碳酸盐岩层岩性还可以借助碳酸盐岩分析仪作参考,由于岩屑呈粉末状,很难找到直径 2mm 以上的岩屑,无法进行薄片鉴定,但可用体视显微镜对岩屑粉末进行观察,主要观察岩石矿物的成分,来快速判断地层的岩性,建立岩性剖面。对碎屑岩,可利用岩屑颜色和岩石成分,以及其他物理性质来识别;碳酸盐岩可应用传统的"滴酸法",结合碳酸盐岩测量仪检测数据来解决岩屑品种判断和岩性识别问题。这样有利于及时发现储集层并对其孔渗条件有初步认识。

(2) 气体钻井中常见的岩屑识别特征

砂岩分为中砂岩、细砂岩、粉砂岩,颜色普遍为浅色甚至灰白色,也有的为黄褐色、灰绿色。细砂岩、中砂岩目测为砂粒,且多为无色透亮的石英矿物(其他成分均呈粉末状),手感也较强烈;粉砂岩呈粉末状,手感也有轻微的砂粒研磨感。将砂样装入烧杯清水浸泡后,稍稍晃动,细砂岩、中砂岩混合液较清,底部可见破碎岩屑颗粒,主要为石英;粉砂岩混合液较浑浊，底部破碎岩屑少且粒度小，但也有可能石英较多。倒出上部液体，选稍大颗粒的砂样观察，红色为铁质胶结，滴酸起泡为灰质胶结；手捻硬为硅质，分散为泥质。

泥岩分紫红色泥岩、黄褐色泥岩、灰绿色泥岩及深灰色泥岩，大部分可通过颜色识别出，但有些看起来为灰色的一定要用白色调色板泡水才能看出来。鉴别时要考虑到气体钻进时由于井眼扩大或气体排量跟不上，岩屑实际多为混合样，深色的岩屑很容易盖过其他颜色。特别在自流井，比如过渡层一定要采用此法。深灰色泥岩与深灰色页岩不好区分，主要看在哪个层位作判断。

页岩颜色黑色或深灰色，一般呈粉末状，手感细腻且染手，泡水则呈糊状，稍呈颗粒状的滴酸起泡为灰质。

煤颜色黑，染手，轻撒粉末不沉于水（质轻）。

白云岩用水清洗滴酸起泡（粉末使接触面积增大）后，反应迅速变缓（剩余较大颗粒使这种影响减弱），反应不完全。

石灰岩先用水清洗，再滴稀盐酸强烈起泡，能够反应完全。

石膏颜色为浅灰色或白色，泡水晃动见分散物，滴酸不起泡。取沉清滤液加入 BCl_2 液体，见白色沉淀物。

(3) 碳酸岩地层气体钻井的岩屑录井方法

1) 现场快速识别法。

根据各种岩性与稀盐酸（质量分数为5%）反应所表现出的不同特点可进行现场快速鉴别。首先，在岩屑上滴稀盐酸，石灰岩滴盐酸反应强烈，迅速产生大量气泡；白云岩与稀盐酸反应弱，缓慢生成少量气泡；页岩、膏岩与盐酸不反应，这样将石灰岩和白云岩识别出，见图8-13。其次，从颜色和吸水性上分析，页岩为灰黄色、深灰色，且遇水易膨胀，具可塑性；膏岩多为灰白色，遇水不膨胀，无可塑性，由此可将页岩和膏岩分辨出。

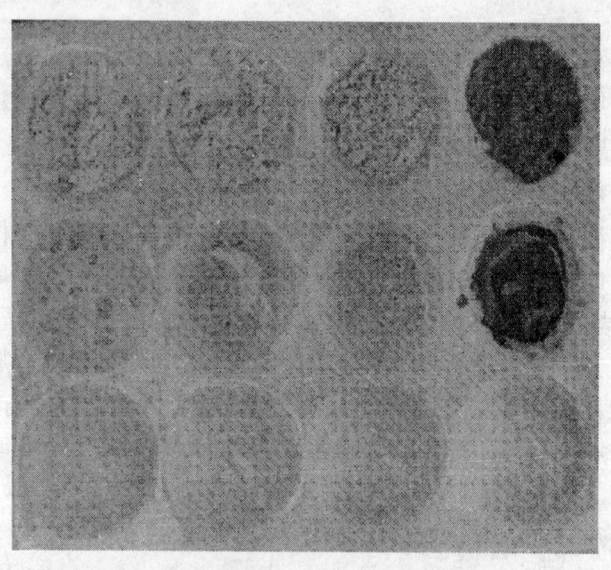

图8-13 稀盐酸与各种岩性反应强烈程度
由左至右依次为石灰岩、白云岩、膏岩和页岩

2) 岩屑成分的定量分析。

①碳酸盐质量分数。岩屑粉末状粒径不影响碳酸盐测量仪的分析，使用该仪器可精确测

量出岩屑灰质、白云质和其他物质的含量，分析岩屑的组成成分，达到定名的目的。碳酸盐质量分数分析曲线见图 8-14。

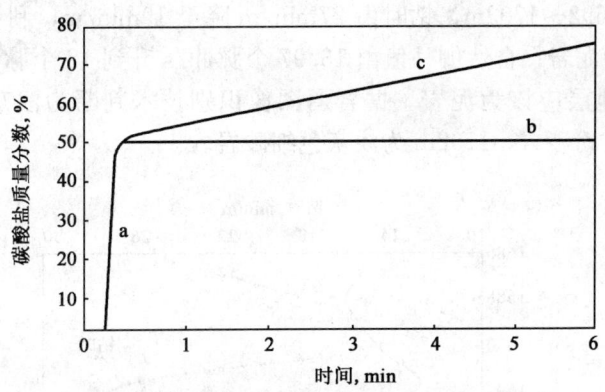

图 8-14 碳酸盐质量分数分析曲线
a—灰质质量分数；b—白云质质量分数；c—其他物质质量分数（主要为膏质和泥质）

②反应残余物。在测定碳酸盐含量过程中，较纯的石灰岩、白云岩全部反应，没有残余物质留下，可直接判断岩性。当岩屑碳酸盐岩含量不纯时，样品反应后留有残余物，这些不反应的残余物主要由泥质和膏质组成，膏质普遍呈浅色，而泥质多为深色，且具有可塑性。因此，通过对残余物的分析，可进一步细分岩性。

3）含油性的确定。

岩屑被粉碎成粉末状，其内部所含的原油也变成细小的滴状，附着在岩屑颗粒之间，被带到地面。虽然肉眼无法观察到，但对岩屑进行逐包取样，进行氯仿浸泡，在荧光灯下观察，可及时鉴定岩屑的含油性。

4）综合录井参数的应用。

虽然岩屑细小，无法观察到其内部结构构造，判别其储集物性，但根据一些综合录井工程参数资料可判断其储集物性的好坏。钻时参数一般反映地层的可钻性。钻时小，说明地层岩石可钻性好；钻时大，说明岩石可钻性差。正常钻进时，非工程因素影响的扭矩变化可反映出地层均质性特点。如扭矩波动幅度增大，说明岩石均质性差，含有较多的孔隙；如扭矩平稳不变化，说明钻遇质地均一的地层，孔隙不发育。当钻遇转矩波幅大而钻时较小时，说明该地层孔隙较发育。

(4) 利用岩屑自然伽马录井技术判断地层岩性

岩屑自然伽马录井技术和图像识别技术是近年来地质录井行业为了应对 PDC 钻头及复合钻井工艺带来的挑战而取得的新突破。这两项技术受外界因素的干扰较小，能够比较真实地反映岩屑的自身特点。两者结合使用，有利于解决空气钻井造成的钻时曲线难以有效利用以及岩屑岩性难以通过人工直接判断的问题。

岩石的自然放射性决定于岩石所含的放射性元素如钍、铀、锕及其衰变产物和钾的放射性的含量。不同的岩性存在的放射线元素不同，在衰变过程中放射出的自然伽马射线强度不同。在同一地区内，深海相泥质沉积物如软泥、红色粘土、黑色沥青质粘土和泥质页岩放射性含量较高；浅海相和陆相沉积的泥质岩石如泥质砂岩、泥灰岩和泥质石灰岩具有中等放射性含量；砂岩和石灰岩等放射性含量较小。因此，可以利用岩屑自然伽马曲线对地层的岩性进行判断。

如某井泥岩地层钻时较快,砂岩地层钻时较慢;泥岩的自然伽马放射性强度高,砂岩的自然伽马放射性强度低;通过钻时和岩屑自然伽马曲线可进行岩性判别(图8-15)。由图可以看出:在井段1692~1702m,钻时由27min/m降至19min/m,利用钻时曲线可以判断该段地层岩性应该为泥岩;自然伽马值由13.97个脉冲/s升到18个脉冲/s,利用自然伽马曲线可以判断该段地层应该为泥岩。据岩屑图像识别技术判断为浅灰色泥岩。最终判断1700m为浅灰色泥质粉砂岩,1702m为浅灰色细砂岩。

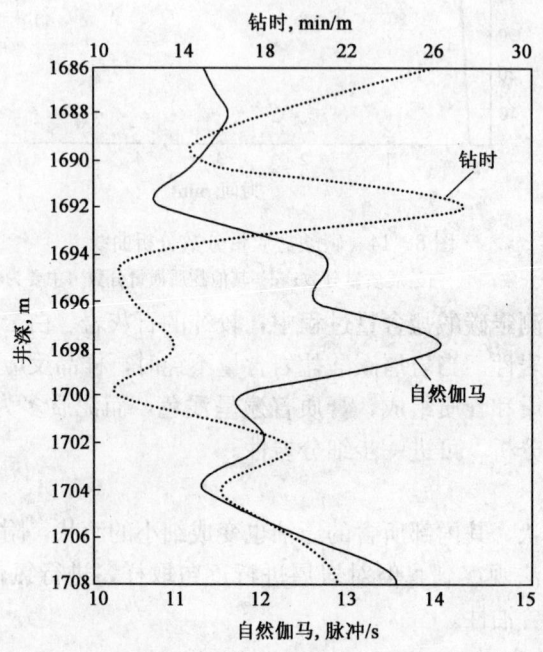

图8-15 钻时及自然伽马录井曲线

(5)利用图像识别技术判断地层岩性

岩屑图像识别技术(显微岩屑录井技术)可以不用磨片直接对肉眼不易辨认的细小岩样进行分析观察,能够清晰地分辨岩样的颜色、成分、粒度、磨圆度、孔隙、裂缝和含油性等。

首先对粉末状岩屑进行预处理,使粉末状岩屑适用于显微数字图像采集并进行岩性的图像化自动分析、识别,保证分析结果的正确性、代表性。岩屑粒级划分不宜采用等间距,可参照碎屑岩粒级划分的基本模式,对0.08~2mm的岩屑颗粒划分出6~8个粒级组,分组采集图像,分别研究其对应于地层岩性的代表性。

使用空气钻井岩屑的特殊粒度筛从粗到细将粉末状岩屑分成多个粒径组,去掉粗的(粒径大于0.8mm)、对岩性识别意义较差的掉块和目前现场技术条件下还不能应用的粉末(粒径小于0.08mm)。

确定不同粒径的岩屑相对于地层的代表性非常重要。空气钻井粉末状岩屑粒径变化很大、混杂严重,不同粒径的岩屑反映的岩性主体存在较大差异。空气钻井中岩屑粒径最大可达2mm以上,其比例一般不到5%,对岩性识别没有价值。而常见的粗岩屑粒径一般为0.8~2mm,所占比例一般在5%~20%之间,由于这些粗岩屑基本上是掉块,对岩性识别意义较小。空气钻井的岩屑主体是粒径小于0.08mm的粉末,其比例可达40%~60%,由于现场的实用技术条件有限,目前要进行现场分析还有困难。空气钻井中最重要的岩屑是粒径为 0.1~08mm 的岩屑,其比例一般在 20%~35% 之间,它们既是现有技术条件可以分析的,又是最能代表地层岩性的岩屑。

依据图像分析结果,最终绘制图像录井综合图(图 8-16)。

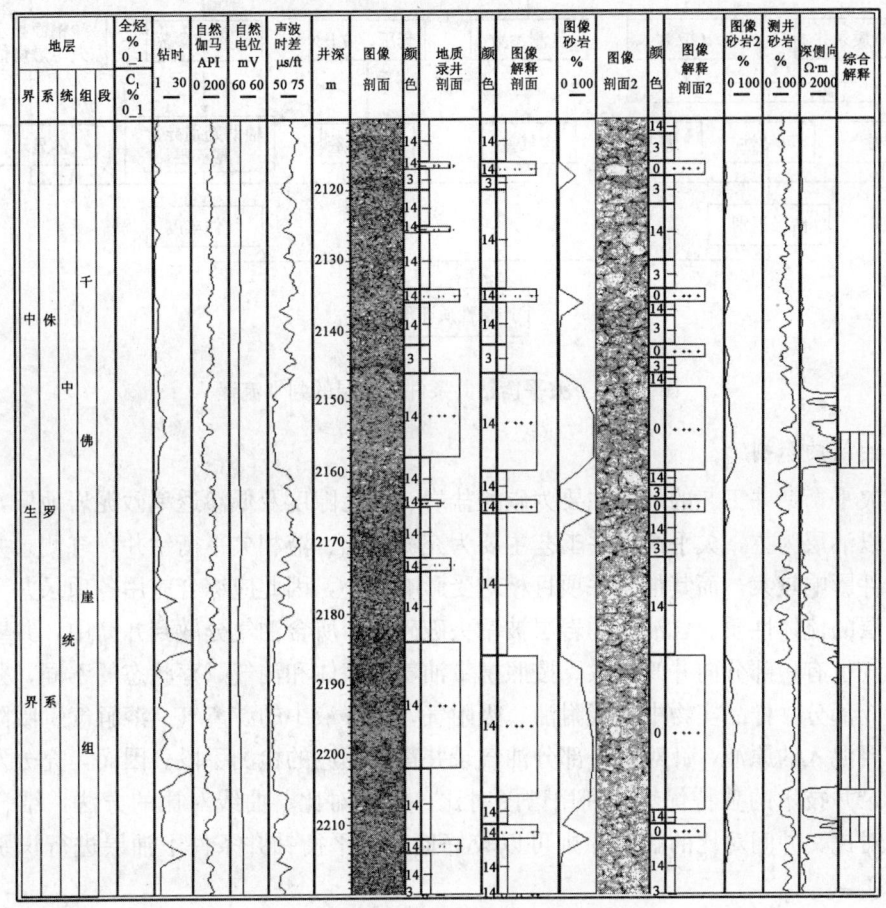

图 8-16 空气钻井图像录井综合图

2. 欠平衡钻井条件下油气层录井解释与判别方法

(1) 气层的识别

在天然气钻探过程中,气测录井是发现和识别气层的主要技术手段。在气相欠平衡钻井条件下,录井工程参数中的立压、套压变化非常小,气测参数可作为判别气层的最主要参数。气体钻井排量远大于常规钻井时的排量,在一定程度上对地层气起到了稀释作用,但当循环介质背景值和已钻穿气层所叠加干扰值对气测检测值影响较小时,仍然可以应用钻时的相对变化、全烃和甲烷绝对值及其升高幅度、烃组分比值等参数识别和评价气层。

在充气液相及液相欠平衡钻井条件下,可以采集从振动筛处经脱气器所脱出的气体连续地进行气相色谱分析。由于该处采集的气体组分特征可以代表地下气层的真实情况,结合钻时、全烃、工程录井参数与钻井液参数、气体流量、槽面显示特征、火炬的燃烧情况等资料,可以在欠平衡钻井条件下准确地识别和评价气层。具体评价流程见图 8-17。

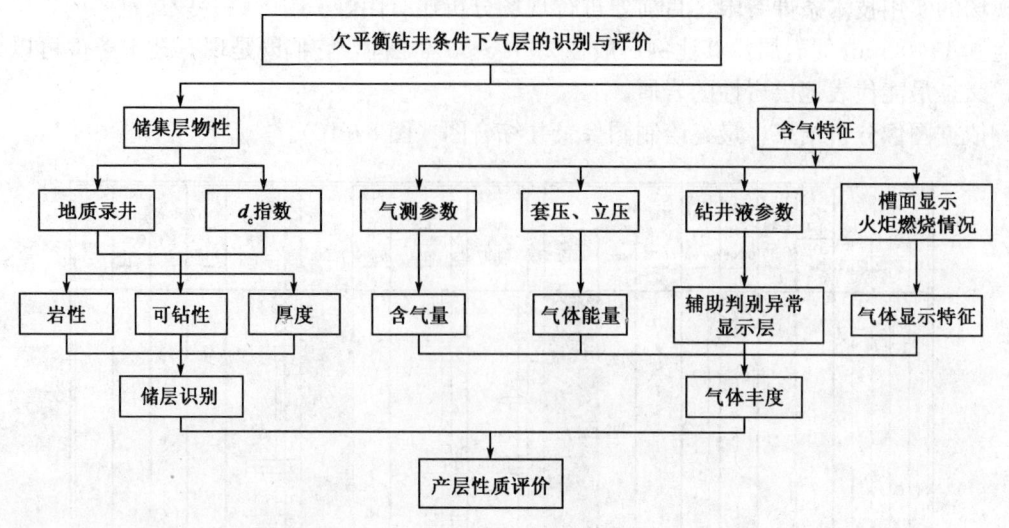

图 8-17 欠平衡钻井条件下气层的判别流程

(2) 油层的识别

实施欠平衡钻井工艺的地层主要为碳酸盐岩、低孔隙度及低渗透率砂泥岩地层，地层产液性质均以油层为主，欠平衡钻井工艺主要为充氮液相、液相欠平衡钻井，气测录井受欠平衡钻井条件影响较大，而其他录井项目相对受影响较小，因此应综合应用各项录井参数特征判断储集层的流体性质。含油气的岩层被钻头破碎后，所含油气分散到井筒中，井壁附近地层中的油气也有一部分向井筒扩散。按照携带油气的载体和油气赋存状态的不同，井口油气可以分为6部分：样品实物中的吸附油、吸附气，钻井液中的游离气、溶解气、吸附气和钻井工艺需要混入的原油，针对每一部分油气录井都有相应的检测手段。因而，充分发挥和应用每一项录井技术的独特优势，利用谱图对比、参数对比、曲线对比的方法，结合层内对比、层间对比、井间对比的解释原则可以较好地对欠平衡钻井条件下油层进行识别与评价（图 8-18）。

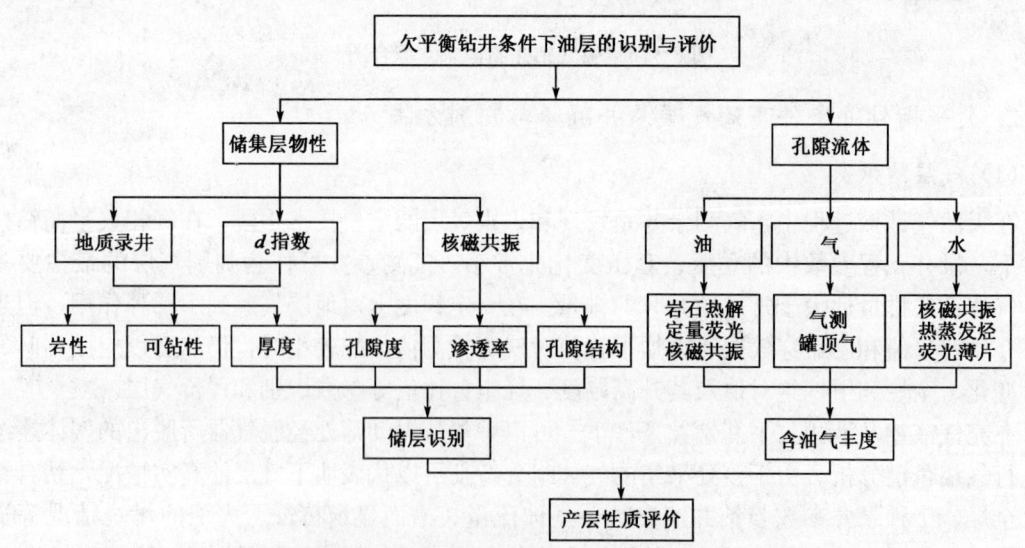

图 8-18 欠平衡钻井条件下油层的判别流程

在欠平衡钻井条件下，应充分分析各项录井资料的响应特征，利用多种分析方法（定量荧光录井、核磁共振录井、地球化学录井）可以较好地识别储集层的产液性质。

(3) 应用实例分析

YB2井采用空气钻井液钻进。上部井段气测全烃无基值，说明未钻遇气层。当钻至井段3726.90～3732.80m时（图8-19），钻时由9.4min/m下降至4.9min/m，录井岩性为棕褐色油斑粉砂岩，气测参数明显升高，全烃由0.85%上升至63.79%；组分齐全，C_1由0.21%上升至57.25%，C_2由0.042%上升至3.266%，C_3由0.024%上升至0.341%，iC_4由0.009%上升至0.080%，nC_4由0.011%上升至0.046%，iC_5由0.007%上升至0.013%，nC_5由0.005%上升至0.006%。甲烷相对百分含量为93.9%，C_1/C_2比值为18，C_2/C_3比值为9，从气测组分特征上来看，具有气层的典型特征。放喷点火，火焰呈橘黄色，焰高8～15m。测井解释孔隙度4.04%，渗透率0.16mD，表明储集层物性较差。综合解释为气层，后对3436.92～3768.00m井段进行中途测试，采用3mm孔板流量计测气，获产气4170m³/d。

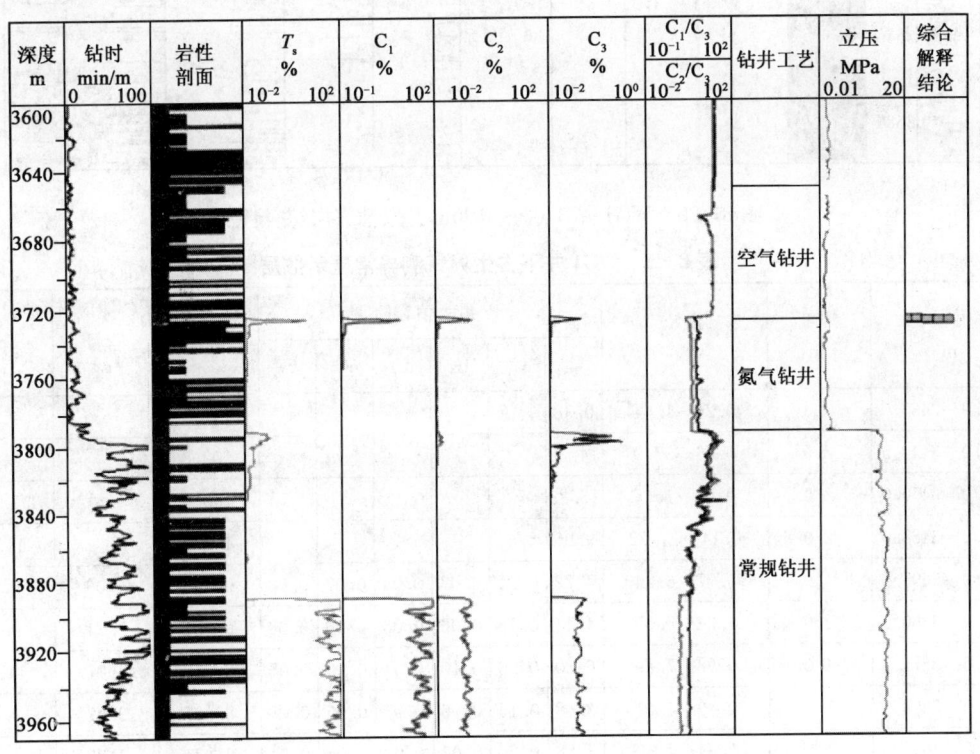

图8-19 YB2井3600～3960m井段油气层录井综合评价

WG1井自井深3427.0m钻入潜山地层后采用液相欠平衡钻进（图8-20）。3421.0～3444.0m井段钻时由59min/m下降至27min/m，呈逐渐变小的趋势，3436.0～3444.5m井段气测全烃明显升高，变化范围为0.06%～37.9%（表8-5），岩屑录井见荧光硅质角砾岩、油斑灰岩，但气测组分中仅有C_1，在一定程度上干扰了解释人员对该储集层产液性质的判断。

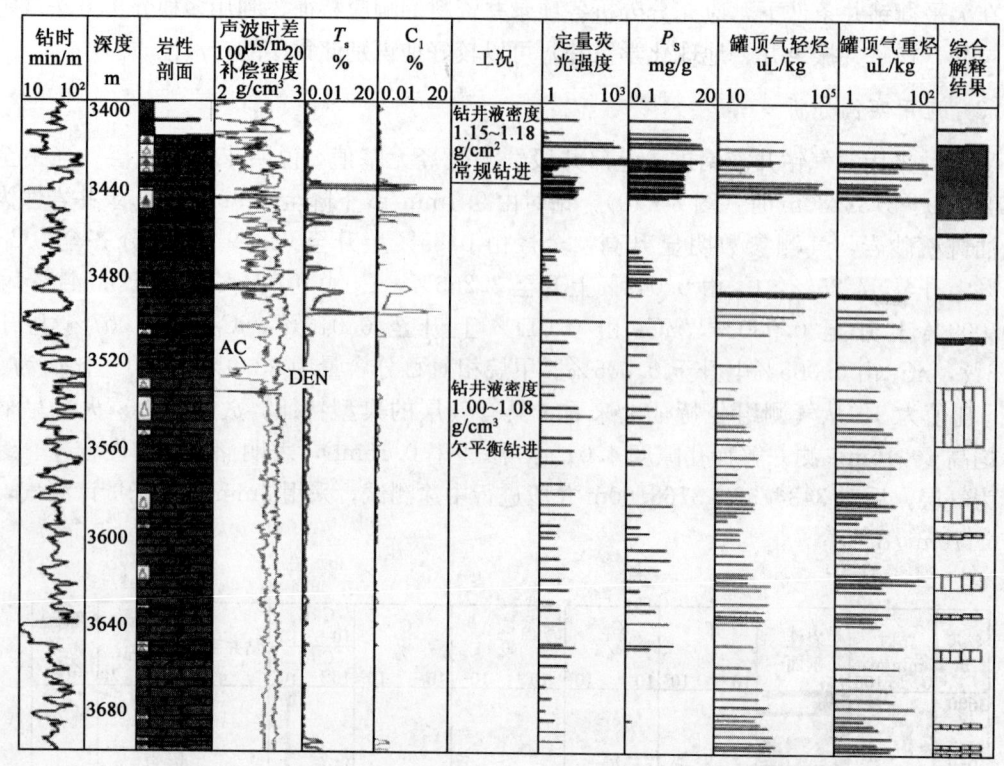

图 8-20 WG1 井 3400~3680m 井段油气层综合评价

表 8-5 WG1 井下古生界气测异常显示数据

井段 m	厚度 m	全烃 %	最大值，%						C_1 相对含量 %	C_2 相对含量 %	CO_2 相对含量 %
			C_1	C_2	C_3	iC_4	nC_4	C_5			
3419.0~3433.0	14.0	0.24~1.44	0.38						100.0		1.24
3436.0~3444.5	8.5	0.06~37.9	14.38						100.0		8.98
3453.0~3456.0	3.0	0.59~16.5	13.89						100.0		7.49
3486.0~3488.0	2.0	0.14~11.22	9.96						100.0		11.55
3694.0~3695.0	1.0	0.77~6.24	4.72	0.21	0.07	0.04	0.07	0.08	90.08	4.06	9.02
3698.0~3700.0	2.0	1.22~6.05	4.44	0.18	0.06	0.03	0.06	0.08	90.80	3.71	9.91
3870.0~3871.0	1.0	0.98~7.29	6.80	0.30	0.10	0.01	0.03	0.05	89.10	4.11	11.89
3892.0~3893.0	1.0	0.49~4.09	3.48	0.15	0.06	0.03	0.06	0.08	89.37	3.87	8.61
4011.0~4012.0	1.0	0.74~7.40	4.88	0.20	0.07	0.03	0.06	0.04	91.21	3.83	9.54

从该井段岩石热解、定量荧光罐顶气轻烃 3 项录井分析资料来看（表 8-6），储集层流体具有油层显示特征，且原油油质比较轻；各项分析参数均表明储集层具有一定的含油丰度。综合各项录井资料显示特征，将该层综合解释为油层。后对该井段进行测试，用 10mm 油嘴放喷，产油 269t/d，产气 3188m³/d，气油比为 9.8，原油相对密度为 0.82，井下测试的气体组分分析表明：C_1 为 66.8%，C_2 为 1.01%，C_3 为 0.23%，CO_2 为 27.34%，N_2 为 4.4%，表明地层以含 C_1 为主，重烃含量非常低。试油结论为油层，证明录井资料分析的准确性。

然而，钻遇 3544.0~3641.0m 井段时，钻时变化范围为 55~90min/m，表明该段地层可钻性较差;气测无明显异常,全烃最大值仅为 0.34%;岩石热解参数 P_g 小于 0.8mg/g,定量荧光录井参数荧光强度小于 20,表明储集层含油气丰度较低(表 8-6)。与上部地层相对比,可明显看出该储集层物性较差,含油气丰度低,故将该层综合解释为干层。后对该井段进行测试,试油结论为干层,证实了综合解释结论的正确性。

表 8-6 WG1 井 3421.0~3641.0m 井段录井参数与测井物性数据

井段 m	罐顶气			岩石热解,mg/g					定量荧光		测井	
	C_1~C_4 μL/kg	C_5~C_7 μL/kg	$\dfrac{C_5 \sim C_7}{C_1 \sim C_4}$	S_0	S_1	S_{21}	S_{22}	S_{23}	荧光强度	油性指数	孔隙度 %	渗透率 mD
3421.0~3444.0	1529	186	0.12	0.2	2.0	5.5	2.8	0.8	945.0	1.2	4.80~12.20	0.17~28.90
3544.0~3641.0	94	5.2	0.06	0	0	0.5	0.3	0.1	19.4	1.2	0.35~6.40	0.10~0.74

在气体钻井条件下,可应用全烃和甲烷绝对值及其升高幅度、烃组分比值等参数综合评价气显示层。在充气液相及液相欠平衡钻井条件下,可以综合运用钻时、气测值、工程录井参数与钻井液参数、气体流量、槽面显示特征、火炬的燃烧情况等资料准确地识别和评价气层;利用谱图对比、参数对比、曲线对比方法,结合层内对比、层间对比、井间对比的解释原则可以较好地识别与评价油层。

(4) 水包油钻井液欠平衡钻井油气层录井解释与判别方法

水包油钻井液是由柴油、水、乳化剂以及提粘剂等组成的钻井液。把水和油按一定的比例混合,将密度控制在一定的范围,用以满足钻井液流体压力低于地层压力的欠平衡钻井,达到让油气层充分暴露和对油气层保护的目的,提高勘探开发效率。

水包油钻井液欠平衡钻井对现场油气显示识别影响特别大。岩屑从井底上返过程中,由于被钻井液浸泡,使岩屑表面以及微缝隙内浸入了柴油。由于油水互不浸润,难以清洗干净,因此应用常规的荧光灯湿照观察。每包岩屑都有荧光,滴照都见荧光扩散,难以区分真假显示以及显示的优劣。而且水包油钻井液中的柴油在井下高温影响下会挥发出游离烃,造成气测全烃异常,难以区分真假油气显示。因此,在现场必须综合多种录井手段,落实油气显示,得出可靠的结论,以适应欠平衡钻井的需要。

1) 定量荧光分析。为了增加定量荧光分析的准确性,录井过程中应加密钻井液背景扫描,如在火焰高度、全烃、系列对比以及钻时出现较大变化时重新进行钻井液背景图谱扫描,确定钻井液的污染程度,再利用钻井液定量荧光的差谱功能进行扣减,落实地层真实油气显示,确认显示层。

2) 岩石热解气相色谱。不同钻井液添加剂具有不同的岩石热解气相色谱图特征。通过与岩心或岩屑热解气相色谱图特征对比,可以区分油气显示是钻井液添加剂因素造成的还是地层本身因素形成的,进而排除钻井液污染对录井的影响,达到识别真假油气显示、准确解释评价油气水层的目的。如某井欠平衡钻井过程中分别作出水包油的柴油热解气相色谱谱图(图 8-21)、水包油钻井液热解气相色谱谱图(图 8-22)以及岩屑热解气相色谱谱图(图 8-23),通过对比

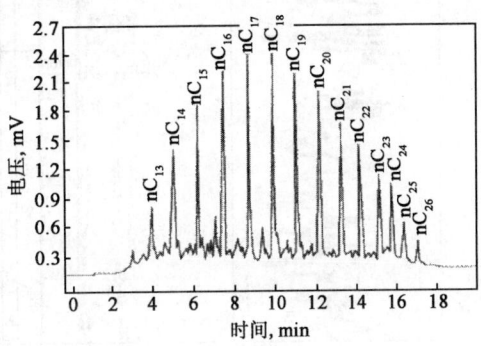

图 8-21 柴油热解气相色谱谱图

它们各自的出峰位置可区别是柴油污染还是地层真实显示。

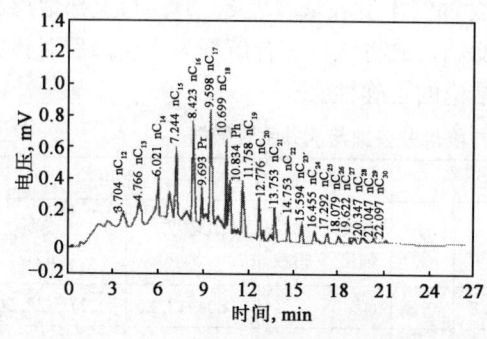

图 8-22 钻井液热解气相色谱图

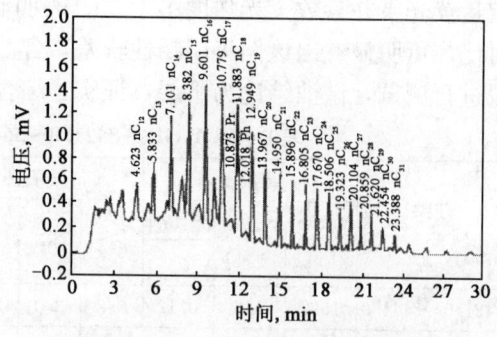

图 8-23 岩屑热解气相色谱图

3)点火火焰高度。水包油钻井液欠平衡钻进过程中边钻进边点火,火焰高度可直接反映地层气体的多少,是地层油气显示的直观反映。记录相应迟到井深的点火火焰高度颜色以及燃烧时是否有黑烟,按比例将火焰高度绘制成实时曲线图,结合钻时、全烃曲线,可以准确落实油气显示。

例如,CG2 井井深 4085m 之前用密度为 $1.10\sim1.40\mathrm{g/cm^3}$ 的水基钻井液过平衡钻进,四开后用密度为 $0.94\sim0.96\mathrm{g/cm^3}$ 的水包油钻井液进行欠平衡钻进。从井深 4102m 后全烃值逐渐升高,至井深 4124m 全烃值由 15.5929% 左右逐渐升高到 78.2387%,之后即保持在 78.2387%～97.4914%。结合多种录井手段准确落实油气显示,确定 4070～4090m、4108～4118m 井段为油层,4136～4159m 井段为油气同层,4178～4199m 井段为油层(图 8-24)。

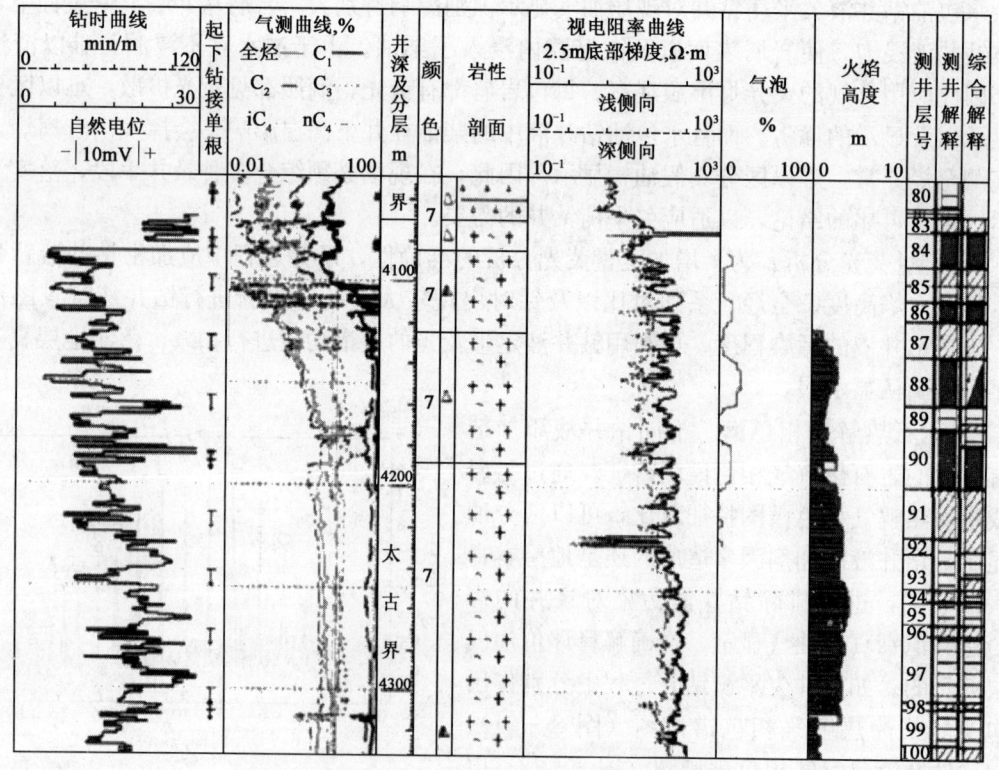

图 8-24 CG2 井 4056～4330m 井段综合录井图

该井完钻后进行了裸眼测试,折算产油气 5682m³/d,结论为油层,证实了现场综合采用多种录井手段可以正确落实水包油钻井液欠平衡钻井油气显示。

(三) 欠平衡钻井条件下工程异常录井监测方法

与常规钻井相比,空气钻井条件下,工程监测的内容有所增加。如地层出水,会造成井内排屑不畅、用气量增加、卡钻、诱发井下燃爆等复杂问题;当钻遇油气层时,油气便会进入井内,由于井下高温等因素极易引发燃爆,严重时可能熔断钻具,造成井眼报废,给钻井带来巨大损失。

1. 地层出水的判别

地层出水程度主要分为三级:地层出水量低于 0.477m³/h 为小流量出水,出水量 0.477～7.95m³/h 为中等流量出水,出水量大于 7.95m³/h 为大流量出水。其中,地层小流量出水是最危险的情况,因为足够的少量水可将岩屑粘在一起,在钻柱上形成泥包,引起井眼缩小、循环阻力增大、卡钻等复杂情况的发生。地层中等流量出水发生岩屑结团的危险性较小,在空压机功率足够的情况下,可将水以气泡形式吹至地面;由于井内水多,岩屑被稀释,不会使岩屑粘成块,但对于水敏性高、不稳定的地层可能导致严重的井塌。地层大流量出水危险性较大,可能出现地层坍塌,而且空压机功率不能满足将水吹至地面的需要;由于井内水多,岩屑被稀释,不会使岩屑粘结成块。

空气钻井时,如果上返岩屑量减小,注入空气压力慢慢增大,岩屑变大,钻具转动扭矩增大,上提、下放钻具有阻力,说明遇到小水层。中等流量出水最明显的表现是注入压力升高,岩屑突然停止上返,钻速降低,继续注入气体,排出管出口出现液体。大流量出水最明显的表现是注入压力明显升高,岩屑突然停止上返,钻速明显降低。

2. 井下燃爆监测

由烃类气体燃烧的化学反应方程:

$$4C_nH_m+(3n+m)O_2=2nCO_2+2nCO+2mH_2O$$

可知,井下发生燃烧时烃类气体与 O_2 在井眼内会发生不完全燃烧,生成大量的 CO、CO_2,消耗大量的 O_2 和烃类气体,也就是井口返出的 CO 及 CO_2 体积分数会升高,而烃类气体及 O_2 体积分数将会降低。因此,只要监测到烃类气体存在,一旦出现上述现象,即可判定井下已经发生了燃烧。井下燃烧是井下发生爆炸的临界状态,若燃烧不及时处理,将会发展成为具有危害性的井下爆炸事故。如图 8-25 所示,当返出气体中 O_2 体积分数降低,而 CO_2 和 CO 体积分数相应升高时,可以判断井下有燃爆迹象。根据气体体积分数曲线的变化趋势和范围就可以判断是否发生了轻微燃烧或井下燃爆,及时启动相应的处理措施,确保安全施工。

目前现场已经通过空气钻井综合录井安全监控系统实时监测井口返出烃类气体、氧

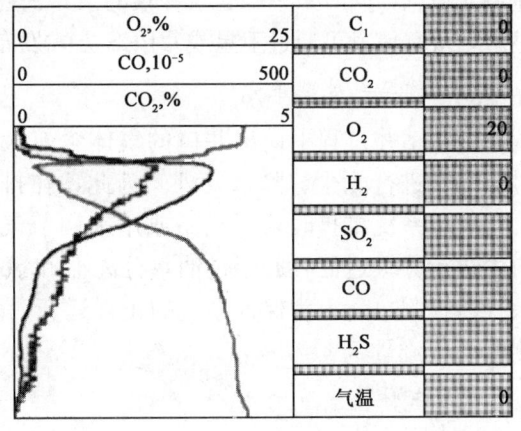

图 8-25 井下燃烧监测参数曲线及监测界面

气、CO 及 CO_2 体积分数变化，实时分析井下爆炸极限，计算防燃、阻爆、惰性气体注入量，能够有效地解决井下燃爆事故，提高空气钻井施工效率，保障空气钻井施工安全。空气钻井综合录井安全监控系统是以综合录井为监测手段的。空气钻井井下燃爆监测与控制系统结构如图 8-26 所示。

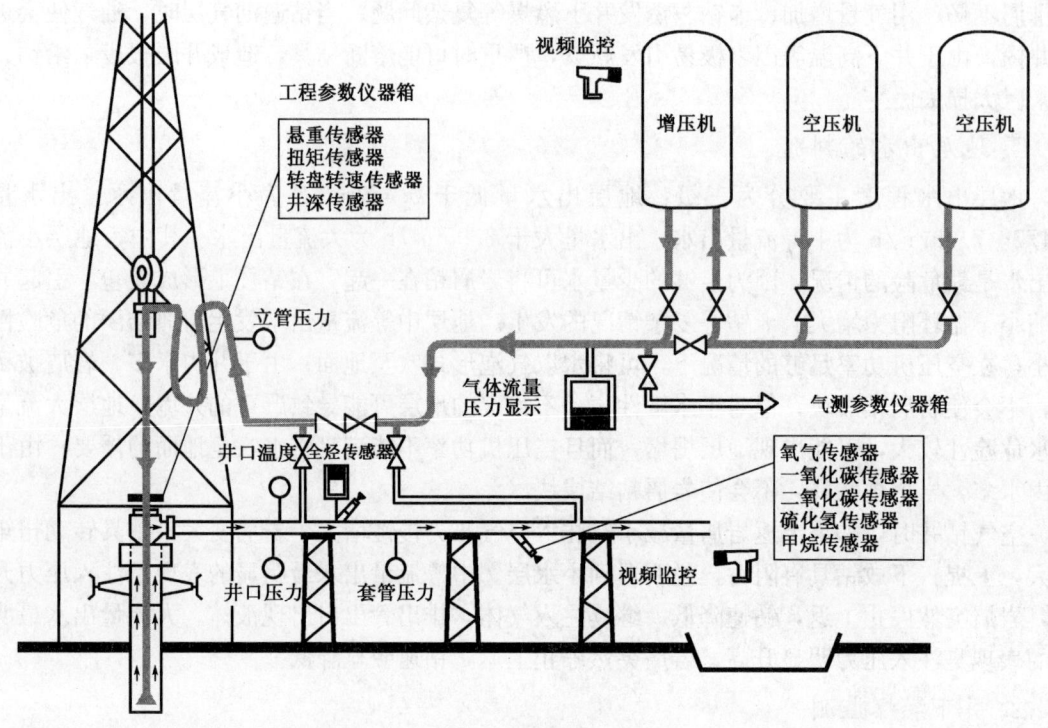

图 8-26 空气钻井安全监控系统结构

空气钻井安全监控系统由样品气处理单元、气体检测单元、采集计算机和软件系统组成。样品气处理单元主要用于样品气净化、除湿和稳定流量；气体检测单元主要进行样品气的在线分析；采集计算机及软件系统完成与气体检测单元的通信，通过 485 总线方式采集气体单元信息，同时采集综合录井仪的录井工程参数，通过软件系统完成数据的整合、存储和显示，所有信息可通过卫星或 GPRS 方式发布出去。

(1) 样品气处理单元

气体钻井过程中返出井口的气体含有大量粉尘，为避免对气体检测单元的损害，要对样品气进行除尘、除水处理。为此，在排砂管线上设置分流取气口并安装阀门，阀门可在进行系统维护时切断气路或用来调节气体流量。通过不同的耐压过滤器对样品气中粉尘进行分级过滤，并经过油水分离器和氯化钙干燥剂的除水处理之后，样品气才被送入气体检测单元。为保证系统的正常运行，需要按照气体检测单元的设计要求控制和监测样品气流量。

(2) 气体检测单元

气体检测单元主要完成对可燃气体、有毒气体以及井下燃爆相关气体的检测，主要检测对象包括 CH_4、CO_2、CO、O_2、SO_2、H_2S 和 H_2 等。该单元的指标如表 8-7 所示。

表8-7 气体检测单元主要指标

检测对象	检测范围	检测方式
CH_4	0~5%（可调）	红外线
CO_2	0~5%（可调）	红外线
CO	$0\sim1000\times10^{-6}$	电化学
O_2	0~25%	电化学
SO_2	$0\sim200\times10^{-6}$	电化学
H_2S	$0\sim100\times10^{-6}$	半导体
H_2	0~5%	热导

H_2S 气体检测采用半导体型传感器，与电化学型 H_2S 传感器相比，避免了因长时间连续暴露而可能导致的中毒和永久性损坏。该系统采用红外光谱吸收方式检测 CH_4 和 CO_2，与催化燃烧等检测方式相比精度更高，稳定性更好，维护也方便。理论上，气体对红外光的吸收具有永不饱和的特性，因此该系统的 C_1 和 CO_2 检测模块的实际量程都可达到100%。天然气的爆炸极限体积分数为5%~15%，在井下由于温度和压力的影响，该范围会有所扩大，依据空气钻井的安全预案规定，当全烃体积分数超过3%时应转换为其他钻井工艺。由于作为循环介质的气体的注入量较大，其稀释作用使返出流体中所含地层析出气体体积分数相对较低，为保证气体检测的精度，该系统中 C_1 及 CO_2 的设计检测量程为5%，基本可以满足气体钻井安全监控的要求。该系统设计预留多个传感器接口，可以采集立管压力、注气压力、出口流量等参数，保持系统独立工作时利用多种参数综合分析判断的能力。

(3) 系统判别井下燃爆方法

空气钻井过程中，井下是否发生燃烧及发生燃烧的程度有5种不同的描述方法。但是无论井下是否发生燃爆，只要环空中有烃类气体渗入，通过实时分析燃烧极限点及烃类气体、O_2、CO_2 体积分数的变化。

1）无烃类气体出现。钻进过程中，正常情况下的 CO_2 及 O_2 体积分数波动不大，而此时还没有烃类气体出现，因此可以判定井下没有燃爆的条件，钻进安全。

2）有烃类气体出现但烃类气体体积分数在燃爆范围外。钻进过程中，CO_2 及 O_2 体积分数波动不大，烃类气体体积分数产生轻微波动，这是因为地层已经缓慢渗入烃类气体。此时必须分析烃类气体体积分数和爆炸极限的变化，因为随着烃类气体的缓慢渗入，烃类气体体积分数上升，很有可能会进入燃爆范围，进而造成井下事故。

3）烃类气体体积分数在燃爆范围内。钻进过程中，烃类气体体积分数已经达到燃爆范围，若不采取相应措施井下极有可能发生燃爆。需要通过计算惰性气体注入量，注入适量 N_2 和 CO_2 稀释井下氧气，阻止井下燃爆的发生。

4）烃类气体在井下发生轻微燃烧时，CO_2 体积分数略有上升，O_2 体积分数略有下降，烃组分及全烃体积分数略有下降，但三者变化幅度都不大，而且很快恢复正常。这说明井下发生燃烧，但燃烧不强烈且很快熄火，从而可以推断井下可能发生轻微燃烧。少量的轻微燃烧对于钻进影响不大，但如果在钻进过程中连续发生轻微燃烧现象，就必须采取注入惰性气体等方法避免由于连续轻微燃烧造成更大的事故。

5）井下发生爆炸时，CO_2 体积分数大幅度上升，O_2 体积分数大幅度下降，烃组分及全烃体积分数大幅度下降，表明井下已经发生了爆炸，这时需要施工人员立即采取相应措施，避免造成更严重的井下事故。

3. 钻具刺穿及钻具掉落的判别

空气钻井存在着冲击腐蚀和化学腐蚀问题。在空气钻井手册中明确指出,"在空气钻井中不能使用随钻震击器,减振器的寿命也要大大缩短"。而且,空气钻井状态下的立压比常规钻井时的立压小,为了更好地进行钻具异常预警,在出口管线上加装压力传感器,结合综合录井监测的其他参数变化,对井下钻具异常进行预警。当发现立压值下降或其他参数发生变化时,有可能井下发生了"钻具刺";当发现立压值下降、悬重值降低时,有可能井下发生了"钻具断裂"事故。

录井工作人员必须足够重视参数较小的变化,认真分析参数变化原因,及时进行预报。如在 LJ1 井施工中,发生 3 次钻具断落（表 8-8）,当时立压降幅最小不足 0.10MPa,最大仅为 0.39MPa,明显低于常规钻井降低的幅度（0.5~2.0MPa）。

表 8-8　LJ1 井空气钻井时钻具断落工程参数变化

时　间	井深 m	立压 MPa	悬重 t	扭矩 kN·m	证实结果	备　注
2006 年 01 月 01 日 04：48	1147.32	1.55↘1.16	82.15↘79.17	4.15↘3.88	断钻具	2 号钻铤本体断,距根部 14cm
2006 年 01 月 09 日 23：33	2344.08	1.71↘1.51	138.81↘138.08	15.50~15.70 无变化	断钻具	18 号钻铤本体断
2006 年 01 月 14 日 21：52	2699.80	1.70↘1.62	150.03↘141.49	14.20~14.30 无变化	断钻具	25 号钻铤本体断,距根部 5cm

第二节　定向钻井条件下的录井方法与技术

在油气田勘探开发过程中,由于地面条件、地下构造情况的制约及钻探目的要求,为降低勘探开发成本,油田公司采用定向钻井技术。定向井中的大位移定向井和水平井,是目前油田应用较多的定向井类型。在复杂断块地区,大位移定向井可以实现一井多层,达到少钻井、少占地的目的,降低勘探成本。水平井由于增加了井筒与油层的接触面积（泻油面积）,从而可大大提高单井产量和采收率,实现少井高产,极大地提高油田的经济效益。为完善老油区开发井网,日渐增多的地面绕障井也逐渐被提上钻井日程。因此,定向井技术已成为新区产能建设和油气田开发后期稳产增产不可或缺的一项重要手段。

录井技术作为油气勘探中的重要井筒技术,主要任务是在实时状态下连续取全取准各项资料,为油气田的勘探和开发提供可靠的第一性信息。钻井技术的革新,必然导致录井方法的变革。为及时发现油气显示,提高录井质量,达到钻探目的,对常规地质录井方法进行改进,应用录井新方法、新技术服务于现场,就成为当今录井工程所必须研究的课题。

一、定向钻进技术的基本概念

（一）定向钻进技术的含义

石油钻井中对定向钻进技术的定义为沿着预先设计的井眼轴线钻达目的层位的钻井方法;地质勘探中对定向钻进技术的定义是指利用钻孔自然弯曲规律或采用人工造斜工具,使钻孔按设计要求进行延伸钻到预定目标的一种钻进方法；国外有文献认为是为了钻孔达到一个预定的地下目标，使井眼在特定方向偏斜的工艺和科学。从以上定义可以看出内涵本质是：定向钻进有预定目标，该目标是根据地质目的、工程目的或其他方面一些条件的限制和要求来确定，可以是某一点，也可以是井眼轴线特定方向和角度；在钻进工艺技术上，采用一些人为可以控制的技术方法有目的地将井孔轴线由弯变直或由直变弯，使钻进达到目标要求。

根据定向钻井的含义，定向钻井是指用定向钻进方法控制井孔轨迹钻到预定目标的钻井。它与常规钻井的区别是：定向钻井设计有特殊的轨迹，钻进中必须研究和利用地层自然弯曲规律、井眼控制理论或人工造斜工具控制井眼轨迹，钻达预定目标。为了控制定向井轴线到达预定目标时偏离不大，在定向井设计时，对预定目标事先规定了一定的范围，该范围是井孔轴线到达预定目标时的允许偏差区域，称为靶区。靶区的形状和大小可以是以靶点为圆心的一定半径的圆或圆筒，也可以是以靶点为中心、离靶心一定偏线距和沿线距的矩形或正方形。目的层极倾时，靶区还可给定在垂直面或目的层倾斜面上。预定的目标为靶点，一般为靶区的中心。井孔轴线钻到预定靶区称为"中靶"，反之则称为"脱靶"。

(二) 定向井的类型

随着定向钻井技术的发展，定向井的种类越来越多，可按不同的方法进行分类。

1. 按施工技术方法分类

(1) 自然弯曲定向孔

利用地层在一定钻进条件下的自然弯曲规律进行钻孔轴线设计，通过移动孔位或改变开孔顶角、方位角，采用常规钻进技术工艺，必要时利用井斜控制理论辅以一般的增斜、减斜措施，达到基本按设计的钻孔轴线钻进并钻达目的层的钻孔。自然弯曲定向孔又称初级定向孔。

(2) 人工弯曲定向孔

采用人工造斜工具与技术措施强制进行人工弯曲，并克服钻孔自然弯曲的影响，或者利用钻孔自然弯曲规律与人工造斜工具强制进行人工弯曲相结合，使钻孔按设计的轨迹钻进、弯曲并钻达目的层的钻孔。人工弯曲定向孔又称受控定向孔。

2. 按设计井眼轴线形状分类

(1) 两维平面定向井

两维平面定向井是指井眼轴线形状只在某个铅垂平面上变化的定向井。它们的井斜角是变化的，而井斜方位角是不变的。平面弯曲型钻孔如图 8-27 所示。

(2) 三维定向井

三维定向井是指设计井眼轴线超出某一铅垂平面而在三维空间中变化的定向井。井眼轴线可以在任意三维空间内，也可以在三维空间的某个倾斜平面上。三维定向井既有井斜角的变化，又有井斜方位角的变化。

井眼按照其轴线形状可以分为三类：垂直井、两维定向井和三维定向井。这并不是根据实钻的井眼形状，而是根据设计的井眼形状来分的。原设计的两维定向井，实钻出来的井眼形状都是三维的，但它们仍被称为两维定向井。正好像原设计为垂直井，实钻出来的井眼都

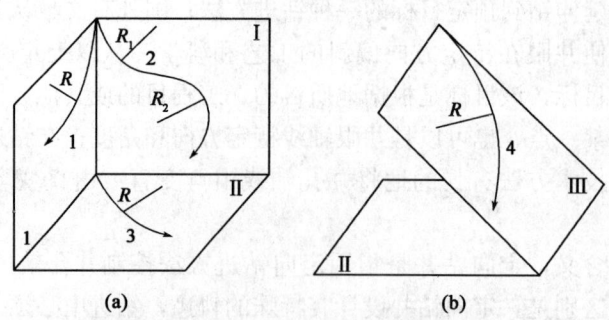

图 8-27 平面弯曲型钻孔
（a）垂直井平面和水平面弯曲型钻孔；（b）倾斜平面弯曲型钻孔
Ⅰ—垂直平面；Ⅱ—水平面；Ⅲ—倾斜平面；1—顶角改变，方位角不变；2—顶角改变，方位角反方向改变；
3—顶角不变，方位角改变；4—顶角、方位角同时改变

有一定的井斜角和井斜方位角的变化，但仍被称为垂直井一样。只有当设计的井眼轴线既有井斜角变化，又有井斜方位角的变化，才能称为三维定向井。钻三维定向井的必要性是存在的，在定向钻井中也是会遇到的，大体上有如下三种情况：

第一种情况，原设计为两维定向井，如图 8-28 中的点画线所示，在实钻过程中钻偏了。如果偏得不多，只要调整钻具组合或扭一下方位就可以了。在定向钻井中，不可能绝对地沿着设计轴线钻进，小的偏离总是会有的，因而也是正常的。但如果偏离很大，如图 8-29 中实线所示，那就需要重新设计未钻的井眼，以便准确地钻达目标点。新设计的井眼形状如虚线所示，既有井斜角的变化，又有井斜方位角的变化，因而它是三维定向井。我们把这种三维定向井称为纠偏三维定向井。

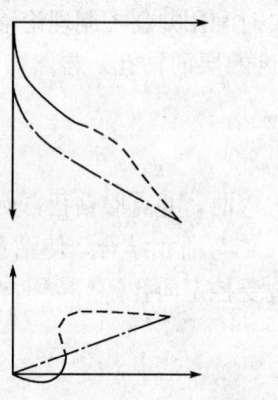 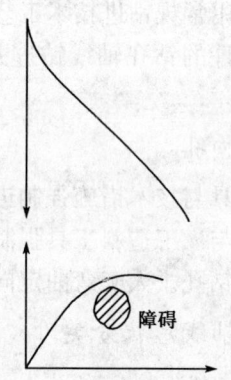

图 8-28 纠偏三维定向井　　图 8-29 绕障三维定向井

第二种情况，如图 8-29 所示，在地面井位固定的情况下，要钻达目标点，但在井位与目标点所在的铅垂平面内存在着某种不允许通过或难以穿过的障碍物，不能在铅垂平面上设计井身，需要绕过障碍物钻达目标点。设计这样的井时，井斜角和井斜方位角都要求变化，因而也是三维定向井。我们把它们称为绕障三维定向井。已钻的井眼、复杂的地层（如盐丘、断层、气顶等等）都可能成为障碍物。绕障三维定向井在海上钻井（在人工岛上或固定平台上）和丛式钻井中是会遇到的。

第三种情况，在地面井位确定情况下，要钻多目标井。地面井位和多目标点不在同一铅垂平面内，只有井斜和方位角都变化，才能钻达设计的多个目标点。

两维和三维平面定向井按井眼轨迹形式的不同又有曲线型、折线型以及直线与曲线的多

种组合，如图8-30所示。

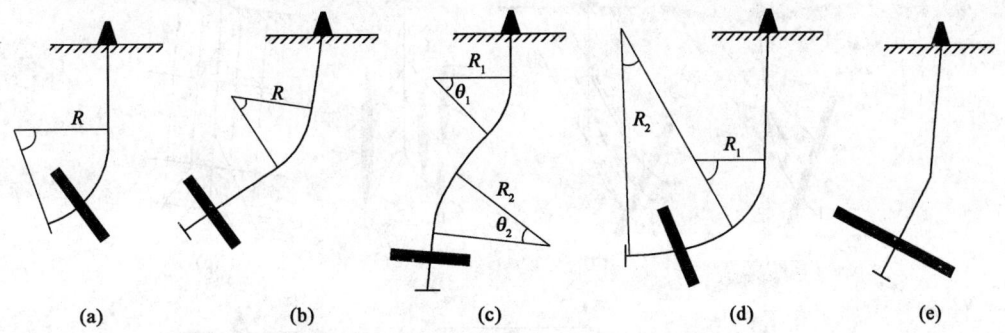

图8-30 直线与曲线不同组合的平面型典型钻孔轴线轨迹
(a) 垂直线—曲线型；(b) 斜直线—曲线—直线型；(c) 斜直线—曲线—直线—曲线型；
(d) 垂直线—曲线—曲线型；(e) 直线—直线折线型

3. 按设计最大井斜角分类

1) 低斜度定向井：设计的最大井斜角不超过15°。这种定向井由于井斜角小，钻进时方位不易控制，钻井难度较大。

2) 中斜度定向井：设计最大井斜角在15°～45°之间。钻进时井斜、方位较易控制，钻井难度相对较小，是使用最多的一种。

3) 大斜度定向井：设计最大井斜角在46°～85°之间。斜度大，水平位移大，增加了钻进难度和成本。

4) 水平井：设计最大井斜角在86°～120°之间，井沿（近）水平方向钻进一定长度的井眼。根据增斜段的曲率半径，又可细分为长曲率半径（$R>215\sim300\text{m}$）、中曲率半径（$R=86\sim215\text{m}$）、中短曲率半径（$R=12\sim86\text{m}$）、短曲率半径（$R<12\text{m}$）四种水平井（图8-31）。水平井钻进相对较难，多数需要特殊设备、钻具、工具、仪器以及特殊工艺。

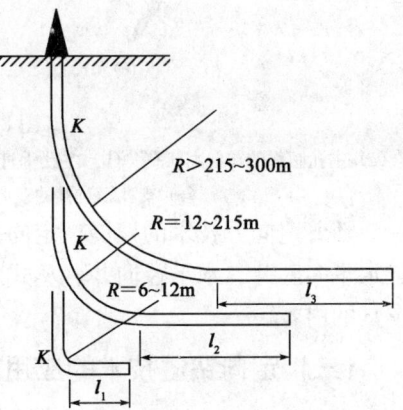

图8-31 水平井
l_1—短曲率半径水平井；l_2—中曲率半径水平井；l_3—长曲率半径水平井

4. 按钻井井底结构分类

1) 单底定向井（孔）：只有一主干井眼的定向井。

2) 多底定向井（孔）（或井下分支定向井）：主干井（首先完成的钻井，又称主井）钻进后，再从主干井内开出其他分支井的定向井。它又分一级和多级分支定向井（孔）。图8-32 (a)、(b) 为单向（同向）羽状孔，主孔倾斜或垂直开孔，支孔具有同一方位；图8-32 (c)、(d)、(e) 为双向羽状孔，主孔垂直或倾斜开孔，支孔具有相反方位；图8-32 (f) 为空间型集束孔；图8-32 (g) 为多级分支定向孔。

5. 按一个井场或平台钻井数分类

1) 单一定向井。

2) 双筒井：用一台钻机交叉作业，同时钻出井口相距很近的两口定向井。

3) 丛式井（组）：在一个井场或平台上，有计划地钻几口或几十口定向井和一口直井，这些井统称丛式井（组）。

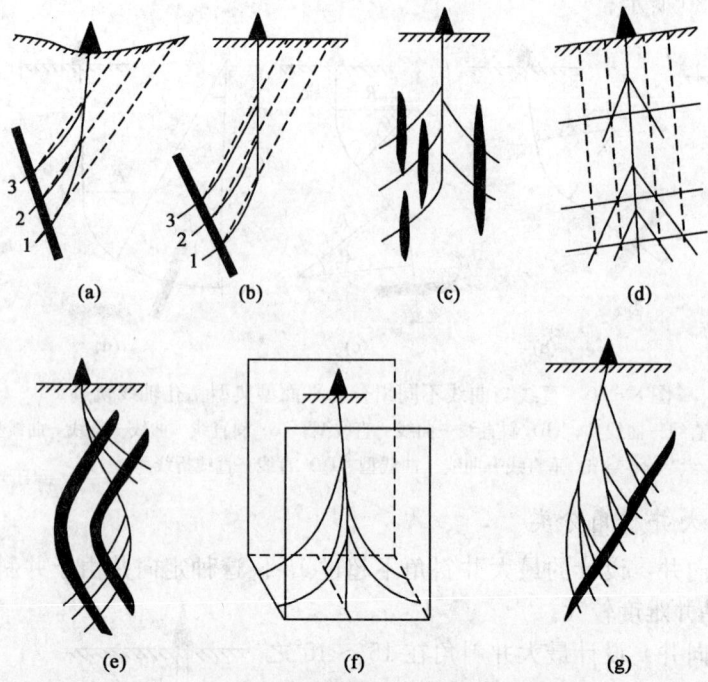

图 8-32 多孔底定向孔结构分类

(a) 主孔倾斜的单向羽状孔；(b) 主孔垂直的单向羽状孔；(c) 主孔垂直的双向羽状；(d) 主孔倾斜的双向羽状孔；
(e) 支孔不对称的双向羽状孔；(f) 空间型集束孔；(g) 多级分支定向孔

随着定向井技术的发展，定向井的种类还在不断增多。随着水平井技术的发展，还出现了水平多底井、水平径向井、丛式水平井和同层分支水平井等，使定向井钻进技术呈现更加丰富的内容。

（三）定向钻进技术的应用范围

定向钻进技术的应用范围已十分广泛。它通常在地面位置限制、地下条件要求、因工程技术特殊需要、常规钻进方法难以满足工程的目的或常规钻进社会经济效益差等情况下采用。下面主要介绍在石油、天然气钻井工程中的应用。

1) 海洋钻井平台上钻丛式定向井。海上钻井时，充分利用钻井平台，在一座平台上钻丛式井，控制较大面积的油气构造，所有的生产设施都集中在平台上，原油可通过管线或油船运送出去，以大量节省建造平台费用，如图 8-33 (a) 所示。

2) 勘探和开发近海岸油气田。在陆上安装钻井设备，用定向钻进技术使钻井定向弯曲，钻达油气层，勘探或开发近海岸油气田，节约海上钻井平台的建设费用，如图 8-33 (b) 所示。

3) 用定向井控制断层，查明油水界面或断层面的准确位置，如图 8-33 (c) 所示。

4) 避开地表障碍物。在地表有高山、湖泊、森林、建筑物等限制条件时，采用定向钻井技术，避开地表障碍物，勘探和开发障碍物下方的油气田。如图 8-33 (d) 所示。

5) 纠正已斜的井眼或绕过井内落鱼进行侧钻。在钻井过程中，井下障碍物（或落鱼）可能会卡在井底，如果落鱼捞不上来就无法继续钻进。在落鱼的顶部井段注上一个很稳固的水泥塞，用定向钻进技术在水泥塞上造斜侧钻，绕过井下障碍物或落鱼。如果原井眼没有钻达预定的目的层或一个生产层已开发枯竭，可以在老井眼注水泥塞侧钻进行再钻井和再完井作业，如图 8-33 (e)、(g)、(h) 所示。

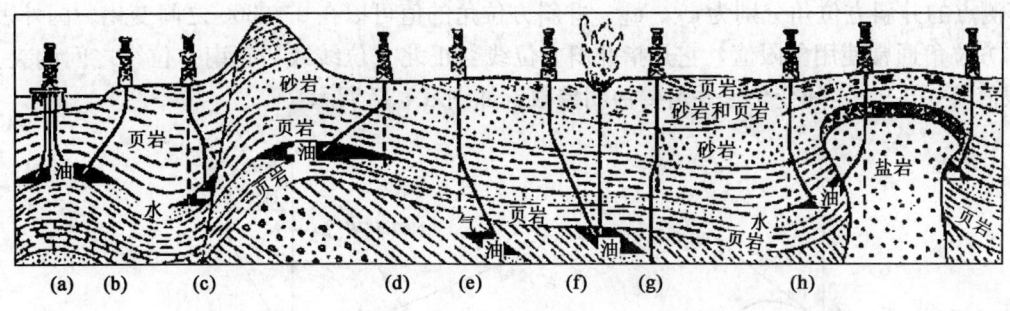

图 8-33 油气井定向钻进应用范围

6) 打定向井探采盐丘突起下部的油气层。含油构造有时与盐丘构造共生，部分盐丘可能直接覆盖在油藏上面，因此，打直井就会在钻达目的层前先钻透盐层。在盐层中钻井可能导致诸如井眼的过量冲蚀、钻井液损失和腐蚀等问题。在这种情况下，可用定向钻井避开盐丘，如图 8-33 (h) 所示。

7) 井喷无法处理或油气井失火，钻定向救援井与原井衔接，控制井喷或扑灭火灾。如图 8-33 (f) 所示。

8) 钻大斜度井或水平井。常规定向钻井的最大井斜角大致在 60°左右。井斜超过 60°将带来许多钻井问题，使成本大幅度上升。然而，大斜度井和水平井具有许多长处，如增大平台的泄流面积；防止气锥和水锥问题；增加井眼在产层中的延伸长度；增加提高采收率技术的效益；在裂缝性油藏能钻通多条裂缝，提高单井的产量等，如图 8-34 所示。

（四）常用的井身参数

井身基本参数，也称为井身基本要素。

1) 井深：指井口（转盘面）至测点的井眼实际长度。人们常称为斜深，国外称为测量深度。

2) 测深：测点的井深，以测量装置的中点所在井深为准。

3) 井斜角：该测点处的井眼方向线与重力线之间的夹角（图 8-35）。井斜角常以希腊字母 α 表示，单位为度。A 点的井斜角为 α_A，B 点的井斜角为 α_B。

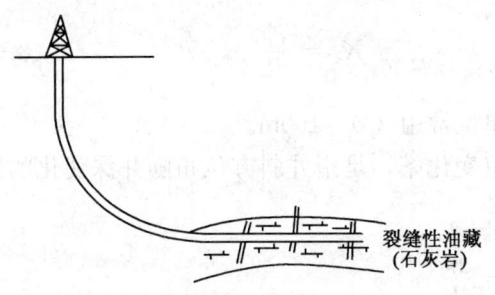

图 8-34 钻遇数条垂直裂缝的水平井

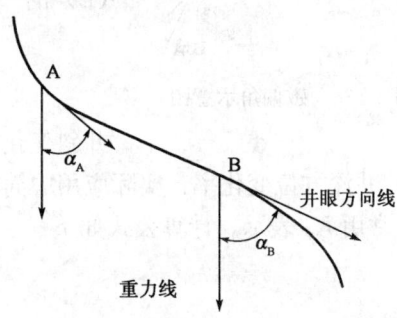

图 8-35 井斜角示意图

4) 井斜方位角：以正比方位线为始边，顺时针旋转至井斜方位线所转过的角度（图8-36）。井斜方位角常以希腊字母 φ 表示，单位为度，实际应用过程中常常简称为方位角。A、B等测点的井斜方位角分别为 φ_A、φ_B。井斜方位角的值可以在 $0°\sim360°$ 之间变化。国外表示井斜方位角通常使用象限值，它是指井斜方位线与正北方位线或与正南方位线之间的夹角。象限值在 $0°\sim90°$ 之间变化，并需要注明象限，如图8-37所示。

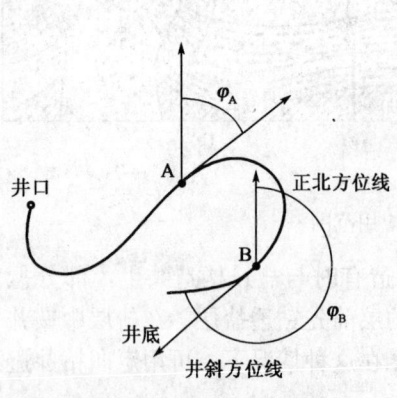
图8-36　井斜方位角示意图

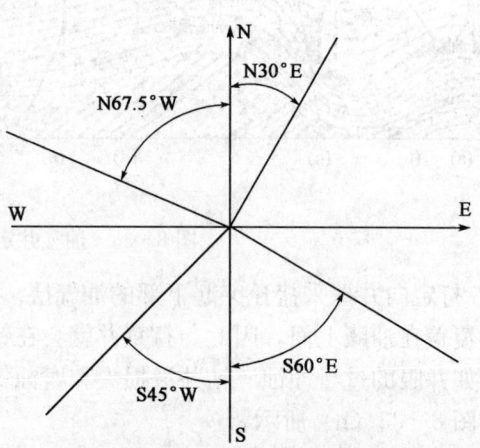
图8-37　井斜方位角的象限值

5) 磁方位角：磁力测斜仪测得的井斜方位角是以地球磁北方位线为准的，称磁方位角。

6) 磁偏角：磁北方位线与真北方位线并不重合，两者之间有一个夹角，这个夹角称为磁偏角。磁偏角又有东磁偏和西磁偏角之分，当磁北方位线在正北方位线以东时，称为东磁偏角；当磁北方位线在正北方位线以西时称为西磁偏角，如图8-38所示。进行磁偏角校正时按以下公式计算：

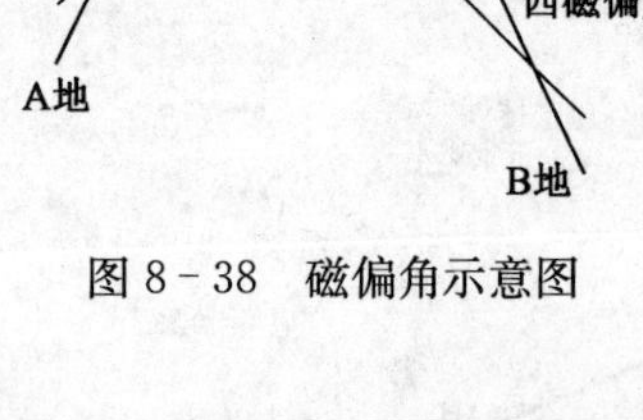

真方位角＝磁方位角＋东偏磁偏角

或

真方位角＝磁方位角－西偏磁偏角

上述公式可以概括为"东加西减"四字口诀，即在校正井斜方位角时，碰到东磁偏角就加上，碰到西磁偏角就减去。

7) 井斜变化率：井斜角随井深变化的快慢程度，常以 K_α 表示。精确的讲，井斜变化率是井斜角度（α）对井深（L）的一阶导数，即：

$$K_\alpha = \frac{d\alpha}{dL} \tag{8-16}$$

图8-38　磁偏角示意图

井斜变化率的单位常用（°）/100m。

8) 井深方位变化率：实际应用中简称方位变化率，是指井斜方位角随井深变化的快慢程度，常用 K_ϕ 表示。计算公式如下：

$$K_\phi = \frac{d\phi}{dL} \tag{8-17}$$

9) 全角变化率（狗腿严重或井眼曲率）：从井眼内的一个点到另一个点，井眼前进方向变化的角度（两点处井眼前进方向线之间的夹角）。该角度既反映了井斜角度的变化，又反映了方位角度的变化，通常称为全角变化值。两点间的全角变化值 γ 相对于两点间井眼长度 ΔL 变化的快慢及为全角变化率 K。用公式表达如下：

$$K = \frac{\gamma}{\Delta L} \tag{8-18}$$

10) 垂深：测点的垂直深度，以 H 表示，是指井身上任一点至井口所在水平面的距离。垂深可在垂直剖面图上反映出真实值，A、B 点的垂深分别为 H_A、H_B。对于测段来说，有垂深的增量简称垂增，以 ΔH 表示，如图 8-39 所示。

11) 水平长度：测点井深的水平投影长度，以 S 表示，是指自井口至测点的井眼长度在水平面上的投影长度。在水平投影图上可反映出水平长度的真实值。如图 8-40 所示，A、B 点的水平长度分别为 S_A、S_B。对于测段来说，有水平长度的增量简称平增，以 ΔS 表示。

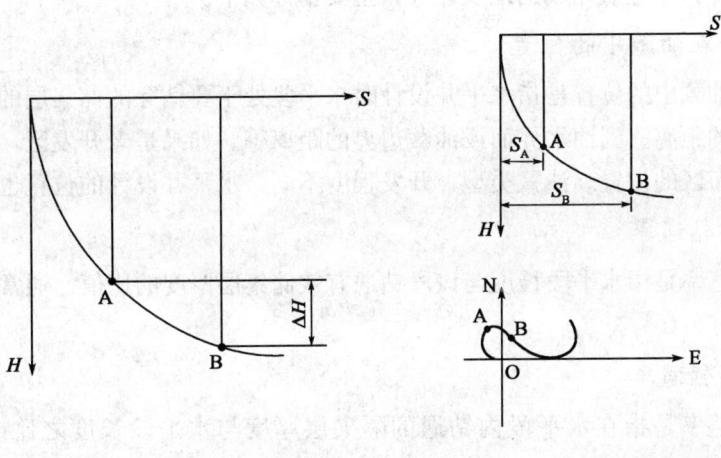

图 8-39 垂深示意图　　图 8-40 水平投影长度

12) 平移：测点的水平位移，以 A 表示，是指测点至井口所在的铅垂线的距离。在水平投影图上可反映出平移的真实值。如图 8-41 所示，A、B 点的平移分别为 A_A、A_B。在我国油田现场，将完钻时井底的水平位移称为闭合距。在国外，所有各测点的水平位移均可称为闭合距（Closure Distance）。

13) 平移方位角：以 θ 表示，是指以正北方位线为始边顺时针转至平移方位线上所转过的角度。在水平投影图上可反映出平移方位角的真实值。如图 8-42 所示，A、B 点的平移方位角分别为 θ_A、θ_B。

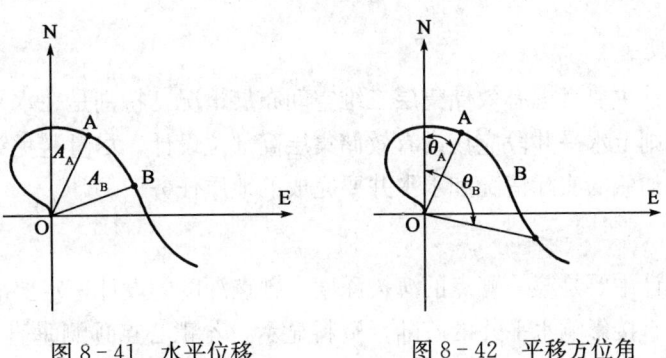

图 8-41 水平位移　　图 8-42 平移方位角

在我国油田现场上,将完钻时井底的平移方位角称为闭合方位角。可是,在国外,全井所有各点(包括井底)的平移方位角均称为闭合方位角。

(五) 水平井地质设计要点

水平井地质设计是水平井施工的基本依据,也是水平井能否达到预期效果的关键保证,因此,在进行水平井地质设计时必须要有充分的油藏地质资料作保证。一般来讲,水平井地质设计需要的资料大体包括以下几类:高精度地震资料、地质构造研究成果、储集层评价资料、层内的隔夹层分布、流体及其界面研究成果等。有条件的油田或区块应该在油藏精细描述和地质建模基础上,在三维地质模型内进行水平井地质设计,在水平井钻井过程中,根据随钻资料及时修改地质模型,调整水平井轨迹,确保提高储集层的钻遇率或剩余油分布区钻遇率,达到效益最大化。

规定水平井钻探应该完成的地质任务,主要指标如下。

1. 水平井在油藏中的位置

水平井在油藏中的位置是指水平井设计时水平段处于要钻穿的储集层的部位,如到储集层顶(底)面的距离、到油水界面或油藏边界的距离等。如果是老开发区,还要考虑水平井穿越剩余油分布区的位置。油藏类型、开发程度不同,水平井设计的位置也不同。

2. 储集层钻遇率

储集层钻遇率是指水平段长度与该段钻遇有效储集层厚度的比值。通常情况下,储集层钻遇率越高越好。

3. 隔夹层钻遇率

隔夹层钻遇率是指在水平段内钻遇的隔夹层厚度与水平段长度之比或钻遇隔夹层的层数。

4. 水平段长度

水平段长度设计要综合考虑油藏特征、储集层规模、流体分布以及已有井网等,选择合适的水平段长度,一般水平段越长产量越高,但是相应成本也会增加,所以并不是水平段越长越好。建议采用数值模拟方法优选水平段长度。

5. 水平段方位

水平井方位设计由油藏构造形态、流体或剩余油的分布、有效储集层展布方向、沉积相带等因素综合确定。

6. 水平段斜度

水平井斜度设计主要考虑有效储集层三维空间布展情况,特别是在水平方向上目的层顶面的起伏状况。原则上水平井段应该沿有效储集层高部位设计,尽量避免穿越流体界面。具体设计时,要考虑油藏的实际情况和水平井要完成的地质任务。

7. 靶点深度

靶点深度的设计主要是第一靶点的海拔深度。靶点深度的设计一定要准确无误,因为该点深度误差的大小直接影响水平井的着陆。资料显示,若靶心点预测垂直深度差1m,着陆时将损失近30m油层段。

8. 阶梯数和水平段长度的分配比例

对于多层的薄油层藏，为了使水平井多揭开几个油层往往采用阶梯状水平井。如果层数太多，水平段往往只钻几个相距不是很远的主要储集层（图8-43）。采用数值模拟方法，优选"阶梯"水平井水平段长度以及水平段长度的分配比例。

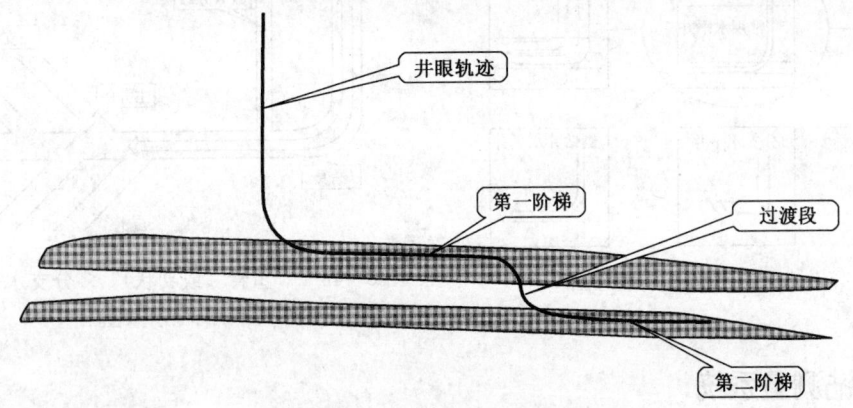

图8-43 阶梯状水平井示意图

9. 波次、波段的长度

对于厚度相对较大且储集层内部有分布范围较大的隔夹层油藏，为了提高油藏的动用程度，可以采用波浪起伏的水平井眼（图8-44）。对于这种水平井形态，在进行地质设计时，除了要增加设计靶点数量以外，还要规定水平段的起伏次数、每一波段的长度、波段内穿越的储集层和隔夹层等设计参数。

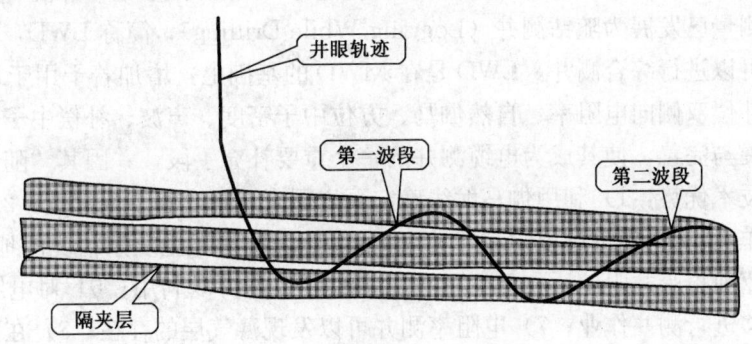

图8-44 波浪状水平井示意图

10. 不同井型对比

根据不同的油藏特征和不同的地质任务，可以设计各种形态的水平井，相应的水平井地质设计要求也有一定的差别。图8-45中包含了常用的各种水平井形态，根据油藏类型不同，地质任务也不同，水平井的三维空间则相应地发生改变。

11. "鱼骨（或羽状）"多分支水平井

"鱼骨（或羽状）"多分支水平井的形态比较特殊，一般利用鱼骨（或羽状）水平多分支井来开发利用煤层气。"鱼骨（或羽状）"多分支水平井能够充分增大煤层井眼裸露面积，大大提高单井产量，其结构如图8-46所示。

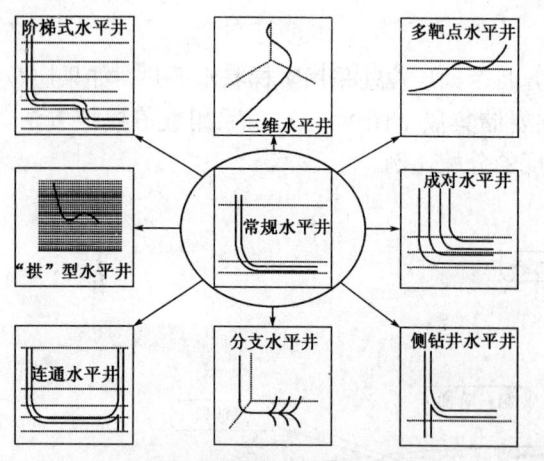

图 8-45 水平井井型分类示意图

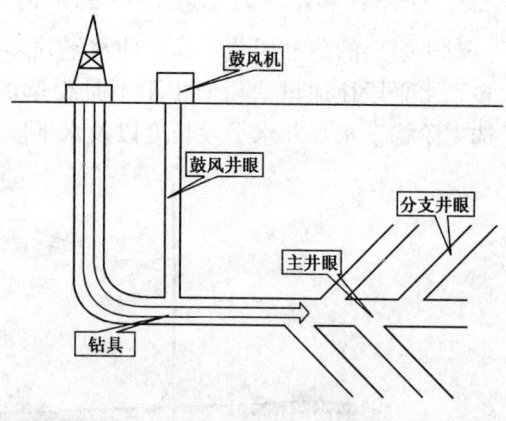

图 8-46 "鱼骨(或羽状)"多分支水平井井身结构示意图

二、随钻测量系统

(一) 随钻测量系统概述

随钻测量（Measuremem While Drilling）是将测量工具安装在靠近钻头的井底组合钻具中，从而贴近钻头附近测得某些信息，不需要中断正常钻进工作而将信号传送至地面，并在钻进过程中进行测量的一门技术，简称为 MWD。

随钻测量 MWD 可测参数有井斜参数（井斜角、井斜方位角）；定向参数（工具面角）；地层参数（中子、伽马等）；工艺参数（钻压、转速等）；钻井液参数（井温、压力等）。

现代随钻测量已发展为随钻测井（Logging While Drilling），简称 LWD，不仅可以监控定向钻进，还可以进行综合测井。LWD 是在 MWD 的基础上，增加若干用于地层评价的参数传感器，如补偿双侧向电阻率、自然伽马、方位中子密度、声波、补偿中子密度等。随钻测井技术的发展与完善，使其成为电缆测井的一个重要补充手段，并因其"随钻"功能，使它具备以下的技术优势：1) 利用伽马射线确定页岩层来选择套管下入深度；2) 选定储集层顶部开始取心作业；3) 钻进过程中与邻井对比；4) 识别易发生复杂情况的地层；5) 如果在电缆测井作业前报废井眼的话，至少还有一些地层数据可以利用；6) 对电缆测井不适合的大斜度井能够进行测井作业；7) 电阻率测井可以发现薄气层的存在；8) 在钻进时利用伽马射线和电阻率测井可以评价地层压力；9) 在地层尚未有钻井液侵入污染前能获得真实的地层特性和最新资料，这对正确评价地层是绝对重要和必要的。

当今随钻测量技术的发展有：

1) 随钻地层评价 FEWD（Formation Evaluation While Drilling）：测量参数包括定向参数、自然伽马、电磁波电阻率、中子孔隙度、地层密度及井下钻具振动量等。

2) 随钻地震 SWD（Seismic While Drilling）：是利用钻头破碎岩石产生的振动作为井下震源，可得到钻头前方几十米处的信息并随钻评价在钻与待钻地层，实时修正地质预测模型并获知钻头的实时位置和相对位置。

3) 电磁随钻测量 EM-MWD（Electronic Measure MWD）：传播介质是井内钻井液和地层岩石。

4) 声波遥传系统 AST（Acoustic Telemetry System）：利用钻杆传播应力波（声波）方法传输声波测量信号。

（二）随钻测量系统（MWD）的分类

随钻测量系统（英文缩写 MWD，俄罗斯缩写为 ZTS——井底遥测系统）可在钻进过程中不间断地把井底的方位、角度信息和部分钻井工艺或地层信息发送至地表。按信息传输介质的不同，随钻测量主要分为有缆式 MWD 和无线式 MWD，它们依据信号传输通道的不同又分为多种类型，具体见表 8-9。无线式 MWD 按传输通道主要分为钻井液脉冲式、电磁波式和声波式三种方式。其中，以美国技术为基础的钻井液脉冲式技术最为成熟，它把反映井底的角度信息和部分工艺信息载波于钻井液脉冲发往地表，并已广泛应用于国内外钻井生产实践。俄罗斯研制的电磁波式 MWD 系统是将反映井底参数的低频电磁波信号传送到地面。它不需要钻井液作为信号载体，不需要机械接收装置，所以数据传输能力较强。电磁波式原来主要在俄罗斯等国家应用，近年来出于它在欠平衡钻井中具有钻井液脉冲式 MWD 无法替代的优越性，所以备受重视。目前美英等发达国家都有了自己的电磁波式 MWD 产品，而俄罗斯的电磁波式 MWD 仪器历史更长，价格更便宜，已经开始在中国几个油田使用。最新的钻井液脉冲与电磁波组合式也已经取得研究成果，不久的将来可进入应用阶段。

表 8-9 随钻测量系统（MWD）的分类

随钻测量（MWD）	有缆式 MWD	普通有线随钻测斜仪	
		专用钻杆式	
		电缆投放式	电流通信
			电感通信
			电容通信
	无线式 MWD	钻井液脉冲式	
		电磁波式	
		声波式	

1. 有缆式 MWD 系统的优缺点

1) 信息传输效率高，速度快，信息量大，可进行实时传输；
2) 不需要井下电源，地面电源通过电缆传导井下；
3) 可以双向通信，形成闭环控制；
4) 不存在信息衰减问题，没有井深限制。

电缆钻杆为特制的钻杆，电缆埋在钻杆壁里。利用特殊接头，不仅可连接钻杆，还可连接电缆，缺点是电缆钻杆制作太复杂。

有线随钻是将仪器和电缆从测入接头进入钻杆水眼，并下入到井下。缺点是下入后不能接单根，无法进行旋转钻进，电缆容易磨损等。

2. 无线式 MWD 系统的优缺点

1) 钻井液脉冲式 MWD 不使用电缆，不影响正常钻进，随时传输信号，既可用于井底马达钻进，也可用于转盘钻和井底马达组合钻进过程的随钻测量作业。这是目前应用最为广泛的方法。无线式 MWD 可以说是定向钻探技术发展历程中的一个里程碑，它为一些更高级的钻井技术（地质导向钻进、自动定向钻进等）奠定了基础。但由于无线式 MWD 系统的信号传输通道直接暴露于钻井液通道或地层中,易受外界信号的干扰,从而影响系统的工作稳定性。对于气体及各种充气钻井液,由于流体可压缩性强,钻井液脉冲信号很弱甚至不能产生有效的脉冲信号,因此钻井液脉冲式 MWD 将无法正常工作。妨碍准确获取井底过程参数的不稳定因素主要有钻具的剧烈振动和钻压的脉动、工作环境的高温、电磁干扰、信号传输过程中的时间滞后和信号衰减等。

2) 电磁随钻测量 EM-MWD。电磁波传输法具有信号传输速度高、不需要循环钻井液便可传送数据、测量时间短、成本低等特点。特别是 EM-MWD 系统基本上不受钻井液介质的影响,不仅适用于常规钻井液中的随钻测量,而且还适用于在气体、泡沫、雾化、空气、充气等钻井液中使用,从而解决了钻井液脉冲式 MWD 系统难以逾越的随钻测量。

3) 声波遥传系统 AST(Acoustic Telemetry System)。声波传输法的原理是在钻铤上部装置一个声波发生器并以某一最佳频率向井眼周围地层发射声能脉冲。阵列接收器检测到首波信号后,将声波模拟信号转换成数字信号,经计算获得地层中声波时差(Δt),最后将原始声波数据和预处理声波数据存储在专门设计的高速存储器内,等起出钻铤后回放处理,也可以与 MWD 配合使用将数据实时传输到地面。缺点是信号衰减严重,受到的干扰多。

4) 随钻地震 SWD(Seismic While Drilling)。SWD 是利用钻井期间旋转钻头的振动作为井下震源,在钻杆的顶部、井附近的地表埋置检波器,分别接收经钻杆、地层传输的钻头振动的信号。这些振动信息经加工处理,可以实时获得各种地层参数(如层速度、钻头前方反射界面的深度等),对井眼轨迹测量和控制、发现和保护油气层、油藏描述、井间地震等技术有突破性的发展。随钻地震技术的优点是:不损失钻井时间,不影响钻进,没有井下风险,不用任何专门井下设备,资料采集过程与钻井过程互不影响。随钻地震获取的信息是油藏未被污染的原始参数,这对保护油气层和油藏描述等工作具有重要价值。

(三)钻井液脉冲式 MWD 系统

钻井液脉冲式 MWD 借助水力通道来传送钻井参数信号。水力通信通道指由井口经过输送钻井液的钻杆柱至井底的整个管路组成的一个封闭体系(图 8-47)。钻井泵往井内压送钻井液,供给井底动力机,冷却并润滑钻头,并沿管外空间携带钻出的岩屑返回泥浆池,钻井液在泥浆池中被沉淀和除砂,沿着高压软管再送入钻杆柱中,从而形成钻井液的流动循环路径。

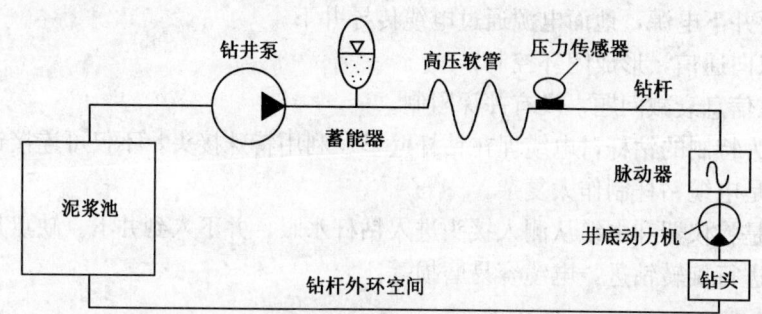

图 8-47 钻井液脉冲式 MWD 水力通道示意图

该类 MWD 系统检测的井底信息以压力脉冲的形式在水力通道中传输。由于压力脉冲传播得慢并制约了信号调制的速度,故测量结果的传输速度比电缆通道系统慢,信息量受到一定的限制。加之信号传播的载体是钻井液,同时井内仪器工作在钻井液的恶劣环境中,所以仪器对钻井液有严格的要求：含砂量低于1‰~4‰，含气量低于7%。这也是影响钻井液脉冲式MWD广泛应用的弱点之一，它完全不能用于空气钻井，基本不能用于泡沫钻井。

1. 钻井液脉冲式MWD的工作原理

钻井液脉冲式MWD的工作原理如图8-48所示。井内仪器由井底涡轮发电机借助钻井液流发电或电池组供电。井内传感器将测得的井内物理量（角度及地层信息）转变为模拟电信号，经过井内MWD组件信号处理转换为数字信号。这些数字信号被送到信号发射器进行编码、压缩等处理，通过控制井内仪器阀门的开闭产生断续或连续的钻井液压力脉冲信号，借助压力脉冲信号通过水力通道把井内MWD的信号送达地表，再由MWD接收器（即压力传感器，参见图8-47）转变为电信号，经过解码、滤波等处理还原得出井内的测量数据。

压力传感器安装在高压软管的后面，把压力脉冲变换成电信号，以便在遥测系统的地表部分进行处理。来自脉动器的信号传播速度等于压力波的传播速度v_g与钻井液在钻杆中的速度v_p之差，因为钻井液的流动方向与信号的传播方向相反。

$$v_c = v_g - v_p \tag{8-19}$$

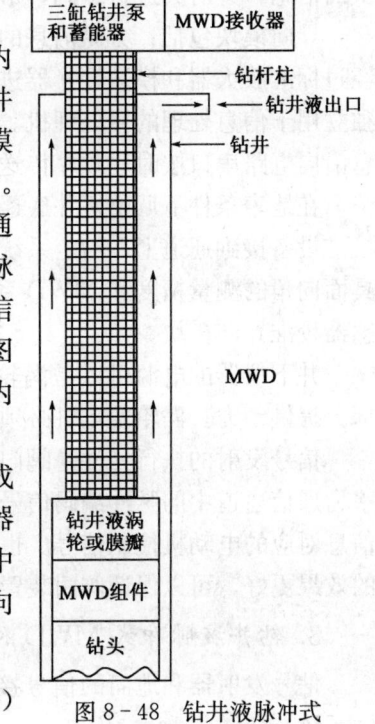

图8-48 钻井液脉冲式MWD工作原理图

2. 钻井液脉冲式MWD的井下仪器

钻井液脉冲式MWD的井内仪器包括：导向模块、测井模块、中心控制器模块、信号发射器、电源（涡轮发电机或电池组），见图8-49。

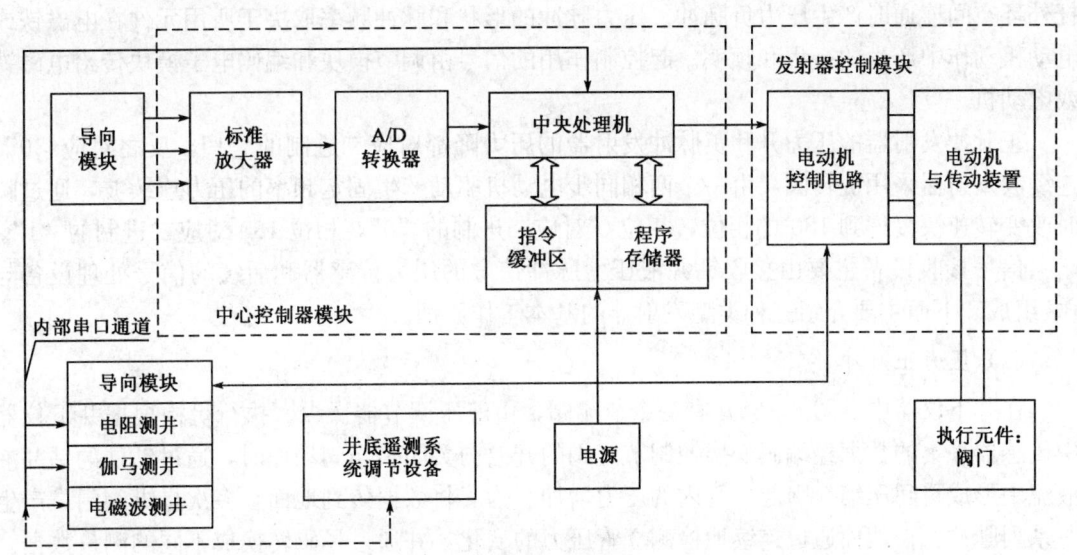

图8-49 钻井液脉冲式MWD井下仪器框图

中心控制器模块包括：标准放大器、模数转换器、带中央处理器的内置式微处理机系统、工作存储装置和独立供电的程序存储器。中心控制器采集并处理来自导向模块和测井模块的信息，并对其进行编码，形成发射器控制模块电传动装置的控制信号。

导向模块包括：方向信息的一次转换器、二次转换器和温度传感器，来自它们的电信号经过标准放大器和模数转换器进入中心控制器。伽马测井、电阻测井和电磁波测井模块包括独立用于信息处理的微处理机。数字信息沿着单线双向内电路串口通道传到中心控制器。信息沿内电路串口按时序顺序传送。

在地表条件下调整好井底遥测系统。在往井内下放系统之前，把井底遥测系统的调节和校准设备接到通道上；给定系统的方位、数据发送速度，检查导向参数方位角、井斜角、工具面向角的测量精度和 MWD 系统的工作特性；借助铁磁探测传感器、加速度计和温度传感器校准导向模块。

井下仪器的电源可以是涡轮发电机或电池组，它为井底 MWD 系统的电子器件和控制部分提供动力。涡轮发电机必须工作在一定的泵量要求条件下。

信号发射的执行元件是阀门，它按照水力通道发送的信息作往复运动，产生压力脉冲在水力通信通道中的脉冲编码信号。在电动机控制电路中会产生来自中心控制器模块的与编码信息对应的电动机控制信号。也可以用电磁线圈代替电动机来驱动杆式阀门装置，但电动机的效果更好，可以保证阀门装置的动作更加准确可靠。

3. 钻井液脉冲式 MWD 的信号传输系统

信号发射器和地面的信号接收、处理设备一起构成了钻井液压力脉冲式 MWD 信号传输系统。

信号发射器负责控制执行元件阀门，把测量结果调制成压力脉冲信号向地面传输。阀门的构造形式有开关阀和旋转阀。水力通道有三种传输信息的方法：钻井液压力的正脉冲、负脉冲和接近谐波形状的连续压力波。当水力通道与钻井液贯通时便会形成压力正脉冲，与钻杆外环空间连通时产生压力负脉冲。压力脉冲的形状和脉冲频率取决于所用元件在电磁铁或电动机动作中产生的行程和频率。起控制作用的信号由调节模块和编码电子模块传给电磁铁或电动机。

正脉冲发射器的压力升和负脉冲发射器的压力降都对应二进制的"1"，反之对应"0"。连续波发射器采用旋转阀，由一个两相同步电动机驱动产生固定频率的压力连续波，通过瞬时改变转速快慢得到 180°的相位，相位 0°对应二进制的"0"，相位 180°对应二进制的"1"。

信号接收设备主要由接收钻井液压力脉冲信号的压力传感器和后续的信号处理设备与 PC 组成。下面主要介绍三种类型发射器的基本工作原理。

(1) 压力正脉冲

在井下仪器中（图 8-50）有一个节流阀，由液压调节器操纵。执行机构根据井下仪器中传感器采集的数据经编码变换控制节流阀的开启与关闭，当阀动作时，通过钻柱的钻井液液流中形成瞬间压缩，引起立管内的压力增加。为了将数据传到地面，多次操纵阀门，产生一系列脉冲。在地面通过连续地检测立管压力的变化，并通过译码转换成不同的测量数据。

其他型号的水力通道式 MWD 系统与上述仪器的区别在于脉冲发射器的不同。机电式脉冲器的阀门由电磁铁线圈或步进电动机控制，其中后者精度更高。当 MWD 的工作距离为 5~6km 时，由地表压力传感器记录的正脉冲幅值为 0.35~1.0MPa。

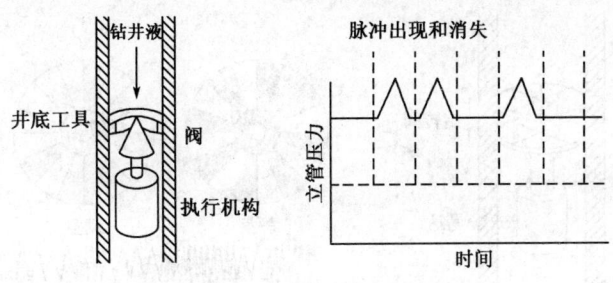

图 8-50 正脉冲系统原理示意图

钻井液正脉冲传输方式是目前随钻测量中使用最普遍、最稳定、最可靠的一种方法。钻井液正脉冲传输方式的传输信号稳定、可靠，下井仪器的结构简单，而且操作、使用、维修都比较方便，不需要专门的无磁钻铤。

(2) 压力负脉冲

发送器由阀门组成。当阀门打开时，使一小部分钻井液从钻柱内流向环形空间，因此，快速开闭这个阀就会引起立管中的压力下降，这可由压力传感器检测出来（图 8-51）。为了形成压力负脉冲的信息通道，必须在管内和管外空间之间建立初始压力降。压力降消耗在水力喷射钻头的工作过程中和 MWD 系统的钻具组合中。在钻杆壁上有一个连接钻柱管内外空间的阀门，当阀门打开很短时间（0.25～1.0s）时会产生脉冲。脉冲的下降值取决于钻井泵高压管线中的压力降。水力压力脉冲的前沿坡度为 5～6MPa/s。在井内仪器中装有参数检测传感器、编码电路、由阀门和大功率线圈组成的脉冲发生机构。压力负脉冲发生器的重要特征是在钻杆壁上有一个可更换式喷嘴，它的横截面积比阀门的截面积小得多。这种技术方案可减小阀门的磨损。

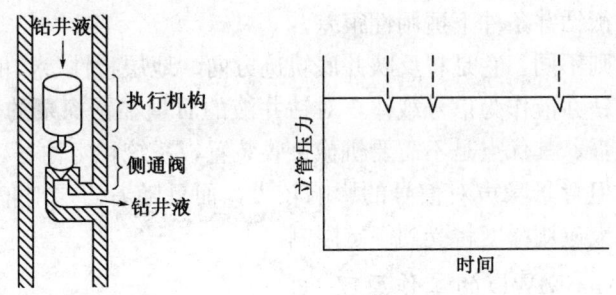

图 8-51 负脉冲系统原理示意图

钻井液负脉冲传输方式具有信号稳定、可靠等优点，但是由于钻井液负脉冲发生器对地层冲蚀破坏较强，会对井壁造成比较严重的破坏，对零部件冲蚀作用也比较强，而且耗电量较大，仪器的结构比较复杂，不利于组装、操作、维修，现在已经很少使用。

(3) 连续压力波

不同于前两种系统，在这种系统中不产生明显的脉冲。发送器是一个旋转的阀，该阀由一对与钻井液液流成直角的有槽的圆盘组成。这两个大小形状完全相同的圆盘开着同样的槽口，一个是静盘，一个动盘。马达带动动盘连续旋转，槽口连续"被堵"和"开通"，产生一个规则的连续压力变化。动盘转速不同，得到的连续波形就不一样。每秒钟可发出三个波形，传输一个参数，只需要 9s（图 8-52）。

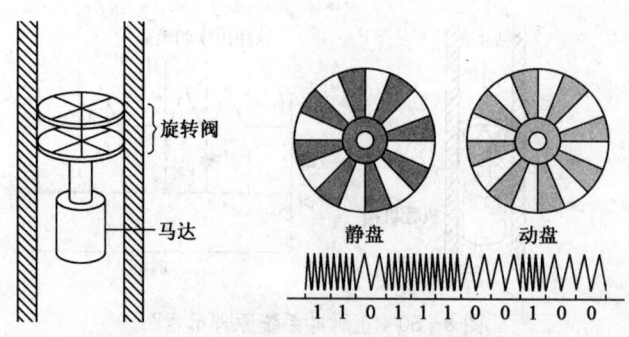

图 8-52 连续波系统原理示意图

这个连续波实际上是个驻波。这个波作为载体将数据传送到地面。当要传送信息时，降低或提高马达的速度以便使载波的相位发生变化（即反向），发出信号的相位由调节器发出反馈信号的传感器控制，由此载波被调制成可以表示所得的数据。在发送信息的过程中，阀门以固定的频率回转，产生与高精度时间传感器同步的信号。地面设备压力传感器采集到的信号在地表接收装置中经过滤波、放大，恢复同步脉冲的次序并确定所采集信号的相位。相位位移被相敏元件及其积分电路识别出来。在接收装置上分离出同步的字，循环同步传送的字被译码。这是个比较复杂的通信系统，比前两种钻井液脉冲方法能提供更高的数据传送速度，然而，它的井下和地面装备都很复杂，技术难度大，限制了它的广泛使用，连续波脉冲发生器是井下脉冲发生器的发展方向。

（四）电磁波式 EM-MWD 系统

目前，钻井液脉冲传输方式技术应用最广泛，但数据传输速率较慢，信息量较小，传输信号易受钻井液的质量和泵的不均匀性影响。当使用可压缩性钻井介质时，会导致压力波信号变形，所以在欠平衡钻井条件下适用性很差。

电磁波传输方式则不同，它是将反映井底轨迹方向、地层特性参数的低频电磁波信号传送到地面。它不需要钻井液作为信号载体，对钻井液的质量和钻探泵的不均匀件要求更低，所以数据传输能力较强。其优点是不需要机械接收装置，系统稳定性好，对于欠平衡钻井工艺有更好的适应性。但背景噪声对信号的影响较大，而且随着岩层对信号的吸收而逐渐减弱，电磁波仪器的最大应用深度将受到一定限制。

1. 电磁波式 EM-MWD 的工作原理

如图 8-53 所示，电磁波式 MWD 系统（俄罗斯称为 ZTS，即井底遥测系统）包括井内仪器 1 和地表装置 2。其中，井内仪器设计成下部钻具组合的一部分，并与之一起工作，而地表装置用来接收、分离并实时变换和记录有用信号。井内仪器包括方位角传感器 3、并斜角传感器 4、带正余弦回转互感器的高边位置传感器 5，还有信号变换器 6、电源（涡轮发电机 7）和信号发送器 8。一个信号发送电极是钻杆柱 9，另一个发射电极是下部钻具组合，它们之间被电隔离器 11 绝缘。在离钻机 50～300m 的范围内往地下打入一根接收天线 12。系统工作时，井内的传感器将井内物理量转变为模拟电信号，经过井内 MWD 组件信号处理转换为数字信号。这些数字信号被送到中央处理器（CPU），经编码、压缩等处理后，由电磁波信号发送器 8 发射出去。信号发送器类似一个装在井内仪器中的低频天线，在电隔离器 11 的周围、钻杆柱 9 与接收天线 12 之间的岩石中将有电流流过。在地表装置中接收的信号正是上述电流造成的电位差。由于地层的非均匀性,电磁波传播中会存在反射、衍射等现象,会导致多个电磁波先后到达地表,那么在任一点都会产生相位、幅度等的叠加,专用接收天线12上接收的就是电磁波信号经过电磁场在此点叠加的结果。接收装置借助相关分析方法处理来自井底的信号,信号经过解码、滤波等处理得到井内测量数据。

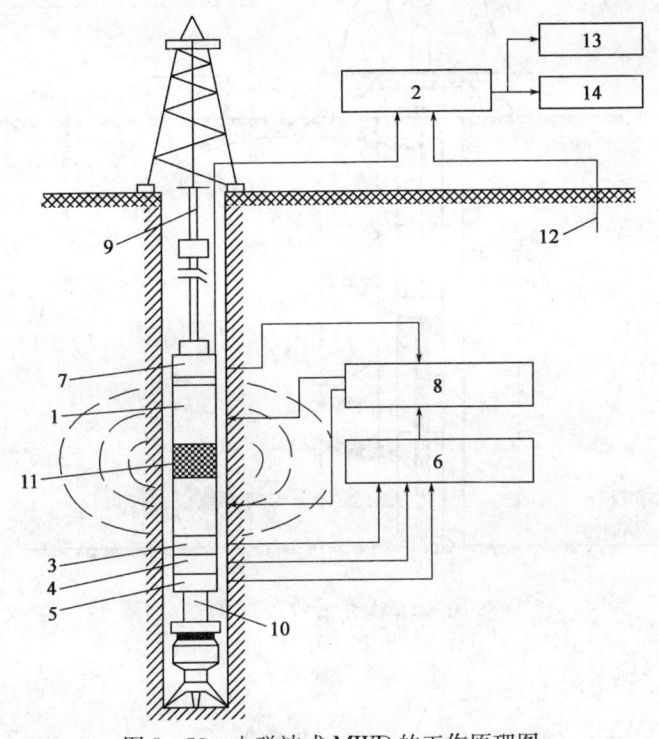

图 8-53 电磁波式 MWD 的工作原理图

1—井内仪器;2—地表装置;3—方位角传感器;4—井斜角传感器;5—高边位置传感器;
6—信号变换器;7—涡轮发电机;8—信号发送器;9—钻杆柱;10—下部钻柱组合;
11—电隔离器;12—接收天线;13—显示屏;14—打印机

总之,从工作原理上分析,电磁波式 MWD 系统的井底信号通道属于电流偶极子型电磁信号通道,其信号收/发示意图如图 8-54 所示。

俄罗斯的电磁波式 MWD 系统经过不断地改进,其稳定性和可靠件已接近西方钻井液脉冲式系统的指标,已钻完的最大井深达 5000m,但价格却几乎低一个数量级。不过石油钻井设备引起的电气干扰和低电阻率岩层造成电磁波的衰减对 20Hz 以下的低频电磁信号有负面影响。该系统在西西伯利亚地区和中国的低电阻率地层中稳定发送信号的距离为 3200m。

2. 电磁波式 MWD 的井内仪器

电磁波通道井底遥测系统的总体结构如图 8-55 所示。参数测量模块 5 除了按照前述检测井眼方向参数外,还可记录钻头上的载荷和振动参数、钻进过程中的地球物理信息(伽马测井和电阻测井)。也就是说,电磁波式 MWD 式系统除了随钻测量的功能外,还具备了随钻测井(LWD)和地质导向的部分功能。

3. 电磁波式 MWD 的发射激励方式

电磁波式 MWD 的信号发射装置类似于在井底安装了一个低频电磁波发射天线。为了能利用接近钻头的特制钻杆实现井下电磁激励,必须研究在钻井条件下合理的激励方式和该信道的最佳传输模式。

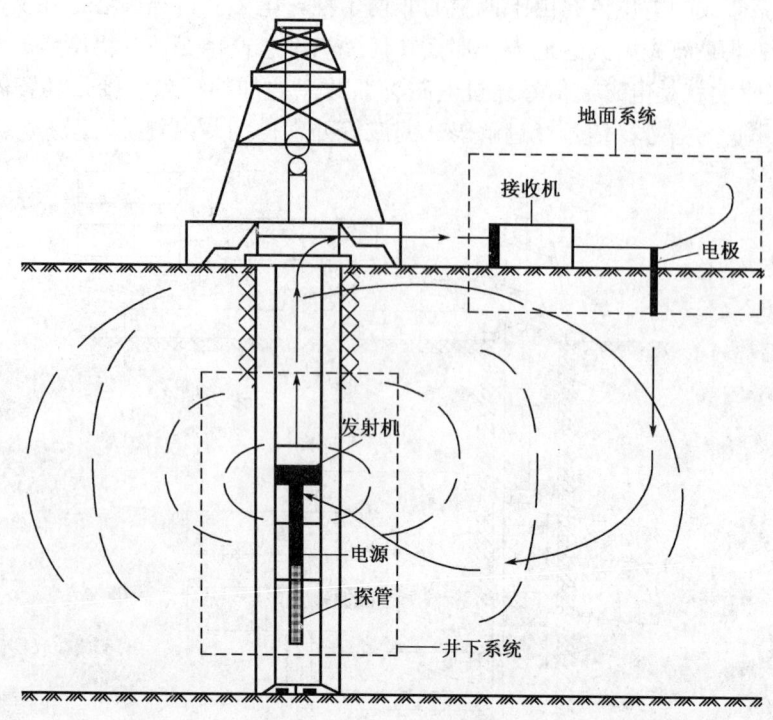

图 8-54 信号收/发示意图

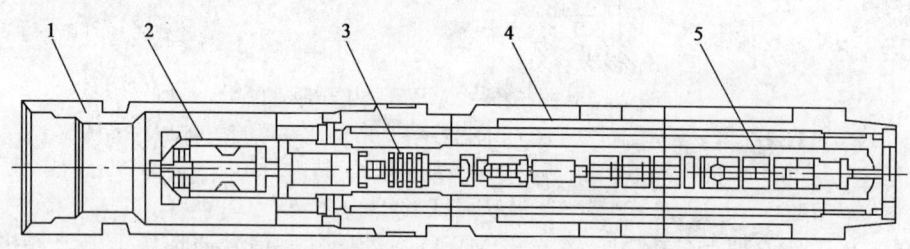

图 8-55 电磁波式 MWD 井底遥测系统的总体结构图
1—发电机保护罩；2—发电机；3—信号发送器；4—电隔离器；5—参数测量模块

由于钻井空间狭小，且只能利用转动的钻杆柱作为支撑，因此实际可行的只有垂直电天线（沿钻杆的轴向电流）和垂直磁天线（绕钻杆的水平电流环激励）两种激励方式。研究表明，井下垂直电激励比磁激励效率高，因此井下发射天线应采用垂直电激励，可以有三种典型的模式：

1）采用一个特制的绝缘钻杆接头——电隔离器，由杆内激励器输出的电压通过密封接头分为两段，形成一种类似双极天线的地下非对称双极激励装置，见图 8-56（a）。此方案是激励轴向电流最简单而有效的方法，其缺陷是钻杆的结构强度将受到影响。

2）绕钻杆安装水平磁流环，如图 8-56（b）所示，是在保持钻杆结构完整的前提下实现轴向电流激励的一种方法。但要在所用的超低频段形成足够强度的磁流，需要的线圈匝数很多。这样不但磁流环的体积不适应井内的安装要求，同时线圈的损耗也将严重限制源电流的大小。

3）只有一种不需要截断钻杆而实现类似于非对称双极电压激励的方法，是穿孔外接金属环套激励装置，即将杆内激励器一端接至杆内壁，另一端通过外壁上的绝缘小孔 K，与杆外包裹的金属环相接，见图 8-56（c）。这种方式实现的轴向电流激励比截断钻杆的双极激励多了一个分流回路，经过仔细设计可获得接近于双极激励的效率。

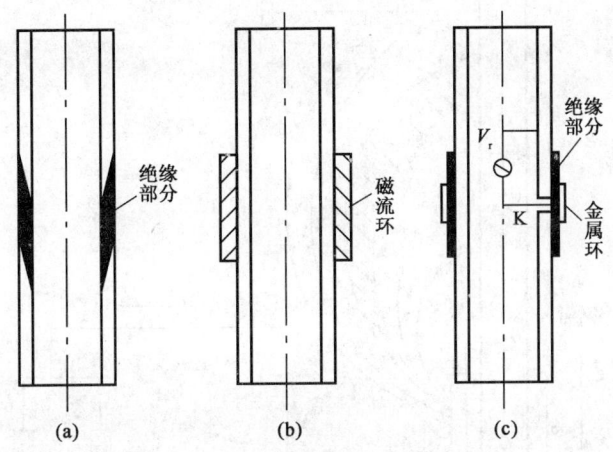

图 8-56 实现双极电磁激励的示意图

4. 电磁波式 MWD 的理论研究方法

在随钻电磁波传输通道的理论分析方面，有两种方法：一是基于"路"概念的等效传输线法；二是求解场方程的边值问题。场与路在本质上是一致的，但视具体情况不同，应用的有效与简便程度各异。对于随钻电磁传输通道，由于井下激励装置的边界条件复杂，而且超低频近场通道具有比较显著的"电路"特点，因而采用近似的等效传输线法与电极法有可能较容易获得简单而实用的结果。

等效同轴传输线模型中，设电流密度线为沿柱轴径向至假想同轴外导体的直线族。为了更接近于实际情况，并能考虑井下激励装置有关结构参数的影响（如杆外绝缘层长度、l_1、l_2 下段裸导体长度 Δl，以及外层导电环套长度 a），采用如图 8-57 所示的电流密度线等效模型。图中弧线表示钻杆裸露部分和馈电孔处外层导电环套之间通过地层泄漏的电流密度线。由于导电环套的存在，它将所有电流密度线"扭曲"成图示的情况。在均匀地层下，从钻杆 z 处发出的这些电流密度线可近似地假设具有以 $z/2$ 点为中心并以 $|z/2|$ 为半径的球形分布。

根据这样的机理可求出传输线单位长度上的串联电阻、电感和并联电容、电导分别为：

$$r_1 = \frac{\rho_s}{2b_1\tau\left(1-\dfrac{\tau}{2b_1}\right)} \approx \frac{\rho_s}{2b_1\tau}, L_1(z) = \frac{\mu_0}{\pi}\ln\frac{\pi z}{4b_1} \quad (8-20)$$

$$C_1(z) = \frac{\pi\varepsilon_0\varepsilon_r}{\ln\dfrac{\pi z}{4b_1}}, g_1(z) = \frac{\pi}{\rho\ln\dfrac{\pi z}{4b_1}} \quad (8-21)$$

式中 ρ_s——钻杆电阻率；

τ——钻杆的壁厚；

b_1——钻杆的外半径；

ε_r、ρ——地层的相对介电常数和电阻率；

ε_0、μ_0——真空中的介电常数和磁导率。

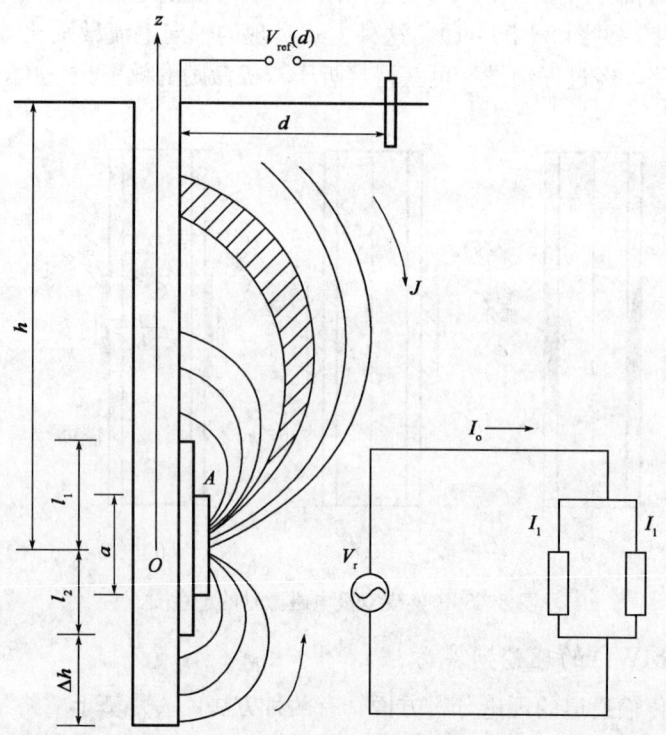

图 8-57 等效模型电流示意图

本问题属于非均匀传输线，电流与电压分相应满足一阶变系数联立方程组：

$$\left.\begin{aligned} \frac{dI(z)}{dz} &= -Y_1(z)V(z) \\ \frac{dV(z)}{dz} &= -Z_1(z)I(z) \end{aligned}\right\} \quad (8-22)$$

其中单位长度的导纳与阻抗分别为：

$$Y_1(z) = g_1(z) + j\omega C_1(z) \approx g_1(z)$$
$$Z_1(z) = r_1 + j\omega L_1(z)$$

在一般情况下，方程（8-28）难以获得解析解。由于本情况下 $Z_1(z)$ 和 $Y_1(z)$ 变化缓慢，同时，基于实测结果，可设钻杆在井口为终端开路情况。于是钻杆上的电流与电压分布可近似地表示为：

$$\left.\begin{aligned} I(z) &= \frac{I_1 \exp\left[-\int_{t_1}^{z} r_1(z)dz\right]}{1 - \exp\left[-2\int_{t_1}^{h} r_1(z)dz\right]} \left\{1 - \exp\left[-2\int_{t_1}^{h} r_1(z)dz + 2\int_{t_1}^{z} r_1(z)dz\right]\right\} \\ V(z) &= \frac{I_1 Z_{01}(z) \exp\left[-\int_{t_1}^{z} r_1(z)dz\right]}{1 - \exp\left[-2\int_{t_1}^{h} r_1(z)dz\right]} \left\{1 + \exp\left[-2\int_{t_1}^{h} r_1(z)dz + 2\int_{t_1}^{z} r_1(z)dz\right]\right\} \end{aligned}\right\} \quad (8-23)$$

式中 I_1——激励源上部钻杆的电流（图 8-57）。

式 (8-23) 中，

$$r_1(z) \approx [r_1 + j\omega L_1(z)]g_1(z) \brace r_1(z) \approx [r_1 + j\omega L_1(z)]/g_1(z)} \qquad (8-24)$$

下面推导地面电极检测电压的计算公式。设埋地电极在距离井口 d 的位置上，当这个距离远远小于源到地面的深度 h，即满足条件 $d \ll h$ 时，井口套管与埋地电极间的电位差为：

$$V_{\text{rod}}(d) = 2I_0 \frac{Z_{i1}(l_2)Z_{01}(h)}{Z_{i1}(l_1) + Z_{ig}(l_2)} \frac{\ln\frac{d}{b_1}}{\ln\frac{\pi h}{4b_1}} \exp\left[-\int_{t_1}^{h} r_1(z)dz\right] \qquad (8-25)$$

$$I_0 = V_T \frac{Z_{i1}(l_1) + Z_{i2}(l_2)}{Z_{i1}(l_1) \cdot Z_{i2}(l_2)} \qquad (8-26)$$

其中

$$Z_{i1} \approx Z_{01}(l_1)\text{cth}\left[\int_{t_1}^{h} r_1(z)dz\right] + \frac{\rho}{\pi a}\ln\frac{\pi l_1}{4b_1} \brace Z_{i2} \approx \frac{\rho(a+\Delta h)}{\pi a \Delta h}\ln\frac{\pi l_2}{4b_1}} \qquad (8-27)$$

式中　V_T——激励电压；

　　　I_0——激励电流；

　　　Z_{i1} 和 Z_{i2}——激励点上、下钻杆的输入阻抗（图 8-57）。

5. 影响电磁波传输的主要因素

影响电磁波传输的主要因素有激励源频率（即信号发射频率）、地层电阻率、表层金属套管等。由于地层、钻井液性质和钻井结构等条件不尽相同，电磁波传输通道就越显得更为复杂。

6. 俄罗斯电磁波 MWD 系统在油田的应用

俄罗斯东卡赞基普斯克油田 13 号井的井眼方位角设计值为 145.2°，靶区范围 50m，弯接头角度 4.7°。采用 ZTS-172M 电磁波随钻测量系统后完成的 13 号井剖面如图 8-58 所示，其中虚线为设计轨迹，实线为实际轨迹，两者吻合得很好。

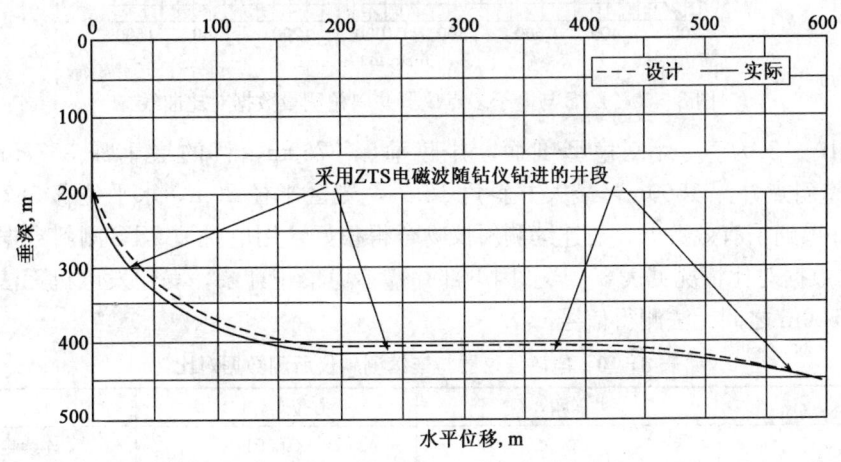

图 8-58　卡赞基普斯克油田 13 号井的设计轨迹与实际轨迹

冷37-32-559井属于直—增—稳型剖面,井深1720m,共进行了3个井次试验。为了验证俄罗斯电磁波仪器的可靠性,曾三次投入合康电子多点测斜仪进行复测。ZTS系统测得的井斜、方位数据与电子多点仪器的数据对比见图8-59和图8-60。ZTS系统与合康仪器测试的结果对比表明,井斜角的测量结果吻合得较好,但方位偏差2°～3°,这可能与系统误差有关。

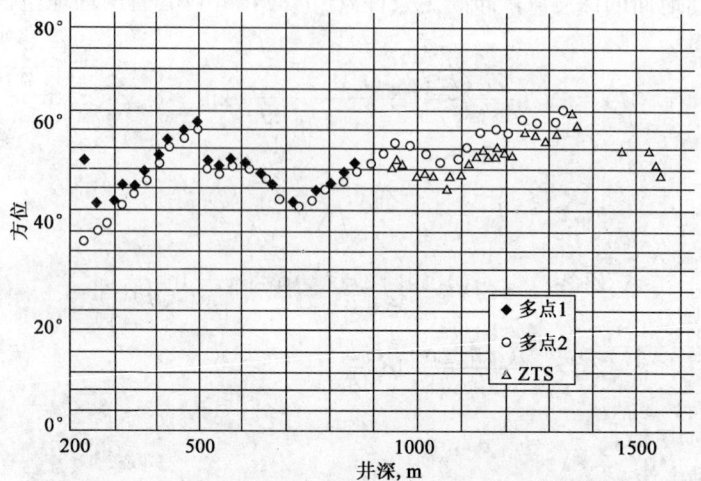

图8-59 ZTS与电子多点仪器方位角测量数据对比曲线

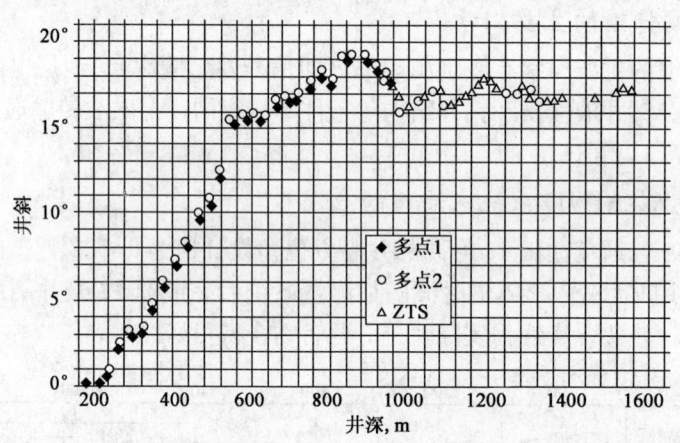

图8-60 ZTS与电子多点仪器井斜角测量数据对比曲线

双冷110-3为直—增—稳型剖面,井底垂深3760m,目的层垂深3577m,造斜率7°/100m,造斜点井深1500m,最大井斜角16.7°,靶区半径20m,水平位移587.11m。在井深2400m得到了有效数据,与连续测斜仪吻合得很好。用电磁波ZTS测斜数据与连续测斜仪测得的数据对比情况见表8-10。因下部井壁不稳禁止开泵,涡轮发电机无法工作,所以2400～3500m之间无法测得信号。

表8-10 电磁波仪器与连续测斜仪所测数据对比

测深,m	井斜角,(°)	方位角,(°)	仪　　器
1575	0.92	216.91	连续测斜仪
1590	1.0	359.0	电磁波式MWD
1975	17.72	137.16	连续测斜仪

续表

测深，m	井斜角，(°)	方位角，(°)	仪　　器
1990	18.8	138.0	电磁波式 MWD
2000	17.8	137.88	连续测斜仪
2375	13.46	130.98	连续测斜仪
2390	14.0	133.0	电磁波式 MWD
2400	13.18	130.61	连续测斜仪

三、地质导向钻井原理与方法

(一) 地质导向钻井技术概述

地质导向钻井（Geosteering Drilling）是把钻井技术、测（录）井技术及油藏工程技术融合为一体，形成带有近钻头地质参数（伽马、电阻率）、近钻头钻井参数（井斜角）及其他辅助参数的短节，用无线信号（电磁波）短传方式把上述近钻头参数传至 MWD/LWD，再传至地面控制系统；用地面软件系统（含地层构造模型、参数解释和钻井设计控制3个主要模块）适时作出解释与决策，实施随钻控制。一般来说，地质导向钻井系统包括：井场信息接收和处理系统＋MWD/LWD＋无线短传＋测传马达（含近钻头测量短节）＋钻头，因此，大大提高了对地层构造、储集层特性的判断和钻头在储集层内轨迹的控制能力，从而提高油层钻遇率、钻井成功率和采收率，实现增储上产，节约钻井成本，增大经济效益。

1. 导向钻井的分类

(1) 按导向工具分

按导向工具可将导向钻井分为滑动导向钻井和旋转导向钻井。

滑动导向钻井作业时，钻柱不转，钻柱随钻头向前滑动推进。存在的问题：1) 钻柱的扭矩、摩阻问题；2) 井眼清洗问题；3) 机械钻速慢；4) 钻头选型受限。

旋转导向作业时，钻柱随钻头一起转动。井眼清洗较好，但阻力矩、钻头扭矩可能导致下部钻柱扭转振动，而且投资大。

(2) 按导向方式分

按导向方式可将导向钻井分为几何导向钻井和地质导向钻井。

几何导向钻井以预先或实时设计出的井眼轨道为控制目标，利用滑动或旋转导向工具，使钻头沿着预期的井眼轨道钻进。作为一种常规的导向钻井技术，几何导向钻井技术广泛应用于定向井、水平井的施工作业中。它是由井下随钻测量工具测量的几何参数：井斜、方位和工具面的数值传给控制系统，由控制系统及时纠正和控制井眼轨迹。

地质导向钻井技术是基于井下实际的地质和油藏数据来控制井眼轨迹，不是以预先设计出的井眼轨道为控制目标。这种实时的动态控制技术将使钻头始终位于产层内，并沿着最优位置钻进。地质导向钻井在拥有几何导向钻井能力的同时，又能根据随钻测量（LWD）测得地质参数，实时控制井眼轨迹，使钻头沿着地层的最优位置前进。

几何导向主要关心的是井眼轨迹的定向参数，而地质导向则是以地质和油藏数据为依据。地质导向是随钻跟踪过程，跟踪目标的井眼轨迹以钻进时不断更新的地质信息为基准。这些地质信息来自随钻获得的所测岩石物性测井数据的分析。

2. 地质导向钻井的特点

地质导向与几何导向、旋转导向等技术既有区别，又有联系。

1) 地质导向技术 GST（Geosteering）是对准确钻入油气目的层负责，它具有测量、传输和导向三大功能。

①近钻头参数（电阻率、自然伽马）测量和工程参数（井斜角）测量；

②用随钻测量仪器（MWD）或随钻测井仪器（LWD）作为信息传输通道息（部分）传至地面处理系统，作为导向决策的依据；

③用井下导向马达（或转盘钻具组合）作为导向执行工具，用无线短传技术把近钻头测量信息越过导向马达传至 MWD（LWD），并进一步上传；

④地面信息处理与导向决策软件系统将井下测量信息进行处理、解释、判断、决策，指挥导向工具准确钻入油气目的层。

2) 几何导向是对钻井井眼设计轨道负责，使实钻轨道尽量靠近设计轨道，以保证准确钻入设计靶区（由于地质不确定度带来的误差，原设计靶区可能并非是储集层）。在地质导向技术问世之前，常规的井眼轨道控制技术均应属于几何导向范畴。

3) 旋转导向是以井下旋转工作方式的闭环自控执行工具（典型代表是偏心变径稳定器）为导向工具，以 MWD（或 LWD）为信息传输通道，加上地面信息处理软件系统组成的钻井工具系统，在海上大位移钻井中获得广泛应用。当以常规的 MWD 作为信息通道时，上传信息只有工程测量参数（井斜角、方位角），而无地质参数；当以 LWD 作为信息通道时，上传信息除工程参数外，还包括地质参数（电阻率、自然伽马，以及其他地质参数）。但是，由于工具位置所限，它缺少近钻头的地质参数测量，这一点形成了它与地质导向工具系统的主要差别。

地质导向钻井是地质、油藏工程、钻井、录井、测井等专业技术的综合使用。地质导向钻井把地质目标、地层参数和井眼轨道控制、工程参数紧密结合起来，使井眼轨道能及时调整到实时的地质参数所要求的方向上去，使工程参数能及时调整到适应地层参数以提高钻井效率，必然会进一步要求发展井下遥控以及进一步的自动控制技术。

（二）地质导向系统

地质导向系统是在 MWD、LWD 技术基础上发展起来的新装备。1992 年美国的 Anadrill 公司首次提出地质导向概念，并于 1993 年研制出了综合钻井评价和测井系统（IDEAL, Integrated Drilling Evaluation and Logging）。Anadrill 公司拥有随钻测井仪器 CDN/CDR、Geostreeing 地质导向仪器、ISONIC 随钻声波仪器以及 Powerpulse MWD 仪器系列等主导产品。同时，Anadrill 公司在 2000 年新推出了 ARC-6 和 ARC-8 等来取代现有的系列仪器。目前随钻测量工具已完全具备了随钻测井及地质导向的能力，并使随钻定向测量及测井工具传感器更加接近钻头。

目前，国际上的 MWD/LWD 制造公司主要有 8 家，生产约 20 个系列的 8 种产品，已经发展到可以测量 30 多种参数，基本上能够满足各种定向井类型的需要。目前该项技术主要被斯伦贝谢、哈里伯顿和贝克休斯三大公司所垄断，代表了随钻测井技术的最高水平。

国外公司生产的用于随钻地层评价和地质导向钻井的仪器为：

1) 斯伦贝谢：伽马、电阻率（补偿双深度、近钻头电阻率、阵列、成像）、补偿密度中子、方位密度中子、随钻声波/地震、核磁共振。

2) 哈里伯顿：伽马、多深度电磁波电阻率、方位伽马、方位岩性密度、补偿热中子、双模声波、随钻压力测试、磁共振成像、钻柱动力学测量。

3) 贝克休斯：方位伽马、多频电磁波电阻率、岩性密度、补偿中子孔隙度、随钻声波、随钻压力测试。

国内对随钻测井技术的研究还处于起步阶段，国内多家公司及研究院所正在致力于随钻测量技术的研究，开发出多种无线随钻测量仪器。其中，MWD及伽马测量技术比较成熟，已投入到商业化运营，同时随钻电阻率的研究也有相应的进展。中国石油勘探开发研究院钻井工艺研究所研制出一套带近钻头传感器（电阻率、伽马、井斜及其他辅助参数）的地质导向钻井系统CGDS-1，形成地质导向钻井配套技术，总体上达到国外20世纪90年代的水平。胜利钻井工艺研究院研制的SL-MFQ型MWD、随钻自然伽马和随钻电阻率测量仪的性能指标已经达到了国外同类产品的先进技术水平（表8-11）。

表8-11 胜利油田地质导向仪器与国外仪器主要技术指标对比

研发单位	井斜角精度（°）	方位角精度（°）	重力工具面精度（°）	磁性工具面精度（°）	最高工作温度（°）	节能模式	电阻率 $\Omega \cdot m$	自然伽马 API
斯伦贝谢	±0.10	±1.0	±0.5	±1.0	150	有	0.2~2000.0	0~500
哈里伯顿	±0.15	±1.5	±2.5	±2.5	150	有	0.2~2000.0	0~500
贝克休斯	±0.10	±1.0	±0.5	±1.0	150	有	0.2~2000.0	0~500
Geolink	±0.10	±1.0	±0.5	±1.0	±150	有	0.2~2000.0	0~500
胜利钻井院	±0.10	±1.0	±0.5	±1.0	150	有	0.2~2000.0	0~500

1. 地质导向钻井系统组成与特征

地质导向钻井系统一般包括：钻头＋测传马达（含近钻头测量短节）＋无线短传＋MWD/LWD＋井场信息接收和处理系统。

Schlumberger的地质导向系统IDEAL总成如图8-61所示。其核心部分GeoSteering-GST包括：实时近钻头测量（测点距离钻头小于2m）伽马、电阻率、井斜、钻头电阻率（测量钻头前方电阻率）。利用该系统可实现高油藏钻遇率（90%以上），使井眼轨迹位于油藏最佳位置；及时发现断层，及时发现地层倾角变化。

图8-62为地质导向（GST）系统井下工具结构示意图。它直接与钻头相连，能测量近钻头处地层电阻率、方位电阻率、自然伽马以及井斜和钻头转速等参数。在导向马达轴承和弯曲本体之间有一固定的弯接头，该弯接头距钻头约2.6m，可调范围0.75°、1.25°和1.5°。马达还附有1.22m长的近钻头接头（NBS），该接头是地质导向系统的核心部分，它是一个集多种传感器为一体的测量仪器，能提供钻头环形电阻率、横向电阻率、γ测线、井斜、工具面和马达转速等参数。

(1) 补偿双电阻的测量

补偿双电阻（Compensated Dull Resistitivity，简称CDR）系统主要包括电池筒、γ传感器、电导率测量总成和探管。它主要用于测量地层的伽马曲线和深浅电阻率曲线，这3条曲线是实时传输的。对这些曲线进行分析，就可马上判断出地层流体的类型，因此，它是LWD系统中最基本的组成部分。

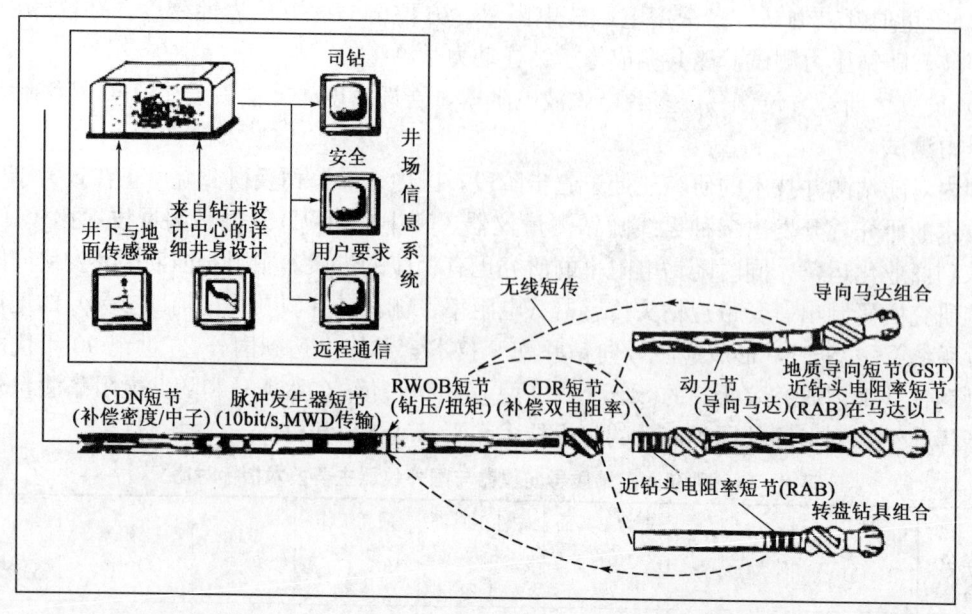

图8-61 Schlumberger 的地质导向 IDEAL 系统总成

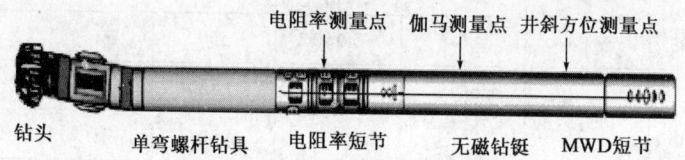

图8-62 带 LWD 的常用地质导向钻井 BHA 示意图

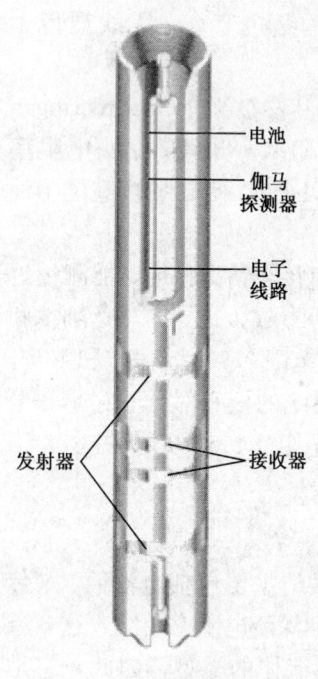

图8-63 CDR 结构示意图

Schlumberger 的 CDR 测量仪器系列（图8-63）为一种典型的对称结构，即上、下发射天线分置于接收天线的两端，上、下发射间距相等。当两个发射天线同时发射信号时，上行波和下行波同时在地层中传播。在接收天线端，大小相等、方向相反的上行信号和下行信号被接收，然后分别转换成相应的相位信号和幅度衰减信号。分别对相位信号和幅度衰减信号求平均值，可使井眼垮塌以及接收天线电子线路等引起的系统误差被消除，所以该结构具有井眼补偿功能，又称为电磁波传播电阻率。CDR 最典型的发射频率定为 2MHz，选择该频率主要基于以下两方面原因。

1) 无磁钻铤的电导率为 10^7 S/m，导磁系数为 $200\mu_0$（μ_0 为真空磁导率）。2MHz 的电磁场在不锈钢钻铤中的趋肤效应只有 $8\mu m$，因而钻铤中感应的电磁场和涡电流均很小。

2) 由电磁场的麦克斯韦方程可知，当研究的电场只有 X 分量、磁场只有 Y 分量的平面波在有损介质中沿 Z 向传播时，电场和磁场是介电常数、测量地层的电导率以及外加场的角频率的函数。当频率低于 100kHz 时，相位系数和衰减系数均不受介电常数的影响，电磁场的传导电流起主要作用，所以测量地层的电导率不能被忽略；当选择的频率足够大时（高于10MHz），相位系数与介质的电导率无关，衰减系数与外加场的频率无关，位移电流起主要作用，因而不能忽略测量地层的介电常数的影响。

在电阻率较高的地层，由于电导率不高，会产生位移电流，影响测量精度，因此需要克服地层介电常数的影响。以双发双收结构的CDR为例，在高电阻率地层，由相位移视电阻率R_{PS}获得的探测深度为1143mm，由幅度衰减视电阻率R_{AD}获得的探测深度为1651mm。

在松软地层，钻井液侵入深度大，CDR的探测深度达不到钻井液侵入带外围的原状地层，需要降低发射频率，国外通常选择500kHz、400kHz和250kHz。虽然降低发射频率可以获得较深的探测深度，但却是以牺牲分辨率为代价，而且信号处理的难度也显著增加，因此单纯降低频率并不能获得满意的探测深度。

下面介绍与CDR发射天线、接收天线有关的知识。

1）间距。

接收天线间的距离称为测量间距，它直接决定测量仪器的最小分辨率。选择测量间距的标准一是能区分地层引起的最小相位移，二是地层引起的最大相位移不超过2π。为避免测量结果的不确定性，设计CDR的测量间距为152.4mm，因而有很好的垂直分辨能力，理论上能够识别152.4mm的薄层，但在现场由于受围岩的严重影响，采用相位移视电阻率R_{PS}法和幅度衰减视电阻率R_{AD}法均不能直接读出152.4mm薄层的真实电阻率值。

实际上，CDR对测量地层的真电阻率的直接读出能力仍然受地层电阻率和围岩电阻率的双重影响。试验表明，R_{PS}受围岩的影响小于R_{AD}，但是当仪器在薄地层中测量时，R_{PS}比有R_{AD}更加明显的响应，此时R_{PS}和R_{AD}曲线的交点可以看做是水平层界面的位置。例如，当测量地层的电阻率为$0.3\Omega \cdot m$时，采用R_{PS}法CDR可直接读出304.8mm薄层的真电阻率值，采用R_{AD}法CDR只能读出1219.2mm薄层的真电阻率值；而在测量地层的电阻率超过$10\Omega \cdot m$时，无论R_{PS}还是R_{AD}都无法读出1219.2mm薄层的真电阻率值。也就是说，当测量地层的电阻率大于围岩电阻率时，很难直接读出测量地层的电阻率值，这一点与感应电阻率测量一致。

可以看出，识别能力和电阻率直接读出是两个不同的概念，CDR常利用围岩校正图板对薄层进行解释和评价。

2）源距。

发射天线到接收天线的距离称为源距。增加源距是为了获得多个不同的径向探测深度。选择源距一是为减小泥饼的影响，源距要远远大于泥饼厚度；二是为了不影响测量精度，信号在有损地层中传播时，远端接收天线的信号电平不能因损耗太大而变得很小。根据上述考虑，源距通常选取152.4mm或其倍数（如304.8mm、609.6mm）。

源距分为对称型（CDR系列）和不对称型。Sperry-Sun公司生产的EWR-Phase4系列线圈系阵列（图8-64）是典型的不对称型，它有4个高频发射天线和1对高频接收天线，即4个源距、1个测量间距。从上文可知，源距对称可显著消除井壁凹凸不平对测量精度所产生的影响，而这种不对称源距则完全依赖软件消除井眼影

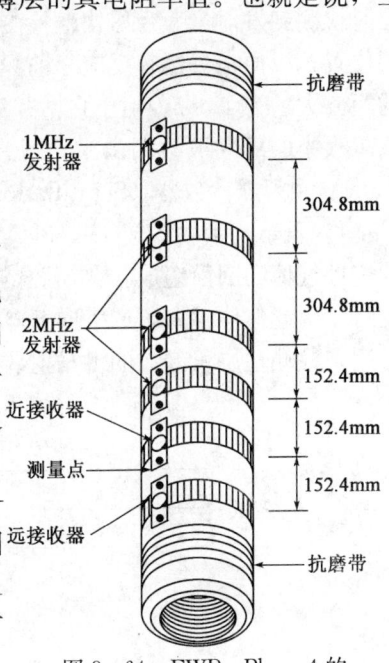

图8-64 EWR-Phase 4 的线圈系阵列

响，因此需要较为复杂的计算和其具备较高的纠正能力。从图 8-64 可以看出，EWR-Phase 4 的 4 个源距可以提供 8 条电阻率测量曲线，其中 4 条是相位移电阻率曲线，4 条是幅度衰减电阻率曲线，根据探测深度的不同，分别称之为浅层 EWXP、浅层 EWSP、中层 EWMP、深层 EWDP。

3) 源距与频率以及探测深度的关系。

与降低发射频率类似，增加源距可以提高探测深度，但单纯增加源距并不能获得满意的探测深度，通常是采用增加源距和降低频率相结合的方法。如 EWR-Phase 4 有 4 个源距、2 个发射频率（1MHz 和 2MHz），2 组相应频率的射频振荡电路，1MHz 的发射信号直接加到最远的 1MHz 发射天线上，2MHz 的发射信号分别加到较近的 3 个发射天线上。该仪器频率的选择与发射方式受控于井下控制总线，能根据测量深度要求选择不同的发射频率和发射天线。与早期的仪器相比，EWR-Phase 4 已经具备天线阵列的特性，是阵列电磁波电阻率测井仪的雏形。该仪器的源距和天线较长，接收器组合的测值较深，不必依赖幅度衰减处理，因此在水层探测的分层能力有所提高，当地层电阻率较高时测量精度不会降低。此外，浅层 EWXP、浅层 EWSP 与中层 EWMP 能提供计算真电阻率和反映侵入特性的相位移电阻率，不受电阻率各向异性或较薄储集层的限制。

总之，低频、长源距测量探测深度大，可用来描述钻井液未侵入地层的特性，而高频、短源距测量探测深度小，可精确描述近井眼处的地层特性以及钻井液侵入情况，而且后者可对前者的测量误差进行定量修正。

(2) 自然伽马测量

几乎所有的 LWD 系列中都包括自然伽马测量。伽马射线是由放射性元素如钾、钍和铀的同位素发射出来的。这些元素在泥岩中比其他岩石中更普遍地存在。因此，通过测量泥岩的伽马射线发射量，就能确定泥岩层。装在 LWD 仪器中的伽马射线传感器可在钻头钻过地层时检测到发射量。为尽快地检测到岩性的变化，伽马射线传感器应尽可能地装在靠近钻头的位置，以便在仪器有反应之前只钻过很少的新地层。实际上，钻头与伽马射线传感器之间的距离大约为 1.8m。由于在钻井液中和在钻铤中的衰减作用，实际上所发射的伽马射线中只有很小的部分被检测出来。现在使用的传感器有 2 种：盖革—米勒管（Geiger-Muller Tube）和闪烁计数器（Scintillation Counter）。

1) 盖革—米勒管（Geiger-Muller Tube）。这种类型的传感器由一个充着相当低压力的惰性气体的圆筒组成。在筒腔的中心穿过一个高压电极（±1000V）。当伽马射线进入筒腔时，引起气体电离，产生向着电极中心的高速运动的电子流（图 8-65）。这个电子流就可用来检测地层所释放的伽马射线量。

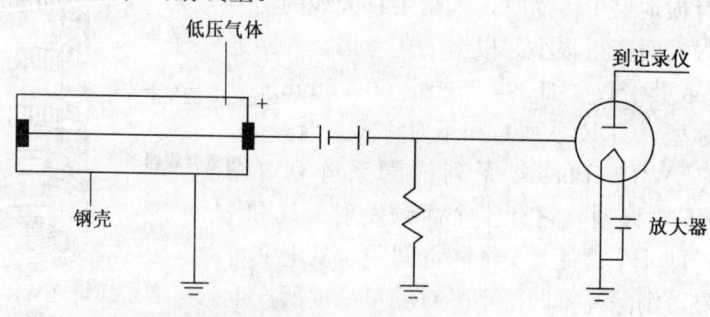

图 8-65 盖革—米勒管

2) 闪烁计数器 (Scintillation Counter)。地层发射的自然伽马射线能通过碘化钠晶体，射线激发晶体产生闪光，晶体发射的光撞击光电阴极并释放电子。电子经过一系列阳极后引起更多的电子放射（光电倍增管）。这样就产生一个与原闪光成正比的电压脉冲（图8-66）。通过记录给定时间段内的脉冲数，就可以测量进入传感器内的放射量。这与用在电线测井仪器中的伽马传感器基本上原理相同。

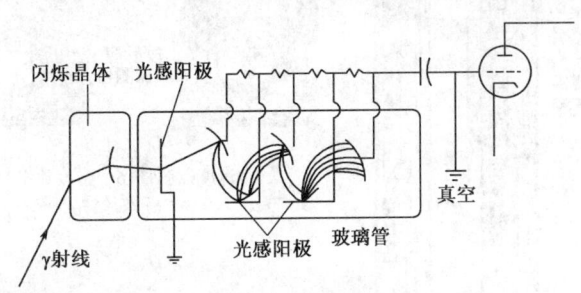

图8-66 闪烁记数器

CDR 中的 γ 传感器能测量到能量较高的地层 γ 射线，这些 γ 射线能穿透壁厚 25.4mm 的非磁钻铤及钻井液柱的横截面。这些 γ 射线进入传感器后，马上进行聚焦和放大，增强能量。能量增加后的微粒撞击阴极板，产生信号。此信号经过放大和进一步处理后，经过模拟数据转换器，最后变成二进制数据，这样，就可向 MWD 传输。

以上是最基本的 MWD/LWD 结构和组成，目前发展的 LWD 和随钻地层评价 FEMWD (Formtion Evaluation MWD) 中主要配置有以下几种仪器：

1) 随钻核测井：补偿中子密度 (CDN) 或方位中子密度 (AND)。

补偿中子密度 (CDN) 使用 5.0~10Ci ($1Ci=3.7\times10^{10}$ Bq) 的 Am-Be 源或脉冲中子发生器，探测器使用 He-3 闪烁计数器或 Li-6 玻璃闪烁体，通过远/近探测器计数率比值计算孔隙度。随钻密度仪器使用 1.5~2Ci 的 Cs-137 源，探测器使用 NaI 晶体，大部分仪器使用脊肋图计算地层密度和 P_e 值。使用 2 个探测器的目的是补偿井眼的影响。

方位中子密度 (AND) 结构图如图 8-67 所示。所谓"方位"，是指能在各个方位上进行密度、中子测量。如斯伦贝谢的 AND 能在一个深度点测量 16 个密度数据（图 8-67）。由于数据是在仪器旋转的过程中采集的，方位的加入使得这些测量可用成像图的形式显示出来，形象直观。该仪器可提供密度、中子孔隙度、光电效应和超声波井径等参数。方位数据可用于地质解释和地质导向。

2) 随钻声波测井：提供可替代核测井孔隙度的声波孔隙度；通过使用实时孔隙压力预测提高钻井安全系数；通过与地震资料的结合降低地球物理风险，提高地质导向效率。随钻声波测井比其他方法要晚 4 年，原因在于：需要消除钻井噪声的影响；需要解决声波探头的安装和声波信号处理问题。其结构图如图 8-68 所示。

2. MWD 中的工程参数传感器

(1) 定向传感器

MWD 主要是测量井眼轨道参数，即井斜角和方位角。测量这些工程参数的传感器又称为定向传感器。

在钻进过程中，连续地测量井眼参数应用较多的是加速度计和磁力仪等坚固的固态传感器。加速度计测量地球的重力场分量，而磁力仪测量地球的磁场分量。无论在哪种情况下，

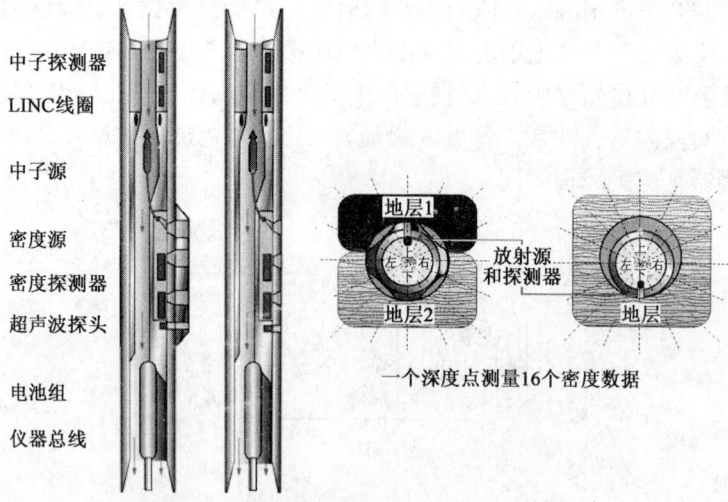

图 8-67　方位中子密度（AND）结构示意图

图 8-68　随钻声波测井结构示意图

场都是在特定的方向起作用，因此，通过对测量仪器相对于该方向的方位，采用正交三轴定位布置的磁力计和加速度计，就可以确定井斜角、方位角及工具面角，如图 8-69 所示。

1）加速度计。图 8-70 是加速度计工作原理示意图，它又称为石英伺服加速度计。由敏感轴输入的加速度信号（仪器下井后，沿该轴作用的重力分量）引起石英摆片绕挠性支承点摆动，产生主力矩。摆片摆动引起差动电容变换器产生调幅电压输出，经后续伺服电路输出反馈电流，在力矩线圈上产生反力矩，使摆片恢复平衡位置。与此同时，反馈电流经采样电阻输出与输入加速度（重力分量值）近似为一线性关系或确定的函数关系的电压信号。

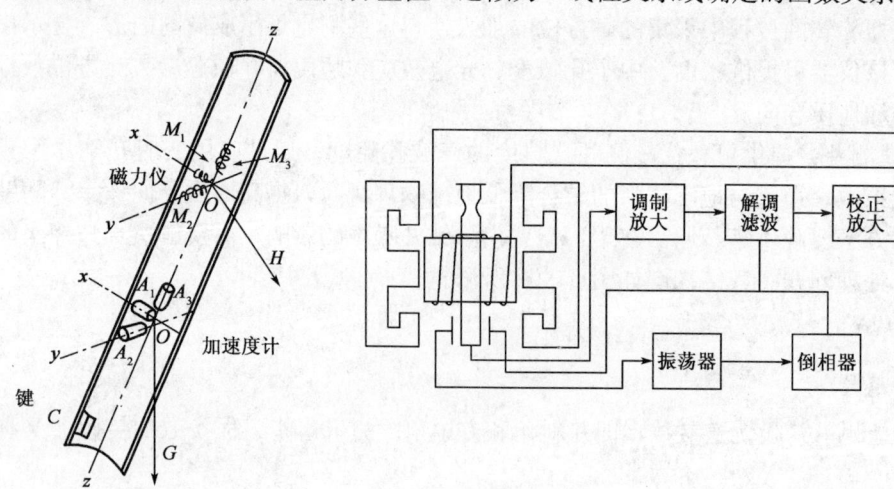

图 8-69　加速度计和磁力计沿三个正交轴的布置图

图 8-70　加速度计

我们知道，重力加速度为一矢量，大约等于 9.8m/s²，其值随纬度的变化略有差异，其方向铅垂向下。地球上每一固定区域的 G 值为一确定值。用三个正交安装的加速度计，可准确测量出该地重力加速度在三个方向上的分量，通过矢量合成计算出当地 G 值，并转换成对应的电压或电流信号。方位组件就是根据这一原理，将三个加速度计按正交方式沿仪器轴线安装，分别感应 x、y、z 三个方向上的重力加速度分量，分别称之 G_x、G_y 和 G_z；再根据各个分量的大小通过坐标转换，经过地面计算机的处理，计算出仪器的倾斜角。

2) 磁力仪。磁力仪是检测固定轴向地磁场强度的传感器。磁力仪要把静态磁场信号转化成电能测到的信号。磁通门探头就是将环境磁场调制成偶次谐波感应电势，由环境磁场而产生的那部分感应电势称为磁通门信号。磁通门即磁通量闸门，通过磁通门的开关，对被测磁场的磁通进行调制，从而获得反映被测场强的交变信号。因此把这种传感器又称为磁通门传感器。

磁通门传感器的基本原理服从法拉第电磁感应定律。它是一种双铁芯结构，如图 8-71 所示。它由激磁线圈、感应线圈和铁芯构成，激磁线圈反向串联，感应线圈同向串联，在铁芯形状尺寸和电磁参数完全对称的情况下，激磁磁场在感应线圈中的感应电动势互相抵消。由于环境磁场的存在，铁芯磁滞回线处于偏置场，使激励磁场引起的磁通量在正、负半轴不对称，其感应电动势不抵消，且出现偶次谐波。偶次谐波中主要成分为二次谐波，它与被测磁场成正比，因此可用于检测环境磁场。

地磁场矢量的大小约为 0.7Oe$\left(\text{奥斯特}, 1\text{Oe} = \frac{1000}{4\pi}\text{A/m}\right)$，方向为由南向北，和水平面成一定夹角（磁倾角）。成正交安装的三个磁通门传感器可以测得地磁场的场强。方位组件中也是按正交方式沿仪器轴线安装了三个磁通门传感器，分别感应 x、y、z 三个方向上的磁场场强分量，分别称之为 H_x、H_y 和 H_z。地球上各个地域的磁场场强大小不同，磁倾角也不相同。磁传感器测得的三个磁场分量与加速度计测得的重力场的三个分量共同确定仪器方位和井斜方位角。

3) 井斜角、方位角和工具面角的计算。

加速度计输出的电压对应于三个正交轴，分别记为 G_x、G_y 和 G_z；同样，磁力仪的输出记为 H_x、H_y 和 H_z。注意，z 轴是仪器轴，方向向下；y 轴被规定为与工具面一致，它可作为弯接头刻度线参照的基准线。

①井斜角。如图 8-72 所示，在铅垂面内的直角三角形中，井斜角是从铅垂线到 z 轴（加速度计轴）的夹角。井斜角 α 可由下式求出：

$$\alpha = \arctan[(G_x^2 + G_y^2)/G_z^2]^{1/2} \tag{8-28}$$

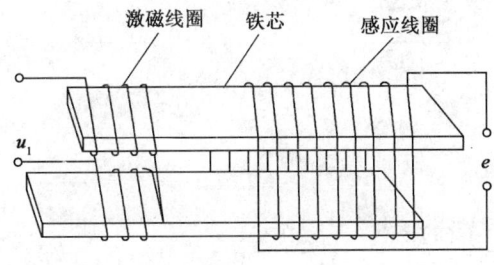

图 8-71 双铁芯磁通门传感器结构示意图

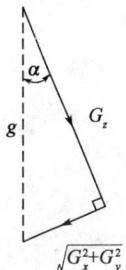

图 8-72 井斜角

②工具面角。重力工具面角（GTF）是沿井眼向下看时由重力矢量所确定的高边和 y 轴（加速度计轴）之间的夹角（图8-73）。此角可由下式求得：

$$GTF = \arctan(G_x/G_y) \tag{8-29}$$

磁工具面角（MTF）是磁北极与 y 轴之间的夹角，即：

$$MTF = \arctan\frac{H_x}{H_y} \tag{8-30}$$

③方位角。方位角是在水平面内从北极按顺时针旋转到 z 轴的夹角。为计算井方位角，必须将磁力仪和加速度计的读数分解到两个轴上（图8-74）。轴 V_1 是井眼方向在水平面内的投影。轴 V_1 与 V_2 轴垂直，所以，方位角 β 可由下式求得：

$$\beta = \arctan\frac{V_2 \text{方向分量}}{V_1 \text{方向分量}}$$

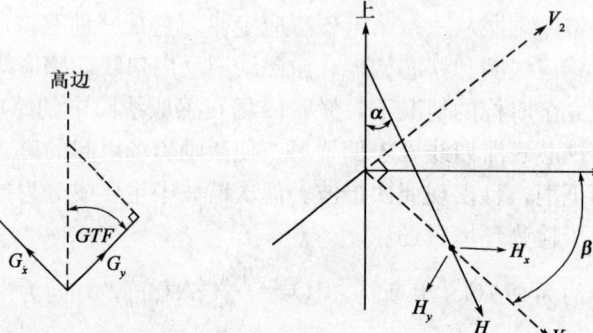

图8-73 重力工具面角　　图8-74 方位角

将 H_x、H_y 和 H_z 换算成 V_1 与 V_2，可得到下列方程：

$$V_1 = H_z\sin\alpha + H_y\cos TF\cos\alpha + H_x\sin TF\cos\alpha$$

$$V_2 = H_x\cos TF - H_y\sin TF$$

式中　TF——H_x 与 V_1 的夹角。

将 V_1 与 V_2 代入前面的公式得：

$$\sin\alpha = \frac{(G_x^2 + G_y^2)^{1/2}}{g} \tag{8-31}$$

$$\cos\alpha = \frac{G_z}{g} \tag{8-32}$$

$$\sin TF = \frac{G_x}{(G_x^2 + G_y^2)^{1/2}} \tag{8-33}$$

$$\cos TF = \frac{G_y}{(G_x^2 + G_y^2)^{1/2}} \tag{8-34}$$

井方位角及终表达式为：

$$\beta = \arctan\frac{V_2}{V_1}$$

$$= \arctan\frac{g(H_xG_y - H_yG_x)}{H_z(G_x^2 + G_y^2) + G_z(H_yG_y + H_xG_x)} \tag{8-35}$$

这里 $g = (G_x^2 + G_y^2 + G_z^2)^{1/2}$。方位角表达式里包括加速度计和磁力仪的测量结果。

(2) 随钻录井传感器

随钻录井传感器是由测量钻井工艺参数的若干种传感器组成独立的参数短节,装在 MWD 或 LWD 上,实现随钻测量。

1) 温度传感器:温度传感器通常装在钻铤的外壁,用来监测环空中的钻井液温度。传感元件是随温度变化的金属片(如铂)。温度测量范围为 10~176.7℃。

2) 井底钻压/扭矩传感器:这些是由装在靠近钻头的特制接头上的灵敏应变传感器来测量的。应变传感器能测钻压的轴向力和扭矩的扭力。将成对的应变片贴在接头的对边,会消除弯曲应力产生的影响。接头的设计必须可以补偿温度和压力的影响。

3) 涡轮转速传感器:用井下涡轮钻井时,在地面上并不知道钻头转动的实际速度。监视转速唯一有效的方法是用连接到 MWD 仪器上的涡轮转速计来提供实时数据。井下传感器是由一个非常靠近旋转的涡轮轴顶部的直径为 50.8mm 的检测器组成。在轴的顶部装 2 个成 180°磁铁。当轴转动时,检测器内的线圈采集由磁铁引起的电压脉冲。计算某一时间内的脉冲数,就可以计算出涡轮每分钟转数。将这些信息编码为一系列钻井液脉冲,每隔一段时间就传送到地面,使司钻知道转数是在如何变化。

MWD 井下传感器组装工具结构图如图 8-75 所示。

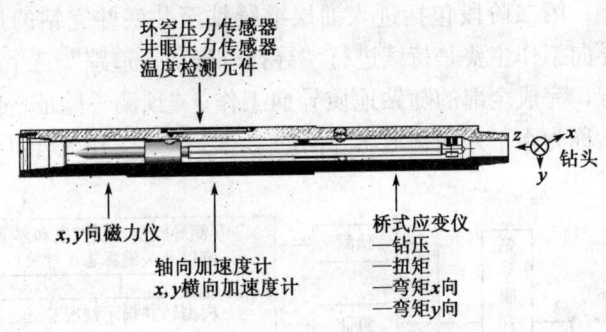

图 8-75 MWD 井下传感器组装工具结构图

(三) 地质导向方法

1. 地质导向的基本思路

随钻地质导向的核心是,要在定向井钻井过程中动态地分析地下情况发生的变化,其目的是要尽可能提前确定目的层的准确深度。为此,必须先对构造深度和油层发育情况进行预测,然后在钻井过程中进行验证,再根据验证结果作下一步的预测并继续进行验证。经过动态循环的预测和验证后,及时修正水平段设计参数,根据修正结果调整井眼轨迹,直至钻头进入目的层。在确认进入油层后,继续根据对构造和砂体的预测进行油层追踪,最终实现钻井设计要求的水平段长度。另外,地质情况发生较大变化时,要变更钻井设计,以避免地质报废的情况出现。

2. LWD 和 FEWD 地质导向方法

利用 MWD 的测量参数主要是用于几何导向;地质导向的仪器为 LWD 和 FEWD (Formtion Evaluation While Drilling,随钻地层评价)。FEWD 系统地质参数传感器主要包括自然伽马传感器(DGR)、电磁波电阻率传感器(EWR)、岩石密度传感器(SLD)和中子孔隙度传感器(CNP)等。根据地层性质和钻井施工的不同要求,通常采用两种仪器组合。

利用LWD和FEWD地质导向的优点为：

1）连续井眼轨迹控制，减少起下钻次数；

2）近钻头处的井斜传感器减少了井斜误差，增强了井眼位移延伸的能力；

3）近钻头传感器使钻头处参数测量的滞后时间接近于零，能使井眼最大限度地保持在油气层内；

4）伽马曲线测量能进行地层对比，对探测标志层、确定套管下深和取心层位是非常有用的，同时还可确知是否钻穿地层的顶部或者底部；

5）电阻率测量能够实时显示油气性和岩性，可进行地层对比，确定油气水界面，判断是否钻穿油层的顶底面；

6）实时测井，测井曲线受钻井液侵入影响小，测井曲线和常规测井曲线吻合很好的井的水平段可以免于常规测井。

（1）地质导向的工作流程

定向井随钻地质导向工作总体分为两个阶段：第一阶段包括钻导眼和造斜直到进入油层以前的过程，即钻导眼和造斜段过程，这一阶段地质导向工作主要是循环进行"预测—验证—修正"三个步骤；第二阶段包括进入油层继续钻至井底并完钻的过程，即钻水平段过程，这一阶段地质导向工作主要是持续进行"寻找—确认—追踪"三个步骤。通过两个阶段六个步骤的正确运行，完成全部的随钻地质导向工作。"预测—验证—修正—寻找—确认—追踪"的工作过程，称为水平井随钻地质导向的"六步法"工作流程（图8-76）。

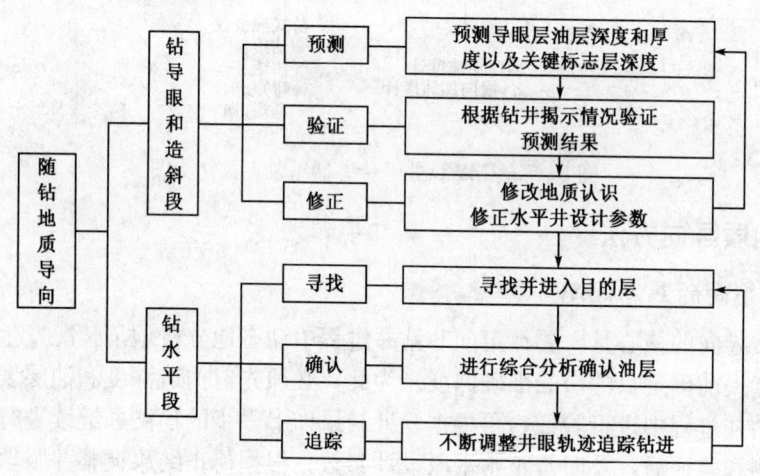

图8-76 随钻地质导向工作流程

预测和验证的对象主要是目的层，同时还包括油层上部的某些关键标志层。预测的内容包括油层顶面的构造深度、油层厚度以及构造和油层在水平段方向上的变化趋势。修正的主要内容是对水平段设计参数进行修改，包括各靶点的垂深、水平位移和水平段的井斜角，同时要求钻井工程相应修改井眼轨迹。一般在构造油层变化不是很大的情况下，不应修改靶前距长度，以免减少设计的水平段长度。

第一阶段地质导向工作要重点把握两个环节：第一，对有导眼的水平井，根据导眼完钻后构造和油层厚度的变化，修改地质认识，并在此基础上修正水平井设计参数，把结果提供给现场施工技术人员,调整井眼轨道设计,必要时进行正规的补充地质设计;第二,开始进入造斜钻进后,选择油层上部附近的明显标志层,预测其深度,根据钻井揭示的结果,结合其水平位移和实际垂深,预测目的层的深度变化,并调整井眼轨迹,力争按设计靶前距进入目的层。

第二阶段地质导向工作的重点是寻找油层和追踪钻进。首先根据第一阶段的调整,使井眼轨迹尽快进入油层。进入油层后,在综合分析的基础上确认是否是目的层,并再一次修改地质认识,预测水平段前进方向上的构造和油层的变化趋势,不断调整井眼轨迹,追踪油层钻进,实现地质设计规定的水平段长度,且使水平段轨迹处于所要求的油层部位。

(2) "标志层"概念及其确定原则

为了在井眼轨迹进入油层段之前提前定量把握油层可能的变化幅度,以便及时调整井眼轨迹准确中靶,特别需要在目的层上部附近至少确定一个关键标志层,待钻进揭露该层后,根据其实际垂深和水平位移预测油层在前方的准确深度。

"标志层"的重要性在于通过该层可以提前预示目的层的发育深度是否与设计一致。如果预计油层比设计抬高,则需要加快增斜,避免井眼轨迹以较小的角度进入油层并很快穿层而过;如果预计油层比设计降低,则需要适当降斜,避免井眼轨迹在没有进入油层以前成为水平状态,在油层上部地层钻进,不能钻遇油层。

"标志层"的确定原则主要表现在两个方面。第一,位于目的层上部附近,且发育比较稳定。如果离目的油层距离太远,两者之间地层厚度太大,起不到"标志层"的作用;发育比较稳定,则利于与导眼或邻井进行对比。第二,必须是特征比较明显,无论岩性、颜色还是电性,用现有的跟踪手段易于识别和确定。如果特征不明显,用现有的跟踪手段无法识别和确定,钻头钻穿该层时不能及时发现,则同样起不到"标志层"的作用。吐哈部分油田"标志层"特征见表 8-12 所示。

表 8-12 吐哈西部各油田的"标志层"特征

油田	油藏	预警标志层	主要特征及识别方法	距油层顶部的距离, m	应用情况
红连	红南白垩系	油层顶部泥岩	顶部泥岩自然伽马有高值特征;随钻自然伽马易于识别	10~15	红南 1C 井 红南 102C 井
	连木沁白垩系	胜金口组砂层	砂层为细砂岩,其下泥岩有高伽马特征;岩屑录井和随钻伽马结合可识别	10	连 21C 井 连平 1 井
神泉	白垩系	油层顶部棕红色泥岩	泥岩棕红色,对应自然伽马有高值;岩屑录井和随钻伽马结合可识别	10	神平 210 井 神 109C 井
	侏罗系	油层顶部黑色泥岩	泥岩深色,泥岩段中有自然伽马低值;岩屑录井和随钻伽马结合可识别	10~20	神平 275 井
吐玉克	玉东	油层顶部深色泥岩段	泥岩段中有自然伽马高值;岩屑录井和随钻伽马结合可识别	20	玉东平 1C 井 玉东平 3-5 井
	玉 1	油层顶部深色泥岩段	泥岩段中有自然伽马高值;岩屑录井和随钻伽马结合可识别	21	玉平 1 井
雁木西	古近系	油层顶部棕红色泥岩	对应自然伽马有高值;岩屑录井和随钻伽马结合可识别	10	雁 6-14C 井

(3) 水平井着陆的地质导向

在水平井钻井过程中,着陆情况直接决定水平井钻探的成败。井眼轨迹的着陆目标靶点要设计合理,入窗提前会造成穿层;入窗滞后会造成追层难度增大(图8-77)。

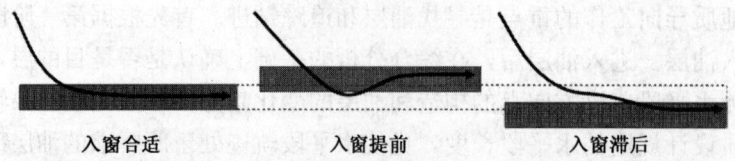

图8-77 入窗轨迹示意图

提高水平井着陆质量,主要是要做到三个关键与一个及时:

三个关键:一是着陆点的深度,通过层位标定与已知井深度推断设计井深度;二是地层倾角的大小,主要利用油藏剖面、地震剖面及随钻深度计算后预判;三是储集层横向变化,主要利用地震属性及反演等技术方法实现。

一个及时:加强现场随钻预测,控制井眼轨迹,根据钻井现场实际需求,充分利用水平井决策监测系统,及时跟踪钻井进程,对实钻轨迹作出评估。

当钻头钻入目的层时,利用随钻测井曲线实时的一些特殊变化,结合邻井地层,就可以确认是否进入目的层。

1) 依据 LWD 中的深浅电阻率曲线变化进行导向。由于电阻率测井时衰减电阻率探测范围深,相位差电阻率探测范围浅,当电阻率探测器接近目的层时,相位差和衰减两条电阻率曲线会明显地分开(图8-76),即衰减电阻率(深电阻率)值变大,偏移相位差电阻率(浅电阻率)值变小。

此外,当电阻率探测器接近目的层时,相位差电阻率曲线会突然增到极大,然后急剧减小,形成一个状如长剑的曲线特征(图8-78)。这就是相位差电阻率曲线的极化角现象。极化角现象有如下特征:

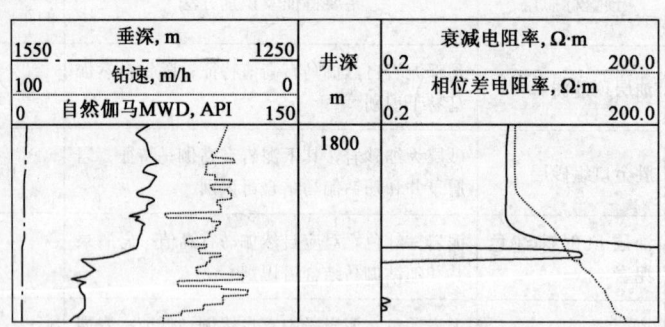

图8-78 自然伽马及电阻率曲线在入窗点的变化特征

①当仪器在地层分界面上方垂深大约 0.15~0.46m 的位置以一个很小的相对角接近目的层时,在目的层里就会产生一个电流的激增来干扰仪器发出的传播波,仪器的曲线就会出现如图8-78所示的极化角现象。

②极化角现象主要是受到地层之间的电阻率差、离地层的距离以及仪器与地层之间相对角大小等因素的影响。

③只要两个不同地层之间的电阻率存在差异,就会产生极化角现象;差异越大,电阻率

曲线的极化角现象就越明显。

④衰减电阻率和相位差电阻率都会产生极化角现象，只不过相位差电阻率的极化角更明显。

2）依据 LWD 中的自然伽马曲线变化进行导向。自然伽马探测器探测到目的层砂岩储集层时，它的曲线反映与电缆测井自然伽马曲线的反映是一样的，即自然伽马曲线值会降低，如图 8-78 所示。

(4) 水平段的地质导向

钻头进入油层后按设计模型轨迹在油层中上部顺层经过，但地下的地层并不是非常稳定和平坦的，也经常会出现钻头偏离油层的情况。钻头偏离油层的情况有几种情况：从目的层底部出层、从目的层顶部出层、进入夹层、岩性尖灭，见图 8-79。

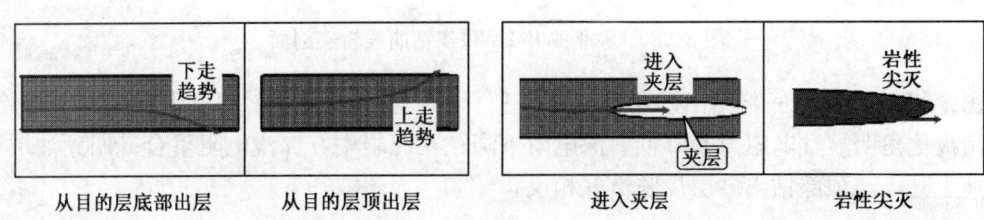

图 8-79 钻头出层的几种情况

要使钻头重入地层，就需要认真分析实钻资料，计算油层相关参数，排除可能性小的情况，经过综合分析判断，明确钻头与油层的相对位置。钻头钻出储集层位置的判断方法：

1）利用随钻电阻率与方位伽马曲线的变化判断；
2）利用钻进过程中钻遇不同岩性地层的快慢判断；
3）利用气测显示的变化进行判断，但有一定的滞后时间；
4）利用砂岩岩屑的粒度变化进行判断；
5）利用构造趋势结合储集层沉积模式判断。

例如，蒙平 1 井的水平段地质导向中，一方面借助地震信息对构造趋势进行总体把握，另一方面根据实钻方位数据，及时绘制实钻轨迹剖面，并结合 LWD 曲线及综合录井资料，准确判断实钻轨迹是从顶部还是底部穿出，及时进行轨迹调整。在实际导向过程中，水平段钻至 1023m，LWD 测井曲线显示高伽马、低电阻，为明显泥岩特征；综合录井岩屑中泥质含量显著增加，由原来 20% 增至 70%；气测显示烃含量明显降低。综合分析认为，井眼轨迹已穿出目标层（图 8-80）。地震信息显示，地层产状总体呈下倾趋势；经实钻轨迹剖面分析，中靶后井斜角一直大于 87°钻进（地层产状 29°）；LWD 测井曲线的电阻值、伽马值与邻井测井曲线对比，综合分析认为从油层顶部穿出。及时向下调整轨迹后，在 1056m 重新进入目标层，恢复水平钻进。水平段钻至 1109m，再次进入泥岩段，根据地质导向综合分析，认为从底部穿出，并及时向上调整井眼轨迹，只在泥岩中钻进 12m 就重新进入目的层。经 LWD 曲线综合分析，认为经过了一条断距很小的断层，随后保持水平钻进，顺利完钻。

图 8-81 (a) 为钻遇夹层的情况。从上部进入夹层前，方位伽马中的下 GR（BGRD）值急速升高，上 GR（BGRU）值上升滞后；而且轨迹与岩性界面小于 10°时，电阻出现极

化角效应，浅电阻（RPCEHX）响应明显，深电阻（RACELX）变化平缓，显示从上穿入夹层的特征。

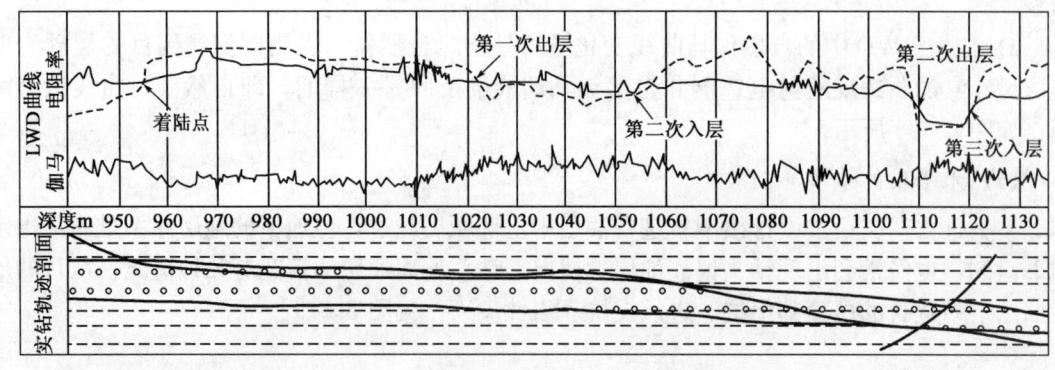

图8-80 蒙平1井LWD实钻曲线轨迹剖面

图8-81（b）为底部钻出砂层的情况。上下GR值急剧升高，深电阻预先有下降趋势，浅电阻极化角明显且电阻急速降低，深电阻下降；在泥岩中，深浅电阻重合；回到油层后同时迅速上升，与顶部钻出砂层反映恰好相反。

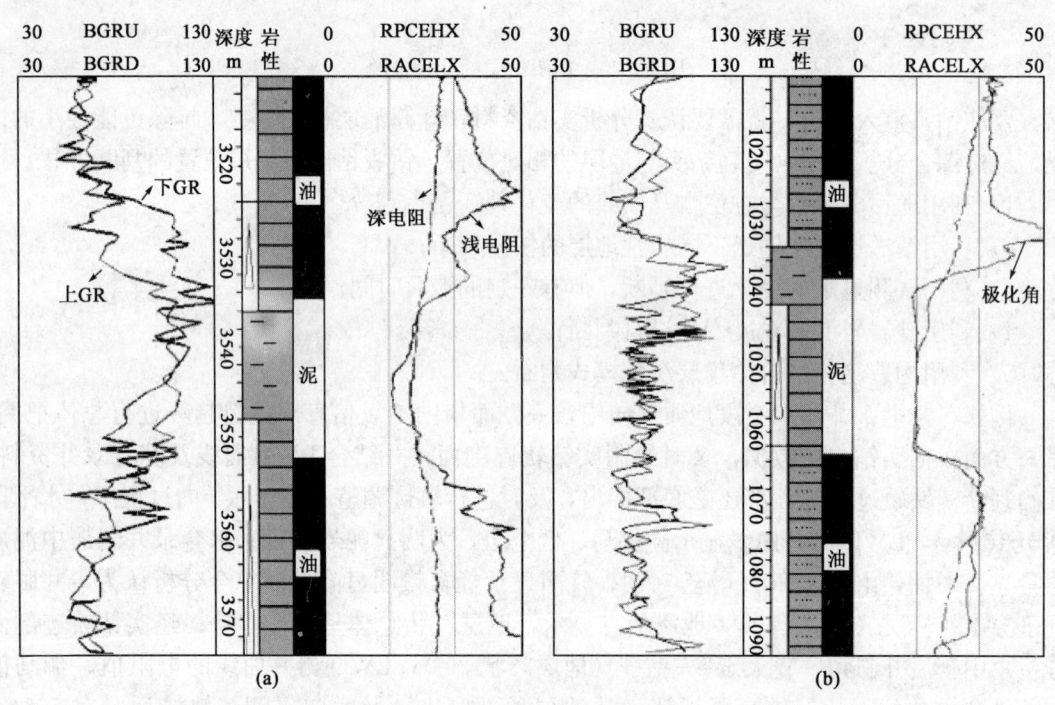

图8-81 某井随钻测井图

四、定向钻井对现场录井的影响

由于定向井钻井工艺和技术的特殊性，使现场录井遇到比常规井录井复杂得多的困难。主要表现在以下几个方面。

(一) 对岩屑录井的影响

1. 岩屑床的形成与影响

岩屑床是指在大斜度定向井或水平井中,由于井眼中钻井液上返时不能把已被钻头破碎的岩石碎屑全部带出井口而滞留在井眼环空中,并在其自身重力的作用下沉积于井眼下井壁所形成的层状岩屑堆积体。

根据 Tomren 等的研究,井斜角不同,岩屑上返机理大不相同,大致可分为三种不同的流动区域:1) 当井斜角小于 30°时,只要钻井液上返速度合适,岩屑就可以被均匀输送,岩屑上返机理与普通直井相同;2) 当井斜角为 30°~60°时,不合理的环空流速可能造成环空中的岩屑时而沉积在井眼底边形成的"岩屑沉积床"(有时岩屑沉积床还向下滑动,岩屑的运移常处于或上或下的临界状态),时而又被破坏以段塞状向上输送;3) 当井斜角大于 60°时,岩屑受自身重力影响很大,环空中的岩屑瞬间即可沉积在下井壁形成岩屑沉积床,并能够保持稳定。岩屑沉积床的不断形成和破坏,导致不同时间破碎的岩屑在上返过程中混杂在一起,为岩屑的描述分层增加了难度。

在实际钻井过程中,还有两个因素会使因岩屑沉积床造成的岩屑混杂更为严重。一是环空内钻具因自重处于偏心状态,钻杆对已经形成的相对稳定的岩屑床反复冲击摩擦;二是动力钻具打钻时,钻头旋转而钻具不旋转,钻具贴下井壁不动,使岩屑沉积床形成的机会和规模大大增加。

大量实验结果表明,在各个不同的井斜角井段,随着环空返速的增加,岩屑运移速度加快,环空岩屑浓度降低;在形成岩屑床的条件下,随着环空返速的增大,岩屑床的厚度减小;返速足够大时,岩屑床层被破坏,环空中岩屑在井眼下侧移动,不形成明显的岩屑床。在特定的井斜角和钻井液流变参数下,存在一个形成岩屑床的临界环空返速,当环空返速大于此值时,不会形成岩屑床。国内外大量实验表明,在 30°~90°井斜角范围内,环空岩屑成床的临界返速为 $0.8 \sim 1.0 m/s$。

环空倾角较低时 (0°~45°),层流比紊流携屑效果好;在大斜度和水平井段(55°~90°),环空钻井液的流态对岩屑上返影响较大,当流态从层流过渡到紊流,岩屑床面积急剧下降,紊流比层流携屑效果好;井斜角在中间范围 (45°~55°),两种流态的携屑效果基本相同。

钻井液流变性能是影响岩屑上返能力极为重要的因素,水平井钻井过程中为了确保岩屑的正常上返,必须选用合理的钻井液流变参数。适当提高钻井液的动切力,可降低环空岩屑浓度,从而可有效抑制岩屑床的形成。

钻井液密度提高,有利于岩屑的上返,从而降低岩屑床的厚度。但应在不污染油气层的前提下适当提高钻井液密度。

2. 井壁坍塌和井眼不规则的影响

在其他条件如钻井液密度、地层特性、浸泡时间等相同的情况下,由于水平井井眼四周应力不平衡,上侧井壁容易坍塌,坍塌下来的地层碎块,经钻井液冲刷和钻具碰撞、研磨,与新钻开地层的岩屑混杂在一起,增加了岩屑描述的难度。尤其是在裸眼井段较长时,这种因素的影响更为明显。

由于井壁坍塌造成的井眼不规则,有时井径扩大至钻头直径的几倍。这种井径极不规则的现象在水平井段表现得尤为突出。岩屑上返过程中,在井眼不规则处速度降低而滞留,也可造成上、下地层的岩屑混杂。

3. 岩屑多次破碎

水平井岩屑不仅比直井混杂得多，而且比直井岩屑细得多。直井岩屑多数只经过钻头一次破碎，上返过程中再次破碎的机会少；而水平井由于井身弯曲，钻进过程中，钻具与井壁之间的摩擦机会大大增加，被钻头破碎的岩屑在由井底返出井口的过程中不断地受到钻具与井壁、套管壁的碰撞、研磨而多次破碎，岩屑变得十分细碎，经过一个循环周返出井口后，多数被破碎成直径仅 2~3mm。录井中发现，相同条件下，砂岩比泥岩、石灰岩等岩屑破碎程度高，而且硬度大大降低，有的用手轻捻即碎。可见，岩屑不断地受到钻具与井壁、套管壁的碰撞、研磨，不仅变得十分细碎，而且原有的硬度、胶结程度也发生了变化。采用螺杆驱动复合钻进方式时，岩屑在井内反复研磨，使细小的岩屑呈粉末状悬浮在环空，录井中的岩屑细小，甚至捞不到真岩屑，特别是在新生界成岩性差、泥岩易水化的地区钻直井段时，会出现捞取的岩屑基本都是砂岩、很难看到泥岩的情况。

（二）对迟到时间的影响

岩屑迟到时间不仅与钻井液排量、钻井液性能、泵压、井眼尺寸、地层因素、井身结构、钻具旋转、岩屑尺寸、岩屑密度、岩屑几何形态等有密切的关系，同时受控于井斜角和岩屑的运行方式，因此水平井中岩屑的迟到时间较普通定向井更难确定，岩屑返出往往滞后于实际井深数米。在水平段，岩屑运行以滚动、跳跃式搬运为主，一部分岩屑要沿下井壁沉淀而形成岩屑床，通过提拉钻具、大排量冲洗破坏岩屑床，新老岩屑一起返出井口，故岩屑混杂、新老难辨，迟到时间延长。

（三）对钻时参数的影响

在普通直井钻进中，在钻井参数相对稳定的情况下，钻时的变化主要与岩性有关，因而钻时参数是岩屑描述工作中定性判断岩性和进行岩性分层的重要参考资料。但在定向井的钻进过程中，钻具易紧贴井壁，扶止器、钻铤与井壁四周接触面积较大，水平钻进时会出现部分钻具平躺在井壁上的情况，使得传至钻头上的钻压减少，钻时相对明显升高；同时，为满足造斜、增斜、降斜等定向施工的需要，时常要进行钻压、转盘转数和排量等工程参数的调整，钻时已难以真实地反映地层的可钻性，不能准确反映地层岩性和物性。

（四）对气测录井的影响

在大位移定向井中，钻柱与井壁摩阻大，钻具负荷大，为了减小磨阻，往往在钻井液中加入原油、润滑剂、磺化沥青等有机物，对气测录井的影响很大。大量油基钻井液的注入使得气测全烃曲线基线升高，掩盖了地层中的油气显示，全烃曲线也将失去连续测量地层油气显示的优势，井下情况的复杂化使得综合录井仪的气测异常预报难度加大。这些因素的共同影响使气测录井的解释复杂且困难。

（五）对荧光录井的影响

定向钻井对荧光录井的影响也是显而易见的，特别是对于一些轻质油油气藏，细小的岩屑在井眼中经过长时间的冲刷和浸泡，油气散失严重，用常规的荧光录井方法已经较难发现和落实油气显示，给目的层油气显示的观察及其级别的确定增加了难度。

五、定向钻井条件下录井方法与技术的特殊性

(一) 迟到时间的确定方法

迟到时间是常规录井手段中十分关键的一个数据,它直接关系到岩屑、气测值的准确归位。为保证井内定向仪器的正常工作,在定向井钻井过程中一般不让录井队直接测量迟到时间,可采用下列方法较为准确地确定迟到时间。

1) 利用特殊岩性(如陆相地层中的煤、火成岩、石灰岩等)确定迟到时间。具体方法是:首先进行地层对比,确认距特殊岩性较近后,根据钻时突变点(特殊岩性钻时反映般也较明显)和特殊岩性的返出时间,则见到岩屑时间与该岩性的钻达时间的差值为迟到时间。

2) 利用起下钻确定迟到时间:无特殊情况时,起钻前一般要求将井底岩屑循环干净,从开始循环至振动筛前岩屑返出有明显减少的时间差为迟到时间;自下钻到底开始至钻到某点起振动筛有新鲜岩屑返出的时间差为该点岩屑的迟到时间。

3) 结合随钻测井对迟到时间进行校正。可利用 LWD 可清晰划分地层界面的特点来确定钻入该层时间,然后用测得的返出时间减去钻入时间,便是迟到时间。此方法简单、实用,避免了理论计算的影响,而且能够准确地校正迟到时间。

(二) 岩屑录井

定向钻井条件下的岩屑录井所使用的方法与欠平衡钻井和 PDC 钻头钻井时有许多相似之处。

1. 岩屑的录取

为确保细小岩屑的捞取质量,对细小岩屑的接样、采集捞取、洗样,应严格按岩屑录井操作规程进行。首先,接样盆放置位置要适当,以能连续接到从震动筛上滤出的新鲜细小真岩屑为宜,并根据振动筛返砂变化情况灵活调整接样盆的位置(如果在振动筛前接不到样,可以在钻井液除砂器振动筛前接样)。其次,接样盆接满后应尽快取样,岩屑采集、取样应严格采用二分法或四分法在砂堆上从顶到底取样,保证该包岩屑从上到下皆有代表性,并将取样后多余的岩屑清理干净。在岩样捞取同时进行岩屑上返的定时、定量对比,如发现岩屑上返量减少,为确保钻井安全和判断井下地层的需要,应立即调整钻井液性能,确保岩样正常上返。如果接到的岩屑样品呈糨糊状,应尽量将整盆岩屑取出清洗,洗样时应采用小水流,轻搅拌漂洗,稍微沉淀后缓慢地倒去浑水后再用清水漂洗,防止细小的真岩屑在洗样过程中流失,同时在岩屑样品晒或烘烤时严禁翻动,从而保证岩屑样品的数量和代表性。

2. 岩屑的描述

岩屑描述包括对已采集岩屑岩性的识别及其层段的归位。改进传统的"大段摊开"的观察描述法。首先是镜下观察,岩样洗出后取 20g 洗净的细小岩样和 20g 原样,分别置于直径 10cm 的白瓷碟(其他方便工具均可)内,作深度标记后放到双目镜下进行仔细观察对比描述。刚洗净未干的细小岩屑表面清洁,容易观察其岩性组合特征,晒干后砂岩岩屑表面变得模糊而难以观察,因此对于细小岩屑的描述要重点进行湿样描述。其次是对细小岩屑进行宏观观察描述,将盛有岩屑的白瓷碟(百格盒)整齐排开进行观察、分析对比。对于装袋用的细小岩屑,在晒样时应避免过多翻动,以免造成岩屑表面模糊,影响岩屑复查工作。

岩屑描述中应注意两个结合。首先,描述应结合工区地层岩性特征,细小岩屑多是经一

次破碎造成，粒级比邻井砂粒要细，因此在观察描述时应注意认识岩屑的磨光面和破碎面，进行必要的估计恢复，以提高岩性剖面符合率。其次，描述应结合工程情况，由于水平井井况复杂，井眼极不规则，常规井的岩屑描述规则不再适用。实践表明，钻遇新岩层，其岩屑并不一定在相应的井段中返出；持续在该岩层中钻进，其岩屑百分含量在对应的井段内不一定明显增加；该层结束时，其岩屑百分含量不一定在对应的井深减少，因此在描述岩屑时应参考工程参数的变化，分析岩屑含量的变化是由于地层变化引起的还是由于工程因素引起的。在钻井参数相对稳定的井段，钻时资料仍有一定的使用价值。

利用岩屑体积跟踪法判断真假岩屑。所谓"岩屑体积跟踪法"，是指对井口返出岩屑的体积进行跟踪。一般来说，除裂缝发育地层外，每钻进一米地层返出岩屑体积是一定的，可以采取理论上每米破碎的岩石量（体积）与岩屑的实际返出量（体积）之比来判断岩屑床的形成与否。

1）如果每米实际返出的岩屑量远远小于理论上每米破碎的岩石量，就说明井筒中有岩屑床形成，钻井液携屑能力差，不足以把新破碎的岩屑全部带出井口，更不会破坏原有岩屑床。此时，只要有岩屑返出，都可认为是真岩屑。

2）如果每米实际返出的岩屑量远远大于理论上每米破碎的岩石量，就说明当时钻井液的能量足以破坏井筒中原有的岩屑床。此时返出的岩屑中有相当一部分是假岩屑，岩屑描述时，要参考钻时、气测、定量荧光分析等资料综合判断。

3）如果每米实际返出的岩屑量与理论上每米破碎的岩石量大致相当，此时无论井筒中是否有岩屑床存在，返出的岩屑都可认为是真岩屑。

在定向钻井时，岩屑样极细，有时用肉眼较难看出岩样的变化率及其成分与结构构造；有时虽然都是砂岩，但钻井参数有着相当大的变化，其原因是砂岩颗粒的胶结物及其胶结类型的不同，有些砂岩钻时、钻压都较大，其钻井参数又无明显的指示，此时就得利用显微镜，观察新出现的岩屑性质及其胶结物和分析胶结类型。一般情况下，灰质、硅质胶结的岩性很硬，可钻性差；泥质胶结的可钻性好。基底式胶结、镶嵌式胶结的可钻性差，而孔隙式胶结、接触式胶结的可钻性较好。具体描述时，在结合钻井参数的基础上，利用显微镜观察分析，才能准确地确定地层的岩性及其颜色、成分、分选、磨圆、形状、含有物，以及油气的含油饱和性、荧光显示色等。荧光显微镜鉴定真假含油显示对比如表 8 - 13 所示。

表 8 - 13　荧光显微镜鉴定真假含油显示对比表

累 积 部 位	假含油显示	真含油显示
岩样（岩心）边缘（表面）	由表向里侵染，切开的岩心内部及岩屑内不发光	表里一致，尤其不会产生岩屑周围发光现象
裂缝	仅岩样边缘部位发光，且由边缘向内部侵染	由裂缝中心向基质侵染，较重质部分在缝内，向基质逐渐变轻
基质裂缝	晶隙不发荧光	晶隙发光，当饱和时可呈均匀弥漫状

（三）气测录井

由于此类井的钻井液中加入大量的有机处理剂甚至原油，给常规的气测录井带来一定的困难。为此，对常规气测录井方法进行改进，以适应此类井的气测录井。

1. 钻井液混油对气测录井的影响

由于原油、机油及其他有机处理剂都是高分子有机化合物，在井内高温高压条件下发生裂解，直接产生轻烃，而气测录井就是通过对钻井液中烃类组分的脱气检测发现油气显示的，因此，钻井液混油及其他有机处理剂的加入势必对气测录井造成不同程度的影响。

1) 全烃影响：全烃值显著升高，形成异常，异常值远远高于背景值几倍至几十倍，从而使储集层真正的异常显示被掩盖，真假异常难以区分，造成判断失误，使气测录井的油气异常监测功能大大削弱，其影响见表8-14。

表8-14 钻井液混油及有机处理剂对全烃的影响

井名	深度,m	混油及处理剂名称	数量,t	对气测的影响
FSX1井	1970	Na-HPAN	0.50	全烃从0.006%升至0.020%
FSX1井	2093	消泡剂	0.19	全烃从0.013%升至0.115%
FSX1井	2527	植物油	2.85	全烃从0.011%升至0.068%
FSX1井	3922	机油	2.09	全烃从0.680%升至3.672%
G4P1井	650	原油	8.40	全烃从0.002%升至1.52%
WX2井	984	防塌剂FT388	2.00	全烃从0.007%升至0.104%
TX6井	1187	coater（包被剂）	0.10	全烃从0.009%升至0.186%
TX6井	2501	聚合醇	2.00	全烃从0.023%升至0.058%
TX7井	2235	RH-4	0.20	全烃从0.010%升至0.186%
G4P2井	1104	润滑剂（白油）	1.00	全烃从0.030%升至0.053%

2) 组分影响：气测对油气层的解释主要依据$C_1 \sim C_5$值进行分析，原油及其他有机处理剂混入后，一般C_1变化不大，而$C_2 \sim C_5$升高，有时甚至超过C_1的含量，使其值失去真实性，造成气测解释工作无法正常进行，显示层解释工作复杂化，影响现场油气层的快速解释和评价。

3) "后效"影响：当钻开某一油气层后，由于储集层压力的存在，当钻井起下钻时，钻井液在井内静止时间较长，油气层中的流体受地层压力驱使不断进入井内钻井液中。这样当循环钻井液时，流体将被脱气器脱出，从而被仪器检测出，这就称为"后效"。现场录井人员据此可以在一定程度上判断储集层性质及产能情况。但当钻井液混油后，钻井液中原油在井内静止时所分离出的烃类气体（或呈蒸气状）不断聚集，在钻井液循环时被仪器检出，从而造成真假"后效"混淆，影响"后效"测定工作（图8-82）。

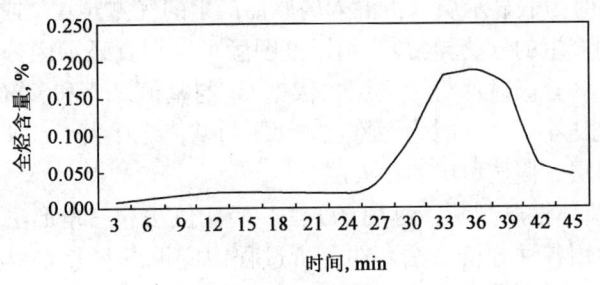

图8-82 某井混0.8t机油"后效"录井图

4) 反吹峰影响：使用混油钻井液时，由于反吹峰高幅度、长时间地出现，将干扰正常的分析周期。若此时钻遇快钻时段，色谱分析将不能取得快钻时地层的准确分析值，从而失去判断的依据。

5) 全脱分析影响：在热真空蒸馏条件下，由于混入原油的裂解作用形成大量裂解烃，一方面造成仪器满量程而无法读值，另一方面使分析失去真实性，影响钻井液样的全脱分析。

6) 其他方面的影响：大分子重烃较容易被气路管线和色谱柱介质吸附，造成烃组分脱吸困难和分离时间延长，烃类短时间内很难被排出仪器分析系统。长此以往，分析系统将被污染，影响数据的准确采集和色谱的分析，并导致气测异常峰型变宽、显示错位基线偏移。

2. 真假异常的气测录井特征

真异常是因地层变化引起的，是地层的真实反映，而假异常是因钻井液混油或加入有机处理剂而产生的。真假异常的气测特征见表 8-15。

表 8-15 钻井液混油假异常与地层真异常的气测录井特征

地层真异常气测特征	混油或加入有机处理剂钻井液假异常气测特征
异常因地层引起，气测异常井段与地层对应性好，钻遇渗透性地层时，气测异常曲线段与钻时、d_c 曲线储层段相吻合	异常井段与地层的对应性不好，岩性录井上可能为渗透层，也可能为非渗透层。与钻时曲线、d_c 曲线渗透层特征没有对应关系
全烃异常层组分齐全，上升趋势明显，且轻烃百分含量绝对大于重烃百分含量	全烃与反吹峰呈现高值而组分却可能无异常显示
组分特征一般为 $C_1>C_2>C_3>iC_4$ (nC_4)，反映出真正地层化学分布规律	因混油循环均匀后轻组分基本挥发，重组分挥发较少，故组分出现 $C_2<C_3$、$C_1/C_2>C_1/C_3$
色谱分析上表示为低值—高值—最高值—高值—低值	全烃、反吹峰显示峰与混油时间相吻合。混油结束经 2~3 周循环后，全烃及组分值逐渐趋于平稳低值，但反吹峰居高不下

从表 8-15 可看出，显示与地层无对应性、高全烃、高重组分、低轻组分、高反吹峰及长反吹峰时间是混油及加入其他有机处理剂的假异常的典型特征。

3. 利用气测录井判别油气层的方法

1) 显示层气测录井判断：可依据 (C_1+C_2) 与 (iC_4+nC_4) 关系图板、C_1 与基值之比和 nC_4 与基值之比关系图版有效地区分真显示层、假显示层和污染层。当 (C_1+C_2)>83.0%、(iC_4+nC_4)<0.8%时为真显示层（由地层气产生的气测异常）；当 (C_1+C_2)<83.0%、(iC_4+nC_4)>0.8%时为假显示层（由混入的原油产生的气测异常）或污染层（由地层气和混入的原油共同作用产生的气测异常）。利用该图版可以把真显示区分开来，但假显示和污染层无法区分。为了区分假显示与污染层，依据 C_1 与基值之比和、nC_4 与基值之比关系图版，当 nC_4 与基值之比小于 2.4 时为污染层，nC_4 与基值之比大于 2.4 时为假显示，这样可以有效地区分真显示层、假显示层和污染层。

2) 气测解释或流体性质判断：可用 3H 法、烃比值法和三角形法等分析方法，但一定要先扣除基值，然后用各种分析方法，在分析过程中应重点参考 C_1 与 C_2 值的变化，增加 C_1 与 C_2 在分析时的权重，减少 C_3 与 C_4 在分析时的权重。

一般地，钻井液中无论加入何种有机物，在充分循环均匀后，组分中的甲烷、乙烷等轻组分将降低或基本消失。在水平钻进中,一旦甲烷、乙烷等轻组分出现或升高,则可判断钻头进入油气层。如某油田 D84 区块进入油层后 C_1 值明显升高,C_2 值也有不同程度的升高,$\frac{C_1}{\sum C}$ 值的范围为 0.94~0.99,可以解释为油层。$\frac{C_1}{\sum C}$ 值越接近于 1,油层的特征越明显(表 8-16)。

表 8-16 某油田 D84 区块部分井气体组分分析数据

序号	井号	井段 m	组分,%					$\frac{C_1}{\sum C}$	试油结论
			C_1	C_2	C_3	iC_4	nC_4		
1	D84-HA	680~720	1.05	0.01	0.01	0.01	0.01	0.91	油层
2	D84-HB	770~810	1.93	0.01	0.01	0.01	0.01	0.98	油层
3	D84-HC	830~878	2.37	0.02	0.01	0	0.01	0.98	油层
4	D84-HD	665~715	8.17	0.06	0.01	0	0.01	0.99	油层

例如,在 D84-HE 录井中,钻至井深 664m 时进入着陆点,气测组分分析 C_1 值明显升高(图 8-83)。在 664~710m 井段,组分分析最大值 C_1 为 10.42%,C_2 为 0.01%,C_3 为 0.01%,iC_4 为 0.01%,nC_4 为 0.01%,$\frac{C_1}{\sum C}$ 比值为 0.996,综合解释该井段为油层。开采初期产油 10.2t/d,后期平均为 6.8t/d。

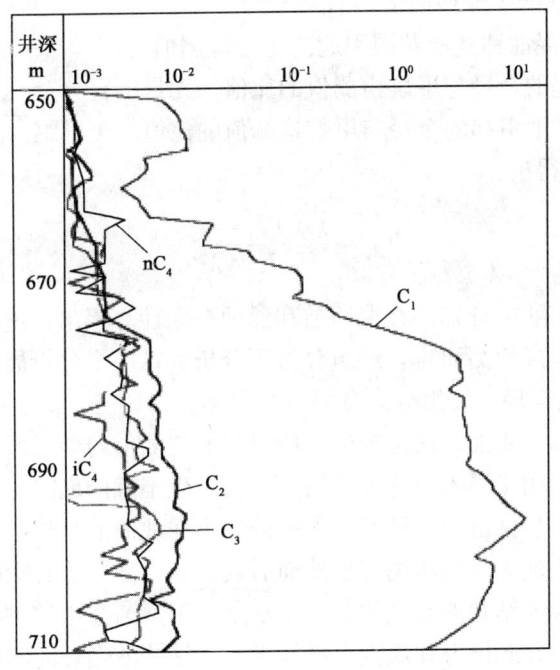

图 8-83 D84-HE 井进入着陆点后气体组分分析曲线

4. 混油钻井液条件下气测值的量化校正方法

所谓混油钻井液条件下气测值的量化校正方法,就是通过定量计算,剔除由于钻井液混油所引起的气测增加值,进而得到地层气所形成的气测值。

以甲烷为例，可以列出方程：

$$\frac{C_1}{R_1} + \frac{C'_1 - C_1}{R_2} = T'_g \tag{8-36}$$

式中　C'_1——地层和混油钻井液共同引起的甲烷检测值，%；
　　　C_1——地层引起的甲烷检测值，%；
　　　R_1——地层引起的甲烷检测值的相对含量，%；
　　　R_2——混油钻井液引起的甲烷检测值的相对含量，%；
　　　T'_g——由地层和混油钻井液共同引起的烃类气体总量，即 $C_1 \sim C_5$ 检测值的代数和。

由式（8-33）可得出：

$$C_1 = \frac{R_1 R_2 T'_g - R_1 \cdot C'_1}{R_2 - R_1} \tag{8-37}$$

式（8-34）中，R_1 和 R_2 可分别在混油前和混油初期计算得出，因而可实时得出地层引起的甲烷含量，即 C_1 的检测值。同理，可以列出相应的方程，实时计算不受混油钻井液干扰的其他烃组分含量值。

由于混油前后全烃与甲烷的比值存在很大的差异，利用这一特点，可以列出方程：

$$\frac{T_g}{\lambda_1} + \frac{T''_g - T_g}{\lambda_2} = C'_1 \tag{8-38}$$

式中　T_g——地层引起的全烃检测值，%；
　　　T''_g——地层和混油钻井液共同引起的全烃检测值，%；
　　　λ_1——地层引起的全烃与甲烷检测值的比值，无量纲；
　　　λ_2——混油钻井液引起的全烃与甲烷检测值的比值，无量纲。

由式（8-35）可得出：

$$T_g = \frac{\lambda_1 \lambda_2 C'_1 - \lambda_1 T''_g}{\lambda_2 - \lambda_1} \tag{8-39}$$

式（8-36）中 λ_1 和 λ_2 分别可在混油前和混油初期计算得出，进而实时得出地层引起的全烃检测值。相对于全烃检测而言，烃组分检测分析存在一个分析周期的滞后时间，所以计算 λ_1 和 λ_2 时，要确认全烃与烃组分来自同一个样品。

原油、柴油、煤油、机油、白油等油类所引起的气测值与地层所产生的气测值在成分上都存在差异，该方法适用于混入上述油类钻井液所产生干扰的剔除。

钻井液中混入油类后，由于混油钻井液中的烃类在地面的自然散失、油类在井底高温高压条件下的自然裂解、油类由岩屑携带至地面后被清除、部分油类吸附到井壁、油类经过固控设备后的损失等，混油钻井液对气测值的干扰是一个逐渐减小的过程，减小程度受油类性质、混油数量、井深、井底压力和温度、固控设备、钻井液循环时间等诸多因素的影响，而该方法不受上述条件影响。

由于不同的油类和地层产生的气测值，其相对含量不同，在混入不同性质的油类时，应重新计算 R_1、R_2 和 λ_1、λ_2 的值。

在定向井、水平井的钻井过程中，在钻井液混油后及时计算 R_1、R_2 和 λ_1、λ_2 的值。此外，应将式（8-34）和式（8-36）进行编程，可通过计算机实现实时校正气测值。

某井在钻井液混油前后的气测数据如表8-17所示。

表8-17 某井钻井液混油前后气测数据对比　　　　　　　　　　　单位:%

气测数据	地层气（真值）		添加剂（油干扰值）		钻井液混油后
	检测值	相对含量	检测值	相对含量	（真值＋干扰值）
全烃	0.6959		6.8874		7.5833
甲烷	0.1661	74.82	0.6762	30.82	0.8423
乙烷	0.0107	4.82	0.2222	10.13	0.2329
丙烷	0.0194	8.74	0.2263	10.31	0.2457
异丁烷	0.0024	1.08	0.2439	11.12	0.2463
正丁烷	0.0124	5.59	0.3286	14.98	0.3410
异戊烷	0.0058	2.61	0.2395	10.92	0.2453
正戊烷	0.0052	2.34	0.2573	11.73	0.2625

该井气测录井过程中，在混油初期，可以计算出表8-18参数值。

$$R_1 = \frac{C_1}{\sum C} = \frac{0.1661}{0.2222} = 74.8\%$$

$$R_2 = \frac{C'_1}{\sum C} = \frac{0.6762}{0.2222} = 30.8\%$$

$$\lambda_1 = \frac{0.6959}{0.1661} = 4.19$$

$$\lambda_2 = \frac{6.8874}{0.6762} = 10.19$$

以这4个数值为基础，根据实时采集的气测值，就可以实时计算出由地层引起的气测值。

表8-18 某井混油前后气测值校正数据

时间	T''_g	C_1	C_2	C_3	iC_4	nC_4	iC_5	nC_5	$T_{g校}$	$C_{1校}$
2:40	0.4581	0.0772	0.0018	0.0106	0.0020	0.0061	0.0021	0.0023	0.2275	0.0769
2:50	0.4572	0.1132	0.0018	0.0098	0.0020	0.0061	0.0021	0.0023	0.4837	0.1128
3:00	0.6523	0.1124	0.0022	0.0098	0.0019	0.0052	0.0009	0.0023	0.3414	0.1113
3:10	1.1647	0.2035	0.0025	0.0216	0.0024	0.0088	0.0058	0.0066	0.6296	0.2012
3:20	2.1795	0.2869	0.0039	0.0321	0.0056	0.0241	0.0165	0.0204	0.5113	0.2736
3:30	3.1358	0.3988	0.0080	0.0411	0.0160	0.0777	0.0515	0.0627	0.6364	0.3343
3:40	4.7963	0.5468	0.0086	0.0486	0.0208	0.0854	0.0586	0.0756	0.5249	0.4871
3:50	5.4902	0.6015	0.0141	0.0589	0.0419	0.1810	0.1240	0.1487	0.4275	0.4094
4:00	6.8309	0.7562	0.0188	0.0709	0.0599	0.2453	0.1684	0.1987	0.5874	0.4900
4:10	6.9711	0.7642	0.0276	0.0823	0.0786	0.3194	0.2123	0.2340	0.5461	0.3987
4:20	7.1015	0.7564	0.0289	0.0984	0.0777	0.3263	0.2216	0.2425	0.3994	0.3679
4:30	6.4529	0.6875	0.0230	0.1262	0.0645	0.2959	0.2110	0.2255	0.3642	0.3127
4:40	5.0569	0.5364	0.0214	0.0981	0.0476	0.2382	0.1767	0.1842	0.2686	0.2293
4:50	5.2951	0.6235	0.0204	0.0775	0.0428	0.1865	0.1438	0.1544	0.7203	0.4055
5:00	4.7989	0.5324	0.0202	0.0676	0.0287	0.1437	0.1201	0.1260	0.4208	0.3608

表 8-18 中，$T_{g校}$、$C_{1校}$ 为校正后的由地层引起的全烃和甲烷值。校正前后的全烃、甲烷相比表明，校正后的两参数值明显降低。因此，可以认为校正后的气测值消除了混油钻井液的影响，可有效反映地层气情况。

六、录井技术的地质导向方法

(一) 录井技术在地质导向中的优势

在定向井作业过程中，MWD 和 LWD 随钻测井技术具有有效的地质导向作用。然而，在实际钻井作业中，随钻测井仪器存在一个滞后井底 10 多米的测量盲区（图 8-84），仪器无法及时测量井底的相关资料，因此仅仅依靠随钻测井资料还不能准确了解井底的岩性特征及其含油气性。如果油层很薄或者目的层是碳酸盐岩裂缝性油层，当随钻测井资料显示井眼轨迹偏离油层时，钻头已进入非油层 10 多米，若要把井眼重新调整到油层中，那至少要钻 30~40m 的非油层地层。随钻测井技术的这种测量信息滞后现象将大大地影响其导向效果，尤其是对于薄油层或碳酸盐岩裂缝性油层。相比较而言，综合录井钻时、岩屑、荧光、气测录井等资料的反映速度都快于随钻测井资料（表 8-19），能及时有效地反映随钻仪器测量盲区的地层岩性及其含油气性情况，把握井眼轨迹是否仍在油层中延伸。根据所钻目的层（油层）钻时、岩屑、荧光、气测录井等综合录井参数的表现特征，结合区域地质资料和随钻测井资料，综合录井资料在定向井钻进中能真正起到地质导向作用，指导井眼轨迹的正确导向。

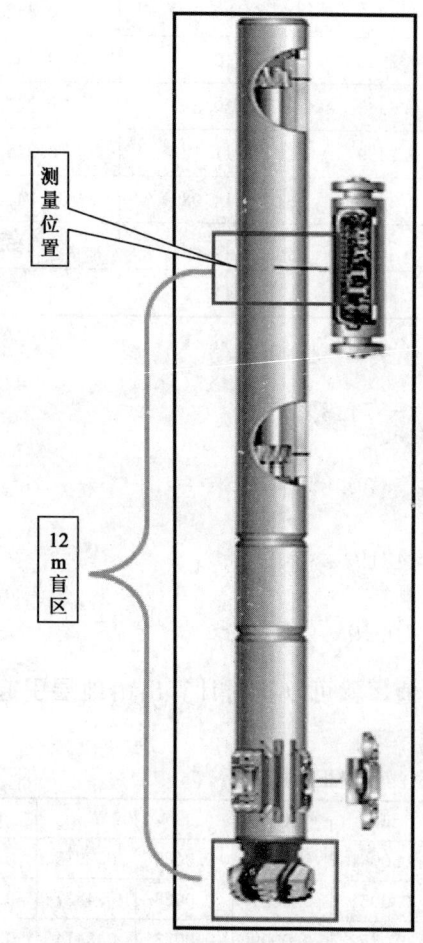

图 8-84 LWD 的测量盲区

表 8-19 综合录井和随钻测井资料的井下信息反映速度对比

测 量 项 目		反 映 速 度
综合录井	钻时	0.2~1.0m
	岩屑	一个迟到时间（可停钻循环）
	气测值	一个迟到时间＋管路延时（可停钻循环）
MWD、LWD 随钻测井	井斜、方位	距井底 20m
	自然伽马	距井底 8~12m
	电阻率	距井底 11~15m

(二) 录井参数在进入着陆点及水平段的特征

由于钻井工艺及技术手段的局限,定向井井眼轨迹不可能呈直线延伸,又因为目的层(油层)的产状和走向的不确定性,有时井眼轨迹会偏离油层进入上下围岩层(图8-85),总体上,录井参数有如下6种表现特征。

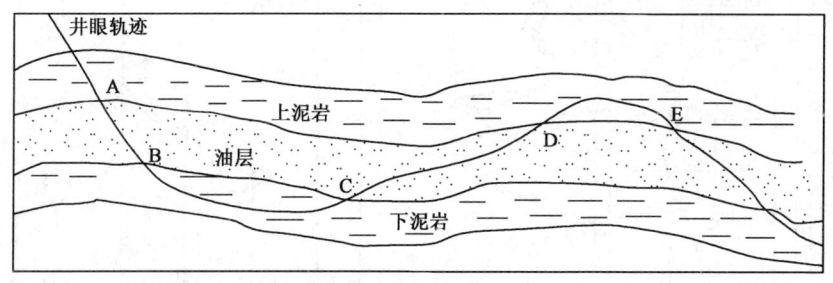

图8-85 水平井钻井轨迹示意图

1) 从上部泥岩进入油气层(图8-85中的A点):钻时下降;岩屑中泥岩减少,砂岩增加,油显示岩屑比例增加;气测值表现为全量、组分由低值快速上升(尤其是C_1、C_2);随钻测量井斜增加,垂深增加,自然伽马曲线由高值变为低值,电阻率曲线由低值变为高值(图8-86中的A点)。

2) 从油气层进入下部泥岩(图8-85中的B点):钻时上升;岩屑中泥岩增加,砂岩减少,油显示岩屑比例减少;气测值表现为全量、组分由高值缓慢下降(尤其是C_1、C_2);随钻测量井斜、垂深增加,自然伽马曲线由低值变为高值,电阻率曲线由高值变为低值(图8-86中的B点)。

3) 从下部泥岩进入油气层(图8-85中的C点):钻时下降;岩屑中泥岩减少,砂岩增加,油显示岩屑比例增加;气测值表现为全量、组分由低值快速上升(尤其是C_1、C_2);随钻测量井斜增加,垂深减少,自然伽马曲线由高值变为低值,电阻率曲线由低值变为高值(图8-86中的C点)。

4) 从油气层进入上部泥岩(图8-85中的D点):钻时上升;岩屑中泥岩增加,砂岩减少,油显示岩屑比例减少;气测值表现为全量、组分由高值缓慢下降(尤其是C_1、C_2);随钻测量垂深减少,自然伽马曲线由低值变为高值,电阻率曲线由高值变为低值(图8-86中的D点)。

5) 在泥岩中钻进(图8-86中的BC、DE段):钻时持续高值,岩性为单一泥岩,岩屑无油气显示,气测全量曲线降为背景值,组分下降直至消失;自然伽马曲线持续高值,电阻率曲线持续低值(图8-86中的BC、DE段)。

6) 在油层中钻进(图8-85中的AB、EF段):钻时持续低值,岩性为单一砂岩,油气显示岩屑比例高,气测全量曲线升为高值平台曲线,组分达到高值;自然伽马曲线持续低值,电阻曲线持续高值(图8-86中的AB段)。如油层存在物性差异,气测全量曲线表现为锯齿形,组分时高时低;自然伽马曲线锯齿形高值,电阻率曲线持续锯齿形低值(图8-86中的EF段)。

综合录井的岩性、荧光、钻时、气测与LWD自然伽马曲线有较好的对应关系,因此,通过录井参数的表现特征是可以为水平井钻进起导向作用的。

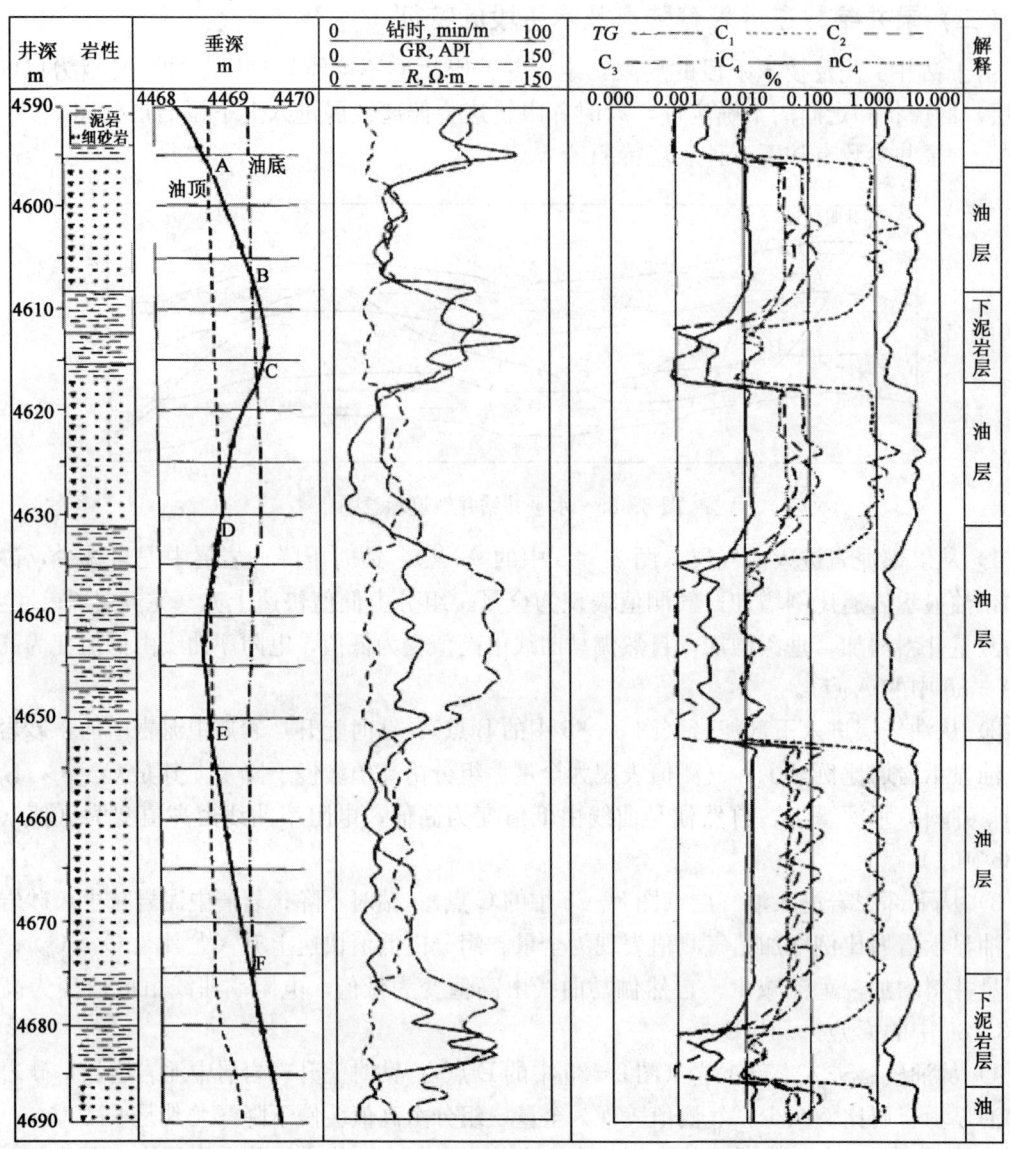

图 8-86 水平井录井曲线特征

(三) 利用录井技术进行地质导向方法

1. 把握好着陆点，卡准油层入窗点

为了卡准油层入窗点，可按以下方法进行：

1) 熟悉并掌握区域地质情况，特别是产层的纵横向展布规律，在详尽地分析邻井、区域各种资料的基础上，以厚特征层或标志层进行大段对比来控制大方向，并在钻进过程中随时把单层厚度及深度换算为真厚度。在此基础上，还要坚持小层对比，并及时绘制"地质轨迹跟踪图"（比例尺为1∶100），因为水平井的目的层最后要落实到个小层上。根据地层对比、井斜对标志层的厚度及深度逐个进行校正，确保着陆点选择的准确性。

2) 根据地层对比结果，及时绘制实钻井眼轨迹与设计轨迹进行对比。从开始造斜时，要绘制1∶200的"深度校正录井图"与邻井进行详细地对比与分析。

3) 充分利用快速色谱、定量荧光技术、X射线荧光录井、岩屑自然伽马录井技术和图像识别技术进行油气层归位，为地层对比提供依据；对比分析后，判断着陆点的位置。钻至水平井设计目的层附近深度时，要格外重视钻时资料，若发现钻时变小，及时停钻循环，利用气测、定量荧光等资料来确定油层。根据实钻自然伽马和电阻率值，结合邻井油层自然伽马和电阻率情况，判断是否着陆（图8-87）。

通常情况下，只要认真细致地做好以上几方面的工作，就能准确把握好着陆点。

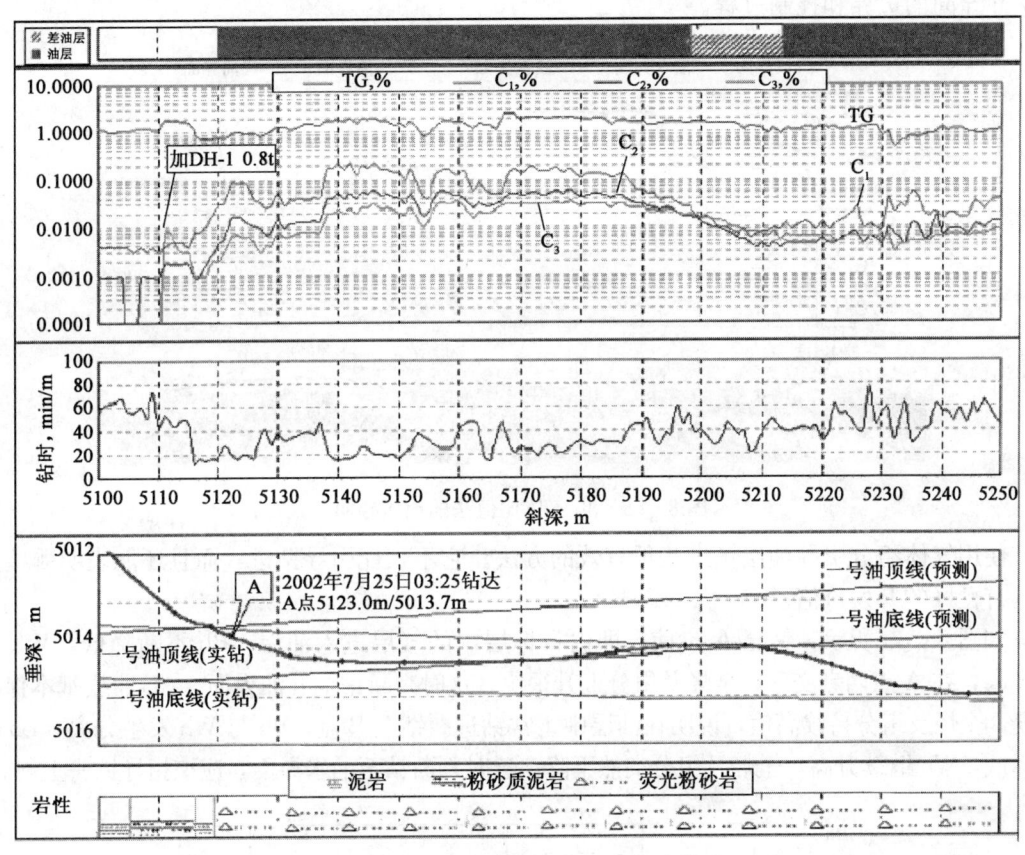

图8-87　××油田××井水平段录井图

2. 水平段的地质导向方法

水平段的地质导向工作主要包括两大方面的内容：一是检测油层内部岩性、物性及含油性的变化，一旦发生变化能及时发现并提出下步措施；二是将钻头控制在油层内部，使钻井轨迹与油层顶面平行，顺层面钻进，防止穿盖或穿底。

1) 钻时具有较好的实时性，能及时反应地下岩石的可钻性，进而推测其岩性。但由于影响因素较多，因此在利用它进行地质导向时，一定要考虑钻压、转盘转速、排量变化等因素的影响。认真地将施工井产层的钻时与邻井及区域产层钻时统计规律进行对比分析，其结果是能起到地质导向及井眼轨迹校正作用的。

2) 油气储集层最直接、最有效的信息之一为气体组分。最常见的储集层结构是气顶、中油、下水，它们的组分值会有明显的不同。为此，用下列参数可进行地质导向及井眼轨迹校正。在不同的储集层，其气测值全量曲线和 Wh、Bh、Ch 三个比值的曲线各不相同，从曲线上可反映出其储集层性质。在目的储集层内钻进时，其曲线和数据值基本保持不变；一且离开了目的储集层,其曲线和数据值就会发生变化。因此,我们可以利用这个特征进行地质导向。

利用色谱气体比值法准确地判断储集层流体变化和油气水界面来对钻井进行导向,主要是基于 Wh 和 Bh 曲线的关系(图 8-88),来确定油气界面(Wh 和 Bh 交叉)和油水界面(Wh 和 Bh 分离)。如果比值曲线开始交叉和分离,那么就知道需要进行向下或向上校斜了。使用气体组分引导油层钻进是很有效的方法,通过气体比值曲线和井眼轨迹图可以直观地提供钻井导向的边界和控制过程。

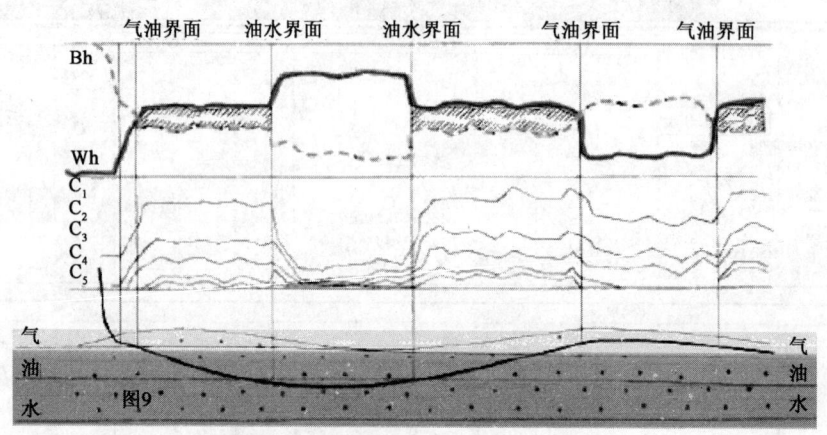

图 8-88　3h 气体比值法的地质导向

使用气体组分引导油层钻进是很有效的方法。它不仅能引导钻进,而且还能表明哪些井段具有良好的开发价值。

如图 8-89 所示,钻至 A 点前,即由目标层中的气层进入油层,Bh 不断降低,Wh 不断升高,在 A 点两者交叉,全烃及组分上升很快,这时判断钻至气油界面。AB 曲线基本保持不变,全烃及组分持续高值,说明在油层中正常钻进。钻至 B 点,Bh 与 Wh 发生分离,Bh 继续降低,Wh 继续升高,全烃及组分突然下降。这时判断钻至油水界面,应该指导钻头上斜。

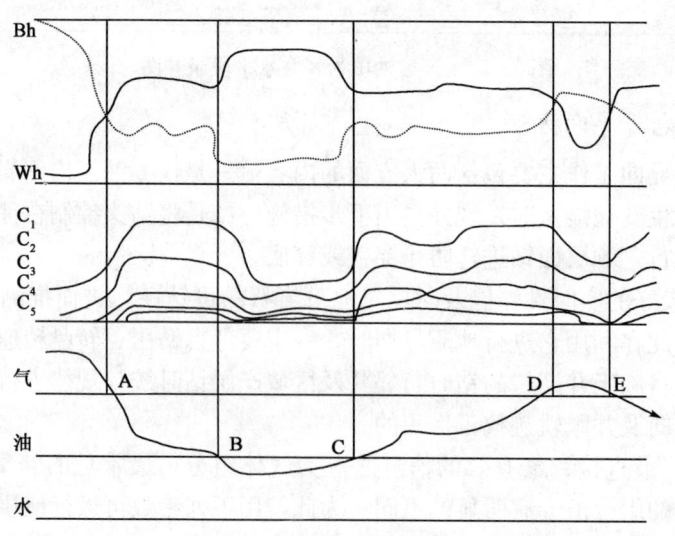

图 8-89　3h 曲线法引导油层钻井的过程

BC段钻头在调整过程中曲线基本保持不变，全烃及组分持续低值，说明在水层中钻进。C点Bh有所回升，Wh有所降低，两者渐渐靠近，全烃及组分升高。当Bh与Wh曲线间距与AB段的间距基本一致时，说明已钻至油层，校斜成功。CD段曲线基本保持不变，全烃及组分持续高值，说明在油层中正常钻进。D点Bh继续回升，Wh继续降低，且在D点发生交叉，全烃及组分下降，说明已钻至油气界面，应指导钻头下调。DE段曲线基本保持不变，全烃及组分比水层高，比油层低，曲线间距也处于油水之间，说明在气层中正常钻进。E点Bh降低，Wh升高，在E点交叉，全烃及组分升高，与A点相同，说明已进入油层，导向成功。

通过以上分析可以得知，使用3h曲线法引导油层钻进是一种很有效的方法，但气体组分从钻头偏离目标层到组分信息出来，要延迟一个钻井液上返时间和样气的分离分析时间，这显然与理想的导向时效有一定的差距。3000m深的井，按照理论计算迟到时间约为36min，再加上实际滞后时间不会超过1h，一般情况下水平井在泥岩段最多也就钻进了2～7m，而测量工具放在井下钻铤上的MWD检测信号也要比头钻达的深度少2～15m。因此说3h曲线法引导的时效差距是可以接受的。

3. 多种跟踪技术的组合应用方法

多种跟踪手段组合应用的随钻地质导向方法流程如图8-90所示。一般以岩屑自然伽马录井技术和图像识别技术确认大段地层，定性分析地层的变化，以随钻自然伽马确认标志层，定量计算变化趋势；以荧光录井和气测录井结合前两种方法，确认进入油层，并判断其含油性的好坏。

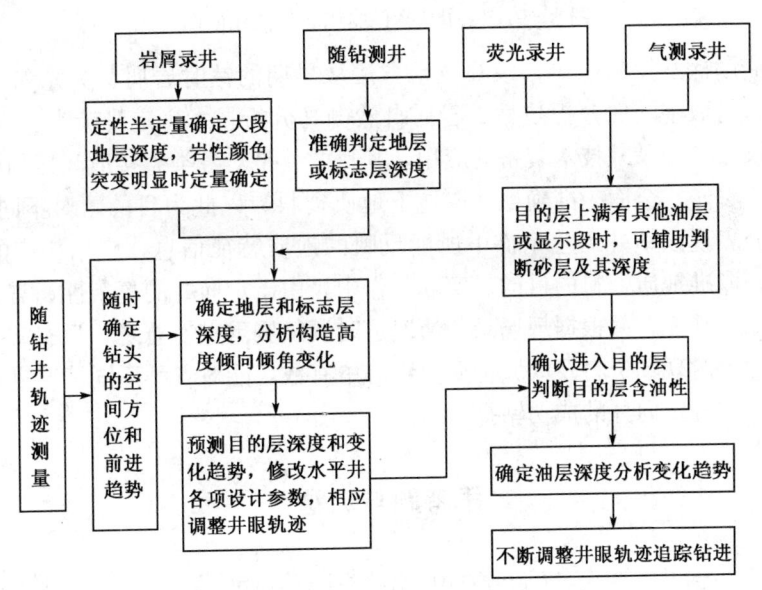

图8-90 随钻地质导向多种技术组合应用流程

为了防止钻头钻探过程中穿盖或穿底，可以综合运用LWD曲线和气测组分比值的变化有效地保证钻头在油层中穿行，发现出层也能及时进行调整。如国内某油田某井钻至井深2150m，气测全烃变化幅度小大，但甲烷绝对值升高，气体比值图Bh骤升与Wh曲线相交，反映出油层已着陆。继续钻进，LWD曲线测至此井深的电阻率由$3\Omega \cdot m$升至$50\Omega \cdot m$，自然伽马由130API降至70API。自2200m至2250m，Wh、Bh曲线反向相交，说明该段地层含气量差,应为过渡岩性。随后,LWD 曲线自然伽马值由 75API 升至 105API,电阻率由 20Ω·m 降至 5Ω·m。根据这一实际情况,现场地质导向人员及时降斜钻进,电阻率随后明显抬升,升至 18Ω·m,有效地控制了井身轨迹(图 8-91)。

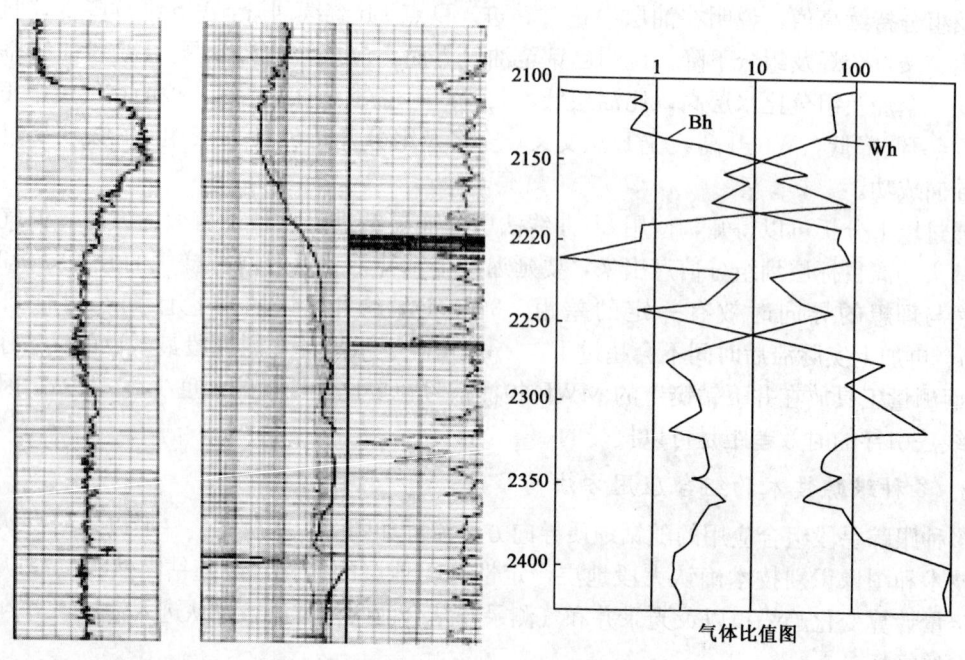

图 8-91 ×井 LWD 曲线和气体比值图

为适应石油勘探开发的需要,录井技术方法从早期的钻时岩屑、荧光和气测井录井方法,到现今的岩屑数字图像分析技术、岩屑自然伽马分析技术、定量荧光、岩石热解、PK 仪、综合录井仪等各种录井技术装备的应用,其目的就是对各类直接或间接的信息进行更全面细致的分析,真实、全面、准确地获取地下地质资料。以此为目的,对不同性质的钻井,就要选取能充分表现该钻井工艺条件下所能反映的地质特征信息,应用相应的录井技术方法,达到取全、取准地质资料的目的。实际工作中,由于定向井的复杂性,需要各种录井技术充分结合,相互补充,并根据现场录井情况适时调整侧重点。总之,只有掌握了先进录井技术,同时又做到对现场资料及区域地质资料心中有数,能对各种不同情况进行综合分析和判断,才能真正实现定向井的成功钻探。

思考题与习题

1. 何为欠平衡钻井?欠平衡钻井有哪些分类?
2. 简述欠平衡钻井对录井作业的影响。
3. 在欠平衡钻井条件下录井设备要进行哪些调整和配套?
4. 在气体钻井条件下如何对岩屑迟到时间进行理论计算?
5. 简述气体钻井条件下的岩屑识别方法。
6. 何为岩屑自然伽马录井技术?如何利用该技术判别岩性?
7. 如何进行水包油钻井液欠平衡钻井油气层的录井解释与判别?

8. 欠平衡钻井条件下工程异常录井监测方法有哪些？如何进行监测？
9. 何为定向钻进技术？定向钻井有哪些分类？
10. 定向钻井中常用的井身参数有哪些？说明其含义。
11. 何为随钻测量？随钻测量有哪些分类？随钻测量所测量的参数是哪些？
12. 简述钻井液脉冲式 MWD 的工作原理。
13. 钻井液压力的正、负脉冲是如何产生的？两者有何不同？
14. 简述电磁波式 EM-MWD 的工作原理。
15. 如何利用加速度计和磁传感器来计算井斜角、方位角和工具面角？
16. 何为地质导向技术？地质导向的功能有哪些？
17. LWD 和 FEWD 的地质导向是如何实现的？
18. 在水平段钻井中如何利用电阻率与方位伽马曲线进行地质导向？
19. 简述定向钻井对现场录井的影响。
20. 简述定向钻井条件下的迟到时间的确定方法。
21. 定向钻井条件下如何进行岩屑录井？
22. 定向钻井条件下如何进行气测录井？
23. 录井技术在地质导向中的优势是哪些？
24. 如何利用 3h 气体比值法进行地质导向？

参 考 文 献

艾池，等．2007．地层压力预测技术现状及发展趋势．石油地质与工程，21（6）．
安文武．2004．录井技术文集．1—4辑．北京：石油工业出版社．
白家祉，等．1990．井斜控制理论与实践．北京：石油工业出版社．
蔡剑华，等．2008．核磁共振岩屑录井及现场应用研究．石油地球物理勘探，43（4）．
曹寅，等．2006．石油地质样品分析测试技术及应用．北京：石油工业出版社．
陈恭洋．2007．油气田地下地质学．北京：石油工业出版社．
陈俊男．2005．三维定量荧光录井技术应用探讨．录井工程，16（2）．
陈胜男，等．2007．变形介质油藏油井产能预测研究．钻采工艺，30（2）．
范康年．2001．谱学导论．北京：高等教育出版社．
方锡贤，等．2010．录井技术现状及空间拓展探讨．录井工程，21（3）．
高成军，等．2007．碳酸盐岩储层测井与录井评价技术．北京：石油工业出版社．
谷长春，等．2002．现场岩屑核磁共振分析技术的实验研究．波谱学杂志，19（3）．
郭庆霞，等．2005．综合录井资料在油气勘探中的应用．世界地质，24（3）．
何宏，等．2004．气测录井中真空蒸馏脱气自动控制系统的研究．石油学报，25（3）．
侯平，等．2008．应用录井资料综合判别油、气、水层方法．录井工程，19（3）．
胡文瑞，等．2008．水平井油藏工程设计．北京：石油工业出版社．
黄小刚．2007．气测录井甲烷校正法与气测解释方法选择原则．录井工程，18（4）．
黄新林，等．2007．塔里木油田三维定量荧光录井技术研究与应用．录井工程，18（2）．
郎东升，等．1999．储层流体的热解及气相色谱评价技术．北京：石油工业出版社．
郎东升，等．2004．油气水层定量评价录井新技术．北京：石油工业出版社．
李汉林，等．2006．基于气测资料的储层含油气性识别方法．中国石油大学学报，30（4）．
李克向，等．1998．国外大位移井钻井技术．北京：石油工业出版社．
李全臣，等．1999．光谱仪器原理．北京：北京理工大学出版社．
李玉恒，等．1993．储油岩热解地球化学录井评价技术．北京：石油工业出版社．
连承波，等．2007．气测参数信息的提取及储层含油气性识别．地质学报，81（10）．
刘崇禧，等．1992．油气化探方法与应用．合肥：中国科学技术大学出版社．
刘宗林，等．2008．录井工程与管理．北京：石油工业出版社．
卢焕章，等．1982．石油化工基础数据手册．北京：化学工业出版社．
陆明刚，等．1993．分子光谱分析新法引论．合肥：中国科学技术大学出版社．
骆福贵．2001．应用地化、热解气相色谱解释海外河油田东营组储层．特种油气藏，8（3）．
马英杰．2010．PES地层压力随钻检测评价系统及应用．录井工程，21（4）．
毛希安．2000．现代核磁共振实用技术及应用．北京：科学技术文献出版社．
裘祖文，等．1989．核磁共振波谱．北京：科学出版社．
全杰．2009．欠平衡钻井条件下录井技术方法探讨．录井工程，20（1）．
宋启泽，等．1992．核磁共振原理及应用．北京：兵器工业出版社．
苏义脑，等．2008．钻井力学与井眼轨道控制文集．北京：石油工业出版社．

孙中昌. 2006. 钻井异常预测技术. 北京：石油工业出版社.
童晓光,等. 2001. 油气勘探原理和方法. 北京：石油工业出版社.
汪玉全,等. 2007. 录井仪器故障分析与排除方法指南. 北京：石油工业出版社.
王春辉. 2009. 欠平衡钻井条件下气测参数响应特征及解释评价. 录井工程,20（3）.
王楠等. 2007. 工程流体力学. 北京：石油工业出版社.
王清华. 2006. 塔里木油田录井技术. 北京：石油工业出版社.
王艳芬,等. 2010. 数字信号处理. 北京：人民邮电出版社.
王振负,等. 2006. 热解气相色谱技术的应用. 石油仪器,20（1）.
乌立言,等. 1986. 生油岩热解快速定量评价. 北京：科学出版社.
吴翔,等. 2006. 定向钻进原理与应用. 武汉：中国地质大学出版社.
伍有佳,等. 2004. 石油矿场地质学. 北京：石油工业出版社.
夏锦尧,等. 1992. 实用荧光分析法. 北京：中国人民公安大学出版社.
鄢泰宁,等. 2009. 检测技术及钻井仪表. 武汉：中国地质大学出版社.
杨立平,等. 2008. 现代综合录井技术基础及应用. 北京：石油工业出版社.
杨占山,等. 2008. 综合录井岗位培训. 北京：石油工业出版社.
余明发,等. 2008. 欠压实成因异常高压的随钻检测技术应用研究. 石油天然气学报,30（3）.
苑淮. 2008. 空气钻井条件下的录井方法探讨. 录井工程,30（2）.
曾繁清,等. 2000. 现代分析仪器原理. 武汉：武汉大学出版社.
张殿强,等. 2010. 地质录井方法与技术. 北京：石油工业出版社.
张淑芹,等. 2008. 特殊工艺井钻井技术. 北京：石油工业出版社.
张小虹,等. 2007. 数字信号处理基础. 北京：清华大学出版社.
张振华,等. 2003. 低密度钻井流体技术. 北京：石油工业出版社.
赵业荣. 2007. 气体钻井理论与实践. 北京：石油工业出版社.
赵业荣,等. 2007. 气体钻井理论与实践. 北京：石油工业出版社.
《中国油气聚集与分布》编委会. 1991. 中国油气聚集与分布. 北京：石油工业出版社.
钟大康,等. 2002. 人工神经网络在录井油气水层识别中的应用. 西南石油学院学报,24（3）.
周梅村. 2008. 仪器分析. 武汉：华中科技大学出版社.
周英操,等. 2003. 欠平衡钻井技术与应用. 北京：石油工业出版社.
Coates G R, Xiao L Z, Prammer M G. 1999. NMR Logging Principles and Applications. Houston: Gulf Publishing Company.
John Alvarado R, Anders Damgaard, Pia Hansen. 2003. Nuclear magnetic resonance, Logging while drilling. Oilfield Review, 15（2）: 40-51.
Jose M Carcione, Hans B Helle, Nam H Pham, et al. 2003. Pore pressure estimation in reservoir rocks from seismic reflection data. Geophysics, 68（5）: 1569-1579.
Moore D M, Reynolds R C. 1997. X-ray diffraction and the identification and analysis of clay minerals. New York: Oxford University Press.
Serebryakov V A. 1995. Method of estimating and predicting abnormal formation pressure. Journal of Petroleum Science and Engineering, 13: 113-123.

Vladimir A, Serebryakov, George V. 1995. Chilingar Abnormal pressure regime in the former USSR petroleum basin. Journal of Petroleum Science and Engineering, 13: 65-74.

Williams R D, Ewing S P. 1999. Improved methods for Sampling Gas and Drill Cutting. SPE16759.

Wright A C, Hanson S A, Delaune P L. 1993. A New Quantitantive Techique for Surface Gas Measurements. SPWLA, 6: 13-16.